Zeiten des Kampfes

Clayborne Carson

Zeiten des Kampfes

Das Student Nonviolent Coordinating Committee (SNCC) und das
Erwachen des afro-amerikanischen Widerstands in den sechziger Jahren

Mit einem Nachwort von Heinrich W. Grosse
Aus dem Amerikanischen von Lou Marin

Verlag Graswurzelrevolution

Umschlagfoto: Frank Smith, Robert Moses und Willie Peacock (v.l.n.r.).
Im SNCC-Büro, Greenwood, Mississippi, 1963, einen Tag, bevor das
Büro durch einen Brandanschlag zerstört wurde.
Foto: Danny Lyon/Magnum Photos

US-amerikanische Originalausgabe:
CLAYBORNE CARSON: *In Struggle. SNCC and the Black Awakening of the
1960s.* Harvard University Press, Cambridge, Massachusetts & London,
England, 2nd. edition 1996.

Bibliografische Information Der Deutschen Bibliothek
Die Deutsche Bibliothek verzeichnet diese Publikation in der Deutschen
Nationalbibliografie; detaillierte bibliografische Daten sind im Internet
über http://dnb.ddb.de abrufbar.

© 2004 Verlag Graswurzelrevolution
Birkenhecker Str. 11 • D-53947 Nettersheim
Fax: 024 40/959 351 • E-Mail: abo@graswurzel.net
www.graswurzel.net
ISBN 3-9806353-6-8

Umschlaggestaltung: Graphisches Atelier Johannes Sternstein, Stuttgart
Satz: Bernd Degener, Bremen
Druck & Bindung: Fuldaer Verlagsagentur, Fulda

Inhalt

Teil III: Zerfall

Student Nonviolent Coordinating Committee (SNCC) – ein Lehrstück!

Spätestens seit 1999 ist mit den »Kindern von Seattle« eine weltweite soziale Bewegung entstanden, die die Kriege, Ausbeutungsmechanismen und rassistischen Hierarchien des Weltstaatensystems nicht mehr hinnehmen will, und zwar weder in Europa, den USA, noch in den Ländern der »Dritten Welt«. Diese Bewegung hat die Fallstricke rigider nationalistischer Ideologien und separatistischer Identitätspolitiken des 20. Jahrhunderts weitgehend überwunden. Die in ihr aktiven Menschen arbeiten transnational und grenzübergreifend zusammen. In ihr ist die emanzipative Form der Integration verschiedener Kulturen und Hautfarben zum Teil bereits Wirklichkeit geworden, zumindest wird eine emanzipative Form der Kulturvermischung angestrebt. Jedes Gipfeltreffen der westlichen Staatenlenker wird durch alternative Aktionstage mehr oder weniger direkt behindert. Jeder rassistische Krieg der westlichen Industrienationen wird inzwischen in vielen Ländern der Erde durch Massenproteste auf breiter Linie kritisiert, was sich besonders stark bei der Mobilisierung gegen den Irak-Krieg 2003 verdeutlichte.

Diese aktuelle Massenbewegung gegen die kapitalistische Globalisierung ist nicht einfach vom Himmel gefallen. Sie hat die Traditionen der neueren spontaneistischen und grenzübergreifenden Bewegungen seit den sechziger Jahren, der 68er Revolte, der Frauen-, der antimilitaristischen und der Ökologiebewegung produktiv aufgegriffen und in eine zeitgemäße Form verwandelt. Diese Bewegungen haben einen wesentlichen ihrer vielen Ursprünge in der antirassistischen Bürgerrechtsbewegung der Schwarzen in den US-Südstaaten der sechziger Jahre. Die Bürgerrechtsbewegung war nicht nur zeitlich die früheste aller heute so genannten »neuen« sozialen Bewegungen, sondern sie bewirkte durch ihre gewaltfreien Aktionen und ihren graswurzelrevolutionären Organisationsansatz einen Bruch mit traditionell hierarchischen Formen bürgerlicher wie auch parteikommunistischer Traditionen und prägte nachdrücklich alle darauf folgenden Bewegungen, und zwar nicht nur in den USA, sondern auch in Europa und weiteren Teilen der Welt. »Sit-In«, »Go-In«, »Teach-In« waren als Aktionsformen den europäischen und lateinamerikanischen StudentInnen bereits bekannt oder galten als Vorbild, als sie 1968 massenhaft die Universitäten besetzten und auf die Straße gingen.

Die Geschichte der afro-amerikanischen (»african-american«, wie dort der heute gebräuchliche Begriff lautet) Bewegung in den USA und ihrer in den sechziger Jahren wichtigsten Organisation, des *Student Nonviolent Coordinating Committee* (SNCC), ist beispielhaft für alle sozialen Bewegungen bis zur heutigen Zeit, im emanzipativen Sinne ebenso wie angesichts der Probleme, die sich dem SNCC bereits in exemplarischer Weise für alle nachfolgenden Bewegungen stellten. Wer deshalb dieses Buch von Clayborne Carson, *Zeiten des Kampfes*, liest und damit die Geschichte des SNCC kennenlernt, erfährt auch viel über Errungenschaften und Probleme der zeitgenössischen sozialen Bewegungen gegen den weltweit institutionalisierten Rassismus und Kapitalismus. Insofern ist die Geschichte des SNCC nicht einfach nur die Geschichte einer in der deutschsprachigen politischen Literatur weitgehend unbekannt gebliebenen Organisation aus den USA, sondern sie ist ein Lehrstück über Erfolge und Abwege sozialer Bewegungen in den letzten vierzig Jahren.

Erfolge I: Basisdemokratische Massenbewegung statt Dominanz einer Führungsperson

Ein verkürztes und heute glücklicherweise eher überwundenes Verständnis von Geschichte geht davon aus, dass grundlegende gesellschaftliche Veränderungen von Personen geprägt, ja gestaltet werden. Selbst revolutionäre Massenbewegungen wurden in dieser Sicht auf die Biographien und Aktionen einzelner populärer oder charismatischer Führungspersonen verkürzt. Das galt selbst lange Zeit im aufklärerischen Milieu. Danach wurde die russische Revolution von Lenin gemacht, die spanische von Durruti, die indische Unabhängigkeit von Gandhi errungen und die US-Bürgerrechtsbewegung von Martin Luther King, Jr., geleitet. Eine solche Sicht auf diese Bewegungen war niemals richtig, trotzdem war die prägende Position dieser Führungspersonen ein historisches Faktum, wenngleich wie etwa im Falle Durrutis durchaus im Widerspruch zu der von ihm selbst vertretenen Idee des Anarchismus, nach der eigentlich eine Dominanz durch eine Führungsperson und damit neuerliche Autorität in den oppositionellen Reihen tunlichst vermieden werden sollte.

Die US-Bürgerrechtsbewegung ist vorläufig eine der letzten bedeutsamen sozialen Massenbewegungen, die dieses prekäre Verhältnis von prägender Führungsperson und unbekannten Massen noch einmal reproduzierte und gleichzeitig die erste, die es grundsätzlich in Frage stellte. Nach der US-Bürgerrechtsbewegung, ab der 1968er Revolte, gibt es weltweit immer weniger soziale Bewegungen im emanzipativen Sinne, die auf diese Weise mit einer alles dominierenden Einzelperson identifiziert werden könnten, und wenn, dann ist sie viel schneller interner Kritik ausgesetzt. Selbst bekannte politische Persönlichkeiten der heutigen Bewegung für eine andere Globalisierung, wie etwa der französische Larzac-Aktivist José Bové, sind weit davon entfernt, einen allein entscheidenden inhaltlichen Einfluss auf Ausrichtung, Entwicklung und Positionsbestimmung der weltweiten Gesamtbewegung auszuüben und können in keiner Weise mit den hier genannten Vorläufern verglichen werden.

Es war das SNCC, das mit seinen Kampagnen und direkten gewaltfreien Massenaktionen zum »Cutting Edge« (übertragen etwa: zur Speerspitze), wie es Clayborne Carson in der hier vorliegenden Geschichte des SNCC beschreibt, der US-Bürgerrechtsbewegung avancierte und die dominierende Rolle Martin Luther Kings konstruktiv in Frage stellte. King war gegen Ende der fünfziger Jahre durch den von ihm geleiteten Busboykott in Montgomery die unumstrittene Führungsfigur der Bewegung und nichts deutete darauf hin, dass seine entscheidende und die Bewegung dominierende Stimme hinterfragt werden könnte. Bei persönlichen Gesprächen, die ich mit Clayborne Carson, der u. a. auch aktueller Herausgeber der Schriften Martin Luther Kings ist, anlässlich der Übersetzung dieses Buches über den SNCC führte, wies er jedoch darauf hin, dass die von M. L. King geführte Bewegung in Montgomery sofort zusammenbrach, als er nach dem Busboykott die Stadt verließ, während erst die nachfolgenden Bewegungen in den Südstaaten dauerhaftere Graswurzelstrukturen aufbauen konnten.

Das grundsätzlich problematische Verhältnis einer Massenbewegung, die um ihre Emanzipation kämpft, und einer charismatischen Führungsperson, die die Inhalte der Emanzipation von oben herab dekretiert, schien sich nach dem Busboykott in den fünfziger Jahren nur ein weiteres Mal zu wiederholen. Doch dann kamen die Sit-Ins, die Freiheitsfahrten und die Gründung des SNCC. In der ersten Hälfte der sechziger Jahre konkurrierten das SNCC und King gegenseitig um die Initiative innerhalb der Bewegung. Es war eine konstruktive Konkurrenz, in der bald King, bald das SNCC durch eine besondere Aktion oder Kampagne die Massen mobilisieren konnte. Jeder fühlte sich durch den anderen herausgefordert und entscheidend war nicht, was die eine Person oder die andere Organisation sagte, sondern die Aktion und die Kampagne, die durchgeführt wurde. Es wurde auf der Straße entschieden, ob die Bewegung mehr dem SNCC oder mehr King folgte, oder oft auch beiden. Jedenfalls blieb der Führungsanspruch Kings innerhalb der Bewegung nicht mehr unangefochten und wurde durch eine basisdemokratische Organisation von AktivistInnen konstruktiv weiter entwickelt.

Gerade das aber machte die emanzipatorische Qualität dieser Bewegung aus: das SNCC zeigte mit der ihm eigenen Form der Organisierung, dass eine Führungsperson herausgefordert und zur basisdemokratischen Diskussion gezwungen werden konnte. Letztendlich zeigte es, dass eine emanzipative, basisdemokratisch organisierte Massenbewegung nicht von einer Führungsperson geleitet und befehligt werden muss, sondern dass sie die Entscheidungsprozesse selbst in die Hand nehmen kann. Diese Erfahrung legte den Grundstein dafür, dass in den folgenden sozialen Bewegungen von 1968 an die Rolle prägender Führungspersonen wie Dutschke oder Cohn-Bendit zurückgedrängt werden konnte und hierarchiefreie Entscheidungsprozesse Stück für Stück an Boden gewannen (neben autoritären Abirrungen in Richtung K-Gruppen oder Solidarität für Pol Pot, versteht sich). Für Martin Luther King spricht in diesem Zusammenhang allerdings, dass er sich vom SNCC tatsächlich herausfordern ließ, dass er trotz einzelner autoritärer Tendenzen und Maßnahmen keineswegs versuchte, seinen Führungsanspruch rücksichtslos durchzusetzen, und dass er sich bei einzelnen Aktionskampagnen wie etwa dem Meredith-Marsch, den Clayborne Carson ausführlich beschreibt, in einen konstruktiven Dialog mit den AktivistInnen des SNCC begab.

Das SNCC war die Organisation einer graswurzelrevolutionären sozialen Massenbewegung. Die ursprüngliche Organisationsform des SNCC war eine basisdemokratische, in manchen Aspekten libertäre. SNCC-Gründerin Ella Baker, die bewusst und aus libertärem Protest aus Kings Organisation *Southern Christian Leadership Conference* (SCLC) ausstieg, nannte die Organisationsform des SNCC »group-centered« im Gegensatz zur bisher üblichen organisatorischen Konzentration einer Gruppe oder Institution um eine Führungsperson, die unterstützt wurde. Das SNCC war anfangs eine Ansammlung von autonom entscheidenden Aktionsgruppen aus den vorwiegend von Schwarzen besuchten Colleges in den Südstaaten und koordinierte lediglich deren Aktivitäten und Aktionskampagnen, daher der Name »Koordinierungskomitee«.

Das SNCC war keine explizit anarchistische Organisation, aber in der ersten Hälfte der sechziger Jahre waren die gewaltfrei-libertären Strömungen innerhalb des SNCC programmatisch prägend. Ella Baker steuerte die libertäre Grundlage einer gruppenorientierten und damit basisdemokratischen Organisationsform bei. Der religiös-anarchistisch inspirierte James Lawson formulierte das ethisch-moralische Programm der gewaltfreien Revolution, der sich das SNCC in den ersten Jahren verpflichtet fühlte und zu der sich in einer säkularisierten Form John Lewis noch bei seiner Rede auf der großen Washingtoner Demonstration am 28. 8. 1963 zum Unmut anderer Bürgerrechtler bekannte. Die erste libertär-gewaltfreie Strömung im SNCC war identisch mit der Tendenz zur gewaltfreien Aktion und stand den folgenden Kampagnen zur Eintragung Schwarzer in die Wahllisten zunächst kritisch gegenüber. Das änderte sich erst, als gerade aus diesen Kampagnen durch ihren Initiator Bob Moses eine weitere rationalistische, humanistische Strömung des gewaltfreien Anarchismus im SNCC hervorging, die aus einer Auseinandersetzung mit den Schriften von Albert Camus und den eigenen Erfahrungen des Kampfes in den Südstaaten resultierte. Bob Moses und John Lewis hielten an den libertären Organisationsformen und gewaltfreien Aktionstaktiken so lange es ging fest[1] und standen am Ausgangspunkt einer weiteren anarchistischen Strömung im SNCC, den sogenannten »Floatern«[2]. Diese wurden jedoch schnell – und nicht immer ohne Grund – als unverantwortlich und individualistisch gebrandmarkt und verloren an Terrain gegenüber den organisatorischen »Hardlinern«, die die Organisation durch zunehmende Disziplin und Autorität restrukturieren wollten. Bob Moses, der insgesamt wohl bedeutendste Libertäre in den Reihen des SNCC, erkannte in dieser Phase die Gefahr,

selbst entgegen seinem Willen zu einer charismatischen Führungsfigur aufzusteigen, und änderte sogar seinen Namen von Moses in
Perrin, um dem Anbetungsbedürfnis seiner AnhängerInnen auszu-
weichen. Schließlich antwortete er auf das Problem mit seinem to-
talen Rückzug, wodurch er allerdings den autoritären Tendenzen
im SNCC das Feld überließ.

Erfolge II: Erzwungene Reform statt militärischer Niederlage

1964 und 1965 wurden in den USA zwei entscheidende Bürger-
rechts- und Wahlgesetze erlassen, welche die Segregation in den
Südstaaten aufhoben und die Wahleinschreibung für Schwarze er-
leichterten. Damit waren die Bürgerrechte für Schwarze in den
USA noch nicht verwirklicht und es brauchte noch Jahre, ja Jahr-
zehnte, und viele lokale Kämpfe, um die Gesetze überall und umfassend durchzusetzen, aber die Bedingungen waren andere geworden: schlimme Ku-Klux-Klan-Sheriffs und rassistische Beamte in
Städten und Gemeinden im Süden konnten abgewählt werden, die
inhumane Macht der Segregation war gebrochen! Die Reformgesetze waren Kompromisse zwischen der Bürgerrechtsbewegung
und der Regierung, die das Kräfteverhältnis in diesen Zeiten des
Kampfes widerspiegelten. Das Verblüffende in der Geschichte des
afro-amerikanischen Widerstands ist jedoch, dass diese beiden Gesetze in den damaligen »Zeiten des Kampfes« kaum als Erfolge
wahrgenommen und in ihrer Dimension als solche begriffen wurden. So erwähnt etwa James Forman 1968 in einer Phase, in der er
eine antigewaltfreie, militant-nationalistische Position übernommen hatte, in einem Abriss über die Geschichte des Widerstands
der Schwarzen nur beiläufig: »Wahlbenachteiligung und die Segregation öffentlicher Einrichtungen waren nach Jahren des Protests
im Süden allgemein verschwunden – jenem Protest, der das Bürgerrechtsgesetz von 1964 und das Wahlrechtsgesetz von 1965 bewirkt
hatte.«[3]

Forman hält sich bei dieser Feststellung jedoch gar nicht weiter auf und wie so viele schwarze Nationalisten der 1968er Generation ist ihm die Abschaffung der Segregation nur Anlass, auf die ausgebliebene ökonomische und kulturelle Emanzipation der Schwarzen hinzuweisen. Clayborne Carson beharrt jedoch in seiner Geschichte des SNCC darauf, diese erkämpften Erfolge als durchaus unfreiwillige Zugeständnisse des Systems wahrzunehmen und als Ergebnis emanzipativer Kämpfe zu werten. Er konfrontiert sie mit der Erfolg- und Perspektivlosigkeit der militanten Kämpfe der Schwarzen, die gegen Ende der sechziger Jahre folgten. Die Abschaffung der Segregation ist zusammen mit dem Rückzug der US-Armee aus Vietnam aufgrund des antimilitaristischen Widerstands in den USA in den siebziger Jahren der erfolgreichste Akt einer sozialen Massenbewegung in den USA im 20. Jahrhundert, auch wenn die praktische Umsetzung der Bürgerrechte für die Schwarzen noch lange Zeit in Anspruch nehmen sollte. Die Abschaffung der Segregation hat die Befreiung von der Sklaverei im 19. Jahrhundert erst verwirklicht und vollendet. Bei den SNCC-Kampagnen in den Südstaaten, besonders aber bei der hier von Clayborne Carson detailliert beschriebenen Kampagne in den ländlichen Gebieten von Mississippi im Sommer 1964 saßen tatsächlich Schwarze und Weiße in den Familien bunt gemischt gemeinsam an einem Tisch und praktizierten in diesen »Zeiten des Kampfes« das, was Martin Luther King in seiner utopischen Rede ein Jahr zuvor in Washington prophezeit hatte. Es war das erste Mal, dass die weißen Jugendlichen aus den Nordstaaten massenhaft ihre Elternhäuser verließen, auf Wanderschaft gingen und sich politisch engagierten. Vor dem »Summer of Love« der Hippies 1967 kam der »Summer of Freedom« 1964, der Sommer der antirassistischen Solidarität in Mississippi.

Trotz der enormen Schwierigkeiten, die sich aus diesem Experiment ergaben und die das SNCC letztendlich nicht lösen konnte, bleiben gerade die graswurzelrevolutionären Basiserfahrungen dieser gelebten sozialrevolutionären Integration das beeindruckendste

Bild der historischen Darstellung, die Clayborne Carson in diesem Buch bietet.

Clayborne Carson besteht darauf, die Reformgesetze von 1964 und 1965 als Erfolge sozialer und gewaltfreier Kämpfe wahrzunehmen und sie in ihrer Dimension richtig historisch einzuordnen. Zu verstehen, wie sie zustande kamen, heißt die Bedingungen sozialrevolutionärer Kämpfe in den kapitalistischen Metropolen zu studieren und Lehren zu ziehen, wie Kämpfe erfolgreich geführt werden können und nicht in militärischen Niederlagen, ideologischen Sackgassen und letztlich in Verzweiflung enden. Dazu ist es wichtig, nicht nur die Erfolge der Kämpfe wahrzunehmen, sondern auch die Abwege, die Ursachen der Niederlagen, genau zu analysieren. Auch in dieser Beziehung ist die Geschichte des SNCC, das zeigt dieses Buch ebenfalls, ein Lehrstück.

Abwege I: Taktische Intervention der Bundesregierung oder Orientierung an den neuen Nationalstaaten in Afrika?

Im Zusammenhang mit dem emotionalen Unbehagen vieler Schwarzer mit den gewaltlosen Kämpfen in der ersten Hälfte der sechziger Jahre – mit der nur allzu verständlichen psychischen Tendenz, es satt zu haben, immer wieder geschlagen zu werden, und das auch noch nach einer Jahrhunderte langen Erfahrung von rassistischer Gewalt – ist immer wieder darauf hingewiesen worden, dass die angewandte Taktik des SNCC, die US-Bundesregierung und ihre Institutionen, vom FBI bis zu polizeilichen und militärischen Truppenverbänden, dazu zu veranlassen, gegen die rassistischen Institutionen der Städte, Counties und Regierungen der einzelnen Bundesstaaten auf der Seite der Bürgerrechtsbewegung zu intervenieren, naiv gewesen sei und den repressiven Charakter der Bundesregierung unterschätzt habe. Auch Clayborne Carson weist in seiner Geschichte des SNCC deutlich auf das anfänglich gesetzeskonforme Bewusstsein vieler AktivistInnen hin, die ursprünglich aus der gehobenen schwarzen Mittelschicht stammten. Daneben, auch das wird in Carsons Buch deutlich, gab es jedoch immer auch einen parallel verlaufenden Prozess, in welchem libertäre Ansätze oder Radikalisierungen in den Biographien einzelner AktivistInnen schnell zu einer sehr kritischen Einstellung gegenüber den US-Bundesbehörden führten. James Lawson etwa machte sich als Anarchist keinerlei Illusionen über die Staatsgewalt und auch Bob Moses wollte weder Opfer noch Henker sein.

Wenn in den Anfangsjahren versucht wurde, diese Taktik, eine Intervention der Bundesregierung einzufordern, bis an den Rand auszureizen, dann also nicht einfach nur aufgrund der Naivität vieler AktivistInnen. Es gab andere Gründe, die diese Taktik verständlich machten und die mit der föderativen Verfassung der USA zu tun haben. Im Gegensatz zur föderativen Verfassung Deutschlands ist die USA von einer viel größeren Autonomie in der Gesetzgebung und Rechtsprechung der Einzelstaaten geprägt. So ist es zum Beispiel formaljuristisch falsch zu sagen, in den USA gelte die Todesstrafe, obwohl die USA im letzten Jahrzehnt weltweit hinter China die meisten Todesurteile vollstreckt haben. Aber die Souveränität über die Todesstrafe obliegt in den USA den einzelnen Bundesstaaten. Die Bundesregierung hat nur wenig rechtliche Möglichkeiten, in die Souveränität der Einzelstaaten einzugreifen. Die Widerstandsbewegung der Afro-AmerikanerInnen in den sechziger Jahren sah sich daher zunächst den relativ weit reichenden Befugnissen der einzelnen Bundesstaaten gegenüber, deren Beamte, Richter, städtische und bundesstaatliche Polizeitruppen allesamt mit weißen Rassisten der härtesten Sorte durchsetzt waren, meist gleichzeitig Mitglied im offiziell illegalen *Ku Klux Klan* (KKK). Deren alberne Maskerade, die Unkenntlichmachung der Person im KKK durch weiße Umhänge, ist ja gerade der Tatsache geschuldet, dass ihre Mitglieder in den Südstaaten vielfach öffentliche Ämter bekleideten oder Polizisten waren.

Um diese geballte rassistische Macht in den Einzelstaaten zu spalten und zu entmachten, schien die Taktik nahe liegend, die

Ebene der Bundesregierung sozusagen gegen die Einzelstaaten in Stellung zu bringen. So verständlich also diese Taktik auch war, auch das wird in Clayborne Carsons Buch deutlich, so falsch war sie gleichwohl. Nicht nur, dass die Forderung nach Hilfe durch eine bewaffnete Zentralmacht im Gegensatz zur gewaltfreien Philosophie lag, der sich das SNCC verschrieben hatte, sondern gerade die SkeptikerInnen und KritikerInnen der Gewaltfreiheit konnten leicht darauf verweisen, dass die Bundesregierung den Appellen zum Eingreifen gegenüber insgesamt weitgehend taub blieb und sich daher im Gestus der Radikalisierung sonnen, wenn sie aufgrund erwiesenen Unwillens zur Intervention die Bundesregierung schließlich als ebenfalls rassistisch angriffen. Übersehen wird dabei ein weiteres Mal, dass die Bürgerrechtsgesetze von 1964/65 durchgesetzt wurden, obwohl die Bundesregierung nicht ausreichend auf der Seite der BürgerrechtlerInnen eingegriffen hat.

Diese sogenannte »Radikalisierung«, die die BefürworterInnen von Black Power, die schwarzen SeparatistInnen und NationalistInnen gegen die verbliebenen BefürworterInnen der Gewaltfreiheitsphilosophie der Anfangsjahre im SNCC schließlich durchsetzten, resultierte keineswegs in einer libertären Kritik aller Staaten. Zwar wurde nun die US-Bundesregierung kritisiert und jede Zusammenarbeit mit ihr abgelehnt, dafür jedoch wurde die Zusammenarbeit mit den neu entstandenen Nationalstaaten in Afrika auf Regierungsebene intensiviert. Diese Haltung entsprang zwar einem ehrlichen Bedürfnis nach internationaler Solidarität, war aber keine wirkliche Radikalisierung: die innenpolitischen Verhältnisse in Afrika, die Entstehung neuer Diktaturen und autoritärer Militärsysteme wurden keiner herrschaftskritischen Einschätzung unterzogen. So übernahm etwa Stokely Carmichael in seiner militant-nationalistischen Phase den Panafrikanismus und die Ideologie Kwane Nkrumahs auf seiner Afrikareise im Jahre 1967 gerade zu einem Zeitpunkt, als Nkrumah selbst bereits im Exil in Guinea war, nachdem er ein Jahrzehnt Diktatur in Ghana mit groteskem stalinistischem Personenkult, Verfolgung von RegimegegnerInnen und Verbot aller Oppositionsparteien hinter sich gebracht, sein Land heruntergewirtschaftet und reif für aufeinanderfolgende Militärputsche und -diktaturen gemacht hatte.[4] Dem gestiegenen Bewusstsein für die Kritik der US-amerikanischen Bundesregierung entspricht auf Seiten der schwarzen NationalistInnen die naive Idealisierung der neuen Nationalstaaten Afrikas und ihrer autoritären Führungspersonen. Allerdings: hier in Afrika hatten die Schwarzen Macht. Und wie übten sie sie aus? Leider sehr schnell auf ähnlich autoritäre Weise wie die Weißen auch! Neue Nationalismen entstanden, die jungen afrikanischen Nationen bekämpften sich gegenseitig oder wurden innenpolitisch repressiv. Die Vorstellung einer freien, anarchistischen, transnationalen und staatenlosen Gesellschaft entstand gerade nicht, nachdem die schwarzen NationalistInnen die frühe Generation der Gewaltlosen im SNCC und deren Taktik, die US-Bundesregierung zur Intervention auf der eigenen Seite zu bewegen, kritisiert hatten! Und genau darin lag eine Ursache des Scheiterns des SNCC gegen Ende der 1960er Jahre.

Abwege II: Bezahlte Kader oder Katalysator für soziale Bewegung?

Ein weiterer Abweg kann in der Entwicklungsgeschichte des SNCC zu einem sehr frühen Zeitpunkt ausgemacht werden. Bereits eineinhalb Jahre nach seiner Gründung änderte das SNCC seine organisatorische Struktur. An die Stelle des basisdemokratischen Koordinierungskomitees studentischer Aktionsgruppen, in denen nicht-bezahlte freiwillige AktivistInnen in ihrer Freizeit spontaneistische Kampagnen durchführten, traten die sogenannten »Full Time Workers«, für die es leider keine wörtliche und ihrem spezifischen Charakter genau entsprechende deutsche Übersetzung gibt: das waren die bezahlten Kader, die hauptamtlichen Community Organizers oder Field Secretaries, wie sie ebenfalls und in zum Teil sich überschneidender Bedeutung genannt wurden (So waren laut Carson alle bezahlten Kräfte gleichzeitig »Staff« oder »Full Time

Workers«. Alle bezahlten Kräfte, die in einem Aktionsprojekt und nicht in der SNCC-Zentrale in Atlanta arbeiteten, wurden ohne klare Abgrenzung entweder »Field Secretaries« oder »Community Organizers« genannt). Aufgrund der Gefahr für Leib und Leben, die mit ihrer kontinuierlichen Arbeit in den rassistischen Regionen der US-Südstaaten verbunden war, und aufgrund des hohen Idealismus, den sie trotz der geringen Bezahlung aufbrachten, stiegen sie unter den jugendlichen Schwarzen schnell im Ansehen und wurden auch von den studentischen AktivistInnen in den Aktionsgruppen bald als politische Vorbilder ehrfurchtsvoll betrachtet. Mit ihrer Heroisierung war jedoch gleichzeitig die schrittweise Übertragung von Entscheidungsmacht verbunden. In dem Maße, wie die Entscheidungsmacht von den Aktionsgruppen auf die Kader überging, verwandelte sich das SNCC von einer Massenorganisation zu einer Organisation von BerufsrevolutionärInnen. Die Umbenennung des Koordinierungskomitees in Zentralkomitee im Jahr 1966 schließt diesen Prozess ab. Er brachte trotz der idealistischen Grundlage des SNCC nicht zu verkennende bürokratische Tendenzen zum Vorschein: marginale Anfänge einer immer mehr um sich greifenden Angestelltenmentalität mit ihrer Forderung nach organisatorischer Disziplin und Unterwerfung der Mitglieder unter autoritär verordnete Leitlinien. Nicht mehr die spontaneistischen, gewaltfreien, freiwilligen FreizeitrevolutionärInnen, sondern die disziplinierteren Hauptamtlichen, die angestellten RevolutionärInnen übernahmen die Macht in der Organisation. In einem langen, verzweigten Weg setzte sich damit jedoch die Forderung nach Disziplin und Autorität gegenüber Spontaneismus, Basisbezug und Orientierung an direkten gewaltfreien Aktionen durch. Noch lange Zeit konnte sich eine Strömung halten, die an den ursprünglichen Organisationsvorstellungen des SNCC festhielt, nicht selbst Führungspersonen der sozialen Bewegung zu werden, sondern nur eine Art unsichtbarer Katalysator für die Selbstorganisation der Betroffenen. Die bezahlten Kader dagegen sorgten mit ihrer Betonung von Disziplin und kontinuierlicher Arbeit für eine Abkehr von bewegungsorientierter Aktion hin zu legalistischen Projekten wie der Eintragung Schwarzer in die Wahllisten oder den Aufbau schwarz-nationalistischer Parteien. Zuweilen kritisierten sie offen die Beteiligung der eher libertär orientierten AktivistInnen an Aktionskampagnen. Die an organisatorischer Disziplin orientierten Kader führten schließlich keine direkten gewaltfreien Aktionen mehr durch. Disziplin siegte über Individualismus, wobei nicht geleugnet werden soll, dass die Sprunghaftigkeit, mit der manche AktivistInnen ihre Projekte verließen und auf neue Vorkommnisse reagierten und die Clayborne Carson bei den sogenannten »Floatern« festmachte, ein reales Problem darstellte. Letztlich spiegelte sich die disziplinarische und autoritäre Tendenz jedoch auch im Umgang und im Verhältnis der AktivistInnen untereinander wieder. An die Stelle der libertären, gewaltfreien, von Vertrauen geprägten Atmosphäre einer humanistischen Kampfgemeinschaft in der Anfangszeit des SNCC trat mit zunehmender Bürokratisierung, mit zunehmender Dominanz der bezahlten Kader über die Aktionsgruppen und dann der Hardliner über die Floater, die Tendenz zur Rigidität, zum Dogmatismus der Positionen, zur Spaltung, zum Misstrauen gegenüber staatlichen Spitzeln und untereinander, und im Zuge des Getrieben-Werdens durch die Medien und der staatlichen Verfolgung schließlich der Vorwurf des Verrats. Die Basisorientierung wurde nicht bewusst aufgegeben, sondern sie verlor sich in einer Praxis der Propaganda und der verbalradikalen Phraseologie: am Ende war das SNCC eine Kaderorganisation von Kundgebungsrednern ohne basisdemokratischen Unterbau.

Abwege III: Militanz, separatistischer Nationalismus, Antifeminismus, Antisemitismus – oder transnationale Integration?

Fast alle zeitgenössischen linken historischen Darstellungen des Befreiungskampfes der Schwarzen in den sechziger Jahren beschreiben die Entwicklung der Gesamtbewegung und der in ihr aktiven

Organisationen als geradlinige Form der Radikalisierung und damit der tendenziellen Hinwendung zu wie auch immer genannten »radikaleren«, »emanzipativeren«, »revolutionäreren« Strategien und Inhalten des Kampfes. Als ein geradezu paradigmatisches Beispiel dieses linken Mainstreams in der Geschichtsschreibung von unten betrachte ich die Schriften von Peter Michels. Darin sind Statements wie die folgenden ebenso typisch wie zahllos:

»Die schwarze Jugend identifizierte sich ohnehin mehr mit den drohenden Forderungen von Malcolm X als mit den flehentlichen Bitten von Martin Luther King. Und die Radikalisierung der Bewegung ging weiter. Stokely Carmichael aus Trinidad wurde Führer der Studentenorganisation SNCC (sprich: Snick) – ›Student Nonviolent Coordinating Comittee‹ – und gründete in Alabama eine unabhängige politische Partei, die den schwarzen Panther als Emblem bekam. (...) Für einige Jahre galt Carmichael als der beste und radikalste Sprecher der militanten Bewegung, die mehr und mehr für den bewaffneten Befreiungskampf eintrat.«[5]

An keiner Stelle des Buches *Black Perspectives* von Peter Michels wird die Gründungsgeschichte des SNCC nacherzählt, Carmichael ist nur als Galionsfigur für die Black Panther interessant, nirgendwo wird die aus diesem Zitat doch ins Auge springende Frage behandelt, wieso Carmichael aus einer Organisation kommt, die sich »Nonviolent« nennt, aber »mehr und mehr« für den bewaffneten Kampf eintritt.

Nicht fehlen darf bei Michels natürlich das Bemühen um ein genüssliches Zitieren der Schmähungen von Malcolm X gegen Martin Luther King:

»Malcolm X hatte den Rückzug in eine separate schwarze Welt in den letzten Jahren vor seiner Ermordung verurteilt und mehr politische Aktion zur Verbesserung der Situation der Schwarzen gefordert. Die Sache der Afroamerikaner war für ihn kein internes Problem der USA, keine Bürgerrechtsfrage, sondern eine Menschenrechtsfrage, die er vor den Vereinten Nationen behandeln lassen wollte. Über die gemäßigten Führer der Bürgerrechtsbewegung, zum Beispiel Martin Luther King, machte er sich nur lustig. Dafür zu kämpfen, mit Weißen gemeinsam eine Bedürfnisanstalt benutzen zu dürfen, sei keine Revolution; bei der Revolution gehe es um Land.«[6]

Der wirkliche Sachverhalt wird hier völlig verdreht: gerade in den letzten Jahren vor seinem Tod, als sich Malcolm X vom schwarzen Separatismus langsam wieder abkehrte, waren seine Äußerungen gegenüber M. L. King wieder von Annäherung und gegenseitigem Respekt geprägt, während die Denunziationen aus der Zeit stammten, in der Malcolm X Mitglied der rigide separatistischen *Nation of Islam* (NOI) gewesen war. Doch eine solche historisch korrekte Darstellung würde der expliziten Tendenz von Michels widersprechen, alle Formen des Integrationismus als bürgerlich, gemäßigt, reformistisch darzustellen, während sich im schwarzen Separatismus demgegenüber die »Radikalisierung« der Bewegung zeige:

»Viele Entwicklungen zeigten auch, dass die Rassenintegration eher schädlich für die schwarze Gemeinde ist und ziemlich einseitig auf die Aufgabe aller kulturellen und sozialen Eigenständigkeiten der Schwarzen hinausläuft. Diese Opfer will ein großer Teil von ihnen nicht mehr bringen. Schwarznationalistische Gruppen sprechen gar von einem geplanten Völkermord an den Schwarzen in den USA und bekämpfen die Integrationsbestrebungen auf allen Ebenen.«[7]

»Radikalisierung« der Bewegung wird in solchen historischen Darstellungen des linken militanten Mainstreams immer wieder gleichgesetzt mit Übergang zur Militanz und Bewaffnung, Denunziation bis hin zur Lächerlichmachung der gewaltlosen Aktion und Ablehnung jeder Art von Integration. Als Alternativen werden diverse Varianten und geschichtliche Strömungen des Panafrikanismus, des schwarzen Islamismus, des schwarzen Separatismus und Nationalismus präsentiert. Ihnen eigen sind Forderungen nach einem Staat der Schwarzen auf dem Territorium der USA oder in Afrika, oder gar der Mythos einer Auswanderung und Rücksiedlung der

Schwarzen aus den USA nach Afrika, gerade so, als wäre Liberia – ein Staat, der eben zu diesem Zweck gegründet wurde – heute ein leuchtendes Vorbild für den politischen Erfolg solcher Konzeptionen.

Clayborne Carson stellt mit seiner Geschichte des SNCC diese ganzen Versuche, Militanz und Separatismus mit Radikalisierung gleichzusetzen, dadurch infrage, dass er die Entwicklung des SNCC hin zur propagierten Militanz von 1968 nicht als geradlinigen emanzipativen Prozess darstellt, sondern im Gegenteil eher als Geschichte des Zerfalls, so auch der Titel des dritten Teils des hier vorliegenden Buches. Nach der historischen Darstellung Carsons gibt es in der Geschichte des SNCC einen inhärenten Zusammenhang zwischen zunehmender Militanz, zunehmender Rigidität des schwarzen Nationalismus und Separatismus, zunehmendem Antifeminismus[8] der militanten Männer im SNCC und einem aufkommenden Antisemitismus, der die Zusammenarbeit mit jüdischen UnterstützerInnen der Bürgerrechtsbewegung in der ersten Hälfte der sechziger Jahre ersetzte. Die durch die propagierte Militanz und den separatistischen Nationalismus mit hervorgerufenen »Ghettoaufstände« hinterließen ein Vakuum der Perspektivlosigkeit und der militärischen Niederlage, in das überhaupt erst wieder Vertreter klassisch liberal-reformistischer und parlamentarischer Konzeptionen vorstoßen konnten und dabei übrigens das Konzept »Black Power« inhaltlich vor allem mit parlamentarischer Vertretung füllten. Zu ihrer Zeit konnten die militanten Aktivisten über die ökonomisch und sozial unzureichenden Erfolge der Bürgerrechtsbewegung den Stab brechen, doch die historische Darstellung von Carson zwingt zum praktischen Vergleich mit den Ergebnissen der militant-nationalistischen Kämpfe, die unmittelbar darauf folgten und sich selbst als radikale Alternative darstellten. Auch die zweite Hälfte der sechziger Jahre ist inzwischen Geschichte und ihre Ergebnisse unterliegen der Bewertung. Und hier zeigt sich, dass die »Ghettoaufstände« – so verständlich und nachvollziehbar die Wut, die darin zum Ausdruck kam, auch immer gewesen sein mag – in der Praxis kaum zählbare materielle und erlebbare Erfolge hervorgebracht haben, auch nicht ihre Nachläufer in South Central Los Angeles Ende der achtziger Jahre. Ganz im Gegenteil: Die »bewusste selbstgewählte Segregation« (Michels) vieler schwarz-nationalistischer Gruppen war in Wirklichkeit eine Regression, eine programmatische Rückkehr zur praktisch gerade überwundenen Segregation, ein Verrat somit an den emanzipatorischen Errungenschaften der gewaltlosen Bürgerrechtsbewegung. An dieser Stelle kann nur daran erinnert werden, dass die Rassisten des Ku Klux Klan nichts so sehr fürchteten wie die kulturelle und angeblich »rassische« Vermischung zwischen Schwarzen und Weißen und deshalb diejenigen Gruppen am schärfsten angriffen, bei denen der Integrationismus am weitesten fortgeschritten war, während sich weiße Nazis in den USA, das zeigt sogar ehrlicherweise Spike Lee in seinem Malcolm-X-Film zu Beginn der neunziger Jahre, Reden von Malcolm X und der NOI besuchten, in denen zur vollständigen räumlichen Trennung zwischen schwarzer und weißer »Rasse« aufgerufen wurde. Clayborne Carson weist in diesem Buch deshalb immer wieder auf Ansätze und Konzepte einzelner AktivistInnen im SNCC hin, in denen Klassenanalysen und Bündnisse mit studentischen oder proletarischen Weißen konstruktiv mit Analysen des Rassismus verbunden wurden.

Das ungelöste Problem der Afro-AmerikanerInnen im Gegensatz zu den AfrikanerInnen war die Tatsache, dass die Schwarzen in den USA im Gegensatz zu den Schwarzen in Afrika eine gesellschaftliche Minderheit darstellen. Über die Grundlagen einer Situation, in der die eigene Bevölkerungsgruppe nur ungefähr elf Prozent der Gesamtbevölkerung ausmacht und welche politisch-strategischen Konsequenzen das hat, wurde im schwarzen Nationalismus kaum je umfassend nachgedacht. Aufgrund des dominanten Nationalismus der Schwarzen galten auch in den siebziger und achtziger Jahren jegliche föderativen Ansätze des Integrationismus als desavouiert. Doch zentrale Inhalte einer Bewegung können nicht schon deshalb abgelehnt werden, weil das Establishment sie ständig im

Munde führt und mit autoritären Inhalten belegt. Was etwa die »Freiheit« anbelangt, haben die Schwarzen nie gezögert, diesen Begriff selbst zu benutzen und ihn selbstbewusst mit eigenen Inhalten zu füllen – auch wenn ihn die Regierung noch so oft für sich reklamierte. Im Falle der »Integration« scheint dies nicht der Fall zu sein. Weil die Regierung Integration als Assimilation propagiert, wird nicht etwa ein emanzipatives, alternatives Konzept der Integration auf der Basis eines schwarzen Selbstbewusstseins und der wechselseitigen kulturellen Durchmischung dagegen gesetzt, sondern »Integration« im Namen eines fragwürdigen Minderheiten-Nationalismus ganz abgelehnt. Bis in die weltweiten Diskussionen um Identitätspolitik in den neunziger Jahren hinein hielt sich diese fatale Tendenz hartnäckig und erfuhr im jugoslawischen Bürgerkrieg ihre Feuerprobe.

Vor allem im Krieg um das zerfallende Jugoslawien entstanden aus Minderheiten kriegerische Nationalismen wie der katholisch-kroatische Nationalismus, der bosnisch-islamische Nationalismus oder der kosovo-albanische Nationalismus. Sicher ist die in den neunziger Jahren weit verbreitete, auch durch die Post-Colonial- und Cultural-Studies in den USA populär gewordene Identitätspolitik nicht die Ursache dieser Nationalismen, doch sie hat sie zweifellos ideologisch gestützt und von unten gefördert, wo gerade basisdemokratische, föderalistische und grenzübergreifende Alternativen gefragt gewesen wären: Es gibt nämlich auch eine Geschichte der »unterdrückten Nationen« in Jugoslawien, eine opfer- und gewaltvolle Geschichte, bei der sich der Widerstand der Unterdrückten scheinbar nicht anders organisieren konnte als durch den Rückgriff auf die nationale Ebene und deren andere Nationen ausschließende Mythen. Die Parallele zum Widerstand der Schwarzen ist offenkundig. Dieser Prozess ist immer psychisch nur allzu verständlich, doch in seinen praktischen Auswirkungen katastrophal. Denn in den Phasen der Staatsgründung dieser ex-jugoslawischen separatistisch-nationalistischen Bewegungen bestimmten brutale Kriege das Geschehen, die nicht nur viele neue Opfer forderten, sondern auch zu keiner dauerhaften Lösung führten, wie die fortwährende NATO-Präsenz in Bosnien-Herzegowina und im Kosovo beweist, wo jeweils die neu-nationalistisch aufgeputschte Bevölkerungsmehrheit bei Abzug der internationalen Truppen über die neue Minderheit herfallen würde.

Clayborne Carson zeigt, dass in jener Phase des SNCC, in welcher weiße AktivistInnen Mitglied sein konnten, die entscheidende Frage die war, ob die Schwarzen die Entscheidungskontrolle über die Organisation behielten, besonders nach der Kampagne in Mississippi 1964, als verhältnismäßig viele Weiße in die Organisation strömten. Was es gab, so erklärte mir Carson im Gespräch, war eine geradezu mythisch übersteigerte Angst der Schwarzen, dass die ihnen am wichtigsten erscheinende Organisation, das SNCC, das sie selbst aufgebaut hatten, von Weißen übernommen werden könnte. Und das Misstrauen gegen eloquent und als intellektuelle Redner auftretende weiße StudentInnen war zweifellos nicht nur an den Haaren herbeigezogen. Solche, im wesentlichen durch die lange Herrschaftsgeschichte des Rassismus erklärbaren Ängste haben jedoch verhindert, dass im SNCC vielleicht frühzeitig organisatorische Kriterien eingeführt hätten werden können, die eine Dominanz der Weißen institutionell verhindern konnten, anstatt später alle Weißen auszuschließen. Doch Spekulationen darüber sind müßig, das Experiment des schwarzen Separatismus musste wohl einmal gemacht werden, um die praktischen Lehren ziehen zu können. Aber nun sollten sie auch gezogen werden.

Auch in der Phase der Bürgerrechtsbewegung, in der die Schwarzen nahezu einmütig die Integration befürworteten, gab es immer wieder Räume und Gelegenheiten für die Kultivierung einer notwendigen Autonomie und des Selbstbewusstseins der Schwarzen, vor allem in den christlichen Kirchen der Schwarzen in den Südstaaten. Ein emanzipativer Integrationismus könnte auf solchen kulturellen Bereichen der Autonomie aufbauen und auf föderative und egalitäre Weise die Integration verschiedener Minderheiten in eine grundsätzlich zu revolutionierende Gesellschaft der USA anstreben. Bis Ende der neunziger Jahre war die Durchsetzung solcher revolutionär-föderalistischer Positionen in der afro-amerikanischen Bewegung in den USA nur undeutlich erkennbar. Der Kult um Spike Lee's Film sorgte in den frühen neunziger Jahren insgesamt sogar eher für ein Revival schwarz-nationalistischer Identitätspolitik. Und die Beteiligung von 500 000 schwarzen Männern am reaktionären »Million-Men-March« der Nation of Islam um den islamistisch-nationalistischen Antisemiten Louis Farrakhan zur Propagierung einer paternalistischen Familienideologie in Washington im Jahre 1997 markiert einen vorläufigen Endpunkt der Regression, zu der die Ideologie des militanten, schwarzen Nationalismus geführt hat.

Schon 1999 deutete sich mit den Massenprotesten in Seattle jedoch ein emanzipativer Ausweg aus dieser Sackgasse an. Die neue Bewegung für eine andere Globalisierung greift wie selbstverständlich auf verschüttete Traditionen des Integrationismus und der vielfältigen Zusammenarbeit zwischen Schwarzen und Weißen zurück. Diese Zusammenarbeit ist jedoch zugleich nicht mehr – wie in den regierungsoffiziellen Konzeptionen – auf nationale Integration ausgerichtet, sondern sie ist weltweit, transnational und auf die Abschaffung nationalistischer Grenzziehungen orientiert. Ziel ist ein Integrationismus der »global citizenship«. Kulturen sollen sich vermischen, gegenseitig befruchten und sich dadurch kreativ bereichern. Wo aufgrund jahrzehnte- oder gar jahrhundertelanger Unterdrückungserfahrung ein gewisses Maß an Autonomie nötig ist, können sich autonomistische Strömungen mit anderen Gruppen und Bewegungen föderativ verbinden. Es ist die Widerstandspraxis dieser weltweiten Bewegung, die auf einen Schlag die Sackgassen der Identitätspolitik, die bis zum Ende der neunziger Jahre reichten, überwunden hat und die gleichzeitig eine Hierarchisierung von Antirassismus, Antisexismus, Antikapitalismus und Kampf gegen Antisemitismus ablehnt. Jedes Herrschaftsverhältnis muss gleichwertig analysiert und bekämpft werden, und wer sich im Kampf gegen Sexismus engagiert, begeht dadurch keineswegs Verrat am

Antirassismus, wie ein gängiges Argument in der Phase des schwarzen Nationalismus lautete. Der emanzipative Integrationismus dieser transnationalen Bewegung setzt wieder auf die egalitär sich vollziehende kulturelle Befruchtung und Vermischung und steht dadurch auch im unverwechselbaren Gegensatz zu den bundesdeutschen regierungsoffiziellen Integrationsvorstellungen von der Dominanz einer angeblichen »Leitkultur« der Mehrheit, der sich die Kultur der Minderheit unter Preisgabe ihrer Errungenschaften und Eigenständigkeit zu assimilieren hat. So, wie die Bewegung für eine andere Globalisierung trotz der Globalisierungspropaganda der Herrschenden eine selbstbestimmte Form der Globalisierung ja nicht ablehnt, so lehnt sie auch die Vermischung der Kulturen nicht ab, ja stellt sie als Konzept dem statischen »Kampf der Kulturen« (Samuel P. Huntington) entgegen.

Als der autoritär-militant gewordene H. Rap Brown Mitte 1969 im für die sozialen Kämpfe irrelevant gewordenen SNCC putschte und die Namensänderung von »Student Nonviolent Coordinating Comittee« zu »Student National Coordinating Comittee« durchsetzte, war dies programmatisch gemeint. Clayborne Carsons Darstellung zeigt, dass dies folgerichtig und kein Zufall war.

»National« hat heute im Gegensatz zu damals bei immer mehr transnational agierenden AktivistInnen einen negativen Beigeschmack erhalten. Und auch wenn sich H. Rap Brown heute noch einmal die radikale Attitüde seiner Rede vom 14. 8. 1967 in Watts/ Los Angeles zulegen könnte, würde niemand mehr Reden wie diese als Ausdruck einer wie auch immer gearteten »Radikalisierung« werten: »Ich meine, Lyndon Johnson ist der größte Verbrecher, den die Welt je erlebt hat. Und ich glaube, dass seine Mama eine Kommunistin war. Und für die von euch da draußen, die es nicht wissen (...) J. Edgar Hoover ist schwul. Er hat Nerven genug, um über Moral zu reden! Der höchste Polizist der Nation ist ein Schwuler! Worauf steuert Amerika zu? Eine Nation, so krank wie diese, kann nicht überleben. Ich will nichts als Gewalt, und ich werde sie anwenden, um mich zu befreien!«[9]

Auch wenn berücksichtigt wird, dass Rap Brown solche Reden bewusst in der vereinfachten Sprache der »Ghetto-Kids« gehalten hat, sind seine Inhalte – besonders für einen jahrelang aktiven Aktivisten des SNCC – nicht etwa Ausdruck von Authentizität, sondern von Regression in erschreckenden Ausmaßen. In einer zunehmend transnational von unten zu gestaltenden Welt haben rigide Nationalismen abgewirtschaftet und bilden keine ernstzunehmende Vision emanzipatorischer Politik mehr. Auch das ist eine Lehre aus der Geschichte des SNCC.

Carson sagte zu mir im Gespräch, dass solche Entwicklungen wie die von Rap Brown auch eine nicht zu vernachlässigende psychologische Erklärungskomponente haben. Schwarze waren durch die lange Herrschaftsgeschichte des Rassismus so eingeschüchtert, dass sie Radikalität mit dem Aussprechen dessen verwechselten, was noch nie ein Schwarzer öffentlich zu sagen wagte. Das ist eine Erklärung, keine Entschuldigung. Es sei nicht die real ausgeübte Gegengewalt der Schwarzen, so Carson weiter, die nachteilige Folgen für die weitere Entwicklung in den USA gezeitigt habe, denn die reale Gegengewalt sei marginal und in ihren Ausmaßen insgesamt gering gewesen. Wirklich schädlich sei dagegen die Gewaltrhetorik gewesen, der Verbalradikalismus vieler militanter schwarzer Redner. Die Rhetorik sei von den Medien und Regierungen der Weißen ausgebeutet worden, um unter den Weißen irreale Ängste zu schüren, um Mechanismen sozialer Abschottung zu verstärken und vor der liberalen Öffentlichkeit immer neue Gesetze und Methoden der Repression gegen Schwarze zu legitimieren. Der wirkliche Schaden war der, dass durch den Verbalradikalismus den Herrschenden ein wohlfeiles Instrument der Legitimation von Regierungsgewalt in die Hand gelegt wurde. Mit solcher Legitimation und der sie begleitenden Angstpropaganda haben konservative Parteien in den USA bis heute immer wieder Wahlen gewonnen und die Öffentlichkeit in ihrem Sinne beeinflusst.

Eine notwendige Korrektur linker Geschichtsschreibung

Die Anwendung bewaffneter Gewalt ist in den USA nicht etwa Ausweis einer besonderen Form der Illegalität. Waffenbesitz und bewaffnete Verteidigung des eigenen Grund und Bodens sind seit den Gründungszeiten der USA legal. Schwarze auf dem Land hatten schon immer Gewehre in ihren Häusern, um sich gegen Angriffe weißer Rassisten zu verteidigen. Nach »Ghettoaufständen« in den nördlichen Städten der USA stieg regelmäßig der Waffenkauf der Weißen, um sich gegen halluzinierte Angriffe der Schwarzen zu verteidigen. Dass die bewaffnete Gewalt tief in die Entwicklungsgeschichte der USA eingebrannt ist, bestreiten weder VertreterInnen des Establishments noch Oppositionelle.

Umso erstaunlicher ist es, dass nach dem Zweiten Weltkrieg mehrere Massenorganisationen der Schwarzen entstanden, die innerhalb dieses extrem gewaltsamen kulturellen Umfelds und gegen die über Generationen hinweg tradierte Anwendung privater und kollektiver bewaffneter Gewalt zur Selbstverteidigung die direkte gewaltfreie Aktion mit dem Ziel der radikalen und umfassenden Gesellschaftsveränderung propagierten und praktizierten. Im wesentlichen betrifft dies die Organisationen *Congress of Racial Equality* (CORE), SCLC und SNCC. Der US-Historiker Maurice Isserman spricht in einer außergewöhnlichen Darstellung der Bedeutung dieser Organisationen in der Zeit zwischen dem Zweiten Weltkrieg und den sechziger Jahren von der »Amerikanisierung Gandhis«[10] und sieht in ihnen einen Ausgangspunkt des Übergangs von der in bürokratisch-hierarchischen Parteistrukturen erstarrten alten Linken zur spontaneistischen, aktions- und bewegungsorientierten Neuen Linken in den USA. Diese drei radikal-gewaltfreien Organisationen der Afro-AmerikanerInnen bilden somit einen wichtigen Bestandteil der modernen Geschichte des Widerstands der Afro-AmerikanerInnen.

Über jede dieser großen gewaltfreien Organisationen CORE, SCLC und SNCC sind in den USA inzwischen umfassende historische Darstellungen zu ihrer Bedeutung, Praxis und Organisationsgeschichte erschienen.[11] Welche dieser Darstellungen haben inzwischen linke Verlage ins Deutsche übersetzt und veröffentlicht? Die Frage ist rhetorisch und die Antwort heißt: keine!

Wer sich die Veröffentlichungspraxis historischer Darstellungen zur afro-amerikanischen und antirassistischen Bewegung in den USA, die in den neunziger Jahren in deutscher Übersetzung in linken Verlagen erschienen sind, vor Augen führt, kann sich des Eindrucks nicht erwehren, dass als historische Überlieferung augenscheinlich nur zählt, was Militanz propagierte. Das überrascht um so mehr, als gerade der historische Abstand zu den »Zeiten des Kampfes« den Blick aufklären und nicht trüben sollte. Dass in den bürgerlichen Verlagen Deutschlands keine Studien zu den gewaltfrei-revolutionären Massenorganisationen der Schwarzen erschienen sind, verwundert nicht[12]. Der Grad, in dem sich linke Verleger in der BRD auf die Geschichte bewaffneter Organisationen konzentrieren, ist jedoch erschreckend. Bei genauerem Hinsehen auf die linke Veröffentlichungspraxis historischer Studien oder Übersetzungen in den neunziger Jahren wird deutlich, dass die Frage der Militanz nahezu das einzige Kriterium zu sein scheint, nach dem Bücher zur Widerstandsbewegung in den USA übersetzt oder Gesamtdarstellungen von Organisationen veröffentlicht worden sind. Dadurch können sich bis heute jüngere interessierte deutschsprachige LeserInnen lediglich über diejenigen Organisationen der schwarzen Widerstandsbewegung informieren, die fast durchweg autoritärer strukturiert, weniger bedeutsam, weniger langlebig und weniger mitgliederstark waren als CORE, SCLC oder SNCC. Das beginnt bei der Geschichte der durch und durch – das wird auch bei Clayborne Carsons Darstellung der Fusionsversuche der Panther mit dem SNCC in seiner späten, militanten Phase deutlich – autoritär strukturierten Organisation *Black Panther Party* (BPP)[13], geht weiter mit den Veröffentlichungen zur Solidarität mit dem von der Todesstrafe bedrohten Ex-Panther Mumia Abu Jamal[14] und endet bei Darstellungen des *Weatherman* und des *Weather Underground*[15] sowie den panafrika-

nischen und schwarz-nationalistischen Strömungen der Bewegungen in den sechziger, siebziger und achtziger Jahren[16]. Die bei dieser
Veröffentlichungspraxis zum Ausdruck kommende antigewaltfreie
Fixierung auf Bewaffnung macht etwa die Tatsache deutlich, dass
mit dem Weatherman und dem Weather Underground heute bereits
die Geschichte einer Organisation von Weißen in deutscher Übersetzung vorliegt, die ihre Aktionen anfangs lediglich als Solidarität
und Unterstützung für den Kampf der Schwarzen verstanden, während andererseits keine ausführliche Darstellung über Massenorganisationen der Schwarzen selbst veröffentlicht wird, wenn sie sich
auch nur zum Teil – wie etwa beim SNCC, deren zweite Hälfte ihrer
Geschichte ja eine militante war – gewaltfrei verstanden. Besonders
ärgerlich ist die Ignoranz gegenüber der Geschichte des SNCC im
Buch von Peter Michels, der historische Personen, Bewegungen und
Ideologien des Widerstands der Schwarzen im 19. und 20. Jahrhundert beschreibt und es schafft, das SNCC, das hier von Clayborne Carson immerhin als bedeutendste Organisation der Schwarzen in den sechziger Jahren beschrieben wird, fast vollständig zu
übergehen, wenn von gelegentlichen Namensnennungen ohne weitere Erklärung abgesehen wird. Dadurch verschiebt sich natürlich
der Eindruck der LeserInnen darauf, welche Kämpfe in der Geschichte der Schwarzen als relevant wahrgenommen werden und
wie sie rezipiert werden.

Diese Praxis linker Übersetzungs- und Veröffentlichungspolitik
führt zu gravierenden Einseitigkeiten und letztlich einem falschen
Bild von der Geschichte des afro-amerikanischen Widerstands. So
wie aus der Perspektive der Geschichte – sagen wir – der Roten
Armee Fraktion (RAF) kein zutreffendes Bild der in seiner ganzen
Vielfältigkeit bestehenden Widerstandsbewegung der Neuen Linken und der sozialen Bewegungen in der West-BRD seit 1968 erwachsen kann, so ist es unmöglich, ein unverzerrtes Bild der afro-
amerikanischen Widerstandsbewegungen ohne die ausführliche
historische Würdigung von CORE, SCLC oder SNCC zu zeichnen.

Die Übersetzung von Clayborne Carsons Buch über die am stärksten basisdemokratisch strukturierte Organisation der Schwarzen in den sechziger Jahren, das SNCC, kann in dieser Hinsicht nur ein erster Schritt sein, um die gewaltfreien Organisationen der afro-amerikanischen Bewegung in ihr historisches Recht zu setzen und das veröffentlichte Bild zu korrigieren. Lediglich einige Übersetzungen aus der Frauenbewegung können von dieser Kritik der Veröffentlichungspraxis linker deutschsprachiger Verlage in den neunziger Jahren ausgenommen werden. So werden zum Beispiel in Gloria Josephs Buch *Schwarzer Feminismus* die SNCC-Aktivistinnen Ella Baker, Fannie Lou Hamer oder Gloria Richardson erwähnt und gewürdigt.[17] Diese insgesamt trostlose aktuelle Lage an deutschsprachigen Veröffentlichungen über die Aktions- und Organisationsgeschichte der großen prägenden Organisationen des gewaltfreien Massenwiderstands der Schwarzen in den USA nach dem Zweiten Weltkrieg war neben der aktuellen politischen Bedeutung der Geschichte des SNCC als Lehrstück für die Abwege des Nationalismus unterdrückter Minderheiten und ihrer Konsequenzen ein zweiter Beweggrund dafür, dass wir die Übersetzung dieser bedeutenden historischen Arbeit von Clayborne Carson in Angriff genommen haben. Mögen sich die LeserInnen durch die Veröffentlichung dieser materialreichen und historisch genauen Arbeit von Carson ein umfassenderes und dem historischen Geschehen eher gerecht werdendes Bild vom Widerstand der Afro-AmerikanerInnen in den USA machen. Wir danken allen Beteiligten, die dieses umfangreiche Projekt möglich gemacht haben, besonders Heinrich W. Grosse für sein lesenswertes Nachwort, Ursula G. und Heinz W. für ihre großzügigen Spenden, der DFG-VK für einen Zuschuss sowie Heike M., Kristina H. und Ursula G. für Hilfen und Ratschläge bei der Übersetzung.

Lou Marin für die Herausgeber im Verlag Graswurzelrevolution

Einleitung des Autors

Das *Student Nonviolent Coordinating Committee* (SNCC, Studentisches Gewaltfreies Koordinierungskomitee, die Abkürzung SNCC wird im Amerikanischen »Snick« ausgesprochen, d. Ü.) entstand in der scheinbar sterilen politischen Landschaft der fünfziger Jahre. Die gewaltfreie Organisation blühte in den Massenkämpfen der sechziger Jahre auf und verschwand in den Sackgassen der von Repression, Spaltungen und individuellem Rückzug gekennzeichneten, unfruchtbaren Atmosphäre der frühen siebziger Jahre.

Als die antirassistischen Widersprüche und Unzufriedenheiten die Fassade der Anpassung an die Verhältnisse der von McCarthy geprägten fünfziger Jahre durchbrachen, war es zunächst eine Welle einzelner Widerstandsaktionen, die den modernen Freiheitskampf der Afro-AmerikanerInnen auslöste. Die AktivistInnen des SNCC, die seit langem im Graswurzelmilieu verankert waren und sich der Überwindung rassistischer Unterdrückung verschrieben hatten, veranschaulichten die exemplarischen Werte dieser Kämpfe. So lange das SNCC die wechselnden Erfordernisse einer wachsenden sozialen Bewegung vorwegnahm, war sein spezifischer Radikalismus für diese Bewegung fruchtbar. Das SNCC war im Zentrum einer Bewegung, die die US-amerikanische Nation veränderte, und viel tiefer gehend noch die an der Bewegung Beteiligten. Der rasche Aufstieg und Niedergang des SNCC, seine internen Debatten über Taktik, Strategie und langfristige Ziele spiegelten als Mikrokosmos die Veränderungen afro-amerikanischer Politik während der sechziger Jahre.

Das SNCC wurde von den schwarzen College-StudentInnen aus den Südstaaten der USA gegründet, die auch die Sit-In-Bewegung in den Restaurants der sechziger Jahre initiiert hatten. Es entwickelte sich zu einer kleinen, aber wachsenden Gemeinschaft idealistischer AktivistInnen, weißer wie schwarzer, Studierender wie Nicht-Studierender, aus dem Norden der USA wie aus dem Süden. Stück für Stück überwanden die AktivistInnen des SNCC die eng gesteckten Grenzen des erlaubten Protests in der Zeit des Kalten Krieges. Sie eröffneten neue Perspektiven auf die US-amerikanische Gesellschaft und ihren von der Mittelklasse dominierten »Way of Life«. Weil es viele aktive Jugendliche anzog, die die eskalierenden Kämpfe der sechziger Jahre ausfochten, verkörperte das SNCC auf lebendige Weise und wie wohl kaum eine andere Organisation die aufkeimenden Werte einer wachsenden sozialen Bewegung.

Als die radikale Kompromisslosigkeit der studentischen FreiheitsfahrerInnen (Freedom-Riders: eine Aktionskampagne, bei der die schwarzen StudentInnen für Weiße reservierte Plätze in Überlandbussen und Busstationen besetzten, d.Ü.) im Frühjahr und Sommer 1961 die Regierung von Präsident John F. Kennedy in die Defensive brachte, verließ eine kleine Gruppe von AktivistInnen ihre Universität oder ihre Berufsausbildung, um BerufsaktivistIn im SNCC zu werden. Mit nicht viel mehr als ihrer Begeisterung, ihrer Kreativität und jugendlichen Energie griffen diese SNCC-AktivistInnen die Hochburgen des Rassismus in den Südstaaten frontal an. Während sie die schwarze Gemeinschaft mobilisierten, bildete sich ihre entschieden radikale Perspektive durch wechselnde Erfahrungen und Erwartungen. Zunächst bestanden sie nur darauf, dass die US-Bundesregierung und deren liberale Führungspersönlichkeiten ihre Macht zum Schutz und als Unterstützung der SNCC-Aktiven und der Schwarzen im Süden einsetzt, mit denen sie zusammenarbeiteten. Ab Mitte der sechziger Jahre begannen die SNCC-Kader jedoch nicht nur die Zurückhaltung der Liberalen, sondern auch die konventionellen Strategien der Gesellschaftsveränderung in der US-amerikanischen Gesellschaft in Frage zu stellen. Sie beobachteten, dass die Anführer traditioneller Organisationen die bedeutsamsten Kämpfe vor Ort ignorierten, während gerade innerhalb dieser Kämpfe neue, authentischere AktivistInnen öffentlich hervortraten und ihnen Kontinuität verliehen. Indem sie Organisationstechniken entwickelten, die bei den Schwarzen im Süden das Vertrauen in ihre Fähigkeit stärkten, Unterdrückungssituationen zu überwinden, wurden unterdrückte Traditionen des antirassistischen Radikalismus wieder belebt. Die erfolgreiche Mobilisierung von Gemeinden der Schwarzen im Süden durch das SNCC ermutigte auch andere Bewegungen. Die Formen eines Selbstbewusstseins als schwarze »Rasse«, die im SNCC Mitte der sechziger Jahre entstanden, waren Archetypen der Ideen, die später in der Frauenbefreiungsbewegung und anderen Identitätsbewegungen auftauchten.

Dieses Buch ist eine Studie der Ideen, die innerhalb des SNCC lebendig wurden. Sein zentrales Thema ist die Entwicklung des Radikalismus im SNCC. Dieser Prozess beinhaltete sowohl Konflikte als auch eine Reihe von gemeinsamen Auffassungen, denn das SNCC war keine homogene Sekte, die nur einem einzigen Glaubenskanon verpflichtet war. Seine AktivistInnen hinterfragten nicht nur die Bedingungen des gesellschaftlichen Status Quo, sondern auch die Voraussetzungen, die ihrer eigenen Rebellion gegen die Autorität zugrunde lagen. Sie waren sich zwar darin einig, dass das Ziel ihres Kampfes die Erweiterung menschlicher Freiheit sei, ihnen wurde jedoch zunehmend die Begrenztheit individualistischer Werte bewusst, wenn sie einer Bewegung mit kollektiven Zielen dienen sollten. Die OrganisatorInnen forderten – mehr noch als immer militantere Aktionsformen – eine starke, festgefügte Organisation, die nötig sei, wenn das SNCC über bloße Reformen im Bereich der Bürgerrechte hinausgehen solle. Der kompromisslose Ton in den öffentlichen Kritiken des SNCC an der US-Bundesregierung und am

US-amerikanischen Liberalismus verdeckte die lebhaften internen Diskussionen über Taktik, Strategien und Ziele. Während dieser Diskussionen stellten die SNCC-AktivistInnen ihre eigenen Erfolge in Frage. Wie viele idealistische ReformerInnen und RevolutionärInnen in der Geschichte stellten auch sie die Frage, ob es möglich ist, eine Freiheitsbewegung aufzubauen, die nicht gleichzeitig eine neue Quelle für Unterdrückung darstellt.

Die Entwicklung des SNCC kann in drei Abschnitte unterteilt werden. Im ersten Abschnitt kamen junge MenschenrechtsaktivistInnen im SNCC zusammen und bildeten eine Gemeinschaft innerhalb eines sozialen Kampfes. Die SNCC-AktivistInnen suchten nach ideengeschichtlichen Anknüpfungspunkten für ihre Aktionen, in dem sie einzelne Bestandteile aus dem gandhianischen Unabhängigkeitskampf und aus den US-amerikanischen Traditionen des Pazifismus und des christlichen Idealismus aufgriffen, wie sie im *Congress of Racial Equality* (CORE, Kongress für »Rassen«gleichheit), im *Fellowship of Reconciliation* (FOR, Versöhnungsbund) und in der *Southern Christian Leadership Conference* (SCLC, Christliche Leitungskonferenz der Südstaaten; die Organisation Martin Luther Kings, d. Ü.) formuliert wurden. Die SNCC-OrganisatorInnen waren jedoch weniger als die Repräsentanten anderer Bürgerrechtsgruppen gewillt, ihre Ideen schwarzen Führungspersönlichkeiten auf lokaler Ebene aufzudrängen oder die Militanz der Schwarzen im Süden einzuschränken. Die SNCC-AktivistInnen galten als die »Stoßtruppen« der Bürgerrechtsbewegung und verfolgten ihre Projekte sogar in Regionen wie dem ländlichen Mississippi, die von anderen Organisationen als zu gefährlich eingeschätzt wurden. Als sich die Zielrichtung der Aktionen des SNCC von der Abschaffung der Segregation (der rassistischen räumlichen Abtrennung von Schwarzen und Weißen, d. Ü.) weg und auf die Erkämpfung politischer Rechte zubewegte, veränderte sich sein philosophisches Bekenntnis zur direkten gewaltfreien Aktion zu einem säkularen, humanistischen Radikalismus, der von Marx, Camus, Malcolm X und vor allem von den eigenen Erfahrungen der SNCC-

OrganisatorInnen (Community Organizers) in den schwarzen Gemeinschaften des Südens beeinflusst war. Im Sommer des Jahres 1964 erregten die einzigartigen Qualitäten des SNCC landesweites Aufsehen, als es bei der Mobilisierung hunderter StudentInnen aus dem Norden der USA nach Mississippi führend in Erscheinung trat, um in dieser Hochburg südstaatlicher Segregation eine entscheidende Schlacht für das Wahlrecht der Schwarzen zu schlagen.

Der zweite Abschnitt in der Entwicklung des SNCC begann mit dem Scheitern eines Versuches der *Mississippi Freedom Democratic Party* (MFDP, Demokratische Freiheitspartei Mississippis), die normalerweise rein-weiße Delegation aus diesem Bundesstaat für den nationalen Parteitag der *Democratic Party* (Demokratische Partei) im August 1964 mit einer eigenen Delegation zu ersetzen. Zu jener Zeit war das SNCC bereits ein Trainingsfeld für AktivistInnen geworden, die später an der Free Speech Bewegung in Berkeley, den Protesten gegen den Vietnamkrieg und der Frauenbefreiungsbewegung teilnahmen, aber die SNCC-OrganisatorInnen wurden zusehends unsicherer, was die Grundprinzipien ihrer Arbeit betraf. So wurden die folgenden zwei Jahre zu einer Innenschau benutzt, in der sie sich fragten, ob mit ihren gegenwärtig verfolgten Strategien die grundlegenden sozialen Veränderungen erreicht werden konnten, die sie nun als notwendig ansahen. Die hauptamtlichen OrganisatorInnen diskutierten darüber, ob die Schwarzen im Süden wirklich dauerhafte Verbesserungen ihrer Lebensbedingungen erreichen konnten, wenn sie weiter auf die Unterstützung der liberalen Weißen hofften und auf Interventionen der US-Bundesregierung. Und sie diskutierten darüber, ob das SNCC den Kampf der Schwarzen ausweiten könne, wenn es gleichzeitig an einen Antirassismus mit weißer Beteiligung und direkter gewaltfreier Aktion gebunden bliebe. Sie fragten sich zudem, ob ihre Ziele am besten durch ständige Konfrontation mit den bestehenden oder durch den Aufbau alternativer Institutionen, die von den Armen und Machtlosen selbst verwaltet werden, erreicht werden konnten.

Die dritte Phase der Entwicklung des SNCC bestand aus den

Anstrengungen seiner Mitglieder, ihre Differenzen durch die Forderung nach Black Power (Schwarze Macht) und schwarzem Bewusstsein zu lösen. Weiße AktivistInnen wurden aus dem SNCC ausgeschlossen und Institutionen aufgebaut, die von Schwarzen selbst geleitet wurden. Nach seiner Wahl zum Vorsitzenden des SNCC im Mai 1966 verbreitete Stokely Carmichael die neue separatistische Orientierung der Organisation, aber weder er noch andere AktivistInnen konnten eine tragfähige ideologische Grundlage entwickeln, die die Schwarzen vereinigt hätte. Als die SNCC-Kader versuchten, das schwarze Bewusstsein auf die möglichen politischen und kulturellen Alternativen zu lenken, scheiterten sie in ihrem Bemühen, lokalen schwarzen Bewegungen eine dauerhafte Grundlage zu vermitteln und wurden in bittere Kämpfe zwischen verschiedenen Strömungen verwickelt. Ähnlich selbstzerstörerische Kämpfe spalteten die schwarzen Gemeinden im ganzen Land. Durch die inneren Spaltungen geschwächt, wurde das SNCC durch Taktiken der Regierung zerrieben, die sowohl allmähliche Systemintegration als auch rücksichtslose Repression beinhalteten und die schließlich den gesamten Kampf der Schwarzen erstickten.

Als einer von vielen Schwarzen, die durch das SNCC geprägt wurden, habe ich dieses Buch zum Teil auch deshalb geschrieben, um eine Schuld zurückzuzahlen. Ich habe unschätzbar viele Lehren aus den Erfolgen wie auch den Fehlern des SNCC gezogen. Als ich 1963 als Neuling an der Universität von New Mexico zum ersten Mal SNCC-AktivistInnen traf, zeichneten sie mir ein Bild von der Bürgerrechtsbewegung des Südens, das anders und verlockender war als das, was ich durch die Presseberichte von den Sit-Ins, den Märschen und von Martin Luther King Jr. erfahren hatte. Ich staunte über die intellektuelle Kühnheit von Stokely Carmichael, der Gedanken ausdrücken konnte, die in meinem Bewusstsein noch verborgen waren. Ich bewunderte den Humanismus von Bob Moses, der intellektuelle Analyse mit selbstlosem Engagement verband. Obwohl sie nicht älter waren als ich, hatten beide Personen wichtige soziale Rollen übernommen und lebten auf eine Weise, die ich gleichermaßen aufregend wie auch vorbildlich fand. Obwohl ich der Versuchung widerstand, SNCC-Kader zu werden, wurde ich schnell Teil »der Bewegung«. Ich entschied mich, das vom antirassistischen Widerstand relativ isolierte New Mexico zu verlassen und schrieb mich an der University of California in Los Angeles ein, wo ich Kontakt zu den BürgerrechtsaktivistInnen der Stadt aufnahm.

Da es mir nicht reichte, nur zu protestieren, und ich andererseits noch nicht zum Community Organizer ausgebildet worden war, folgte ich meinen Neigungen und wurde Journalist, der für eine »Underground«-Zeitung schrieb. Als teilnehmender Beobachter der Bürgerrechtsaktionen sympathisierte ich mit dem SNCC und wurde gleichzeitig zunehmend der Schwierigkeiten gewahr, in die es verstrickt wurde, als die Forderungen nach Bürgerrechten von Forderungen nach wirtschaftlicher und politischer Macht verdrängt wurden. Wie viele andere selbst ernannte AktivistInnen war ich Zeuge der gewaltsamen Aufstände und Riots der Schwarzen in vielen Stadtteilen von Los Angeles im August 1965, ohne sie wirklich zu verstehen. Obwohl ich die Notwendigkeit für die darauf folgenden Forderungen nach Black Power nachvollziehen konnte, wurde ich den Verdacht nicht los, dass viele SNCC-AktivistInnen genauso unsicher wie ich waren, was den zukünftigen Kurs des Freiheitskampfes der Schwarzen anbetraf.

Je mehr das SNCC zu einer geschichtlichen Etappe wurde, desto deutlicher ersetzte das Verständnis von der historischen Bedeutung des SNCC meine frühere emotionale Nähe. Nicht nur sind meine Studien zur afro-amerikanischen Geschichte ein Ergebnis der Veränderungen, die das SNCC in meinem Bewusstsein bewirkt hat, sondern die internen Diskussionen des SNCC haben mir auch einen Maßstab für die Einschätzung von dessen historischer Bedeutung geliefert. Durch die organisatorische Arbeit des SNCC wurde deutlich, dass der Kampf der Schwarzen in den sechziger Jahren keine von Persönlichkeiten wie Martin Luther King oder Malcolm X begonnene und angeführte Veranstaltung war, sondern eine Massenbewegung, die ihre eigenen dominierenden Persönlichkeiten und Ideen hervorbrachte. Und wirklich: die wichtigsten Ereignisse dieses Jahrzehnts, vom Busboykott in Montgomery über die Sit-Ins bis zu den gewaltsamen Aufständen in den Städten, bestätigen die Ansicht des SNCC, dass Menschen ohne Reichtümer oder besondere Ausbildung eine entscheidende Rolle beim Prozess der Gesellschaftsveränderung spielen konnten.

Doch die SNCC-AktivistInnen lernten auch die Schwierigkeiten kennen, die durch unvereinbare Ansprüche auf individuelle Freiheit und ideologische Geradlinigkeit entstanden, nach sozialer Gerechtigkeit und kollektiver Macht. Beredter als jede äußere Kritik, die auf das SNCC abzielte, war die Kritik, die innerhalb der Organisation selbst formuliert wurde. Wenn ich diese Kritik darstelle, will ich damit das SNCC keineswegs diskreditieren, sondern meinen tiefen Respekt gegenüber denjenigen bezeugen, die gewillt waren, das Risiko eines experimentellen Lebens auf sich zu nehmen. Wenn die SNCC-BerufsaktivistInnen keinen Weg gefunden haben, um ihr Engagement für soziale Gerechtigkeit mit ihrem Wunsch nach individueller Freiheit zu versöhnen, um wie viel weniger ist es uns gelungen, die wir das Privileg haben, über solche Fragen in ruhigeren Zeiten nachzudenken? Das SNCC hat ein intellektuelles Erbe hinterlassen, das für alle entscheidend ist, die dessen Arbeit fortsetzen und dabei seine Fehler vermeiden wollen.

Dieses Buch basiert auf den Grundlagen, die SNCC-Mitglieder selbst in ihren eigenen kritischen Untersuchungen über die Organisation gelegt haben.[1] Als ich diese Arbeiten durchforstet habe, musste ich enorme Hürden überwinden, denn SNCC-Kader besaßen selten die bürokratischen Gewohnheiten, von denen HistorikerInnen abhängig sind. Der Kern meines Interesses war die intellektuelle Entwicklung des SNCC, doch die AktivistInnen des SNCC waren weitaus stärker auf die Aktionen konzentriert als darauf, sich über ihre Ideen Rechenschaft abzulegen. Obwohl ich die Methoden der »Oral History« bei der Rekonstruktion der Geschichte des SNCC verwendet habe, blieben mir die Grenzen der Erinnerung stets bewusst.

Schließlich muss sie den psychologischen Abgrund überwinden, der die Ex-SNCC-OrganisatorInnen von den Ereignissen der sechziger Jahre trennt. Deswegen bezog ich mich hauptsächlich auf traditionelle Formen primärer historischer Quellen – Protokolle von AktivistInnentreffen, Positionspapiere, anderes Publikationsmaterial –, um ein tieferes Verständnis einer entschieden unkonventionellen Organisation zu vermitteln. Diese Quellen ermöglichen es den LeserInnen, die politischen Themen so wahrzunehmen, wie sie die AktivistInnen des SNCC damals erlebten.

Vieles bleibt nach wie vor zu schreiben über die Bürgerrechtsbewegung und das schwarze Erwachen in den sechziger Jahren. In den sozialen Kämpfen der Zeit, und vor allem im SNCC, entstand eine neue Sensibilisierung, die fortschrittliche Bewegungen bis zum heutigen Tag beeinflusst. Indem wir die Versuche des SNCC betrachten, Antworten auf komplexe Fragen zu geben, können wir vielleicht eine neue Form der Verantwortung für unsere persönliche und kollektive Zukunft gewinnen. Obwohl die SNCC-AktivistInnen viele Probleme, mit denen sie konfrontiert waren, nicht lösen konnten, soll daran erinnert werden, dass es ihnen viel früher als den meisten anderen ihrer Generation gelang, über den Horizont hinauszublicken.

Clayborne Carson, November 1994

Teil 1: Zusammenkunft

Sit-Ins

Am späten Montagnachmittag des 1. Februar 1960 lösten vier schwarze Collegestudenten in einem Restaurant in Greensboro, North Carolina, eine der größten afro-amerikanischen Protestbewegungen aus. Der erste Funke der Bewegung war ein einfacher, impulsiver Akt des Trotzes, wofür weder besondere Fähigkeiten noch Mittel nötig waren. Das »Sit-In«, wie es fortan genannt werden sollte, war die Nacht zuvor geplant worden und keineswegs ein Ergebnis eines radikalen intellektuellen Milieus. Vielmehr ging es aus spontanen studentischen Diskussionskreisen hervor, an denen meist normale schwarze StudentInnen aus den Südstaaten der damaligen Zeit beteiligt waren, politisch unerfahren und in ihrem Sozialverhalten konventionell. Die vier Studenten sollten von dem Jahrzehnt sozialer Kämpfe, das für sie ganz unerwartet auf ihren Protest folgte, weit mehr beeinflusst werden als sie selbst die Richtung dieses Kampfes beeinflussen konnten. Trotzdem trug bereits dieses erste Sit-In den Keim des Radikalismus in sich, der dann im SNCC aufblühte und es zur wichtigsten Organisation machte, die aus den Sit-Ins der schwarzen StudentInnen des Jahres 1960 entstand.

Wie viele andere junge AktivistInnen der sechziger Jahre handelten die vier Studenten aus unterdrücktem Groll, der oft der Entwicklung einer ideologischen Begründung für den Protest vorausging. Ohne organisatorische Struktur und ohne klare Vorstellungen über ihre Aktion brachen die Studenten von Greensboro entschlossen mit der Vergangenheit. Erst nachdem ihr isolierter Protest den intensiven, manchmal chaotischen Prozess der politischen Bewusstseinsbildung innerhalb des Kampfes in den Südstaaten in Gang gesetzt hatte, wurde den vier Studenten die Bedeutung ihrer Aktion voll bewusst. Zu Beginn sprachen sie nur über einen bescheidenen Wunsch: sie wollten eine Tasse Kaffee trinken und dabei sitzen.

Dieses erste Sit-In war eine direkte Herausforderung des konservativen Amerikas. Joseph McNeil und Izell Blair, die sich ein Zimmer im vorwiegend von schwarzen StudentInnen besuchten North Carolina Agricultural and Technical College teilten, hatten zusammen mit zwei anderen Studenten, Franklin McCain und David Richmond, einige Sachen im Woolworth-Laden von Greensboro gekauft und setzten sich dann an die dortige Essenstheke, die für Weiße reserviert war. Sie baten darum, bedient zu werden. Das wurde ihnen verweigert. Als eine Bedienung sie aufforderte zu gehen, erklärten sie freundlich, dass sie einige Dinge in einer anderen Abteilung des Geschäfts gekauft hatten und es ihnen nun erlaubt sein sollte, doch auf den Hockern zu sitzen und nicht herumzustehen. Eine schwarze Frau, die hinter der Theke arbeitete, war ihnen nicht wohlgesonnen. »Ihr seid verrückt! Ihr habt doch keine Ahnung!«, fuhr sie die Studenten an. »Und ihr seid taub! Darum bringen wir es auf keinen grünen Zweig heutzutage. Ihr wisst doch, dass ihr am anderen Ende der Theke essen müsst.« Obwohl sie nicht bedient wurden, fassten die vier Studenten Mut, als sie merkten, dass die Angestellten des Geschäfts keine Gewalt anwenden wollten. Als der Geschäftsführer darüber informiert wurde, dass die vier Studenten immer noch an der Theke saßen, wies er seine Angestellten an, sie zu ignorieren. Die Studenten hatten eigentlich erwartet, verhaftet zu werden. Stattdessen entdeckten sie eine Taktik, die nicht nur ihren lange zurückgehaltenen Unmut ausdrückte, sondern die scheinbar auch keine drastische Gegenwehr der Weißen hervorrief. »Plötzlich wurde mir etwas klar«, erinnerte sich McCain an seine Gedanken in dieser Situation. »Vielleicht können sie gar nichts gegen uns machen. Vielleicht können wir so weitermachen.«[1]

Und das taten sie. Die vier blieben fast eine Stunde auf ihren Hockern sitzen, bis das Geschäft schließlich schloss. Nachdem sie zum Campus zurückgekehrt waren, sprachen sie mit dem Vorsitzenden der Studentenvertretung und mobilisierten weitere StudentInnen für ein weiteres Sit-In. Am nächsten Morgen ging eine Gruppe von dreißig StudentInnen in das Geschäft und besetzte die Essenstheke. Wieder gab es keine physische Konfrontation, aber dieses zweite Sit-In, das zwei Stunden dauerte, erregte die Aufmerksamkeit örtlicher Zeitungsreporter. Eine Nachrichtenagentur brachte eine überregional verbreitete Meldung von der Aktion und sprach von einer Gruppe »gut gekleideter schwarzer Collegestudenten«, die ihr Sit-In mit einem Gebet beendet hätten. Am folgenden Morgen, einem Mittwoch, besetzte eine noch größere Gruppe nahezu alle der 66 Plätze an der Essenstheke. Am Nachmittag kamen noch drei weiße Studenten aus dem Greensboro College hinzu.

Staatliche Stellen versuchten vergeblich, die Leitung des Colleges zu zwingen, mäßigend auf die StudentInnen einzuwirken. Die Proteste weiteten sich aus und am Donnerstagmorgen nahmen bereits Hunderte schwarzer StudentInnen an ihnen teil. Viele weiße Jugendliche hatten sich ebenfalls im Stadtzentrum von Greensboro versammelt. Sie beschimpften und bedrohten die schwarzen Protestierenden und versuchten, Plätze für die weiße Kundschaft freizuhalten. Nach wiederholten Unterbrechungen des Geschäftsbetriebs und einer telefonischen Bombendrohung entschloss sich der Geschäftsführer am Ende dieser Woche, den Laden zu schließen. Der Bürgermeister von Greensboro rief darauf hin die schwarzen StudentInnen und die Geschäftsleute dazu auf, für kurze Zeit sowohl auf »individuelle Rechte als auch finanzielle Interessen« zu verzichten, während die Stadtverwaltung »eine gerechte und ehrenhafte Lösung« des Konflikts suchen werde.[2] Die DemonstrantInnen, die sich zu dieser Zeit als *Students' Executive Committee for Justice* (Studentisches Exekutivkomitee für Gerechtigkeit) organisiert hatten, erklärten sich damit einverstanden, die Proteste für zwei Wochen auszusetzen, damit die KommunalpolitikerInnen eine Möglichkeit hätten, eine Lösung zu finden.

Obwohl die Greensboro Sit-Ins ausgesetzt wurden, verfolgten die Schwarzen in den nächstgelegenen Colleges die Berichte über den Protest und organisierten sehr schnell eigene Sit-Ins. An dem Wochenende, an dem das Moratorium in Greensboro ausgehandelt wurde, trafen sich in Winston-Salem über einhundert StudentInnen, um ihre eigenen Protestaktionen zu planen. Noch bevor sie in Aktion traten, hatte bereits Carl Matthews, ein schwarzer Absolvent des College, der in Winston-Salem arbeitete, das erste Sit-In in der Stadt am Montag, dem 8. Februar, initiiert. Am späteren Nachmittag unterstützten ungefähr 25 weitere Schwarze die Aktion von Matthews, darunter viele StudentInnen vom Lehrercollege in Winston-Salem. Am selben Tag führten 17 StudentInnen aus dem College von North Carolina und vier aus der Duke University ein Sit-In in einer Woolworth-Imißbar in Durham durch. Am Mittwochmorgen begannen StudentInnen in Raleigh zu handeln, nachdem sie eine Radiosendung gehört hatten, in welcher versichert worden war, dass es an diesem Ort keine Proteste von College-StudentInnen geben werde. Als zwei Tage darauf demonstrierende schwarze StudentInnen in einem Einkaufszentrum der Vorstadt von Raleigh wegen Landfriedensbruch festgenommen wurden, kamen sofort weitere StudentInnen hinzu, um ebenfalls in Gewahrsam genommen zu werden. Insgesamt wurden 41 StudentInnen inhaftiert und wegen Landfriedensbruch angeklagt: die ersten Massenverhaftungen der Sit-In-Bewegung. Am Ende jener Woche gab es weitere Sit-Ins in Gemeinden von North Carolina wie zum Beispiel in Charlotte, Fayetteville, High Point, Elizabeth City und Concord.

Am 10. Februar fand in Hampton, Virginia, das erste Sit-In außerhalb von North Carolina statt. Sehr schnell verbreiteten sich die Proteste in Städten Virginias wie Norfolk und Portsmouth. Und am Ende des Monats Februar hatte es Sit-Ins in dreißig Gemeinden aus sieben Bundesstaaten gegeben, darunter in Nashville, Chattanooga,

Richmond, Baltimore, Montgomery und Lexington. Die Proteste weiteten sich bis Mitte April 1960 auf die restlichen Südstaaten aus. Zu dieser Zeit hatte die Bewegung ungefähr 50 000 aktiv Beteiligte.[3]

Während das erste Sit-In in Greensboro friedlich und geradezu höflich war, wurden die Proteste der StudentInnen langsam bestimmter, sogar ungestüm. Da die DemonstrantInnen immer mehr TeilnehmerInnen und ZuschauerInnen anlockten, wurden sie als Bedrohung der öffentlichen Ordnung wahrgenommen. Die meisten Sit-Ins von schwarzen CollegestudentInnen zeichneten sich durch strikte Disziplin auf Seiten der Protestierenden aus, es gab jedoch einige gewaltsame Vorfälle, als sich High School-SchülerInnen den Protesten anschlossen. Der erste ernsthafte gewaltsame Vorfall ereignete sich am 16. Februar in Portsmouth, Virginia, als Hunderte schwarzer und weißer High School-SchülerInnen nach einem Sit-In aufeinander losgingen. Zu einer Ausweitung der Gewalt kam es in Chattanooga, Tennessee, nach einer Demonstration am 23. Februar, an der über tausend Menschen beteiligt waren. Mehr als 30 Personen, meist Weiße, wurden verhaftet und die Polizei benutzte Wasserschläuche der Feuerwehr, um die zwei Tage dauernde Rebellion zu beenden.

Auch an Orten, an denen die Sit-Ins nicht von Gewalt begleitet waren, gab es eine spürbare Tendenz zu Feindschaft und Angst zwischen Schwarzen und Weißen. Weiße Schaulustige beschimpften die schwarzen Protestierenden und zuweilen verhinderte nur deren schnelle Verhaftung durch die Polizei gewaltsame Ausschreitungen. Die Protestierenden selbst waren überwiegend friedlich und nahmen ein »passiv-aggressives Verhalten an – sie übertraten eine Grenze und warteten dann ab, anstatt offen ihre feindliche Haltung oder eine revolutionäre Attitüde zur Schau zu stellen.«[4] Gewaltfreie Taktiken boten den schwarzen StudentInnen eine Reihe reizvoller Vorteile, besonders wenn ihnen christliche Prinzipien zugrunde lagen: ein Gefühl moralischer Überlegenheit, eine emotionale Befreiung durch die Aktion und eine Möglichkeit, die Segregation abzuschaffen. Die schwierige Balance zwischen Konfrontation und Selbstdisziplin produzierte Spannungen, die oft durch Humor entschärft wurden. So machten populäre Witze die Vorurteile der weißen BefürworterInnen der Segregation lächerlich:[5]

Ein Schwarzer geht in ein Restaurant und verlangt »Schweinshaxe«. »Das haben wir nicht«, sagt der Mann hinter der Theke. »Also Schweinebauch«. »Haben wir nicht.« »Schweinerücken?« »Haben wir nicht.« »Schweineöhrchen?« »Haben wir auch nicht.« »Hey Weißer«, sagt der Schwarze, »du bist einfach noch nicht bereit für die Integration.«

A waitress told a pair of sit-inners, »I'm sorry but we don't serve Negroes here.« »Oh, we don't eat them either,« came the reply. (Unübersetzbar: der Witz im Anglo-amerikanischen ergibt sich daraus, dass to serve sowohl die Bedeutung von »bedienen« wie »servieren« hat; d.Ü.)

Die Sit-Ins brachten rassistische Spannungen an die gesellschaftliche Oberfläche, die in den Südstaaten lange Zeit virulent waren und sie förderten einen Prozess schwarzer Selbstwahrnehmung, der das gesamte Jahrzehnt über andauern sollte. Das unmittelbare Ziel der Abschaffung der Segregation in Restaurants war keineswegs die einzige Forderung der Schwarzen; auch drückte die Sit-In-Taktik nicht durchgängig die Gefühlslage der Schwarzen in den Südstaaten aus. Jedoch hatten viele andere Gruppen in den USA und darüber hinaus wahrgenommen, dass die direkte gewaltfreie Aktion ein Ausgangspunkt für die Entwicklung eines neuen politischen Bewusstseins der Unterdrückten war. Für die schwarzen StudentInnen in den Südstaaten des Frühlings 1960 war die gewaltfreie Aktion ein nahezu unwiderstehliches Modell für soziale Aktion.

Im gesamten Jahrzehnt sollte sich die Anzahl der am Protest beteiligten StudentInnen nicht mehr derjenigen annähern, die in den von Schwarzen besuchten Colleges des Südens vom Februar bis Juni 1960 erreicht wurde. An vielen Colleges war die Unterstützung der Sit-Ins fast durchgängig. Mehr als neunzig Prozent der

StudentInnen am North Carolina Agricultural and Technical College sowie drei nahe gelegener Colleges nahmen an den Demonstrationen teil oder halfen der Bewegung durch Boykotts oder Mahnwachen vor Läden, die die Segregation praktizierten. Manche AktivistInnen meinten, es sei »wie ein Fieber« gewesen. »Jeder wollte dabei sein. Wir waren so glücklich.«[6]

Das Entstehen einer Protestbewegung unter schwarzen College-StudentInnen überraschte viele BeobachterInnen, welche die restriktiven Bestimmungen und die konformistische Atmosphäre in den schwarzen Institutionen des Südens kannten. Die Sit-Ins begannen nur wenige Jahre nach der Veröffentlichung der soziologischen Studie *Black Bourgeoisie* von E. Franklin Frazier, der darin die schwarzen College-StudentInnen als politisch desinteressiert, durchdrungen von den Werten der weißen Mittelklasse und ganz auf materiellen Erfolg ausgerichtet dargestellt hatte. Andere BeobachterInnen sahen in der Sit-In-Bewegung gar keine Ablehnung dieser Werte und Verhaltensweisen, sondern einen Versuch, die Hindernisse zu überwinden, die die schwarzen StudentInnen noch immer von ihren weißen MittelklassekommilitonInnen trennten. Dafür benutzten sie Taktiken, die mit den vorherrschenden US-amerikanischen Wertvorstellungen vereinbar waren. Die Sit-Ins wurden also weniger als Zurückweisung des durchschnittlichen US-amerikanischen Lebensstils wahrgenommen, sondern als Ergebnis der Assimilation der Schwarzen und als Ausdruck des Wunsches nach weitergehender Assimilation. Ruth Searles und J. Allen Williams behaupteten, dass die schwarzen StudentInnen den gewaltfreien Protest »als akzeptables Mittel, um ihren Unmut über Hindernisse bei der Erlangung erstklassiger Bürgerrechte zu zeigen«, gewählt hätten. »Weit davon entfernt, sich zu entfremden, scheinen die StudentInnen sich eher zur Gesellschaft und ihren Führern aus der Mittelklasse zu bekennen.«[7]

Diese Interpretation wurde von einer breit angelegten Untersuchung über schwarze StudentInnen gestützt, die im Frühjahr 1962 durchgeführt wurde. John Orbell fand dabei heraus, dass die Beteiligung an den Protesten stark von situationsbedingten Faktoren abhängig war wie etwa der relativen Qualität und Form der Schule, dem Grad der Urbanisierung sowie dem prozentualen Anteil der Schwarzen innerhalb der College-Gemeinschaft (es gab bereits einzelne Privat-Colleges, die die Segregation abgeschafft hatten und von Schwarzen und Weißen besucht wurden; d. Ü.). StudentInnen, die gute Privatschulen für Schwarze in einem städtischen Umfeld mit einer relativ geringen Anzahl schwarzer EinwohnerInnen besuchten, nahmen am wahrscheinlichsten an den Demonstrationen teil. Orbell kam zu dem Schluss, dass diese situativen Faktoren Möglichkeiten der Kommunikation zwischen Weißen und Schwarzen eröffneten, und die daraus resultierende »größere Beachtung der ganzen Gesellschaft« prädestinierte die StudentInnen dazu, »ihre spezifische Meinung und Sicht zu entwickeln, die zum Protest hin führten.« Kurz: die meisten Gelehrten, die den schwarzen Protest in den frühen sechziger Jahren untersuchten, bestanden darauf, dass zunehmende Assimilierung die einzig realistische Perspektive für die Schwarzen sei. »Der schwarze Amerikaner bewertet seinen Lebensstandard, seine Möglichkeiten, ja er bewertet sich selbst,« versicherte der Sozialpsychologe Thomas F. Pettigrew, »und zwar mit dem einzigen kulturellen Maßstab, den er kennt – dem der USA und ihrer ›Völkervielfalt‹.«[8]

Das Aufkommen des schwarzen Radikalismus Mitte der sechziger Jahre unterminierte solche Thesen. Zudem wurde die Bewegung selbst eine Quelle neuer Erfahrungen und Erkenntnisse, welche die Meinung der schwarzen StudentInnen veränderte. Im Frühjahr 1960 jedoch hätten wohl wenige StudentInnen der Sicht widersprochen, dass sie von den üblichen US-amerikanischen Werten motiviert wurden. In Gesprächen mit JournalistInnen betonten die den Protest dominierenden StudentInnen oft die begrenzten Ziele ihres Protests. »Ich will lediglich reingehen können, etwas bestellen, bedient werden und ein Trinkgeld geben, wenn mir danach ist«, versicherte Charles Jones nach einem Sit-In von StudentInnen in Charlotte. Wie die meisten StudentInnen hatte auch Jones die antikommunistischen Ideologien des Kalten Krieges verinnerlicht. Er hatte erst vor kurzem vor dem *House Committee on Un-American Activities* (HUAC, Kongressausschuss gegen unamerikanische Aktivitäten) über seine Erfahrung aus dem Jahr 1959 ausgesagt, als er Delegierter des siebten Weltjugendfestivals in Wien war. Er hatte das Festival besucht, um den Jugendlichen aus anderen Ländern »ein besseres Verständnis des US-amerikanischen Lebensstils zu geben und ihnen zu zeigen, dass der Rassismus nicht so schlimm war, wie von anderen Delegierten behauptet.«[9] Diane Nash, die zum Führungskreis der studentischen AktivistInnen in Nashville gehörte, verband die Studentenbewegung explizit mit dem Kampf gegen den Kommunismus und fügte hinzu, dass, wenn den Schwarzen in den Südstaaten die gleichen Bildungsmöglichkeiten gegeben würden, »eines Tages vielleicht ein Schwarzer eine unserer Raketen erfinden« wird.[10]

Auch als der Protest dazu überging, sich auf andere Ziele als lediglich auf Restaurants auszuweiten, fuhren die StudentInnen damit fort, ihre Aktionen mit den vorherrschenden politischen Werten zu rechtfertigen. So zitierten die StudentInnen der Atlanta University noch kurz vor ihrer Protestaktion den »allgemeinen Vorrang des Bundesrechts« (über die rassistischen Praktiken des Südens, d. Ü.) und bekundeten ihren Willen, jedes verfügbare »legale und gewaltfreie Mittel anzuwenden, um die vollständigen Bürgerrechte dieser unserer großen Demokratie zu erlangen.« Als im Sommer Delegierte der Studentenbewegung vor dem Wahlkomitee des nationalen Parteitages der Demokratischen Partei auftauchten, bestanden sie darauf, dass alle US-amerikanischen BürgerInnen »in den Genuß unseres gesamten demokratischen Erbes kommen müssen« und die Nation auf diese Weise »ihrer Verantwortung für die freie Welt«[11] gerecht werde.

Die StudentInnen glaubten fest daran, dass die von ihnen geforderten Veränderungen der gesamten Nation zugute kommen würden und es gelang ihnen, ein positives Bild ihrer Bewegung zu vermitteln. Die Anwendung gewaltfreier Taktiken erlaubte es den schwarzen StudentInnen, sich als geduldige VertreterInnen des Fortschritts darzustellen, die halsstarrigen, unvernünftigen Weißen gegenüber stehen. Als Präsident Dwight D. Eisenhower am 16. März gefragt wurde, ob die »gandhianische Form« der studentischen Proteste »Ausdruck moralischen Muts« seien, distanzierte er sich zwar von den Sit-In-Aktionen, meinte aber dennoch, er sympathisiere »mit jeder Gruppe, die ihre Rechte, die ihr von der Verfassung garantiert werden, genießen« wolle. Sogar der konservative weiße Südstaatler James Kilpatrick, Herausgeber des *Richmond News Leader*, schrieb über den wahrnehmbaren Widerspruch zwischen schwarzen StudentInnen »in Mänteln, weißen Hemden und Schlips« und den jungen weißen Störenfrieden – »ein schlampig gekleideter Pöbel, in schwarze Jacken gehüllte Maulhelden, ein Grinsen wie vor einem Mord, und einige von ihnen schwenken die stolze und ehrenhafte Fahne der Südstaaten im letzten Krieg, unter der Gentlemen gekämpft hatten. Oje!«[12]

Die Sit-Ins entsprangen keiner radikalen intellektuellen Basis, sondern spiegelten die allgemeine Übereinstimmung der StudentInnen mit der Richtung wider, die die Reformen für die Schwarzen in den USA einschlugen. Obwohl die Proteste in den Restaurants und die darauf folgenden sozialen Kämpfe letztlich eine revolutionäre Basis hervor brachten, hielten ursprünglich die meisten protestierenden StudentInnen an ihrem Mittelklassestatus fest und lehnten die US-amerikanische Gesellschaft oder ihre wichtigsten politischen Institutionen nicht grundsätzlich ab. Sie protestierten gegen die Langsamkeit, nicht so sehr gegen die Richtung der Veränderungen. Nur wenige protestierende StudentInnen gehörten 1960 politischen oder Bürgerrechtsorganisationen an; die meisten von ihnen waren Mitglieder von Jugendgruppen, die mit der *National Association for the Advancement of Colored People* (NAACP, Nationale Vereinigung für die Förderung farbiger Menschen) Verbindung hatten. Schwarze nationalistische Gruppen wie die *Nation of Islam* (NOI, Islamische Nation) hatten im Süden nur wenig Einfluss, und nahezu überhaupt keinen an den Colleges der Schwarzen vor 1960. Mit

Ausnahme einiger Demonstrationen gegen die Qualität des Mensa-essens und gegen die Studentenordnung gab es an den Universitäten der Schwarzen seit den zwanziger Jahren überhaupt keine wahrnehmbare Protestbewegung.

Obwohl die studentischen Sit-Ins von 1960 die Wiederkehr verschütteter afro-amerikanischer Traditionen des Separatismus und Radikalismus ankündigten, entsprachen auch sie zunächst der im afro-amerikanischen politischen Leben nahezu unerschütterlichen Ansicht von Führungspersönlichkeiten, die sich darum bemühten, den offenen Rassismus in den Südstaaten dadurch zu beenden, dass sie ihn als anachronistisch und irrational, als gegensätzlich zu den US-amerikanischen Werten und als zerstörerisch für die Interessen der Nation denunzierten.

Entscheidungen des Obersten Gerichtshofes, die breit publiziert wurden, vor allem im Verfahren *Brown* gegen die *Bildungsbehörde der Stadt Topeka* (wo die Segregation in Schulen erstmals für gesetzeswidrig erklärt wurde; d. Ü.) verstärkten die Bedeutung gemäßigter Führungspersonen der Bürgerrechtsbewegung. Die gleiche Wirkung hatten die Versuche der Regierung Eisenhower, Gerichtsentscheide mit dem Einsatz von Bundestruppen durchzusetzen, zum Beispiel während der Krise von Little Rock im Jahre 1957. Der Aufstieg der Gemäßigten war zudem ein Ergebnis der Verfolgung linker schwarzer Führungspersonen wie W. E. B. DuBois, Paul Robeson und Benjamin Davis während der fünfziger Jahre sowie der allgemeinen Unterdrückung von entschiedenem politischem Widerspruch in dieser Zeit.

Der Einengung von möglichen politischen Alternativen für Schwarze lagen allerdings strukturelle soziale Entwicklungen zugrunde, die die materielle Basis der afro-amerikanischen kulturellen und politischen Eigenständigkeit unterminierten. In dem Maße, wie auch im Süden eine große Zahl Schwarzer Teil einer städtisch-industriellen Kultur wurde, mit den sie kennzeichnenden Institutionen der Massenerziehung und der Massenkommunikation, wurden die kulturellen Spuren, die in der besonderen Erfahrung der schwarzen Menschen wurzelten, von einer alles durchdringenden Massenkultur überlagert oder ganz verwischt. Aufgrund der enormen Macht der von Weißen kontrollierten Bundesinstitutionen wurden die Schwarzen einem ungeheuren Druck ausgesetzt, ihre Lebensbedingungen durch Assimilation und konventionelles politisches Verhalten verbessern zu wollen. Weil es keine kontinuierliche und effektive schwarze Protestbewegung gab, konnte ein Verhalten, das nicht den Erfordernissen der dominanten sozialen Ordnung entsprach, nur als belanglos, in die Isolierung führend oder gar selbstzerstörerisch betrachtet werden.

Die Entscheidung der College-StudentInnen, zu protestieren, war kein Zeichen für die Existenz von Radikalismus in den Colleges, sondern entsprang vielmehr einem Gefühl der Schuld und Frustration über das bisherige Fehlen wirksamer Aktionen gegen das entwürdigende Jim Crow-System der Weißen (»Jim Crow« bezeichnet in der Umgangssprache die 1883 in Kraft getretenen und vom Obersten Gerichtshof 1896 für legal erklärten Rassengesetze in den Südstaaten der USA, die Mitte der sechziger Jahre abgeschafft wurden, d. Ü.). Der Student Richmond erinnerte sich, dass er wie viele Schwarze seines Alters »ständig von den schlimmen Dingen, die geschahen, hörte, und wie die Schwarzen misshandelt wurden, und niemand etwas dagegen tat.« Der Plan für das erste Sit-In wurde gefasst, nachdem Richmond und drei seiner Kommilitonen ihre eigene Apathie anprangerten und sich gegenseitig aufforderten, etwas zu tun. »Es hatte viele Worte, aber wenig Taten gegeben«, erinnert sich McCain. »Wir machten es richtig, uns gegenseitig schuldig zu sprechen.«[13]

Viele andere schwarze Jugendliche erlebten dieselben Ereignisse, die die Gefühle der StudentInnen von Greensboro berührten. Die US-weit diskutierte Kontroverse über die sogenannte »Rassenfrage« infolge der Brown-Entscheidung des Obersten Gerichtshofes vom Jahre 1954 verdeutlichte die Notwendigkeit für Schwarze, entschlossen für die Rechte einzutreten, die angeblich die ihren waren. Cleveland Sellers, schwarzer High School-Schüler in South Carolina während der ersten Sit-Ins in Restaurants, identifizierte sich wie viele mit Schwarzen wie Daisy Bates, Rosa Parks und M. L. King, die die Segregation in Little Rock und Montgomery durchbrochen hatten. »Wenn sie sprachen«, erinnert sich Sellers, »drückten sie aus, was auch ich dachte. Wenn sie litten, litt ich mit ihnen. Und in den seltenen Momenten, in denen sie einen kleinen Erfolg herausschlugen, jubelte ich ebenfalls.«[14]

Während der fünfziger Jahre hatten schon einige schwarze Jugendliche an den Bürgerrechtsdemonstrationen teilgenommen, obwohl über diese isolierten Protestbewegungen in den Medien kaum berichtet wurde. Märsche von Jugendlichen für integrierte Schulen in Washington, D. C., in den Jahren 1958 und 1959 zogen Tausende von TeilnehmerInnen an. Einige schwarze StudentInnen aus dem Süden besuchten Workshops über die Anwendung gewaltfreier Taktiken, die vom CORE oder der SCLC veranstaltet wurden. Es gab sogar vereinzelte Sit-In-Aktionen, vor allem in Oklahoma City, wo 1958 Jugendliche, die der NAACP nahe standen, in den Restaurants als Gleiche bedient werden wollten.

Die afrikanische Unabhängigkeitsbewegung, die von AktivistInnen aus afrikanischen Universitäten angeführt wurde, beeinflusste die jungen Schwarzen ebenfalls. Ein schwarzer Soziologe berichtete im Jahre 1960, dass StudentInnen aus Afrika, die die Colleges der Schwarzen in den USA besuchten, die afro-amerikanischen StudentInnen oft dahin gehend kritisierten, dass sie »nicht so aggressiv wie ihre Geschwister in Afrika« seien. StudentInnen, die später an der Sit-In-Bewegung teilnahmen, hörten Berichte von den Kämpfen um die Unabhängigkeit in Afrika, als sie eine ökumenische religiöse Konferenz in Athens, Ohio, besuchten, wenige Wochen vor dem ersten Sit-In in Greensboro. Ein Besucher dieser Konferenz bemerkte, dass »Hunderte« schwarzer StudentInnen aus dem Süden »einander zuhörten, gemeinsam diskutierten und sich offenbar zu vielem Gedanken machten, als militante afrikanische Nationalisten ihnen mit Versprechungen einer ›neuen Ordnung die Show stahlen‹.« Nach Meinung eines Journalisten, der die Colleges der Schwarzen im Frühjahr des Jahres 1960 besuchte, »waren selbst die am wenigsten intellektuellen schwarzen Studenten ein wenig neidisch auf die Unabhängigkeitsbewegung in Afrika und von ihr beeindruckt.«[15]

Die schnelle Aufeinanderfolge der Ereignisse, die das Leben der Schwarzen in den USA und in Afrika berührten, führten zu einer sogenannten »Situation psychosozialer Bereitschaft zum Protest« unter den schwarzen Jugendlichen in den Südstaaten. Ein Student formulierte es so: »In gewisser Weise haben wir uns unser ganzes Leben lang darauf vorbereitet.« Ein anderer Student erklärte: »Es ist, wie wenn du auf einen Bus wartest. Du weißt, wo du die ganze Zeit hin willst, aber du kannst nicht dahin gelangen, so lange nicht das richtige Gefährt vorbei kommt.«[16] Nachdem die StudentInnen von Greensboro die Initiative ergriffen hatten, behaupteten andere StudentInnen, dass sie bereits lange vor dem Februar 1960 Sit-Ins oder ähnliche Protestaktionen geplant hätten. Tatsächlich hatten einige schwarze StudentInnen in Nashville, Tennessee, nicht nur solche Pläne gesponnen, sondern sich bereits anhand der philosophischen Doktrin der gandhianischen Bewegung des passiven Widerstands in Indien geschult. Diese AktivistInnen aus Nashville hatten mehr noch als die vier Greensboro-Studenten einen dauerhaften Einfluss auf die weitere Entwicklung der Bewegung in den Südstaaten.

Die weitere Lebensgeschichte der vier Greensboro-Studenten war typisch für die Karriere vieler StudentInnen, deren Beteiligung an den antirassistischen Kämpfen nur kurz gewesen war. Von den vier nahm nur Izell Blair an der Gründungskonferenz des SNCC teil, wo er keine herausragende Rolle spielte. Nachdem er allerdings Mitglied der Studentenvertretung im North Carolina Agricultural & Technical College geworden war, besuchte Blair ein Jahr lang eine Schule für Rechtswissenschaft, arbeitete als Lehrer in der Arbeitsvermittlung und engagierte sich dann in einer schwarzen Selbsthilfegruppe in Boston, dem Opportunity Industrialization Center. Mitte der sechziger Jahre wurde er Mitglied der Nation of Islam und nahm den Namen Jibreel Khazan an. Franklin McCain ging nach seinem Abschluss nach Charlotte und arbeitete als Ingenieur in der Firma Celanese. David Richmond nahm kurze Zeit an der Kampagne zur Eintragung in die Wahllisten von Mississippi teil, ging dann zurück nach Greensboro, wo er bei lokalen Programmen gegen Armut mitarbeitete und dann an Projekten gegen den Ausbruch rassistischer Gewalt während der späten sechziger Jahre beteiligt war. Joseph McNeil ging nach seinem Abschluss zur Luftwaffe und kritisierte 1966 öffentlich die Antikriegsposition des SNCC und ihres damaligen Vorsitzenden Stokely Carmichael, während er selbst Bombeneinsätze über Nord-Vietnam flog. Joseph McNeil wurde danach von IBM angestellt und übernahm später eine Managerposition bei einer Wall Street Bank.

Ganz unbeabsichtigt hatten die vier Studenten historische Kräfte in Bewegung gesetzt, die weder sie noch die meisten ihrer damaligen MitstreiterInnen vorhersehen oder auch nur verstehen konnten. Der Kampf in den Südstaaten veränderte nur langsam die individuellen Verhaltensweisen und Denkkategorien. Die meisten AktivistInnen unter den StudentInnen fühlten sich den dominanten Werten des US-amerikanischen politischen Systems verpflichtet, obwohl sich viele mit der schwarzen Studentenbewegung und deren deutlicher werdenden Prinzipien zu identifizieren begannen. Diane Nash bemerkte dazu, dass die schwarze Studentin oder der schwarze Student nun Mitglied »einer Gruppe von Menschen (wurde), die plötzlich stolz darauf war, ›schwarz‹ genannt zu werden.«

In ihnen »schien ein neues Bewusstsein ihrer selbst als Individuum geboren zu sein.« Ein anderer Aktivist aus Nashville, Marion Barry, sprach davon, dass »zum ersten Mal in der Geschichte schwarze Studenten an einem Konferenztisch mit offiziellen Vertretern saßen und gehört wurden.« Der Politikwissenschaftler Michael Walzer bemerkte als Weißer den Stolz der schwarzen StudentInnen, für die »die neuen Formen politischer Aktivität eine Art Selbstprüfung waren.« Obwohl die Beteiligung Weißer an den Protesten willkommen war, hörte er »niemals die Bitte oder nur den Hinweis eines Schwarzen, dass Weiße ihre Protestaktionen verstärken sollten. Man sagte mir, es sei besser für sie und auch für uns, wenn sie kämen, ohne dazu aufgefordert zu werden.« Auch außerhalb der Südstaaten wurden Schwarze durch die studentische Protestbewegung mitgerissen. Robert Moses war zu dieser Zeit ein 26 Jahre alter Schullehrer in New York und beeindruckt von den »trotzig, wütend und entschlossen« aussehenden Gesichtern der studentischen Protestierenden in North Carolina, die er auf einem Zeitungsfoto gesehen hatte: »Vorher hatte der Schwarze in den Südstaaten immer einen defensiven, kriecherischen Gesichtsausdruck. Jetzt übernahmen sie die Initiative. Sie waren Jugendliche in meinem Alter und ich wusste, das hatte mit meinem eigenen Leben etwas zu tun. Es wurde mir klar, dass ich seit langer Zeit durch die Tatsache, dass ich Schwarzer und zugleich Amerikaner war, verwirrt war. Hier war die Antwort.«[17]

Nash, Barry, Moses und viele andere schwarze Jugendliche empfanden die Sit-Ins als Anfang eines neuen Abschnitts in der politischen Entwicklung der Schwarzen. Die Sit-In-Bewegung in den Südstaaten hatte gezeigt, dass schwarze StudentInnen einen sozialen Kampf initiieren konnten, ohne auf ältere schwarze Führungspersonen oder existierende Organisationen zurückgreifen zu müssen. Als weiße Regierungsvertreter den Forderungen der Studierenden nachzugeben begannen, war eine zunehmend selbstbewusste, fähige, um ihre Basis wissende Gruppe junger schwarzer AktivistInnen entstanden, die als SprecherInnen der lokalen Protestbewegung fungierten. Wie die vier Pioniere von Greensboro entdeckten auch diese SprecherInnen, dass ihre anfänglichen Widerstandsaktionen auf eine dauerhafte Grundlage gestellt werden konnten. Befreit von dem Schuldgefühl, das mit der bisherigen Anpassung verbunden war, suchten sie nun begierig neue Aufgaben, um den sozialen Kampf zu intensivieren. Einige StudentenführerInnen erahnten, dass eine Protestorganisation nötig sei, um ihre neu gewonnene Bedeutung zu konsolidieren. Sie wollten eine Organisation, die den schwarzen Aktivismus voranbringen und nicht eindämmen oder kontrollieren sollte. Viele von ihnen glaubten, dass die Bewegung zudem eine

Reihe von Grundsätzen bräuchte, und die Sit-Ins hatten deutlich gemacht, dass solche Ideen nicht aus den bereits existierenden Ideologien kommen sollten, sondern aus dem intellektuellen Erwachen, das an den Colleges der Schwarzen im Süden stattgefunden hatte. Aus diesen Motiven heraus gründeten diese StudentInnen im April 1960 das SNCC, um die Spontaneität und den Aktivismus der Sit-Ins aufrechterhalten zu können.

Teil 1: Zusammenkunft

Gründung der Organisation

Das SNCC wurde während einer Epoche ausgedehnter studentischer Proteste gegründet. Trotzdem war die Gründung Höhepunkt und Abschluss der Sit-In-Bewegung und nicht der Ausgangspunkt eines neuen studentischen Aktivismus. Das SNCC übte kaum eine Kontrolle über die Ad-hoc-Protestgruppen aus, die sich in den Südstaaten gebildet hatten und deren Aktionen es koordinieren wollte. Erst als der spontane Enthusiasmus der frühen Proteste wieder abflaute, wurde die neue Organisation mehr und mehr unterstützt.

Zur Gründungskonferenz des SNCC, die vom 16. bis 18. April 1960 in Raleigh, North Carolina, abgehalten wurde, hatte Ella Baker eingeladen. Sie war Geschäftsführerin der SCLC. Die initiierende Rolle der SCLC könnte darauf hinweisen, dass Martin Luther King und seine schwarzen Pastoren die Kontrolle über den Kampf der Schwarzen im Süden zurückgewinnen wollten, aber Baker verstand das psychologische Bedürfnis der studentischen AktivistInnen, unabhängig von der Kontrolle der Älteren zu bleiben und widersetzte sich Versuchen, ihre studentische Autonomie zu beeinträchtigen. Auf der Gründungskonferenz drückten die StudentInnen ihre inhaltliche Übereinstimmung mit den gewaltfreien Lehren aus, die von King verbreitet wurden, aber sie übernahmen diese Ideen nicht, weil sie von King befürwortet wurden, sondern weil sie eine angemessene Ausdrucksmöglichkeit für den studentischen Protest darstellten.

Die Gründung des SNCC war ein wichtiger Schritt bei der Weiterentwicklung einer Ein-Punkt-Protestbewegung gegen die Segregation in Restaurants zu einer breiten und dauerhaften Bewegung für grundlegende soziale Reformen. Obwohl viele StudentInnen zögerten, ihre Aktivitäten auf neue Themen auszuweiten, eröffnete die Existenz eines sich über die ganzen Südstaaten erstreckenden Koordinierungskomitees für eine wachsende Zahl Jugendlicher die Möglichkeit, an einer regionalen Bewegung teilzunehmen, die den Rassismus in all seinen Dimensionen angreifen sollte.

Baker wollte die Sit-In-Protestierenden in Raleigh zusammenbringen, weil sie erkannte, dass viele schwarze StudentInnen auf die verantwortliche Rolle, die sie plötzlich inne hatten, nicht vorbereitet waren. Sie kam selbst aus einem College für Schwarze, Shaw University in Raleigh, und hatte ein Gespür sowohl für die Grenzen der schwarzen Bildungseinrichtungen im Süden als auch für die Bedeutung der Sit-Ins als Ausbruch aus der politischen Apathie, die sich unter den schwarzen StudentInnen verbreitet hatte. Sie hoffte, ein Treffen der studentischen AktivistInnen werde zum Kommunikationsaustausch der jeweiligen Bewegung vor Ort und zu Erkenntnissen führen, die ihrer Bewegung Dauer verleihen könnten. Sie lieh sich 800 Dollar von der SCLC und kontaktierte einen Bekannten der Shaw University, um dort Räume zu reservieren. Sie verschickte einen Brief, der von ihr und von King unterzeichnet war, an alle wichtigen Protestgruppen und bat sie darum, Delegierte zu entsenden.

Baker achtete sorgfältig darauf, den Eindruck zu vermeiden, dass das Treffen die Unabhängigkeit der lokalen studentischen Protestgruppen beschneiden wollte. Ihr ging es vielmehr darum, den studentischen AktivistInnen die Möglichkeit zu geben, »Erfahrungen, die in den jüngsten Protestdemonstrationen gewonnen wurden, auszutauschen und Hilfestellungen für zukünftige Ziele und effektive Aktionen zu geben.« Der Einladungsbrief hob die Entschlossenheit hervor, die die schwarzen StudentInnen bereits an den Tag gelegt hatten und rief auf »zu einer Einschätzung, wie es von hier aus weiter gehen soll.« Zweck des Treffens war es, »eine vereinte und gemeinsame Grundlage für Training und Aktion im gewaltfreien Widerstand« zu erarbeiten. Im Brief wurde den StudentInnen versichert, dass trotz der Anwesenheit »älterer Freiheitskämpfer«, die mit »Rat und Tat« zur Verfügung stünden, die Konferenz auf die Bedürfnisse der »Jugendlichen ausgerichtet« sei.[1]

Obwohl Bakers Einladung keinen Hinweis darauf enthalten hatte, dass die Konferenz in Raleigh zur Gründung einer festen Organisation führen werde, war sie durch ihre langjährige Erfahrung als Sozialreformerin davon überzeugt, dass eine neue Form von Protestgruppierungen den Massenwiderstand der Schwarzen voranbringen müsse.

Ella Baker wurde 1905 in Virginia geboren und wuchs in North Carolina auf. Sie wollte zunächst Missionsärztin werden, aber die medizinische Ausbildung hätte die Mittel überstiegen, die ihrer Familie zur Verfügung standen. Also studierte sie Soziologie. Nach ihrem Abschluss, bei dem sie für ihren Collegejahrgang die Abschiedsrede halten durfte, ging sie nach New York, arbeitete während der Weltwirtschaftskrise als Sozialarbeiterin und besuchte Kurse an der New School for Social Research. Während der vierziger Jahre wurde sie Berufsaktivistin für die NAACP in New York. In dieser Funktion unternahm sie 1958 eine ursprünglich als Kurzaufenthalt geplante Reise nach Atlanta, um bei der Organisierung einer Reihe von Massenversammlungen für das neugegründete SCLC zu helfen. Doch sie blieb, um die Zentrale der SCLC aufzubauen. Bald jedoch war sie mit dem übervorsichtigen Vorgehen Kings unzufrieden und dachte schon daran, ihre Arbeit aufzugeben, als die Sit-Ins in den Restaurants begannen.

Im Frühjahr 1960 verbreitete Baker ihre »Strategie der auf Gruppen orientierten Führungspersonen« unter den StudentInnen. Zweifellos bezog sie sich auf ihre Erfahrung mit King, wenn sie davon sprach, dass solch eine Tendenz für diejenigen »erfrischend« sei,

»die die Spuren des Kampfes, der Frustration und der Desillusionierung tragen, wenn sich herausstellt, dass der prophetische Vorkämpfer einen schweren, langsamen Schritt bevorzugt.« Später kommentierte sie, eine soziale Bewegung müsse Leute hervorbringen, die nicht so sehr daran interessiert seien, Leitfiguren zu werden, sondern Führungsqualitäten bei anderen zu entwickeln.«[2]

Die Konferenz, zu der Ella Baker eingeladen hatte, war das erfolgreichste von mehreren Sit-In-Aktiventreffen, die in diesem Frühjahr stattfanden. Es nahmen mehr als 120 schwarze studentische AktivistInnen teil, die 56 Colleges und Schulen (High Schools, trotz der missverständlichen Benennung bilden die High Schools die unterste Stufe im US-amerikanischen Schul- und Universitätssystem; d. Ü.) aus zwölf Südstaaten sowie dem District of Columbia in Washington vertraten. BeobachterInnen aus dreizehn studentischen und sozialreformerischen Organisationen, VertreterInnen von Colleges aus den Nordstaaten oder angrenzenden Bundesstaaten nahmen ebenfalls teil, ebenso wie ein Dutzend weißer StudentInnen aus den Südstaaten. Neben der SCLC nahmen die Organisationen CORE und *Fellowship of Reconciliation* (FOR, Versöhnungsbund) direkt an der Konferenz teil, weil die beiden zuletzt genannten Organisationen eine lange Erfahrung mit der Anwendung von direkter gewaltfreier Aktion zur Durchsetzung sozialer Reformen hatten. Unter den anwesenden Studentenorganisationen waren die *National Student Association* (NSA, Nationale Studentenvereinigung), die *Students for a Democratic Society* (SDS, Studenten für eine demokratische Gesellschaft) und die *National Student Christian Federation* (NSCF, Nationale Föderation Christlicher Studenten) vertreten.[3]

Eine der größten Delegationen auf der Konferenz von Raleigh und zugleich die Delegation, die künftig eine überdurchschnittliche Zahl der AktivistInnen des SNCC stellen sollte, war die studentische Gruppe aus Nashville. Obwohl sie aus unterschiedlichen sozialen Verhältnissen stammten, teilten die AktivistInnen aus Nashville nicht nur das Ziel der Aufhebung der Segregation, sondern auch das Bekenntnis zum Gandhianismus und zum christlichen Ideal einer »liebenden Gemeinschaft«. Eine Reihe wichtiger Personen kam von der Fisk University, allen voran Marion Barry und Diane Nash.

Marion Barry hatte seine Kindheit auf einer Farm in Itta Bena, Mississippi, verbracht. Als er sieben Jahre alt war, ging seine Familie nach Memphis, wo er später seinen Abschluss am Le Moyne College machte. Er erregte Aufsehen, als er in Le Moyne gegen eine rassistische Bemerkung eines weißen Verwaltungsangestellten protestierte. Als er für seine Promotion in Chemie an der Fisk University arbeitete, riskierte er durch seine Beteiligung an den Sit-Ins sein Stipendium. Aber »wenn ich kein freier Mensch gewesen wäre«, so sagte er, »wäre ich überhaupt kein Mensch gewesen. Ich war nur zur Hälfte Mensch, und ich spürte, dass ich ein US-amerikanischer Bürger wie jeder andere auch werden müsste, um ein ganzer Mensch zu werden.«[4]

Diane Nash wuchs in Chicago auf und studierte ein Jahr an der Howard University, bevor sie zur Fisk University wechselte. Als sie das rassistische System dort zum ersten Mal am eigenen Leibe erfuhr, fühlte sie sich »in einer stickigen Atmosphäre und eingeengt, weil uns so viele Bereiche des täglichen Lebens verschlossen waren.« Sie war als Katholikin aufgewachsen und sah in der Bewegung gegen die Segregation eine Art »angewandter Religion«, die ein »Klima der Achtung der Menschenwürde mit sich bringen wird, wo sich jedes Individuum frei entwickeln und seine Möglichkeiten optimal entfalten kann.« In ihren Augen waren die Folgen der Einschränkungen gegen die Schwarzen in den Südstaaten der »langsame Fortschritt« des Südens »in industriellen, politischen und sonstigen Bereichen« sowie »die Schwächung des US-amerikanischen Einflusses im Ausland als Folge des Rassenhasses.«[5]

Ein weiterer Aktivist aus Nashville, John Lewis, war einer von mehreren schwarzen Theologiestudenten am American Baptist Theological Seminary, die angefangen hatten, den antirassistischen Protest christlich zu begründen. Lewis wurde in einem Mietshaus in der Nähe von Troy, Alabama, geboren. Er hatte neun Geschwister. Seine Eltern hatten keine höhere Schule besucht. Der von King geführte Busboykott von Montgomery, den er am Radio verfolgte, begeisterte ihn. King betrachtete er »als einen Moses, der die organisierte Religion und die emotionale Atmosphäre in den schwarzen Kirchen als Instrument, als Mittel benutzte, um die Freiheit zu erreichen.«[6] Noch während er die High School besuchte, fing er an, in ländlichen Kirchen der Schwarzen, die in der Nähe der Farm seiner Familie lagen, zu predigen. 1957 bekam er ein Stipendium für das Nashville Seminary, wo er mit den schwarzen Aktivisten James Bevel, Bernard Lafayette und Paul Brooks Freundschaft schloss.

Der einflussreichste Aktivist aus Nashville war James Lawson, der in den Nordstaaten aufgewachsen war und das Baldwin-Wallace College in Ohio besuchte. Von der Vanderbilt School of Theology war er ausgeschlossen worden, weil er sich an den Sit-In-Protesten beteiligt hatte. Von allen TeilnehmerInnen der Konferenz von Raleigh war Lawson derjenige, der die philosophischen Grundlagen, die mit direkter gewaltfreier Aktion verbunden waren, am besten kannte. Anfang der fünfziger Jahre war er lieber ins Gefängnis gegangen, als während des Korea-Krieges seinen Dienst in der Armee abzuleisten. Nachdem er direkt in die Missionsabteilung der Methodistischen Kirche entlassen wurde, verbrachte er drei Jahre als Missionar in Indien, wo er Mahatma Gandhis Technik der Gewaltfreiheit zur Durchsetzung politischer Veränderungen studierte. Danach besuchte Lawson die Oberlin College School of Theology und wurde der erste aktionsorientierte Sekretär des FOR für die Südstaaten.

Auf einer seiner Reisen in die Südstaaten organisierte Lawson zusammen mit einem anderen FOR-Vertreter, Glenn Smiley, im März 1958 einen Workshop über Gewaltfreiheit für den *Nashville Christian Leadership Council* (Christlicher Leitungsrat von Nashville). Nachdem er sich als Theologiestudent eingeschrieben hatte, veranstaltete Lawson einen ähnlichen Workshop an der Vanderbilt University in Nashville zu Beginn des Jahres 1959. Der Workshop zog eine kleine Gruppe schwarzer StudentInnen an, darunter waren Nash, Barry, Lewis und Bevel, die an der Anwendung gewaltfreier Taktiken für ihre Kampagnen gegen die Segregation in den Restaurants der Innenstadt interessiert waren. Im Herbst 1959 führten sie symbolische Sit-Ins durch, bei denen sie die Geschäftsleute von Nashville aufforderten, freiwillig die Segregation aufzuheben – vergeblich. Als Lawson dann im Februar 1960 die Nachrichten vom Sit-In in Greensboro erreichte, waren die StudentInnen von Nashville darauf vorbereitet, eine der diszipliniertesten und am längsten andauernden Kampagnen in der frühen Phase der Protestbewegung durchzuführen. Mehr als 150 StudentInnen, darunter auch Lawson, wurden in Nashville im Frühjahr festgenommen, bevor die Offiziellen in der Stadt schließlich damit einverstanden waren, in einigen Restaurants die Segregation aufzuheben.

Die StudentInnen aus Nashville behielten den Überblick über die Proteste und sorgten dafür, dass diese gewaltfrei blieben. Ihre Verhaltensanweisungen für die DemonstrantInnen wurden zum Modell für die Protestbewegungen in den ganzen Südstaaten. Unter anderem erklärten sie darin: »Schlage nicht zurück, fluche nicht, wenn man dich misshandelt. (...) Zeige dich stets freundlich und höflich. (...) Berichte der Führungsperson der Kampagne alle ernsthaften Vorfälle auf freundliche Weise. Denk immer an die Grundlagen, Gewaltfreiheit und Liebe.«[7]

Als die Konferenz von Raleigh eröffnet wurde, hatte Martin Luther King, Jr., damals gerade einunddreißig Jahre alt, den Höhepunkt seiner Popularität erreicht. Wahrscheinlich sorgte gerade seine Anwesenheit für die große Anzahl der TeilnehmerInnen. Während einer Pressekonferenz vor der Eröffnung sprach King über die künftigen Aufgaben der StudentInnen auf eine Weise, die die spätere Entwicklung des Kampfes in den Südstaaten vorwegnahm. Zusätzlich zu seinem Vorschlag für eine bundesweite Kampagne des »selektiven Warenkaufs« forderte King die StudentInnen auf, eine feste Organisation aufzubauen; eine Gruppe von Freiwilligen zusammenzustellen, die lieber die Gefängnisse füllte als Geldstrafen zu zahlen;

und den »Freiheitskampf« in alle Regionen des Südens zu tragen, um das Eingreifen der Bundesregierung zu provozieren. Er forderte zudem die StudentInnen dazu auf, die Philosophie der Gewaltfreiheit genauer zu studieren.[8]

Obwohl King einiges von der zukünftigen Strategie der Studentenbewegung vorwegnahm, hatte er weniger Einfluss auf die StudentInnen als Lawson, der zu dieser Zeit außerhalb von Nashville kaum bekannt war. James Lawson formulierte ein Bündel visionärer Ideen, die die Aktivitäten der StudentInnen sowohl vom Rest der Gesellschaft als auch von den eher gemäßigten Führungspersonen der Bürgerrechtsbewegung unterschieden. Er bestand darauf, dass die eigentlichen Triebkräfte hinter den Protesten weder legalistischer, noch soziologischer, noch radikaler Natur seien, sondern moralischer und geistiger. Die gewaltfreien Protestaktionen hätten die Weißen in den Südstaaten dazu gezwungen, das Vorhandensein einer Sünde anzuerkennen. Die »radikal christlichen Mittel« hätten »die Machtstruktur der Segregationisten ihrer wichtigsten Waffe beraubt: der Manipulierung von Gesetzen beziehungsweise der Anwendung von Gesetzen, um Schwarze auf ihren Platz zu verweisen.« Zudem sei die gewaltfreie Bewegung ein Versuch, soziale Veränderungen zu beschleunigen. »Ganz Afrika«, so warnte Lawson, »wird frei sein, noch bevor der US-amerikanische Schwarze seine vollen Bürgerrechte bekommt. Die meisten von uns werden Großeltern sein, bevor wir ein normales Leben führen können.« In seiner kontrovers diskutierten Rede nannte Lawson die Sit-In-Taktik »ein Urteil gegen die konventionellen, halbherzigen Versuche der Mittelklasse, mit dem radikalen gesellschaftlichen Übel umzugehen.« Er kritisierte besonders die NAACP für ihre Konzentration auf »Spendenkampagnen und Gerichtsklagen, anstatt sich unserer wichtigsten Ressource anzunehmen, den Menschen, die nicht mehr die Opfer des rassistischen Übels sein wollen und auf disziplinierte Weise in Aktion treten können, um die Verfassung unmittelbar in Kraft zu setzen.«[9]

Der Einfluss von Lawson zeigte sich auf der Konferenz durch

die allgemeine Betonung der Gewaltfreiheit. Als ein Delegierter eine Entscheidung über »Ziele, Philosophie, Zukunft und Struktur der Bewegung« herbei führen wollte, blieb Lawson dabei, dass die Delegierten zunächst die Philosophie der Gewaltfreiheit und erst dann das Ziel der Integration der Schwarzen diskutieren sollten.[10] Obwohl einige StudentInnen widersprachen und lieber über Aktionen als über Philosophie sprechen wollten, gelang Lawson die Annahme seiner Resolution, die eine religiöse Untermauerung der direkten gewaltfreien Aktion darstellte:[11]

»Wir bekennen uns zum philosophischen oder religiösen Ideal der Gewaltfreiheit als Grundlage unserer Ziele, Voraussetzung unseres Glaubens und Maßstab für unsere Aktionen. Gewaltfreiheit, wie sie aus den jüdisch-christlichen Traditionen entwickelt wurde, setzt sich eine Gesellschaftsordnung zum Ziel, in der Gerechtigkeit durchdrungen ist von Liebe. Die Integration aller Menschen und allen menschlichen Strebens ist der entscheidende erste Schritt auf dem Weg zu dieser Gesellschaft.«

»Durch Gewaltfreiheit ersetzt der Mut die Angst, verwandelt die Liebe den Hass. Das Annehmen anderer überwindet das Vorurteil, Hoffnung siegt über Verzweiflung. Frieden überwindet den Krieg, der Glaube den Zweifel. Gegenseitige Rücksicht beendet die Feindschaft. Gerechtigkeit für alle überwindet die Ungerechtigkeit. Die erlösende Gemeinschaft überwindet die Systeme drastischer sozialer Unmoral.«

»Liebe ist das zentrale Motiv der Gewaltfreiheit. Liebe ist die Kraft, mit der Gott die Menschen an sich und aneinander bindet. Diese Liebe geht bis zum Äußersten; sie liebt und vergibt auch im Angesicht der Feindschaft. Sie begegnet der Macht des Bösen, Leiden zu verursachen, mit einer noch mächtigeren Fähigkeit, das Böse ins Leere laufen zu lassen, ohne die Liebe aufzugeben.«

»Indem sie an das Gewissen appelliert und auf der moralischen Natur der menschlichen Existenz basiert, schafft die Gewaltfreiheit eine Atmosphäre, in der Versöhnung und Gerechtigkeit zu realen Möglichkeiten werden.«

Was die Delegierten der StudentInnen mehr beschäftigte als die Formulierung ideologischer Positionen war die Gefahr, dass ein Koordinierungskomitee die Studentenbewegung den Einflüssen der bestehenden Bürgerrechtsorganisationen ausliefern könnte.

Howard Zinn bemerkte Spannungen bei der Frage, ob die StudentInnen offizielle Verbindungen zur SCLC haben sollten. Ella Baker sprach von Kräften, die »versuchen, die Jugendlichen in die bestehenden Organisationen einzubinden«, aber sie fügte hinzu, »dass sie das Recht haben, sich selbst um ihre Angelegenheiten zu kümmern und sogar ihre eigenen Fehler zu machen.« Sie wusste aus Erfahrung, »wie Menschen und ihre Ideen von Leuten aufgesogen werden können, die ihre eigenen Zwecke verfolgen.« Die StudentInnen waren bereit, Bündnisse »auf Basis der Gleichheit einzugehen, aber sie misstrauten allem, was nach Manipulation oder Dominanz roch.« Die schwarzen StudentInnen waren derselben Ansicht wie Baker. »Sie war zwar sehr viel älter als wir,« erinnerte sich Lewis, »aber was die Ideen, die Philosophie und das Engagement anbetraf, war sie eine der Jüngsten in der Bewegung.«[12]

Durch die Ermutigung von Ella Baker sprachen sich die StudentInnen dafür aus, ein zeitlich befristetes SNCC zu gründen. Es sollte keine offizielle Verbindung zu den anderen Bürgerrechtsorganisationen haben, aber mit ihnen zusammen arbeiten. Über die Umwandlung des SNCC von einer zeitlich befristeten in eine dauerhafte Organisation sollten zukünftige Studentenkonferenzen befinden.

Am letzten Tag der Konferenz veranstaltete der neu gewählte Vorsitzende des SNCC, Marion Barry, seine erste Pressekonferenz für die wenigen Reporter, die über das Treffen berichteten. Er sprach über »die Ergebnisse und Forderungen« der StudentInnen und erwähnte auch das Prinzip, eher eine Gefängnisstrafe auf sich zu nehmen, als Geldstrafen zu zahlen. Er appellierte an die Rechtsanwälte, bei Sit-In-Prozessen keine »astronomischen Honorare« zu verlangen. Im Anschluss daran stellte Barry in einer scharf formulierten Erklärung, die typisch für das SNCC werden sollte, das neue Koordinierungskomitee in den Brennpunkt nationaler und internationaler Politik. Bezug nehmend auf die Nachricht, nach der Präsident Eisenhower eine Reise nach Afrika plane, erklärte Barry, »der Präsident soll das Ansehen seines Amtes lieber dazu nutzen, die Rassenprobleme in seinem eigenen Land zu lösen. Auf diese Weise wäre er für einen Besuch in Afrika noch besser vorbereitet.«[13]

Die Konferenz von Raleigh bedeutete den Höhepunkt des Einflusses für Lawson und seine Gruppe aus Nashville innerhalb des SNCC. Weil er sein Theologiestudium beenden wollte, schrieb sich Lawson im späten Frühjahr 1960 in der Boston University ein, wo er im Sommer den Bakkalaureus-Abschluss in Theologie erwarb. Mit Ausnahme von Barry konzentrierten sich die anderen TeilnehmerInnen aus den Workshops von Lawson in ihren Aktivitäten auf Nashville, obwohl viele von ihnen später BerufsaktivistInnen des SNCC wurden. Im Herbst gab Barry den Vorsitz des SNCC ab, um sein Studium an der University of Tennessee wieder aufzunehmen. Als der Einfluss der Gruppe um Lawson zurückging, gewannen säkulare Ideen an Bedeutung. Trotzdem wurden die Prinzipien der direkten gewaltfreien Aktion und die moralische Orientierung der Nashville-Bewegung im SNCC während der frühen sechziger Jahre aufrechterhalten.

Am 13. und 14. Mai 1960 fanden sich elf StudentInnen in Atlanta zum ersten offiziellen Treffen des SNCC ein. Obwohl es für die Organisation noch keine Gelder und noch nicht einmal ein Büro gab, gingen die StudentInnen offenbar von einer beträchtlichen Anziehungskraft des SNCC aus, denn sie beschlossen, eine zeitlich befristete Arbeitsstelle auszuschreiben, um die Organisation über den Sommer zu bringen.[14] Der Aufbau einer funktionierenden Organisation wurde möglich, als Ella Baker die Möglichkeit erhielt, in der Zentrale der SCLC in Atlanta eine Ecke zu benutzen, um dort ein Büro einzurichten. Außerdem konnte die Studentenorganisation über den Briefdienst des SCLC kostenlos Post verschicken. Baker konnte zudem Jane Stembridge, die Tochter eines weißen Baptistenpastors aus Virginia und Studentin am Union Theological Seminary, dafür gewinnen, das SNCC-Büro zu verwalten, bis eine ständige Verwaltungskraft gefunden wurde.

Stembridge und andere StudentInnen brachten im Juni die erste Nummer einer SNCC-Zeitung heraus, die *Student Voice*. Die Artikel dieser Nummer deckten bereits ein breites Spektrum von Themen ab, die die StudentInnen im SNCC betrafen. Abgedruckt waren nicht nur James Lawsons Position zur Gewaltfreiheit und Martin Luther Kings Vorschlag zur gewaltfreien Taktik, sondern auch Artikel über Fundraising für die Protestbewegung, sowie darüber, wie StudentInnen, die exmatrikuliert worden waren, weil sie an Protesten teilgenommen hatten, neue Stipendien erhalten können. Der Student Julian Bond vom Morehouse College, dessen Vater Dekan der Atlanta School of Education war, war Koautor eines Berichts über die Sit-Ins in Atlanta und schrieb ein Gedicht über das gewachsene antirassistische Bewusstsein vieler StudentInnen:

> *»Auch ich höre amerikanische Lieder*
> *Aber wo ich stehe*
> *Kann ich nur Little Richard*
> *Und Fats Domino hören.«*[15]

Obwohl einige schwarze StudentInnen im Sommer 1960 das SNCC als wichtige, unabhängige Stimme der Protestbewegung betrachteten, war das Überleben der neuen Organisation keineswegs gesichert. Auch andere StudentInnen- und Bürgerrechtsorganisationen unterstützten den Versuch des SNCC, eine dauerhafte Organisation aufzubauen, denn so bekamen sie eine zentrale Anlaufstelle für den Kontakt mit schwarzen StudentInnen aus den Südstaaten. Die zuständige Vorsitzende der Programme für die Südstaaten bei der NSA, Constance Curry, war in den ersten Monaten des SNCC besonders hilfsbereit und bot Einrichtungen und Ausrüstung der NSA in Atlanta dem SNCC zur Nutzung an, solange es noch wenig eigene Ressourcen hatte. Trotz dieser Unterstützung hätte das SNCC wahrscheinlich den ersten Sommer nicht überlebt, wenn da nicht die Energie und das Geschick von Baker und Stembridge gewesen wären. Während das SNCC für Außenstehende und auch für viele schwarze AktivistInnen unter den StudentInnen nur eine Art Sammelstelle für den Austausch von Informationen über die örtlichen Proteste war, bildete es für die beiden Frauen die Möglichkeit einer Organisation, die den Kampf über die Colleges hinaus verbreiten und alle Klassen von Schwarzen mit einbeziehen konnte.

Im Juli 1960 wurden Baker und Stembridge von Bob (Robert) Moses unterstützt, einen ehemaligen Studenten der Harvard University. Moses kam nach Atlanta, um beim SCLC-Projekt für die Eintragung Schwarzer in die Wählerlisten zu arbeiten, stellte aber fest, dass dort niemand auf seine Ankunft vorbereitet war. Er wurde deshalb damit beauftragt, Spendenaufrufe einzutüten. Er akzeptierte diese Aufgabe, bis er fand, dass die Arbeit von Stembridge in der SNCC-Ecke interessanter war. Er entdeckte zudem, dass er mit Stembridge das Interesse an christlicher Theologie und Mystizismus teilte. Auch waren beide skeptisch, was die Führungsqualitäten von Martin Luther King anbelangte. Als Stembridge Moses vorschlug, für das SNCC schwarze AktivistInnen aus dem ländlichen Süden für eine Konferenz im Oktober einzuladen, tat er es mit Begeisterung und wollte dafür nicht bezahlt werden.

Diese Entscheidung war schicksalhaft sowohl für Bob Moses als auch für das SNCC. Auf Vorschlag von Ella Baker traf er Amzie Moore, den Vorsitzenden der NAACP in Cleveland, Mississippi. Moore gehörte zu einer kleinen Gruppe, die den Kampf der Bürgerrechtsbewegung im tiefsten Süden aufrechterhielt, trotz Einschüchterungen und Gewalt. Als Moses Moore zur SNCC-Konferenz einlud, nahm Moore an, gab aber zu verstehen, dass mehr noch als die Desegregation sein Hauptanliegen die Eintragung der Schwarzen in die Wahllisten war. Er schlug dem SNCC vor, StudentInnen nach Mississippi zu mobilisieren, um bei der Kampagne für die Eintragungen zu helfen, die unmittelbar den Sturz der institutionalisierten Segregation in diesem Bundesstaat zur Folge haben könnte. Moses war von Moores Vision und Entschlossenheit beeindruckt und versprach, zurückzukehren, um bei der Kampagne in Mississippi mitzuwirken. Obwohl Moses noch nicht einmal beim SNCC angestellt war, wurde dieses kleine Treffen zum Ausgangspunkt des Kampfes der Schwarzen in Mississippi, der die weitere Entwicklung des SNCC entscheidend prägen sollte.

Von Moses' Reise in den ländlichen Süden abgesehen befasste sich das SNCC in diesem Sommer hauptsächlich mit den Bundesparteitagen der Demokratischen und Republikanischen Partei. Barry und andere SNCC-VertreterInnen bekamen die Gelegenheit, vor den Delegierten beider Parteien zu sprechen. Ihre Reden zeigten das gestiegene Interesse schwarzer studentischer AktivistInnen an Themen, die auch über die Abschaffung der Segregation hinaus gingen. Auf dem Parteitag der Demokratischen Partei schlugen die SNCC-VertreterInnen zum Beispiel vor »endlich damit aufzuhören, mit den Bürgerrechten von achtzehn Millionen Schwarzen politisch Football zu spielen« und sofort die Segregation in öffentlichen Schulen aufzuheben, die Arbeitsmöglichkeiten für Schwarze in Bundeseinrichtungen und Bundesunternehmen auszuweiten, dem District of Columbia die kommunale Selbstverwaltung zu gewähren, und Schwarze, die von ihrem Wahlrecht oder anderen Bürgerrechten Gebrauch machen wollten, bundespolizeilich besser zu schützen.[16]

Die wenigen Minuten Redezeit für die VertreterInnen des SNCC auf beiden Parteitagen hatten kaum Wirkung; nur wenige Zeitungen erwähnten ihren Auftritt überhaupt. Trotzdem bedeuteten diese Reden den Beginn einer Wandlung des SNCC zu einer Organisation, die es mit den größeren Bürgerrechtsorganisationen auf nationaler Ebene aufnehmen konnte.

Diese Wandlung wurde auch in einer Rede von Jane Stembridge deutlich, die sie bei der Jahreskonferenz der NSA im August 1960 hielt. Stembridge zufolge sollte das SNCC sich dafür einsetzen, dass »vom Kongress der Vereinigten Staaten gefordert wird, die Bürgerrechte nicht länger als Karrieresprungbrett zu instrumentalisieren, dass die Präsidentschaftskandidaten ihre Doppelmoral beenden sollen, und dass die Bundesregierung die Stimme der Freiheit hört und für sie handle.« Die Diskriminierung sei ein Problem, das bundesweit angegangen werden müsse. Und die Gewaltfreiheit sei mehr als eine Technik; sie werde »uns alle betreffen« bei Themenbereichen wie etwa der atomaren Aufrüstung. Sie versprach, dass das SNCC als dauerhafte Organisation eine »untrennbare Kette« von Informationen für alle StudentInnen im Lande bereitstellen werde und auf diese Weise die beiden wichtigsten Anforderungen der Bewegung erfüllen werde: »zu verstehen, wohin sie uns führt« und »mit ganzer Kraft der Ausweitung der Bewegung zu dienen, vor allem in den politischen Bereich hinein.«[17]

Gegen Ende des Sommers hatte die kleine Gruppe der SNCC-Hauptamtlichen noch wenig Einfluss auf die Protestbewegung der StudentInnen. Edward King, ein Student aus Kentucky, der auf der Konferenz von Raleigh zum Chronisten des SNCC gewählt worden war, nannte als Hauptproblem, dass die Organisation noch keine Zusammenarbeit mit den »völlig autonom agierenden lokalen Gruppen« zustande gebracht hatte. Die einzigen größeren Sit-In-Demonstrationen des Sommers hatten in Greenville, South Carolina, und Jacksonville, Florida, stattgefunden und keine der beiden Gemeinden war auf der Raleigh-Konferenz repräsentiert.

Da die SNCC-AktivistInnen aber die Erfolge der Studentenbewegung bei der Aufhebung der Segregation in Restaurants in vielen Städten mitbekommen hatten, übernahmen sie dennoch deren Aktionstaktiken. Ein Beobachter meinte, »sie wissen um den Wert der Spontaneität und der Initiative vor Ort und wollen sie nicht verlieren.«[18] Diejenigen, die mit dem SNCC sympathisierten, wussten, dass ihre wichtigste Aufgabe war, weitere Proteste zu initiieren, um den Schwung vom Frühlingsanfang wieder zu erreichen.

Auf einer Herbstkonferenz in Atlanta vom 14. bis 16. Oktober 1960 versuchte das SNCC, die studentische Protestbewegung dadurch zu stabilisieren, dass es sich eine organisatorische Struktur gab und seine Ziele und Prinzipien klärte. In der Einladung wurde betont, dass die Konferenz aktionsorientiert sei, denn die AktivistInnen des SNCC waren »davon überzeugt, dass die Wahrheit durch Engagement und nicht durch Zuschauen und Spekulation zum Vorschein kommt. Wir sind weiter davon überzeugt, dass nur eine massenhafte Aktion stark genug sein kann, ganz Amerika zu zwingen, seiner Verantwortung gerecht zu werden; und dass nur die direkte gewaltfreie Aktion stark genug sein kann, ganz Amerika klarzumachen, wie diese Verantwortung aussieht.« In der Einladung wurde zudem auf die internationalen Dimension der gewaltfreien Bewegung hingewiesen – »die StudentInnen müssen über die Südstaaten hinaus blicken, ins Pentagon, nach Europa, nach Russland« –, gab jedoch als Ziel der Bewegung die Erlangung »individueller Freiheits- und Persönlichkeitsrechte« an.[19]

In Workshops wurden nun die Abschaffung der Segregation in öffentlichen Einrichtungen, schwarze politische Aktivität im Allgemeinen, Diskriminierung am Arbeitsplatz oder Rassismus im Bildungssystem behandelt. Die Workshops wurden von schwarzen StudentInnen durchgeführt, die selbst an Sit-Ins teilgenommen hatten: Diane Nash, Ben Brown vom Clark College in Atlanta, Charles McDew vom South Carolina State College – er war ein weißer Student aus dem Süden; Sandra Cason von der University of Texas, und Tim Jenkins von der NSA. Die herausragende Rolle, die die StudentInnen bei der Planung und Durchführung der Konferenz inne hatten, verdeutlichte ihr gewachsenes Selbstbewusstsein und half, die anhaltenden Befürchtungen einiger lokaler AktivistInnen der Protestbewegung zu überwinden, das SNCC würde in ihre Autonomie eingreifen.

Ungefähr 140 Delegierte, MitrepräsentantInnen und BeobachterInnen aus 46 Zentren der Bewegung besuchten die Konferenz, zudem über 80 BeobachterInnen von Nordstaaten-Colleges und von befreundeten Organisationen. Im Gegensatz zur Konferenz von Raleigh, die während einer Phase ausgedehnter Aktivitäten stattgefunden hatte, zog die Konferenz von Atlanta nur den Kern der StudentInnen an, die in der Bewegung verblieben waren, nachdem die anfangs massenhaften Aktivitäten der schwarzen StudentInnen nachgelassen hatten. Diese Führungspersonen trafen mit VertreterInnen studentischer und sozialer Reformorganisationen aus dem ganzen Land zusammen, die Verbindung mit der Protestbewegung in den Südstaaten aufnehmen wollten. Ein besonderer Aspekt der Konferenz war die Anwesenheit von VertreterInnen aus marxistischen Gruppen und gemischten (d. h. mit schwarzen und weißen Beteiligten, d. Ü.) Bündnisorganisationen. Die anwesenden linken Gruppen waren die *Socialist Party* (SP, Sozialistische Partei) und ihre Jugendorganisation, die *Young People's Socialist League* (YPSL, Sozialistische Liga junger Menschen), die neu gegründete SDS, der *Southern Conference Educational Fund* (SCEF, Bildungsfonds der Südstaatenkonferenz) und die *Highlander Folk School*, eine Art Ausbildungszentrum für GewerkschafterInnen.

Obwohl Martin Luther King über »die Philosophie der Gewaltfreiheit« sprach, waren es wiederum die Redebeiträge von James Lawson, die unter den StudentInnen intensiver diskutiert wurden. Trotz seines zurückgehenden Einflusses innerhalb des SNCC sprach Lawson immer noch vielen StudentInnen aus dem Herzen, wenn er sagte, dass die Bewegung ihre »beste Zeit« hinter sich habe, wenn die StudentInnen allgemein dazu tendierten, auf Kaution aus dem Gefängnis zu gehen. »Anstatt die Älteren in der Bewegung umher zu scheuchen, um unsere Kaution aufzutreiben,« behauptete James Lawson, »wäre es besser gewesen, wenn wir sie umher gescheucht hätten, um das System zu beenden, das uns in die Gefängnisse gebracht hat. Wenn uns die Geschichte solch eine Gelegenheit noch einmal bietet, müssen wir die Chance auch ergreifen.« Diese Strategie »Knast, nicht Kaution!« (»Jail, no bail!«), die vom SNCC verfochten wurde, bezeugte die zunehmend radikale Orientierung vieler BefürworterInnen der direkten gewaltfreien Aktion. Nach Lawson waren die studentischen Proteste nur der Anfang einer »gewaltfreien Revolution«, um »die Segregation, die Sklaverei, die Knechtschaft und den Paternalismus«, sowie eine »Industrialisierung auf der Basis billiger Arbeit und rassistischer Diskriminierung« zu zerstören.[20]

Das wichtigste Ergebnis der Konferenz war die Schaffung dauerhafter Strukturen für das SNCC. Die Delegierten bildeten ein Koordinierungskomitee bestehend aus je einem Vertreter pro Bundesstaat im Süden der USA und des Districts of Columbia. Trotzdem übertrugen die Delegierten diesem neu organisierten SNCC nicht allzu viel Macht. Die örtlichen Protestgruppen blieben autonom in ihren Entscheidungen, und alle Mitglieder des Komitees konnten für die Gesamtbewegung sprechen. Dem SNCC wurde zudem die Erlaubnis gegeben, Geld einzutreiben und den *Student Voice* monatlich herauszubringen, um die Kommunikation unter den Protestgruppen aufrechtzuerhalten.

Der einzige Aktionsvorschlag, der von den Delegierten diskutiert wurde, kam von sozialistischen Vertretern und betraf Demonstrationen am Wahltag, die von den Präsidentschaftskandidaten John F. Kennedy und Richard Nixon fordern sollten, positive Aussagen zum Thema Bürgerrechte zu machen. Auch wenn der Vorschlag angenommen und am Wahltag einige Demonstrationen durchgeführt wurden, hatte eine Demonstration, die von studentischen AktivistInnen aus Atlanta am Ende der Konferenz veranstaltet wurde, weit größeren Einfluss auf die Wahl. Indem sie Martin Luther King dazu überredeten, mit ihnen zusammen bei Protesten gegen die diskriminierende Geschäftspolitik in Rich's Warenhaus das Risiko einer Verhaftung einzugehen, konnten die StudentInnen die Aufmerksamkeit der Kandidaten auf die Stadt lenken. Der Telefonanruf von John F. Kennedy bei Coretta King, der Ehefrau von Martin Luther King, wurde breit veröffentlicht, ebenso ein Anruf von Robert Kennedy beim zuständigen Richter, den Fall wirklich unparteiisch zu behandeln. Diese Gesten verstärkten die Unterstützung der schwarzen Bevölkerung für John F. Kennedy und trugen zu seinem knappen Wahlsieg über Nixon bei, der sich in dieser Angelegenheit nicht eingeschaltet hatte.

Obwohl die SozialistInnen einigen Einfluss auf die Konferenz hatten, übernahmen die meisten schwarzen StudentInnen nicht einmal gemäßigt sozialistische Ideen. Bayard Rustin, ein Aktivist aus

der *League for Industrial Democracy* (Liga für industrielle Demokratie) und Martin Luther Kings Berater, war zunächst zur Konferenz eingeladen worden, doch die Einladung wurde widerrufen, als
eine Gewerkschaft, welche die Konferenz mitfinanziert hatte, wegen seines radikalen Rufs gegen Rustins Teilnahme votierte. Die
Entscheidung, ihn auszuladen, war jedoch der einzige Vorfall dieser Art, bei dem SNCC-AktivistInnen auf solchen Druck hin nach-
gaben. Julian Bond sprach später davon, dass der Ausschluss von
Rustin den StudentInnen »ihre erste Lektion in der praktischen
Wahrnehmung ihrer Bürgerrechte« gegeben habe.[21] Interessanterweise sollten einige Jahre später SNCC-AktivistInnen mit Rustin
brechen, weil sie ihn als zu gemäßigt und vom liberalen Establishment beeinflusst betrachteten.

Die Oktoberkonferenz markierte einen Wendepunkt in der Entwicklung des studentischen Protestes. Das SNCC bekam dauerhafte Strukturen und die studentischen AktivistInnen wurden sich
stärker ihrer Fähigkeit bewusst, den zukünftigen Kurs der Bewegung zu bestimmen. Die Konferenz zeigte auch einen allgemeinen
Trend hin zur stärkeren Berücksichtigung politischer Fragen, im
Gegensatz zu den religiösen Idealen, die vor allem Lawson formuliert hatte. Der Einfluss der Gruppe aus Nashville ging im November noch weiter zurück, als Charles McDew den Vorsitz von Barry
übernahm. McDew wurde in Massilon, Ohio, geboren und studierte Soziologie am South Carolina State College. Er war einer der
wenigen schwarzen studentischen AktivistInnen, die außerhalb des
Südens aufgewachsen waren. Er war auch deshalb eine Ausnahme,
weil er zum jüdischen Glauben übergetreten war. Obwohl seine
Amtszeit eigentlich nur bis zur nächsten Konferenz dauern sollte,
behielt McDew den Vorsitz bis zur Wahl von John Lewis im Jahr
1963.

Ein weiterer Hinweis auf die Ausweitung der Themengebiete
der StudentInnen war der Besuch von Edward King, dem neuen
Verwaltungssekretär des SNCC, in Fayette County, Tennessee, um
schwarze Pächter zu unterstützen, die von ihren Farmen vertrieben

worden waren, weil sie sich in die Wahllisten eingetragen hatten. Das SNCC unterstützte zudem den Vorschlag der ihm angeschlossenen *Nonviolent Action Group* (NAG, Gewaltfreie Aktionsgruppe) an der Howard University, den Präsidenten und den US-Kongress aufzufordern, den Schwarzen in Tennessee zu helfen und Regierungsverträge mit Unternehmen aufzukündigen, die Schwarze diskriminierten, weil sie sich in die Wahllisten eintragen wollten.

Später sollte das SNCC die Aufnahme der Counties Fayette und Haywood auf eine State Department-Liste von Regionen verlangen, in denen die neu geschaffenen *Peace Corps* (Friedensbrigaden, zivile Einsatzkräfte, d. Ü.) eingesetzt werden sollten.[22]

Auch als sich die SNCC-AktivistInnen an Aktivitäten beteiligten, die über die Bekämpfung der Segregation in öffentlichen Einrichtungen hinausgingen, war noch nicht geklärt, ob das SNCC vor allem ein Kommunikations- und Koordinierungsmedium unter den Protestgruppen sein sollte oder der Initiator von Protestkampagnen und Bürgerrechtsprojekten. Ella Bakers Idee der »auf Gruppen orientierten Führungspersonen« wurde von den studentischen AktivistInnen angenommen und sie wandten sich entschlossen gegen eine Hierarchie der Autoritäten, wie sie in den anderen Bürgerrechtsorganisationen üblich war. Die Arbeitsrichtlinien des Novembertreffens beschränkten das SNCC auf eine »eher beratende als anweisende« Rolle in seiner Beziehung zu den örtlichen Protestgruppen. Darüber hinaus wurde dem SNCC nur erlaubt, für die Bewegung zu sprechen, wenn dies »zurückhaltend geschieht und dabei deutlich wird, dass das SNCC die örtlichen Gruppen nicht kontrolliert.« Es ist bezeichnend, dass das Koordinierungskomitee entschied, dass es Aktionen nur initiieren werde, wenn zwei Drittel der anwesenden Mitglieder solch einen Vorschlag befürworten sollten.[23]

Dass das Koordinierungskomitee keine bestimmendere Rolle übernehmen wollte, resultierte aus der Überzeugung der meisten studentischen AktivistInnen, dass die Autonomie der Ortsgruppen die Basis eines dauerhaften Radikalismus sei. Während der gesamten Zeit seines Bestehens blieb das SNCC seiner Überzeugung treu, dass die lokalen Gruppen ihre eigene Richtung bestimmen sollten. Doch der Rückgang der Proteste seit dem Frühjahr 1960 führte am Ende des Jahres einige StudentInnen zu dem Entschluss, dass sie als Mitglieder des SNCC in Aktion treten müssten, um die Bewegung wiederzubeleben. Nur wenn die SNCC-AktivistInnen dazu bereit sein würden, Aktionen auch außerhalb ihrer eigenen Gemeinden zu initiieren, konnten sie den sozialen Kampf, der bereits zum Hauptanliegen ihres Lebens geworden war, erneut entzünden und ausweiten.

Teil 1: Zusammenkunft

Freiheitsfahrten

E nde des Jahres 1960 war das SNCC noch immer ein lose orga-
nisiertes Komitee, bestehend aus AktivistInnen, die zugleich
TeilzeitstudentInnen waren. Sie waren hinsichtlich ihrer politischen
Orientierung im Allgemeinen konventionell, und sie waren sich unsicher, was ihre Rolle im Kampf in den Südstaaten betraf. Doch
innerhalb weniger Monate wurde das SNCC eine Kader-Organisa-
tion von Community Organizers und von hauptberuflichen WiderständlerInnen. Ihre radikale Identität wurde während der Freedom
Rides (Freiheitsfahrten) geformt, einer Serie von Angriffen auf die
Segregation in den Südstaaten, die die protestierenden StudentInnen erstmals in Konflikt mit der Regierung Kennedy brachte. Der
Aktivismus des SNCC radikalisierte sich zudem durch die Erfahrung der StudentInnen in den Gefängnissen Mississippis während
des Sommers 1961.

Die Kontroversen innerhalb des SNCC zwischen den eher religiös und den eher politisch orientierten AktivistInnen, die der
langsamen Abwendung vom religiösen Radikalismus Lawsons vor-
ausgingen, wiederholten sich im folgenden Sommer als leidenschaftliche Diskussion darüber, ob die Organisation die direkte
gewaltfreie Aktion vorantreiben oder die Kampagne für die Eintragung in Wahllisten unterstützen sollte. Die Mehrzahl derer, die den
Kampf in moralischen Kategorien begriff, wandte sich dagegen,

den Schwerpunkt auf die Kampagne zur Eintragung in Wahllisten zu setzen. Das wurde mit einiger Berechtigung als Strategie von SympathisantInnen der Kennedy-Regierung interpretiert, mit dem Versprechen bundesstaatlicher Unterstützung den studentischen Aktivismus auf andere Ziele als die Abschaffung der Segregation zu richten. Dass das SNCC diese erste innere Krise überstehen konnte, war zum großen Teil den Anstrengungen von Ella Baker zu verdanken, die im Konflikt eine Kompromisslinie vertrat, sowie von James Forman, der die notwendige organisatorische Fähigkeit und politische Geistesgegenwärtigkeit beisteuerte. Zudem wurde das Überleben des SNCC dadurch gesichert, dass die BefürworterInnen sowohl der direkten Aktion wie auch der Registrierungskampagne durch das Verlassen ihrer Schulen ihren Idealismus demonstrierten. Sie wurden nun zu SNCC-Field Secretaries (SNCC-AktivistInnen vor Ort, dem Koordinierungskomitee gegenüber verantwortlich für ein Büro oder ein lokales Projekt, zunächst unbezahlt, später bezahlt, d. Ü.).

Die neue Phase des SNCC begann Anfang 1961, als die Organisation auf eine Anfrage um Unterstützung von protestierenden Schwarzen aus Rock Hill, South Carolina, antwortete. Die StudentInnen des Friendship Junior College aus Rock Hill waren durch ein Sit-In am 12. Februar 1960 zur Protestbewegung gestoßen. Sie sahen sich starker Repression ausgesetzt und einen Monat später saßen siebzig StudentInnen im Gefängnis. Die schwarzen BewohnerInnen von Rock Hill starteten darauf hin einen Boykott gegen Institutionen, die die Segregation praktizierten, welcher den ganzen Sommer und Herbst über aufrechterhalten wurde. Die meisten StudentInnen des Friendship College waren Mitglieder der örtlichen NAACP- und CORE-Gruppen. Nach einem CORE-Workshop im Dezember 1960 entschieden sich einige StudentInnen dazu, im Falle von Festnahmen im Gefängnis zu bleiben und keine Kaution zu zahlen.

Der hauptamtliche CORE-Mitarbeiter Tom Gaither, der eine schwarze Studentenbewegung im vorigen Frühling in Orangeburg angeführt hatte, ging nach Rock Hill, um seine Hilfe anzubieten. Am 31. Januar 1961, dem Vorabend des ersten Jahrestages der Greensboro-Sit-Ins, setzten sich Gaither und neun weitere schwarze StudentInnen in ein die Segregation praktizierendes Restaurant. Am nächsten Tag sprach der Richter alle zehn des Landfriedensbruchs schuldig und verurteilte jeden zu dreißig Tagen Gefängnis oder einer Strafe von 100 Dollar. Gaither und acht StudentInnen wählten den Knast. Als CORE um Unterstützung von außen bat, wurde das SNCC mit seiner ersten wichtigen politischen Kampagne konfrontiert.[1]

Bei einem SNCC-Treffen Anfang Februar 1961 entschieden sich die anwesenden 15 studentischen Delegierten einstimmig dafür, die Protestierenden in Rock Hill zu unterstützen. Vier Freiwillige gingen nach Rock Hill, um den AktivistInnen im Gefängnis beizustehen. Die Freiwilligen waren Diane Nash, Charles Jones von der John C. Smith University in Charlotte, North Carolina, Ruby Doris Smith vom Spelman College in Atlanta, und Charles Sherrod vom Virginia Union College. Als die vier zur Reise nach Rock Hill aufbrachen, veröffentlichte der Geschäftsführer des SNCC, Ed King, einen Aufruf an alle, die ihre Überzeugungen teilten, »ihnen in allen Restaurants und im Gefängnis Solidarität zu leisten. Nur durch diese Aktionen können wir zeigen, dass die gewaltfreie Bewegung gegen die Segregation kein lokales Problem für die jeweilige Gemeinschaft ist, sondern eine vereinigte Bewegung zum Kampf für Gleichheit.«[2]

Nachdem sie in Rock Hill angekommen war, wurde die SNCC-Gruppe festgenommen und wegen des Versuchs verurteilt, sich in einem Restaurant bedienen zu lassen, das die Segregation befolgte. Sie wurde zu der Gruppe, die bereits im Gefängnis saß, dazugelegt. Für die StudentInnen war das ›Jail-In‹ von Rock Hill der Versuch, die studentische Bewegung wiederzubeleben, in dem sie zum moralischen Prinzip der Nichtzusammenarbeit mit dem Bösen zurückkehrte, das die Basis des passiven Widerstands war. So erklärte Charles Jones etwa, er »kann mit keiner Facette einer Gesellschaft zusammenarbeiten – in diesem Fall ihrem legalen Justizsystem –, die irgend eine Form der Segregation und Diskriminierung aufgrund der Hautfarbe aufrechterhält.« Der Protest von Rock Hill bot der Bewegung eine »zweite Chance«, die Strategie ›Gefängnis statt Geldstrafe‹ durchzusetzen.[3]

Obwohl die gefangenen AktivistInnen darauf hofften, dass nun viele andere die Bewegung von Rock Hill unterstützen würden, waren nur wenige StudentInnen dazu bereit, ihre Schulen für längere Gefängnisaufenthalte zu verlassen. Nach einem Monat im Knast mussten die StudentInnen zugeben, dass sie ihr Ziel nicht erreicht hatten. Trotz dieses Zusammenbruchs der Jail-In-Bewegung von Rock Hill demonstrierte die Entscheidung der vier SNCC-VertreterInnen, daran teilzunehmen, den Willen der AktivistInnen im SNCC, einzugreifen wo immer sich eine Konfrontation mit dem System der Segregation entwickelte. Zudem trug die Erfahrung von Rock Hill dazu bei, eine Art Gruppenidentität unter den aktiven StudentInnen zu fördern. Für Sherrod wie für viele weitere StudentInnen in diesem Jahrzehnt, wie auch für viele Radikale und RevolutionärInnen zu anderen Zeiten, war das Gefängnis eine entscheidende Lernerfahrung. »Im Knast bekommst du Ideen,« bemerkte er nur kurz danach. »Du redest mit anderen jungen Leuten, die du zuvor nie gesehen hast. Wir erkennen uns sofort in den anderen wieder: Leute wie du selbst, die aus ihrer Vergangenheit ausbrechen. Wir bleiben die ganze Nacht wach, teilen unsere Gedanken mit, planen neue Aktionen. Du kannst im Knast der Wahrheit begegnen, du kannst dich vollständig selbst erfahren. Du lernst den Unterschied erkennen, der die Toten von den Lebenden trennt.«[4]

Eine weitere Gelegenheit für die SNCC-AktivistInnen, den Geist des studentischen Radikalismus wiederzubeleben, ergab sich einige Monate später, als weiße Südstaatler eine Gruppe von FreiheitsfahrerInnen angriffen, die durch den Süden fuhren und versuchten, rassistisch getrennte Imbisse an den Bushaltestellen in den Südstaaten zu benutzen. Die Idee der Freiheitsfahrten hatte sich CORE ausgedacht, als Test für die ›Jail no bail‹-Kampagne und als Demonstration für die Effektivität einer direkten gewaltfreien Aktion, die von geschulten Leuten durchgeführt wird. Seit den Zeiten ihrer Gründung während des Zweiten Weltkrieges war CORE diejenige Organisation, die sich am besten auf die Anwendung direkter gewaltfreier Aktion für Ziele der Bürgerrechtsbewegung verstand. Schon 1947 hatte CORE den Versuch einer »Reise der Versöhnung« unternommen, die den späteren Freiheitsfahrten ähnlich war. Aber bis zur Bewegung der studentischen Sit-Ins im Jahre 1960 bekam CORE wenig Unterstützung von den Schwarzen in den Südstaaten für ihre gandhianischen Taktiken.[5]

CORE wählte dreizehn Freiwillige für die erste Freiheitsfahrt aus, die meisten waren Mitglieder dieser Organisation; zwei unter den sieben beteiligten Schwarzen waren jedoch Studenten, die schon in der Sit-In-Bewegung aktiv gewesen waren: John Lewis aus Nashville und Henry Thomas, der Vertreter des SNCC an der Howard University. Beide waren in Großfamilien im ländlichen Süden aufgewachsen, doch Lewis stammte aus stabilen familiären Verhältnissen und war sehr religiös, während Thomas sich selbst eher als Rebellen beschrieb, der in einer schmerzhaften Beziehung mit einem schwierigen Stiefvater aufgewachsen war. Thomas arbeitete auf Baumwollfeldern und mischte in Straßenbanden mit, bevor er ein Stipendium für Howard bekam. Er erinnerte sich, dass die meisten Jungs, mit denen er aufwuchs, im Gefängnis waren, noch bevor sie erwachsen waren – »sie machten ihre Rebellion auf einen Schlag. Ich glaube, ich unternahm meine in kleinen Schritten.«[6]

Die ersten FreiheitsfahrerInnen verließen Washington am 4. Mai 1961 in zwei Bussen. Reporter fuhren mit, damit Presseberichte gesichert waren. Sie fuhren friedlich durch Virginia und North Carolina, bevor sie auf reaktionäre Gewalt trafen. Am 9. Mai griff eine Gruppe Weißer Lewis und einen anderen Aktivisten an, als sie versuchten, einen Wartesaal für Weiße am Busbahnhof von Rock Hill zu betreten. Keiner von beiden wurde ernsthaft verletzt, und nach Ankunft der Polizei konnten die FreiheitsfahrerInnen ihre Reise fortsetzen. Am nächsten Tag wurden Thomas und Jim Peck, ein weißer

CORE-Veteran, in Winnsboro, South Carolina, verhaftet und wegen Landfriedensbruch angeklagt, nachdem sie zusammen einen Essenssaal für Weiße betreten hatten. In Georgia nutzten die FreiheitsfahrerInnen die Einrichtungen an Haltestellen in mehreren Ortschaften ohne Störung und als sie in Atlanta ankamen, wurden sie von einer großen Gruppe StudentInnen empfangen, darunter Ed King vom SNCC.[7]

Nachdem sie ihre Fahrt wieder aufgenommen hatten, erreichten die FreiheitsfahrerInnen Anniston, Alabama, wo der Mob einen der beiden Busse angriff, die Scheiben einschlug und Reifen zerstach, bevor die Polizei eintraf. Als der Bus weiter fuhr, verfolgten ihn die Weißen in Autos und brachten ihn außerhalb von Anniston zum Halten. Die Verfolger warfen eine Rauchbombe ins Innere und die FreiheitsfahrerInnen flohen aus dem Bus direkt in die Hände der draußen wartenden Gruppe aufgeputschter Weißer. Der Bus ging in Flammen auf und der Mob verprügelte die AktivistInnen. Die Polizei erschien viel zu spät. Kurze Zeit danach erreichte der andere Bus mit FreiheitsfahrerInnen Anniston. Eine Gruppe Weißer stieg ein und zwang die Fahrgäste in den hinteren Teil des Busses, der für Schwarze vorgesehen war. Sie schlugen diejenigen, die sich widersetzten.

Die FreiheitsfahrerInnen trafen sich und fuhren weiter nach Birmingham, wo sie weitere Auseinandersetzungen erwarteten, weil sie Gerüchte vernahmen, wonach ein weißer Mob auf sie wartete. Eine große Menge Weißer war anwesend, als ihr Bus in die Endhaltestelle in Birmingham einfuhr. Die örtliche Polizei war in die Planungen eingeweiht und die ersten fünfzehn Minuten abwesend, während eine Gruppe Weißer die FreiheitsfahrerInnen angriff, als sie aus dem Bus ausstiegen. Peck wurde ernsthaft verletzt und seine klaffende Kopfwunde musste mit fünfzig Stichen genäht werden.[8] Nach diesem Gewaltakt konnte kein Busfahrer mehr aufgetrieben werden, um die FreiheitsfahrerInnen nach Montgomery zu bringen und die WiderständlerInnen entschieden sich, die Freiheitsfahrt zu beenden. Sie flogen nach New Orleans zu einer Kundgebung, die am 17. Mai stattfand, dem siebten Jahrestag der *Brown vs. Board of Education*-Entscheidung des Obersten Gerichtshofes (wobei 1954 erstmals ein Bundesgericht gegen die Segregationsgesetze der Einzelstaaten Stellung bezogen hatte, was zur Integration schwarzer Kinder in Schulen der Weißen führte, d. Ü.).

Obwohl nun die CORE-AktivistInnen die Freiheitsfahrten unterbrechen wollten, betrachteten einige schwarze studentische AktivistInnen diese Proteste als weitere Gelegenheit, ihre Entschlossenheit und Radikalität auf die Probe zu stellen. Die Gewalt in Anniston und Birmingham wurde in der Presse breit diskutiert und die Berichte halfen, die studentische Protestbewegung wiederzubeleben. Der Student Bill Mahoney von der Howard University erinnerte sich, wie er »rasend vor Wut« geworden war, als er das Bild von Thomas nach dem Angriff von Anniston gesehen hatte. Sofort demonstrierte er direkt vor dem Weißen Haus und forderte das Eingreifen der Bundesregierung, um danach nach Alabama zu gehen und an den Protesten teilzunehmen.

Als sie von den Angriffen erfuhren, organisierte Diane Nash, damals Koordinatorin studentischer Aktionen für das Nashville Christian Leadership Council (in der SCLC), zusammen mit anderen StudentInnen aus Nashville sehr schnell eine Gruppe, die die Freiheitsfahrten fortsetzen wollte. Die Gruppe umfasste zehn StudentInnen – acht Schwarze und zwei Weiße. Die StudentInnen wurden gewarnt, dass mindestens einer von ihnen bei einer Fortsetzung der Fahrten umgebracht werden könnte, aber sie ließen sich nicht abschrecken. »Diese Leute wurden mit der Möglichkeit ihres eigenen Todes konfrontiert, noch bevor sie Nashville auch nur verließen,« erinnerte sich Nash. »Einige von ihnen schrieben ihr Testament. Einige andere übergaben mir geschlossene Briefe, die ich einwerfen musste, sollten sie umgebracht werden. Einige sagten mir direkt, dass sie Angst hätten, aber sie wüssten, es sei etwas, das um der Freiheit willen wert sei, getan zu werden.«[9]

Am 17. Mai 1961 nahm die Gruppe einen Bus von Nashville nach Birmingham. Als sie am Busbahnhof in Birmingham ankamen, wurden sie von der Polizei verhaftet und in »schützendem Gewahrsam« gehalten. Nach einem Tag im Gefängnis wurden sie vom Polizeichef Birminghams, Eugene »Bull« Connor, zurück zur Staatsgrenze zwischen Alabama und Tennessee eskortiert. Die StudentInnen wanderten zum Haus einer schwarzen Familie und telefonierten mit Nash, die ihnen einen Wagen sandte, um sie zurück nach Birmingham zu bringen. Sie hatten vor, die Freiheitsfahrt von Birmingham aus fortzusetzen, erfuhren jedoch einen weiteren Rückschlag, als sie keinen Busfahrer fanden, der bereit war, sie nach Montgomery zu fahren.[10]

Als die studentischen AktivistInnen die Kontrolle über die Freiheitsfahrten übernahmen, versuchten Kennedys Berater ihre erste Civil-Rights-Krise zu entspannen. Präsident Kennedy und führende Offizielle aus dem Justizministerium unterstützten zwar die Ziele der Freiheitsfahrten, schreckten aber vor der Möglichkeit sich ausweitender rassistischer Gewalt zurück, die bundesstaatliche Truppeneinsätze erforderlich machen könnte. Nach der Aufnahme der Regierungsgeschäfte entschied sich Kennedy sehr schnell gegen eine neue Bürgerrechtsgesetzgebung oder den Einsatz der Bundesregierung für die Abschaffung der Segregation in öffentlichen Einrichtungen. Er konzentrierte sich stattdessen auf Untersuchungen gegen Weiße, die Schwarze daran hinderten, sich in Wahllisten einzutragen. Dadurch hoffte er, die weißen SüdstaatlerInnen nicht gegen sich aufzubringen und den Weg für weitere soziale Veränderungen im Süden zu ebnen.[11] Die Angriffe auf die CORE-FreiheitsfahrerInnen in Alabama versetzten die RegierungsvertreterInnen in die schwierige Position, einerseits ihr Engagement für Bürgerrechte aufrechtzuerhalten, andererseits Aktionen zu vermeiden, welche die weißen »Demokraten« verstören und Veränderungen in den Prioritäten der Regierung erzwingen konnten.

Justizminister Robert Kennedy antwortete auf die Gewaltakte in Anniston und Birmingham, indem er das FBI (Federal Bureau of Investigation, Bundesnachrichtendienst bzw. Bundespolizei) die Vorfälle untersuchen ließ, während er hinter den Kulissen auf die

Regierungsbeamten in Alabama Druck ausübte, die öffentliche Ordnung aufrechtzuerhalten. Der Justizminister und der Präsident versuchten zudem, mit Gouverneur John Patterson Kontakt aufzunehmen, der Präsident Kennedy während seiner Wahlkampagne unterstützt hatte, aber Patterson wollte über das Thema nicht am Telefon sprechen und erklärte auf einer Pressekonferenz über die Freiheitsfahrten, dass der Staat Alabama »nicht die Sicherheit dieser Verrückten« garantieren könne. Erst nachdem Robert Kennedys Vertrauter, John Seigenthaler, zu einem Treffen am 19. Mai 1961 mit dem Gouverneur geschickt wurde, erhielt die Regierung die Versicherung, der Bundesstaat werde die notwendige Verantwortung übernehmen. Währenddessen kontaktierten andere VertreterInnen des Justizministeriums die StudentInnen, um Informationen über ihre Vorhaben zu bekommen. Nach Verhandlungen, an denen VertreterInnen der Regierung, des einzelnen Bundesstaates und der Busgesellschaft ebenso beteiligt waren wie StudentInnen, wurden Absprachen für die Fortsetzung der Freiheitsfahrten der StudentInnen aus Nashville getroffen.[12]

Am frühen Morgen des 20. Mai 1961 verließen die FreiheitsfahrerInnen Birmingham und fuhren ohne Zwischenfälle nach Montgomery. Während dieser Fahrt wurde weit reichender Polizeischutz organisiert, aber als die FreiheitsfahrerInnen auf dem Busbahnhof von Montgomery eintrafen, war keine Polizei präsent. Wie schon in Birmingham griff ein weißer Mob die FreiheitsfahrerInnen an, als sie ausstiegen und versuchten, Taxis zu finden. Lewis wurde geschlagen und verließ den Busbahnhof stark am Kopf blutend. Seigenthaler wurde ebenfalls geschlagen, als er versuchte, einem der Freiheitsfahrer außerhalb des Busbahnhofs zu Hilfe zu kommen. Ein weiterer Mitarbeiter des Justizministeriums, John Doar, der die Angriffe aus einem nahegelegenen Gebäude beobachtete, rief Burke Marshall an, seinen Vorgesetzten in der Abteilung Bürgerrechte, um ihn darüber zu informieren, dass die Freiheitsfahrer schon wieder »verprügelt« wurden.[13] Kurze Zeit später sandte Robert Kennedy auf Weisung des US-Präsidenten Bundespolizisten nach Montgomery und erlangte eine gerichtliche Verfügung gegen den Ku Klux Klan und andere Gruppen, die an den Gewalttaten gegen die Freiheitsfahrten beteiligt waren.

In der anschließenden Nacht zum 21. Mai kam es zu einer noch problematischeren Situation, als sich die FreiheitsfahrerInnen und über eintausend schwarze EinwohnerInnen in der First Baptist Church in Montgomery versammelten, um eine Rede von Martin Luther King zu hören. Als sich Hunderte Weiße unheilvoll außerhalb der Kirche zusammenrotteten, telefonierte King mit dem Justizminister, um für die Menschen innerhalb der Kirche um Schutz zu bitten. Als schließlich die Bundespolizisten auftauchten, hatte der Aufruhr schon begonnen und die Menschen in der Kirche waren gezwungen, die Nacht dort zu verbringen. Nach dem Bericht der Studentin Lucretia Collins gab es keine Panik, weil viele der Beteiligten schon beim Busboykott von Montgomery mitgemacht und gelernt hätten, sich von der Androhung weißer Gewalt nicht einschüchtern zu lassen: »Die Sehnsucht nach Freiheit war so stark gewesen, dass nichts, nichts, was der weiße Mob tun konnte, uns irgendwie von unserem Vorhaben abgebracht hätte. Wir entschieden uns dafür, aus der Situation das beste zu machen. Wir sangen und das Gemeinschaftsgefühl wurde stärker und stärker, wuchs von einer Person zur nächsten.«[14] Gouverneur Patterson war mit der Tatsache konfrontiert, dass seine Autorität durch die Anwesenheit der Bundespolizei geschwächt war und erklärte das Kriegsrecht in Montgomery, damit achthundert Soldaten der Nationalgarde in die Stadt entsandt werden konnten, um die öffentliche Ordnung wiederherzustellen.

Am 23. Mai hielten Nash und Lewis zusammen mit King und Ralph Abernathy von der SCLC sowie CORE-Sprecher James Farmer eine Pressekonferenz ab, um anzukündigen, dass die Freiheitsfahrten fortgesetzt würden. Unsicher darüber, was sie erwarten werde, stiegen zwölf FreiheitsfahrerInnen zusammen mit sechs weißen Nationalgardisten und sechzehn Zeitungsreportern in einen öffentlichen Bus. Als sie von Montgomery losfuhren, begleitete sie eine

Helikopter-Staffel. »Das entspricht offensichtlich nicht der gewaltfreien Tradition,« bemerkte James Lawson dazu, der parallel zu dieser Freiheitsfahrt Workshops in gewaltfreiem Training durchführte.[15] Einige Stunden später verließ ein weiterer Bus mit FreiheitsfahrerInnen Birmingham. Als der erste Bus in Jackson, Mississippi, eintraf, verhaftete die Polizei die FreiheitsfahrerInnen, als sie versuchten, den Wartesaal für Weiße zu betreten. Ein ähnlicher Empfang wartete auf den zweiten Bus, und am Ende des Tages waren die 27 AktivistInnen im Gefängnis, angeklagt wegen Landfriedensbruch und Widerstand gegen die Staatsgewalt.

Obwohl Robert Kennedy nun für eine »Beruhigungsphase« plädierte, kamen immer mehr Freiwillige für Freiheitsfahrten nach Montgomery. Von VertreterInnen aus SNCC, CORE und SCLC wurde ein *Freedom Riders Coordinating Committee* gebildet. Während der folgenden Monate wurden mehr als dreihundert AktivistInnen in Jackson verhaftet. Als sie sich mehrheitlich entschieden, die Gefängnisstrafe anzutreten anstatt die Geldstrafen zu zahlen, wurden sie zum Absitzen ihrer Strafen ins Parchman-Gefängnis und andere Knäste in Mississippi verfrachtet. Weiße Sympathisierende in den Nordstaaten organisierten Geldsammlungen für die Kampagne und mehrere bekannte weiße Liberale, zum Beispiel William Sloane Coffin, Kaplan der Yale University, und Mark Lane, ein Abgeordneter des Staates New York, kamen nach Montgomery, um sich an den Protesten zu beteiligen. Während die Proteste in Jackson ein Brennpunkt für AktivistInnen aus allen Teilen der Nation wurden, begann das Justizministerium geheime Verhandlungen mit der *Interstate Commerce Commission* (Zwischenstaatliche Handelskommission), um eine Regelung zu finden, die separate Einrichtungen für Schwarze und Weiße in Bus- und Eisenbahnstationen aufheben sollte. Diese Regelung wurde am 22. September veröffentlicht und trat am 1. November 1961 in Kraft, obwohl sich viele Gemeinden in den Südstaaten noch nicht daran hielten.[16]

Die Bedeutung der Freiheitsfahrten lag nicht nur darin, dass sie zur Abschaffung der Segregation in den Verkehrseinrichtungen der

Südstaaten führten. Die Fahrten trugen auch zur Entwicklung einer selbstbewussten und radikalen Studentenbewegung in den Südstaaten bei, die bereit war, ihre Aktionen auch auf andere Themenbereiche auszuweiten. Im Gegensatz zu den Sit-Ins von 1960 waren an den Freiheitsfahrten von 1961 nur wenige Hundert Personen beteiligt, aber sie sorgten für eine größere Aufmerksamkeit im ganzen Land und beeinflussten das politische Bewusstsein der Beteiligten, denen plötzlich klar wurde, dass sie zusammen fähig waren, eine politische Krise heraufzubeschwören, die internationale Publizität erzielen und den Einsatz von Bundestruppen provozieren konnte. Die Anfälligkeit der neuen liberalen Regierung gegenüber einer Kritik an ihrer Bürgerrechtsposition war während des ganzen Frühjahrs augenfällig, und in den kommenden Jahren sollte diese Anfälligkeit von den jungen AktivistInnen, sowohl Schwarzen wie Weißen, bis zur Neige ausgereizt werden. Den meisten studentischen AktivistInnen war zwar bewusst, dass die Kennedy-Regierung irgendeine Art von Bürgerrechtsreform unterstützte. Doch die eigene Beteiligung an den Kämpfen im Süden hatte bei den Aktiven eine Moral der persönlichen Identifikation freigesetzt, die sie gegenüber den Gepflogenheiten politischer Regierungstaktik misstrauisch machte. Obwohl die Freiheitsfahrten nicht direkt vom SNCC ausgingen, wurde die neue Organisation mit einem Geist der Radikalität ausgestattet, der ihren zukünftigen Charakter formen sollte.

Bereits vor den Freiheitsfahrten gab es einen bemerkenswerten Wandel im Ton der Erklärungen des SNCC gegenüber der Bundesregierung. Immer öfter beschuldigte das SNCC die Regierung der Heuchelei, wenn sie außerhalb des Landes demokratische Werte proklamierte, aber im Innern keineswegs den Willen zeigte, die Bürgerrechte konsequent durchzusetzen. Die März-Ausgabe des *Student Voice* führte an, dass zwei Drittel der Menschheit keine weiße Hautfarbe hätten und dass die Aufnahme von dreizehn neuen afrikanischen und asiatischen Nationen in die UN an einem einzigen Tag »das Gewicht der internationalen Autoritäten von Weißen zu Nicht-Weißen verlagert« hätte. Deshalb seien die USA

gut beraten, »sich von der Tollwut des Rassismus zu befreien.«
Einige Wochen später, nach den Angriffen auf die Freiheitsfahrer-
rInnen in Alabama, kritisierte Ed King Präsident Kennedy dafür,
solche Angriffe nicht öffentlich zu verurteilen, während das Land
gleichzeitig »den Menschen in Asien, Afrika, Lateinamerika und
der freien Welt allgemein sagen will, dass wir ihre Freunde sein
wollen.«[17]

Die lauter werdenden Stimmen der radikalen StudentInnen wurden von VertreterInnen der Kennedy-Regierung wahrgenommen,
die einerseits die Notwendigkeit von Bürgerrechtsreformen anerkannten, andererseits von den angewandten Taktiken der jungen
AktivistInnen abgeschreckt waren. John Doar zum Beispiel fand
die StudentInnen in Alabama unwillig, »das geringste Entgegen-
kommen zu zeigen, als die Vertreter der Bundesregierung sie darum
baten, etwas zu tun, was die Situation entspannen könnte.«[18] Als
Diane Nash, die Sprecherin des Freedom Ride Coordinating Committee, um ein Treffen mit Präsident Kennedy bat, zeigte sich die
ambivalente Haltung der RegierungsvertreterInnen gegenüber den
studentischen AktivistInnen. Harris Wafford, ein Berater des Weißen Hauses, schlug vor, »es ist besser, wenn sie der Präsident jetzt
für zehn oder fünfzehn Minuten empfängt, anstatt zu warten bis
sie ein Fasten im Gefängnis oder ein Zeltlager vor dem Weißen
Haus organisieren, um die Forderung nach einem Gespräch durchzusetzen.«[19]

Die Erfahrungen des Frühjahrs und Sommers 1961 veränderten
die Haltung der FreiheitsfahrerInnen und produzierten eine neue
Form von Gruppenzusammenhalt. Die Gefängnisse von Mississippi bildeten die Szenerie für einen beschleunigten Prozess politischer Erziehung unter den studentischen AktivistInnen, der Personen aus unterschiedlichen Schichten und mit verschiedenen
politischen Ideen zusammenführte. Stokely Carmichael erinnerte
sich an »tiefgreifende philosophische Differenzen« unter den Gefangenen. Er und andere Mitglieder der Nonviolent Action Group
wie Hank Thomas und Bill Mahoney waren allgemein gegen den

religiösen Radikalismus unter den Protestierenden, wie ihn John Lewis und James Bevel vertraten. Sie saßen stumm in ihrer Ecke, während die anderen beteten.[20] Trotz dieser Differenzen um die Philosophie der Gewaltfreiheit und die Notwendigkeit der Erneuerung der US-amerikanischen Gesellschaft führte das gemeinsame Engagement die StudentInnen zu einem Gefühl gegenseitigen Respekts und Vertrauens.

Viele StudentInnen waren mehr denn je dazu entschlossen, den Kampf fortzuführen, anstatt die Bewegung nach den Angriffen und Gefängnisstrafen während der Freiheitsfahrten zu verlassen. Frank Holloway, ein Student aus Atlanta, gab an, er wolle die Erfahrung »um nichts in der Welt« missen und er sei glücklich, »Zeuge des Leids zu sein, das Schwarze in Mississippi erfahren,« denn er sei hier, um den Schwarzen in Mississippi »ein neues Leben zu ermöglichen.« Ähnlich drückte sich die Studentin Lucretia Collins aus Nashville aus, sie »würde alles wieder so machen, denn ich weiß, dass dadurch eine neue Welt eröffnet wird.« Und als Bill Mahoney »We Will Meet Again« mit anderen jugendlichen Protestierenden am Tag ihrer Freilassung aus dem Knast sang, da sah er in ihre ernsten Gesichter und wusste plötzlich, »wir würden uns tatsächlich wieder sehen.«[21]

Als sie erkannten, dass sie die Art von studentischem Radikalismus, der sich während der Freiheitsfahrten gezeigt hatte, vorerst nicht vereiteln konnten, versuchten die VertreterInnen der Kennedy-Regierung die Bürgerrechtsgruppen, darunter auch das SNCC, zur Kampagne für die Eintragung in Wahllisten hinüberzuziehen, in der Hoffnung, dass auf diesem Feld eine weniger brutale weiße Opposition zu erwarten wäre. Das SNCC und andere Bürgerrechtsorganisationen sandten VertreterInnen zu einem Treffen mit Robert Kennedy, das am 16. Juni 1961 stattfand. Der Justizminister schlug vor, die Energien, die während der Freiheitsfahrten freigesetzt wurden, auf das Ziel der Eintragung von Schwarzen aus den Südstaaten in Wahllisten zu konzentrieren. Die Schwarzen seien durch Gewalt, Einschüchterung und subtile Methoden wie Schreibtests und

Kopfsteuern davon abgehalten worden. Kennedy versicherte den AktivistInnen zudem, dass für solche Projekte auch finanzielle Hilfen von privaten Stiftungen zur Verfügung gestellt würden.«[22]

Die StudentInnen im SNCC waren geteilter Meinung in der Frage, ob sie sich an der Kampagne zur Eintragung in Wahllisten beteiligen sollten. Sie erkannten die Bedeutung dieser Aktivitäten, denn die geringe Anzahl schwarzer WählerInnen, vor allem im ländlichen Süden, verhinderte die Erringung jener politischen Macht, die notwendig war, um bürgerrechtliche Ziele zu verwirklichen. Trotzdem waren viele studentische AktivistInnen nicht gewillt, die Taktik der direkten Aktion aufzugeben, die sie schließlich an die vorderste Front des Kampfes der Schwarzen gebracht hatte. Sie glaubten, dass solche Taktiken, die beim Angriff auf segregierte Einrichtungen so wirksam waren, vielleicht nicht ausreichen würden, um Millionen schwarze Erwachsene zu registrieren. Einige StudentInnen waren zudem durch die Vorstellung verunsichert, dass die Bewegung vom liberalen Establishment »aufgekauft« werden könnte. Trotz dieser Bedenken betrachtete eine wachsende Zahl schwarzer AktivistInnen die Eintragung in die Wahllisten als selbstverständlichen Bestandteil ihrer Bewegung. Und anstatt die finanzielle Hilfe der Liberalen als entradikalisierenden Einfluss anzusehen, sahen sie in ihr eine Möglichkeit, kleine gewaltfreie Protestaktionen in einen massiven politischen Kampf für radikalen Fortschritt umzuwandeln.

Eine Wende in der politischen Orientierung des SNCC wurde durch die Entscheidung angedeutet, eine Delegation zu Harry Belafonte zu entsenden, um Fundraisingkonzepte für die Programme zur Eintragung in die Wahllisten zu diskutieren. Belafonte war ein persönlicher Freund der Kennedys und schon seit einiger Zeit an Diskussionen mit VertreterInnen des Justizministeriums über die Registrierung der schwarzen WählerInnen beteiligt. Ein Mitglied der SNCC-Delegation war der ehemalige Student der Howard University, Timothy Jenkins, gleichzeitig NSA-Vertreter beim SNCC. Auch er hatte an den Treffen im Justizministerium teilgenommen und war zusammen mit anderen SNCC-Mitgliedern davon überzeugt, dass das SNCC politische Projekte entwickeln sollte, um finanzielle Hilfen zu bekommen, die andernfalls an die alten Bürgerrechtsorganisationen gehen würden.

Ein weiteres Delegationsmitglied, Charles Jones, teilte Jenkins' Ansicht, dass das SNCC den Vorschlägen der Regierungsoffiziellen zustimmen sollte. Als Sohn eines presbyterianischen Pastors war Jones ein entschlossener und mitreißender Befürworter der direkten gewaltfreien Aktion, aber sein politischer Erfahrungshorizont, den er sich als NSA-Vertreter sowie als Delegierter beim antikommunistischen Weltjugendfestival im Jahre 1959 aneignete, war weit größer als derjenige der meisten schwarzen College-StudentInnen in den Südstaaten. Im Jahre 1960 wurde Jones Delegierter des SNCC für North Carolina und nahm am »Jail-In« in Rock Hill teil; doch im Sommer 1961 war er davon überzeugt, dass das SNCC über das Ziel der Abschaffung der Segregation hinausgehen und sich an der Wählereintragung beteiligen sollte, um eine wirkliche Macht innerhalb der Bürgerrechtsbewegung zu werden. Nach Ansicht von Ella Baker waren Jenkins und Jones im Vergleich zu den BefürworterInnen der direkten Aktion »viel wortgewandter und hatten auch die besseren Kontakte.«[23]

Das Treffen mit Belafonte begann am 27. Juni 1961. Nach Angaben von Jones »diskutierte und analysierte die Gruppe die Studentenbewegung und versuchte sie in den historischen Kontext aller Bürgerrechtskämpfe in den USA zu stellen.« Sie kamen zu dem Ergebnis, dass die am dringendsten nötige Kampagne, die sowohl die Schwarzen als auch die gesamte Nation betraf, die Eintragung schwarzer Wahlberechtigter in den Südstaaten war, denen ihr Wahlrecht vorenthalten wurde. Um die Registrierung dieser Wählermassen durchzuführen, schlug Jones eine dramatische Ausweitung der Studentenbewegung um über einhunderttausend StudentInnen vor.[24] Die Delegation des SNCC verließ das Treffen mit der Erwartung, dass Belafonte ihnen bei der notwendigen Finanzbeschaffung helfen werde, sobald sie die anderen SNCC-Mitglieder vom Programm der Eintragung in die Wahllisten überzeugt hatten. Doch noch bevor es zu einem SNCC-Treffen kam, auf dem der Vorschlag diskutiert werden konnte, ereignete sich ein Vorfall, der die Neigung des SNCC, sich an dieser Kampagne zu beteiligen, erhöhte. Im Juni 1961 wurde Charles Sherrod als erster bezahlter Hauptamtlicher des SNCC angestellt. Das war ein entscheidender Akt, denn er markierte den Beginn der Umwandlung des SNCC von einem einfachen Koordinierungskomitee für studentische Protestgruppen zu einer Organisation von BerufsaktivistInnen, die sich auf die ganzen Südstaaten verteilen sollten. Obwohl er aus der Sit-In-Bewegung kam, befürwortete Sherrod die Ausweitung des Themenspektrums und trat im SNCC für das Projekt der Eintragung in die Wahllisten ein. Zu Beginn des Sommers traf er sich mit Amzie Moore in Cleveland, Mississippi, um die Mobilisierung von StudentInnen zu diskutieren, mit denen die Eintragungskampagne an diesem Ort begonnen werden sollte. Auch Bob Moses war an diesen Diskussionen in Cleveland beteiligt. Moses hatte seinen Lehrerberuf in New York aufgegeben, um sein Versprechen vom voraufgehenden Sommer zu halten, sich an Moores Arbeit zur Eintragung in die Wahllisten zu beteiligen. Die drei kamen zu dem Ergebnis, das SNCC darum zu bitten, Freiwillige nach Cleveland zu schicken.

Beim nächsten SNCC-Treffen in Baltimore vom 14. bis 16. Juli 1961 forderte Charles Jones das SNCC auf, dem Projekt der Eintragung in die Wahllisten »höchste Priorität« zu geben, »wobei die Projekte für direkte Aktion nicht aufgegeben werden sollen.« Jones bat das SNCC darum, acht oder zehn Hauptamtliche anzustellen, um das Projekt in Gang zu bringen, sowie einen geschäftsführenden Sekretär, um es zu verwalten. Doch noch immer waren die StudentInnen nicht gewillt, ihr Einverständnis zu geben. Zum Teil ging das auf den Widerstand der BefürworterInnen direkter Aktionen zurück, andere StudentInnen äußerten jedoch auch pragmatische Einwände, so zum Beispiel, dass das SNCC noch nicht auf solch ambitionierte Projekte vorbereitet sei. In der Organisation gebe es noch immer keinen dauerhaft angestellten geschäftsführenden Sekretär, Ed King wolle zurücktreten und wieder auf die Rechtsschule gehen, zudem mangele es an verlässlichen Geldquellen. Das Komitee um Jones wurde daher aufgefordert, seine Forderungen noch einmal detailliert auf dem nächsten SNCC-Treffen vorzubringen.[25]

Obwohl die BefürworterInnen der Wählereintragung noch einmal abgewiesen worden waren, begann sich das Blatt zu ihren Gunsten zu wenden. Bald nach dem Juli-Treffen gab Bob Moses seine informellen Kontakte mit der SCLC auf, um eine Stelle als freiwilliger Field Secretary (in etwa analoge Bezeichnung wie für FeldforscherInnen in der Wissenschaft: Field Secretaries wurden alle AktivistInnen des SNCC genannt, die außerhalb der Zentrale in Atlanta, also im »Feld« der sozialen Aktion, arbeiteten; später wurden alle Field Secretaries bezahlt und wie Hauptamtliche, Kader oder Community Organizers (OrganisatorInnen) behandelt. Oft sind die Bezeichnungen austauschbar, nicht eindeutig voneinander abgegrenzt. Während jedoch full time workers und staff alle bezahlt Arbeitenden des SNCC meint, bezeichnet Field Secretaries die außerhalb der Zentrale Arbeitenden. Trotz des gewichtig klingenden Namens hatten Field Secretaries keine herausgehobene Position inne, die Projektleiter wurden Project Directors genannt, im vorliegenden Fall war Moses daher sowohl Field Secretary wie Project Director; d. Ü.) für den SNCC in Mississippi anzutreten. Zudem sandte das SNCC drei studentische Freiwillige, um mit ihm zusammen dort zu arbeiten.[26] Dadurch waren schwarze Studenten vom SNCC am Projekt beteiligt, noch bevor dem Plan für ein Projekt zur Eintragung Schwarzer in die Wahllisten offiziell zugestimmt worden war.

Auch Timothy Jenkins kam mit seinen Anstrengungen weiter, das SNCC »von einer amorphen Bewegung zu einer Organisation« umzuwandeln, in dem er von der *New World Foundation* (NWF, Stiftung Neue Welt) Gelder für ein dreiwöchiges Ausbildungsseminar für studentische AktivistInnen bekam, das am 30. Juli in Nashville starten sollte. Viele studentische AktivistInnen, deren Initiative und Führungskraft in den letzten eineinhalb Jahren aufgefallen war, wurden dazu eingeladen, das Seminar zu besuchen, so zum Beispiel McDew, Sherrod, Nash, Smith, Jones, Carmichael, Bevel und Lewis. »Wir machten den bewussten Versuch, die besten Leute aus der Bewegung auszuwählen,« kommentierte Jenkins, »und ihnen einen tragfähigen akademischen Zugang zum Verständnis der Bewegung zu vermitteln. Wir brauchten jetzt Information, nicht Inspiration.«[27]

Das zentrale Thema des Seminars hieß »Verständnis der Abläufe sozialer Veränderung«. Unter den eingeladenen ReferentInnen waren John Doar vom Justice Department und Studenten wie Kenneth Clark, E. Harlan Randolph, E. Franklin Frazier, C. Eric Lincoln, Rayford Logan und Herbert Hill. Durch das Zusammenbringen der studentischen AktivistInnen mit wichtigen akademischen Personen und Vertretern der Regierung hoffte Jenkins, bei den StudentInnen »den Mangel an Verständnis für die institutionelle Welt überwinden zu können, zu lernen wie die eigenen Programme wirksam werden und diese Welt so beeinflussen können, dass sie erfolgreich sind.« Besonders hoffte er die StudentInnen davon zu überzeugen, dass es innerhalb der Bundesregierung Leute gab, die tatsächlich »die Front in den Südstaaten durchbrechen« wollten, und ihnen »die Macht des Justice Department und ihrer Möglichkeiten zu zeigen, uns in unserer politischen Revolution zu helfen und zu schützen.«[28] Obwohl das Seminar das Misstrauen gegen die Regierung nicht gänzlich ausräumte, war es eine wertvolle Gelegenheit, sich über einen längeren Zeitraum zu treffen und sich über die historische Bedeutung der Bewegung klar zu werden.

Als sich die StudentInnen am 11. August 1961 an der Highlander Folk School zum nächsten SNCC-Treffen einfanden, blieben einige BefürworterInnen der direkten Aktion ablehnend gegenüber dem Projekt zur Eintragung in die Wahllisten, sogar bis zur Konsequenz, dass sie das SNCC verlassen wollten, wenn sie die Abstimmung verlieren würden. Ella Baker, die in dieser Kontroverse von beiden Seiten respektiert wurde, erinnerte sich: »Ich glaube, das war das einzige Mal, dass ich eine besondere Anstrengung unternahm, die Dinge zu beeinflussen.« Sie wies auf die Schwierigkeiten anderer Reformorganisationen hin, die sich gespalten hatten und bei denen »niemand mehr irgendwas zu Ende geführt« hätte.[29] Sie wurde in ihrem Versuch, die Spaltung zu vermeiden, durch die Tendenz vieler BefürworterInnen der direkten Aktion unterstützt, die Notwendigkeit der Wählereintragung anzuerkennen und, vielleicht noch wichtiger, die finanziellen Ressourcen schätzen zu lernen, die gewonnen werden könnten, wenn sich das SNCC an dieser Arbeit beteiligte. Marion Barry, der zum Lager der direkten Aktion gezählt wurde, hatte sich vor kurzem mit Vertretern der *Taconic Foundation* (Taconic Stiftung) getroffen und über eine mögliche finanzielle Unterstützung für das Projekt zur Eintragung in die Wahllisten verhandelt. Die BefürworterInnen der Wählerregistrierung wurden auch dadurch gestärkt, dass ungefähr ein Dutzend der SeminarteilnehmerInnen aus Nashville ihre Bereitschaft angedeutet hatte, ihre Schulen zu verlassen und am Projekt teilzunehmen. Nach drei Tagen intensiver Diskussion schlug Baker einen Kompromiss vor, dem zugestimmt wurde. Danach sollte das SNCC zukünftig zwei Flügel haben, einen für die direkte Aktion und den anderen für die Kampagne zur Eintragung in Wahllisten. Diane Nash wurde Sprecherin der Proteststörmung, während Charles Jones Sprecher der Strömung für Wählereintragung wurde.[30]

Obwohl die unterschiedlichen Ansichten über Taktik und Strategie bestehen blieben, zeigte sich das SNCC zu dieser Zeit als geeinte Kraft, vor allem durch die Person seines neuen Geschäftsführers James Forman. Er gewann das Vertrauen beider Strömungen, in dem er beide als unbedingt notwendig erachtete, sowohl für radikalen Protest als auch für erweiterte politische Projekte und finanzielle Unterstützung. James Forman wurde 1928 in Chicago geboren und hatte die meiste Zeit seiner frühen Kindheit bei seiner Großmutter auf einer Farm im Marshall County, Mississippi, verbracht, bevor er nach Chicago zurückging, um die Schule zu besuchen. Nach eigenen Angaben war er in der High School »stark beeinflusst vom Aufruf des Dr. DuBois an junge Schwarze, sich zu bilden und auch höhere Schulen zu absolvieren, zum Nutzen ihres Volkes.«[31] An der Roosevelt University in Chicago studierte James Forman Management im Hauptfach, war Vorsitzender der Studentenvertretung und Kopf einer Delegation, die 1956 am NSA-Kongress teilnahm. Im folgenden Jahr begann Forman seine Promotionsarbeit über Afrika an der Boston University. Als Zeitungsreporter für den *Chicago Defender* beobachtete er den Kampf um die Integration von schwarzen Kindern in die weiße Central High School in Little Rock, Arkansas. Er schrieb ebenfalls einen unveröffentlichten Roman über »eine Bewegung junger Menschen, sowohl Schwarzer wie Weißer, die gewaltfreie Methoden anwenden, um soziale Veränderungen durchzusetzen.«

Im Jahre 1960 lehrte James Forman an einer öffentlichen Schule in Chicago und arbeitete zudem bei einer CORE-Schwesterorganisation, dem *Emergency Relief Committee* (ERC, Komitee für Hilfe in der Not), um bei der Suche nach Obdach und Nahrung für Schwarze zu helfen, die von ihren Farmen in Fayette County, Tennessee, vertrieben worden waren, weil sie versucht hatten, von ihrem Wahlrecht Gebrauch zu machen.

James Formans persönliche Beteiligung an der Protestbewegung in den Südstaaten begann im August 1960 in Monroe, North Carolina, wo Robert F. Williams, Vorstand der örtlichen NAACP-Gruppe, ins Zentrum einer national bedeutsamen Kontroverse rückte, weil er die bewaffnete Selbstverteidigung von Schwarzen befürwortet hatte. Er betrieb eine aktive Mobilisierung von Schwarzen aus der Arbeiterklasse in die NAACP, die nicht nur seine Position zur Selbstverteidigung teilten, sondern auch seine Forderungen nach Schaffung von Arbeitsplätzen und nach Aufhebung der Segregation. Forman und eine Gruppe von FreiheitsfahrerInnen waren nach Monroe gekommen, um Williams Kampagne gegen die Segregation zu unterstützen. Gleich nach ihrem Eintreffen sagte Forman einem Reporter: »Wir hoffen, dass die Gewaltfreiheit auf die Probleme unterprivilegierter Schwarzer eine Antwort hat.«[32] Obwohl Williams skeptisch war, bat er Schwarze vor Ort, die gewaltfreien

AktivistInnen bei einer Mahnwache vor dem Gerichtshaus von Monroe zu unterstützen, wo über die Forderungen der Schwarzen entschieden wurde, die am 15. August dem Stadtrat präsentiert worden waren.

Am 27. August kreiste ein Mob mehrerer tausend Weißer die Gruppe der Demonstrierenden, darunter Forman, ein. Bei den sich anschließenden Gewalttaten, die Forman später als »Augenblicke im Angesicht des Todes« beschrieb, mussten sich die Protestierenden in die nahegelegene Polizeistation zurückziehen, um ihr Leben zu retten. Die Polizei verhaftete über zwanzig DemonstrantInnen, darunter Forman, und warf ihnen Anstiftung zum Aufruhr vor. Während einer Nacht der Kämpfe zwischen Weißen und Schwarzen versuchte die städtische Polizei Williams unter dem Vorwand zu verhaften, er habe ein weißes Ehepaar entführt. Williams sagte aus, das Paar sei zu seinem eigenen Schutz in seinem Haus geblieben. Williams floh aus Monroe und ging einige Monate später nach Cuba – der Beginn eines langen Exils. Forman und die anderen DemonstrantInnen wurden schuldig gesprochen, das Urteil aber mit der Auflage zur Bewährung ausgesetzt, zwei Jahre lang in North Carolina an keiner Demonstration teilzunehmen.

James Forman nahm seinen Lehrerberuf in Chicago wieder auf, hielt aber Kontakt mit den studentischen AktivistInnen in den Südstaaten. Im September 1961 beschrieb Paul Brooks, Aktivist aus Nashville, das SNCC Forman gegenüber als genau diejenige Gruppe gewaltfreier AktivistInnen, die Forman sich ehemals in seinem Roman ausgemalt hatte. Nach einer kurzen Zeit des Nachdenkens gab Forman seine Lehrerstelle wieder auf und arbeitete in der SNCC-Zentrale in Atlanta mit. Nur eine Woche später wurde er Geschäftsführer und ersetzte Ed King, der ans College zurückkehrte.

Jemand, der mit den Zielen des SNCC weniger verbunden gewesen wäre, hätte es wohl bereut, der Organisation beizutreten, nachdem er die Bedingungen in seiner Zentrale kennengelernt hätte. Forman beschrieb die Situation, die er vorfand, als »einen Raum, schmierige Wände, schwaches Licht aus einer staubigen Plastiklampe an der Decke, der Moder, der Geruch, die überall auf dem Boden herum liegenden Briefe.« Das Telefon klingelte, und dran war die *Newsweek*, die Informationen wollte, die er nicht hatte.[33] Trotz einiger Befürchtungen entschied Forman, dass das SNCC ihn brauchte und dass er bleiben sollte. Er nahm die Gelegenheit beim Schopf, seinen Traum einer Organisation zu verwirklichen, die den Idealismus junger Schwarzer aufrechterhalten und ihn nicht in Bürokratie und der ständigen Sucht nach Reputation ersticken sollte.

James Forman war eine unverzichtbare Person zur Entwicklung einer Organisatiosstruktur für die studentische Bewegung in den Südstaaten. Gegen Ende des Sommers 1961 war das SNCC eine Anlaufstelle für schwarze AktivistInnen aus dem Süden geworden, die den Kampf dort zum Mittelpunkt ihres Lebens gemacht hatten. Ohne eine Führungspersönlichkeit wie Forman, der für die Geldbeschaffung und die Organisierung der Kader zuständig war, wäre es jedoch wenig wahrscheinlich gewesen, dass das SNCC eine langlebige Organisation geworden wäre. Die Freiheitsfahrten bewiesen, dass die Radikalität der schwarzen StudentInnen seit den Tagen der Sit-Ins nicht zurückgegangen war. Ja, sie war sogar angestiegen, als die FreiheitsfahrerInnen mit den brutalen Reaktionen des Rassismus tief im Süden konfrontiert wurden. Nun aber, nachdem impulsive TeilzeitstudentInnen die nationale Aufmerksamkeit erregt hatten, war es die Aufgabe des SNCC, sie mit einem Organisationsrahmen zu versorgen, der es ihnen möglich machte, dem Kampf ihre ganze Zeit zu widmen und die radikalen Ideen, die während des Kampfes entwickelt wurden, einer praktischen Prüfung zu unterziehen.

Teil 1: Zusammenkunft

Radikale Kader in McComb

Die Freiheitsfahrten, die daraus entstehenden Knastaufenthalte, das Seminar für AktivistInnen in Nashville und das Highlander-Treffen haben jeweils auf eigene Weise zur politischen Entwicklung der schwarzen StudentInnen beigetragen. Doch die neue Orientierung wurde nicht sichtbar, bis die StudentInnen ihre Wohnungen auf dem College-Gelände verließen, wo die Bewegung begonnen hatte, und ihre Vollzeitarbeit als radikale Kader in einer schwarzen Gemeinde der Südstaaten, weit entfernt vom durchschnittlichen US-amerikanischen Alltag, antraten. Im Spätsommer 1961 starteten sie ihr Projekt in McComb, Mississippi, unterstützt von schwarzen StudentInnen aus den Nordstaaten und auch von weißen StudentInnen, die aus der entstehenden Studentenbewegung im Norden kamen.

Die Ereignisse in McComb überschatteten bald die vergangenen Erlebnisse der kleinen Gruppe von Hauptamtlichen im SNCC. Obwohl die Meinungsverschiedenheiten, die das SNCC bereits einmal an den Rand der Spaltung geführt hatten, noch nicht vergessen waren, rückten sie in dem Maße in den Hintergrund, als sie ihre Politikansätze durch direkte Aktionen vorantrieben. In McComb versuchten die BefürworterInnen der direkten Aktion die Kraft der Gewaltfreiheit selbst in ländlichen Gebieten der Südstaaten zu demonstrieren, während die AktivistInnen in der Kampagne für die

Eintragung in Wahllisten geduldig die schwarzen BewohnerInnen davon überzeugen wollten, dass sie sich registrieren lassen und dafür physische Angriffe, wirtschaftliche Nachteile und sogar Todesdrohungen auf sich nehmen sollten. Beide Strömungen brachten in den Kampf um McComb gefestigte moralische Überzeugungen wie auch neu errungene politische Ansprüche ein. Ihre Erfahrungen in McComb zwangen sie trotzdem, ihre früheren Annahmen neu zu bewerten und eine Aktionsstrategie zu entwickeln, die der Situation schwarzer Menschen angemessen erschien, die enorme Schwierigkeiten mit bescheidenen Mitteln bewältigen mussten.

Die SNCC-ArbeiterInnen betrachteten sich langsam als originäre Gruppe innerhalb der Bürgerrechtsbewegung – und wurden auch von anderen so eingeschätzt. Sie waren mutige, begeisterungsfähige OrganisatorInnen, strahlten revolutionären Elan aus und glaubten sich im Besitz einer revolutionären Ideologie. Die hauptamtlichen AktivistInnen fingen zudem an, sich selbst als das SNCC zu begreifen. Das Koordinierungskomitee hatte dem Projekt in McComb zugestimmt, aber es waren die Kader und nicht mehr die StudentInnen, die den zukünftigen Kurs des SNCC bestimmten. Die organisatorische Struktur hielt sozusagen die eigenen Angestellten nicht nur zusammen; sondern es war eher so, dass die Angestellten zusammen zu der Überzeugung gelangten, die Organisationsstruktur des SNCC solle dem gemeinsamen Ziel untergeordnet werden.

Bob Moses war der Kopf des McComb-Projekts und symbolisierte die entstehende Form politischer Radikalität des SNCC. Seine altruistische Persönlichkeit und seine humanistischen Überzeugungen waren wichtige Bestandteile der Veränderung des politischen Bewusstseins im SNCC. Bob Moses wurde 1935 geboren und wuchs in einem Wohnprojekt in Harlem, New York City, auf. Er bestand eine Zugangsprüfung zur Stuyvesant High School, einer elitären öffentlichen Schule im südlichen Manhattan. Als einer der wenigen schwarzen SchülerInnen fühlte er die doppelte Vereinsamung, einerseits als intellektuelle Ausnahmeerscheinung betrachtet zu werden und andererseits mit rassistischen Einschränkungen konfrontiert zu sein. 1952 erhielt er ein Stipendium für das Hamilton College in New York, wo er sich besonders im Sport und innerhalb der politischen Studentenvertretung engagierte. In diesem College wurde Bob Moses von der existentialistischen Philosophie des französischen Denkers Albert Camus angezogen, der eine individualistische moralische Ethik mit einem humanistischen Zugang zu sozialer Veränderung zu verbinden verstand. Für Bob Moses war die wichtigste Erkenntnis seiner Auseinandersetzung mit Camus die Notwendigkeit, »kein Opfer« mehr zu sein, dabei aber gleichzeitig »kein Henker« zu werden.[1]

Wie Lawson und Forman fing Bob Moses während der fünfziger Jahre an, politisch aktiv zu werden. Am Ende seines dritten Jahres am Hamilton College arbeitete er in einem europäischen Sommercamp, das vom pazifistischen *American Friends Service Committee* (Dienst-Komitee der amerikanischen Quäker) finanziert wurde. Im nächsten Jahr arbeitete er in einem ähnlichen Camp in Japan. Er promovierte an der Harvard University, im Fach Philosophie hatte er sich auf mathematische Logik spezialisiert. Er konnte seine Promotion im Juni 1957 abschließen, aber der Tod seiner Mutter im darauf folgenden Jahr und eine chronische Krankheit seines Vaters mit permanentem Krankenhausaufenthalt zwangen ihn, die weitere Ausbildung abzubrechen und eine Lehrerstelle für Mathematik an einer High School in New York anzunehmen. Im Jahr 1959 half Moses dem alten schwarzen Aktivisten Bayard Rustin, den zweiten Marsch der Jugendlichen für integrierte Schulen von Schwarzen und Weißen mit zu organisieren. 1960 stieß Moses auf die Protestbewegung in den Südstaaten, als er einen Onkel in Virginia besuchte und dabei an einer Demonstration in Newport News teilnahm. Er erinnerte sich, dass ihm seine Teilnahme »ein Gefühl der Befreiung« von der Last der ständigen Hinnahme rassistischer Provokationen verschaffte: »Während meines gesamten Lebens war meine Reaktion auf solche Entwürdigungen immer nur der Versuch, ihnen zu entfliehen, sie nicht überzubewerten, sie nicht zu beachten, cool zu bleiben.«[2]

Auf Drängen von Rustin ging Moses nach Atlanta, um im Sommer 1960 im Büro der SCLC zu arbeiten. Moses reiste dann durch die ländlichen Regionen der Südstaaten und traf Amzie Moore. Im folgenden Sommer hatte Moses zunächst vor, nach Cleveland, Mississippi, zurückzukehren und ein Projekt für die Eintragung in Wahllisten zu beginnen, wie er es Moore versprochen hatte, dann aber änderte er seinen Plan, als er sah, dass es in Cleveland weder eine organisatorische Infrastruktur noch auch nur einen Raum für Treffen geben würde. Stattdessen nahm er die Einladung von C. C. Byrant an, dem Vorsitzenden der NAACP-Ortsgruppe im Pike County, ein ähnliches Projekt in McComb aufzubauen, einer Kleinstadt mit 13 000 EinwohnerInnen, in der südwestlichen Ecke des Staates Mississippi gelegen. Moses hatte an den SNCC-Diskussionen um die Registrierungskampagne nicht teilgenommen und machte sich zunächst allein an die Arbeit. Als er im Juli 1961 in McComb eintraf, überzeugte er einige schwarze BewohnerInnen davon, für die StudentInnen, die sich an der Eintragungskampagne beteiligten, während des Monats August Schlafplätze zur Verfügung zu stellen. Erst jetzt wurde er offiziell Mitglied im SNCC und rief die schwarzen StudentInnen, die sich im SNCC organisiert hatten, dazu auf, zu ihm nach McComb zu kommen. Die ersten, die kamen, waren Reginald Robinson, der bereits vor kurzem bei einem SNCC-Projekt zur Eintragung in Wahllisten in Balitmore mitgearbeitet hatte, und John Hardy, ein Freiheitsfahrer aus Nashville, der gerade eine Haftstrafe im Parchman-Gefängnis abgesessen hatte. Die drei Aktivisten eröffneten eine Schule für die Eintragungskampagne, um die schwarzen BewohnerInnen von McComb dabei anzulernen, wie sie den im Staat Mississippi vorgeschriebenen Schreibtest für WählerInnen bestehen konnten.

Moses und die anderen beiden SNCC-Aktivisten machten den ganzen August hindurch Hausbesuche und versuchten, die schwarzen BewohnerInnen von McComb davon zu überzeugen, »dass wir es ernst meinten, dass wir seriös waren, dass wir nicht nur jung waren, sondern auch Menschen, die Verantwortung trugen.« In den ersten Tagen des Werbefeldzugs überzeugten die SNCC-Aktivisten ungefähr ein Dutzend Schwarze, die Eintragung zu versuchen, aber nur wenige konnten den weißen Registrierungsbeamten davon überzeugen, dass sie die einundzwanzig Fragen auf dem Registrierungsformular für die Wahllisten richtig beantwortet hatten. Trotz dieser Erfahrung kamen bereits während dieser Anfangsphase BewohnerInnen zweier nahegelegener Counties, Amite und Walthall, mit der Bitte zu Moses, auch in ihrer Gegend Schulungen für die Eintragung durchzuführen. Moses nahm an, dass die Reaktion gegen die Registrierungen in ländlichen Regionen noch ausgeprägter sein werde. So kam auf rund zweihundert bereits registrierte schwarze WählerInnen im städtischen Pike County nur ein eingeschriebener Wähler in den rein ländlichen Verwaltungseinheiten. Trotzdem sagte Bob Moses zu und wollte zusammen mit neu angekommenen SNCC-AktivistInnen hingehen. Moses hatte dabei den Gedanken im Kopf, das SNCC sollte »die schlimmsten Gegenden nicht bewusst auslassen«, weil die Schwarzen dann das Vertrauen in die Organisation verlieren würden.[3]

Der Versuch von Moses, die Kampagne auf ländliche Regionen auszuweiten, führte zu den ersten Konfrontationen zwischen den SNCC-AktivistInnen und den offiziellen Stellen des Staates Mississippi. Am 15. August 1961 begleitete Moses drei Schwarze zum Court House der Gemeinde Liberty, Amite County, und blieb anwesend, während sie ihre Formulare ausfüllten. Als er nach McComb zurückfahren wollte, wurde er verhaftet und wegen Störung und Behinderung der Polizei angeklagt.

Trotz vieler Telefonate, die er mit John Doar vom US-Justizministerium führte, um gegen diese Schikane zu protestieren, wurde Moses zu neunzig Tagen auf Bewährung und fünf Dollar Geldstrafe verurteilt. Er verbrachte zwei Tage im Gefängnis, bevor der NAACP erlaubt wurde, die Kaution zu bezahlen, während das Berufungsverfahren im Gange war. Am 22. August 1961, nach einem weiteren Registrierungsversuch in Liberty, wurde Moses von Billy Jack Caston, einem Cousin des Sheriffs, angegriffen und geschlagen.

Moses verklagte Caston und es kam am 31. August 1961 zur Verhandlung. Im Anschluss an ihre Aussagen mussten die SNCC-Aktivisten den Gerichtssaal verlassen, so erinnerte sich Moses: »Der Sheriff kam zurück und sagte uns, er glaube nicht, es sei für uns sicher genug zu bleiben, während eine weiße Jury ihre Entscheidung bekannt gab.«[4] Die Polizei eskortierte die SNCC-Aktivisten zur Grenze des County und am nächsten Tag las Moses in der Zeitung, dass Caston freigesprochen worden war.

Moses nahm an den Versuchen, öffentliche Einrichtungen zu besetzen, in denen die Segregation praktiziert wurde, nicht teil noch rief er dazu auf, aber er hielt andere SNCC-AktivistInnen auch nicht davon ab, die Effizienz direkter gewaltfreier Aktionen in Mississippi auszuprobieren. Gleich nach der Eröffnung eines SNCC-Büros in McComb im August begannen Marion Barry und Charles Sherrod mit Workshops zur Anwendung gewaltfreier Techniken. Sie zogen damit viele schwarze High School-SchülerInnen an, die mit den Hausbesuchen bei möglichen schwarzen WählerInnen in der Nachbarschaft nicht ausgelastet waren. Am 26. August 1961 führten Hollis Watkins und Curtis Hayes, zwei schwarze Teenager aus dem Pike County, die für das SNCC arbeiteten, ein Sit-In in einem Geschäft von Woolworth durch und wurden angeklagt, den öffentlichen Frieden zu stören. Nur wenige Tage später wurden drei High School-SchülerInnen, darunter die sechzehnjährige Brenda Travis, festgenommen, nachdem sie in der örtlichen Greyhound Busstation ein Sit-In gemacht hatten. Obwohl sich die lokale schwarze Bevölkerung vor allem über die Gefangennahme der jungen Frau empörte, wurden die fünf Jugendlichen erst Anfang Oktober freigelassen.

Während die BefürworterInnen der direkten Aktion im August und September 1961 lernten, mit welcher Art von Hindernissen sie in ländlichen Regionen der Südstaaten zu rechnen hatten, wurde auch gegen eine wachsende Anzahl von SNCC-WahlrechtsaktivistInnen Gewalt ausgeübt. Am 5. September begleiteten Moses und Travis Britt, eine SNCC-Aktivistin aus New York, vier Schwarze zur Einschreibungsstelle in Liberty. Während sie außerhalb des Court

House warteten, wurden sie von einer Gruppe Weißer umringt, die Moses fragten, warum er aus New York gekommen sei, um hier Ärger zu machen. Moses blieb ruhig. Einer der Weißen wandte sich Britt zu, fragte sie etwas und schlug sie dann mehrfach. Moses half Britt, der Situation zu entkommen und die SNCC-AktivistInnen sowie die mitgekommenen Schwarzen aus dem Ort verließen die Stadt so schnell wie möglich.

Zwei Tage später begleitete John Hardy, der im Walthall County arbeitete, zwei Leute zur Registratur in Tylertown. Der dortige Beamte beschimpfte Hardy und befahl ihm dann mit vorgehaltener Waffe, sein Büro zu verlassen. Als Hardy bereits ging, schlug ihn der Beamte mit seiner Pistole nieder und rief dann den Sheriff, der Hardy eine Strafe wegen ungebührlichen Benehmens aufbrummte. In diesem Fall schritt das Justizministerium ein und begründete seine Unterstützung Hardys damit, dass schwarze BürgerInnen bei einer Verurteilung Hardys von der Wählereintragung abgehalten werden könnten. Aber die Festnahme Hardys und der Angriff auf Britt führten dazu, dass die Kampagne zur Eintragung in die Wahllisten nur langsam vorankam.

Das Projekt zur Wahlregistrierung erfuhr einen weiteren starken Rückschlag, als Herbert Lee, ein schwarzer Bewohner von Amite County, der Moses geholfen hatte, am 25. September 1961 von E. H. Hurst, einem weißen Beamten des Staates Mississippi, erschossen wurde. Hurst behauptete, er habe in Notwehr gehandelt und wurde von den Geschworenen des Untersuchungsgerichtes freigesprochen. Doch ein schwarzer Zeuge, Louis Allen, bekannte gegenüber Moses, dass er bei der Vernehmung aus Angst gelogen hatte und die Wahrheit aussagen werde, wenn ihm ausreichender Schutz gewährt würde. Als Moses das Justizministerium um solchen Schutz bat, wurde ihm mitgeteilt, »es gebe keinen Weg, für einen Zeugen bei solch einem Hearing Schutz zu garantieren. Und wahrscheinlich sei es sowieso egal, was er aussage, denn Hurst würde in jedem Fall freigesprochen werden.« Nach Aussage von Moses wurde Louis Allen später vom Deputy Sheriff niedergeschlagen, der vom

FBI die Information bekommen hatte, dass Allen vor dem Untersuchungsgericht gelogen hatte. Diese Episode war nur eine von vielen, die zu einem Gefühl des Misstrauens zwischen den SNCC-AktivistInnen und dem FBI führten, das immer wieder eng mit den örtlichen Polizisten zusammenarbeitete. Wenige Jahre später, am 31. Januar 1964, als Allen gerade Vorbereitungen traf, die Südstaaten zu verlassen, wurde er außerhalb seiner Wohnung von einem unbekannten Täter erschossen.[5]

Nach dem Mord an Herbert Lee war es zunächst zu einem völligen Stillstand der Registrierungskampagne gekommen, aber die Freilassung der High School-SchülerInnen, die im August gefangen genommen worden waren, führte zur Wiederaufnahme der gewaltfreien Bewegung. Als der Rektor der High School für Schwarze am 4. Oktober 1961 bekannt gab, zwei der SchülerInnen nicht mehr aufzunehmen, protestierten über einhundert SchülerInnen gegen diese Entscheidung. Sie protestierten auch gegen die Erschießung von Lee und marschierten zur Town Hall von McComb. Moses, Charles McDew und Bob Zellner, damals der einzige weiße SNCC-Aktivist vor Ort, mischten sich unter die Protestierenden und nahmen an einem Gebet vor der Town Hall teil. Als eine große Menge Weißer auftauchte, begann die Polizei die schwarzen Jugendlichen festzunehmen. Plötzlich griff ein Weißer Bob Zellner an. Moses und McDew versuchten, ihn zu schützen, aber weitere Weiße beteiligten sich, und schließlich verlor Zellner bei dem Angriff ein Auge. Die Polizei verhaftete die drei SNCC-Aktivisten zusammen mit 119 SchülerInnen. Ihnen wurde Störung der öffentlichen Ordnung vorgeworfen, den über Achtzehnjährigen wurde auch die Anstiftung Minderjähriger zu Straftaten zur Last gelegt.

Nach ihrer Freilassung durch Kaution verbrachten Moses und McDew die nächsten Tage mit Vorträgen an einer »gewaltfreien High School«, die von SchülerInnen eingerichtet wurde, welche sich geweigert hatten, ein Papier zu unterschreiben, das ihnen von der öffentlichen Schulverwaltung vorgelegt worden war. Darin hätten sie zustimmen sollen, bei einer weiteren Teilnahme an Demonstrationen automatisch von der Schule zu fliegen. Am Ende des Monats wurden Moses, McDew und Zellner sowie weitere neun örtliche BewohnerInnen zu vier Monaten Gefängnis und 200 Dollar Strafe verurteilt. Brenda Travis, die bereits eine Verurteilung auf Bewährung hatte, wurde in ein Jugendgefängnis gebracht, wo sie sechs Monate absaß. Andere High School-SchülerInnen, die an den Protestaktionen teilgenommen hatten, entschieden, sich an einer anderen Schule in Jackson einzuschreiben.

Obwohl es noch vereinzelte Protestaktionen im November 1961 gab, beendete die Festnahme von Moses und praktisch allen örtlichen schwarzen BewohnerInnen, die mit ihm eng zusammenarbeiteten, vorläufig das erste Registrierungsprojekt des SNCC. Im Gefängnis beschrieb Moses das Bemühen der Bürgerrechtsaktivisten, den Kampfgeist nicht zu verlieren: »Hollis (Watkins) stimmt mit seinem klaren Tenor einen Freiheitssong an, (Robert) Talbert und (Ike) Lewis tragen Witze vor, und McDew hält Vorträge über die Geschichte der Schwarzen und der Juden.« Trotz der bestandenen Bewährungsprobe war Moses klar, dass der Widerstand in McComb nur »den Eisberg kurz erzittern« ließ. Als Moses und andere SNCC-AktivistInnen im Dezember nach Einleitung des Berufungsverfahrens auf Kaution freigelassen wurden, verließen sie McComb, um den Kampf an einem anderen Ort wieder aufzunehmen.

»Wir hatten uns, um es zurückhaltend auszudrücken, die Füße nass gemacht,« kommentierte Moses. »Nun hatten wir eine Ahnung davon, was es bedeutete, in Mississippi eine Kampagne für die Eintragung in Wahllisten durchzuführen. Wir kannten nun einige der Schikanen, mit denen wir konfrontiert wurden; wir bekamen eine Ahnung von dem, was zu tun war, um eine solche Kampagne ins Laufen zu bringen. Und genau das wollten wir nun tun.«[6]

Obwohl die Erfahrung von McComb eigentlich ein Rückschlag für das SNCC war, bildete sie die Basis für spätere, erfolgreichere Projekte in ländlichen Gebieten der Südstaaten. Dem SNCC war es gelungen, in relativ kurzer Zeit eine Projekt-Gruppe auf die Beine zu stellen, die fähig war, einen durchschlagenden Angriff auf den

Rassismus in den Südstaaten durchzuführen. Im Herbst 1961 gaben rund ein Dutzend studentischer AktivistInnen ihr College-Studium auf, um nach McComb zu gehen und für das SNCC zu arbeiten. Das SNCC bestand nicht mehr aus TeilzeitstudentInnen, die im Koordinierungskomitee ihre lokale Protestbewegung repräsentierten. Nun gab es eine Gruppe von Ex-StudentInnen, die sich ganztags als OrganisatorInnen des SNCC begriffen, als Speerspitze des aktiven Kampfes gegen den Rassismus im Süden.

Das Koordinierungskomitee blieb nominell der Ort, an dem die Entscheidungen getroffen wurden, aber die tatsächliche Politik des SNCC wurde in Wirklichkeit von den Aktionen dieser Kader bestimmt. Die Mitglieder des Koordinierungskomitees hatten dabei Schwierigkeiten, dem Ansehen, mit dem diese OrganisatorInnen für ihr umfassendes Engagement betrachtet wurden, zu widersprechen. Dadurch war die Beteiligung am Koordinierungskomitee in beständigem Fluss. Von den 24 Mitgliedern, die im Juli 1961 eingetragen waren, hatten nur sechs an der Gründungskonferenz des SNCC teilgenommen. Am Ende des Jahres wurden sieben Komiteemitglieder selbst Angestellte, und die meisten der Übriggebliebenen beendeten ihre Funktion als Gruppendelegierte für das SNCC. Während die schwarze studentische Protestbewegung, für die das Koordinierungskomitee als repräsentative Organisation geschaffen worden war, im Niedergang begriffen war, konnte das vom SNCC selbst keineswegs behauptet werden. Der Kader des SNCC umfasste nun die radikalsten und entschlossensten Führungspersönlichkeiten der Studentenbewegung in den Südstaaten.

Durch ihre Erfahrungen in McComb gewann die neu gebildete SNCC-Gruppe von OrganisatorInnen den Eindruck von sich selbst als einer ganz besonderen und einzigartigen Gruppe. Die BefürworterInnen der direkten Aktion, die direkt von den Diskussionen um die Wählereintragung an der Highlander Folk School kamen, machten in McComb die Erfahrung, dass ihre gewaltfreien Taktiken nicht immer effektiv waren, manchmal sogar ruinös, wenn sie einer entschlossenen Front des weißen Establishments gegenüberstanden.

Sie entdeckten nun, dass die Kampagne zur Eintragung in die Wahllisten in den ländlichen Regionen der Südstaaten eine ebenso große Prüfung von Radikalität und Mut bedeutete wie die direkten Aktionen. Reginald Robinson bemerkte dazu: »Wenn du nach Mississippi gehst und von der Eintragung in die Wahllisten sprichst, schlagen sie dir direkt ins Gesicht – das ist so direkt, wie du es nur haben willst.«[7] Der Kompromiss von Highlander, nach welchem Nash und Jones die beiden streitenden Strömungen repräsentieren sollten, wurde bedeutungslos, als beide erkannten, dass sie kaum etwas zu repräsentieren hatten und dass der Einfluss im SNCC nicht durch organisatorische Funktionen, sondern durch den Willen, sich am Kampf zu beteiligen, bestimmt wurde.

Obwohl sie nicht als revolutionäre Gruppe zusammengefunden hatten, besaßen die Kader des SNCC ein weitaus politischeres Bewusstsein als die schwarzen StudentInnen aus dem Süden, die das SNCC gegründet hatten. Obwohl sie gerade erst damit begannen, radikale oder revolutionäre Ideen zu äußern, betrachteten sie ihren Weg der Gesellschaftsveränderung als grundlegend anders im Vergleich zu allen anderen Reformorganisationen. Obgleich sie noch einige liberale und christliche Grundsätze aufrechterhielten, waren sie doch vom konventionellen Liberalismus und den institutionellen Formen der Religion abgerückt und drückten ihren Willen aus, ihre Überzeugungen keinem faulen Kompromiss zu opfern.

Ein Zeichen des neuen radikalen Geistes unter den SNCC-AktivistInnen war ihre Verwendung des Begriffes *revolutionär* als Selbstbeschreibung. Dabei bedeutete für sie der Begriff nicht den Wunsch, die Bundesregierung in den USA zu stürzen, sondern zeigte das Bedürfnis an, sowohl die rassistische Sozialordnung als auch die eher moderaten Bürgerrechtsorganisationen herauszufordern.

Die Benutzung dieses Begriffs reflektierte den zunehmenden Willen der SNCC-AktivistInnen, sich im größeren Rahmen einer Bewegung für radikale soziale Veränderung zu sehen, in welchem die Jugendlichen die Speerspitze bildeten. Viele schwarze Führungspersonen hatten noch bei den Protesten im Vorjahr, beeinflusst vom

Antikommunismus des Kalten Krieges, jedem und jeder misstraut, die oder der politisch radikal erschien. Nach Angaben von James Forman wurde sogar Bob Moses von den StudentInnen anfänglich verdächtigt, Kommunist zu sein. Sherrod bemerkte später, er selbst sei im College ein »Kommunistenjäger« gewesen.[8] Aufgrund ihrer Teilnahme an der Protestbewegung trafen die schwarzen studentischen AktivistInnen zum ersten Mal SozialistInnen, die sich ernsthaft in der Bewegung für Bürgerrechte engagierten. Die SNCC-AktivistInnen von McComb zum Beispiel, die sich von ihren früheren sozialen Bezügen, ihren finanziellen und gesetzlichen Unterstützungsquellen abgekoppelt hatten, nahmen dankbar Hilfe aus nahezu jeder Richtung an, auch von SozialistInnen.

Die Beziehungen des SNCC zum *Southern Conference Educational Fund* (SCEF, Bildungsfonds der Konferenz der Südstaaten) verdeutlichen die wachsende Bereitschaft der SNCC-AktivistInnen, Bündnisse mit linken Gruppen einzugehen. Und sie erklären auch, warum sich der weiße Aktivist Bob Zellner an den Protesten von McComb beteiligte. Der SCEF stand lange Zeit im Mittelpunkt von Kontroversen, weil er beschuldigt wurde, KommunistInnen aufzunehmen. Als gemischte, von Schwarzen und Weißen getragene Organisation, die sich Bürgerrechtsreformen verschrieb, war der SCEF 1930 mit der Hilfe von KommunistInnen gegründet worden, doch er wurde von vielen unterstützt, die nicht der Kommunistischen Partei angehörten, bis hin zu Eleanor Roosevelt. Während der späten fünfziger Jahre wurde der SCEF zur Zielscheibe der Presse in den Südstaaten, als einer seiner Vertreter, Carl Braden, sich weigerte, Fragen vor dem House Committee on Un-American Activities (HUAC) zu beantworten und später zu einem Jahr Gefängnis verurteilt wurde. Trotz dieser Kontroverse um die Frage der Zusammenarbeit mit KommunistInnen suchten einzelne Personen aus dem SNCC schon im Herbst 1960 näheren Kontakt zu Braden und seiner Frau, Anne. Die Zeitung des SCEF, der *Southern Patriot*, berichtete ausführlich über die Aktionen des SNCC zu einer Zeit, als über die Organisation sonst kaum geschrieben wurde.

Und in den Jahren 1960 und 1961 veröffentlichten Ella Baker und James Lawson ausführliche Essays in der Zeitung.

Die Bradens hatten das Vertrauen der SNCC-AktivistInnen gewonnen, weil sie die radikale Geisteshaltung der schwarzen AktivistInnen besser als die meisten anderen weißen Linken verstanden. Zudem respektierten sie den Wunsch des SNCC, unabhängig von jeder äußeren Kontrolle bleiben zu wollen. Anne Braden bemerkte im Jahre 1960, dass die SNCC-Mitglieder »gegenüber Organisationen höllisch misstrauisch« seien und glaubten, die anderen Gruppen »verfolgen eigennützige Zwecke und haben nicht die richtige Einstellung in ihren Herzen. Von dieser Tradition wollen sie nichts wissen, sie wollen etwas Neues. Sie wissen zwar nicht genau, was dieses Neue sein soll, aber sie sind tief davon überzeugt, dass es sich von den desillusionierenden Taktiken der Vergangenheit unterscheiden muss.« Die Schwarzen in den Südstaaten wollten »keine Beteiligung von Weißen, wenn sie zum Hemmschuh der Bewegung werden,« oder wenn sich ihre Teilnahme »in dem alten Rahmen abspielt, der auch in liberalen gemischten Organisationen oft weiter bestand – dem der weißen Dominanz.«[9]

Trotzdem war Anne Braden davon überzeugt, dass Weiße aus den Südstaaten eine wichtige Rolle im Kampf um Bürgerrechte spielen konnten, und schon im Herbst 1960 schlug sie dem SNCC vor, einen weißen Hauptamtlichen anzustellen, um StudentInnen an weißen Colleges zu mobilisieren. In den Verhandlungen, die auf diesen Vorschlag folgten, widerstand Braden den Versuchen der SCEF-Oberen, den Kader beim SCEF und nicht beim SNCC anzustellen, und sie überzeugte sie, dem SNCC einen Zuschuss für die Einstellung des weißen Aktivisten zu gewähren. Obwohl Braden befürchtete, dass die auf Eigenständigkeit bedachten schwarzen StudentInnen im SNCC wie zum Beispiel Jenkins oder Jones den Zuschuss ablehnen würden, wurde er vom SNCC im Sommer 1961 akzeptiert.[10] Der Zuschuss des SCEF betrug 5000 Dollar im Jahr und wurde in den nächsten beiden Jahren jeweils erneuert. Er war eine wichtige Quelle für die insgesamt angespannte Finanzlage des SNCC.

Obwohl das Geld eigentlich dafür benutzt werden sollte, den Lohn des weißen Angestellten zu zahlen, wurde es tatsächlich für andere organisatorische Zwecke ausgegeben.

Der weiße Student, der den Job bekam, war Bob Zellner, Sohn eines methodistischen Wanderpredigers. Zellner wurde im südlichen Alabama geboren und besuchte die High School in Mobile. Er beteiligte sich an der Protestbewegung am Huntingdon College in Montgomery, wo er im Rahmen von Recherchearbeiten für einen Soziologiekurs schwarze StudentInnen traf, die sich bei den Protesten gegen die Segregation engagierten. Er besuchte einen Workshop zu Gewaltfreiheit in einer schwarzen Kirche. Nun tauchte er tief in die politischen Aktivitäten der StudentInnen ein. In der Phase, in der er sich für die vom SCEF bezuschusste Stelle beim SNCC bewarb, nahm er an Sommerworkshops der Highlander Folk School teil. Wegen des problematischen Rufs des SCEF trat Zellner dafür ein, die Quelle des Zuschusses für seinen Lohn nicht zu veröffentlichen – »je weniger direkte Verbindungen zum SCEF, desto besser.«[11]

Anne Braden hoffte, dass sich Zellner auf seine Aufgabe konzentrieren könnte, weiße StudentInnen aus den Südstaaten für die Bürgerrechtsbewegung zu mobilisieren, aber Zellner entschied sehr schnell, er könne nicht erklären, »was los ist, wenn ich nicht selbst ein integraler Bestandteil des Kampfes bin. Und natürlich zogen mich meine Persönlichkeit und meine psychische Veranlagung ebenfalls auf das Feld der Aktionen.« Er war nicht nur bei den Demonstrationen in McComb dabei, er wurde gegen Ende 1961 auch bei einer Freiheitsfahrt nach Albany, Georgia, verhaftet. Und er wurde wegen »krimineller Anarchie« angeklagt, weil er einem gefangenen SNCC-Mitglied in Baton Rouge Protestliteratur in den Knast brachte. In dem Maße, in dem sich seine Beteiligung beim SNCC intensivierte, fand er sich »von anderen weißen StudentInnen in den Südstaaten entfremdet.« In einem Bericht über seine Arbeit fragte er sich: »Wie kannst du dich an moderate oder liberale Weiße annähern und zur selben Zeit einer Gruppe angehören, die so radikal und aktivistisch ist wie die StudentInnen (des SNCC, d. A.)?«[12]

Für Zellner und viele andere weiße AktivistInnen, die sich später ebenfalls im SNCC engagierten, hatte die Protestbewegung in den Südstaaten eine magnetische Anziehungskraft. Den weißen AktivistInnen hatte, wie den schwarzen StudentInnen im SNCC, noch vor kurzem eine Möglichkeit gefehlt, um ihre Unzufriedenheit mit einigen Aspekten der US-amerikanischen Gesellschaft zum Ausdruck zu bringen. Die Proteste in McComb und die vielen darauf folgenden Proteste in den Südstaaten eröffneten der neubelebten weißen studentischen Linken eine Form des Aktivismus, die entscheidend war für deren eigene Entwicklung. So kam zum Beispiel Tom Hayden, ein aktiver Vertreter der SDS in den Südstaaten, im September 1961 von einem Treffen mit dem SNCC-Stab in Mississippi mit der Überzeugung zurück, dass er dem Beginn »einer Revolution« beiwohnt, die von AktivistInnen angeführt wird, die sich »nicht mit ihren schwarzen Vorfahren identifizieren, sondern mit den vielen neuen Nationen auf der ganzen Welt.« Die StudentInnen im SNCC fanden nun, dass »jenseits der Segregation in den Restaurants viel größere Missstände bestehen, die um jeden Preis behoben werden müssen: Ausbeutung, sozial zerstörend wirkendes Kapital, schlimme politische und gesetzliche Strukturen, und der kurzsichtige Liberalismus, der anti-revolutionär ist. Die Revolution dagegen verbreitet eine Diskussionskultur wie nie zuvor.«[13]

Die von Schwarzen dominierte Bewegung in den Südstaaten hatte entscheidenden Einfluss auf die weiße studentische Linke. Ohne die gewaltfreien Taktiken und Organisationsmethoden, die vom SNCC im Süden entwickelt wurden, hätte sich der weiße studentische Aktivismus wahrscheinlich nicht so schnell verbreitet, wie es dann geschah. Hayden und andere SDS-Führungspersönlichkeiten lernten nicht nur aus den Erfahrungen im Süden, sondern die SDS, die *Northern Student Movement* (Studentenbewegung in den Nordstaaten) und andere weitgehend weiße Studentenorganisationen zogen nun StudentInnen an, deren erste politische Aktivitäten die Themen der Bürgerrechtsbewegung aufgriffen. Die Überschneidung beider Bewegungen wird durch die Tatsache verdeutlicht, dass allein im Jahr 1961 Bob Zellner, Jim Monsonis und die frisch mit Tom Hayden verheiratete Casey Hayden zur gleichen Zeit SNCC-OrganisatorInnen und auch Mitglieder des Nationalen Exekutivkomitees der SDS waren. Tim Jenkins war ebenfalls Mitglied sowohl im Koordinierungskomitee des SNCC wie auch im Exekutivkomitee der SDS.

Die Sicht Tom Haydens auf die schwarze Bewegung in den Südstaaten reflektierte, wenn auch etwas romantisiert, die auffällige Veränderung der Wahrnehmung des SNCC in der Öffentlichkeit im Herbst 1961. Vorher war die Organisation von AktivistInnen geformt worden, deren Methoden und Auftreten dem Wunsch entsprachen, die respektablen Kriterien der weißen Mittelklasse zu erfüllen. In McComb hatten die SNCC-AktivistInnen gemerkt, dass die Ziele, für die sie kämpften, zu weitgehend waren, als dass sie durch Gebete, Überzeugungsarbeit oder Appelle an das liberale Gewissen erreicht werden konnten. McDew sah die Rolle der Bürgerrechtsbewegung darin, »eine grundlegende soziale Revolution« in den Vereinigten Staaten zu initiieren, indem sie Menschen mobilisierte, »die die Freiheit als die Leidenschaft ihres Lebens empfinden« und »bereit sind, aus ihr mehr als ein abstraktes Konzept zu machen.« James Lawson, der dem SCLC-Stab beigetreten war, war ebenfalls einer von vielen AktivistInnen, der versicherte, trotz ihrer begrenzten Ziele sei die gewaltfreie Bewegung in den Südstaaten »ein revolutionäres Unterfangen, das sich auf die wirkliche und totale Revolution zubewegt.«[14]

Obwohl die AktivistInnen des SNCC anfingen, die Rhetorik der Revolution zu übernehmen, blieb ihr Radikalismus eine Folge der Hartnäckigkeit, mit der sich das segregationistische System in den Südstaaten hielt. Die OrganisatorInnen suchten weiter die Hilfe des Justizministeriums. Julian Bond meinte, die Kader »agierten noch immer aufgrund der Überzeugung, wenn ein Problem nur deutlich genug der Welt dargestellt wird und die Welt dann ›Wie schlimm!‹ sagt, sie sich auch dazu aufraffen werde, das Problem zu beseitigen.« Als die AktivistInnen aus McComb nach Atlanta zurückkehrten, um im September 1961 ihre Aktionen auszuwerten und zu diskutieren, bemerkte Forman einen Mangel an Disziplin und politischer Ausgereiftheit unter den SNCC-Leuten, die nicht einmal die Notwendigkeit politischer Fortbildungsprogramme anerkannten: »So lange wir zur Eintragung in die Wahllisten und zum Zugang an öffentlichen Einrichtungen arbeiteten, gab es einen breiten Konsens, zu dem sich alle verhalten konnten. Es schien damals geboten, einfach etwas zu tun, zu agieren, um die Lethargie und Hoffnungslosigkeit so vieler schwarzer Menschen zu überwinden. Zudem hatten wir keine angemessenen Maßstäbe für das, was wir machten, wie wir vorgehen sollten. Anstatt genaue Definitionen von Zielen und Taktiken zu erstellen, schien es also das beste zu sein, zu experimentieren und aus den Experimenten etwas mehr zu lernen und auf diese Weise zu Schlussfolgerungen zu kommen.«[15]

Nur wenige SNCC-AktivistInnen empfanden die Notwendigkeit einer revolutionären Ideologie. Sie nahmen stattdessen an, der intensive Kampf, an dem sie teilnahmen, werde durch sich selbst die notwendigen Einsichten für ihre Arbeit bringen. Im Gegensatz zu den radikalen StudentInnen, die nur mit ihren revolutionären Ideen konfrontiert waren, verstanden sich diejenigen, die für das SNCC arbeiteten, als OrganisatorInnen, die diese Ideen an den harten Lebensrealitäten der Schwarzen in den Südstaaten einer Prüfung unterzogen. In diesem Prozess lernten die AktivistInnen mehr über ihre kollektiven Fähigkeiten und die Lebensbedingungen von Schwarzen aus allen Klassen in den Südstaaten. Obwohl noch eine Kluft existierte zwischen den ehemaligen College-StudentInnen unter den SNCC-AktivistInnen und den schwarzen BewohnerInnen im ländlichen Süden, waren die Kader über die gandhianische Orientierung der Nashville-StudentInnen hinausgegangen. Sie hatten damit angefangen, eigenständige Organisationstechniken zu entwickeln, betonten dezentralisierte Führungskonzepte und offenbarten einen geistesgegenwärtigen Radikalismus, der es ihnen ermöglichte, ganze Gemeinden der Schwarzen in den Südstaaten für lange andauernde Kämpfe zu mobilisieren.

Teil 1: Zusammenkunft

Die Bewegung in Albany

W ährend die SNCC-Mitglieder in McComb ihre speziellen Erfahrungen machten, starteten weitere OrganisatorInnen eine große Protestkampagne in Albany, Georgia, und mobilisierten dabei Schwarze quer durch alle Schichten. Während die BefürworterInnen direkter gewaltfreier Aktionen in McComb eine Niederlage zu verarbeiten hatten, waren sie in Albany fähig, noch vor kurzem passive und unpolitische Teile der schwarzen Bevölkerung zur Beteiligung an einem dauerhaften Kampf für Bürgerrechte zu mobilisieren. Die SNCC-AktivistInnen in Albany zogen aus ihren bisherigen Erfahrungen die Konsequenzen und begannen bewusst damit, mit radikalen Aktionen psychologische Barrieren zu überwinden, die noch vor kurzem einen politischen Aktivismus von Schwarzen in ländlichen Regionen des Südens verhindert hatten.

Die Proteste in Albany, die von Herbst 1961 bis zum Sommer 1962 andauerten, zeigten nicht nur die Attraktivität des SNCC-Aktionismus für städtische Schwarze, sondern auch die Bedeutung afro-amerikanischer Religiosität und religiöser Institutionen als allgemeine Grundlage für die Massenbewegung der Schwarzen. Das wachsende Selbstbewusstsein der SNCC-AktivistInnen in Albany ermutigte sie zu offener Kritik an den Strategien anderer Bürgerrechtsorganisationen; sowie zu dem Schritt, die Kampagne auch auf ländliche Gebiete auszudehnen. Aber sie machten in Albany ebenso die

Erfahrung, dass sogar massive, dauerhafte und allgemein gut organisierte Proteste, die auf moralischen Prinzipien fußten, nicht notwendigerweise sofortigen Erfolg garantieren und dass effektiv eingesetzte Polizeigewalt gegen DemonstrantInnen den Kampf ernsthaft gefährden konnte.

Die Stadt Albany kannte kaum Protestaktivitäten, als dort im Oktober 1961 die SNCC-Kader Charles Sherrod und Cordell Reagon ein SNCC-Büro eröffneten. Die StudentInnen des Albany State College, einer restriktiven und paternalistischen Institution, die typisch war für die meisten Bildungseinrichtungen für Schwarze im ländlichen Süden, hatten an den Sit-Ins im Frühjahr nicht teilgenommen. »Der Campus ist von der Gemeinde durch einen Fluss, einen Müllplatz und einen Friedhof getrennt,« erinnerte sich Sherrod. »Und wenn irgendwelche Nachrichten das alles überbrücken können, dann werden sie unweigerlich durch die Leute in den Verwaltungspositionen unterdrückt, die nicht weiter denken als an ihr neues Auto, einen vollen Kühlschrank und ihre unstillbare Lust auf alles, was wir Freizeitaktivitäten nennen.«[1]

Albany war eine an einem Stausee gelegene Stadt mit 60 000 EinwohnerInnen und einer Geschichte allgemein friedfertiger, wenn auch ungleicher Beziehungen zwischen der schwarzen Minderheit, die ungefähr vierzig Prozent der Bevölkerung umfasste, und der weißen Mehrheit. Der einzig feststellbare Anlass zur Unzufriedenheit war die Entscheidung des Stadtrates über eine gemäßigte Reformpetition einer kleinen Gruppe Schwarzer im Jahre 1961. Die Petition wurde von der fundamentalistischen, die Segregation befürwortenden Zeitung *Albany Herald* scharf verurteilt und daraufhin im Rat abgelehnt.[2]

Sherrod und Reagon waren erfahrene Aktivisten, die bereits eine Strategie für ihre Arbeit in Albany ausgearbeitet hatten. Beide waren Freiheitsfahrer gewesen und von den religiösen Ideen beeinflusst, die während der frühen studentischen Protestbewegung vorherrschend waren. Reagon, der am Anfang seiner Arbeit in Albany gerade achtzehn Jahre alt war, war in der Studentenbewegung von

Nashville aktiv gewesen; Sherrod war 22 Jahre alt und maßgeblich an der Organisation der Sit-In-Proteste in Richmond, Virginia, beteiligt. Sherrod, der intellektuell versiertere von beiden, war auch Leiter des SNCC-Projekts zur Eintragung in die Wahllisten von Südwest-Georgia und durch diese Position wurde er fähig, mit seiner Persönlichkeit und seiner Meinung die Aktivitäten in Albany zu prägen.

Wie andere junge Schwarze, die an der Sit-In-Bewegung teilgenommen hatten, war sich auch Sherrod über die psychologische Bedeutung des Aktionismus für die Schwarzen im klaren. Er war in den Slums von Petersburg, Virginia, als ältestes von sechs Kindern einer vaterlosen Familie aufgewachsen. Seine Mutter, bei seiner Geburt gerade vierzehn Jahre alt, war in der Schule nur bis zur achten Klasse gekommen. Er machte Kinderarbeit, »trödelte mit Plunder und leuchtfarbenen Schuhen,« um seine Familie zu unterstützen, die sonst nur Wohlfahrtshilfe bekam. Mit starkem Willen und großem Ernst studierte Sherrod Theologie an der Virginia Union University, während er nebenbei zum Einkommen seiner Familie beitrug. »Ich arbeitete so hart wie zwei Leute zusammen, um durch die Schule zu kommen,« erinnerte er sich. Als Prediger der Baptistischen Kirche begeisterte er sich, wie John Lewis und viele andere, für die radikale Auslegung des Christentums. Nachdem er Bürgerrechtsaktivist geworden war, fühlte er sich auf eine bestimmte Art frei und war stolz auf seine Hautfarbe. Während des Frühjahrs 1961 äußerte er den Wunsch, »auf eine neue Weise voranzugehen – nicht auf die Art, wie die Weißen es gezeigt haben. Wir sind *nicht* die Puppen der Weißen. Wir wollen eine andere Welt, in der *wir* sprechen, in der *wir* kommunizieren können.«[3]

Sherrods Erfahrung in den Sit-Ins und den Freiheitsfahrten führte ihn zu der Entscheidung, den gewaltfreien Widerstand als Mittel einzusetzen, mit dem die Schwarzen von Albany die alten Traditionen der Anpassung durchbrechen konnten. Ganz am Anfang jedoch fand er »die Leute voller Angst, wirklich voller Angst. Manchmal gingen wir durch die Straßen und die kleinen Kinder riefen uns zu, ›Freedom Riders‹, und die Leute überquerten die Straße, wenn wir ihnen zu nahe kamen.« Sherrods erstes Ziel war es, »die geistige Blockade in den Köpfen derer zu beseitigen, die eigentlich protestieren wollten, aber sich nicht trauten und Angst hatten, wir wären nicht die, die wir zu sein behaupteten.«[4]

Charles Sherrod und Cordell Reagon suchten Unterstützung in allen Schichten der schwarzen Bevölkerung. Reagon erzählte, sie »benahmen sich wie Jungs aus der Nachbarschaft,« denn »du erreichst bei Pastoren, Lehrern und Geschäftsleuten gar nichts, wenn du nicht zuerst mit den ganz einfachen Leuten zusammenarbeitest.« Sherrod erinnerte sich, dass sie zu den Menschen »in den Kirchen, bei sozialen Zusammenkünften, auf der Straße, in den Billardhallen, Restaurants und Nachtclubs sprachen,« und ihnen erzählten, »wie es ist, für die Sache im Gefängnis zu sein, und dass es schlimmere Ketten gibt als die Zelle und das Gefängnis. Wir erzählten von einem System, das die Gedanken der Menschen einsperrt und sie ihrer Kreativität beraubt. Wir klagten ein System an, das sie lehrte, ein guter Neger anstatt ein guter Mensch zu sein. Wir erzählten von vielen Widerstandsbewegungen, von der Ungerechtigkeit der Gerichtshöfe, an den Arbeitsstellen, bei der Eintragung in die Wahllisten und bei den Wahlen selbst. Wir fingen an zu erzählen, was in anderen Städten geschehen war, als die Menschen sich versammelten und gegen das unterdrückerische System protestierten.«[5]

Obwohl sich Sherrod und Reagon am Anfang auf »die einfachen Leute« konzentrierten, bekamen sie später entscheidende Unterstützung aus der schwarzen Mittelklasse, vor allem von Geistlichen, die ihre Kirchen für Treffen zur Verfügung stellten. Nach Sherrod barg »sogar die Heuchelei« der Kirche der Schwarzen »den Samen für den letztendlichen Sieg der Wahrheit.« Sherrod wollte die Menschen nicht vor den Kopf stoßen und riet seinen MitarbeiterInnen, zuerst wahrzunehmen, »wo sie standen.«[6] Sherrods eigener religiöser Hintergrund vereinfachte die Unterstützung der *Baptist Ministerial Alliance* (Vereinigung baptistischer Geistlicher) und

der *Interdenominational Alliance* (Interkonfessionelle Vereinigung).
Sherrod und Reagon führten am späten Abend Workshops über
gewaltfreie Taktiken in den Kirchen durch. Zu ihnen kamen eine
wachsende Zahl Jugendlicher aus den Colleges, Handelsschulen,
High Schools und von der Straße. Sie suchten, wie sich Sherrod erinnerte, »einen Sinn für ihr Leben.«[7]

Diese Vorbereitungen führten am 1. November 1961 zu einem
Sit-In von neun StudentInnen in einer Busstation, um die praktische
Umsetzung einer Weisung der *Interstate Commerce Commission*
(Zwischenstaatliche Handelskommission) auszutesten, nach welcher ab diesem Datum die Segregation in Bahnhöfen des Trans-
portverkehrs abgeschafft werden sollte. Wie sich Sherrod erinnerte,
versammelten sich viele Schwarze an der Busstation, die in einem
vorwiegend von Schwarzen bewohnten Viertel lag, um die Aktivist-
Innen zu beobachten, die in ihren Augen »das Ergebnis von Jahren aufgestauter Wut ausdrückten – über die Brutalität der Polizei,
über ärmliche Wohnverhältnisse, über die Vorenthaltung des Wahlrechts, über schlechte Ausbildungsmöglichkeiten, über das ganze
verdammte System.« Auch als die StudentInnen wie geplant weg-
gingen, als ihnen mit Verhaftung gedroht wurde, war in den Herzen
der schwarzen BewohnerInnen »von diesem Moment an die Segregation gestorben.«[8] Später reichten die StudentInnen eidesstattliche
Erklärungen bei der Handelskommission ein, in denen die Weißen
aus Albany angeklagt wurden, die ausgegebene Weisung zu ignorieren.

Nach der Aktion an der Busstation trafen sich VertreterInnen
mehrerer Bürgerrechtsorganisationen und weiterer Gruppen der
schwarzen Gemeinschaft, um ihre Unzufriedenheit auszutauschen
und legten den Grundstein zur Albany-Bewegung, einem Bündnis
aus SNCC, NAACP, den Vereinigungen der Geistlichen, der *Federation of Women's Clubs* (FWC, Föderation der Frauenvereinigun-
gen), der *Negro Voters League* (NVL, Liga der schwarzen WählerInnen) und vieler weiterer Gruppen, die eine Reform rassistischer
Gesetze durchsetzen wollten. William G. Anderson, ein schwarzer

Chirurg, wurde zum Vorsitzenden gewählt, und Slater King, ein schwarzer Grundstücksmakler, wurde zweiter Vorsitzender. Eine der schwarzen Führungspersonen der Bewegung in Albany kommentierte: »Die Jugendlichen werden es sowieso machen, sie halten ihre eigenen Massenversammlungen ab und machen ihre eigenen Pläne. Wir wollten nur nicht, dass sie es alleine machen.«[9]

Einige Tage nach der Formierung der Albany-Bewegung wurden drei Mitglieder des NAACP-Jugendrats von Albanys Polizeichef Laurie Pritchett festgenommen, als sie versuchten, den Speiseraum an einer Busstation zu benutzen. Später am gleichen Tag wurden Bertha Gober und Blanton Hall, zwei StudentInnen des Albany State College, die mit dem SNCC zusammenarbeiteten, festgenommen, nachdem sie in einen Wartesaal für Weiße an der Busstation gegangen waren. Diese Verhaftungen mobilisierten die schwarze Gemeinschaft mehr als bisher und führten zur ersten Massenversammlung der Albany-Bewegung.

Die Versammlung wurde am 25. November 1961 in der Mount Zion Baptist Church abgehalten und drückte all die aufgestauten Gefühle aus, die durch die studentischen Proteste zum Vorschein gekommen waren. »Die Kirche war voll besetzt«, berichtete Sherrod. Die StudentInnen, die verhaftet worden waren, beschrieben ihre Erfahrungen im Gefängnis und nach dem letzten Redner »blieb nichts mehr zu sagen. Tränen standen harten, erwachsenen Männern in den Augen, die mit eigenen Augen brutale Gewalttaten gesehen hatten, die von schwachen, gewissenlosen Männern begangen worden waren.«[10]

Dann erhoben sich alle, um »We Shall Overcome« zu singen, das gerade erst zu einem »Freiheitslied« erkoren worden war. Bernice Reagon, eine studentische Aktivistin der Albany-Bewegung, erinnerte sich: »Als ich meinen Mund öffnete und anfing zu singen, spürte ich plötzlich eine Kraft in mir, die ich vorher nie gekannt hatte. Irgendwie entfesselte diese Musik eine Art von Stärke und konzentrierte Energien, von denen ich nicht wusste, dass ich sie besaß.« Goldie Jackson, eine schwarze Frau, die ihre Arbeit verloren hatte, nachdem sie AktivistInnen des SNCC erlaubt hatte, in ihrem Haus zu übernachten, erinnerte sich daran, wie sie die ganze Nacht hindurch gebetet und gesungen hatte: »Zwei Dinge, das wussten wir, würden uns zusammenhalten: die Gebete um etwas Gutes, das kommen werde, und das Lied, das aus den Tiefen unserer Herzen sagte, was wir füreinander fühlten.«[11]

Die Gerichtsverhandlung gegen die fünf StudentInnen, die am 27. November 1961 stattfand, war der Anlass für eine Massenkundgebung, um gegen ihre Verhaftung und gegen den Ausschluss von Gober und Hall aus dem Albany State College zu protestieren. SNCC-Aktivist Charles Jones führte die DemonstrantInnen bei einem Marsch zu einer Kirche an, wo vierhundert Menschen eine Petition unterschrieben, welche die Wiederaufnahme der StudentInnen forderte. Als die Zeitung *Albany Herald* den Marsch verurteilte, begannen die schwarzen BewohnerInnen der Stadt damit, die Firmen, die in dieser Zeitung Anzeigen schalteten, zu boykottieren.

Am Sonntag, dem 10. Dezember 1961, kamen zehn AktivistInnen, darunter James Forman, Bob Zellner und Norma Collins vom SNCC aus Atlanta nach Albany, um die Flamme des Aktivismus am Brennen zu halten. Während mehrere Hundert Schwarze aus Albany zusahen, besetzte diese aus Schwarzen und Weißen bestehende Protestgruppe den Wartesaal des Zugbahnhofs von Albany und wurde sofort verhaftet und des Landfriedensbruchs angeklagt. Ihre Verhaftung, die der Bürgermeister von Albany, Asa Kelley, später als »unseren ersten Fehler« bezeichnete, löste eine Woche häufiger Massenversammlungen und Demonstrationen aus.[12]

Am Montag, dem 11. Dezember 1961, sprach James Forman auf einer Massenversammlung, bei der die BewohnerInnen weitere Proteste planten. Am Dienstag wurden 267 schwarze High School- und College-StudentInnen verhaftet, nachdem sie sich geweigert hatten, eine Kundgebung gegen das Gerichtsverfahren der BesetzerInnen des Zugbahnhofs aufzulösen. Die meisten der StudentInnen blieben im Gefängnis und verweigerten die Zahlung ihrer Kaution. Am Mittwoch wurde Slater King verhaftet, nachdem er eine Gebetsmahnwache vor dem Gerichtsgebäude angeführt hatte. Am selben Tag wurden weitere 200 DemonstrantInnen verhaftet, die ohne Demonstrationserlaubnis zur Town Hall marschiert waren. Polizeichef Pritchett sagte den eingetroffenen ReporterInnen: »Wir können es nicht erlauben, dass die NAACP oder das SNCC oder irgendeine andere Nigger-Organisation diese Stadt mit Massendemonstrationen überzieht.«[13] Als am Donnerstag die Zahl der Verhafteten die Marke von 500 überschritten hatte, beorderte der Gouverneur von Georgia 150 Nationalgardisten nach Albany.

Die örtlichen Offiziellen stimmten daraufhin der Einrichtung eines aus Schwarzen und Weißen zusammengesetzten Komitees zu, das über die Forderungen der Schwarzen nach Integration bei den öffentlichen Transporteinrichtungen und nach Freilassung der DemonstrantInnen verhandeln sollte. William Anderson lud Martin Luther King ein, auf einer Kundgebung am Freitag, dem 15. Dezember 1961, eine Rede zu halten. King sagte auf der größten Versammlung, die in der Shiloh Baptist Church je stattgefunden hatte: »Macht jetzt nicht halt! Macht weiter. Werdet nicht müde. Wir werden sie zermürben mit unserer Fähigkeit zu leiden.«[14] Als die Verhandlungen am nächsten Tag fehlgeschlagen waren, führte King einen Gebetsmarsch zur City Hall an und wurde zusammen mit mehr als 250 DemonstrantInnen festgenommen. Als King erklärte, er werde im Gefängnis bleiben und Weihnachten dort verbringen, begannen die Vertreter der Stadt erneut, Verhandlungen aufzunehmen, um die Krise zu beenden. Zwei Tage später erklärte King plötzlich, dass er bereit sei, das Gefängnis auf Kaution zu verlassen, weil es eine Einigung gebe, nach welcher die Stadt die Weisung der Interstate Commerce Commission ab sofort beachten werde und die anderen DemonstrantInnen freilassen werde.

Dieses Übereinkommen markierte den Abschluss der ersten Phase der Proteste in Albany. Zur Enttäuschung der SNCC-AktivistInnen ging die Mobilisierungskraft, die sich den Dezember hindurch rasch entwickelt hatte, ebenso schnell zurück. Die Stadtverwaltung verzögerte die Erfüllung ihrer Zusagen und weigerte sich auch, die

Segregation in den Stadtbussen aufzuheben, die dann zum Ziel eines Boykotts der Schwarzen Anfang 1962 wurden. Die SNCC-AktivistInnen wandten weiterhin die Taktiken der direkten Aktion an, um die Bewegung wiederzubeleben, aber ihre Proteste erregten wenig Aufmerksamkeit. Im April 1962 setzten sich Charles Jones, Cordell Reagon und zwei weitere Aktive in ein Restaurant und wurden verhaftet; sie wurden zu sechzig Tagen Knast verurteilt. Und bei einer vom SNCC geleiteten Demonstration zur City Hall wurden 29 Personen verhaftet, als sie gegen einen Polizisten aus Albany protestierten, der im April auf einen Schwarzen geschossen hatte, der sich angeblich einer Verhaftung widersetzt hatte.

Am 10. Juli 1962 wurde die Albany-Bewegung wieder lebendig, als Martin Luther King und sein enger Vertrauter, Ralph Abernathy, nach Albany zurückkamen, um das Urteil für die Dezember-Proteste entgegenzunehmen. King und Abernathy wurden zu jeweils 45 Tagen Haft verurteilt, wahlweise zu einer Geldstrafe von 178 Dollar. Als beide ankündigten, sie würden ihre Haft absitzen, kündigten die Vorsitzenden der Albany-Bewegung eine Massenversammlung für den folgenden Abend an. Davor gab es einen Marsch zur City Hall, bei dem bereits 32 Menschen verhaftet wurden, und an diesem Abend kam es zu gewaltsamen Auseinandersetzungen zwischen Steine werfenden schwarzen Jugendlichen und der Polizei, außerhalb der Kirche, in der die Versammlung abgehalten wurde. Am 13. Juli ließ die gespannte Atmosphäre nach, als King und Abernathy freigelassen wurden, nachdem ein unbekannter Schwarzer ihre Geldstrafen gezahlt hatte. »Ich bin in meinem Leben schon oft irgendwo rausgeschmissen worden,« bemerkte Abernathy später dazu, »aber noch nie zuvor bin ich aus einem Gefängnis rausgeschmissen worden.«[15]

Trotzdem gingen die Demonstrationen weiter. Kleine Gruppen Schwarzer, die entweder von Charles Jones aus dem SNCC oder Wyatt T. Walker von der SCLC geleitet wurden, versuchten nach Schwarz und Weiß getrennte Einrichtungen in Albany zu besetzen. Ebenso gab es weiter Massendemonstrationen zur City Hall, deren

TeilnehmerInnen Bürgerrechte einforderten. Eine dieser Demonstrationen, die vom 24. Juli, endete ein weiteres Mal im Hagel von Steinen.

Diese Gewalttaten führten dazu, dass die Nationalgarde nach Albany zurückkehrte. King antwortete darauf mit einem »Tag der Buße«, bei dem er, Abernathy und Jones versuchten, die örtlichen schwarzen BewohnerInnen davon zu überzeugen, gewaltfrei zu bleiben. Einige Tage später wurden King, Abernathy und Anderson verhaftet, als sie einen Gebetszug zur City Hall anführten. Im Gefängnis trafen sie auf Hunderte Gefangene, die bereits festgenommen worden waren. Die Knäste in Albany waren inzwischen überfüllt und neue Häftlinge mussten in die Gefängnisse der umliegenden Gemeinden gebracht werden.

Gewalttaten fanden nicht nur auf den Straßen von Albany statt. Im Knast von Camilla wurde Marion King, die schwangere Ehefrau von Slater King, von einem Deputy Sheriff (Stellvertretender Sheriff) bewusstlos geschlagen, als sie dort DemonstrantInnen besuchte. Und einige Wochen später verprügelte der Sheriff des Dougherty County den Anwalt C.B. King. »Ich wollte ihn wissen lassen,« sagte der Sheriff, »dass ich ein Weißer bin und er ein verdammter Nigger.«[16]

Nach wiederholten Appellen schwarzer Führungspersonen aus Albany, sie öffentlich zu unterstützen, forderte Präsident Kennedy die Verantwortlichen in Albany schließlich dazu auf, ein Abkommen auszuhandeln. Auf einer Pressekonferenz am 1. August 1962 sagte Kennedy, dass die US-Regierung »derzeit in Genf mit der Sowjetunion an einem Tisch sitzt. Ich kann nicht verstehen, warum die Regierung von Albany, der Stadtrat von Albany, mit amerikanischen Bürgern nicht dasselbe tun kann.«

King, Abernathy und Anderson wurden am 10. August wegen Störung des öffentlichen Friedens und unerlaubter Demonstration zu einer Bewährungsstrafe verurteilt. Zu dieser Zeit war der Enthusiasmus der Schwarzen in Albany geschwächt durch monatelange, fruchtlose Appelle an das Gewissen der weißen BewohnerInnen von

Albany. Nach Angaben des Journalisten Pat Watters war »diese letztendliche Verzweiflung in Albany, dieser Verlust an Energie« vielleicht ein tiefer Ausdruck »von Enttäuschung darüber, so viel riskiert und gewagt zu haben – und doch so wenig verstanden worden zu sein.« Die Proteste von Albany waren ein Wendepunkt für die Bürgerrechtsbewegung, denn nach ihnen »bekamen diejenigen AktivistInnen, für die Gewaltfreiheit nur eine taktische Waffe war, größeren Einfluss auf Kosten derer, für die Gewaltfreiheit ein geistiges Prinzip war, das große Bedeutung für ihr persönliches Leben hatte.« Oder, wie SNCC-Aktivist Bill Hansen die Situation analysierte: »Wir waren naiv genug zu denken, wir könnten die Gefängnisse überfüllen. Aber wir hatten keine Leute mehr, noch bevor (Polizeichef Pritchett) keine Knäste mehr hatte.«[17] Obwohl die Albany-Bewegung die ganzen sechziger Jahre hindurch weiter existierte und das SNCC seine Aktivitäten in Albany noch mehrere Jahre fortsetzte, kamen die Begeisterung und die Hoffnung der ersten Zeit nie wieder zurück.

Auf den ersten Blick könnten die Proteste in Albany als schwerer Rückschlag für die Bürgerrechtsbewegung gedeutet werden. Das anfängliche Ziel der Abschaffung der Segregation in den Haltestellen von Bussen und Bahnen umfasste nur die praktische Umsetzung der Bundesgesetzgebung, aber die weitergehenden Bürgerrechtsziele der Bewegung – allgemeine Abschaffung der Segregation in allen Institutionen und die Anerkennung durch die Verantwortlichen der Stadt, dass Schwarze das Recht haben, friedliche Demonstrationen abhalten zu können – blieben uneingelöste Streitpunkte.

Polizeichef Pritchett hatte wiederholt Demonstrationen durch Massenverhaftungen vereitelt, ohne dabei zu jener Art überdimensionierter Gewalt zu greifen, die das Eingreifen von Bundestruppen provoziert hätte. Die Lehre aus den Ereignissen für das SNCC war klar: das geduldige Leiden der gewaltfreien AktivistInnen war nicht ausreichend, um bundesstaatliche Interventionen herbeizuführen. Trotzdem: obwohl die Albany-Bewegung einige ihrer Ziele verfehlte, bildete sie den Erfahrungsrahmen für viele SNCC-AktivistInnen, die neue Techniken lernten, um massenhaften Aktionismus über längere Zeit hinweg aufrechtzuerhalten, und diente so als Modell für Schwarze in anderen Städten der Südstaaten, in denen es bald zu Massenbewegungen kommen sollte. Howard Zinn erklärte zu jener Zeit, die Bewegung der Schwarzen in Albany sei »zwar in ihrer taktischen Effektivität nicht perfekt organisiert« gewesen, aber »mutig, leidenschaftlich und opferbereit, und sie brachte einige der besten Eigenschaften von Menschen überhaupt zum Vorschein.«[18]

Obwohl die SNCC-AktivistInnen von den wenigen greifbaren Erfolgen enttäuscht waren, hatten sie aus den Protesten in Albany das Selbstbewusstsein gewonnen, eine Art Avantgarde der Massenbewegung zu sein. Charles Sherrod beobachtete, dass durch die Proteste »der Überbau in seinen Grundfesten erschüttert worden« sei. Der rassistische Status Quo in den Südstaaten sei herausgefordert worden: »Es ist für einen Schwarzen nicht mehr selbstverständlich, nur mit ›Ja, Sir‹ und ›Nein, Sir‹ zu antworten.« Die Schwarzen würden anfangen, »sich zu fragen, ob es nicht ihr Recht ist, ihre eigenen Überzeugungen auszusprechen, auch wenn der Bürgermeister, der Polizeichef, der ›Boss‹ davon erfahren würden; *sie fangen selbst an zu denken.*«[19]

Die Kämpfe in Albany überzeugten die SNCC-AktivistInnen davon, dass ihre Strategie der Organisierung unter der schwarzen Bevölkerung breiten Rückhalt fand. Sie knüpften enge Kontakte mit örtlichen schwarzen Führungspersönlichkeiten und vermieden es, deren Ansehen zu untergraben. Auf einem SNCC-Treffen im März 1962 nannte Charles Jones Albany als Beispiel für den »aufopferungsvollen Willen« des SNCC, »von der Gemeinschaft getragene Bewegungen zu initiieren, und nicht Organisationen zu bilden.« Auf demselben Treffen erklärte Julian Bond, wenn das SNCC eine Gegend verlasse, dann lasse es »eine Gemeinschaftsbewegung mit örtlicher Führung zurück und keine neue Ortsgruppe des SNCC.« Marion King bedankte sich bei den SNCC-AktivistInnen für die Initiierung einer Bewegung in ihrer Stadt: »Ihr habt meinen Kindern etwas gegeben, das ihnen niemals wieder genommen werden kann.«[20]

Der enge Kontakt zu den örtlichen BewohnerInnen und die Rücksichtnahme auf örtliche Führungspersonen unterschied die Vorgehensweise der SNCC-AktivistInnen von den Vertretern des SCLC, die nach Albany gekommen waren, nachdem die Bewegung begonnen hatte. Gleich nachdem Martin Luther King Albany im Dezember 1961 besucht hatte, wies ein Zeitungsreporter darauf hin, dass die SNCC-AktivistInnen eine »dominante Position« unter den konkurrierenden Bürgerrechtsgruppen von Albany innehatten. Sherrod wurde dahin gehend zitiert, es gebe »einen permanenten Krieg« zwischen dem SNCC und dem SCLC über die Strategien. »Die Studenten«, beobachtete der Historiker David Lewis, »waren davon genervt, dass die Presse und einige unter den älteren Mitgliedern der schwarzen Gemeinschaft so auf die Person und die Äußerungen von King fixiert waren. Das SNCC hatte den Weinberg des antirassistischen Widerstands in Albany bestellt, lange bevor ›De Lawd‹ (Gott, d. Ü.) – wie King nun im SNCC genannt wurde – auf der Bühne erschien und seine Wunder wirkte.« Die SNCC-AktivistInnen und die örtlichen schwarzen BürgerrechtlerInnen ärgerten sich über Wyatt Walker, den Geschäftsführer der SCLC, der »etwas zu hochmütig und geräuschvoll durch die Gemeinde schritt und die »Sakramente« spendete, die den beträchtlichen finanziellen Ressourcen der SCLC entsprachen.« Der Ärger der SNCC-AktivistInnen über die SCLC wurde auf einem Treffen im Juli 1962, an dem auch King, Sherrod, Bernice Reagon und Jones teilnahmen, offen ausgesprochen. Nach Angaben von Lewis diskutierten die SNCC-AktivistInnen »mit dem Pastor aus Atlanta das Recht des SCLC, die Bewegung zu monopolisieren. Martin (Luther King, d. Ü.) bestritt eine solche Absicht seiner Organisation und versuchte, die selbstherrliche Art von Wyatt zu beschönigen. Bis zu diesem Nachmittag war er sich wohl nicht ganz im klaren darüber gewesen, in welchem Ausmaß sich sein wichtigster Mitarbeiter den örtlichen Aktivisten entfremdet hatte.«[21]

Bis zum Herbst 1962 hatten die SNCC-AktivistInnen deutlich gemacht, dass sie selbst das Recht reklamierten, den Kurs des Kampfes in den Südstaaten zu beeinflussen. Für viele der SNCC-OrganisatorInnen waren die Proteste in Albany ein bedeutsames Trainingsfeld, um Mobilisierungstechniken für die vordem passive schwarze Bevölkerung im ländlichen Süden zu erlernen. Was vielleicht am wichtigsten war: sie wurden sich der kulturellen Dimension des Kampfes der Schwarzen bewusst. Die SNCC-AktivistInnen in Albany erkannten zum Beispiel sehr schnell die Bedeutung von Freiheitsliedern, die oft von schwarzen Spirituals her stammten. Durch die Songs wurden die Ideen der Bewegung in den Südstaaten weitervermittelt und die Moral aufrechterhalten. Bernice Reagon, eine führende Persönlichkeit der StudentInnen in Albany und Mitglied im SNCC, beschrieb die Albany-Bewegung als »eine singende Bewegung«. Die Kirchenmusik, die ein wichtiger Bestandteil der schwarzen Kultur war, wurde in Albany zum Symbol des Bürgerrechtskampfes. Der Gesang hatte bei den Massenversammlungen eine wichtige Bedeutung, wie Reagon beobachtete: »Nach dem Singen waren die Unterschiede unter uns kleiner geworden. Irgendwie drückten die Lieder das aus, was wir gemeinsam teilten. Diese Musik war wie ein Gebrauchsgegenstand, wie ein Werkzeug, das du in der Hand hältst.«[22]

Freiheitslieder waren schon lange Teil der Protestbewegung, aber die Songs von Albany hatten eine stärkere emotionale Kraft und waren mehr als die früheren Songs im afro-amerikanischen kulturellen Erbe verwurzelt. Reagon bemerkte, dass viele der Songs, die noch vor kurzem von den StudentInnen benutzt wurden, für die Notwendigkeiten einer »hauptsächlich von Erwachsenen« getragenen Bewegung angepasst wurden.[23] Die Songs der Albany-Bewegung wurden auf zahllosen Massenversammlungen des SNCC in den ländlichen Regionen der Südstaaten benutzt. Als Charles Sherrod Grundzüge der Organisierung einer Gemeinschaft für die allgemeine SNCC-Konferenz im Frühjahr 1963 entwarf, war der erste Punkt auf seiner Liste die Einübung von Freiheitsliedern.[24]

Die Lieder von Albany wurden zudem überall in den USA von den *SNCC Freedom Singers* (SNCC-FreiheitssängerInnen) aufge führt, einer Gruppe, die 1962 zu Zwecken der Geldbeschaffung gegründet wurde und meist aus TeilnehmerInnen der Proteste in Albany bestand. Bernice Reagon, eine Gründerin der Freedom Singers, beschrieb die Songs als »kraftvoller als die gesprochene Kommunikation. Sie wurden zur wichtigsten Form, durch die Menschen, die nicht an der Bewegung teilnahmen, die Intensität dessen, was in den Südstaaten passierte, vermittelt werden konnte.«[25]

Die Freiheitslieder, die während der Albany-Bewegung populär wurden, begleiteten die Bewegung in den Südstaaten noch viele Jahre und viele wurden von anderen Bewegungen in den USA übernommen, und sogar von Protestbewegungen außerhalb der USA.[26] Darunter war ein Song, der zum ersten Mal im Sommer 1962 gesungen wurde und zu einem ›Hit‹ innerhalb der SNCC-AktivistInnen aufstieg:

> *Ain't gonna let nobody turn me 'round*
> *Turn me 'round, turn me 'round,*
> *Ain't gonna let nobody turn me 'round,*
> *I'm gonna keep on walkin', keep on a-talkin'*
> *Marching up to freedom land.*

> *Von niemand lass ich mich verbiegen*
> *Mich verbiegen, mich verbiegen,*
> *Von niemand lass ich mich verbiegen*
> *Ich werde weiter gehen, weiter sprechen*
> *Hinauf marschieren zum Land der Freiheit.*

Andere Strophen nahmen direkten Bezug auf Ereignisse oder Personen, die bei den Albany-Protesten vorkamen, zum Beispiel:

> *Ain't gonna let Chief Pritchett turn me 'round.*

> *Von Polizeichef Pritchett lass ich mich nicht verbiegen.*

Ein weiterer traditioneller Song, den viele SNCC-Mitglieder aufgriffen, hieß »Oh Freedom«:

No Segregation, no segregation, no segregation over me,
And before I'll be a slave, I'll be buried in my grave
And go home to my Lord and be free.

Keine Segregation, keine Segregation, keine Segregation
mehr mit mir,
Und bevor ich Sklave bleibe, will ich lieber begraben werden
Und heimkehren zu meinem Gott und frei sein.

Obwohl die gefühlsbetonte Begeisterung des Widerstands von Albany eine Inspirationsquelle für das SNCC war, befanden sich die IdealistInnen im SNCC in einem Dilemma. Die vom SNCC initiierten Demonstrationen brachten manchmal den Ausbruch von Gegengewalt mit sich und ermangelten oftmals der Würde, die bei den frühen studentischen Protestbewegungen so auffällig gewesen war. Die Abneigung vieler SNCC-AktivistInnen, die Führung zu übernehmen, brachte ihnen die Sympathie vieler Schwarzer vor Ort ein, die nicht wollten, dass ihre Bewegung beherrscht wurde, reflektierte aber ebenso die Gratwanderung, die das SNCC in der sich ausbreitenden Protestbewegung vollführte.

Gefangen zwischen dem neuen Phänomen antirassistischer Wut und der Zurückhaltung der Kennedy-Regierung, ihre nationale Regierungsautorität gegenüber der Herrschaft der Weißen in den Bundesstaaten des Südens durchzusetzen, setzten die BefürworterInnen der direkten gewaltfreien Aktion ihre Agitation fort. Aber ihnen wurde zunehmend klar, dass es im Süden einerseits ein Potential für rassistische wie auch antirassistische Gewalt gab, und andererseits der moralische Idealismus an Grenzen stieß, wenn er sich einer zu allem entschlossenen Reaktion gegenübersah. Mit einem Anflug von Resignation beobachtete Charles Sherrod 1963, dass »die Gewaltfreiheit als Lebensprinzip für die meisten von uns weit entfernt lag«;

trotzdem argumentierte er, dass sie noch immer »eine unbesiegbare Methode der Kriegsführung« war. Die Frage sei nur, ob die gewaltfreien AktivistInnen weiter gewillt waren, Opfer auf sich zu nehmen.[27] Trotz der anhaltenden Zweifel von Sherrod bestärkten die Proteste von Albany das Vertrauen der SNCC-AktivistInnen in ihre Fähigkeit zur Organisierung. Zum ersten Mal hatten sie eine große Zahl schwarzer Erwachsener für einen dauerhaften Kampf mobilisiert. Sie hatten gezeigt, dass mit geduldigen Anstrengungen das Vertrauen der örtlichen Bevölkerung gewonnen werden und mit kalkulierten Akten zivilen Ungehorsams ein schlafendes Bewusstsein für antirassistischen Aktivismus geweckt werden konnte. Mit größerem Erfolg als in McComb hatte das SNCC Wurzeln in dem fruchtbaren Boden einer entstehenden Massenbewegung geschlagen.

Teil 1: Zusammenkunft

Verankerung des Kampfes

Das Abenteuer in McComb und die aufblühende Albany-Bewegung markierten den Anfang des Wandels des SNCC von seiner Rolle als Koordinator studentischen Protests zu einer Art Avantgarde eines breit verankerten Massenkampfes in den ländlichen Regionen der US-Südstaaten. Obwohl viele SNCC-AktivistInnen auch weiterhin bei periodisch durchgeführten Kämpfen gegen die Segregation beteiligt waren, konzentrierten sich die meisten auf die sich ausweitenden Projekte zur Eintragung in die Wahllisten. Die bereits eigenständig agierende Gruppe der SNCC-BerufsaktivistInnen wurde in den Jahren 1962 und 1963 bei der Organisierung der schwarzen Gemeinschaft immer wirkungsvoller. Während sie die informellen, offenen und spontanen Verhaltensweisen, die die Gruppe so einzigartig gemacht hatten, erhalten konnten, bauten die Kader gleichzeitig dauerhafte Projekte in vielen Gemeinden der Südstaaten auf und gewannen Vertrauen und Rückhalt unter den örtlichen schwarzen BewohnerInnen. Sie fanden zu einer neuen Form des Engagements und der sozialen Verantwortung als Ergebnis ihrer Kontakte mit verarmten und politisch unausgebildeten Schwarzen. Zwar wurde das SNCC nominell noch immer von den studentischen VertreterInnen des Koordinierungkomitees kontrolliert, seine Politik, sein Image in der Öffentlichkeit wurde jedoch von den immer selbstbewusster und eloquenter auftretenden OrganisatorInnen bestimmt.

Trotz des unter SNCC-Mitgliedern allgemein verbreiteten Misstrauens gegenüber Autorität und Bürokratie übernahm Jim (James) Forman den Aufbau einer Organisationsstruktur, die die AktivistInnen vor Ort mit der nötigen Unterstützung versorgen konnte, ohne deren Spontaneität oder die Initiativen örtlicher BewohnerInnen zu beeinträchtigen. Forman stellte ausgebildete Leute für ein bundesweites Fundraising-Netzwerk, für den Aufbau eines Kommunikationsnetzes und eine SNCC-eigene Forschungsabteilung an. Trotz ihrer unterschiedlichen Herkunft wurden die neuen MitarbeiterInnen durch die Radikalität und den kreativen Enthusiasmus angezogen, die den Ruf des SNCC in den ersten beiden Jahren seiner Existenz geformt hatten. Sie brachten neue Sachkenntnis in das SNCC ein und ergänzten damit die aus der praktischen Erfahrung gezogenen Lehren des Kampfes in den Südstaaten. Kurz: das SNCC wurde zu einer wichtigen und dauerhaften Bürgerrechtsorganisation. Seine Tendenz zur Institutionalisierung stärkte eher noch den Willen der OrganisatorInnen, die herrschenden Autoritäten herauszufordern und den Status Quo zu unterminieren.

Die dritte allgemeine Konferenz des SNCC wurde in Atlanta am Wochenende des 27. bis zum 29. April 1962 abgehalten und bedeutete den Anfang einer Periode des schnellen Wachstums und der Veränderung. An der Konferenz nahmen 250 Personen aus 22 US-Bundesstaaten teil. Trotz des tendenziellen Rückgangs des schwarzen studentischen Aktivismus seit dem Frühjahr 1960 gab es immer noch eine beträchtliche Anzahl von VertreterInnen aus schwarzen Colleges, vor allem aus städtischen Gebieten oder aus US-Bundesstaaten, die an der Grenze zu den Südstaaten lagen. Es kamen aber auch Delegierte aus überwiegend von Weißen besuchten Universitäten, wo die studentische politische Aktivität durch die schwarze studentische Bewegung erst initiiert worden war. Ungefähr dreißig Prozent der anwesenden Delegierten und BeobachterInnen der Konferenz waren weiße StudentInnen, meist aus Bildungseinrichtungen in den Südstaaten. Zudem zog die Konferenz VertreterInnen der NAACP, des CORE, der SCLC, der SDS, des American Friends Service Committee (AFSC), des *Southern Regional Council* (SRC, Regionaler Rat der Südstaaten) und der *National Lawyers Guild* (NLG, Nationale AnwältInnen-Gilde) an.[1]

Die SNCC-Hauptamtlichen bestimmten den Verlauf der Beratungen und diskutierten mit einem durch Erfahrung gestärkten Selbstbewusstsein. Sie betonten, die StudentInnen müssten sich zu einem breiten Spektrum politischer Themen sachkundig machen. Im Gegensatz zu früheren Konferenzen sprachen weder Martin Luther King noch James Lawson auf der Konferenz von 1962 und es gab kaum Diskussionen über die Philosophie der Gewaltfreiheit. Stattdessen hörten die StudentInnen den Soziologen Robert Johnson und seine Rede über die Bedeutung der schwarzen Studentenbewegung für die StudentInnen in der ganzen Welt, sowie den Anwalt Len Holt, der die legalistischen Probleme der Bewegung erörterte. Anzeichen für die Erweiterung des Themenspektrums im SNCC war, dass Carl und Anne Braden vom SCEF und Tom Hayden von den SDS einen Workshop über akademische Freiheit und Bürgerrechte abhielten.

Wichtigstes Ergebnis der Konferenz war, dass ein neues Organisationsstatut für das SNCC angenommen wurde. Um die Vertretung der aktivsten lokalen Protestgruppen zu gewährleisten, veränderten die Delegierten die Kriterien für die Mitgliedschaft im Koordinierungskomitee dahingehend, dass nicht mehr VertreterInnen aus jedem Bundesstaat, sondern GruppenvertreterInnen durch Delegierte vertreten sein sollten. Um zusätzlich mehr organisatorische Effizienz zu gewährleisten, wurde ein Exekutivkomitee aufgestellt, das die Organisationspolitik zwischen den allgemeinen Konferenzen ausführen sollte. Das Exekutivkomitee bestand aus acht Mitgliedern des Koordinierungskomitees, dem SNCC-Vorsitzenden und dem Geschäftsführer, zwei BeraterInnen und drei weiteren studentischen Mitgliedern.

Obwohl die BerufsaktivistInnen auf diese Weise von der formalen Entscheidungsstruktur ausgeschlossen blieben, hatten sie großen Einfluss auf die studentischen VertreterInnen, denn diese hielten die

SNCC-OrganisatorInnen für geradezu vorbildlich, was Aktionismus und Altruismus betrifft. Auf diese Weise erhielt die neue Struktur des SNCC die Illusion aufrecht, dass die wichtigste Funktion der Organisation die Koordinierung studentischer Protestaktionen sei, während das SNCC tatsächlich existierte, um vor allem die Projekte von Ex-StudentInnen zu unterstützen, die nun Hauptamtliche geworden waren. Diesen Trend illustrierte die Tatsache, dass innerhalb von vierzehn Monaten nach ihrer Wahl zum Exekutivkomitee die »drei weiteren Mitglieder« – Ruby Doris Smith vom *Atlanta Committee on Appeal for Human Rights* (Menschenrechtskomitee Atlanta), John Lewis vom *Nashville Student Central Committee* (Zentralkomitee der StudentInnen in Nashville) als auch William Mahoney von der Nonviolent Action Group (NAG) – ihre jeweiligen Bildungseinrichtungen verlassen hatten, um OrganisatorInnen zu werden.

Im April 1962 arbeitete eine Gruppe von ungefähr 20 Angestellten für das SNCC, deren Zusammensetzung sich in der Folgezeit noch mehrmals veränderte. Die Gruppe besaß sowohl Eigenschaften der schwarzen studentischen Protestbewegung vergangener Jahre, als auch bereits der kommenden Massenbewegung, die den Süden 1963 überziehen sollte. Es gibt Interviews mit dreizehn Hauptamtlichen – elf Schwarze, zwei Weiße –, die kurz vor der Konferenz von 1962 gemacht wurden und die veränderte Orientierung des SNCC offenbarten. Nur drei von diesen dreizehn hatten die SNCC-Gründungskonferenz in Raleigh besucht, obwohl die meisten als erste Kontaktaufnahme ihre Beteiligung an der Bewegung vom Frühjahr 1960 angaben. Sechs von ihnen bestätigten ihre Überzeugung, dass die Gewaltfreiheit eine praktikable Lebensweise sei, aber nur drei glaubten, dass die Mehrzahl der SNCC-Kader diese Meinung teilten. Die meisten der Befragten spürten eine grundlegende Veränderung der Rahmenbedingungen der Bewegung in den Südstaaten, vor allem einen Verlust an Spontaneität und einen Anstieg an reaktionären Gegenaktionen der Weißen. Neun OrganisatorInnen begriffen sich selbst als »Professionelle« und alle bis auf drei wollten »so lange wie möglich« in der Bewegung aktiv bleiben, oder sogar »den Rest ihres Lebens.«[2]

Eine einzigartige Qualität der meisten unter den frühen OrganisatorInnen war ihr Wille, das System der Segregation mit Aktionen zivilen Ungehorsams zu konfrontieren. Das Ansehen innerhalb des SNCC hing zu einem Teil davon ab, wie oft ein/e AktivistIn verhaftet worden war. Im Frühjahr 1962 wurden einige über zwanzig Mal festgenommen. Bob Zellner zum Beispiel konnte die SNCC-Konferenz nicht besuchen, weil er in Talladega, Alabama, verhaftet worden war, wo er einen studentischen Protest initiiert hatte. Einige Monate zuvor war Zellner zusammen mit den SNCC-Aktivisten Dion Diamond und Charles McDew in Baton Rouge verhaftet und wegen »krimineller Anarchie« angeklagt worden, weil sie einer »Organisation angehörten – nämlich dem SNCC –, die dafür bekannt ist, den Umsturz des Staates Louisiana zu befürworten, zu lehren und umzusetzen.« Nach seiner Verhaftung stellte Zellner eine Mischung aus herausforderndem Verhalten und ernsthaftem moralischen Mut zur Schau, der typisch für einen SNCC-Aktivisten war, als er versicherte, »selbst wenn manche von uns zehn Jahre Haft mit Schwerstarbeit verbringen, kommen wir nur gestärkt aus den Knästen heraus – sowohl physisch wie auch geistig.«[3] Die Anklage wurde jedoch später fallen gelassen.

Diane Nash Bevel, die erst kürzlich den SCLC-Mitarbeiter James Bevel geheiratet hatte, konnte ebenfalls die Konferenz von 1962 nicht besuchen, weil sie eine Ladung zu einer Gerichtsverhandlung hatte. Auf einem Hearing am 30. April kündigte sie an, dass sie – obwohl sie diesen Herbst ein Kind erwarte – ihre Berufung gegen ein Urteil im letzten Herbst fallenlassen werde, das sie wegen Beihilfe zur Kriminalität Minderjähriger schuldig gesprochen hatte, weil sie für Jugendliche in McComb Trainingskurse in gewaltfreier Aktionstaktik durchgeführt hatte. Sie begründete dies damit, dass sie nicht länger mit dem »üblen und ungerechten« Gerichtssystem in Mississippi zusammenarbeiten wolle. Und sie fügte hinzu, dass ihre Entscheidung das beste für ihr ungeborenes Kind sei, weil sowieso jedes geborene Kind im Staate Mississippi bereits im Gefängnis sei: »Ich glaube, wenn ich jetzt ins Gefängnis gehe, wird der Tag schneller kommen, an dem mein Kind und alle Kinder frei sein werden – nicht nur an dem Tag, an dem sie geboren werden, sondern ihre ganzes Leben lang.« Offensichtlich wollte der Richter keine unvorteilhaften Presseberichte, denn er entschied, dass sie ihre Berufungsklage nicht einfach fallenlassen könne und suspendierte ihr Urteil. Trotzdem musste sie für zehn Tage ins Gefängnis, wegen Missachtung des Gerichts, weil sie im Gerichtssaal auf der Seite für die Weißen Platz genommen hatte.[4]

Solche Beispiele offener Verachtung für das sogenannte System der »Rassentrennung« waren die Grundlage des besonders radikalen Rufes des SNCC. Die Bürgerrechtsbewegung umfasste viele AktivistInnen, die nicht im SNCC waren, aber es gab keine andere Personengruppe, die so geschlossen bereit war, »mit ihrer ganzen physischen Existenz für die Sache zu kämpfen.« Die protestierenden StudentInnen hatten sich nicht von ungefähr im SNCC vereinigt, weil sie nämlich glaubten, dass es anders als die anderen Bürgerrechtsorganisationen war, deren vorsichtige Führungspersonen und deren eingefleischte Bürokratie die lokale Initiative erstickte.

Das SNCC änderte nur langsam seine Funktion als Sammlungsorganisation für AktivistInnen örtlicher Studentenbewegungen hin zum Stimulus für Massenproteste in den ländlichen Regionen der Südstaaten. Die StudentInnen, die für das SNCC arbeiteten, behielten ihr allgemeines Misstrauen gegenüber den herrschenden Institutionen und Führungspersonen. Trotzdem wurde ihnen zur Zeit der Konferenz von 1962 klar, dass sie die rassistischen Hochburgen des Südens nicht einfach durch sporadische, kleine gewaltfreie Proteste und lang anhaltende Aufenthalte in den Knästen niederreißen konnten. Ihnen wurde klar, dass das SNCC eine politische Organisation mit ausgebildetem, politisch bewandertem, voll bezahltem Personal werden musste – wenn auch mit einer losen und flexiblen Struktur. Direkt vor Beginn der Konferenz hatte das SNCC einen weiteren Schritt hin zu Stabilität und größerer Effizienz gemacht, als es seine Zentrale von einem einräumigen Büro in größere Räumlichkeiten in der Auburn Avenue in Atlanta verlegte.

James Forman spielte bei der Wandlung des SNCC in eine feste Organisation, die mit den anderen Bürgerrechtsgruppen in den Debatten um die zukünftige Ausrichtung des Kampfes konkurrieren konnte, eine entscheidende Rolle. Als Geschäftsführer einer Gruppierung, die seiner Ansicht nach »›Führern‹ gegenüber mit allgemeinem Misstrauen« begegnete, gewann Forman den Respekt der anderen Hauptamtlichen, in dem er Verantwortlichkeiten übernahm, die wenige suchten, aber den meisten notwendig erschienen. Paul Brooks, der Forman im Jahre 1961 für den Kampf interessiert hatte, sagte ihm – ausgedrückt in einer Sprache, die später im SNCC undenkbar werden sollte –, dass die Organisation »einen Diktator braucht, der die Dinge organisiert, die Strippen zieht und uns sagt, was wir zu tun haben.« Im Frühjahr 1962 hatte Forman eine solche Rolle inne und glaubte, dass eine bestimmte »nicht-demokratische Macht«, vergleichbar »dem Kriegsrecht des US-Kongresses«, während dieser entscheidenden Phase in der Entwicklung des SNCC notwendig sei.[5] Obwohl die SNCC-MitarbeiterInnen manchmal die autoritäre Art Formans ablehnten, stand seine unermüdliche und selbstlose Aufopferungsbereitschaft für die Organisation außer Frage. Die Erinnerung einer SNCC-Berufsaktivistin, die sagte, sie sei Forman zum ersten Mal begegnet, als sie spät nachts ins SNCC-Büro kam und ihn allein beim Toilettenputzen antraf, ist dabei durchaus typisch.

Forman erkannte, dass Begeisterung und Opferbereitschaft nicht ausreichen würden, damit das SNCC weiter bestand. Er fand, dass speziell ausgebildete Kräfte nötig seien und war oft dabei erfolgreich, Jugendliche davon zu überzeugen, dass Fundraising und Büroarbeit ebenso Ausdruck des Protestes sein können wie die Aktionen. Ende 1961 stellte er zum Beispiel Norma Collins an, eine schwarze Studentin aus Baltimore, die die erste hauptberufliche Sekretärin des SNCC wurde. Im darauf folgenden Frühling überzeugte er Julian Bond, auf sein letztes Semester im Morehouse College zu verzichten und Pressesprecher des SNCC zu werden. Später stellte er Dotty Miller an, eine weiße Absolventin des Queens College, die für den Southern Regional Council gearbeitet und dann Zellner geheiratet hatte, um Bond bei der Pressearbeit und bei der Publikation der Zeitung *Student Voice* zu helfen. Ruby Doris Smith Robinson, die wie Forman der Meinung war, der Kampf der Schwarzen benötige harte Arbeit und Disziplin ebenso sehr wie rebellisches Verhalten, wurde Formans Büroassistentin. In den Jahren 1962 und 1963 stellte Forman zudem Casey Hayden und Mary E. King ein, zwei weiße Studentinnen, die für ein südstaatenweites humanistisches College-Projekt der *Young Men's Christian Association* (YMCA, Christlicher Verein junger Männer) gearbeitet hatten, das von Ella Baker geleitet wurde. Auch sie halfen bei der Pressearbeit des SNCC, die Mitte der sechziger Jahre Hunderttausende von SympathisantInnen erreichte.

Die bezahlten Kräfte im Büro von Atlanta versorgten die SNCC-Projekte nicht nur mit finanziellen und personellen Ressourcen, sondern waren auch das Zentrum des bundesweiten Fundraising-Netzwerks des SNCC. Als das SNCC mit den Kampagnen zur Eintragung in die Wahllisten begann, dachten die MitarbeiterInnen, die Gelder würden aus Stiftungen oder durch die Finanzbeziehungen von Harry Belafonte fließen. Diese Hoffnungen erfüllten sich nur zum Teil. Das *Voter Education Project* (VEP, Erziehungsprojekt für WählerInnen), das durch Beiträge der Taconic-Stiftung, der Field-Stiftung, des Stern-Familienfonds und andere als gemeinnützig anerkannte Organisationen finanziert wurde, wurde Anfang 1962 ins Leben gerufen, aber das SNCC bekam die dorthin gespendeten Gelder nicht vor Juni. Und auch danach erhielt das SNCC einen viel geringeren Betrag aus diesem Finanztopf als die anderen wichtigen Bürgerrechtsorganisationen. Von den mehr als 500 000 Dollar, die das VEP in den Jahren 1962 und 1963 verteilte, gingen weniger als 24 000 ans SNCC, ungeachtet der Tatsache, dass es die größte Zahl an Hauptamtlichen für die Kampagne zur Eintragung in die Wahllisten unterhielt.[6] Dieses geringe Niveau an Beiträgen für das SNCC war weitgehend auf die Entscheidung des SNCC zurückzuführen, gerade auch in schwierigen Regionen zu agitieren, wo vielleicht nicht sofort viele schwarze WählerInnen mobilisiert werden konnten – was das VEP wiederum verlangte, um die permanenten Ausgaben zu rechtfertigen.

Anstatt sich hauptsächlich auf das VEP und andere institutionalisierte Finanzquellen zu verlassen, begann das SNCC im Juni 1962, ein eigenes Netzwerk für Fundraising aufzubauen und eröffnete seine ersten Büros in den Nordstaaten, in Chicago und Detroit. Noch 1962 eröffnete es weitere Büros in New York, Washington, Philadelphia und Cleveland. Außerdem ermutigte das SNCC UnterstützerInnen aus den Nordstaaten, Gruppen zu gründen, die »Freunde des SNCC« genannt wurden und die Auftritte und Reden von SNCC-AktivistInnen auf Fundraising-Parties und Kundgebungen organisierten. Um diese Aktivitäten in den Nordstaaten zu leiten, stellte Forman zwei weiße Aktivistinnen an, Constancia (Dinky) Romilly, eine Absolventin des Sarah Lawrence College und Tochter der Schriftstellerin Jessica Mitford, sowie Betty Garmen, ehemals Berkeley-Studentin und Führungsperson bei den SDS.

Die eigenständigen Anstrengungen des SNCC, Unterstützung in den Nordstaaten zu organisieren, führten zu Konflikten mit den SCLC-Führungspersonen, denn Forman berichtete, dass die SNCC-MitarbeiterInnen »die Illusion korrigieren mussten, wir seien ein Arm des SCLC und würden von ihm geleitet und finanziell getragen.« Auf einem Treffen mit SCLC-Führungskräften im Jahre 1961 beklagten die SNCC-VertreterInnen, dass die SCLC eine Spende über 11 000 Dollar von einer Gewerkschaft erhalten hätte, von der explizit ein Drittel für die Studentenbewegung in den Südstaaten vorgesehen gewesen sei. Wie sich Forman erinnerte, kritisierte Ella Baker »in ihrer prinzipiellen und sehr freundlichen, direkten Art« den Eigentumsanspruch des SCLC, der den StudentInnen die Gelder vorenthielt. Kurz darauf erhielt das SNCC von der SCLC einen Scheck über 1000 Dollar.[7]

Auch als das SNCC auf nationaler Ebene in den USA bekannter

wurde, blieben seine finanziellen Ressourcen im Vergleich zu denen der NAACP oder des SCLC bescheiden. Die Organisation konnte ihre Projekte nur so schnell ausweiten, weil die Kader notfalls auch gewillt waren, ohne Bezahlung oder für symbolische Gehälter zu arbeiten. Der Einheitslohn für Field Secretaries war 10 Dollar die Woche, oder 9,64 Dollar nach Steuerabzug. AktivistInnen mit Familie bekamen mehr Lohn. Aber nur wenige OrganisatorInnen hätten von ihren Löhnen allein leben können, wenn sie nicht bei schwarzen BewohnerInnen in der Gegend, in der sie agitierten, untergekommen wären; oder in »Freiheitshäusern«, die vom SNCC gemietet wurden. Das Lohnniveau des SNCC war eine Besonderheit und trug zur Einzigartigkeit der Organisation bei, denn es machte sie weniger anfällig für finanziellen Druck als andere Bürgerrechtsorganisationen. Forman schrieb, das Lohnniveau im SNCC mache es »unmöglich für irgend jemanden, ein Eigeninteresse am Erhalt der Organisation zu entwickeln.«[8]

Das Vertrauen der SympathisantInnen aus den Nordstaaten, dass ihre Spenden an das SNCC auch tatsächlich die Frontlinie des Kampfes erreichten, anstatt für Ausgaben einer Bürokratie oder für Löhne in der Verwaltung verwendet zu werden, führte zu einem Anstieg der Spenden, der es dem SNCC ermöglichte, trotz seines rapiden Zuwachses an bezahlten AktivistInnen solvent zu werden. Nachdem es mit einem Defizit von 10 000 Dollar am 1. Juni 1962 begonnen hatte, trieb das SNCC bis Ende des Jahres 50 000 Dollar ein und schloss mit einem leichten Plus ab. 1963 stieg das Einkommen des SNCC auf 309 000 Dollar.[9] Dieses steigende Niveau finanzieller Unterstützung ermöglichte es dem SNCC bis August 1963, Projekte in mehr als einem Dutzend von Gemeinden in Mississippi und in Südwest-Georgia aufzubauen; in Selma, Alabama; in Danville, Virginia; Pine Bluff, Arkansas; und einigen anderen Orten. Zu dieser Zeit hatte das SNCC 12 bezahlte Bürokräfte, 60 bezahlte Field Secretaries und 121 unbezahlte Freiwillige, die ihre Zeit ganz dieser Arbeit widmeten.

Als das SNCC den Umfang seiner Crew vergrößerte, kamen

AktivistInnen hinzu, deren Ideen und Hintergrund sich von den TeilnehmerInnen der Sit-Ins von 1960 unterschied. Die neuen AktivistInnen hatten bereits einen Prozess der Radikalisierung hinter sich gebracht, als sie zum SNCC kamen. Im Gegensatz zu den politisch eher konventionell denkenden Sit-In-Führungspersonen von 1960, die sich zusammen mit einer meist großen Zahl ihrer KommilitonInnen an den Protesten in Restaurants beteiligten, stammten die OrganisatorInnen von 1962 und 1963 aus dissidenten Minderheiten im universitären Milieu, die grundsätzliche Gesellschaftsveränderungen forderten. In der Tat symbolisierte nach 1961 der SNCC-Beitritt von StudentInnen, die sich bereits an der Protestbewegung beteiligt hatten, den Willen, den nächsten Schritt zu machen, alte soziale Kontakte abzubrechen und BerufsrevolutionärInnen zu werden. Eine SNCC-Mitgliedschaft bedeutete nicht nur das Risiko, verhaftet zu werden, sondern auch den Wunsch, sich mit den unterdrückten Menschen zu identifizieren, eigene Karrierepläne in der Mittelklasse aufzugeben oder zu verschieben, und der Gefahr neuer Aufgaben ins Gesicht zu sehen. Diese Ziele verdeutlichten sich durch die typische Kleidung von SNCC-OrganisatorInnen: Blue Jeans und Arbeitshemd oder Farmer-Pullover.

Bevor sie Hauptamtliche wurden, hatten die AktivistInnen im Allgemeinen längere Zeit an Protestbewegungen teilgenommen oder dissidente Auffassungen in aktiven studentischen Organisationen entwickelt. Obwohl sie geneigt waren, ihre Mitgliedschaft im SNCC als logische Weiterentwicklung ihrer früheren Auffassungen zu betrachten, entschieden sich viele, BerufsaktivistInnen zu werden, nachdem ihnen plötzlich klar geworden war, dass sie bereits zu tief in die Bürgerrechtsbewegung involviert waren, um zu einem normalen Leben zurückzufinden. Die Erfahrungen von vier SNCC-Mitgliedern, die nach 1961 beitraten, illustrieren diesen neuen Charakter des SNCC und die Tendenz, nach einer anfänglich spontaneistischen Beteiligung an Protestaktionen zu einem dauerhaften Engagement für die Bewegung zu finden.

Bill Hall wurde 1939 in Harlem geboren, besuchte die Grundschule in New York und diente bei den Marines, bevor er sich 1959 an der Howard University in Nashville, Tennessee, als Medizinstudent einschrieb. Obwohl er an den Sit-Ins von 1960 nicht teilgenommen hatte, war er von ihnen begeistert gewesen. Seine eigene Beteiligung bei Protesten begann im Jahre 1962 auf den Vorschlag einer Freundin hin: »Wenn ich mit ihr gehen wollte, müsste ich auch zusammen mit ihr demonstrieren gehen.« Hall begann, die Treffen der Nonviolent Action Group (NAG) zu besuchen und war von der Überzeugungskraft seiner Führungspersonen beeindruckt, vor allem von Bill Mahoney und Stokely Carmichael. »Sie wussten so umfassend Bescheid, dass nur wenige es wagten, sie herauszufordern,« erinnerte er sich. Zusammen mit anderen NAG-Mitgliedern machte Hall Wochenendfahrten nach Maryland, um dort den SNCC-Mitgliedern aus Cambridge zu helfen, die von Gloria Richardson geleitet wurden. Hall begann nun – wie viele AktivistInnen, die in Gemeinden mit einer Bewegung vor Ort arbeiteten – all seine Energien auf die Bürgerrechtsbewegung zu verwenden, die zum Mittelpunkt seines Lebens wurde. Seine Zensuren litten darunter, mit dem Ergebnis, dass er die nächste Stufe seiner Medizinausbildung nicht erreichte. Stattdessen schrieb er sich als Promotionsstudent in Zoologie ein, während er weiter für die NAG arbeitete. Er wollte sein Medizinstudium fortsetzen, aber er fühlte auch eine zunehmende Verantwortung für die schwarzen StudentInnen aus Cambridge, die für die Bewegung ihr Leben auf's Spiel setzten. Als er schließlich zum weiterführenden Medizinstudium zugelassen wurde, entschied sich Hall, in Cambridge als Hauptamtlicher zu arbeiten, bis seine Medizinkurse begannen. Aber als das neue Semester begann, war es ihm nicht mehr möglich, das SNCC zu verlassen: »Ich steckte einfach zu tief drin, ich liebte die Leute zu sehr.«[10]

John Perdew, 1941 geboren, wuchs in einem Viertel in Denver auf, das »von der berufstätigen, durchgängig weißen Mittelklasse geprägt war; liberal, in dem Sinne, dass die Demokratische Partei gewählt wurde und über die Ideale der Verfassung gesprochen wurde: Gerechtigkeit für alle, Gleichheit und so fort.« Perdew war der Sohn eines College-Professors. An der Harvard Universität hatte er sein Studium 1963 gerade begonnen, als er davon hörte, dass das SNCC weiße StudentInnen mobilisierte, um in Georgia zu arbeiten. Weil er diesen Sommer »etwas Abenteuerliches und Abweichendes tun wollte«, fuhr er mit Freunden nach Albany, Georgia. »Ich bin mit einem sehr abstrakten, intellektuellen Verständnis von Beziehungen zwischen Schwarzen und Weißen aufgewachsen«, erklärte er. »Ich hatte von dem Ausmaß an Gewalt und alltäglicher Unterdrückung keine Ahnung, das Millionen von Menschen durchlitten. Auf diese Weise lernte ich das Denken im SNCC kennen. Aber dann habe ich mir in den Arsch getreten.« Im August 1963 nahm Perdew an einem Bürgerrechtsmarsch teil, wurde verhaftet und verbrachte die nächsten drei Wochen im Knast. Nach seiner Freilassung ging er nach Americus, Georgia, wo er wiederum während einer Demonstration festgenommen wurde. Obwohl er mit Festnahmen in den Südstaaten gerechnet hatte, war er schockiert, als er mit vielfältigen Anklagen überzogen wurde, darunter unerlaubte Versammlung, gesetzloses Verhalten, Rebellion. Weil die Anklage wegen Rebellion ein Schwerverbrechen war, blieb er drei Monate im Gefängnis, bis das Landesgesetz für Wiederaufbau, nach welchem er angeklagt war, von einem Bundesgericht als verfassungswidrig verworfen wurde. Dann erst wurde er auf Kaution freigelassen. Zu dieser Zeit wollte Perdew nicht mehr nach Harvard zurückkehren, und bald ging er als Organisator des SNCC nach Sumpter County, Georgia.[11]

Johnny Wilson beteiligte sich zum ersten Mal an der Protestbewegung Ende 1961, als er noch Student an der schwarzen High School in Princess Anne, Maryland, war. Als er hörte, es gebe eine Kampagne der Freiheitsfahrten gegen die Segregation in den Restaurants von Maryland, reiste er per Autostop nach Chestertown, ungefähr siebzig Meilen von seinem Heimatort entfernt, um sich an den Fahrten zu beteiligen. »Um dir zu zeigen, wie naiv ich war:«, erinnerte er sich, »ich fragte den ersten Polizisten, den ich traf, wo denn hier die Freiheitsfahrer waren. Ich landete sofort im Gefängnis und die Freiheitsfahrer waren schon wieder weg, als ich schließlich ankam.« Nach seiner Einschreibung im Maryland State College organisierte Wilson den *Students' Appeal for Equality* (SAE, Studentischer Appell für Gleichheit). Die Gruppe wurde Mitglied im SNCC. Er besuchte Treffen des SNCC als Vertreter seiner College-Gruppe, dann wurde er Hauptamtlicher und arbeitete in Danville und Grenada, Mississippi. Für Wilson bildete das SNCC einen Rahmen, in dem seine Unzufriedenheit ausgedrückt werden konnte. »Die Leute im SNCC lebten eine Art von Freiheit, die, denke ich, jede schwarze Person haben will«, erzählte er. »Es ist eine Art zu sagen: scheiss drauf, wenn wir wollen, tun wir's.«[12]

Fannie Lou Hamer war 44 Jahre alt, als sie 1962 das SNCC bei einem Treffen der Kampagne zur Eintragung in die Wahllisten in einer Kirche in Ruleville, Mississippi, kennenlernte. Sie war als jüngstes von zwanzig Kindern einer schwarzen Pächterfamilie im Sunflower County aufgewachsen und wusste nicht, dass schwarze Menschen das Recht hatten, sich zu registrieren und zu wählen. Als sie aber die Aufrufe von Bob Moses, James Forman und Reginald Robinson auf dem Treffen hörte, die Schwarzen sollten zum Court House gehen und sich eintragen lassen, meldete sie sich freiwillig und dachte dabei, es gibt keinen Grund, Angst zu haben: »Alles was sie tun konnten, war ja, mich umzubringen, und mir schien es, als hätten sie das ein klein wenig getan, so lange ich denken konnte.« Hamer wurde verhaftet, als sie sich in Indianola eintragen lassen wollte. Und als sie durch Kaution frei kam, forderte der Eigentümer der Plantage, auf der sie lebte, sie auf, ihren Namen von der Wahlliste zu streichen oder den Pachtgrund zu verlassen. Hamer ging noch in derselben Nacht. Einige Tage später wurden auf das Haus, in dem sie übernachtete, Schüsse abgegeben, was sie zwang, den Landkreis für mehrere Monate zu verlassen. Aber Hamer gab ihr Vorhaben, wählen zu gehen, nicht auf, trotz wiederholter Drohungen und obwohl sie im Gefägnis von Winona, Mississippi, schwer geschlagen wurde, wovon sie eine lebenslange

Verletzung davontrug. 1963 wurde sie SNCC-Organisatorin und erklärte, sie sei »es wirklich müde«, auszuhalten, was ihr angetan werde. »Wir müssen als Schwarze aufstehen für uns und unsere Freiheit, und wenn es mir nichts mehr bringt, dann weiss ich, dass es den jungen Leuten was bringen wird.«[13]

Die SNCC-Hauptamtlichen brachten in die Organisation unterschiedliche Meinungen ein, die von ihren verschiedenen Milieus herrührten. Aber gleichzeitig brachte die Intensität ihrer Beteiligung am Kampf der Schwarzen in den Südstaaten eine wachsende Radikalisierung mit sich. Die alltäglichen Kontakte untereinander und mit politisch bewussten Schwarzen in Gemeinden mit SNCC-Projekten brachten die OrganisatorInnen dazu, eher die eigenen Erfahrungen im Kampf als Quelle alternativer Werte zu betrachten. Und obwohl die meisten vom College kamen, glaubten die SNCC-AktivistInnen fest an ihre Rolle, Schwarze ganz unabhängig von ihrem Bildungsniveau zur Beteiligung an den lokalen Bewegungen zu ermutigen. Die Strategien der OrganisatorInnen für die Mobilisierung der schwarzen Gemeinschaft durchlief in verschiedenen Regionen des Südens einen Prozess von Versuch und Irrtum, aber ein wichtiges gemeinsames Element in all diesen Strategien war es, das psychologische Erbe rassistischer Unterdrückung durch geduldige Anstrengungen zu überwinden, lokale Führungsqualitäten zu entwickeln und den antirassistischen Aktivismus möglichst öffentlich zu verbreiten.

Die beiden wichtigsten Prüfsteine für die Fähigkeit des SNCC, Gemeinden zu organisieren, waren Südwest-Georgia und Mississippi. Die Arbeit des SNCC in den Jahren 1962 und 1963 in diesen Regionen spiegelte auch die persönlichen Unterschiede der beiden Projektleiter wider: Charles Sherrod und Bob Moses. Sherrod verfolgte seine Arbeit mit dem religiösen Gestus eines schwarzen Predigers in den Südstaaten und mit dem Idealismus der frühen Jahre des SNCC, während Moses als Intellektueller aus den Nordstaaten einen geduldigen Pragmatismus und ein überzeugendes Bekenntnis für humanistische Werte an den Tag legte. Sherrod war von seinen vergangenen Erfolgen beeinflusst, in Albany eine Massenbewegung durch Anwendung zivilen Ungehorsams aufgebaut zu haben. Moses war durch seinen Eindruck aus McComb beeinflusst, dass die direkte Aktion in vielen Gebieten schwierig, manchmal sogar undurchführbar war und dass die Proteste gegen die Segregation zuweilen die Kampagnen zur Eintragung in die Wahllisten behindern konnten.

Die Herangehensweise von Charles Sherrod ist in einem Bericht des SNCC von Anfang 1962 niedergelegt, als er über die Entsendung von AktivistInnen in ländliche Regionen nahe Albany Rechenschaft ablegte. Die Gruppe hatte vor, »sich in den Kampf um die Köpfe der Menschen zu werfen«, so schrieb Sherrod. Sie wollten »den Schleier der Angst vor den Augen der Menschen lüften und anstelle dessen die Motivation stärken, verantwortliche Bürger zu werden.« Die Grundlage des Vorgehens im SNCC war, dass die OrganisatorInnen »die Arbeit weder selbst machen können noch sollen; es ist wünschenswert, die örtlichen Bewohner und Gruppen so weit wie möglich zu beteiligen.«[14]

Die erste Aufgabe für Sherrod und andere agitierende SNCC-AktivistInnen im ländlichen Georgia war es, schwarze BewohnerInnen zu finden, die bereit waren zu helfen. In Albany und anderen Orten gehörte es zur Aufgabe der SNCC-AktivistInnen, lokale Führungspersonen ausfindig zu machen, die in der schwarzen Gemeinschaft etwas zu sagen hatten. Sherrod beschrieb im Jahre 1961 eine solche Führungspersönlichkeit: »Weil (D. U. Pullum) selbst wählen gehen wollte und auch andere dazu aufforderte, wurde er geschlagen, ausgeraubt und sein Eigentum wurde verbrannt. Er ist die Personifikation des Widerstands gegen die Macht im Terrell County. Er bekniete uns fast, Studenten nach Terrell zu schicken, damit die Leute sich in die Wählerlisten eintragen können. Er hatte ein fanatisches Vertrauen in die Studentenbewegung.«[15]

Als die erste Gruppe des SNCC für die Kampagne zur Eintragung in die Wahllisten im Juni 1962 im Lee County ankam, wurde ihr von »Mama Dolly« Raines Unterkunft gewährt. Sherrod beschrieb sie als »eine grauhaarige alte Lady von ungefähr siebzig Jahren, die mehr Baumwolle pflücken, mehr Schweine schlachten, mehr Land pflügen, mehr Holz schlagen und noch hundert Dinge mehr besser als der beste Farmer in der Gegend tun konnte.« Im nahe gelegenen Terrell County lebten die SNCC-AktivistInnen bei Carolyn Daniels. »Irgendwo gibt es immer eine ›Mama‹«, notierte Sherrod. »Sie ist normalerweise eine aktive Frau in der Gemeinde, hat was zu sagen, ist einfühlsam und jederzeit bereit, der Hölle gegenüberzutreten, die sie bereits oft genug erlebt hat.«[16]

Wie in Albany betonte Sherrod auch im ländlichen Georgia die symbolische Bedeutung direkter Aktionen. Er wollte den Schwarzen zeigen, dass es notwendig und möglich war, gegen weiße Autoritätspersonen öffentlich Widerstand zu leisten. Ein Beispiel dafür war das Treffen der Kampagne zur Eintragung in die Wahllisten in der *Mount Olive Church* (Ölbergkirche), das im Juli 1962 vom County Sheriff Z. T. Mathews und weiteren Weißen gestürmt wurde. Der Reporter Pat Watters beschrieb das Ereignis: die Versammlung wurde still vor Angst, bis Sherrod sie aufforderte, das Vaterunser zu beten. Dann begannen »sie zu singen. Die Angst war aus ihren Gesichtern verschwunden. Ihre Stimmen waren zuerst schwach, aber dann gewannen sie an Kraft: ›We Are Climbin'‹ Jacob's Lad-der‹.« Sheriff Mathews unterbrach den Gesang und verkündete, dass die Weißen »die Schnauze voll hätten von diesem Registrierungs-Handel«, und fügte hinzu, »die Schwarzen hier unten waren doch die ganzen letzten hundert Jahre über glücklich damit, wie es war.« Während der Sheriff diese Strafpredigt hielt, fingen die Schwarzen an, die Melodie von »We Shall Overcome« zu summen. Bald wurde aus dem Summen der Text, und an diesem Punkt zogen sich die Weißen zurück. Watters fährt fort: »Sherrod fing wieder an zu beten, und zwar so laut, dass es die Weißen draußen hören konnten: ›Nun, da wir zum Ende dieser Veranstaltung kommen, danken wir dir, Gott. Erhöre unsere weißen Brüdern, wenn sie sich selbst verstehen wollen, wenn sie sich erklären wollen. Auf dass wir fähig sind, ihnen zu vermitteln, was wir tun. Und das ist keine Zerstörung, sondern der Aufbau einer Gemeinschaft, in der alle in Selbstrespekt und menschlicher Würde leben können.‹«[17]

Sherrods Bestreben, die Schwarzen in den Südstaaten von ihrer Angst vor den Weißen zu befreien, spielte bei seiner Entscheidung eine Rolle, gemischte Bürgerrechtsteams aus Schwarzen und Weißen einzusetzen. Zuerst versuchte er, Weiße aus den Südstaaten zu mobilisieren, aber es konnten keine Freiwilligen gefunden werden und so stellte er weiße StudentInnen aus den Nordstaaten an. Obwohl ihm die Bedeutung der Unterstützung durch die örtliche schwarze Gemeinde klar war, kam er zu der Überzeugung, dass weiße AktivistInnen bei der Registrierungskampagne notwendig waren, um »die Segregation an ihrer Wurzel zu treffen, der Ideologie nämlich, Weiße seien etwas Besseres. Diese Ideologie hat sich im Denken der Menschen festgesetzt, sowohl bei Schwarzen wie auch bei Weißen. Wir müssen mit dieser Ideologie brechen. Und das können wir nur, wenn sie sehen, dass Weiße und Schwarze zusammenarbeiten, Seite an Seite, wobei der Weiße nicht mehr und nicht weniger wert ist als sein schwarzer Bruder, aber beide zusammen Menschen sind.«[18]

Im Frühjahr 1963 bestand Sherrods Gruppe von OrganisatorInnen aus elf Leuten, davon fünf weiße StudentInnen aus den Nordstaaten; drei der sechs Schwarzen hatten ebenfalls Universitäten in den Nordstaaten besucht. Viele der AktivistInnen waren StudentInnen, die religiös waren oder von religiösen Motiven beeinflusst. Die für die Projekte in Südwest-Georgia verantwortlichen SNCC-Kader, die sogenannten »Field-Secretaries«, waren sich über den experimentellen Charakter ihrer Projekte im klaren, und sie waren fest entschlossen zu beweisen, dass der Idealismus gemischter Gruppen wirksam werden konnte. Peggy Damon, eine Studentin der Boston University, die im Sommer 1962 hinzukam, bemerkte: »Wir hatten lange genug ›Black and White together‹ gesungen. Wir müssen es praktizieren, leben, und nur wenn wir das tun, machen wir einen bestimmten Traum wahr.«[19]

Die schwarzen Field Secretaries akzeptierten offensichtlich ihre weißen MitstreiterInnen, und so war es auch bei vielen schwarzen BewohnerInnen, die ihre Häuser für weiße AktivistInnen öffneten. Perdew erinnerte sich, dass diese Aufnahmebereitschaft »auf der Tatsache basierte, dass du ins Gefängnis gegangen warst und wusstest, wie sich das anfühlte.« Ralph Allen, ein weißer Student vom Trinity College, beschrieb seine Aufnahme bei schwarzen BewohnerInnen als die ehrenvollste Erfahrung seines Lebens: »das Grinsen eines Mädchens, wenn ich ihr erkläre, wie sie etwas in Französisch sagen kann; ein kleines Kind, das vor mir davon rannte, als ich ankam und das jetzt gern kommt und mich umarmt; Kinder, die mir was bringen, wenn ich im Knast bin.«[20]

Trotzdem hatten die Weißen im Georgia-Team besondere Probleme aufgrund ihrer Hautfarbe. Anne Braden berichtete im Dezember 1962, dass die weißen StudentInnen im SNCC »keine leichte Aufgabe haben, wenn sie mit Schwarzen sprechen, die die Weißen nur als Unterdrücker kennen. (Einer sagte, sollte er je ein Buch über seine Erfahrungen schreiben, werde er es ›Nenn' mich bitte nicht Mister‹ betiteln.)« Perdew fügte hinzu, dass verarmte Schwarze »durchgängig Angst vor mir als Weißem hatten. (Manchmal antworten sie mir nicht an der Tür, manchmal stimmen sie allem zu, was der Wahlprüfer sagt, nur um ihn los zu werden.)« Perdew, der wahrscheinlich der einzige Weiße war, der in der schwarzen Gemeinde von Americus wohnte, erinnerte sich, er fühlte sich »wie ein Marsmensch. Ich sprach mit anderem Akzent, einer anderen Sprache. Ich kam von Harvard, einer ganz anderen Welt. Also gab es eine Distanz. Es gab natürlich eine Barriere, keine feindliche, sondern eine der alltäglichen Lebensweise. Und ich musste viel dazulernen, um mich den Leuten gegenüber überhaupt verständlich zu machen.«[21]

Die Schwierigkeiten, mit denen diese kleine Gruppe Weißer zu tun hatten, waren geringer im Vergleich mit denjenigen, die 1964 entstehen würden, als eine große Anzahl weißer Freiwilliger bereit war, in schwarze Gemeinden zu gehen. Viele der Weißen, die in Südwest-Georgia als BerufsaktivistInnen arbeiteten, konnten die

Kommunikationsprobleme zwischen Schwarzen und Weißen überwinden. Und ihre Präsenz verhinderte auch nicht die Mobilisierung schwarzer AktivistInnen. Ein SNCC-Aktivist bemerkte die »zunehmende Selbstsicherheit« schwarzer Führungspersönlichkeiten, nachdem das SNCC sieben Monate im Lee County aktiv gewesen war: »Sie waren schon vorher beeindruckende Persönlichkeiten, deren Auftreten und Redegewandtheit auf demselben Niveau wie ihr Mut lagen, aber jetzt sind sie ausgebildete und erfahrene Führungspersonen. Lee County ist das für mich bisher beeindruckendste Beispiel für die katalysatorische Wirkung, die die Präsenz des SNCC auslösen kann, um einer Gemeinschaft die Anwendung ihrer verborgenen Potentiale zu ermöglichen.«[22]

Wenn der enorme reaktionäre Gegendruck der Weißen in Südwest-Georgia berücksichtigt wird, waren die SNCC-Kader mit ihren Bürgerrechtsreformen so erfolgreich, wie es erwartet werden konnte: ein paar Hundert schwarze WählerInnen wurden 1962 und 1963 eingetragen. Aber Sherrods Eindruck, dass der Einsatz weißer StudentInnen keineswegs den Anstrengungen zur Herausbildung örtlicher schwarzer AktivistInnen widersprach, war für andere SNCC-OrganisatorInnen weniger überzeugend, vor allem als die Bewegung die Entwicklung schwarzen Bewusstseins propagierte. Sherrods Bekenntnis zur Integration von Schwarzen und Weißen in der Praxis und seine religiösen Ideale waren ein deutlicher Ausdruck der Ideen, die in der Gründungsphase des SNCC dominierten. Aber sie lagen im Gegensatz zum Trend, der sich bei der wichtigsten Kampagne des SNCC in der ersten Hälfte der sechziger Jahre zeigte, dem Mississippi-Projekt.

Obwohl sich Bob Moses nicht weniger als Charles Sherrod zur Integration bekannte, legte er bei seinem Projekt in Mississippi den Schwerpunkt auf die Herausbildung örtlicher schwarzer AktivistInnen. Er hatte keine grundsätzlichen Einwände dagegen, mit weißen Field Secretaries zu arbeiten. Aber er glaubte, bei dem großen reaktionären Potential der Weißen in Mississippi werde ein Einsatz von Weißen kontraproduktiv wirken. In einem SNCC-Bericht vom Frühjahr 1963 heißt es, es sei »zu gefährlich für Weiße, am Mississippi-Projekt teilzunehmen – zu gefährlich für sie und zu gefährlich für die Schwarzen, die mit ihnen zusammenarbeiten würden.« Der Bericht spricht auch vom zunehmenden Problem, »Versammlungsorte zu finden« oder »lokale schwarze Führungspersonen aktiv zu beteiligen«, wenn weiße BürgerrechtsaktivistInnen dabei seien.[23]

Neben diesen pragmatischen Erwägungen hinsichtlich weißer OrganisatorInnen betonte Moses die Bedeutung der Mobilisierung junger Schwarzer aus Mississippi, »die sich mit dem SNCC und untereinander in dem Sinne identifizieren können, dass sie aus Mississippi sind und mehr oder weniger glauben, ihr Kampf, ihr Lebenswerk werde es sein, einem Leben in Mississippi wieder Sinn zu geben.« Er glaubte, dass die jungen Schwarzen im Gegensatz zu den Alten »ökonomisch nicht von irgend einem Sektor der Weißen abhängig sind und daher als freie Menschen agieren können.«[24]

Moses begann im Frühsommer 1962, seine Gruppe schnell zu vergrößern. Er organisierte eine Trainingswoche zu Techniken der Wahllisten-Kampagne für eine Gruppe Schwarzer an der Highlander Folk School, denn es wurde als zu gefährlich betrachtet, solche Workshops in Mississippi durchzuführen.[25] In der ersten Gruppe von Field Secretaries, die mit der Arbeit begann, waren Hollis Watkins und Curtis Hayes, zwei High School-Schüler aus McComb, die bei den Demonstrationen im vorigen Herbst verhaftet worden waren. Anfang Juli 1962 gingen sie nach Hattiesburg, ungefähr siebzig Meilen von McComb entfernt. Kurz danach initiierte Sam Block, ein Berufsschüler aus Cleveland, Mississippi, eine Kampagne zur Wählereintragung in Greenwood im Mississippi Delta. Später stieß ein weiterer in Mississippi Aufgewachsener, Willie Peacock, Absolvent des Rust College, zu ihm.

Am Ende des Sommers hatte Charles McLaurin ein Büro in Ruleville eröffnet, der Heimatstadt von Senator James O. Eastland, einem glühenden Gegner der Bürgerrechte für Schwarze. Bis zum folgenden Frühling waren sechs Büros in Mississippi entstanden, mit einer Gruppe von zwanzig schwarzen Field Secretaries. Nur drei von ihnen kamen von außerhalb des Bundesstaates: Bob Moses, James Bevel und Charles Cobb, Sohn eines Pastors der Kirchengemeinde von Springfield, Massachusetts, und ehemaliger Student an der Howard University.

Die SNCC-»Field-Secretaries« in Mississippi arbeiteten unter dem Dach des *Council of Federated Organizations* (COFO, Rat der föderierten Organisationen), einem Bündnis von Bürgerrechtsorganisationen, das 1962 zum Teil zur Verhinderung von Konflikten zwischen den verschiedenen Gruppen bei der Verteilung der VEP-Gelder gegründet worden war. Moses wurde zum »Vorsitzenden des Projekts zur Eintragung in die Wahllisten beim COFO« ernannt, und David Dennis von CORE wurde zu seinem Assistenten gewählt. Aaron Henry von der NAACP war gewählter Präsident. Von Anfang an stammten die COFO-Kader größtenteils aus dem SNCC und das SNCC versorgte sie mit dem meisten Geld für ihre Aktivitäten.

Moses konzentrierte seine Arbeit in Mississippi auf den westlichen Teil des Bundesstaates, eine Region, in der die Mehrheit der Bevölkerung schwarz war und wo es, wie er 1963 notierte, »eine Tradition schwarzer Organisierung« gab. Obwohl, wie Moses zugab, die Gegend eine Hochburg des *White Citizens Council* (Rat weißer BürgerInnen) war, eine die Segregation befürwortende Gruppe, erklärte Moses trotzdem, es werde irgendwann für die dort lebenden Schwarzen möglich sein, einen Schwarzen in den US-Kongress zu wählen, ein Akt, »der unglaublichen symbolischen und politischen Wert haben würde.«[26]

Wie für Sherrod war es auch für Moses wichtig, Ängste unter den Schwarzen zu überwinden, die aus einer langen Geschichte gewaltsamer rassistischer Unterdrückung herrührten. »Du schaust in dein tiefstes Inneres und das der ganzen Gemeinschaft und kämpfst einen psychologischen Krieg«, erzählte er 1963, »du bekämpfst deine eigenen Ängste, geschlagen, beschossen, vom gewaltsamen Mob angegriffen zu werden; du minderst allein durch deine physische Anwesenheit die Ängste der schwarzen Gemeinschaft; du organisierst, Stück für Stück, kleine Gruppen von Leuten; du erschaffst eine kleine Macht, die bereit ist zu kämpfen.« Bob Moses symbolisierte einen ruhigen Mut, der zum typischen Charakterzug der SNCC-OrganisatorInnen wurde. Als die SNCC-AktivistInnen nach McComb, die Stadt, in der sie kürzlich noch einen Rückschlag erlitten hatten, zurückkehrten, musste Ernest Nobles, ein Einwohner von McComb, Moses mehrere Male in seinem Waschsalon verstecken. Er erinnerte sich: »Der arme Bob hatte eine Menge an Schlägen hinzunehmen. Ich konnte einfach nicht verstehen, wer Bob Moses war. Manchmal denke ich, er war der Moses der Bibel. Er war ein Vorkämpfer für die Schwarzen in McComb. Er hatte mehr Mumm als irgendjemand, den ich bisher gekannt hatte.«[27]

Die OrganisatorInnen in Mississippi wussten, dass sie das Vorurteil lokaler Schwarzer überwinden mussten, dass die SNCC-Kader, in den Worten von Block, »nur gekommen waren, um Unruhe zu stiften und dann wieder gehen.« Darum machte Block bei seiner ersten Begegnung mit dem städtischen Sheriff gleich nach seiner Ankunft in Greenwood seinen Willen, der weißen Autorität zu widerstehen, öffentlich:[28] »Der Sheriff kam zu mir und fragte mich, ›Nigger, woher kommst du?‹ Ich sagte ihm, ›nun, ich bin in Mississippi geboren.‹ Er sagte, ›jaja, das weiß ich, aber woher kommst du? Ich weiß nicht, woher du kommst. Ich weiß, du bist nicht von hier, weil ich hier jeden Nigger und seine Mammy kenne.‹ Ich sagte, ›nun, Sie kennen alle Nigger, kennen Sie nicht auch Farbige?‹ Er wurde wütend. Er spukte in mein Gesicht und ging weg. Aber er drehte sich um und sagte mir, ›ich will dich in der Stadt nicht länger sehen. Das beste was du tun kannst, ist, pack' deine Sachen, hau' ab und komm' nie wieder zurück.‹ Ich sagte, ›nun, Sheriff, wenn Sie mich hier nicht mehr sehen wollen, denke ich, das beste was du tun kannst, ist, pack' deine Sachen, hau' ab, denn ich werde hier bleiben. Ich kam hierher, um meine Arbeit zu machen und das werde ich tun, ich werde diese Arbeit machen.‹«

Trotz dieser Entschlossenheit wurde die Arbeit des SNCC immer wieder durch Verhaftungen und gewaltsame Angriffe unterbrochen. Nachdem in Ruleville auf ein Haus geschossen und dabei zwei Frauen verletzt worden waren, berichtete Charles McLaurin im September 1962, dass die SNCC-AktivistInnen »keine Menschenseele mehr zu den Treffen mobilisieren« konnten. Die schwarzen BewohnerInnen würden denken, »wäre das SNCC nicht nach Ruleville gekommen, wäre all das nicht passiert.« Den Rest des Herbstes verbrachten McLaurin und andere SNCC-OrganisatorInnen damit, das Vertrauen der Schwarzen wiederzugewinnen, in dem sie »von Haus zu Haus gingen, über die Probleme des Alltags sprachen, sie zum Warenhaus in der Stadt mitnahmen, beim Baumwollpflücken und beim Holzhacken halfen.«[29]

Obwohl die Zähigkeit der SNCC-AktivistInnen in Mississippi legendär wurde und sie durch ihre Identifikation mit den Armen schließlich die Unterstützung vieler schwarzer BewohnerInnen gewinnen konnten, machte das Mississippi-Projekt zur Eintragung in die Wahllisten nur langsam Fortschritte. Fortwährende Belästigungen und Einschüchterungen bedrohten das Projekt. Eine Gruppe bewaffneter Weißer griff im August 1962 das Projektbüro in Greenwood an und zwang die SNCC-AktivistInnen zur Flucht durch ein Hinterfenster. Nachdem die Polizei ihren schwarzen Vermieter eingeschüchtert hatte, waren die SNCC-AktivistInnen gezwungen, neue Büroräume zu suchen. Für den Rest des Jahres konnte das SNCC nur, wie es Moses formulierte, »die Stellung halten« und den örtlichen Schwarzen versichern, dass sie sich nicht vertreiben lassen werden. Nach Einschätzung von Moses verhielt es sich so: »Je größer die Angst, desto mehr Probleme in der Gemeinschaft, desto länger musst du bleiben, um die Leute zu überzeugen.«[30]

Im Oktober 1962 entschied der Bezirkspräsident des County Leflore, zu dem Greenwood zählte, das Bundesprogramm zu beenden, welches überschüssige Nahrungsmittel an Tausende mittelloser schwarzer BewohnerInnen verteilte. Die SNCC-Kader verstanden das als Einschüchterungsversuch, um weitere Aktionen zur Eintragung in die Wahllisten zu verhindern. Charles Cobb und Charles McLaurin berichteten, dass die zusätzlichen Nahrungsmittel »für viele Schwarze die einzige Möglichkeit waren, die Zeit von einer Baumwollernte zur nächsten zu überstehen. Wenn ihnen das weggenommen wird, haben sie gar nichts mehr. Der Erfolg unserer Kampagne zur Eintragung in die Wahllisten hängt von dem Schutz ab, den wir den Individuen geben können, während sie darauf warten, dass ihre kleine Stimme Bedeutung erlangt. Die Schwarzen in Mississippi sind kurz davor, zu uns überzulaufen, aber die Nahrungsmittelversorgung ist lebenswichtig.«[31]

Das SNCC organisierte nun eine groß angelegte Sammelaktion von Nahrungsmitteln, an der auch immer mehr SympathisantInnen aus den Nordstaaten beteiligt waren. Diese Kampagne steigerte nicht nur das Bewusstsein in den Nordstaaten für die Probleme der Schwarzen in Mississippi, sondern war auch der Ausgangspunkt für eine Änderung in der Politik von Moses, sich ausschließlich auf die örtliche schwarze Bevölkerung zu stützen. Am 28. Dezember 1962 wurden zwei Studenten von der Michigan State University, Ivanhoe Donaldson und Benjamin Taylor, in Clarksdale, Mississippi, verhaftet, als sie in einem Lastwagen geschlafen hatten, der mit über tausend Pfund Nahrungsmitteln und Medizin für Leflore County beladen war. Obwohl sie darauf hinwiesen, dass im Lastwagen nichts Illegales transportiert werde, wurden sie angeklagt, gegen die Drogengesetze des Staates Mississippi verstoßen zu haben. Trotz dieser Verhaftungen brachte das SNCC weiterhin große Mengen an Nahrungsmitteln, Medizin und Kleidung ins County.[32]

Dass es den SNCC-AktivistInnen gelang, eine effiziente Nahrungsmittelhilfe für Leflore County zu organisieren, half ihnen, die Zurückhaltung der Schwarzen bei der Wählereintragung zu überwinden. »Wann immer wir irgendetwas an eine hungrige Familie abgeben konnten«, erklärte Moses, »sprachen wir auch darüber, wie sie sich registrieren könnten.« Die Nahrungsmittelhilfe wurde »in den Köpfen aller als Nahrung für diejenigen identifiziert, die frei werden wollten, und die Mindestanforderung für Freiheit wurde mit der Eintragung zum Wahlrecht identifiziert.« Moses berichtete zudem, dass die Nahrungsmittelverteilung dem SNCC dabei half,

»in der schwarzen Gemeinschaft das Ansehen zu verstärken, nicht nur zu agitieren, sondern auch direkt zu helfen.«[33]

Ab Februar 1963 wurden die Erfolge des Programms zur Nahrungsmittelverteilung sichtbar. Schwarze in Gruppen von mehreren Hundert versuchten, sich im County Court House von Greenwood in die Wahllisten einzutragen. Diese von der Anzahl her neue Dimension der Aktion führte zu neuen Einschüchterungsversuchen. Am 20. Februar erhielt das SNCC-Büro einen Drohanruf, kurz darauf gingen vier Geschäfte von Schwarzen in der Nachbarschaft in Flammen auf.

Zwei Tage später verhaftete die Polizei von Greenwood Sam Block mit der Begründung, »öffentliche Aussagen zu machen, die eine Störung des Friedens provozieren.« Diese Einschüchterungsversuche waren jedoch nicht erfolgreich und am 25. Februar gingen mehr als einhundert Menschen zur City Hall in Greenwood, um gegen Blocks Prozess zu protestieren. Am selben Abend besuchten mehrere Hundert eine Massenversammlung. Und am folgenden Tag standen wiederum schwarze BewohnerInnen am County Court House, um sich eintragen zu lassen. »Das ist eine neue Dimension für das Programm zur Wählereintragung in Mississippi«, schloss Moses daraus. »Zwar sind die Schwarzen schon einmal von Weißen an die Wahlurnen getrieben worden, aber niemals zuvor haben Schwarze auf diese Weise vor dem Sitz der arroganten politischen Macht in Mississippi protestiert. Schwarze, die weder lesen noch schreiben konnten, standen Schlange, um dem Registrator zu sagen, dass sie trotzdem wählen wollten, dass sie eben keine Chance hatten, in die Schule zu gehen, als sie jung waren, und überhaupt würde Mr. John Jones (damit sind allgemein weiße AnalphabetInnen gemeint; d. Ü.) ja auch wählen und auch der könne weder schreiben noch lesen.«[34]

Am 28. Februar 1963 verließ Moses ein Treffen im SNCC-Büro von Greenwood, um zusammen mit dem SNCC-Aktivisten Jimmy Travis und Randolph Blackwell vom VEP nach Greenville zu fahren. Sie wurden von drei weißen Männern verfolgt, bis kein weiteres Auto mehr in Sicht war. Dann fuhren sie plötzlich nebeneinander. Travis, der am Steuer saß, erinnerte sich, dass er dachte, die Weißen »würden irgendwas auf uns werfen oder versuchen, uns von der Straße zu drängen. Ich fühlte, wie etwas an meinem Ohr brannte und jetzt wusste ich, was sie taten. Sie hatten das Feuer auf uns eröffnet, es klang wie ein Maschinengewehr. Ich schrie, ich sei getroffen, und ließ das Lenkrad los. Moses ergriff das Lenkrad und brachte den Wagen auf dem Seitenstreifen des Highway zum Stehen.«[35] Sie konnten weiterfahren und medizinische Hilfe für Travis finden, der am Kopf und an der Schulter getroffen war. Die Ärzte in Jackson, die die Kugel aus Travis' Kopf holten, meinten, er wäre sofort gestorben, wenn die Kugeln mit größerem Druck in seinen Körper eingedrungen wären.

Am Tag nach diesem Anschlag nahm die Kampagne für Wählereintragung in Greenwood eine neue Wendung. Zwar basierte sie weiter auf den schwarzen OrganisatorInnen, aber Moses kündigte an, BürgerrechtsaktivistInnen von außerhalb des Bundesstaates in die Stadt bringen zu wollen, um die Demonstrationen fortzusetzen. Nachdem er versucht hatte, eine autonome Bewegung in Mississippi aufzubauen, wurde ihm jetzt die Notwendigkeit klar, zu der Strategie während der Freiheitsfahrten zurückzukehren, bei denen radikale AktivistInnen im Einsatz waren, um die nationale Aufmerksamkeit zu erregen und die Bundesregierung dazu zu provozieren, auf Seiten der Bürgerrechtsbewegung zu intervenieren. Nachdem er zusammen mit Moses und anderen SNCC-AktivistInnen wegen Demonstrationen zum County Court House von Greenwood verhaftet worden war, erklärte James Forman, dass die Verhaftungen von BürgerrechtsaktivistInnen »gegenüber der Nation und der Welt deutlich machen, dass die Schwarzen in manchen Gegenden unserer sogenannten Demokratie nicht einmal den Versuch unternehmen dürfen, ein US-amerikanischer Bürger zu sein.«[36]

Als das SNCC seine vierte allgemeine Konferenz vom 12. bis 14. April 1963 abhielt, war ein wichtiger Wandel abgeschlossen. Die SNCC-Kader hatten besonders in Südwest-Georgia und in Mississippi eine brutale Gegenreaktion erlebt, aber ebenso das Vertrauen vieler örtlicher Schwarzer gewonnen. Sie hatten gelernt, unter den Bedingungen zu arbeiten, die sie in den ländlichen Regionen der Südstaaten vorfanden und angefangen, neue Ideen zu entwickeln, mit denen sie ihrem Kampf eine langfristige Perspektive geben konnten.

Charles Sherrod legte einige dieser Ideen anlässlich der Konferenz dar, als er den AktivistInnen riet, »lokale Führungspersonen anzuerkennen«, auch wenn sie konservativer sein mochten als die Gemeinden, denen sie vorstanden. Die AktivistInnen sollten örtliche Kirchen und schwarze Zeitungen dazu nutzen, mit den BewohnerInnen zu kommunizieren. Sie sollten persönliche Beziehungen durch die Mitgliedschaft in Jugendgruppen, auch in Gangs, entwickeln und mit lokalen Familien zusammenleben. Auch finanzielle Unterstützung sollte vor Ort organisiert werden. »Wenn es hart auf hart geht, sind wir bereit, Baumwolle zu pflücken, Fussböden zu scheuern, Autos und Fenster zu waschen, Babys zu betreuen u.s.w., was bei Wohnen und Essen eben anfällt.« Sherrod fügte hinzu, die AktivistInnen sollten den lokalen BewohnerInnen Freiheitslieder beibringen.[37]

Bob Moses zog weitergehende Schlüsse als Sherrod aus der Arbeit des SNCC im ländlichen Süden. Er offenbarte der Konferenz seine Zweifel, ob die Schwarzen in Mississippi »ihr Wahlrecht rechtzeitig anwenden können, um Wahlen zu gewinnen, bevor sie rausgeworfen werden oder aufgrund von Automatisierung oder mangels Ausbildungsmöglichkeiten zum Verlassen der Gegend gezwungen werden.«

Der Kampf der Schwarzen müsse daher über das von der Kennedy-Regierung ausgegebene Ziel hinausgehen, die Regierungen der Bundesstaaten zu zwingen, die Gesetze zur Wahlregistrierung einzuhalten. Da weiße AnalphabetInnen eben oft wählen gehen und den Schwarzen gleiche Ausbildungsmöglichkeiten vorenthalten würden, »schuldet das Land den Schwarzen entweder die Anerkennung des Wahlrechts, unabhängig von ihrer Fähigkeit, lesen und schreiben zu können; oder aber das Recht, Lesen und Schreiben *jetzt* lernen zu können.«[38]

Die Rede von Moses markierte den Anfang einer »One man, one vote«-Kampagne (Eine Person, eine Stimme – trotz der patriarchalen Ausdrucksweise waren Frauen mitgemeint, d.Ü.), die der Grundhaltung des SNCC entsprach, auch kaum gebildete Schwarze am politischen Prozess teilnehmen zu lassen. Der Radikalismus des SNCC war ursprünglich durch die Bereitschaft bestimmt, viel Ungemach auf sich zu nehmen, um den Prozess antirassistischer Veränderung voranzutreiben. Ab Frühjahr 1963 begann das SNCC, sich einem anderen Verständnis von Radikalität zuzuwenden, das durch die Versuche der Mobilisierung von armen und ungebildeten Schwarzen im ländlichen Süden bestimmt war. Obwohl die SNCC-Mitglieder diesen neuen Radikalismus noch nicht recht definieren konnten, wussten sie doch um die Grenzen konventioneller liberaler Bürgerrechtsstrategien.

Das SNCC zeigte in den Jahren 1962 und 1963, dass ihre Organisierungsstrategien die Mobilisierung einer großen Zahl Schwarzer bewirken konnten, und dieser Erfolg gab den Hauptamtlichen das Selbstvertrauen, ihre Ziele neu zu definieren. Forman schrieb zur Zeit der Konferenz von 1963, das Überleben des SNCC als Organisation »stand nicht mehr zur Debatte. Wir hatten mehr erreicht als nur eine bestimmte Form organisatorischer Stabilität. Die Konferenz war gekennzeichnet von einem intensiven Gefühl gegenseitiger Verbundenheit, die aus den gemeinsamen Opfern, dem geteilten Leid und dem Engagement für die Zukunft hervorging, und aus dem Wissen, dass wir tatsächlich die politische Struktur dieses Landes herausforderten. Und aus der Gewissheit, dass unsere eigentliche Stärke die Energie, die Liebe und die Wärme unter uns selbst blieb. Die Verbindung von Schwestern und Brüdern in einer Atmosphäre des Vertrauens war endlich Wirklichkeit geworden.«[39]

Teil 1: Zusammenkunft

Marsch auf Washington

In den Jahren 1962 und 1963 verstärkte sich die Kritik der SNCC-OrganisatorInnen an der Kennedy-Regierung. VertreterInnen der Bundesregierung wurden der Heuchelei bezichtigt, weil sie entgegen ihren Ankündigungen die Bürgerrechte nicht mit den enormen Machtmitteln, die ihnen zur Verfügung standen, unterstützten. Die Ansicht der Regierung, es sei eine neue Bürgerrechtsgesetzgebung vonnöten, damit sie die BürgerrechtsaktivistInnen und zukünftige schwarze WählerInnen beschützen könne, überzeugte die AktivistInnen des SNCC nicht, die zum zivilen Ungehorsam bereit waren, um ihr Engagement für egalitäre Ziele zu verdeutlichen.

Trotz ihrer scharfen Kritik an der Kennedy-Regierung betrachteten die Hauptamtlichen des SNCC die Bundesregierung noch immer als eine Machtinstanz, die sich bei entsprechendem Druck für ihre Zwecke einsetzen ließ. Doch der zunehmend radikale Ton ihrer Interventionsgesuche bezeugt die Enttäuschung gegenüber der Weigerung der Regierung, ihnen rechtzeitig zu Hilfe zu kommen, und die Unfähigkeit der Regierung, soziale Gerechtigkeit über politische Zweckmäßigkeit zu stellen. Dennoch: als die Kritik des SNCC an der Bürgerrechtspolitik der Regierung anlässlich des Marsches auf Washington im August 1963 öffentlich wurde, war der Ton wieder moderat, weil das SNCC Teil des maßgeblichen bundesweiten Bündnisses von Bürgerrechtsorganisationen bleiben wollte.

Von den vorherrschenden liberalen Strategien der Gesellschaftsveränderung enttäuscht, hatten die SNCC-AktivistInnen doch noch keine überzeugende, aus ihren Erfahrungen in den Südstaaten gewonnene, alternative Weltanschauung anzubieten.

Die Forderung der SNCC-AktivistInnen, die BürgerrechtsaktivistInnen in den Südstaaten durch Eingreifen der Bundesregierung zu schützen, führte zu neuen Konflikten zwischen dem SNCC und der Regierung. Das wurde bereits Anfang 1962 offensichtlich, als das SNCC auf die Verhaftung dreier seiner AktivistInnen in Baton Rouge, Louisiana, aufgrund »krimineller Anarchie« mit einer Demonstration in der Bundeshauptstadt Washington reagierte. Am 29. Februar 1962 hielten Mitglieder der Nonviolent Action Group (NAG) eine Mahnwache vor der Washingtoner Wohnung des Senators Allen J. Ellender aus Louisiana ab. Zwei Wochen später besetzten Charles Sherrod, Bill Hansen, Reginald Robinson und weitere NAG-Mitglieder das Büro von Justizminister Robert Kennedy. Offizielle VertreterInnen des Justizministers, die hofften, sie könnten einen nachteiligen Eindruck vermeiden, verzichteten darauf, die Verhaftung der Gruppe anzuordnen, ließen das Büro einige Tage später bei einem weiteren Sit-In aber schnell räumen.[1]

Das Sit-In im Justizministerium wurde zum Modell für spätere Aktionen des SNCC, die die Kennedy-Regierung in Verlegenheit bringen sollten, indem sie vom SNCC öffentlich als Komplize der rassistischen Unterdrückung in den Südstaaten denunziert wurde. So forderte das SNCC zum Beispiel im Mai 1962, nach der Verurteilung von Bob Moses und Charles McDew aufgrund aufrührerischen Verhaltens während der Proteste von McComb, Justizminister Kennedy dazu auf, nach Mississippi zu gehen, »um das Zerrbild der Justiz zu begutachten, das sich in diesem Bundesstaat offenbart.« Oder: Als die StudentInnen der gewaltfreien Bewegung in Jackson von der örtlichen Polizei verfolgt wurden, schlug der SNCC-Field Secretary Paul Brooks vor, sie sollten in der örtlichen Filiale der Bundespost demonstrieren, weil er glaubte, die städtische Polizei könne in Einrichtungen der Bundesregierung keine Verhaftungen vornehmen. Doch es wurden vier StudentInnen verhaftet und das SNCC schrieb ein Telegramm an Robert Kennedy, in dem stand, wenn die US-Regierung das Demonstrationsrecht in ihren eigenen Einrichtungen nicht garantieren könne, »dann müssen wir Sie als Beteiligten dieser Verletzung verfassungsmäßig garantierter Rechte betrachten.«[2]

Während des Jahres 1962 führten mehrere Angriffe auf Beteiligte der Proteste gegen die Segregation in Albany zu weiteren Appellen des SNCC an die Bundesregierung. Nach den physischen Angriffen gegen Bill Hansen im Bezirksgefängnis und gegen Marion King, als sie Postsendungen an die Gefangenen auslieferte, telegrafierte das SNCC an Robert Kennedy: »Wann wird die Bundesregierung endlich handeln, um die nazi-ähnlichen Gruppen aufzuhalten, die in Südwest-Georgia gegen die Demokratie vorgehen?« Ein weiteres Telegramm an Kennedy forderte juristisches Eingreifen gegen den Polizisten, der für den Angriff auf Marion King verantwortlich war: »Wir erwarten von der Bundesregierung, dass sie gegen die zunehmende Polizeibrutalität in Südwest-Georgia einschreitet.« Im Dezember 1962 fuhren Führungspersonen aus der Albany-Bewegung nach Washington und trafen dort Burke Marshall, den stellvertretenden Justizminister, um mit ihm über »den Untergang des ersten Zusatzartikels (zur Verfassung, der den Gleichheitsgrundsatz zwischen Schwarzen und Weißen enthält, d.Ü.) in Albany« zu diskutieren.[3]

Die Aktivitäten zur Eintragung in die Wahllisten im ländlichen Georgia und Mississippi verstärkten die Kritik des SNCC an der Bundesregierung. Die Field Secretaries in diesen Bundesstaaten glaubten, dass sie und die örtlichen Schwarzen, die sich eintragen wollten, Anspruch auf den Schutz der Bundesregierung hatten, weil ihre Aktivitäten eindeutig legal waren und von der Kennedy-Regierung erklärtermaßen unterstützt wurden. Die OrganisatorInnen im ländlichen Süden hatten es nicht nur mit brutaleren Gegnern zu tun als die AktivistInnen in größeren Gemeinden wie etwa Albany, sondern sie agierten auch isolierter von der Masse, denn anfangs waren nur wenige Schwarze auf dem Lande bereit, das Risiko einzugehen, sich mit den BürgerrechtsaktivistInnen zu verbünden. In den SNCC-Appellen an die Bundesregierung aus diesen Regionen lag oft ein Ton der Verzweiflung. Als Charles McDew Präsident Kennedy aufforderte, Bundespolizei nach Greenwood, Mississippi, zu entsenden, um die dortigen AktivistInnen der Registrierungskampagne zu beschützen, warnte er, ohne solchen Schutz »wird es noch mehr solche Fälle wie den von Emmett Till geben« – und bezog sich dabei auf das Lynchen des schwarzen Jugendlichen Till im Mississippi-Delta im Jahre 1955. Im September 1962 forderte McDew bekannte Persönlichkeiten aus der Politik dazu auf, beim Justizministerium eine Untersuchung des Mordes an einem nicht identifizierten Schwarzen durchzusetzen, dessen Leichnam in Goodman, Mississippi, gefunden worden war. McDew forderte ebenso die Untersuchung mehrerer Angriffe auf BürgerrechtsaktivistInnen in Georgia und Mississippi. »Eine Welle des Terrors und der Reaktivierung des Ku Klux Klan flutet über Südwest-Georgia und Mississippi«, versicherte McDew und fügte hinzu: »Ohne direkte Intervention der Bundesregierung können wir unsere Aktivisten und die zukünftigen Wähler nicht mehr beschützen.«[4]

Es war den SNCC-AktivistInnen klar, dass die Bundesregierung nicht geneigt war, auf viele ihrer Hilfsappelle zu reagieren. Aber sie wussten ebenso, dass diese Appelle die Situation zuspitzten und dass solche Hilfe durchaus im Machtbereich des Weißen Hauses lag. So schrieb der SNCC-Field Secretary Charles McLaurin im September 1962 an Präsident Kennedy anlässlich der Schüsse auf zwei junge schwarze Frauen in Ruleville: »Die Menschen in Ruleville fragen sich, warum die Bundesregierung Menschen, die 6000 Meilen entfernt sind, beschützt, aber nicht ihre eigenen US-amerikanischen Bürger in den Südstaaten.«[5]

Das Dilemma der SNCC-AktivistInnen im ländlichen Süden, die die Hilfe der Bundesregierung benötigten, aber gleichzeitig wussten, dass sie keineswegs immer zu erwarten war, zeigte sich bei mehreren Vorfällen in Südwest-Georgia. Charles Sherrod sprach im Dezember 1962 zu einer Gruppe Schwarzer in der Kirche von Sumpter County und versprach ihnen, die Bundesregierung sei »so nah wie das Telefon.« Aber nur kurze Zeit später, als der städtische Deputy Marshal von Sasser, Georgia, durch weiße Geschworene von der Anklage freigesprochen wurde, er habe SNCC-AktivistInnen unrechtmäßig aus der Stadt geworfen, richtete sich Sherrod an die Regierung und fragte verbittert: »Was sollen wir den Leuten hier unten sagen? Müssen wir erst sterben, bevor die Bundesregierung ihren Kompromisskurs mit diesen Reaktionären aufgibt?« Die SNCC-AktivistInnen waren während des Prozesses vor allem durch das Verhalten der Beobachter des Justizministeriums verärgert, die ständig mit den gegnerischen Anwälten zusammensteckten. Nach Angaben der AktivistInnen bezeichneten die Anwälte der Bundesregierung schwarze Zeugen als »Onkel Toms« und forderten Prathia Hall, eine schwarze SNCC-Aktivistin, auf, im Gerichtssaal ihren Hut abzunehmen, um die örtlichen BewohnerInnen nicht zu beleidigen. Sherrod schob die Verantwortung für den verlorenen Prozess gegen den Deputy Marshal voll und ganz auf die Brüder Kennedy, die es versäumt hätten, ihr Gewicht in die Waagschale zu werfen. Das sei ein »Kainszeichen« für die Regierung: »Wenn wir bei unseren Kampagnen umgebracht werden, wird unser Blut an Euren Händen kleben; Ihr steht in der Verantwortung vor Gott und vor unserer Bevölkerung.«[6]

Obwohl Bob Moses wie Sherrod zunehmend enttäuscht über das fehlende Eingreifen der Bundesregierung zum Schutz der BürgerrechtsaktivistInnen war, blieb er doch davon überzeugt, dass die Hilfe der Bundesregierung wirkungsvoll sein könnte. Moses hielt freundschaftliche Beziehungen mit dem stellvertretenden Justizminister John Doar und anderen Vertretern des Justizministeriums aufrecht. Im Gegensatz zu den FBI-Agenten »sympathisierten« die jungen Anwälte aus dem Justizministerium mit der Bewegung und spielten, so glaubte Moses, »eine positive Rolle« in Mississippi. Moses machte einen Unterschied »zwischen den Leuten aus dem Justizministerium und der Politik der Kennedy-Regierung«, weil die Politik rein zweckmäßigen Betrachtungen unterliegt und nicht »prinzipiellen Maßstäben wie etwa dem Wahlrecht.« Moses war besonders unzufrieden damit, wen Kennedy in den Südstaaten für das Richteramt ausgewählt und ernannt hatte, denn »irgend ein Bezirksrichter kann die Arbeit von zwei Jahren zerstören und damit die Arbeit des Justizministeriums dramatisch behindern.«[7]

Im Januar 1963 reichten Moses und sechs seiner MitarbeiterInnen zusammen mit William Higgs, einem weißen Anwalt aus Jackson, bei den zuständigen Stellen im District of Columbia Klage ein gegen Justizminister Kennedy und J. Edgar Hoover, den Chef des FBI, um sie dadurch zu zwingen, gegen Beamte in den Südstaaten vorzugehen, die für Gewaltakte und Einschüchterungen gegen BürgerrechtsaktivistInnen verantwortlich waren. In der Klage, in der die vielen Angriffe gegen und Verhaftungen von SNCC-AktivistInnen in den Jahren 1961 und 1962 aufgeführt waren, wurde vermerkt, dass Kennedy und Hoover »von den Klägern und anderen mehrfach aufgefordert worden sind, alle Personen festzunehmen, in Untersuchungshaft zu halten und gegen sie Klage zu erheben, die EinwohnerInnen irgendeines Bundesstaates bewusst daran hindern, ihre Rechte, Privilegien und Freiheiten auszuüben, die ihnen von der Verfassung oder den Gesetzen der Vereinigten Staaten gewährt werden.«[8]

Obwohl Moses wahrscheinlich nicht überrascht war, als die Klage verworfen wurde, zeigte diese juristische Aktion, dass er der Entwicklung öffentlicher Unterstützung für das Eingreifen der Bundesregierung in Mississippi zunehmend Bedeutung beimaß. Trotz seinem ursprünglichen Anspruch, die Schwarzen in Mississippi sollten ihre Probleme allein lösen können, überzeugten ihn die fortwährenden Schikanen gegen die BürgerrechtsaktivistInnen davon, dass der Schutz der Bundesregierung notwendig wäre, um bei der Eintragung in die Wahllisten in Mississippi einen Durchbruch zu erzielen.

Das war besonders nach den Schüssen auf Jimmy Travis im Februar 1963 feststellbar, als Moses an einer Reihe von Demonstrationen in Greenwood teilnahm, auf denen Zwangsmaßnahmen der US-Regierung gefordert wurden.

Im März und April 1963 war Greenwood das Zentrum der Proteste, an denen nicht nur die AktivistInnen aus Mississippi, sondern die SNCC-Kader aus allen Südstaaten beteiligt waren. Als die AktivistInnen in der Stadt ankamen, steigerten sich die Gewaltakte der Weißen. Am 6. März wurde das Auto beschossen, in dem Sam Block, Willie Peacock und zwei Leute aus Greenwood saßen, als es vor dem SNCC-Büro parkte. Ein paar Tage später wurde das Büro in Brand gesteckt, alle Büromaschinen wurden beschädigt, die meisten Dokumente konnten jedoch gerettet werden. Am 26. März wurde auf das Haus von Dewey Greene geschossen, dem Vater von zwei SNCC-AktivistInnen. Nach einem Protestmarsch zum Court House von Greenwood am 28. März wurden Bob Moses, James Forman und andere SNCC-AktivistInnen verhaftet und des »gesetzlosen Verhaltens« angeklagt. In der Hoffnung, das Justizministerium werde gegen die städtischen Beamten Klage erheben, verweigerten die acht SNCC-AktivistInnen die Kautionszahlung und blieben über eine Woche im Gefängnis.

Das Justizministerium antwortete auf die Situation, indem es eine befristete gerichtliche Verfügung beantragte, die die Freilassung der Gefangenen einfordern und die Beamten in Greenwood verpflichten sollte, sich zurückzuhalten und sich beim Fortgang der Registrierungskampagne nicht weiter einzumischen. Am 4. April wurde ein Kompromiss gefunden: Der Antrag wurde zurückgezogen und dafür wurden die BürgerrechtsaktivstInnen freigelassen. Obwohl das Justizministerium auch weiterhin eine allgemeine gerichtliche Verfügung gegen die Beamten in Greenwood erwirken wollte, blieb für Moses mit dem Kompromiss das eigentliche Problem ungelöst. Doar, der die Verhandlungen mit den Beamten in Greenwood führte und derjenige Vertreter des Justizministeriums war, dem die SNCC-AktivistInnen am ehesten vertrauten, erinnerte sich, dass Moses nach seiner Freilassung »wirklich demoralisiert war.« Er hatte geglaubt, das SNCC »habe nun endlich eine Situation herbeigezwungen, die nur eine logische Schlussfolgerung erlaubte, und das war der Einsatz von Bundesmarshals in Leflore County.« Aber die Antwort der Regierung sei die Vermeidung einer entscheidenden Konfrontation mit den Beamten in Mississippi gewesen.[9]

Die Desillusionierung der SNCC-AktivistInnen gegenüber der Politik der Kennedy-Regierung wurde noch durch ihren Glauben verschärft, dass ihre Bürgerrechtsziele dieselben wie diejenigen der Regierung seien. Sie waren davon angewidert, dass die RegierungsvertreterInnen offenbar gewillt waren, die Bürgerrechtsbemühungen sowohl der Aufrechterhaltung ihrer politischen Unterstützung aus dem Süden und dem Landesrecht der Bundesstaaten zu opfern.

Die Antworten des Weißen Hauses auf die Klagen des SNCC konnten an diesem Eindruck nichts ändern. Im September 1962 antwortete Präsidentenberater Lee White auf eine Reihe von SNCC-Telegrammen mit einem förmlichen Brief, der an eine Aussage des Präsidenten erinnerte, in welcher dieser die Gewalttaten im Süden verurteilte. Ohne besondere Maßnahmen anzudeuten, drückte Lee White die Versicherung des Präsidenten aus, »dass alle Anstrengungen unternommen werden, um die Schuldigen zu überführen und sie vor Gericht zu stellen.« Ein weiterer Brief dieser Art von White enthielt einen Abschnitt, der zum zentralen Anlass des Streits zwischen dem SNCC und der Regierung wurde: die Regierung werde, so White, »alles tun, *was angemessen erscheint*, um sicher zu stellen, dass Bürger, die dafür qualifiziert sind, sich in die Wahllisten einzutragen, dies auch tun können.«[10] Für die SNCC-AktivistInnen gab es keinen Zweifel, dass es die einzige »angemessene« Rolle der Bundesregierung wäre, ihre Macht sofort dazu zu nutzen, der Kampagne zu helfen.

Die Appelle des SNCC an die Bundesregierung, zu intervenieren, hatten wenig Einfluß auf die Bürgerrechtspolitik der Kennedy-Regierung. Obwohl Präsident Kennedy im Februar 1963 eine neue Wahlgesetzgebung einbrachte, beinhaltete die Gesetzesvorlage keinen Abschnitt über einen erweiterten Schutz der Bundesregierung für BürgerrechtsaktivistInnen. Stattdessen schlug sie die zeitlich befristete Ernennung von Bundesschiedsrichtern vor, um die Qualifizierung der Eintragungsberechtigten in Counties zu überwachen, in denen bisher weniger als fünfzehn Prozent der Schwarzen eingetragen waren. Die vorgeschlagene Gesetzgebung verbot zudem verschiedene Standards für schwarze und weiße Eintragungsberechtigte und forderte als einheitliche Voraussetzung für die Teilnahme an nationalen Wahlen einen sechsjährigen Schulbesuch und den Nachweis, schreiben zu können. Obwohl diese Vorschläge einige Verbesserungen gegenüber der bestehenden Bürgerrechtsgesetzgebung beinhalteten, waren sie für viele SNCC-AktivistInnen nicht weitgehend genug. Sie glaubten, dass die Regierung ihre bereits bestehenden Machtmittel nicht eingesetzt hatte, um ein brutales Vorgehen der Polizei und Einschüchterungen gegen diejenigen zu vermeiden, die an der Kampagne zur Eintragung in die Wahllisten beteiligt waren.

Das Justizministerium machte einige Versuche, um seine juristische Autorität für Zivilklagen gegen Beamte aus den Südstaaten einzusetzen, bei denen klare Beweise für Verstöße gegen Bürgerrechte vorlagen. Als zum Beispiel SNCC-Aktivist John Hardy von einem Registrierungsbeamten aus Mississippi im September 1961 angegriffen wurde, wurde sein Widerspruch gegen frei erfundene Anklagen auch von Anwälten des Justizministeriums unterstützt. Und am 28. August 1962 erhob das Justizministerium in einem Verfahren der Vereinigten Staaten gegen den Bundesstaat Mississippi Anklage gegen sechs Beamte aus Mississippi, die sich geweigert hatten, schwarze WählerInnen einzutragen. In diesem Verfahren versuchte das Justizministerium, mehrere Paragraphen des Wahlgesetzes von Mississippi als verfassungswidrig zu deklarieren, weil sie offen Schwarze diskriminierten.[11]

Wie schon bei den Freiheitsfahrten reagierte die Kennedy-Regierung also auf den Druck der BürgerrechtsaktivistInnen mit Versuchen, Krisen zu vermeiden und die Bürgerrechte nach eigenem Zeitplan und mit den ihr angemessen erscheinenden Mitteln zu verwirklichen. Wenn die SNCC-AktivistInnen die Regierung zu einer kompromisslosen Haltung gegenüber Beamten aufforderten, die die Segregation befürworteten, übten die Regierungsvertreter üblicherweise zunächst hinter den Kulissen Druck aus und griffen nur in Notfällen zum politisch zweischneidigen Mittel direkter Intervention. Als zum Beispiel die Beamten im Leflore County 1962 die Verteilung überschüssiger Nahrungsmittel verboten, eröffnete das Justizministerium eine Untersuchung und als deren Ergebnis wurden die örtlichen Beamten gewarnt, wenn die Verteilung von Nahrungsmitteln nicht erlaubt werde, würde sie vom Landwirtschaftsministerium übernommen und fortgesetzt. Anfang April gaben die örtlichen Beamten nach.[12]

Auch nachdem Präsident Kennedy im Frühjahr 1963 auf massive Demonstrationen der Schwarzen in Birmingham, Alabama, dadurch antwortete, dass er die Bürgerrechtsgesetzgebung auf die Abschaffung der Segregation in öffentlichen Einrichtungen ausweitete, blieb das Thema Schutz durch Bundesintervention ein Streitpunkt zwischen den SNCC-AktivistInnen und der Regierung. Während einige VertreterInnen des Justizministeriums einen solchen Schutz für nicht praktikabel hielten, glaubten viele SNCC-AktivistInnen, der Präsident sei einfach nicht gewillt, die Unterstützung seiner Hochburgen in den Südstaaten zu verlieren, was beweise, dass es ihm an wirklichem moralischem Engagement für die Sache der Bürgerrechte fehle.

Es war im Kern ein Konflikt zwischen den RegierungsvertreterInnen, die sich als politische RealistInnen betrachteten, und den AktivistInnen im SNCC, die die individuelle Integrität des Engagements betonten. »Wir waren keine nationale Polizeitruppe«, erklärte Doar später. »Wir waren nicht dazu da, Polizisten da runterzuschicken und jeden SNCC-Aktivisten zu beschützen, wo immer er hingeht. Wir wollten die Gesetze durch die üblichen Wege der Umsetzung implementieren, das heißt durch Klagen gegen Personen, die die Rechte der Bürger zur Eintragung und zur Wahl missachteten und gegen das Recht von Bürgern vorgingen, die Menschen zur Registrierung zu ermutigen, zu überzeugen und zu überreden.«[13]

Im Mai 1963 antwortete Bob Moses auf die Argumente von Doar bei einer Kongress-Zeugenanhörung zur Bürgerrechtsgesetzesvorlage von Kennedy. Moses sagte aus, das wichtigste Problem der Schwarzen im ländlichen Mississippi sei ihre Angst. Viele der schwarzen BewohnerInnen, mit denen er zusammenarbeite, seien kleine Farmer, die durch wirtschaftlichen Druck kaum eingeschüchtert werden könnten. Sie ließen sich auch nicht durch »den Mob einschüchtern, der ihre Häuser angreift, weil sie ihre Häuser zu verteidigen wissen.« Die Frage sei aber, ob sie »ohne Angst zum Court House ihrer Stadt gehen können, weil sie dort im Zentrum der Öffentlichkeit stehen und einer besonderen Form der Gewalt ausgesetzt sind.«

Moses beschrieb den Fall von Hartman Turnbow, einem Aktivisten der Registrierungskampagne im Holmes County, der einige Wochen vor Moses' Aussage auf Weiße geschossen hatte, die sein Haus mit Brandbomben angegriffen hatten. Am nächsten Tag war Turnbow zusammen mit Moses – der die Sache untersuchen wollte – verhaftet und der Brandstiftung an seinem eigenen Haus bezichtigt worden. Obwohl das Justizministerium eine einstweilige Verfügung beantragte, um die Verfolgung aufzuheben, sei der Fall vor einen Richter gekommen, der als Rassist bekannt war. Moses bezeugte, wenn der Richter die Verfügung niederschlage, würden die Schwarzen denken, »der Sheriff komme davon«, was eine »sehr gefährliche Situation heraufbeschwört, denn sie wollen nicht länger mit ansehen, dass die Leute in ihren Häusern erschossen werden. Das passiert im Mississippi-Delta, wo doppelt so viele Schwarze wie Weiße leben. Wenn sie zurückschießen und sich organisieren, werden Sie und die Bundesregierung es wahrscheinlich mit einer Situation zu tun haben, die zehnmal schlimmer als die in Birmingham sein wird.«

Moses erklärte auch, warum das SNCC mit dem Entwurf zur Wahlrechtsgesetzgebung nicht zufrieden war. Der Vorschlag der

Kennedy-Regierung, der Abschluss der sechsten Klasse genüge als Nachweis der Schreibfähigkeit, gehe nicht weit genug. Weil den Schwarzen in Mississippi gleiche Bildungschancen vorenthalten würden, habe das gesamte Land die Verpflichtung, sie entweder ohne Voraussetzungen zu registrieren oder ein umfangreiches Erwachsenenbildungsprogramm für sie aufzulegen. Diese Forderung nach »One Man, One Vote« wurde zum Leitmotiv der SNCC-Forderungen und spiegelte die zunehmende Identifikation der SNCC-AktivistInnen mit den armen und oft ungebildeten Schwarzen wider. Moses sagte aus, die Schwarzen in Mississippi seien »heute motiviert zu lernen. Sie wollen lernen. Sie fühlen, dass sie eine Chance zur Verbesserung ihrer Situation haben.« Er argumentierte, ein Alphabetisierungsprogramm könne wirksam sein, wenn es von lokalen Schwarzen geleitet werde.[14]

Die Beziehungen des SNCC zur Kennedy-Regierung verschlechterten sich nicht nur durch die ausgebliebene Intervention nach den Appellen zum Schutz der AktivistInnen, sondern auch durch den beeindruckenden Aufstand der Schwarzen in den Städten der Südstaaten. Im Frühjahr und Sommer 1963 überzog eine Welle von Bürgerrechtsdemonstrationen die Südstaaten und die städtischen Zentren im Norden und bestärkte wiederum die BefürworterInnen direkter Aktionen im SNCC. Die SNCC-AktivistInnen wurden von der Ausweitung der Protestaktionen unter den Schwarzen ermutigt. Sie waren sich zwar nicht sicher, ob die Revolte der Schwarzen der Anfang der gewaltfreien Revolution war, auf die sie gewartet hatten, oder der Anfang eines »Rassenkriegs«. Doch die gewaltfreien Radikalen des SNCC beteiligten sich an der Revolte und versuchten, ihre Ziele zu artikulieren.

SNCC-AktivistInnen waren an vielen der wichtigsten Bürgerrechtsproteste von 1963 beteiligt. Obwohl sie bei den Demonstrationen von Birmingham, wo es im April und Mai 1963 zu 3000 Verhaftungen kam, eine untergeordnete Rolle spielten, unterstützten die SNCC-AktivistInnen überall die Proteste, auch wenn die Wahrscheinlichkeit hoch war, dass sie in Gegengewalt umschlagen konnten. Im Mai führte John Lewis eine Reihe tumultartiger Demonstrationen in Nashville an, und Marion Barry leitete Demonstrationen gegen die Segregation in den Theatern der Stadt Knocksville, die mit 150 Verhaftungen endeten.

Andere SNCC-AktivistInnen traten bei den Demonstrationen in Pine Bluff, Gadsden (Alabama), Atlanta, Greensboro, Raleigh, Jackson und Savannah hervor.

Nach mehreren gewaltsamen Zusammenstößen zwischen der Polizei und vom SNCC unterstützten DemonstrantInnen im Juni 1963 in Cambridge, Maryland, wurden vom Gouverneur dieses Bundesstaates über 400 Nationalgardisten in die Stadt geschickt. Am 23. Juli kam es nach persönlicher Fürsprache von Robert Kennedy und anderen VertreterInnen des Justizministeriums zu einer Einigung, bei der die Führungspersonen der Schwarzen einwilligten, die Demonstrationen zu beenden, und dafür von den Weißen versprochen wurde, die Segregation in öffentlichen Schulen abzuschaffen, billigen Wohnraum für Schwarze zur Verfügung zu stellen und eine gemischte, von Schwarzen und Weißen besetzte »Kommission für menschliche Beziehungen« einzurichten. Der Waffenstillstand hielt jedoch nicht lange, denn die Schwarzen beschwerten sich, die meisten ihrer Forderungen seien dem Kompromiss zum Opfer gefallen und selbst die Abschaffung der Segregation in öffentlichen Einrichtungen werde einem Referendum im Herbst unterworfen.[15]

Auch bei Demonstrationen in Danville, Virginia, kam es zu gewaltsamen Auseinandersetzungen zwischen Schwarzen und Weißen. Die *Danville Christian Progressive Association* (Vereinigung fortschrittlicher ChristInnen Danvilles) hatte im Mai eine Kampagne begonnen, die neue Arbeitsplätzen für Schwarze schaffen wollte, und forderte dafür Hilfe vom SNCC und anderen Bürgerrechtsorganisationen an. Die SNCC-Field Secretaries Avon Rollins, Bob Zellner und Ivanhoe Donaldson gingen im Juni nach Danville, kurz bevor es zu einem Marsch der Schwarzen auf die City Hall kam. Die Polizei konnte den Marsch allerdings aufhalten, indem sie mit Feuerwehrschläuchen, die sie als Wasserwerfer benutzten, und mit Schlagstöcken gegen die DemonstrantInnen vorging und sie auseinander trieb. Während der folgenden Tage wurden weitere Märsche abgehalten und am 21. Juni wurden mehrere SNCC-AktivistInnen und Führungspersonen der Schwarzen aus Danville vor einem großen Geschworenengericht angeklagt, »die farbige Bevölkerung zu Gewaltakten und Krieg gegen die weiße Bevölkerung aufgestachelt zu haben.« Die weiteren Proteste während des Sommers in Danville endeten in mehr als dreihundert Verhaftungen, während weiße Regierungsbeamte die Forderungen der Schwarzen weiter missachteten.[16]

Die Proteste im Frühjahr und Sommer 1963 übertrafen in ihrer Intensität und Größenordnung alles, was ihnen vorangegangen war. ForscherInnen des Southern Regional Council (SRC) haben hochgerechnet, dass 1963 930 öffentliche Protestdemonstrationen in 115 Städten in insgesamt elf Bundesstaaten des Südens stattfanden. Mehr als 20 000 Menschen seien dabei verhaftet worden, verglichen mit 3600 Verhaftungen in der Welle der gewaltfreien Proteste vor dem Herbst 1961. 1963 sind zehn Menschen unter Umständen gestorben, die direkt mit den antirassistischen Protesten zu tun hatten, und es gab mindestes 35 Bombenanschläge.[17] Den SNCC-AktivistInnen, die an diesen Massenprotesten beteiligt waren, wurde klar, dass es unter den städtischen Schwarzen eine militante Stimmung gab, die ihre eigene Unzufriedenheit überstieg und sie dazu zwang, ihre eigene Einstellung hinsichtlich des gewaltfreien Widerstands zu überdenken.

Die Proteste im ersten Halbjahr 1963 gaben den BefürworterInnen der direkten Aktion wieder Auftrieb, die im SNCC von der Kampagne zur Eintragung in die Wahllisten an den Rand gedrängt worden waren. Obwohl die Community Organizers des SNCC nicht völlig davon überzeugt waren, dass diese Art von Protestaktionen sinnvoll waren, schien die Entscheidung des Präsidenten, nach den Protesten von Birmingham eine neue Bürgerrechtsgesetzgebung auf den Weg zu bringen, die Wirksamkeit von Taktiken der direkten

Aktion zu bestätigen, besonders wenn sie mit der Androhung von Massenmilitanz verbunden war. Die AgitatorInnen des SNCC, die sich an den Protesten von 1963 beteiligten, versuchten die Ziele und die Wut der neu mobilisierten schwarzen Bevölkerung zu artikulieren so gut sie konnten, während sie gleichzeitig ihr Bekenntnis zu den gewaltfreien Prinzipien aufrechterhielten. Da sie noch immer unsicher gegenüber der Stellung zur Kennedy-Regierung waren, nutzten die SNCC-VertreterInnen das Klima des sozialen Aufruhrs als eine Möglichkeit, ihre Forderungen nach Intervention der Bundesregierung und nach stärkerer nationaler Beachtung für die Not der Schwarzen in den Südstaaten zu erneuern. Ihre Proteste kulminierten am 28. August 1963 im Marsch auf Washington.

Die Idee für einen Marsch auf Washington kam ursprünglich von A. Philip Randolph, der 1941 einen ähnlichen Marsch geplant hatte, um Präsident Franklin Roosevelt zur Verbesserung der Arbeitsmöglichkeiten für Schwarze zu bewegen. Diese frühere Drohung war erfolgreich, denn Roosevelt schuf ein *Fair Employment Practices Committee* (Komitee für gerechte Einstellungsbedingungen) im Tausch für die Absage der Demonstration. Im November 1962 brachte Randolph die Idee erneut in die Diskussion und hoffte, ein weiterer Marsch – oder sogar nur die Drohung damit – werde den Druck auf die Kennedy-Regierung erhöhen, eine Gesetzgebung für gleiche Einstellungsvoraussetzungen zu unterstützen. Anfangs wurde die Idee aufgrund der nachlassenden Protestbewegung nicht beachtet, aber im Frühling 1963, als Tausende Schwarzer sowohl im Norden wie im Süden der USA auf die Straße gingen, wurde der Vorschlag unterstützt.

Am 22. Juni 1963 traf Präsident Kennedy dreißig Führungspersonen der Bürgerrechtsbewegung – darunter John Lewis, der erst vor kurzem von Charles McDew den Vorsitz im SNCC übernommen hatte – um sie davon abzubringen, diesen Marsch durchzuführen, der nach Befürchtung von Kennedy zu Gegengewalt führen und damit den Bürgerrechtsanliegen schaden werde. Randolph erklärte dem Präsidenten, die Schwarzen seien bereits auf der Straße und es sei »sehr wahrscheinlich unmöglich, das zu ändern. Wenn sie also sowieso auf der Straße sind, ist es dann nicht besser, sie werden von Organisationen angeführt, die sich den Bürgerrechten und einem disziplinierten Kampf verschrieben haben, als sie anderen Führungspersonen auszuliefern, die sich weder um Bürgerrechte noch um Gewaltfreiheit scheren?«[18] Obwohl sich Kennedy davon nicht überzeugen ließ, ermutigte er in der Folgezeit RegierungsvertreterInnen und liberale UnterstützerInnen, mit den OrganisatorInnen des Marsches zusammenzuarbeiten.

In den folgenden Wochen trat John Lewis für weitere Protestaktionen ein, weil er das Gefühl hatte, das SNCC könne und solle die Demonstrationen nicht beenden, so lange es keine »definitiven Signale des Fortschritts gab. Es wäre gefährlich, wenn wir das machten, denn es würde zu Gewalt führen. Die Demonstrationen würden sowieso fortgesetzt, aber wenn die schwarzen Aktivisten versuchen würden, sie vor der Verwirklichung gleicher Rechte zu beenden, würden sie nur ohne sie fortgesetzt.« Lewis, der während seiner Laufbahn in der Bürgerrechtsbewegung vierundzwanzig Mal verhaftet worden war, erklärte, das SNCC werde seinen Feldzug für Gleichheit intensivieren, sonst bestünde die ernsthafte Gefahr eines »Rassenkrieges« und von Gewaltakten während des Sommers, wenn die Forderungen der Schwarzen nicht eingelöst werden: »Wir wollen keine Gewalt und wir propagieren sie nicht. Aber wir werden uns nicht zurückhalten, nur weil sie wahrscheinlich ist. Die Gewalt spiegelt die Frustration der schwarzen Gemeinschaft und den zu langsamen Fortschritt in Richtung auf wirkliche Demokratie; der einzige Weg sie zu verhindern ist, den Schwarzen in den USA greifbare Garantien vorzulegen, dass ihr Leben besser werden wird.«[19]

Während dieser Zeit unternahmen die liberalen Finanziers der Bürgerrechtsbewegung Schritte, um die schwarzen Führungspersonen der Bewegung zu vereinigen und die Wendung zur Militanz zu verlangsamen. Unter der Leitung des Philanthropen Stephen Currier von der Taconic Foundation wurde ein *United Civil Rights Leadership Council* (UCRLC, Rat der vereinigten Führungspersonen der Bürgerrechtsbewegung) gegründet, um den Marsch auf Washington zu planen. Currier trieb 800 000 Dollar auf, die unter den wichtigsten Bürgerrechtsgruppen verteilt werden sollten. Die Lockung des Geldes führte zum Beitritt des SNCC ins Bündnis mit Führungspersonen aus der NAACP, der *Urban League* (UL, Städtische Liga), CORE und der SCLC. Obwohl SNCC-VertreterInnen die Dominanz des Rates durch Gemäßigte kritisierten, bestand Forman auf der Beteiligung des SNCC an den Beratungen. Die Treffen des Rates waren durch bittere Auseinandersetzungen gekennzeichnet, die den Beginn eines offenen Konfliktes zwischen dem SNCC und dem liberalen Establishment markierten. Die VertreterInnen des SNCC wollten die finanzielle Unterstützung der Liberalen, weigerten sich aber, ihre Radikalität zurückzunehmen oder ihre Versuche aufzugeben, liberale Heuchelei bloßzustellen.

Die Leitung des Rates begann ihrerseits, das SNCC als *enfant terrible* der Bürgerrechtsbewegung zu betrachten. Als Folge erhielt das SNCC nur 15 000 Dollar aus den ursprünglich zur Verfügung stehenden Fonds.[20]

Im August 1963 waren sich die SNCC-AktivistInnen sicher, dass die Südstaaten-Regierungen zum großen Schlag gegen den Kampf des SNCC ausholten, als die SNCC-Aktivisten John Perdew, Don Harris, Ralph Allen, sowie Zev Aelony vom CORE in Americus, Georgia, wegen Anstiftung zum Aufruhr angeklagt wurden. Die Anklage verstärkte den Eindruck, dass sich das SNCC in einem Kampf auf Leben und Tod befand, denn die Anklage forderte die Todesstrafe. Im selben Monat verurteilte ein Bundesgeschworenengericht in Macon, Georgia, neun Führungspersonen der Albany-Bewegung, die von Vertretern des Justizministeriums der »kriminellen Vereinigung zur Behinderung der Justiz« angeklagt worden waren. Die Angeklagten hatten eine Mahnwache vor einem Geschäft abgehalten, welches einem ehemaligen Geschworenen gehörte, der bei einem früheren Prozess einen Sheriff von der Anklage, auf einen Schwarzen geschossen und ihn verprügelt zu haben, freigesprochen hatte. Obwohl die DemonstrantInnen vorbrachten, ihre Mahnwache sei nicht direkt auf die damalige Handlung des Geschworenen bezogen gewesen, hatte das Justizministerium zum ersten Mal seit 1960 Personen angeklagt, die sich an Bürgerrechtsaktionen beteiligten. Für die SNCC-OrganisatorInnen war das Vorgehen des Justizministeriums ein durchsichtiger Versuch, sich »neutral« zu geben, um die politische Unterstützung in den Südstaaten nicht zu verlieren und die Weißen zu besänftigen, die davon überzeugt waren, die Bewegung sei »zu weit« gegangen.[21]

Als Folge dieser Ereignisse schlugen John Lewis, James Forman und andere VertreterInnen des SNCC vor, beim geplanten Marsch auf Washington auch eine Demonstration vor dem Justizministerium abzuhalten, aber die anderen Führungspersonen der Bürgerrechtsgruppen wandten sich gegen diese Idee. Die Tatsache, dass Lewis eine Rede auf der Abschlusskundgebung zugestanden wurde, gab ihm trotzdem die Gelegenheit, die Kritik des SNCC an der Bundesregierung auf nationaler Ebene vorzutragen. Mit Hilfe anderer SNCC-AktivistInnen entwarf Lewis eine Rede, die den Bruch des SNCC mit dem konventionellen Liberalismus öffentlich machen sollte.

Im Redeentwurf erklärte Lewis, er werde die Bürgerrechtsgesetzgebung Kennedys vor dem Kongress nicht unterstützen, weil sie nicht ausreiche, um die Schwarzen vor der Polizeibrutalität zu schützen. Er brachte zudem vor, die Verurteilung der neun AktivistInnen der Albany-Bewegung sei »Teil einer Verschwörung von Bundesregierung und örtlichen Politikern im Interesse politischer Zweckmäßigkeit.« Er fragte: »Ich will jetzt wissen, auf welcher Seite steht die Bundesregierung?« Dann setzte er hinzu: »Die Revolution steht vor der Tür und wir müssen uns von den Ketten politischer und wirtschaftlicher Sklaverei befreien. Die gewaltfreie Revolution sagt: ›Wir werden nicht auf die Gerichte warten, bis sie reagieren. Wir werden nicht auf den Präsidenten, das Justizministerium oder den Kongress warten; wir werden die Dinge selbst in die Hand nehmen und eine Quelle der Macht bilden, die außerhalb jeder nationalen Struktur liegt und uns den Sieg sichern kann und wird.‹«[22]

Eine Vorabkopie der Rede wurde den anderen Führungspersonen der Bürgerrechtsbewegung am Tag vor dem Marsch übergeben. Lewis wurde darüber informiert, dass der Katholische Erzbischof von Washington nicht auf der Bühne erscheinen werde, wenn er nicht Änderungen vornehmen würde. Als weitere führende BürgerrechtlerInnen Einwände gegen Teile der Rede vorbrachten, arrangierte Bayard Rustin am 27. August 1963 ein Treffen, um den Konflikt zu lösen. Am Anfang wies Lewis die Bitten zurück, einzelne Sätze zu streichen, die Widerspruch erzeugt hatten. Er war »wütend darüber, dass man mir sagt, was ich sagen soll und was ich streichen soll.«[23] Schließlich wurde jedoch ein Komitee gebildet, das die revidierte Fassung der Rede anfertigen sollte.

Das Komitee bestand aus John Lewis, James Forman und Courtland Cox vom SNCC ebenso wie Rustin, Randolph, Martin Luther King, Ralph Abernathy, und Eugene Carson Blake vom *National Council of Churches* (Nationaler Kirchenrat der USA) und traf sich am Tag des Marsches in einem Raum innerhalb des Lincoln Memorials. Lewis erinnerte sich, Randolph habe ihn angefleht: »John, um der Einheit willen, wir sind so weit gekommen. Um der Einheit willen, ändere es.« Nach Forman gab es besondere Einwände gegen den Bezug auf eine »*Revolution*« (»Doch sogar Randolph nahm Stellung gegen diese Art Einwände«) und gegen die Position, das SNCC könne die Bürgerrechtsgesetze Kennedys »nicht voll und ganz unterstützen.« Schließlich ließ sich Lewis dazu überreden, den Text abzumildern, obwohl jede Abweichung vom Original, das bereits in den Händen der Presse war, »sicher die Aufmerksamkeit steigern werde und auf Konflikte schließen lasse«, so Lewis. Forman überarbeitete Teile der Rede, während Lewis sich um Organisationsabläufe des Marsches kümmerte.[24]

Die Meinungen der SNCC-Kader gegenüber dem Marsch waren ambivalent. Einige SNCC-AktivistInnen kümmerten sich nicht darum, sich an der größten Bürgerrechtsdemonstration des Jahrzehnts zu beteiligen, weil sie die gemäßigten Forderungen und die Rigidität des Ordnungsdienstes ablehnten, der nur vorgefertigte Protestschilder zuließ. Trotzdem waren viele SNCC-AktivistInnen anwesend und ließen sich von der Erregung des Augenblicks mitreißen. Unter den FreiheitskämpferInnen, die den mehr als 200 000 Beteiligten von Randolph vorgestellt wurden, waren Diane Nash Bevel, Gloria Richardson und Mrs. Herbert Lee, die Witwe eines Aktivisten zur Eintragung in die Wahllisten aus Mississippi, der 1961 ermordet worden war, ebenso wie eine große Delegation des *Mississippi Council of Federated Organizations* (MCFO, Rat der vereinigten Organisationen Mississippis).

Martin Luther Kings »I Have a Dream«-Rede symbolisierte die optimistische Atmosphäre des Marsches. Ein SNCC-Aktivist erinnerte sich: trotz seiner »Desillusionierung mit der ganzen Sache« sei der Marsch eine »gigantische Inspirationsquelle« für die verarmten Schwarzen aus dem ländlichen Süden gewesen, die von SNCC-OrganisatorInnen hierher mobilisiert worden seien. »Sie wurden in ihrem Glauben bestärkt, dass sie nicht allein waren, dass es wirklich Menschen in diesem Land gab, die sich darum sorgten, was mit ihnen geschah.«[25]

Die Rede von John Lewis erhielt nicht dieselbe Aufmerksamkeit wie die von Martin Luther King, aber selbst die revidierte Fassung war immer noch ein kraftvoller Ausdruck des SNCC-Radikalismus. »Wir marschieren heute für Arbeitsplätze und Freiheit«, sagte Lewis vor der Menschenmenge, »aber es gibt nichts, worauf wir stolz sein können.« Er erinnerte an diejenigen, die es sich nicht leisten konnten, hier teilzunehmen, weil »sie Hungerlöhne bekommen, oder überhaupt keinen Lohn.« Er sprach von »Pächtern im Mississippi-Delta, die weniger als drei Dollar pro Tag für zwölf Stunden Arbeit« bekommen, und von »Studenten, die wegen frei erfundener Anklagen im Knast sitzen.« Das SNCC unterstütze die vorgeschlagene Bürgerrechtsgesetzgebung »nur unter großem Vorbehalt«, weil sie nichts beinhalte, »um die Kinder und die alten Frauen vor Polizeihunden und Feuerwehrschläuchen zu schützen« oder »die Hunderte von Menschen, die aufgrund von erfundenen Anklagen verhaftet wurden.« Und sie würde auch die drei SNCC-

Field Secretaries nicht schützen, die in Americus »der Todesstrafe ins Auge sehen, weil sie am gewaltfreien Widerstand teilnahmen.« Lewis kritisierte besonders die Wahlrechtsparagraphen der Gesetzgebung, weil sie keine Hilfe für Schwarze mit geringer Bildung seien, ihr Wahlrecht ausüben zu können. »›One Man, one Vote‹ heißt der Ruf aus Afrika«, fuhr Lewis fort. »Und es ist auch unser Ruf.«

Lewis' Kritik am bestehenden politischen System spiegelte die moralische Orientierung vieler gewaltfreier AktivistInnen im SNCC wider. Er beklagte, die US-amerikanische Politik sei »dominiert von Politikern, die ihre Karrieren auf unmoralischen Kompromissen aufbauen und sich mit Formen offener politischer, wirtschaftlicher und sozialer Ausbeutung verbünden.« Er bestand darauf, dass »die Partei von Kennedy auch die Partei von Eastland« und »die Partei von Javits auch die Partei von Goldwater« sei (Demokrat Eastland und Republikaner Goldwater waren beide erklärte Gegner der Bürgerrechte für Schwarze; d.Ü.). Lewis fragte: »Wo ist unsere Partei? Wo ist die politische Partei, die die Märsche nach Washington unnötig macht?« Die neun AktivistInnen in Albany seien »nicht von Dixieland-Autokraten, sondern von der Bundesregierung angeklagt worden.« Lewis warnte diejenigen, die Geduld predigten, dass die Schwarzen »nicht allmählich frei werden wollen. Wir wollen unsere Freiheit und wir wollen sie jetzt.« Er rief die Schwarzen dazu auf, sich an »der großen sozialen Revolution zu beteiligen, die heute über das Land fegt« und »in jeder Stadt, jedem Dorf, jedem Weiler dieses Landes auf den Straßen zu bleiben, bis die unvollendete Revolution von 1776 vollendet ist.«[26]

Lewis' Rede drückte den Radikalismus des SNCC aus, aber ihre religiöse Vision und ihre Betonung des gewaltfreien Widerstands spiegelten nicht die vorherrschende Orientierung des SNCC im Sommer 1963 wider. Lewis war kaum an den Community Organizing-Aktivitäten im ländlichen Süden beteiligt, welche die SNCC-Kader am meisten beschäftigten und die wichtigste Quelle für ihre Ideenentwicklung darstellten. Das SNCC war eine Organisation von gewaltfreien AktivistInnen, die das Gewissen der Nation erreichen wollten; es wurde nun zu einem Kader von OrganisatorInnen, der die Schwarzen mobilisieren wollte, um die Bundesregierung zu zwingen, ihre Macht zur Verwirklichung der Bürgerrechte einzusetzen. Obwohl Lewis davon überzeugt blieb, dass die direkte gewaltfreie Aktion die beste Taktik für die Bewegung in den Südstaaten war, glaubten viele andere SNCC-AktivistInnen nicht, dass die gewünschten wirtschaftlichen und politischen Veränderungen allein durch gewaltfreien Protest verwirklicht werden konnten.

Teil 1: Zusammenkunft

Pläne für die Konfrontation

Trotz zunehmender Zweifel an den Motiven der Kennedy-Administration waren sich die meisten SNCC-OrganisatorInnen darin einig, dass das Einschreiten der Bundesregierung bei der Überwindung der reaktionären Gewalt der SegregationistInnen im ländlichen Süden vonnöten sei. Nirgends war das deutlicher zu sehen als in Mississippi, wo Bob Moses zu der Erkenntnis kam, dass seine ursprüngliche Strategie, sich hauptsächlich auf örtliche schwarze OrganisatorInnen zu stützen, nicht dazu geführt hatte, dass sich eine große Anzahl schwarzer WählerInnen eintragen konnte. Enttäuscht darüber, dass es ihnen bisher nicht gelang, einen entscheidenden Durchbruch im ländlichen Süden zu erzielen, diskutierten die SNCC-AktivistInnen ausführlich über ihre Politik und ihre Projekte. Moses legte auf diese Diskussionen besonderen Wert und schlug dabei das bisher ambitionierteste Projekt des SNCC vor: eine massive Invasion des Bundesstaates Mississippi durch weiße studentische Freiwillige aus den Nordstaaten während des Sommers 1964.

Das Sommerprojekt in Mississippi sollte die Konfrontation zwischen dem Bundesstaat und der nationalen Regierung herbeiführen und dadurch die Einschüchterungen und die Gewalt beseitigen, die die bisherigen Bürgerrechtsprojekte in Mississippi behindert hatten. Dieser Plan war ein weiterer Ausdruck der Radikalität des SNCC, aber er erforderte ebenso die Verbesserung der Beziehungen zu anderen Gruppen, die während dieses Sommers notwendige Hilfen beisteuern konnten. Bei ihren Vorbereitungen für die entscheidende Konfrontation in Mississippi wurden sich die SNCC-AktivistInnen weit mehr als bisher über die Schwierigkeiten einer Mitarbeit in einem liberalen Bürgerrechtsbündnis klar. Als sie sich immer mehr vom konventionellen Liberalismus lösten, tauchten allerdings ebenso interne Differenzen über grundsätzliche politische Strategien auf, wie etwa über die Rolle der Weißen im SNCC, die Tragfähigkeit des eigenen wirtschaftlichen Programms und die Form der Beziehungen zu den gemäßigten Bürgerrechtsorganisationen.

Vor dem Sommer 1963 hatte Bob Moses geduldig versucht, eine starke Bewegung der Schwarzen in Mississippi aufzubauen, in dem er seine Kader nahezu ausschließlich aus schwarzen BewohnerInnen rekrutierte. Obwohl er diese Politik des Verzichts auf weiße OrganisatorInnen meist durch die Gefahren erklärte, denen sich weiße AktivistInnen aussetzen würden, glaubte er ebenso sehr, dass seine Politik für die Schwarzen wichtig war. »Einige der schwarzen Organisatoren im SNCC empfinden das als ihre Bewegung«, erklärte er später, »sie identifizieren sich mit dieser Bewegung; es sei ihre Energie, die die Bewegung ausmache, also gehöre sie ihnen.« Trotz der Bedeutung, die Moses der Entwicklung lokaler Führungspersonen unter den Schwarzen beimaß, hatte er nach jahrelanger Arbeit nur ungefähr fünf Prozent der schwarzen Bevölkerung im wahlfähigen Alter mobilisiert. Dieser Fehlschlag wurde ihm endgültig deutlich, als das VEP seine finanzielle Unterstützung des COFO, der Dachorganisation der Bürgerrechtsgruppen in Mississippi, einstellte. Der VEP-Vorstand Wiley Branton erklärte, so lange das Justizministerium die Beamten in Mississippi nicht davon abhalte, sich in die Angelegenheiten der Wählereintragung einzumischen, werde es nicht möglich sein, viele Leute erfolgreich zu registrieren.[1]

Die Teilnahme von Moses bei den Protesten von Greenwood im Frühjahr 1963 und sein Rückgriff auf weiße AktivistInnen in der COFO-Zentrale in Jackson im darauf folgenden Sommer zeigten bereits, dass er sich über die Notwendigkeit neuer Taktiken klar war. Er kam zu dem Schluss, dass nur durch auswärtige Intervention ein entscheidender Durchbruch bei der Kampagne zur Eintragung in die Wahllisten in Mississippi möglich sei und dass diese Intervention nur dadurch möglich werde, dass die Bürgerrechtsaktivitäten in Mississippi eine größere nationale Aufmerksamkeit erregten. Als er nach solchen Alternativen suchte, traf Moses im Juli 1963 Allard Lowenstein, einen der vielen weißen AktivistInnen, die bei den Demonstrationen in Jackson nach der Ermordung des führenden NAACP-Aktivisten Medgar Evers im Juni 1963 teilgenommen hatten.

Lowenstein hatte erwartet, Mississippi werde eben »nur ein wenig schlimmer« als North Carolina sein, wo er in der lokalen Protestbewegung aktiv gewesen war. Er musste aber zugeben, dass es in Mississippi »wie in Südafrika war, nur ein kleines bisschen besser.«[2] Lowenstein erinnerte sich an die Tage der Trauer, die die südafrikanischen Schwarzen abhielten, um gegen ihren Ausschluss von den Wahlen zu protestieren und schlug vor, die Schwarzen in Mississippi sollten Proteststimmen abgeben. Ein Jurastudent aus Harvard, der beim COFO arbeitete, hatte herausgefunden, dass nach dem Gesetz des Bundesstaates Mississippi Wahlberechtigte, die ihrer Ansicht nach illegal von der Wählereintragung ausgeschlossen waren, ihre Stimmen separat abgeben konnten und diese treuhänderisch verwaltet werden müssten, bis ein Gericht über den Ausschluss entschieden habe. Mit der Zustimmung von Moses mobilisierten die COFO-AktivistInnen rund eintausend Schwarze, vor allem in Greenwood und Jackson, um ihre Proteststimmen bei den Vorwahlen der Demokratischen Partei im August 1963 abzugeben (Zum Verständnis: Eintragung in die Wahllisten hieß gleichzeitig Eintragung in die Listen einer bestimmten Partei, um bei den Vorwahlen zur Kandidatenaufstellung dieser Partei teilnehmen zu können. Die Schwarzen im Süden trugen sich fast ausnahmslos bei der Demokratischen Partei ein; d. Ü.).

Moses wurde durch diese Proteststimmen bei den Vorwahlen dazu ermutigt, das Exekutivkomitee des SNCC darum zu bitten, der Arbeit in Mississippi die höchste Priorität zu geben. Auf einem Treffen im Sommer 1963 stimmte das Komitee dem Plan zu, sofort eine »Eine Person, eine Stimme«-Kampagne in diesem Bundesstaat zu starten und dafür so viele Kader wie möglich einzusetzen. Moses und Lowenstein stellten dann einen neuen Plan auf. Anstatt dass sich die Schwarzen wie bisher an den offiziellen Wahlstellen einfinden sollten, wo sie mit den üblichen Einschüchterungen konfrontiert wurden, schlugen sie vor, es solle eine Kampagne der »Freiheitsstimmen« organisiert werden, in welcher die Schwarzen für ihre eigenen KandidatInnen in ihren eigenen Gemeinden stimmen sollten. Obwohl diese Orientierung von der Eintragung in die Wahllisten ablenkte, wurde die »Freiheitsstimmen«-Kampagne als ein weiteres Mittel betrachtet, um den Wunsch der Schwarzen in Mississippi zu verdeutlichen, ihr Wahlrecht auszuüben. Und sie werde es zudem den Schwarzen ermöglichen, für KandidatInnen zu stimmen, die die Bürgerrechte befürworteten. Auf einem COFO-Treffen im Oktober 1963 wurden Aaron Henry, Vorsitzender der NAACP Mississippi, und Edwin King, ein weißer Kaplan vom Toulagoo College in Jackson, als Kandidaten für die Wahlen zum Gouverneur und stellvertretenden Gouverneur gewählt. Um die öffentliche Aufmerksamkeit für den Wahlgang zu sichern und um den COFO-AktivistInnen zu helfen, nahm Lowenstein Kontakt zu Freunden in Yale auf, wo er Student gewesen war, und nach Stanford, wo er die Dekanatsstelle innegehabt hatte, und mobilisierte rund einhundert weiße StudentInnen aus den Nordstaaten, die in Mississippi während der zwei Wochen vor den allgemeinen Wahlen im November 1963 helfen sollten.[3]

Über 80 000 Schwarze gaben bei den symbolischen Wahlen in der ersten Novemberwoche ihre Stimme ab. Obwohl die COFO-AktivistInnen auf eine noch größere Beteiligung gehofft hatten, erregten die »Freiheitsstimmen« doch Aufsehen. Der Erfolg war zum Teil auch an der geringen Anzahl von Gewalttaten gegen BürgerrechtsaktivistInnen abzulesen. Der SNCC-Hauptamtliche Ivanhoe Donaldson berichtete, dass es nach der Wahl »in der schwarzen Gemeinschaft weniger Angst gab, an Bürgerrechtsaktivitäten teilzunehmen.« Nach Meinung von zwei weiteren SNCC-Aktivisten, Lawrence Guyot und Mike Thelwell, war das auffälligste Ergebnis der Kampagne, dass sie die Bewegung zum ersten Mal »über die Konzentration auf eine einzige Stadt, ein County, eine Gemeinde oder einen Wahlkreis hinausführte und uns zu einer Organisation machte, die im gesamten Bundesstaat aktiv war.«[4]

Gleich nach den Wahlen hatten Moses und Lowenstein den Gedanken, noch mehr weiße StudentInnen, vielleicht über Tausend, während des Sommers 1964 nach Mississippi zu mobilisieren. Sie nahmen an, dass die Herrschenden in Mississippi solch eine massiv auftretende Macht von BürgerrechtsaktivistInnen nicht unterdrükken konnten und dass die Öffentlichkeit es nicht hinnehmen werde, wenn weiße StudentInnen angegriffen würden, besonders solche aus führenden Colleges oder aus prominenten Familien. Die Erfahrungen der SNCC-Kader hatten Moses gelehrt, dass die einzige Hoffnung für die Schwarzen darin lag, eine Krise herbeizuführen, aus der eine verschärfte Konfrontation zwischen Bundesregierung und einzelstaatlicher Regierung hervorgehen werde. Weil die Aussicht auf freiwillige Änderungen des Status der Schwarzen durch die Weißen in den Südstaaten gering war, hielt Moses es für die Aufgabe des SNCC, »solch eine Konfrontation zu provozieren, damit die Machtstruktur dadurch verändert wird.« Er beschrieb seinen Plan für das SNCC als einen »Erhitzungsvorgang. Nur wenn das Metall erhitzt wird, kann es geformt und geschmiedet werden. Und genau das werden wir in den Südstaaten und auf dem Lande machen, wir werden sie zur Weißglut bringen und sie dann umformen.«[5]

Die COFO-AktivistInnen diskutierten den Vorschlag auf einem Treffen am 14. November 1963, das von sieben weißen und rund 35 schwarzen OrganisatorInnen besucht wurde, wovon die meisten zum SNCC gehörten. Verschiedene schwarze SNCC-AktivistInnen warnten vor der Gefahr, die weißen BürgerrechtlerInnen würden führende Rollen übernehmen und schlugen vor, die Funktionen der weißen Freiwilligen zu beschränken. Die schwarzen Mitglieder befürchteten, dass die Anwesenheit der weißen StudentInnen traditionelle Klischees rassistischer Abhängigkeit der Schwarzen von den Weißen wieder aufwärmen werde. Der SNCC-Berater Howard Zinn erinnerte sich: »Einer bemerkte, dass die neuen Nationen in Afrika schwarze Afrikaner dazu ausbilden würden, alle wichtigen Regierungspositionen selbst zu übernehmen. Ein anderer sprach von einer Begegnung mit einem schwarzen Muslim in Atlanta, der ihn gewarnt habe, die Weißen würden die Bewegung übernehmen wollen.« Aber andere schwarze Mitglieder, auch Lawrence Guyot, unterstützten Bob Moses bei seinen Plänen zur Mobilisierung weißer Freiwilliger. Fannie Lou Hamer sagte: »Wenn wir versuchen wollen, diese Mauer der Segregation niederzureißen, können wir uns nicht selbst abspalten.« Moses argumentierte gegen die seiner Meinung nach falsche Idee, die Schwarzen könnten die Verhältnisse ganz allein ändern. Und diese Idee könne nur dann widerlegt werden, »wenn weiße Leute mit euch zusammenarbeiten. Das würde den Charakter eurer Arbeit verändern, es wäre nicht mehr der Kampf der Schwarzen gegen die Weißen, sondern eine Konfrontation rationaler gegen irrationale Menschen.« Auf den Einwand, die Schwarzen sollten wenigstens irgendetwas innerhalb der USA selbst kontrollieren, antwortete Moses: »Ich hatte immer gedacht, dass das einzige, was wir für dieses Land tun können, und was sonst niemand tun kann, das Ziel ist, rassistische Ideologien zu überwinden.«[6] Obwohl nur eine kleine Minderheit der COFO-OrganisatorInnen starke Kritik gegen die Mitarbeit von Weißen äußerte, standen die meisten anderen AktivistInnen doch nicht ganz hinter Moses' Plan. Nach weiteren hitzigen Diskussionen im Dezember 1963 entschieden die COFO-Kader, nur einhundert weiße StudentInnen für das Sommerprojekt in Mississippi zu mobilisieren.

Trotz der Zurückhaltung der COFO-AktivistInnen fuhren Allard Lowenstein und andere mit ihren Vorbereitungen fort, eine weit größere Anzahl weißer StudentInnen in den Bundesstaat zu mobilisieren. Während eines Besuches Ende Herbst in New York erkannte

Moses, dass viele Yale-StudentInnen eine Teilnahme am Sommerprojekt in Mississippi auf eigene Kosten planten und dass der National Council of Churches sogar selbständig Sommerprojekte startete. Wachsende Unterstützung signalisierte auch die Erklärung von John Lewis im Dezember, dass das SNCC eine Krise von solchem Ausmaß plane, dass »die Bundesregierung diesen Bundesstaat übernehmen muss.« Er gab zu, dass die geplante Invasion durch BürgerrechtsaktivistInnen womöglich auch in Gegengewalt enden könne, aber er glaubte, »dass aus diesem Konflikt, dieser Konfrontation und diesem Chaos etwas Positives entstehen wird.«[7]

Als das Sommerprojekt in Mississippi vom Exekutivkomitee des SNCC zum letzten Mal am 30. Dezember 1963 diskutiert wurde, nahm Moses eine zurückhaltende Position ein und wiederholte die Gründe, die ihn dazu gebracht hatten, diesen Plan zu initiieren, während er ebenso versuchte, denjenigen AktivistInnen gerecht zu werden, die Einwände hatten. Zusammen mit weiteren, weniger radikalen Projekten stellte Moses Lowensteins Plan vor, »Tausende« StudentInnen nach Mississippi zu mobilisieren, um einen Showdown zwischen Bundesregierung und Bundesstaat zu provozieren. Charles Cobb, ein Hauptamtlicher aus Mississippi, kritisierte den Plan und meinte, das SNCC werde durch so viele Freiwillige überfordert; zudem werde das Projekt zusammenbrechen, wenn die StudentInnen es am Ende des Sommers wieder verlassen würden. Charles Sherrod sorgte sich um die Auswirkungen auf die anderen Projekte des SNCC: »Sind wir dazu bereit, den Zusammenbruch aller unserer Aktivitäten durch solch eine Konfrontation zu riskieren?«

Unterstützung für das Sommerprojekt kam hauptsächlich von älteren SNCC-Aktivisten wie John Lewis und Marion Barry, die glaubten, das SNCC solle die gute Gelegenheit nutzen, während des kommenden Wahljahres 1964 Druck auf die Bundesregierung auszuüben.

Auch James Forman meinte, die StudentInnen aus den Nordstaaten würden »Möglichkeiten der Öffentlichkeitswirkung und

Kommunikation« mit sich bringen, und dass das SNCC AktivistInnen dazu ausbilden könnte, die Freiwilligen anzuleiten.

Moses stellte erneut seine Meinung dar, eine Konfrontation werde sowohl »das Tor für weiterer Druck öffnen«, als auch Zugeständnisse und Verhandlungen erzwingen, die zu sozialer Veränderung führten. Aber er gestand auch die Möglichkeit ein, dass die Bundesregierung »einfach nicht darauf vorbereitet sein könnte, in einem Umfang einzugreifen, wie wir das von ihr fordern.« Das SNCC müsse diskutieren, ob es genügend Druck entfalten kann, »damit sich die Regierung vorbereitet«, und ob der Plan »nicht vielleicht zu dem angedrohten Blutbad einlädt und gewaltsame Konsequenzen hat, mit denen wir nicht umgehen können.« Das Exekutivkomitee nahm einen Antrag von Marion Barry an, der das SNCC dazu verpflichtete, »das Wahlrecht für alle Bürger von Mississippi zu erringen und dafür so viele Menschen wie nötig einzusetzen.«[8]

Obwohl der Antrag unklar formuliert war, konnte seine Annahme darauf schließen lassen, dass die Idee, eine große Anzahl weißer StudentInnen solle im Sommer 1964 nach Mississippi gehen, damit akzeptiert worden war, denn eine gegenteilige Entscheidung wäre wohl nötig gewesen, um Lowenstein und andere von ihrer Mobilisierung abzuhalten. Aufgrund der Möglichkeit, dass die AktivistInnen anderer Organisationen in Mississippi weiterhin Einwände haben könnten, bestimmte das Komitee weitere SNCC-Führungspersonen, die zusammen mit Moses die Angelegenheit mit den COFO-AktivistInnen besprechen sollten. Dieser Schachzug war offensichtlich erfolgreich, denn der COFO stimmte im Januar 1964 zu.[9]

Bereits vor der Annahme des Sommerprojekts hatten sich SNCC-AktivistInnen über die Aufnahme einer wachsenden Zahl von weißen AktivistInnen in den Jahren 1963 und 1964 in das SNCC Sorgen gemacht. Das SNCC war immer eine von Schwarzen geleitete Organisation mit BerufsaktivistInnen, die überwiegend Schwarze waren. Besonders Weiße aus den Nordstaaten brachten bei ihrem Eintritt ins SNCC Fähigkeiten mit, mit denen sie die Diskussionen dominieren konnten. Dass das SNCC für weiße StudentInnen aus den Nordstaaten wie zu einem Magnet wurde, war spätestens 1963 sichtbar geworden, als sie bereits ein Drittel der TeilnehmerInnen auf der jährlichen SNCC-Konferenz ausmachten. Ein schwarzer Student gab damals seiner Angst Ausdruck, dass die Weißen »die Bewegung übernehmen würden.«[10] Bis zum Herbst 1963 waren zwanzig Prozent aller SNCC-Angestellten Weiße. Das SNCC-Exekutivkomitee hatte versucht, das Problem dadurch zu lösen, dass es Leute bezahlte, die von einer Universität zur nächsten reisten, um StudentInnen aus schwarzen Colleges zur SNCC-Mitgliedschaft zu motivieren, aber ihre Anstrengungen hatten wenig Auswirkung auf die Zusammensetzung der Mitgliedschaft.

Die meisten älteren SNCC-Mitglieder blieben dem Ziel, eine von Schwarzen und Weißen gemischte Gemeinschaft innerhalb des Kampfes in den Südstaaten aufzubauen, verpflichtet. Im Frühling 1964 sprach Howard Zinn optimistisch vom »magischen sozialen Effekt, der dadurch entsteht, dass Leute zusammen leben, arbeiten und leiden. Freundschaften und Liebesbeziehungen haben die Rassenschranken im SNCC überschritten.« Zinn versicherte, »jüngste Aufrufe von Malcolm X und anderen, die Schwarzen sollten zur Selbstverteidigung greifen, sogar zur Vergeltung gegen Gewaltakte der Weißen, haben innerhalb des SNCC keine Zustimmung gefunden«, auch wenn »einzelne SNCC-Mitglieder zuweilen ihre Sympathie für solche Positionen ausgedrückt haben.« Aber Zinns Glaube, die Arbeit des SNCC »zeige den Weg zur antirassistischen Gesellschaft auf«, kontrastierte mit den Befürchtungen unter vielen älteren SNCC-AktivistInnen, dass der entgegengesetzte Trend entstehe.[11]

Im Februar 1964 fragte sich Bob Moses, ob die »humanitären Werte«, die bisher den Charakter des SNCC ausmachten, angesichts der tief verwurzelten ökonomischen und politischen Probleme in den Südstaaten aufrechterhalten werden können. Bei Treffen der Hauptamtlichen sei es zu rassistischen Ausbrüchen gekommen, erklärte er, weil es »für einige Studenten, die in Mississippi aufgewachsen waren und Opfer des dortigen Rassenhasses seien, sehr schwer ist, nicht alles an den weißen Aktivisten auszulassen.« Eine »Tirade« eines schwarzen Mitglieds gegen die weißen Mitglieder, die »eine ganze Reihe von wirklich rassistischen Hassformeln beinhaltete«, habe fünfzehn Minuten gedauert, während die anderen OrganisatorInnen »einfach dasaßen.« Die weißen AktivistInnen wurden für ihre Neigung kritisiert, aufgrund ihrer Fähigkeiten oder Ausbildung »nach Führungsposten zu streben.« Moses nahm diese zunehmend gespannten Beziehungen zwischen Schwarzen und Weißen zur Kenntnis, glaubte aber daran, dass die Schwarzen in der Bürgerrechtsbewegung »einen weiten Horizont haben; sich mit Individuen identifizieren, die am selben Kampf teilnehmen, wodurch der Kampf nicht ausschließlich ein Kampf um die Beziehungen zwischen Schwarzen und Weißen bleibt.«[12]

John Lewis, ein standhafter Befürworter gewaltfreier Prinzipien, bemerkte eine Zunahme des schwarzen Bewusstseins unter den Schwarzen in den Südstaaten. »Irgendwas geschieht mit den Menschen in der schwarzen Gemeinschaft des Südens«, erklärte er im Frühling 1964. »Sie identifizieren sich mit Leuten aufgrund von deren Hautfarbe. Sie verfolgen die Ereignisse in Cuba, Lateinamerika und in Afrika. Selbst im SNCC sprechen wir zwar immer noch von Integration, von der utopischen Gemeinschaft, aber es gibt doch große Veränderungen. Seit 1960 hat sich etwas radikal gewandelt, die Art, wie unsere Leute sich kleiden; die Musik, die sie hören; ihre neuen Naturfrisuren – alle wollen sie nach Afrika reisen. Ich glaube, die Leute suchen nach einer Art Identität, und sie sind dabei, sie zu finden.«[13]

Die allgemeine Frage der Einbeziehung weißer AktivistInnen wurde im Dezember 1963 aufgebracht, als das Exekutivkomitee Charles Sherrods Projekt in Südwest-Georgia diskutierte, bis dahin das einzige Projekt des SNCC, bei dem weiße StudentInnen dafür mobilisiert worden waren, in schwarzen Gemeinden zu arbeiten. James Forman verteidigte die Mitarbeit Weißer als Teil eines Experiments und betonte, dass die Effektivität der weißen AktivistInnen in Georgia »die Tür dafür geöffnet hat, Weiße auch in anderen Regionen einzusetzen.« Er meinte, die wirklichen Konflikte spielten sich zwischen politischen, religiösen und philosophischen Zielvorstellungen ab, Konflikte, die auch in anderen SNCC-Projekten auftreten würden. Courtland Cox bemerkte, dass die Stagnation in Georgia von der Schwerpunktsetzung Sherrods herrühre, die Gedanken der Schwarzen zu befreien, was eine zu nebulöse Vorstellung sei, um als Grundlage für eine Organisierung zu dienen. Sherrod versprach zwar, sein Programm »auszuweiten«, beharrte aber darauf, dass »wir anfangs nichts außer unseren Ideen und unserem Körper haben«, und dass er diese Ressourcen benutzen müsse, »um ein Konzept der Freiheit des Geistes zu formulieren, welches in einem sehr praktischen Sinne der notwendige erste Schritt für alle weiteren Aktivitäten ist.«[14]

Die weißen SNCC-Kader waren sich über die neue Strömung des schwarzen Bewusstseins im SNCC im klaren und versuchten, mit ihren Auswirkungen zurechtzukommen. Für Sam Shirah, einen weißen Studenten aus dem Süden, der 1963 die vom SCEF bezuschusste Stelle von Bob Zellner als Field Secretary übernahm, wurde das Thema umso dringlicher, als Bayard Rustin auf einer SNCC-Konferenz im November 1963 junge Weiße dazu aufrief, »in die Gemeinden der Weißen zu gehen, um dort so hart wie jedes schwarze SNCC-Mitglied dafür zu arbeiten, die Weißen davon zu überzeugen, dass sie die Bürgerrechtsbewegung unterstützen müssen.« Sam Shirah war in Alabama und Nord-Florida aufgewachsen und hatte an den Danville-Demonstrationen teilgenommen. Nachdem er Rustin gehört hatte, entschied er, Protest allein genüge nicht. Es »muss etwas getan werden, um die Masse der Weißen in den Südstaaten zu erreichen, die denken, dass diese Bewegung ihr Feind ist. Sie ist nicht ihr Feind. Sie ist wohl eher ihre Erlösung.«[15]

Während der SNCC-Diskussion über das Projekt in Südwest-Georgia bemerkte Shirah, dass das Konzept der »Freiheit des Geistes« nicht nur auf die Schwarzen, sondern ebenso auf die Weißen anzuwenden wäre. Er bemerkte, viele Weiße in der Bewegung seien »durch Schuldkomplexe gelähmt« und dieses Schuldgefühl bringt sie dazu, dem »Schwarzsein« zu huldigen. Wenngleich eine solche Identifikation ein erster Schritt zu »wirklicher Integration« sein kann, sei es doch notwendig, »sich zu einem weißen Nationalismus weiterzuentwickeln«; das heißt, die Weißen müssen lernen sich selbst zu akzeptieren und ihr eigenes Bewußtsein zu befreien. Weiße AktivistInnen sollten deshalb Programme für Gemeinden der Weißen entwerfen und weiße StudentInnen für diese Programme mobilisieren.[16]

Während des Frühlings 1964 unternahmen Sam Shirah und andere weiße StudentInnen Schritte für den Aufbau einer weißen Parallelorganisation zum SNCC in den Südstaaten. Es gelang ihnen, 45 weiße studentische AktivistInnen zu einem Treffen Anfang April in Nashville zusammenzubringen, wo die neue Organisation, das *Southern Students Organizing Committee* (SSOC, Studentisches Organisationskomitee in den Südstaaten), gegründet wurde. Eines der Ziele des SSOC war es, mehr weiße StudentInnen für die Bürgerrechtsbewegung zu mobilisieren, aber die AktivistInnen waren sich über die Beziehungen zum SNCC unsicher. Anne Braden, die in engem Kontakt mit den neuen Führungspersonen der Organisation stand, war gegen die Gründung einer separaten Organisation für weiße StudentInnen, die nur dazu führe, »das Spektrum segregierter Studentenorganisationen in den Südstaaten noch zu erhöhen.« Sie schlug vor, dass das SSOC eine autonome »Abteilung« oder »Assoziation« des SNCC werden soll. Anne Braden drängte zudem darauf, dass das SSOC für die »Auflösung der durch Jahrhunderte der Segregation geschaffenen Spannungen arbeitet, und diese nicht in gleicher Schärfe an die nächste Generation weitergibt. Ich denke, euer Job ist es, die gemäßigten weißen Studierenden *herauszufordern.*«[17]

Durch Braden in ihrem Glauben ermutigt, das SNCC werde sie unterstützen, erschien eine SSOC-Delegation, die unter anderem aus Sam Shirah, Ed Hamlett und Sue Trasher bestand, zum Treffen des SNCC-Exekutivkomitees am 19. April 1964. Sie schlugen dort vor, das SNCC solle »ein Projekt weißer Studierender« finanziell unterstützen sollen, das sich um die Organisierung in den Gemeinden der Weißen kümmern werde. Shirah bat das SNCC darum, das Projekt als »so wichtig wie jedes andere Projekt« zu betrachten und ihm die gleiche Ausrüstung und Ressourcen für ein AktivistInnen-Team zuzugestehen. Die Antwort war positiv, wobei einige SNCC-Mitglieder sogar gegen Bradens Einwände bezüglich der vollständigen Unabhängigkeit des SSOC argumentierten. Courtland Cox zum Beispiel meinte, die Schwarzen im SNCC würden die Ähnlichkeit der Probleme von Schwarzen und Weißen am ehesten mitbekommen, wenn sich Weiße beispielhaft denselben Gefahren wie die Schwarzen aussetzten. Bob Moses schlug vor, das SSOC solle Teil des SNCC werden und im Exekutivkomitee vertreten sein, denn ein Grund für die »Spannungen zwischen Schwarzen und Weißen« sei der drängende Wunsch der Weißen, in den Gemeinden der Schwarzen zu arbeiten. Ohne Gegenstimme stimmte das Komitee darin überein, 900 Dollar zur Finanzierung einer weiteren Konferenz für weiße StudentInnen im Mai zur Verfügung zu stellen und eine Arbeitsgruppe einzuberufen, die die zukünftigen Beziehungen zwischen dem SNCC und dem SSOC ausarbeiten sollte.[18]

Obwohl die meisten GründerInnen des SSOC bereits im SNCC aktiv gewesen waren, blieben die Beziehungen zwischen beiden Gruppierungen während des Frühlings und Sommers 1964 in stetem Fluss. Ed Hamlett, der Nachfolger von Shirah auf der vom SCEF bezuschussten Stelle im SNCC, leitete ein Community-Projekt für Weiße als Teil des COFO-Sommerprojekts von 1964, aber die darauf folgenden SSOC-Projekte waren unabhängig vom SNCC. Obwohl die Kontakte zwischen beiden Gruppen aufrechterhalten wurden, näherte sich das SSOC näher an die SDS als ans SNCC an und Hamlett wurde 1965 schließlich Mitglied des SDS-Nationalrats.

In diesem Jahr beobachtete ein Student, der mit beiden Gruppen sympathisierte, dass das SSOC »dieselbe Art von Studenten anzieht wie diejenigen, die 1960 zum SNCC gegangen sind – aber das SNCC ist zu radikal geworden, zu professionell, zu sehr eine Gruppe von Berufsrevolutionären, um eine große Anzahl idealistischer College-Studenten anzuziehen.«[19]

Die Rolle der Weißen im SNCC war nur ein Aspekt einer breiteren Diskussion über die Organisierung der Schwarzen in den Südstaaten. Obwohl einige SNCC-Kader meinten, Weiße könnten keine effizienten OrganisatorInnen in Gemeinschaften der Schwarzen sein, war eine Mehrheit der Ansicht, die Hautfarbe der OrganisatorInnen sei weniger wichtig als das Programm, das sie vertreten. Vor 1964 betrafen die meisten Diskussionen im SNCC Fragen der Taktik, während die Ziele der Organisation wie selbstverständlich auf die Ziele einer Bürgerrechtsreform beschränkt blieben. Anfang 1964 fingen einige SNCC-Kader an zu fragen, ob solche Zielvorstellungen den Einsatz von so viel Energie rechtfertigten und ob sie wirklich den Bedürfnissen der Schwarzen in den Südstaaten angemessen waren. Viele glaubten, die Abschaffung der Segregation in Restaurants sei nicht das wichtigste Ziel für Schwarze, denen das Geld fehlte, um überhaupt in ihnen zu speisen. Ebenso sei die Wählereintragung für Schwarze wenig bedeutsam, die drängende ökonomische Probleme hätten.

Ein SNCC-Aktivist in Cambridge, Maryland, drückte es so aus: Die Ziele der Bewegung hätten sich verschoben: »Brot statt Hamburger«, Arbeitsplätze statt Abschaffung der Segregation, und hin zu der Frage, »wie die Leute überhaupt satt werden.«[20]

Bob Moses, James Forman und andere ältere SNCC-AktivistInnen hatten schon öfter die Notwendigkeit ökonomischer Programme betont. Doch praktische Schritte des SNCC in dieser Richtung wurden von der Nonviolent Action Group (NAG) initiiert. Die Mitglieder der NAG hatten 1962 an einem kontinuierlichen Prozess politischer Bildung teilgenommen, seit sie an der Howard University eine Arbeitsgruppe »Project Awareness« gegründet hatten, um die StudentInnen über soziale Themen zu informieren. Die erste Initiative dieser Arbeitsgruppe war die Veranstaltung einer Diskussion zwischen Malcolm X und Bayard Rustin. Weitere Diskussionsteilnehmer waren Norman Thomas von der Socialist Party und der kommunistische Historiker Herbert Aptheker. Die intellektuelle Atmosphäre innerhalb der NAG war spannend und intensiv. Cleveland Sellers erinnerte sich, dass die Mitglieder im Zimmer von Stokely Carmichael, dem inoffiziellen Hauptquartier der NAG, stundenlang »politische Themen und Strategien der Bewegung diskutierten. Wenn es Zeit war zu essen und eine gute Diskussion im Gange, ließen wir einen Hut rumgehen und bestellten kalten Aufschnitt.«[21]

Bis 1964 hatten viele NAG-Mitglieder sozialistische Positionen übernommen. Stokely Carmichael etwa forderte, dass die Großkonzerne vom Staat übernommen werden. »Ich möchte sehen, dass nicht mehr nur einhundert Menschen über sechzig Prozent der Industrie kontrollieren. Und ich möchte sehen, dass die Plantagen aufgeteilt werden, bis jede Person auf der Plantage sein eigenes Stück Land hat.«[22]

Im September 1963 schlug Bill Mahoney, der NAG-Vertreter im Exekutivkomitee des SNCC, vor, das SNCC solle ein Wirtschaftsprogramm entwickeln. Das SNCC stimmte Mahoneys Vorhaben zu, ein Büro in Washington zu eröffnen, das er leiten sollte und wo Initiativen für Arbeitsplätze und weitere wirtschaftliche Projekte in den Regionen, in denen das SNCC aktiv war, gestartet werden sollten. Mahoney spielte zudem eine wichtige Rolle bei der Organisation einer Konferenz von Führungspersonen an der Howard University im November 1963, um SNCC-VertreterInnen mit führenden Kräften aus Arbeiterorganisationen und demokratisch-sozialistischen Organisationen zusammenzubringen. Obwohl die Ergebnisse der weitgehend aus Spenden der Gewerkschaften finanzierten Konferenz die Erwartungen von Mahoney nicht erfüllten, befassten sich von nun an alle weiteren SNCC-Treffen auch mit wirtschaftlichen Fragen.

Bill Mahoney kritisierte jedoch später die Führungspersonen im SNCC dafür, zu einem Treffen der VertreterInnen des *Industrial Union Department* (Abteilung für Industriegewerkschaften) in der *American Federation of Labour – Congress of Industrial Organizations* (AFL-CIO, Arbeiterföderation Amerikas – Kongress der Industrieorganisationen, der US-amerikanische Gewerkschaftsbund; d. Ü.) auf dieser Konferenz nicht erschienen zu sein.[23]

Auf dem Treffen des Exekutivkomitees im Dezember 1963 griffen Bill Mahoney und Courtland Cox sowohl Bob Moses als auch Charles Sherrod an und warfen ihnen vor, bei ihren Projekten keine ökonomischen Programme zu entwickeln. Mahoney kritisierte das SNCC dafür, sich nicht für die gewerkschaftliche Organisierung zu engagieren und kein langfristiges Programm zum Erreichen von Vollbeschäftigung vorweisen zu können. Frank Smith, ein ehemaliger Morehouse College-Student aus LaGrange, Georgia, der in Mississippi arbeitete, meinte, das SNCC solle »keine Lückenbüßermaßnahmen, die die Revolution verhindern« propagieren, sondern »alle Schwarzen vom Land in die Städte bringen und damit die Revolution heraufbeschwören.« Andere schlugen vor, die SNCC-OrganisatorInnen sollten sich Methoden überlegen wie zum Beispiel einen Marsch auf Weizensilos oder die Organisierung eines Generalstreiks. Marion Barry war unter den älteren AktivistInnen, die gegen solch drastische Maßnahmen argumentierten. Er bestand darauf, dass das SNCC die »Lückenbüßermaßnahmen« brauche, um »seine langfristigen Programme ausarbeiten zu können.« Und Bob Moses fügte hinzu, die SNCC-Kader hätten von den Inhalten einer Revolution keine Ahnung, oder davon, wie eine Wirtschaft zu erneuern sei. Daher sollten sie »sich eine Auszeit nehmen«, um die Probleme der Schwarzen in den Südstaaten zu studieren. Die Alternativen müssten nicht einfach diejenigen sein, die die USA oder die Sowjetunion anzubieten hätten: »Es könnte auch sein, dass niemand die Antworten auf die technologische Revolution kennt, die uns gefangen hält.«[24] Die Meinung von Moses überzeugte offensichtlich andere SNCC-AktivistInnen, die kurz danach begannen, ein Ausbildungsprogramm zu erarbeiten, indem sie Studienkurse über die Arbeitsgesellschaft am Institute for Policy Studies in Washington ansetzten.

Die Diskussionen über Ökonomie zeigten einen Wandel im Arbeitskonzept des SNCC an. Ruby Doris Robinson sagte im Frühjahr 1964, die Bürgerrechte seien ein totes Thema, weil sie für diejenigen Schwarzen nichts mehr bedeuteten, die »sich um die materiellen Grundlagen ihres Lebens sorgen.« Sie erklärte, das SNCC habe leider eine umfassende Strategie lange Zeit für überflüssig gehalten und schlug vor, »neue und kreative Taktiken zu diskutieren, und zu untersuchen, wie unsere Arbeit sich auf grundsätzliche Veränderungen in der Machtstruktur auswirkt.« Das SNCC solle »seine Ideologie definieren, spezifische Zielvorstellungen formulieren« und erklären, »wie es sich in den Massenmedien darstellen will.« Frank Smith forderte zudem, dass die SNCC-Projekte nach dem Sommer abgebrochen werden sollten, damit sich die Kader in Ruhe treffen und ihre Arbeit auswerten könnten.[25]

Als aber das Sommerprojekt nahte, war das SNCC zu beschäftigt damit, die unmittelbaren Aktionen zu planen, um viel Zeit darauf zu verwenden, langfristige Programme zu entwickeln. Die aufkommenden Diskussionen über seine Ziele machten es dem SNCC nur schwerer, sein bisher ambitioniertestes Projekt vorzubereiten, und sie waren eine Quelle von Spannungen innerhalb der Bündnisse des SNCC mit anderen Bürgerrechtsgruppen und Reformorganisationen. Aber im Frühjahr 1964 drehten sich die Konflikte hauptsächlich um politische Fragen.

Der wichtigste Grund für die zunehmenden Spannungen zwischen dem SNCC und seinen liberalen Bündnispartnern war der Makel des SNCC, KommunistInnen nicht explizit aus der Organisation auszuschließen. Seit den späten vierziger Jahren hatte nahezu jede wichtige Reformorganisation in den Vereinigten Staaten eine solche Politik befolgt, mit Ausnahme des SNCC. Während des Sommers 1963 kritisierten einige SNCC-OrganisatorInnen Martin Luther King dafür, vor dem Regierungsdruck kapituliert und einen seiner Vertrauten, Jack O'Dell, rausgeworfen zu haben, nachdem O'Dells frühere Mitgliedschaft in der Kommunistischen Partei vom FBI aufgedeckt worden war.[26] Carmichael etwa meinte, die AktivistInnen der Bürgerrechtsbewegung sollten damit aufhören, »eine defensive Einstellung zum Kommunismus einzunehmen«, denn wenn

Schwarze sich ständig gegen den Vorwurf verteidigen würden, KommunistInnen zu sein, werde das »immer wieder von den Bürgerrechten ablenken und auf eine Ebene Amerikanismus versus Anti-Amerikanismus führen.«[27]

Das SNCC hat nie eine formelle Erklärung über den Ausschluss von KommunistInnen abgegeben, weil es kaum irgendwelche formellen Erklärungen abgegeben hat, aber seine interne Politik bestand darin, Hilfe von jeder Seite willkommen zu heißen, die ernsthaft und aktiv gewillt war, die Anliegen der Bürgerrechte zu unterstützen. Seit dem Vorfall von 1961, als das SNCC äußeren Einflüssen dabei nachgab, Bayard Rustin von einer Konferenz fernzuhalten, hat das SNCC niemanden einfach nur wegen seiner oder ihrer politischen Ausrichtung ausgeschlossen oder die Beziehungen abgebrochen. Die lange Verbindung zwischen dem SNCC und dem SCEF war aufrechterhalten worden, trotz vieler negativer Kommentare in Zeitungen der Südstaaten über die Verbindungen des SCEF zum Kommunismus. Allerdings war das SNCC auch noch nicht mit der Frage konfrontiert worden, einen bekannten Kommunisten zu entlassen oder öffentlich Hilfe von der Kommunistischen Partei zu akzeptieren. Deshalb war seine interne Politik der »freien Vereinigung« nur ein Aspekt seiner allgemeinen Offenheit gegenüber neuen Mitgliedern und Ideen, sowie ein Ergebnis der spontaneistischen Aktionstaktiken.

Erst nach dem Marsch auf Washington, als sowohl die Bedeutung als auch die Radikalität des SNCC offensichtlich wurde, begannen BürgerrechtssympathisantInnen aus dem Norden zu dem möglichen kommunistischen Einfluss im SNCC Fragen zu stellen. Im November 1963 veröffentlichte mit einem Artikel von Theodore H. White im *Life*-Magazin zum ersten Mal eine bedeutende landesweite Publikation eine durchgängig negative Beurteilung des SNCC. White sprach von »einer ernsthaften Infiltrierung nicht näher identifizierbarer Elemente« des SNCC und erhob den Vorwurf, SNCC-»Agenten« hätten während der Demonstrationen im Frühling in Jackson und Birmingham versucht, »einen friedvollen Marsch in einen gewaltsamen *Putsch* gegen Regierungsinstitutionen umzuwandeln.« White erwähnte einen »Schlachtplan« des SNCC, der zwar von »den führenden Schwarzen abgelehnt werde«, der jedoch »gewaltfreie Kampfgruppen vorsieht, um die Stadt Montgomery von jeder Kommunikation mit der Welt abzuschneiden – sehr wahrscheinlich, um einen ›gewaltfreien‹ Kampf zwischen Alabama und den USA zu provozieren.«[28]

Die führenden SNCC-AktivistInnen waren von diesen unbelegten Vorwürfen ziemlich geschockt, aber ihre größte Sorge bestand darin, dass SNCC-Mitglieder vor das House Un-American Activities Committee (HUAC) geladen und nach kommunistischen Einflüssen befragt werden könnten. Obwohl die AktivistInnen privat das HUAC ablehnten und John Lewis im Dezember 1963 im Namen des Exekutivkomitees die Abschaffung des HUAC forderte, waren sie sich unklar darüber, ob das SNCC dazu in der Öffentlichkeit Stellung beziehen sollte. Stokely Carmichael bestand auf einem Treffen des Exekutivkomitees Ende 1963 darauf, dass aufgrund der Politik des HUAC, die nicht darin bestehe, KommunistInnen ausfindig zu machen, sondern darin, die nach kommunistischem Einfluss befragten Organisationen zu zerstören, das SNCC einfach erklären soll, was es tue sei »richtig«, und sich weigern solle, sich zu verteidigen. Einige Mitglieder stimmten der These zu, das SNCC solle eine »prinzipielle Position« gegen die Etablierung politischer Kriterien für Aktivismus einnehmen, aber andere favorisierten einen pragmatischeren Umgang. Bernard Lafayette argumentierte, das SNCC solle die Bereiche bestimmen, in denen es kämpfen wolle »und nicht versuchen, überall zur gleichen Zeit zu kämpfen.« Bob Moses drängte ebenso darauf, dass das SNCC Kontakte vermeiden solle, die der Bewegung schadeten, außer in Fällen von OrganisatorInnen, die »bekannt sind und denen wir vertrauen«, denen gegenüber das SNCC »seine absolute Solidarität« beweisen solle. Moses hatte das Gefühl, die wirkliche Differenz bestand »zwischen einer prinzipiellen Position, dass die politische Ausrichtung niemals relevant sein soll, selbst wenn sie Probleme schafft, und einer pragmatischen Position zu unterscheiden, nach welcher sie eben manchmal relevant sein kann.« Das SNCC brauche »ein flexibles Kriterium anstatt platter Statements in die eine oder andere Richtung.« Die Herangehensweise von Moses setzte sich offensichtlich durch, denn der allgemeine Konsens auf dem Treffen »schien eine Position der Neutralität zu unterstützen. Die Mitglieder sollten keinen politischen Aufnahmetest bestehen müssen. Trotzdem gab es keinen Beschluss, diese Position öffentlich zu erklären.«[29]

Im Frühjahr 1964 war das SNCC dazu gezwungen, das Thema Vereinigungsfreiheit wieder aufzugreifen, als Jack Greenberg, Vorsitzender des NAACP-Fonds für Bildung und Rechtshilfe, damit drohte, er werde eher die Rechtshilfe für das Sommerprojekt zurückziehen als mit Mitgliedern der National Lawyers Guild (NLG) zusammenzuarbeiten, einer Gruppe linker AnwältInnen, die KommunistInnen nicht ausschloß. Das SNCC-Exekutivkomitee hielt an seiner Position fest, jeden Versuch abzuweisen, der das SNCC dazu zwinge, seine Politik der »offenen Tür« zu ändern. Nachdem Greenberg seine Position so verändert hatte, dass er den Freiwilligen des Projekts anbieten wollte, zwischen der NLG und AnwältInnen aus dem NAACP-Fonds zu wählen, bestand das SNCC darauf, dass es Greenberg nicht erlaubt werde, die politische Ausrichtung der Freiwilligen als Forum für seine Angriffe auf die NLG zu benutzen. Nach den Angaben von Howard Zinn stand für das SNCC das Prinzip auf dem Spiel, dass es dem »liberalen Establishment« nicht zuzugestehen sei, über die Gruppen zu richten, mit denen sich das SNCC verbündete.

Kurz darauf gab John Lewis über die Entwicklung der Diskussionen im SNCC zur kommunistischen Beeinflussung eine öffentliche Erklärung ab. Auf den Vorwurf von FBI-Chef J. Edgar Hoover, KommunistInnen würden die Bürgerrechtsbewegung infiltrieren, antwortete Lewis, solche Vorwürfe würden nur den GegnerInnen der Bürgerrechte helfen, die die Segregation beibehalten wollten. Hoovers Agenten »sollten lieber ihre Zeit damit verbringen, die Bombenleger, die mörderischen Heckenschützen im Dunkeln und die brutalen Rassisten ausfindig zu machen, die tagtäglich der Verfassung der Vereinigten Staaten ins Gesicht spucken.«[30]

Wenngleich das SNCC vielleicht einige liberale SympathisantInnen durch seine Entscheidung, die Hilfe der National Lawyers Guild anzunehmen, verschreckt haben mag, blieb das wichtigste Anliegen des SNCC in der ersten Hälfte des Jahres 1964 die Ausweitung der Unterstützung aus dem liberalen Lager in den Nordstaaten für das Sommerprojekt. Trotz seines Radikalismus konnte das SNCC ungehindert an den Treffen der wichtigsten Bürgerrechtsorganisationen teilnehmen, besonders denen des United Civil Rights Leadership Council (UCRLC). Dem SNCC stand sein Anteil an den Geldern von Stiftungen und reichen Einzelpersonen zu, die die Bürgerrechtsaktivitäten in den Südstaaten unterstützen wollten. Solche Unterstützung war wichtig, um das groß angelegte Mississippi-Projekt des SNCC am Leben zu erhalten, ohne die anderen Projekte in den Südstaaten aufzugeben.

Führende SNCC-AktivistInnen stellten manchmal die Motive anderer im Leadership Council in Frage, beteiligten sich an den Treffen aber trotzdem. »Wenn ich mich umsah, wie die Leute gekleidet waren und wie sie sich ausdrückten, wusste ich, dass ich auf der Hut sein musste, um nicht von dieser raffinierten Bande von Konkurrenten, von diesem Strudel des Misstrauens, geschluckt zu werden«, beschrieb James Forman seine Eindrücke eines solchen Treffens. »Da saß ich und vertrat eine Organisation, deren Aktivisten kaum einmal mehr als fünfzig Cents in der Tasche hatten, die Hamburger verschlangen, um weitermachen zu können, und die wie selbstverständlich Arbeitskleidung trugen.«[31]

Am Mississippi-Sommerprojekt 1964 waren alle landesweit agierenden Bürgerrechtsorganisationen der USA und viele liberale Reformgruppen beteiligt. Ein führender Aktivist des SNCC warnte, das SNCC müsse mehr tun, um seine »eigenen Vorstellungen zu entwerfen oder man wird sich permanent über uns hinwegsetzen.«[32] Obwohl das SNCC den Großteil der Gelder für den Council of Federated Organizations (COFO) beisteuerte, was zu einem prägenden

Einfluss in dieser Organisation führte, spendeten die NAACP, die SCLC und der CORE ebenso beträchtliche Summen für das Sommerprojekt. Der National Council of Churches trug zum Projekt mittels seiner »Commission on Religion and Race« bei und unterzeichnete das Orientierungsprogramm für studentische Freiwillige. Er sandte eine eigene Gruppe von Pastoren und AnwältInnen nach Mississippi, unter der Schirmherrschaft der Diozöse im Mississippi-Delta. Zudem wurde ein Medical Committee for Human Rights gegründet, das dem Projekt helfen sollte.

Das SNCC weitete im Frühjahr seine Aktivitäten in den Nordstaaten beträchtlich aus, um die Bündnisse mit führenden Liberalen zu verbessern und die nötigen Gelder für das Sommerprojekt aufzubringen. Der Kabarettist Dick Gregory ging auf eine Tournee, um Gelder für das SNCC zu sammeln und die Friends of SNCC (FreundInnen des SNCC) in den Nordstaaten organisierten Fundraising-Veranstaltungen mit AktivistInnen aus dem Süden. Dem SNCC gelang es, in den ersten drei Monaten 97 000 Dollar einzunehmen. Aber weil die Ausgaben ebenso enorm gestiegen waren, bekamen die Hauptamtlichen in diesem Frühjahr mindestens drei Mal keine Lohnzahlungen.[33]

Im Bundesstaat Mississippi gab es trotz der Differenzen unter den COFO-OrganisatorInnen große Begeisterung unter der lokalen schwarzen Bevölkerung für das Sommerprojekt. Das wurde beim Hattiesburg Freedom Day am 22. Januar 1964 deutlich, als mehr als fünfzig weiße Pastoren unter der Schirmherrschaft des National Council of Churches anwesend waren, um die Wählereintragung von mehr als 150 Schwarzen zu schützen. Obwohl Bob Moses wegen Blockierung des Bürgersteigs verhaftet wurde und ein weiterer SNCC-Aktivist im Gefängnis geschlagen wurde, gelang es den aus Schwarzen und Weißen bestehenden Gruppen, vor dem Hattiesburg Court House eine Mahnwache ohne Verhaftungen abzuhalten. Trotz der ungeminderten Borniertheit weißer Beamter zeigten die Demonstrationen die Bereitschaft einer beträchtlichen Anzahl Schwarzer, sich eintragen zu wollen, wenn sich die Polizei in den

Südstaaten durch die Präsenz von Weißen aus den Nordstaaten zurückhaltend geben musste. Während des folgenden Monats versuchten mehr als fünfhundert Schwarze, sich einzutragen. Danach organisierten die Schwarzen in anderen Gemeinden Mississippis ihre eigenen Freedom Days.[34]

Anfang Februar 1964 begannen die SNCC-AktivistInnen mit einer Kampagne für die Eintragung von Schwarzen in die Wahllisten über eine separate »Freiheitseintragung«, während sie gleichzeitig damit fortfuhren, sich über die offiziellen Kanäle der Demokratischen Partei registrieren zu lassen.

Moses erklärte auf der COFO-Versammlung vom 9. Februar 1964, das Ziel der neuen Kampagne sei die Schaffung separater Registratureinrichtungen, wodurch alle schwarzen BewohnerInnen ihren Wunsch, am politischen Prozess teilzunehmen, demonstrieren könnten. Ein weiteres Ziel war der Aufbau einer politischen Organisation, die erfolgreich die Anerkennung als legitime Parteiorganisation der Demokratischen Partei in Mississippi erringen konnte. Diese neue Partei, die bald die *Mississippi Freedom Democratic Party* (MFDP, Demokratische Freiheitspartei Mississippis) genannt wurde, sollte ein Hebel zur Herausforderung der etablierten Parteistrukturen auf dem landesweiten Parteitag der Demokratischen Partei sein, der im August in Atlantic City, New Jersey, stattfand.[35]

In den Nordstaaten entwickelte sich die Unterstützung für die MFDP als Herausforderung der regulären Demokratischen Partei Mississippis sehr schnell. Im Februar bot der California Democratic Council (Rat der Demokratischen Partei Kaliforniens) seine Unterstützung an und bald sollten weitere liberale Gruppen aus den Nordstaaten folgen. Im März trafen sich Bob Moses und Ella Baker mit Joseph Rauh, dem Vizepräsidenten der *Americans for Democratic Action* (ADA, AmerikanerInnen für Demokratische Aktion) und Anwalt der *United Automobile Workers* (UAW, Vereinigte Automobil-ArbeiterInnen), einer einflußreichen Persönlichkeit der Demokratischen Partei. Rauh bot Hilfe für die MFDP an und willigte später ein, sie in dieser Herausforderung zu beraten.[36]

Die MFDP wurde am 26. April 1964 auf einer Versammlung in Jackson, die lediglich von zweihundert Personen besucht wurde, offiziell gegründet. Nach Angaben des schwarzen Rechtsanwalts Len Holt war die Versammlung durch eine Atmosphäre »von Unverschämtheit und Irrelevanz gekennzeichnet: diese paar Leute wagten es, die traditionellen Demokraten in Mississippi herauszufordern. Es war lächerlich, in jeder Hinsicht, außer nach Maßstäben des SNCC.« Ein zwölfköpfiges Exekutivkomitee wurde kurzfristig gewählt, das die Politik der Partei formulieren sollte, bis ein permanentes Komitee geformt werden konnte. In den folgenden Wochen versuchten die UnterstützerInnen der MFDP, zu Bezirks- und County(Kreis)-Versammlungen der regulären Demokratischen Partei zugelassen zu werden, und als diese Versuche keinen Erfolg hatten, hielten sie eigene MFDP-Bezirks- und County-Versammlungen ab, um die Legitimität ihrer Partei zu etablieren. Vier MFDP-KandidatInnen traten bei den Vorwahlen der »Demokraten« am 2. Juni an. Victoria Gray, eine Bürgerrechtsaktivistin aus Hattiesburg, sollte Senator John Stennis Paroli bieten, und SNCC-Aktivistin Fannie Lou Hamer wurde als Kongresskandidatin ausgewählt.[37]

Es wurden auch Pläne zur Gründung von »Freiheitsschulen« geschmiedet, eine Idee, die von SNCC-Aktivist Charles Cobb Ende 1963 entwickelt worden war. Cobb erkannte das Ungenügen des öffentlichen Schulsystems in Mississippi aufgrund einer »kompletten Abwesenheit der akademischen Freiheit« und der Repression »intellektueller Neugier und des unkonventionellen Denkens.« Er schlug die Eröffnung neuer Schulen vor, »um ein intellektuelles und kreatives Vakuum« im Leben junger Schwarzer in Mississippi zu füllen, und »sie dazu anzuregen, ihre eigenen Wünsche, Forderungen und Fragen zu stellen.« Cobb schlug vor, die Hunderte von StudentInnen aus den Nordstaaten-Colleges, die im Sommer in Mississippi ankämen, sollten ihre LehrerInnen sein: »Das sind einige der besten Geister der Jugend dieses Landes und ihre akademische Bildung sollte anerkannt – und ausgenutzt werden.«[38]

Der Lehrplan für die Freiheitsschulen wurde im März 1964 bei einem Treffen von ErzieherInnen, PastorInnen und SNCC-AktivistInnen in New York ausgearbeitet. Die Kurse beinhalteten: normale akademische Fächer, zeitgenössische Themen, kulturelle Ausdrucksformen, die Entwicklung von Führungspersonen, und der letzte Kurs schließlich die Geschichte der schwarzen Befreiungsbewegung und das Studium politischer Fähigkeiten. Staughton Lynd, ein weißer Professor, der am Spelman College in Atlanta lehrte, wurde Leiter des Programms der Freiheitsschulen.[39]

Im Mai 1964 begann die Ausbildung der LehrerInnen. Die BewerberInnen wurden darüber informiert, dass ihre Arbeit in engem Zusammenhang mit den politischen Programmen des COFO stehen werde und dass der Sinn der Freiheitsschulen darin bestehe, »den Studenten eine Bildungserfahrung zu vermitteln, die es ihnen ermöglicht, die Mythen ihrer Gesellschaft zu durchschauen, die Realität deutlicher wahrzunehmen und Alternativen, schließlich sogar neue Wege für Aktionen zu finden.« Charles Cobb fügte hinzu, die Schwarzen in Mississippi müssten die Tradition der Anpassung überwinden, die ein Produkt der Unterdrückung durch die Weißen sei. »Hier im Süden gilt die Fähigkeit, einen eigenen Gedanken zu haben, als Subversion und wird zermalmt; denn jeder Ausdruck intellektueller Initiative bedeutet die Drohung, sich zu fragen, warum sie vorenthalten wird. Bisher bedeutete Lernen hier nur, zu lernen, dass man auf seinem Platz bleiben musste. Und das bedeutet zufrieden zu sein – ein ›guter Nigger‹ zu sein.«[40]

Die Pläne für das Sommerprojekt 1964 spiegelten sowohl die vergangene Entwicklung des SNCC als Protestgruppierung als auch seine Wandlung zu Kadern radikaler Community Organizer. Das SNCC bereitete sich auf eine entscheidende Prüfung seiner integrationistischen Orientierung vor, indem es die Unterstützung weißer Liberaler außerhalb der Südstaaten zu mobilisieren suchte. Die komplizierte Mischung aus Idealismus und Realismus, die die Vorbereitungen für den Sommer leiteten, wurde in einem Faltblatt für das Projekt offenbar, welches im Frühjahr geschrieben wurde: »Eine große Anzahl von Studenten aus den Nordstaaten, die ein notwendiges

Opfer erbringen, indem sie in den Süden gehen, werden der Regierung und der Öffentlichkeit unzweideutig klar machen, dass diese Situation nicht länger ignoriert werden kann. Sie werden dem Land ein Bild der Zusammenarbeit zwischen Menschen aus dem Norden, Weißen, und den Schwarzen aus den Südstaaten zeichnen, das die Ängste vor einem bevorstehenden Rassenkrieg reduzieren wird.« Das Ziel des Projekts sei entweder, die Autoritäten in Mississippi dazu zu zwingen, ihre Politik zu ändern, oder »die Bundesregierung dazu zu zwingen, für die verfassungsmäßigen Rechte ihrer Bürger zu intervenieren.« Wie James Forman zu Beginn des Sommers andeutete, hatte das Sommerprojekt ein weiteres Ziel neben dem Versuch, »dem Rest der Vereinigten Staaten zu zeigen, was wirklich in Mississippi los ist.« Das Projekt sollte nämlich »eine lokale Freiheitsbewegung entwickeln und stärken, die auch überleben kann, wenn die eintausend Besucher wieder gegangen sind.«[41] Die meisten SNCC-Führungspersonen glaubten, diese Ziele seien kompatibel. Aber ihr noch immer bestehender Glaube an die Effektivität einer Strategie, die darin besteht, an mächtige Institutionen durch individuelles Engagement und Opferbereitschaft zu appellieren, wurde verbunden mit einem wachsenden Bewusstsein, dass neue, von Schwarzen organisierte Institutionen nötig seien, in Mississippi wie auch im ganzen Land.

Teil 1: Zusammenkunft

Herausforderung für Mississippi

In einem dramatischen Versuch, die rassistische Unterdrückung zu überwinden, konzentrierte das SNCC im Sommer 1964 all seine Ressourcen in Mississippi. Das SNCC verband seinen idealistischen Feuereifer mit den Fähigkeiten, die seinen Aufstieg zu einer wichtigen Bürgerrechtsorganisation möglich gemacht hatten, um gleichzeitig neue Institutionen zu schaffen und eine machtvolle Herausforderung der Führung der Demokratischen Partei der USA zu beginnen. In der Dynamik dieser Auseinandersetzung wurden die bestehenden internen Differenzen über Ziel und Zweck des SNCC zeitweise in den Hintergrund gerückt, obwohl diese Themen selbst den Erfolg des Projekts beeinflussten.

Die Hauptamtlichen des SNCC spürten die Spannung zwischen ihren Versuchen, die Intervention von Bundestruppen heraufzubeschwören und ihrem Wunsch, eigenständige örtliche Bewegungen der Schwarzen aufzubauen. Sie hatten geglaubt, sie könnten die Fähigkeiten und Kontakte der freiwilligen AktivistInnen dieses Sommers nutzen, fanden aber heraus, dass die Freiwilligen zwar ein besseres Klima für Veränderung schufen, die weißen AktivistInnen jedoch die Versuche der führenden örtlichen Schwarzen unbeabsichtigt behinderten, dauerhaft von Schwarzen verwaltete Institutionen wie etwa die MFDP aufzubauen. Die Schwierigkeit, Elemente der früheren Proteststrategie des SNCC aufrechtzuerhalten und gleichzeitig eine grundsätzliche Alternative zu dieser Strategie zu entwickeln sollte in einem Sommer fortgesetzter Gewalt und schlussendlicher Frustration allzu deutlich werden.

Am 13. Juni 1964 begann die erste Gruppe der Sommer-Freiwilligen mit einem Training am Western College for Women in Oxford, Ohio. Fast dreihundert College-StudentInnen nahmen an einer Orientierungswoche teil, bei der sie auf die Arbeit in den COFO-Registrierungsprojekten vorbereitet wurden. In der darauf folgenden Woche besuchte eine weitere Gruppe von Freiwilligen Orientierungskurse, um in Freiheitsschulen unterrichten zu können.

Beide Gruppen waren von BürgerrechtsaktivistInnen und PsychiaterInnen kontrolliert worden, um die Teilnahme von Personen zu verhindern, die »die Bewegung gefährden könnten.« Eine COFO-Mitteilung sprach davon, skeptisch gegenüber all jenen zu sein, die »in sich gekehrt wirken« und deshalb unfähig sind, »nach außen zu agitieren und denen zu helfen, mit denen wir es hier zu tun haben.« Sie riet zudem dazu, diejenigen zurückzustellen, die »in ihren Vorhaben begrenzt sind« wie etwa Personen, die ausschließlich an Freiheitsschulen lehren wollten. Weiterhin solle auf KandidatInnen verzichtet werden, die nur »gut meinende Idealisten sind, die Gleichheit und brüderliche Liebe für alle wollen, aber gleichzeitig auffallend unpolitisch sind«, denn das COFO sei »eine durch und durch politische Organisation.« Schließlich wurde in der Mitteilung vor dem Typus des »College-Studenten mit überschüssigem Selbstbewusstsein« gewarnt, der schon »alle Antworten parat hat«, der weiß, »was bisher falsch gemacht wurde« und »auch sofort weiß, wie es nun richtig gemacht werden muss.« Im Gegensatz dazu suchte das COFO Menschen, die »realistisch« waren, »verantwortlich«, »flexibel« und »die Situation begreifen wollen.« Sie sollten zuhören können und andere Menschen akzeptieren wie sie sind, ohne sie ändern zu wollen – »Wir wollen *nicht*, dass der Farmer in Mississippi genauso wird wie wir.«[1]

Das Herkunftsmilieu, was Klasse und Hautfarbe der ausgewählten Freiwilligen für das Sommerprojekt betrifft, spiegelte die

Strategie des COFO wider, für Mississippi eine externe Intervention zu organisieren. »Diese Studenten bringen den Rest des Landes mit sich«, bemerkte Bob Moses. »Sie kommen aus guten Schulen und ihre Eltern sind einflussreich. Das Interesse des Landes wird geweckt und wenn das passiert, wird die Regierung auch auf dieses Interesse antworten.«[2] Die meisten Freiwilligen waren weiße StudentInnen, die sich an Bürgerrechtsaktivitäten in den Nordstaaten beteiligt hatten. Ihre Herkunft aus der Mittelklasse und ihr Erfahrungshintergrund waren ganz anders als bei den COFO-Kadern, mit denen sie zusammenarbeiten sollten. Die Tatsache, dass von den Freiwilligen erwartet wurde, ihre Sommerjobs aufzugeben, die Reisekosten selbst zu tragen und im Falle einer Verhaftung selbst die Kautionsgelder zur Verfügung zu stellen, führte dazu, dass wohlhabende StudentInnen bei den Freiwilligen überwogen. Es hatte nicht den Versuch gegeben, die Anzahl der Schwarzen unter den Freiwilligen durch finanzielle Hilfen zu erhöhen. »Weil sie sich in der Minderheit und missverstanden fühlten, zogen die meisten schwarzen Studenten ihre Zusage zurück«, erinnerte sich ein Teilnehmer.[3]

Die LehrerInnen der Freiwilligen waren SNCC-Field Secretaries, lokale BewegungsaktivistInnen aus Mississippi und einige wenige ExpertInnen von außerhalb. Obwohl die schwarzen BürgerrechtsaktivistInnen die Ideen des Sommerprojekts allgemein akzeptierten, hatten viele von ihnen ambivalente Gefühle, mit weißen Freiwilligen zusammenzuarbeiten. Einige Tage nach seiner Ankunft in Oxford notierte ein weißer Freiwilliger, dass die schwarzen OrganisatorInnen, vor allem die aus Mississippi, »sich wie bei einer In-Group verhalten, aufgrund dessen, was sie alles durchgemacht haben. Sie misstrauen uns, weil wir weiß sind, aus dem Norden kommen, städtisch, reich, unerfahren. In gewisser Weise bewundern wir sie und sind uns unserer Unterlegenheit bewusst.«[4]

Die COFO-OrganisatorInnen wiederum fühlten sich in ihren neuen Rollen als LehrerInnen und Führungspersonen unsicher und bezweifelten den Erfolg eines groß angelegten Einsatzes von Weißen aus den Nordstaaten. Niemals zuvor hatten so viele Personen zu gleicher Zeit den Kampf in den Südstaaten aufgenommen. Einige Kader misstrauten den weißen Freiwilligen einfach deshalb, weil sie für die älteren AktivistInnen mit ihrer großen Anzahl und ihren akademischen Fähigkeiten eine Bedrohung darstellten. Einige fanden es schwierig, tiefsitzende Einstellungen über die Beziehungen zwischen Schwarzen und Weißen zu verändern. »Ich bin damit aufgewachsen, alle Weißen zu hassen«, wurde der SNCC-Aktivist Frank Smith zitiert. »Erst vor einigen Jahren habe ich erfahren, dass es auch gute Weiße geben könnte – und auch jetzt noch bezweifle ich das manchmal.« Muriel Tillinghast, die COFO-Sommerprojektleiterin in Greenville, erinnerte sich, dass die Freiwilligen die engen persönlichen Beziehungen, die die Hauptamtlichen bisher zusammenhielten, unterminierten. Es »entstand eine Hierarchie«, so meinte sie, sobald die OrganisatorInnen dazu gezwungen waren, Führungspersonen für »komplette Anfänger« abzugeben.[5]

Die Konflikte wurden offensichtlich, als die Kader und die Freiwilligen am 16. Juni 1964 zusammen einen Fernsehbericht über die Kampagne zur Eintragung in die Wahllisten von Mississippi ansahen. Nach Aussage von Bill Hodes, einem weißen Freiwilligen, fingen die StudentInnen an, sich über einen »idiotischen Registrierungsbeamten« lustig zu machen, ebenso über das »unglaubliche Geschwätz eines tobsüchtigen Anwalts«, der die Schwarzen an der Eintragung behinderte. Sechs schwarze OrganisatorInnen standen daraufhin auf und verließen den Raum. Danach erklärte ein älterer Berufsaktivist mit Tränen in den Augen: »Ihr würdet wohl kaum lachen, wenn ihr diese Leute treffen und mit ihnen sprechen würdet, und wenn ihr wüsstet, dass sie so jeden Tag reden, ob mit oder ohne Bundesmarshals.« Diese Bemerkung gab den Freiwilligen »einen deutlichen Hinweis darauf, dass das Ganze kein Picknick werden sollte.«

Hodes erinnerte sich, dass die weißen Freiwilligen über den Vorfall später noch einmal unter sich sprachen. Einige kritisierten die Kader als »distanziert« oder unkommunikativ, während andere sie verteidigten, sie hätten »eine Menge drauf.« Die Hauptamtlichen nahmen darauf wieder an der Diskussion teil und sprachen über die komplexe Mischung aus Misstrauen und Leidenschaft, welche ihre Beziehung zu den weißen Freiwilligen den ganzen Sommer über prägen sollte. Ein Aktivist bezog sich auf die Schüsse, die auf Travis abgegeben wurden, und auf den gewaltsamen Überfall auf einen anderen Aktivisten, und sagte den Freiwilligen, wenn ihnen das nicht zu denken gebe, dann sollten sie »zur Hölle fahren und abhauen, weil wir von Leuten keine Unterstützung bräuchen, die nicht wissen, was sie hier eigentlich zu tun haben.« Ein weiterer Aktivist erklärte: »Wir haben um euch geweint, weil wir euch lieben und um euch Angst haben.« Er versicherte den Freiwilligen, wenn sie mit der Gewalt der weißen Rassisten konfrontiert seien, würde niemand von ihnen rausgehen, wie eben geschehen: »Wenn ihr geschlagen werdet, stehe ich voll und ganz hinter euch.«[6]

Sally Belfrage, eine weiße Freiwillige, beschrieb die Reaktionen von Freiwilligen auf Vorwürfe von schwarzen OrganisatorInnen, sie seien »die Opfer genau der Vorurteile, die wir bekämpfen.« Die Freiwilligen waren dazu gezwungen, sich mit ihren eigenen unbewussten Vorurteilen auseinanderzusetzen und »diejenigen, die das nicht taten, konnten keinen Widerspruch sehen zwischen ihrer Unschuld und ihrem Wunsch nach Dankbarkeit.« Die Freiwilligen, die gekommen waren, obwohl sie das nicht hätten tun müssen – »wir hätten zuhause bleiben oder an den Strand gehen können, oder Geld verdienen für das nächste Semester am altehrwürdigen College der Weißen in den Nordstaaten« –, hatten das Gefühl, ihnen gebühre Anerkennung, womöglich sogar Hochachtung: »*Ich will dein Freund sein, du idiotischer Schwarzer* – das war der überall festzustellende, offensichtliche Widerspruch.« Belfrage schloss daraus, die Quelle der Spannungen sei das Gefühl des Stolzes auf die eigene Hautfarbe, die sich unter den Schwarzen in den Südstaaten entwickelt hatte. »Das SNCC bestand nicht aus Onkel Tom-Charakteren, die am liebsten selber Weiße werden würden. Sie gehörten nicht zu denen, die die Kloschüssel mit Bleichpulver und

Verdünner zuschütteten (slang, bedeutet: etwas als dreckig Geltendes oberflächlich weiß oder glatt machen; der Wille, gerade nicht schwarz zu sein; z.B. wurde zur Glättung von krausem Haar von Schwarzen oft ätzender Verdünner aufs Haar geschüttet; d.Ü.), die eine opportunistische Existenz zwischen Realität und Illusion lebten.« Stattdessen entwarfen die SNCC-Kader für sich ein Sendungsbewusstsein, das auf ihrer schwarzen Hautfarbe basierte: »Sich auf unsere Seite zu stellen, bedeutete für sie die Reinheit ihres Ziels zu beschmutzen. Uns zu verstehen, hieß für sie, wie wir zu werden.«

Als Leiter des Sommerprojekts erkannte Bob Moses das Ausmaß der Spannungen zwischen Schwarzen und Weißen. Er hatte ja auch auf die Einwände der schwarzen OrganisatorInnen zu antworten, die gegen das Projekt waren. Um den Freiwilligen die Probleme zu erklären, erzählte er ihnen von Diskussionen »über Rassenhass«, die in die COFO-Treffen Eingang gefunden hatten, und zog dann eine Analogie zum Roman von Albert Camus, *Die Pest*, indem er meinte: »Das Land ist noch nicht dazu bereit, zuzugeben, dass es die Pest hat, aber diese hat schon die ganze Gesellschaft angesteckt.« Das Problem müsse jedoch unbedingt »offen und ehrlich diskutiert werden, auch auf die Gefahr hin, dass wir zu analytisch werden und uns darin verstricken. Wenn wir es ignorieren, wird es uns irgendwann voll ins Gesicht springen.«[7]

Die Ambivalenz der schwarzen OrganisatorInnen bei der Zusammenarbeit mit den weißen Freiwilligen wurde durch die den AktivistInnen bewusste Tatsache noch komplizierter, dass nur weitere Gewaltakte – wahrscheinlich eher gegen die Freiwilligen als gegen die Schwarzen in Mississippi – die Intervention der Bundesregierung erzwingen würden. Der Ermittlungsausschuss des SNCC hatte bereits über 150 Einschüchterungsversuche und Gewaltakte gegen BürgerrechtsaktivistInnen und schwarze BewohnerInnen in den Jahren gezählt, seit das SNCC seine Arbeit in diesem Bundesstaat aufgenommen hatte, und in keinem Fall war es zu einer entschlossenen Antwort der Bundesregierung gekommen.[8] Es gab also ein gewisses Element von Zynismus in dieser Sommerkampagne, obwohl die COFO-Hauptamtlichen dazu bereit waren, alle Mühen und Opfer mit den Freiwilligen zu teilen. Während der ganzen Orientierungsphase beschworen die OrganisatorInnen ständig die Gefahren, die auf die Freiwilligen warteten: sie sollten ihre Bärte rasieren; sie sollten nicht zu schnell fahren; sie sollten nicht allein reisen, aber auch nicht in integrierten Gruppen; sie sollten nachts nicht ausgehen. Noch bevor die Orientierungsphase beendet war, wussten die Freiwilligen, dass die Gefahr ernsthafter Gewaltakte in Mississippi real war.

Am 21. Juni 1964 wurden die SNCC-Hauptamtlichen darüber informiert, dass drei Bürgerrechtler nicht zurückgekommen waren, nachdem sie Meridian, Mississippi, verlassen hatten, um die Brandstiftung an einer Kirche der Schwarzen zu untersuchen. Die drei Aktivisten hießen James Chaney, ein schwarzer CORE-Aktivist aus Mississippi; Michael Schwerner, ein weißer CORE-Aktivist aus New York, der seit Januar in Mississippi war; und Andrew Goldman, ein weißer Student vom Queens College, der direkt aus der ersten Ausbildungsgruppe der Freiwilligen in Oxford, Ohio, kam. Die Aktivisten waren verschwunden, nachdem sie in Philadelphia, Mississippi, verhaftet und dann nachts freigelassen worden waren. Ihnen war nicht erlaubt worden, zu telefonieren. Das Justizministerium wurde sofort über ihr Verschwinden informiert, aber das FBI ließ einen Tag verstreichen, bevor es sich mit dem Fall befasste.[9]

Nachdem die drei mehrere Tage verschwunden blieben, sagte Bob Moses den Freiwilligen in Oxford, was alle SNCC-Älteren dachten: »Die Jungs sind tot.« Er warnte vor der Möglichkeit von weiteren Toten, denn Morde von Weißen an Schwarzen seien bereits üblich in Mississippi. Aber Moses erklärte auch: »In der Geschichte hat keine privilegierte Gruppe je irgendetwas aufgegeben, ohne dass man blutige Opfer gebracht hat.« Er sprach davon, dass das Projekt von einigen BeobachterInnen als Versuch gewertet wurde, »eine Ermordung herbeizuführen, damit die Bundesregierung in Mississippi einschreiten kann« und erklärte, dass die COFO-AktivistInnen in der Tat »ein großes Risiko« auf sich nehmen würden, um die Pest des Rassismus zu bekämpfen.[10] Obwohl das Verschwinden der drei Bürgerrechtler sofort die landesweite Öffentlichkeit auf das Sommerprojekt lenkte, veränderte der Vorfall die Politik der Bundesregierung hinsichtlich des Schutzes der AktivistInnen nicht grundsätzlich. Stattdessen reagierte die Bundesregierung so, dass sie ihre Ressourcen ausschließlich auf den Vorfall in Philadelphia, Mississippi, konzentrierte. Präsident Johnson genehmigte den Einsatz von 200 Marinesoldaten bei der Suche nach den Vermissten, und wenigstens 150 FBI-Agenten – zehnmal mehr als die übliche Stärke – wurden im Sommer nach Mississippi beordert. Der frühere CIA-Chef Alan Dulles und FBI-Chef J. Edgar Hoover besuchten den Bundesstaat, um den neuartigen Eingriff der Bundesregierung zu koordinieren. Obwohl diese Intervention wahrscheinlich das Ausmaß an Gewalt, das sich sonst entwickelt hätte, reduzierte, blieben die SNCC-AktivistInnen misstrauisch und unzufrieden. »Es ist beschämend, dass die landesweite Aufmerksamkeit nur geweckt werden kann, nachdem zwei weiße Jungs vermisst werden«, kommentierte John Lewis und fügte hinzu, wenn die Bundesregierung »die Bürgerrechtler nicht beschützen kann, dann klebt ihr Blut an den Händen der Regierung.« Ende Juni forderte Bob Moses »den sofortigen und massiven Einsatz« der Bundesregierung, um die Beteiligten des Sommerprojekts zu schützen. Er forderte insbesondere »die Stationierung von Bundesmarshals im ganzen Staat Mississippi.« Er versprach, dass im Gegenzug keine Demonstrationen für die Abschaffung der Segregation stattfinden und die Freiwilligen ihre Arbeit auf Gebiete in der Nähe der Projektzentren begrenzen würden.[11]

Am 4. August 1964 wurden die Körper der drei ermordeten Bürgerrechtler in einem Erddamm in der Nähe von Philadelphia, Mississippi, gefunden. Mehrere Monate später wurden zwanzig Weiße, darunter der Sheriff von Neshoba County sowie einer seiner Deputies, von den Bundesbehörden verhaftet. Weil der Mord an den drei Aktivisten kein Verbrechen war, für das die Bundesregierung zuständig sein würde, und eine gerechte Strafverfolgung durch die Justiz des Bundesstaates Mississippi unwahrscheinlich war, wurden die Verhafteten der Verschwörung angeklagt, die drei Toten ihrer Bürgerrechte beraubt zu haben. 1967 wurden schließlich sieben Weiße für schuldig befunden und zu Gefängnisstrafen verurteilt.[12]

Während die Möglichkeit, ermordet zu werden, eine allgegenwärtige Sorge der Freiwilligen in Mississippi war, bestand ihre unmittelbare Aufgabe darin, das Vertrauen und die Unterstützung der schwarzen BewohnerInnen zu gewinnen. Die Freiwilligen hofften darauf, die landesweite Aufmerksamkeit zu erregen und neue Institutionen aufzubauen, aber es war ihnen ebenso klar, dass sie die Position der führenden Schwarzen vor Ort nicht untergraben und dadurch Klischees rassistischer und klassenförmiger Abhängigkeit verstärken durften. Ihr Versuch, ein Klima zu schaffen, in welchem die Schwarzen in Mississippi den Kampf ohne weitere Unterstützung von außen würden führen können, sollte noch mit vielen Problemen konfrontiert werden.

Als eingeladene Gäste fanden die Freiwilligen ihre Handlungsfreiheit beträchtlich eingeschränkt, nachdem sie bei den für sie bestimmten Projekten angekommen waren. Es wurden ihnen strikte Verhaltensmaßregeln erteilt. »Jeder muss seine Arbeit um acht Uhr dreißig morgens antreten«, proklamierte der Projektleiter von Holly Springs, Ivanhoe Donaldson. »Niemand macht einen Ausflug in die Stadt oder ins County, ohne Abfahrtszeit und erwartete Rückkehrzeit zu hinterlassen. Die Weißen im Ort und die Polizei sollten gemieden und nie unnötig provoziert werden.« Donaldson warnte die Freiwilligen vor »Liebesbeziehungen zwischen Schwarzen und Weißen«, denn »wenn es die Weißen nicht herausfinden würden, dann würden es die Bewohner tun und wir können dann nichts mehr dafür tun, um sie zu überzeugen, unser eigentliches Interesse hier sei ein politisches.« Zusammenfassend sagte er: »All unsere Anstrengungen werden sinnlos, wenn wir die Unterstützung und den Respekt der Menschen verlieren. Ich werde nicht zulassen, dass das passiert. Jeder, der diese Regeln bricht, wird seine Sachen packen und seinen Arsch aus der Stadt rausbringen. Wir sind hier, um zu arbeiten. Die Zeit für Blödelei ist vorbei.«[13] In Gebieten, in denen es bereits Bürgerrechtsaktivitäten gegeben hatte, wurden die Freiwilligen allgemein von den Schwarzen Mississippis akzeptiert. Viele Freiwillige lebten bei schwarzen Familien. »Die schwarze Bevölkerung hier ist glücklich, dass wir da sind«, berichtete ein Freiwilliger: »Sie geben uns zu essen, sorgen sich um uns, beschützen uns.« Eine andere Freiwillige bemerkte: »Wir sind ständig im Gespräch, wenn wir im Haus sind; Nachbarn schauen vorbei und sehen nach uns.«[14] Viele weitere SommeraktivistInnen berichteten über den Mut der Schwarzen, die bereit waren, sie aufzunehmen, ihre wenige Habe mit den Freiwilligen zu teilen und dabei das Risiko einzugehen, dass sie ihre Arbeit verlieren oder Anschläge auf ihre Häuser verübt werden.

Die Erfahrungen von Sally Belfrage in Greenwood illustrieren die Atmosphäre, in welcher sich Freundlichkeit mit Angst und schweigender Zurückhaltung paarte. Als ihre Gruppe ankam, »grüßten uns einige Leute mit Lachen und Winken«, während andere »höflich, aber abwesend wirkten. Sie saßen auf ihrer Veranda wie festgeklebt und schaukelten apathisch in ihrem Stuhl.« Belfrage wohnte im Haus einer Familie, der Familie Amos, und versuchte mehrere Wochen lang erfolglos, mit Herrn Amos ins Gespräch zu kommen, der noch nie in seinem Leben mit einer weißen Frau an einem Tisch saß. Schließlich wurde Belfrage sich »des außergewöhnlichen Paradoxons bewusst, dass er sich eine Gleichheit zwischen uns nicht vorstellen konnte, bis ich sie verordnete. Ich bat ihn, sich an den Tisch zu setzen; er tat es nicht; ich *forderte ihn auf*, sich zu setzen. Da tat er es, in großer Verwirrung. Irgendwie war danach alles besser. Später sagte Frau Amos zu mir, er sei höchst erstaunt gewesen, dass wir Freunde geworden waren.«[15]

Es gibt keine repräsentative Erhebung darüber, was die meisten Schwarzen in Mississippi über die Freiwilligen dachten. Das Sommerprojekt wäre sicher nicht ohne das Engagement der Freiwilligen zustande gekommen, trotzdem gab es eine Ambivalenz unter einigen Schwarzen in Mississippi, die zwar die Freiwilligen unterstützten, aber gegenüber dem Projekt skeptisch blieben, und die vom Lebenswandel der Neulinge abgeschreckt wurden. Der Journalist Paul Good erinnerte sich, dass schwarze BewohnerInnen, »die jeden Tag wundervoll gekochte Speisen« zum Freedom House in McComb brachten, wahrscheinlich von den schlampigen Zuständen dort »geschockt« waren. Und sie »werden ebenso die dortigen Schlafregeln abgelehnt haben, nach denen zwar allgemein Jungs im einen Haus schliefen und Mädchen im anderen, aber zugelassene Ausnahmen existierten.« Die antiweißen Gefühle, mit denen weiße AktivistInnen später in Gemeinden der Schwarzen konfrontiert wurden, waren jedoch während dieses ganzen bisher nie dagewesenen Sommerexperiments kaum aufgetreten. »Einige dieser Jugendlichen waren so unschuldig«, erinnerte sich eine schwarze Frau. »Und wir waren es auch! Wir alle glaubten wirklich, es brauche nur ein Jahr des Aufruhrs, damit wir alle eingetragen werden und dann ändert sich alles. Diese Jugendlichen dachten, Mensch wäre Mensch und sie bräuchten nur zu den Weißen zu reden und sie würden sich öffnen. Diese Jugendlichen glaubten an die Menschen. Und wir glaubten an *sie*.«[16]

Als die Freiwilligen in den Häusern ihrer schwarzen UnterstützerInnen oder in den Freedom Houses anfingen, die schwarzen BewohnerInnen zur politischen Tat zu motivieren, bekamen sie schnell zu spüren, wie langsam sich die Verhältnisse im ländlichen Süden entwickelten. Sie hatten nicht nur Schwierigkeiten dabei, die Schwarzen davon zu überzeugen, zum örtlichen Court House zu gehen und zu versuchen, sich regulär in die Demokratische Partei eintragen zu lassen. Auch das weitaus weniger gefährliche Eintragungsverfahren in die MFDP war ein schwieriger Schritt für ökonomisch bedrohte Schwarze. Die Erfahrung des Freiwilligen Len Edwards, Sohn eines Kongressabgeordneten aus Kalifornien, zeigte die Probleme der Arbeit in Gemeinden auf, in denen bisher wenig Bürgerrechtsaktivitäten stattgefunden hatten. Edwards, dem ein Polizeiwagen folgte, wollte in einer schwarzen Gemeinschaft in Drew auf Werbetour gehen. Er hielt an einem Haus an:[17] Die Männer auf der Veranda waren gerade von der Feldarbeit heimgekommen. Einige der Frauen trugen die Einheitskleidung der Mädchenschule. Niemand stand auf, um Len die Hand zu geben. Niemand sagte »Hallo«. Niemand sah ihm auch nur direkt ins Gesicht. »Wir machen Werbung für die Wählereintragung und wir würden uns freuen, wenn Sie mitmachen würden«, sagte Len. Noch immer sah ihn niemand an, doch es war nicht weise, einem Weißen nicht zu antworten. »Nun«, sagte schließlich jemand, »darüber weiß ich nichts.« Das war das Ende des Gesprächs.

Die Freiwilligen versuchten tapfer, die Ängste der BewohnerInnen zu zerstreuen, verstanden aber auch, dass die Zurückhaltung der Schwarzen oft auf realistischen Zweifeln bezüglich der Chancen für einen Fortschritt basierten. Die Anstrengungen eines Sommers konnten nicht die psychischen Folgen rassistischer Unterdrückung von mehreren Generationen aufwiegen. Das Sommerprojekt konnte nur ein erster Schritt in einem langen Prozess politischer Entwicklung für die Schwarzen in Mississippi sein. Obwohl rund 17 000 Schwarze davon überzeugt werden konnten, Formulare für die Eintragung in die Wahllisten in den Court Houses von Mississippi auszufüllen, wurde lediglich die Registratur von nur 1600 unter ihnen anerkannt. Immerhin trugen sich zudem mehr als 80 000 Schwarze als Mitglieder der MFDP ein. Dieser bescheidene Erfolg war letztlich weniger bedeutend als die enorme Anzahl von Presseberichten, die über das Sommerprojekt veröffentlicht wurden, was zum Teil ein Ergebnis der guten Pressearbeit der SNCC-Medienabteilung war. Diese Publizität schuf ein Klima, in welchem zukünftige Fortschritte für die Schwarzen möglich wurden. »Buchstäblich«, so schloss eine Studie, »kann der Triumph des Projekts an der Anzahl der Zeitungsspalten und den Metern an Filmaufzeichnungen abgelesen werden. Es war bei weitem das spektakulärste, über eine längere Zeit andauernde Ereignis in der jüngsten Geschichte der Bürgerrechte. Dadurch wurde über einen ganzen Sommer hinweg die landesweite Aufmerksamkeit auf die Ungerechtigkeit weißer Herrschaft im typischsten aller Südstaaten gelenkt.«[18]

Das Experiment des SNCC, in Gemeinden der Weißen Organisierungsversuche zu unternehmen – es wurde White Folk's Project genannt –, hatte dieselbe wegweisende Bedeutung wie die Aktivität des SNCC in McComb im Herbst 1961. Doch wie schon das McComb-Projekt wurde das White Folk's Project mit nur wenig greifbaren Erfolgen abgeschlossen. Die Projektbeteiligten waren sich anfangs unsicher über ihr Vorgehen und waren gezwungen, aus ihren Erfahrungen zu lernen. Zuerst konzentrierten sich die StudentInnen darauf, unter den weißen Liberalen Unterstützung für den COFO zu bekommen. Bis zum Ende des Sommers hatten die meisten AktivistInnen jedoch die Überzeugung gewonnen, das wichtigste Ziel sei der Versuch, unter den Weißen der Arbeiterklasse Unterstützung zu suchen und deswegen ökonomische Themen zu betonen. »Diese Bewegung motiviert die verarmten Weißen nicht dazu, für ihre eigenen Ziele zu kämpfen«, schrieb Bruce Maxwell, einer der AktivistInnen. »Je weniger die Bewegung für sie tut, desto eher fühlen sie sich von uns bedroht, und desto gewalttätiger werden sie sich uns gegenüber verhalten. Das sind die Gründe dafür, dass die Bewegung mit den verarmten Weißen zusammenarbeiten muss.«[19]

Der bedeutsamste Aspekt am White Folk's Project war der Versuch von achtzehn der insgesamt fünfundzwanzig ProjektaktivistInnen, einen Brückenkopf der Bewegung unter den Weißen in der Stadt Biloxi aufzubauen. Die AktivistInnen kamen im Juli 1964 in Biloxi an, nach einem Training in Oxford und am Highlander Center in Tennessee. Die meisten in der Gruppe waren Neulinge in der Bewegung; noch niemand hatte in Gemeinden der Weißen gearbeitet.

Die Gruppe war sehr schnell über die einzuschlagende Taktik zerstritten. Diese internen Schwierigkeiten wurden noch dadurch verstärkt, dass zunächst alle AktivistInnen gemeinsam in einem Hotel wohnten. »Wir verbrachten mehr Zeit damit, unsere In-Group-Probleme zu lösen als damit, uns über die Probleme in der Gemeinde zu informieren«, erinnerte sich Maxwell. Die Freiwilligen stritten sich über ihre Kleidung ebenso wie über den Besitz linker Literatur. Innerhalb eines Monats hatten sechs Freiwillige das Projekt frustriert verlassen. Maxwell schloss daraus, zukünftige Gruppen von Community Organizers sollten nicht aus mehr als drei oder vier Mitgliedern bestehen. »Je kleiner die Anzahl der Leute, desto weniger Zeit geht für ihre Beziehungen untereinander drauf und desto eher werden sie dazu gezwungen, sich auf die Menschen in der Gemeinde zu beziehen.« Die Freiwilligen, die in Biloxi blieben, waren hauptsächlich diejenigen, die die Organisierung der Armen und der Weißen aus der Arbeiterklasse befürworteten. Sie fanden, so Maxwell, dass die Gemäßigten und die Liberalen aus der Mittelklasse »einfach genauso viel Angst vor Vergeltungsakten vom Rest der Gemeinde hatten wie die armen Weißen auch.«[20]

Einige der OrganisatorInnen gingen nach Point Cadet, einem Vorort von Biloxi, der vorwiegend von Fischern bewohnt wurde. Dort trafen sie auf Gegenreaktionen der örtlichen Weißen. Nach der Analyse von Ed Hamlett hatten viele weiße BewohnerInnen der Stadt, »die wussten, dass etwas geschehen musste, Angst, selbst aktiv zu werden; andere waren über die fremden Agitatoren wütend; wieder andere waren von der Herrschaftsstruktur beeinflusst.« Trotzdem gelang es den Biloxi-AktivistInnen, einige Weiße in die MFDP einzutragen. Und sie knüpften den Kontakt zu einem weißen Fischer, Bob Williams, der ein Unterstützer des SNCC und MFDP-Delegierter für den landesweiten Parteitag der Demokratischen Partei wurde.[21]

Anfang August 1964 kam ein fataler Rückschlag für die AktivistInnen von Point Cadet, als Gerüchte auftauchten, das örtliche SNCC-Büro werde zur Beschaffung von Arbeitsplätzen für Schwarze anstatt für Weiße benutzt. »Diese Gerüchte wären nicht entstanden, wenn wir erfahrene Community Organizers gewesen wären«, beobachtete Maxwell. »Denn zunächst einmal hätte sich ein erfahrener Community Organizer nicht als solcher zu erkennen gegeben, bevor er die Unterstützung der führenden Schlüsselpersonen in einer Gemeinde gewonnen hätte. Und dann hätte er die Gemeinde schnell über das Programm informiert, anstatt tatenlos mitanzusehen, wie es von den Gerüchten zerstört wurde, bevor es überhaupt begonnen hatte. Er hätte ganz sicher kein SNCC-Zeichen ans Bürofenster geklebt oder versucht, eine Wahlkreisversammlung der Freedom Democratic Party abzuhalten, was ausreichte, um das Misstrauen der Leute zu erregen, beim Hauseigentümer anzurufen und Bombendrohungen auszusprechen.«[22]

Den weißen OrganisatorInnen wurde ihr Büro gekündigt und sie wurden dazu gezwungen, Point Cadet zu verlassen, aber die Lehren, die sie daraus zogen, erwiesen sich bei zukünftigen Kampagnen als wertvoll, besonders als das Southern Students Organizing Committee (SSOC) Projekte in Gemeinden der Weißen etablieren wollte. Am Ende des Sommers bereiteten Maxwell und andere die Mobilisierung weiterer weißer Freiwilliger vor, um mit armen Weißen zu arbeiten. »Jetzt ist das nur ein Traum«, gab Maxwell zu, »aber ich fühle, es ist ein Traum, der sich in den Köpfen vieler Menschen entfalten kann.«[23]

Die Resonanz der Schwarzen in Mississippi auf die Freiheitsschulen war ein ermutigender Aspekt des Sommerprojekts, aber das neue Bildungsprogramm konnte die Hürden des Misstrauens und der Angst nur teilweise überwinden, die die weißen LehrerInnen von den schwarzen BewohnerInnen trennten. Obwohl das SNCC schon früher Bildungsprogramme durchgeführt hatte, um schwarze BewohnerInnen auf den Test bei der Wählerregistrierung in Mississippi vorzubereiten, und obwohl Maria Varela vom SNCC 1963 ein Erwachsenenbildungsprogramm in Alabama aufgebaut hatte, waren die Freiheitsschulen das erste umfassende Bildungsprogramm für eine große Zahl junger Schwarzer. Die Schulen waren nicht so eng an die politischen Konzepte des COFO gebunden wie von vielen SNCC-AktivistInnen gewünscht, aber sie waren ein wichtiges Experiment beim Aufbau paralleler Institutionen und bestärkten die Ideologie des SNCC.

Die Hoffnung war, dass ungefähr eintausend Schwarze im ganzen Bundesstaat die Freiheitsschulen besuchen würden. Mit mehr als doppelt so vielen TeilnehmerInnen der Kurse an einundvierzig Schulen wurden die Erwartungen weit übertroffen. Die Resonanz war dort am größten, wo es bereits Bürgerrechtsaktivitäten gegeben hatte. In Hattiesburg zum Beispiel gab es über sechshundert TeilnehmerInnen. In den Plantagenregionen war die Beteiligung sehr viel geringer. Ein Lehrer in der Stadt Shaw erklärte, die schwarzen Jugendlichen aus der dortigen Gemeinde würden im Sommer die Grundschule besuchen, um im Herbst für die Baumwollernte zur Verfügung zu stehen. Deswegen würden es die Jugendlichen vorziehen, nach Ende der Grundschule am Nachmittag lieber schlafen zu gehen als »in der drückenden Hitze, in der Sonne und im Staub von Mississippi« Kurse zu besuchen.[24]

Die LehrerInnen der Freiheitsschulen schafften konservative Sitten im Klassenzimmer ab und führten neue Lerntechniken ein, um die freie Äußerung von Ideen zu fördern. Der Unterricht wurde nach einem alternativen Lehrplan gestaltet, der von StudentInnen in Boston während eines dortigen Boykotts der Vorlesungen entwickelt worden war. So diskutierten die StudentInnen als Teil des Trainings für AktivistInnen in Führungspositionen zum Beispiel die politische Funktion der Freiheitsschulen und die Bedeutung eigener kultureller Werte im Gegensatz zur unkritischen Übernahme kultureller Werte der Weißen.[25] Zusätzlich wurden den SchulbesucherInnen Kurse im kreativen Schreiben angeboten, Theaterkurse, Kunst, Journalismus und Fremdsprachen. In einigen Schulen gab es auch Kurse zu Literatur, Medizin oder Schreibmaschinenschreiben. Viele TeilnehmerInnen besuchten Aufführungen des Free Southern Theater, eines Wandertheaters, das von John O'Neal am Tougaloo College als Teil der Freiheitsschulen organisiert wurde. Es spielte *In White America*, ein Stück des Historikers Martin Duberman, das die Geschichte der Beziehungen zwischen Weißen und Schwarzen in Amerika vom Ende der Sklaverei bis zum Mord an den drei Bürgerrechtlern von Anfang Sommer 1964 darstellte.

Die meisten LehrerInnen der Freiheitsschulen wurden durch ihre Erfahrungen in diesem Sommer zugleich ermutigt und frustriert. Die TeilnehmerInnen »trauen Weißen kaum über den Weg«, schrieb eine Freiwillige in Indianola, »und es gibt sehr viele Äußerungen nach dem Muster ›Ja, Madam‹ und alle stimmen dem zu, was ich sage.« So zählte es schon zu den größten Erfolgen der Schulen, die Zurückhaltung der TeilnehmerInnen zu überwinden. Eine andere Lehrerin beschrieb ihre Freude, als die TeilnehmerInnen entdeckten, dass »sie Ideen in konkrete geschriebene Worte übersetzen konnten. Nach zwei Wochen schaut mir ein Kind in die Augen, ohne Angst und mit einem so großen Vertrauen, das es eigentlich nach den letzten 300 Jahren in Mississippi gar nicht geben sollte, nicht geben konnte.«[26]

Die Freiheitsschulen hatten manchmal einen direkten Einfluss auf die politische Arbeit des COFO. In Gemeinden wie McComb, wo die Bürgerrechtsbewegung bisher nur wenig Fortschritte gemacht hatte, führten die Freiheitsschulen nach Angaben von Staughton Lynd dazu, »dass der dicke Knoten der Angst gelöst wurde und die schwarze Gemeinschaft sich organisierte.« Ralph Featherstone, Leiter der Freiheitsschule in McComb, behauptete, dass »die Alten nun den Jungen ins Gesicht sehen und die Frechheiten der Jungen sich abschleifen.«[27]

Die Freiheitsschulen waren nicht immer gleich effektiv, aber viele Jugendliche wurden tief und dauerhaft von dieser einzigartigen Bildungserfahrung beeinflusst. Als sich die TeilnehmerInnen an den Freiheitsschulen aus dem ganzen Bundesstaat Mississippi Anfang August zu einer Versammlung trafen, wurde ihr gestärktes Selbstvertrauen und ihr neues politisches Bewusstsein in den Resolutionen des Treffens deutlich. Gefordert wurden die Umsetzung der Bürgerrechtsgesetze von 1964, hygienische Einrichtungen für die Slums, billiger Wohnraum, freie Gesundheitsversorgung, wirtschaftliche Sanktionen gegen den südafrikanischen Apartheidstaat, ein Programm zur Schaffung von Arbeitsplätzen im öffentlichen Dienst, gleiche Arbeitsmöglichkeiten für Schwarze und Weiße, die Abschaffung des HUAC, die Abschaffung der Kopfsteuer und viele weitere Reformen.[28]

Die Freiheitsschulen überlebten den Sommer und gehörten zu den ersten Versuchen des SNCC, bestehende Institutionen durch alternative zu ersetzen. Howard Zinn schrieb, sie seien eine Herausforderung für die US-amerikanische Erziehung gewesen, weil sie »die provokante These untermauerten, ein ganzes Schulsystem könne von einer Gemeinschaft außerhalb der bestehenden Ordnung und in Kritik an deren Grundlagen aufgebaut werden.« Für Zinn stellten die Freiheitsschulen die Zukunft des US-amerikanischen Erziehungssystems in Frage. Können LehrerInnen und SchülerInnen »durch die Faszination herausfordernder sozialer Zielvorstellungen statt durch Titel zusammenfinden?« Können LehrerInnen Werte vermitteln, »ohne gleichzeitig den Schülern die Ideen des Lehrkörpers aufzuzwingen?« Und können LehrerInnen »mutig erklären, dass es zu den Aufgaben der Schule gehört, Antworten auf gesellschaftliche Fragen wie Armut, Ungerechtigkeit, Rassismus und nationalistischen Hass zu finden und alle Bildungsanstrengungen auf die landesweite Lösung dieser Fragen zu lenken?«[29] Wenngleich nur wenige SNCC-Kader direkt an der Fortsetzung der Freiheitsschulen beteiligt sein sollten, wurden die Schulen weiter durch die antiautoritäre Grundhaltung des SNCC geprägt. Sie waren Modell und Experimentierfeld für spätere alternative Schulformen und TutorInnenprojekte im gesamten Land.

Der Erfolg der Freiheitsschulen war wichtig für das Sommerprojekt, aber entscheidend für die Strategie des COFO war es, ob eine Konfrontation zwischen den herrschenden Segregationisten Mississippis und der Bundesregierung provoziert werden konnte. Es kam zu keiner solchen Konfrontation, wenn auch nach den Morden von Philadelphia, Mississippi, die Präsenz der Bundespolizei in Mississippi dramatisch verstärkt worden war. John Doar und Dorothy Landsberg analysierten die Bürgerrechtsarbeit des FBI in Mississippi und schrieben von einer »wunderbaren Wandlung« in deren Arbeit nach dem Verschwinden der drei Bürgerrechtler. Diese bestand jedoch in ihren Versuchen, den Ku Klux Klan zu infiltrieren und so die Mörder zu finden, und nicht etwa darin, Schutzmaßnahmen für die AktivistInnen bei der Kampagne zur Eintragung in die Wahllisten zu bieten.[30]

Die Politik der Bundesregierung bestätigte die Meinung vieler COFO-Kader, dass die Regierung nur eingreift, wenn Gewalttaten der Weißen landesweit publik werden oder wenn sie sich gegen weiße Freiwillige richten. Als FBI-Agenten drei Weiße verhafteten, die für Drohungen gegen zwei neu eingetroffene Freiwillige verantwortlich waren, konnte Stokely Carmichael, der Bezirksleiter des COFO, einer Gruppe von Freiwilligen versichern, das FBI werde nicht zulassen, »dass euch etwas geschieht. Sie lassen die Mörder von Schwarzen entkommen, aber in Itta Bena werden jetzt bereits Leute verhaftet, nur weil sie Weiße *bedroht* haben.« Sally Belfrage bemerkte anlässlich eines Besuches von Martin Luther King im Juli, der von vier Autos vom FBI begleitet wurde, sarkastisch, die Funktion dieser FBI-Autos sei unklar, »weil sie selbstverständlich keine Polizeigewalt haben und selbstverständlich auch niemanden beschützen können.«[31]

Zum Teil war der Anlass für die Kritik der SNCC-AktivistInnen auch deren Ärger über die Ignoranz von FBI-Agenten, die manchmal dabei gesehen wurden, wie sie sich Notizen machten, während Schwarze körperlich angegriffen wurden, oder wie sie sich freundlich mit örtlichen Polizeibeamten unterhielten, von denen alle wussten, dass sie Rassisten waren. Diese Kritik wurde durch die Tatsache unterstrichen, dass die Zahl der Gewalttaten gegen BürgerrechtlerInnen in diesem Sommer einen neuen Höhepunkt erreichte, wenn sie auch in einigen Gemeinden im Vergleich zum Niveau in der Zeit davor zurückgegangen waren. Eine Zusammenstellung dieser Akte vom Ermittlungsausschuss des SNCC führte in den ersten beiden Sommermonaten mehr als dreihundert Verhaftungen von BürgerrechtlerInnen auf, zumeist wegen Ordnungswidrigkeiten; mehr als fünfundzwanzig Bombenanschläge gegen Häuser oder Kirchen in schwarzen Gemeinden und Dutzende anderer Vorfälle, bei denen BürgerrechtlerInnen von Weißen geschlagen, beschossen oder von ihnen bedroht wurden. Die Gewalt war in McComb am sichtbarsten, wo es von Juni bis September 1964 allein siebzehn Bombenanschläge gab.[32]

Der relative Rückgang der Gewalttaten in einigen Gemeinden wurde von den SNCC-AktivistInnen nicht der Präsenz der Bundespolizei zugeschrieben, sondern dem Willen der Schwarzen, sich zu bewaffnen. Bereits vor dem Sommer 1964 gab es nach Howard Zinn im SNCC Übereinstimmung darüber, »dass sie einen schwarzen Farmer in Mississippi nicht davon abbringen würden, sich zu bewaffnen, um sein Haus gegen einen Angriff zu verteidigen.« In Mississippi hatten viele Schwarze Waffen zuhause und waren dazu bereit, sie bei einem Angriff zu benutzen. Muriel Tillinghast erinnerte sich zum Beispiel an Silas McGhee, deren Haus von Weißen aus Rache für die Bürgerrechtsaktivitäten der Familie beschossen wurde: »Frau McGhee rief den Sheriff an und sagte ihm, sie wisse genau, wer da draußen auf sie schieße, und er solle schnell kommen und ihnen sagen, dass sie abhauen sollen, denn wenn sie das nächste Mal anrufe, könnten sie da draußen die Leichen abholen kommen.« In einer ländlichen Gemeinde mit dem Namen »Harmony« bewachten bewaffnete Schwarze aus dem Ort ein Gemeindezentrum, das mit der Hilfe der Freiwilligen gebaut worden war. Ein Freiwilliger in Gulfport erzählte von »einem Mann und einigen seiner Freunde, die es übernahmen, uns vor den Weißen zu beschützen, die uns gestern besucht hatten. Der Mann und seine Freunde kamen über Nacht und brachten ein Maschinengewehr und Munition mit. Er sagte uns, wir müssten uns nicht aufregen. Aber schließlich regte er sich über uns auf, und wir regten uns über ihn auf. Dieses Maschinengewehr machte uns doch nervös.«[33]

Nach der Entdeckung der Leichen der ermordeten Aktivisten im August 1964 waren die COFO-OrganisatorInnen in Greenwood hin- und hergerissen zwischen ihrer Verantwortung, die SNCC-Politik der Gewaltfreiheit aufrechtzuerhalten und ihrer persönlichen Neigung, Demonstrationen vor Ort zu unterstützen, die leicht in gewaltsame Auseinandersetzungen münden konnten. Stokely Carmichael fühlte, er konnte die Schwarzen nicht davon abhalten, Gewehre zu tragen, weil das in Mississippi legal war. Sally Belfrage erinnerte sich an eine Diskussion der COFO-AktivistInnen über zu planende Protestaktionen, als die Frage nach dem Ziel der Protestierenden in Greenwood auftauchte und ein Aktivist antwortete: »Das erste, was sie wollen, ist Weiße umbringen.« Unter den anderen schwarzen AktivistInnen »gab es einen urplötzlichen, fühlbaren elektrischen Stromschlag, der von einem zu anderen lief. Da wurde es allen Weißen unmittelbar deutlich, wie wenig sie bisher verstanden hatten.« Die Situation entspannte sich erst, nachdem Carmichael gegangen war, um die COFO-Zentrale in Jackson anzurufen und die Meinung von Bob Moses zu hören. Er kam »wie verwandelt zurück. So ruhig und bedacht wie Moses selbst sagte Stokely: ›Ich denke, wir sollten noch härter für die Freiheitsregistrierungen arbeiten.‹«[34]

Während die aufgetretenen Gewalttaten zur Radikalisierung der Betroffenen beitrugen, stellten die Älteren im COFO gleichzeitig fest, dass das Sommerprojekt in Mississippi ein neues soziales Klima erbracht hatte, in welchem sich die Schwarzen in den meisten Regionen des Bundesstaats auf die Erreichung langfristiger Ziele konzentrieren konnten und nicht immer nur die unmittelbaren Probleme ihrer persönlichen Sicherheit lösen mussten. »Jetzt«, meinte Bob Moses im August, »gibt es mit Ausnahme einiger ländlicher Regionen und dem Südwesten weniger Belästigungen von AktivistInnen durch die Polizei und sehr wenig durch die örtliche weiße Bevölkerung. Wir interpretieren das als Beweis dafür, dass die Polizei die weißen Bürger gewarnt hat.«[35]

Während es dem SNCC nicht gelungen war, eine massive Intervention der Bundesregierung zu bewirken, hofften ihre Führungspersonen noch immer darauf, die offizielle Delegation aus Mississippi für den Parteitag der Demokratischen Partei auszustechen. Anfang August 1964 trafen sich achthundert Delegierte zum MFDP-Parteitag des Bundesstaates Mississippi in Jackson. Damit hatte das COFO ein machtvolles, wenngleich etwas zerbrechliches liberales Bündnis aufgebaut, das die Herausforderung der »Demokraten« unterstützte. Die 68 MFDP-Mitglieder, darunter vier Weiße, die als Delegierte für den Bundesparteitag in Atlantic City gewählt wurden, symbolisierten den fortgesetzten Glauben der BürgerrechtlerInnen in Mississippi, dass ihre Appelle an die Welt beantwortet würden.[36] Die führenden SNCC-AktivistInnen mobilisierten fast alle Ressourcen des SNCC für dieses Projekt, obwohl sie wohl weniger zuversichtlich als die meisten Delegierten waren. Sie stellten Personal aus den Projekten in Mississippi und aus anderen Projekten in den Südstaaten zur Verfügung. Die Delegation für den Parteitag der »Demokraten« umfasste unter anderen die SNCC-AktivistInnen Charles McLaurin, Larry Guyot, Fannie Lou Hamer, E. W. Steptoe, Annie Devine und Hartman Turnbow.

Die Hoffnungen der MFDP-Delegation gründeten auf dem Glauben, dass sie, anders als die üblicherweise ausschließlich von Weißen gebildete Delegation, die öffentlich propagierten Prinzipien der bundesweiten Demokratischen Partei besser repräsentierten. Die von Weißen kontrollierte Parteiorganisation der »Demokraten« im Bundesstaat Mississippi hatte Schwarze systematisch von der Teilnahme ausgeschlossen und opponierte gegen Präsident Johnsons Innenpolitik. Tatsächlich unterstützten viele führende »Demokraten« öffentlich die Präsidentschaftskandidatur des Senators der »Republikaner« (und erklärten Gegners der Bürgerrechte für Schwarze; d. Ü.), Barry Goldwater. Im Gegensatz dazu war die MFDP offen für alle EinwohnerInnen Mississippis, hatte alle Parteigesetze in Mississippi penibel befolgt und unterstützte die nächste Präsidentschaftskandidatur von Johnson.

In den Monaten vor dem Parteitag mobilisierten ältere SNCC-AktivistInnen wie Ella Baker, Reginald Robinson und Marion Barry eine Welle solidarischer Unterstützung in den Nordstaaten. Obwohl die SNCC-AktivistInnen später behaupteten, sie seien immer skeptisch gegenüber den Erfolgschancen dieser parlamentarischen Herausforderung gewesen, ist es wahrscheinlicher, dass nur wenige SNCC-AktivistInnen wirklich völlig pessimistisch blieben, als so viele Solidaritätserklärungen von liberalen »Demokraten« außerhalb der Südstaaten eintrafen. Nach einer Quelle hatten Anfang August 1964 Delegationen der Demokratischen Partei aus neun verschiedenen Bundesstaaten und 25 demokratische Kongressabgeordnete ihre Unterstützung erklärt.[37]

Präsident Johnson dagegen wollte jede Aktion vermeiden, die seine Wählerbasis im Süden schwächen konnte. Am 12. August versicherte der Gouverneur von Mississippi, Paul B. Johnson, den regulären Delegierten, dass er die persönliche Zusage von Präsident Johnson habe, die MFDP würde die Sitze nicht bekommen.[38] Als Johnson John Lewis und andere führende BürgerrechtlerInnen am 19. August 1964 ins Weiße Haus einlud, sagte er ihnen direkt, dass er deren Ansichten in dieser Sache nicht diskutieren werde. Noch vor diesem Treffen gab Johnson dem FBI Anweisung, die Strömungen, die die MFDP auf dem Parteitag unterstützten, überwachen zu lassen. Hoover sandte eine Mannschaft zum Parteitag, um das Weiße Haus über die Pläne der MFDP zu informieren. Als Teil dieser Überwachung wurden die Telefone in den SNCC-Büros in Atlantic City verwanzt.[39]

Anfang August 1964 wurde Joseph Rauh, Berater der MFDP und deren Verbindungsmann zu führenden »Demokraten«, darüber informiert, dass durch seine Rolle in der MFDP die Kandidatur von Senator Hubert Humphrey, seinem Freund und Verbündeten, zur Vizepräsidentschaft in Gefahr sei. Wenngleich Rauh behauptete, Humphrey selbst habe nie versucht, ihn zu beeinflussen, waren die MitarbeiterInnen von Humphrey »nicht so nett und generös.« Bei einem Treffen mit dem Landesvorsitzenden der Demokratischen Partei, John Bailey, und dem Vorsitzenden des Empfehlungskomitees, David Lawrence, am 13. August 1964 wurde nach einem akzeptablen Kompromiss gesucht. Rauh schlug vor, beide Delegationen zuzulassen. Die Parteiführer reagierten positiv, aber nicht das Weiße Haus. Rauh schloss daraus, er könne bestenfalls hoffen, der Präsident nehme eine Position »wohlwollender Neutralität« ein.[40]

Zu Beginn des Parteitags wussten die meisten MFDP-Delegierten und ihre UnterstützerInnen, dass ihre Forderung nicht von der Mehrheit des Empfehlungskomitees befürwortet werden würde. Trotzdem hofften sie darauf, ihren UnterstützerInnen im Komitee werde es gelingen, eine Minderheitsposition auf die Tagesordnung des Parteitags zu bringen, wodurch sie vielleicht durch starke Befürwortung von liberalen Delegierten ihre Forderung doch noch offen vortragen könnten. Auch wenn sie ihr Ziel, die Sitze der regulären Delegation zu erringen, nicht durchsetzen konnten, erwarteten sie einen Kompromiss, der es erlauben werde, beide Delegationen zuzulassen. Rauhs aktenkundig gewordene, kurze Befürwortung des Antrags bezog sich auf viele historische Präzedenzfälle für solch einen Kompromiss.[41]

Weil ihnen klar war, dass die Herausforderung sowohl auf politischem wie auch auf juristischem Feld ausgefochten wurde, machten die MFDP-UnterstützerInnen Tag und Nacht Lobbyarbeit bei den Delegierten. Als Jim (James) Forman auf dem Parteitag ankam, war er überrascht, Ivanhoe Donaldson und Charles Cobb zu sehen, »die in Mississippi wie Zwillinge Blue Jeans trugen und nun in ihren Ivy League-Anzügen herum liefen.« (Ivy League: Ausdruck für die teuren Elite-Colleges der Ostküste, d.Ü.) Es kam zu Treffen mit Delegationen aus verschiedenen Bundesstaaten und eine Menge an Informationsmaterial wurde mit Hilfe des SNCC produziert und verteilt.[42]

Am 22. August 1964 konnte die MFDP öffentlich ihre Forderung vor dem Empfehlungskomitee vorstellen. Rauh, Edwin King und Aaron Henry sprachen unter anderen für die Delegation, aber der Höhepunkt der Vorstellung war der Auftritt von Fannie Lou Hamer. Sie war eine erfahrene SNCC-Organisatorin und erzählte sehr emotional, wie sie ihre Arbeitsstelle verlor und wie später ein Polizist schwarze Mitgefangene dazu zwang, sie zu schlagen:[43]

»Der erste Schwarze begann mich zu schlagen, ich war verletzt und erschöpft. Nachdem der erste Schwarze müde war, befahl der Polizist dem zweiten Schwarzen, mit den Misshandlungen fortzufahren. Der zweite Schwarze begann mich zu schlagen. Ich fing an zu schreien, da stand ein Weißer auf, schlug mir auf den Kopf und schrie mich an, ich solle mein ›Maul‹ halten. Mein Kleid war verrutscht. Da kam ein Weißer herüber und riss mir den Rock hoch, wieder herunter, wieder hoch (…). All das passierte, als wir uns einschreiben wollten, um gleichberechtigte Bürger zu werden. Und wenn die Freedom Democratic Party jetzt keine Vertretung bekommt, dann stelle ich den amerikanischen Traum in Frage.«

Obwohl die Fernsehgesellschaften am Ende einen Teil von Fannie Lou Hamers Aussagen wegschnitten, um über eine schnell einberufene Pressekonferenz von Präsident Johnson zu berichten, hinterließ ihr Bericht einen unmittelbaren Eindruck bei den FernsehzuschauerInnen und die Delegierten erhielten kurz darauf zahllose Telegramme, welche die MFDP unterstützten. Als Konsequenz dieser Entwicklung versuchte die Johnson-Fraktion, einen Kompromiss zu erzielen. Am 23. August wurde Rauh darüber informiert, dass die Johnson-Strömung bereit sei, den Delegierten der MFDP das Recht zur Teilnahme am Parteitag sowie Rederecht zu gewähren, aber kein Stimmrecht. Alle bedeutenden MFDP-UnterstützerInnen wiesen diesen Kompromiss zurück.

Die Unterstützung der MFDP innerhalb des Empfehlungskomitees begann jedoch zu schwinden, als die Fraktion von Johnson und Humphrey Druck ausübte. Nach den Angaben von Rauh wurde einer schwarzen Unterstützerin aus Kalifornien gesagt, »dass ihr Ehemann seinen Posten als Richter nicht bekommen werde, wenn sie ihre Unterstützung nicht aufgeben würde; und der für die Armee zuständige Staatssekretär sagte dem Delegierten aus der Panama-Kanalzone, er werde seinen Job verlieren, wenn er die Unterstützung nicht aufgäbe.«[44] Mehrere Komiteemitglieder gaben ihre Unterstützung der MFDP zugunsten eines neuen Kompromissvorschlags der Johnson-Fraktion auf, nach welchem Aaron Henry und Edwin King Sitz und Stimme auf dem Parteitag bekommen sollten, während die anderen Delegierten als »Gäste« eingestuft wurden. Zusätzlich sollte verankert werden, dass der Parteitag im Jahre 1968 – vier Jahre später – keine Delegation eines Bundesstaates zulassen solle, die auf einem Ausschluss von Schwarzen basiert.

Am Abend des 23. August fand ein Treffen der schwarzen Delegierten statt, auf dem über den neuen Kompromissvorschlag des

Weißen Hauses diskutiert wurde. Charles Sherrod erinnerte sich, dass der Kongressabgeordnete Charles Dawson und andere schwarze Politiker argumentierten, die Schwarzen müssten Präsident Johnson unterstützen. Bei der leidenschaftlichen Antwort der MFDP-Delegierten Annie Devine überschlug sich ihre Stimme: »Wir wurden in Mississippi wie Wilde behandelt. Sie haben uns wie Tiere abgeschossen. Wir riskieren unser Leben, wenn wir hierher kommen. Die Politik muss korrupt sein, wenn sie sich um die Leute da unten nicht kümmert. Diese Politiker sitzen in ihren Positionen und vergessen die Menschen, die sie dahin gebracht haben.« Das Treffen wurde vertagt, ohne dass es zu einer Entscheidung kam.[45]

In der Zwischenzeit wurde auf führende SNCC-AktivistInnen ungemeiner Druck ausgeübt, dem Kompromiss der Regierung zuzustimmen. Bayard Rustin und Martin Luther King, die den Plan befürworteten, arrangierten ein Treffen, auf dem Humphrey erfolglos versuchte, Bob Moses davon zu überzeugen, zuzustimmen. Weil es hoffnungslos war zu glauben, die MFDP-Delegation könne die Sitze der regulären Delegation zugewiesen bekommen, unterstützte die Delegation den Vorschlag der Kongressabgeordneten Edith Green, Oregon, jedes Mitglied beider Delegationen zuzulassen, wenn sie eine Loyalitätserklärung gegenüber der Partei abgaben, und dann die Stimmen aus Mississippi proportional unter den Delegierten aufzuteilen, die zugelassen waren. Aber Rauh, der unter ungeheurem Druck von Walter Reuther stand, der ihn als Anwalt für die United Automobile Workers (UAW) angestellt hatte, erklärte öffentlich, dass er und die anderen UnterstützerInnen der MFDP im Empfehlungskomitee dem Kompromissvorschlag der Regierung zustimmen werden.

Am 26. August trafen sich die MFDP-Delegierten, um über den Kompromissvorschlag verbindlich zu entscheiden. »Die Spannung war fühlbar«, erinnerte sich Sherrod. »Die Leute waren dünnhäutig geworden. Es war ein langer Kampf.« Rauh, Edwin King, Bayard Rustin und andere führende Liberale befürworteten den Kompromiss. Bob Moses sagte, die COFO-AktivistInnen würden den Kompromiss nicht befürworten, doch die Delegierten sollten ihre eigene Entscheidung treffen. James Forman und Fannie Lou Hamer forderten die Ablehnung, Hamer sagte: »Wir haben nicht diese ganze Mühe auf uns genommen für gerade mal zwei Sitze!«[46] Nach stundenlanger Diskussion wurde der Kompromiss mit überwältigender Mehrheit abgelehnt.

Obwohl damit der Versuch der MFDP gescheitert war, die Sitze der regulären Delegation zu bekommen, und der Parteitag den Kompromiss der Regierung akzeptierte, wurden die Solidaritätsaktionen für die MFDP fortgesetzt. Delegierte der MFDP und ihre UnterstützerInnen bekamen Zutritt zum Parteitag, in dem sie Eintrittskarten benutzten, die sie von sympathisierenden Delegierten bekommen hatten. Nachdem die reguläre Delegation aus Mississippi den Parteitag unter Protest verließ, besetzten einige MFDP-Delegierte deren Sitze, bis sie unter Anwendung von Zwangsgewalt geräumt wurden. Die Kontroverse um die MFDP hatte augenscheinlich wenig Einfluss auf Präsident Johnson, der sie in seinen Memoiren nicht einmal erwähnte, in denen er diesen Parteitag als »einen Ort glücklicher, wogender Massen und donnernder Zustimmung« beschrieb und ihn als »Ausdruck der Einheit« willkommen hieß.[47]

Der Kompromissvorschlag war von den führenden Liberalen in der Demokratischen Partei und den mit ihnen sympathisierenden Delegierten als symbolische Geste der Unterstützung für die MFDP gedacht gewesen. Die Ablehnung durch die MFDP-Delegierten war eine ebenso symbolische Geste ihres Unwillens, einen Vorschlag zu akzeptieren, der ihr Recht, Mississippi zu repräsentieren und ihre eigenen VertreterInnen zu wählen, nicht anerkannte. Obwohl die Delegierten ihr Leben riskiert hatten, um den Parteitag zu besuchen und genügend Unterstützung im Empfehlungskomitee bekommen hatten, um die Angelegenheit vor den Parteitag zu bringen – wo sie glaubten, bei namentlicher Abstimmung einen Sieg davonzutragen und die Sitze zu erringen –, wurden sie daran gehindert, ihr Ziel zu erreichen, weil, wie es ein MFDP-Bericht ausdrückte, »das Weiße Haus durch die Person von Hubert Humphrey massiven Druck ausgeübt hat. »Die MFDP hätte nach diesem Bericht »jeden ehrbaren Kompromiss« akzeptiert, aber die führenden »Demokraten« hätten diese Prüfung nicht bestanden. »Diese Art von Diktat ist es, welche die Schwarzen in Mississippi kennen und immer gekannt haben, und genau dagegen richtet sich ihr Aufstand.«[48]

Die MFDP unterstützte trotzdem Johnson und seinen Vize-Kandidaten Humphrey bei den nationalen Wahlen im November 1964. Sie bildeten eine Minderheit in Mississippi, denn Goldwater gewann die Wahlen in diesem Bundesstaat mit Leichtigkeit. Während für einige Mitglieder der MFDP ihre Erfahrung in Atlantic City zur Desillusionierung über die führenden Liberalen auf nationaler Ebene und zu ihrer Radikalisierung beitrug, glaubte die Mehrheit der führenden MFDP-AktivistInnen trotz ihrer Enttäuschung daran, dass sie weiter versuchen sollte, sich Zugang zu den bundesweiten Gremien der Demokratischen Partei zu verschaffen.

Die SNCC-AktivistInnen waren noch mehr verbittert über die Erfahrung von Atlantic City als die MFDP-Delegierten. Das Gefühl der Enttäuschung war bei jenen Älteren am tiefsten, die diese Herausforderung als Prüfstein für ihre Strategie des Appells an die Bundesregierung ansahen. Für John Lewis war die Lehre von Atlantic City: »Wenn du das Spiel mitspielst und dich an die Regeln hältst, kannst du immer noch verlieren, wenn du nicht die entsprechenden Ressourcen hast, und wenn du die natürliche Ordnung der Dinge stören willst.« Er sah ein, dass »wir in gewissem Sinn naiv waren zu glauben, die Demokratische Partei von 1964 könnte irgendwie die regulären Demokraten aus Mississippi ersetzen.« Donaldson bemerkte, wenn die MFDP-Delegierten den Kompromiss angenommen hätten, hätte das alles verraten, wofür sie gekämpft hatten – »die Frage nämlich, ob sich die Leute mit Rassisten zusammensetzen sollen, um ihre Humanität zu diskutieren.«[49]

Charles Sherrod war stolz darauf, dass die Delegation nicht »vor dem ›Massa‹ in die Knie ging« und kritisierte, dass »die Chefs der politischen Macht« noch immer keinen Willen zeigten, Schwarze mit »realer Macht« auszustatten. Obwohl Sherrod mit den schwarzen SNCC-AktivistInnen im Streit gelegen hatte über seinen Glauben an den religiösen Radikalismus und seine Politik des Einsatzes von weißen Field Secretaries, brachte er nach dem Parteitag die neue Gefühlslage des Radikalismus im SNCC zum Ausdruck: »Wir fordern nicht nur Fleisch und Brot und einen Job«, erklärte er, »sondern wir fordern ebenso Macht, eine Teilhabe an der Macht!« Für die Schwarzen in Amerika gab es nur noch die Frage, ob die Macht »versöhnlich« geteilt werden konnte oder ob sie – aus Frustration – »im Aufruhr und im Blut« erobert wird. Sherrod führte die MFDP-Niederlage auf die Tatsache zurück, dass auf dem Parteitag keine Schwarzen gewesen seien, die mächtig genug gewesen wären, der Johnson-Fraktion zu begegnen. »Wir wollen viel mehr als ein paar ›geschenkte‹ Positionen. Wir wollen Macht für unsere Bevölkerung.« Sherrod geißelte diejenigen, die sagten, die Mississippi-Delegierten hätten »verantwortlich« sein sollen und keine Aktionen begehen sollen, von denen nur Goldwater profitieren konnte: »Wer regiert unsere Gesellschaft? Wer macht die Gesetze? Wer interpretiert das Recht? Wer hat die Macht? Lasst sie doch verantwortlich handeln!« Die Delegation hätte den Kompromiss akzeptieren können, um die Liberalen zufrieden zu stellen, aber solch eine Entscheidung hätte fatale Folgen gezeitigt: »Sie hätte dem Land und der Welt gesagt, dass bei uns die Macht geteilt wird, und genau das ist eine Lüge! Die ›Liberalen‹ wären erleichtert gewesen und hätten ihre Arbeit gut gemacht. Die Demokraten hätten mal wieder über die segregationistischen Republikaner gelacht, mit einem Grinsen im Gesicht, dass ihre eigenen ›Negroes‹ zufrieden sind. Das ist eine Lüge! Wir sind ein Land von Rassisten mit einer rassistischen Tradition, einer rassistischen Ökonomie, einer rassistischen Sprache, einer rassistischen Religion, einer rassistischen Lebensphilosophie, und wir brauchen eine offene Konfrontation mit uns selbst.«[50]

Wie Sherrod glaubte auch Stokely Carmichael, dass die Niederlage der MFDP auf die Notwendigkeit der Eroberung politischer Macht für Schwarze hinwies. Die Erfahrung zeigte »nicht nur, dass das landesweite Gewissen generell unzuverlässig ist, sondern dass ganz besonders die Schwarzen in Mississippi und im ganzen Land nicht auf ihre sogenannten Verbündeten zählen konnten. Viele führende Gewerkschafter, Liberale und Bürgerrechtler traten aus der MFDP aus, um engere Verbindungen zur bundesweiten Demokratischen Partei knüpfen zu können.« Der MFDP-Vorsitzende Lawrence Guyot und der SNCC-Aktivist Mike Thelwell, der das Washingtoner Büro der MFDP leitete, verglichen die Situation mit der SNCC-Strategie beim Sommerprojekt von Mississippi, welche ebenfalls auf »dem Vertrauen gegründet war, dass die nationalen politischen Institutionen und Praktiken letztlich moralisch erreichbar waren. – ›Sie konnten es *tatsächlich* nicht wissen, und wenn wir die Tatsachen aus Mississippi landesweit bekannt machen, müsste die Gerechtigkeit schnell und unumkehrbar verwirklicht werden.‹ – Das war ein recht schlichter Glaube, etwa vergleichbar mit dem der russischen Bauern unter dem Zaren. Gefangen in schlimmster Unterdrückung und Armut stöhnten die Bauern: ›Wenn der Zar nur wüsste, wie wir leiden. Er ist gut und würde uns Gerechtigkeit geben. Wenn er nur wüsste.‹ In Wirklichkeit aber wusste er nur zu gut.«[51]

Die Niederlage war vielleicht für Bob Moses am schlimmsten. Nach dem Parteitag entfernte er sich von der MFDP und glaubte nicht länger an irgendeine Möglichkeit der Arbeit innerhalb der Demokratischen Partei. Der Kompromiss auf dem Parteitag war für ihn bedeutungslos, denn er bedeutete zwar, dass sich die reguläre Partei bei zukünftigen Treffen für schwarze Delegierte öffnen werde, gleichzeitig aber war nicht garantiert worden, dass Schwarze sich einschreiben können. Auf diese Weise konnten die regulären »Demokraten« für 1968 eine scheinheilige Form der Teilnahme von Schwarzen organisieren und behaupten, sie hätten sich an die neuen Vorschriften gehalten. Anstatt die MFDP weiter als Mittel zur Öffnung der Demokratischen Partei zu betrachten, schlug Moses einen radikaleren Kurs vor: »Warum stellen wir nicht unsere eigene Regierung für Mississippi auf? Und wenn wir bis 1967 gut genug organisiert sind, erklären wir die andere Regierung für abgesetzt. Und wir fordern von der Bundesregierung, uns anzuerkennen.«[52]

Die Bemerkungen von Moses deuteten den Kurs an, dem er und andere SNCC-AktivistInnen bald folgen sollten. Nachdem sie ihre Fähigkeit demonstriert hatten, eine große Zahl von Schwarzen mobilisieren zu können, fingen sie an, nach radikalen politischen Alternativen zu suchen. Ihre Suche war gleichwohl kompliziert, denn nach dem Sommerprojekt hatten sie verantwortliche Positionen eingenommen. Das SNCC hatte dabei geholfen, Institutionen aufzubauen, wie etwa die MFDP und die Freiheitsschulen, die kontinuierliche Aufmerksamkeit und Betreuung erforderten. Das Sommerprojekt hatte zudem die Verbindungen des SNCC mit der entstehenden weißen studentischen Linken verstärkt.

Die Sommerfreiwilligen, die tief beeinflusst von ihrer Erfahrung in Mississippi nach Hause zurückkehrten, sollten einen Teil des SNCC-Radikalismus in die Studentenbewegung und die Antikriegsbewegung einbringen. »Letzten Sommer ging ich nach Mississippi, um am Kampf für Bürgerrechte teilzunehmen«, erklärte Mario Savio, die führende Persönlichkeit des *Free Speech Movement* (Bewegung für freie Rede) in Berkeley. »Diesen Herbst nehme ich an einer anderen Phase derselben Bewegung teil, und zwar in Berkeley. In Mississippi regiert eine autokratische und machtvolle Minderheit durch organisierte Gewalt, um die große, nahezu machtlose Mehrheit zu unterdrücken. In Kalifornien manipuliert die privilegierte Minderheit die Universitätsbürokratie, um die politische Meinungsäußerung der Studenten zu unterdrücken.«[53]

Das SNCC hatte noch vor kurzem seine Energien auf neue Aktionsformen konzentriert und breite Unterstützung für seine Radikalität und die fortgesetzten kleinen Angriffe auf die soziale Ordnung der Segregation bekommen. Der Charakter des SNCC wurde in einer Zeit geformt, als IdealistInnen soziale Ziele durch ihren Willen verwirklichten, sich bei Protestaktionen zu engagieren und so eine Krise zu provozieren, die eine Intervention von außen nötig machte. Die neuen Verantwortlichkeiten des SNCC erforderten zusätzliche Fähigkeiten, die die Kreativität und Hingabe seiner immer noch jungen AktivistInnen auf den Prüfstand stellten. Eine Phase des schnellen und unkontrollierten Wachstums des SNCC war zu Ende; seine bezeichnendste Phase intellektueller Entwicklung sollte beginnen.

Teil 2: Innenschau

Rückzug nach Waveland

In den Monaten nach dem Mississippi-Sommerprojekt von 1964 begannen die SNCC-Kader mit der schwierigen Aufgabe einer kritischen Auswertung ihrer bisherigen Arbeit, um daraus Schlüsse für eine zukünftige Strategie zu ziehen. Sie hatten viel erreicht, seit sie vor drei Jahren in McComb zusammengekommen waren. Tausende Schwarzer in den Südstaaten waren zur politischen Aktion übergegangen; sie hatten neue, selbstverwaltete Institutionen aufgebaut, vor allem die MFDP und die Freiheitsschulen. Es war ihnen gelungen, starken finanziellen Rückhalt in den Nordstaaten zu finden. Sie hatten die Bundesregierung dazu veranlasst, mit wachsender Entschiedenheit für die Bürgerrechte zu intervenieren. Und sie hatten ein Bündnis liberaler Kräfte zur Unterstützung der MFDP-Herausforderung der Demokratischen Partei geschmiedet. Das hatten sie durch besondere und erfolgreiche Methoden des Community Organizing erreicht, die dadurch gekennzeichnet waren, dass sie sich auf informelle Führungspersonen vor Ort stützten und die direkte Aktion als Katalysator für Massenmobilisierung benutzten.

Trotz dieser Bilanz zweifelten viele OrganisatorInnen des SNCC den Wert ihrer Arbeit an und ihre Unzufriedenheit wuchs nach dem Sommer 1964. Das Sommerprojekt war eines der letzten großen integrierten Bürgerrechtsprojekte, bei denen schwarze und weiße AktivistInnen gemeinsam agierten – wenngleich Bestandteile einer solchen, landesweiten Bürgerrechtskoalition noch einmal in den Kampagnen von Selma, Alabama, und während der Stimmrechtskampagne von 1965 sichtbar werden sollten. Der jugendliche, spontaneistische Aktivismus des SNCC, sein moralischer Ansatz und seine Offenheit für neue Ideen und neue Menschen hatten es zu der dynamischsten aller Bürgerrechtsorganisationen gemacht. Doch die Hauptamtlichen fragten sich, ob die Positionen und die Werte der Gründerjahre noch angemessen waren. Sie fragten sich, ob der Bezug auf Führungspersonen ohne spezialisierte Fähigkeiten und auf unstrukturierte Aufstandsstrategien die richtigen Mittel waren, um über die Erfolge in der ersten Hälfte der sechziger Jahre hinaus wirksam zu werden. Einige Kader drängten das SNCC dahin, die bisherigen Erfolge zu stabilisieren, indem der Entwicklung anderer Bewegungsorganisationen gefolgt werde und befürworteten eine stärkere Formalisierung und Bürokratisierung. Die antiautoritäre Ausrichtung des SNCC garantierte jedoch starken Widerstand gegen einen solchen Kurs.

Die OrganisatorInnen behielten ihren gemeinsamen Glauben an einen langfristig angelegten, aktionsorientierten Kampf der Massen als wichtigstes Mittel sozialer Veränderung. Trotzdem unterschieden sich ihre Vorschläge für effektivere und den Aktionsbereich erweiternde Strategien. Das gegenseitige Vertrauen, das die AktivistInnen in den Konfrontationen mit den weißen Rassisten des Südens zusammenhielt, wurde zudem schwächer, als sich die Konflikte des SNCC mit seinen liberalen UnterstützerInnen häuften. Wie die gesamte US-amerikanische Gesellschaft ging das SNCC einer Periode entscheidender Konflikte entgegen, in denen den Hauptamtlichen die verschiedenen und manchmal subtilen Dimensionen sozialer Unterdrückung bewusst wurden. Die internen Diskussionen, die mit den Positionspapieren begannen, die für das Auswertungsseminar in Waveland, Mississippi, geschrieben wurden, blieben außenstehenden SympathisantInnen des SNCC weitgehend unbekannt. Doch diese Diskussionen nahmen wichtige Tendenzen im politischen Leben der USA vorweg.

Aufgrund der Niederlage der MFDP-Herausforderung an die Demokratische Partei suchten die SNCC-AktivistInnen nach ideologischen Anregungen jenseits ihrer eigenen Erfahrungen. Eine unerwartete Wendung nahm diese Suche nach neuen Ideen im Herbst 1964, als Harry Belafonte das SNCC dazu einlud, eine Delegation nach Afrika zu schicken. Belafonte war langjähriger Unterstützer des SNCC und konnte die Reise organisieren, weil er über gute Kontakte zur Regierung von Guinea verfügte. Wenngleich James Forman später kommentierte, es sei »ein schwerer Fehler« gewesen, der Reise zuzustimmen, bevor die Fragen über die zukünftigen Aktivitäten des SNCC zuhause geklärt gewesen seien, so war die Möglichkeit, Afrika zu bereisen, doch eine zu große Versuchung.[1] Die SNCC-AktivistInnen nahmen die Chance, dem unmittelbaren Druck ihres Kampfes für eine kurze Zeit zu entfliehen, gerne an. Darüber hinaus waren sie vom Beispiel junger führender Schwarzer der neuen unabhängigen afrikanischen Nationen beeinflusst. Oft hatten sie ihren Kampf rhetorisch mit den afrikanischen Nationalbewegungen verbunden und an die AfrikanerInnen appelliert, ihren Kampf um Bürgerrechte zu unterstützen. Im Dezember 1963 hatte sich eine Gruppe von SNCC-AktivistInnen mit Oginga Odinga, dem führenden Aktivisten aus Kenya, bei dessen kurzem Aufenthalt in Atlanta getroffen.

Die Reise nach Afrika begann am 11. September 1964 und machte auf die SNCC-Delegation einen großen Eindruck. Die Delegation bestand aus James Forman, John Lewis, Prathia Hall, Julian Bond, Bob und Dona Moses, Ruby Doris Robinson, Bill Hansen, Donald Harris, Matthew Jones und Fannie Lou Hamer. Als Gäste der Regierung Guineas – einer früheren französischen Kolonie, die vom Westen politisch unabhängig bleiben wollte – konnten sie nun die US-amerikanische Gesellschaft aus einer neuen Perspektive betrachten. Der Präsident Guineas, Sekou Touré, Vertreter des afrikanischen Sozialismus und der Blockfreiheit im Kalten Krieg, ermutigte sie, sich weitgesteckte Ziele zu setzen und meinte, es gebe eine enge Beziehung zwischen dem, was das SNCC in den USA mache, und dem, was in Afrika passiere.[2] Die Delegierten waren nicht nur vom warmherzigen Empfang durch Regierungsbeamte beeindruckt, sondern auch von ihren Beobachtungen des Alltagslebens in einer Nation, die von Schwarzen geprägt wurde. »Ich habe Schwarze gesehen, die Flugzeugpiloten waren, Busse fuhren, hinter den großen Tischen einer Bank saßen, und einfach all das taten, was ich bis jetzt nur von Weißen ausgeübt gesehen habe«, erzählte Hamer.[3]

Als den SNCC-VertreterInnen klar wurde, wie ihr eigener Kampf von den AfrikanerInnen rezipiert wurde, entdeckten sie, dass die Regierung der USA eine weit größere Macht über das Bild der US-amerikanischen Bürgerrechtsbewegung in den Köpfen der AfrikanerInnen hatte als sie selbst. Julian Bond äußerte seinen Ärger über die irreführenden Informationen, die von US-amerikanischen Regierungsstellen in Afrika ausgegeben wurden. »Sie haben eine Realität der Schwarzen in den USA gezeichnet, in der Schwarze Würdenträger sind, Richter, Polizisten. Und wenn du nichts über die USA weißt, wie das bei den Afrikanern der Fall war, könntest du glauben, das seien in den USA alltägliche Dinge. Das ist die schlimmste Art der Täuschung.«[4]

Nachdem die meisten Delegierten am 4. Oktober 1964 in die USA zurückgekehrt waren, blieben John Lewis und Donald Harris noch einen weiteren Monat und besuchten Liberia, Ghana, Zambia, Kenya, Äthiopien und Ägypten. Ihre Treffen mit führenden afrikanischen StudentInnen und ehemaligen afro-amerikanischen Landsleuten überzeugten sie davon, dass das SNCC dauerhafte Verbindungen mit Afrika aufnehmen sollte. Als sie die Unabhängigkeitsfeiern in Zambia besuchten, sprachen sie mit afrikanischen Revolutionären und berichteten später darüber, dass diese »ebenfalls viele Gefängnisse von innen kannten; und die Einsamkeit, von Familien und Freunden abgeschnitten zu sein.« Die Revolutionäre machten den Delegierten deutlich, dass sie sich engere Kontakte zum SNCC wünschten: »Ein Bruder erklärte: ›Reichen wir uns die Hände, damit wir alle zusammen frei sein können.‹«[5]

Die vielleicht wichtigste Episode ihres Aufenthalts in Afrika war ein unerwartetes Treffen in Nairobi mit Malcolm X, dem populären Afro-Amerikaner, der erst vor kurzem mit dem rigiden religiösen Ansatz von Elijah Muhammads Nation of Islam (NOI) gebrochen hatte. Schon vor dem Treffen erfuhren Lewis und Harris von dem beträchtlichen Einfluss, den Malcolm X auf dem afrikanischen Kontinent hatte. Von einigen AfrikanerInnen wurden Lewis und Harris mit »Skepsis und Misstrauen« begrüßt, denn, so wurde erklärt, »wenn ihr rechts von Malcolm steht, könnt ihr gleich abhauen, denn dann wird euch niemand mehr anhören wollen.« Malcolm hatte jedoch beschlossen, die radikalen Tendenzen in der Bürgerrechtsbewegung zuzuspitzen und wollte die Vertreter des SNCC gerne treffen – es war diejenige Bürgerrechtsorganisation, die er für am bedeutsamsten hielt. Nach dem Treffen kritisierte er die US-Bürgerrechtsgruppen für ihre Ignoranz gegenüber der Situation in Afrika, vor allem vor dem Hintergrund der Tatsache, dass afrikanische Führungspersonen und BürgerInnen den afro-amerikanischen Kampf unterstützten. Obwohl er das Gefühl hatte, die AfrikanerInnen würden sich nicht auf eine bestimmte Gruppe oder Fraktion konzentrieren, erhoffte er sich von seiner kürzlich gegründeten *Organization of Afro-American Unity* (OAU, Organisation für afro-amerikanische Einheit) eine Sammlung US-amerikanischer Schwarzer, die an engeren Verbindungen mit Afrika interessiert waren.[6]

Auf das Treffen in Nairobi folgten mehrere Versuche von Malcolm X, die Verbindungen zum SNCC zu verstärken. Malcolms panafrikanische Perspektive und sein Bewusstsein von der Notwendigkeit schwarzer Selbstverteidigung sowie des Stolzes auf die eigene Hautfarbe stimmten mit Ideen überein, die im SNCC Boden gewannen. Er sprach auf einer MFDP-Versammlung in Harlem und lud Fannie Lou Hamer zusammen mit den SNCC-Freedom Singers zu Treffen der OAU ein. Während er eine Gruppe junger Leute, die auf Kosten des SNCC in New York waren, zu Gast hatte, bezeichnete es Malcolm als größten Erfolg der Kämpfe im Jahre 1964, »dass es gelungen ist, unser Problem mit dem Problem Afrikas zu verbinden und unser Anliegen damit zu einem weltweiten Anliegen zu machen.« Während der Stimmrechtskampagne 1965 in Selma sprach Malcolm X auf Einladung von AktivistInnen des SNCC zu schwarzen DemonstrantInnen. Die sich entwickelnden Verbindungen zwischen dem SNCC und Malcolm X wurden schließlich durch die Ermordung dieser schwarz-nationalistischen Führungsperson am 21. Februar 1965 in New York jäh abgebrochen. John Lewis meinte später, dass Malcolm X »mehr als jede andere Persönlichkeit in der Lage war, die Forderungen, die Bitterkeit und die Frustrationen der schwarzen Bevölkerung auszudrücken« und dabei »ein lebendiges Band zwischen Afrika und der Bürgerrechtsbewegung in unserem Land zu spannen.«[7]

Die Reise nach Afrika trug innerhalb des SNCC zu einem Bewusstsein für die internationale Bedeutung seines Kampfes bei, aber akute innenpolitische Probleme hinderten das SNCC daran, seine Kontakte nach Afrika zu festigen. Kolumnisten wie Rowland Evans und Robert Novak beschworen zwar schon im Dezember 1964 die Gefahr herauf, dass das SNCC, dessen Delegation es nicht einmal für nötig gehalten habe, die Regierung über ihre Rückkehr zu unterrichten, »die revolutionären Strategien« der neuen afrikanischen Länder umsetzen werde. Doch erst nach den Reisen von Bob Moses, James Forman und anderen Kadern in den darauf folgenden Jahren eröffnete das SNCC ein eigenes Büro zur Pflege seiner internationalen Kontakte. Trotz des Mangels an greifbaren Ergebnissen der Reise stärkte sie die emotionalen Bindungen, die die SNCC-AktivistInnen seit langem zu Afrika empfanden. Die meisten AktivistInnen stimmten mit John Lewis darin überein, dass das Schicksal der Afro-AmerikanerInnen »untrennbar mit dem unserer schwarzen Brüder in Afrika verbunden ist. Egal ob es sich um Angola, Mozambik, Südwest-Afrika oder Mississippi, Alabama, Georgia und Harlem in den USA handelt, der Kampf ist derselbe. Es ist ein Kampf gegen ein brutales und übles System, das für wenige Weiße und von wenigen Weißen in der ganzen Welt kontrolliert und aufrechterhalten wird.«[8]

Die Begeisterung für die revolutionären Ideen aus Afrika verschwand schnell, als die enormen Schwierigkeiten zuhause deutlich wurden. Die SNCC-Kader waren nach dem Machtkampf im Sommer von 1964 ausgebrannt und viele waren sich im unklaren über ihre künftige Rolle im veränderten Kampf um die Südstaaten. Zudem gab es mehr und mehr Angriffe von Seiten der Liberalen, die anfingen zu zweifeln, ob die SNCC-Radikalen weiter nützliche Kampfgruppen der Bürgerrechtsbewegung sein konnten oder stattdessen zur Speerspitze eines neuen Angriffs gegen den konventionellen Liberalismus wurden.

Vorwürfe gegen das SNCC, es sei eine subversive Organisation oder von KommunistInnen unterwandert, waren früher von den Liberalen aus den Nordstaaten entkräftet worden. Aber nachdem der Radikalismus des SNCC beim Marsch auf Washington und beim Parteitag der »Demokraten« 1964 deutlich geworden war, bekamen diese Vorwürfe Auftrieb. Die Tatsache, dass einige Freiwillige des Sommerprojekts Kinder von KommunistInnen waren und dass kommunistische Literatur in einigen Freedom Houses und Community Centers auslag, führte zu weiteren unfreundlichen Kommentaren in den Nordstaaten. Bob Moses räumte im Sommer 1964 ein, dass das SNCC dieser Kritik total ausgesetzt sei, »weil wir nicht versuchen, die Leute hinsichtlich ihrer politischen Neigung zu durchleuchten.« Moses wurde von den Kolumnisten Evans und Novak als »gefährlich indifferent gegenüber der kommunistischen Bedrohung für die Bürgerrechtsbewegung« denunziert, als »so radikal in seiner Befürwortung der Rechte der Schwarzen, dass er manchmal an schwarzen Nationalismus grenzt.«[9] Für den Vorwurf des kommunistischen Einflusses fehlte jeder Beweis, aber die veränderte Perspektive von Reportern aus den Nordstaaten gegenüber dem SNCC trug zur Erosion von dessen ehemaliger Basis der Unterstützung bei.

Die sich verschlechternden Beziehungen zwischen dem SNCC und den gemäßigten Bürgerrechtsorganisationen wurden bei einem Treffen der verschiedenen Gruppen am 18. September 1964 in New York über die zukünftige Strategie in Mississippi offenkundig.

Gloster Current von der NAACP kritisierte die fortgesetzte Verbindung des SNCC zur National Lawyers Guild, und Josef Rauh sekundierte, es sei »unmoralisch«, Hilfe von Gruppen anzunehmen, die als von KommunistInnen dominiert gelten. Darüber hinaus wurde das SNCC für die mangelnde Zusammenarbeit mit den landesweiten Bürgerrechtsgruppen bei der Kompromisssuche auf dem Parteitag der Demokratischen Partei kritisiert und es wurde der Vorwurf erhoben, das SNCC kontrolliere die MFDP. Planungsleiter Courtland Cox, der das SNCC vertrat, während andere leitende Hauptamtliche in Afrika waren, verteidigte die Gruppe, indem er daran erinnerte, dass die MFDP-Delegierten und nicht die COFO-Kader den Kompromiss abgelehnt hatten. Er schlug vor, die Differenzen unter den Bürgerrechtsorganisationen durch ein »Treffen auf der Basisebene« zu lösen, bei dem führende örtliche Schwarze aus Mississippi beteiligt sein sollten. Andrew Young von der SCLC unterstützte zwar diesen Vorschlag, aber die anderen meinten, solche Themen sollten von führenden Persönlichkeiten auf Bundesebene entschieden werden. Allard Lowenstein sprach von einer »strukturierten Demokratie« im Gegensatz zu der »amorphen Demokratie« des SNCC. Gloster Current meinte, er habe »Leute aus Mississippi seit siebzehn Jahren weinen gehört«, doch nun sei ein Treffen auf höherer Ebene nötig, »damit wir den organisatorischen Wildwuchs von unten beenden.« Das Treffen endete ohne eine gemeinsame Erklärung zu den Differenzen und mit wachsendem Misstrauen zwischen den SNCC-VertreterInnen und den Gemäßigten der Bürgerrechtsbewegung, was die jeweiligen Motive betraf.[10]

Dieser Rückschlag in den Beziehungen des SNCC zu den gemäßigten Bürgerrechtsgruppen resultierte nicht nur aus der Radikalität des SNCC, die bereits seit einiger Zeit deutlich geworden war, sondern auch aus seiner Stellung als ernsthafte Konkurrenz zu NAACP und SCLC, was die Dominanz in der Bürgerrechtsbewegung betrifft. Durch die Initiierung und Durchführung des Sommerprojekts von 1964 hatte das SNCC seine zunehmende Effektivität demonstriert. Das Sommerprojekt verdeutlichte jedoch gleichzeitig den inhärenten Widerspruch des SNCC, auf der einen Seite zu versuchen schwarze Gemeinden mit lokalen Führungspersonen zu mobilisieren, und sich andererseits auf die Unterstützung der Weißen aus den Nordstaaten zu stützen.

Diese Widersprüche konnten nicht länger ignoriert werden, als gegen Ende des Sommers von 1964 mehr als achtzig Freiwillige, die ihre Arbeit in Mississippi fortsetzen wollten, darum baten, Hauptamtliche im SNCC werden zu dürfen. Die Aufnahme einer so großen, mehrheitlich weißen Gruppe hätte die Zusammensetzung sowohl zwischen Schwarzen und Weißen als auch die Klassenstruktur des SNCC bedeutend verändert und wahrscheinlich zu wachsenden Spannungen zwischen Schwarzen und Weißen geführt. Cox berief deshalb ein Treffen aller Hauptamtlichen für den 10. Oktober 1964 in Atlanta ein. Die TeilnehmerInnen des Treffens wollten nicht nur die Zusammensetzung zwischen Schwarzen und Weißen im SNCC diskutieren, sondern auch die Struktur der Entscheidungsfindung und die zukünftige Ausrichtung des SNCC.

Wenngleich das SNCC versucht hatte zu vermeiden, dass einzelne Personen eine führende Rolle innerhalb der Organisation einnehmen, waren bei diesem Treffen die Meinungen von zwei Teilnehmern von entscheidender Bedeutung. James Forman und Bob Moses hatten nicht nur den Respekt der anderen OrganisatorInnen gewonnen, sondern standen auch für konkurrierende Tendenzen innerhalb der Organisation. Beide akzeptierten die Notwendigkeit einer neuen Orientierung des SNCC, aber James Forman war bereit, einen Großteil des freiheitlichen Stils des SNCC abzustreifen, um politische Macht zu erringen, während Bob Moses glaubte, das SNCC sollte die Individuen gerade dazu ermutigen, sich von zentralisierten Machtstrukturen zu lösen, statt neue aufzubauen.

Mehrere Wochen vor dem Oktobertreffen schienen sich James Forman und Bob Moses noch einigen zu können, als sie zusammen das *Black Belt Program* (Programm für die Region, in der mehrheitlich Schwarze leben) formulierten, mit dem die Arbeit des SNCC im tiefen Süden der USA im darauf folgenden Sommer ausgeweitet werden sollte. Dieser Vorschlag verlangte vom SNCC keine Änderung seiner beim Sommerprojekt angewandten Strategie, sondern eher eine Ausweitung dieser Strategie bei neuen Projekten, die von schwarzen studentischen Freiwilligen durchgeführt werden sollten. Die Tendenz, eher auf schwarze als auf weiße Freiwillige zurückzugreifen, war eine Reaktion von Moses sowohl auf die Ineffektivität einiger Mississippi-Projekte wegen auftretender Konflikte zwischen Schwarzen und Weißen, als auch auf das fehlende Vertrauen führender Schwarzer vor Ort in ihre eigenen Fähigkeiten, so lange eine große Anzahl weißer Freiwilliger präsent blieb.[11]

Doch die Möglichkeit, dass das SNCC diesem Programm zustimmte, war durch die ungelösten Probleme und den geschwächten inneren Zustand der Organisation unwahrscheinlicher geworden. Die rationale Diskussion der möglichen Strategien hätte eine Energie, eine Entschlossenheit und Voraussicht erfordert, die die Kader nach den zermürbenden Ereignissen vom Sommer 1964 nicht mehr besaßen. »Zum ersten Mal in meinem Leben konnte ich verstehen, wie sich Soldaten fühlen, wenn sie vom Krieg nach Hause kommen und unwillig nach Antworten suchen, wenn die Familie und Freunde die schrecklich unschuldige Frage stellen: ›Und, wie war's?‹«, erinnerte sich Cleveland Sellers. Viele, die am Sommerprojekt beteiligt gewesen waren, benutzten den Ausdruck »Kriegsneurose«, um den Zustand der betroffenen BürgerrechtlerInnen zu beschreiben. »Tief sitzende Wut und Misstrauen treiben sie um«, berichtete der Psychiater Robert Coles, der mit den BürgerrechtlerInnen in Mississippi im Jahre 1964 eng zusammengearbeitet hatte. »Sie verlieren nicht nur ihren Optimismus und Humor. Sie fangen auch an, den Motiven und dem Engagement anderer zu misstrauen, so dass sie immer weniger Leuten, selbst in den eigenen Reihen, Vertrauen entgegenbringen.« Obwohl die SNCC-Angestellten nach Auskunft von Forman auch zu anderen Zeiten bei Treffen »mit einer riesigen Menge angestauter Spannung, Angst, Frustration« auftauchten, trug die zusätzliche emotionale Anspannung des Sommers zu den Konflikten bei, die die OrganisatorInnen kurz darauf spalten sollten.[12] Die Spannungen wurden beim Oktobertreffen sofort deutlich, als das Black Belt Program zur Diskussion gestellt wurde. Frank Smith kritisierte, die Hauptamtlichen seien nicht angemessen an der Entwicklung des Vorschlags beteiligt gewesen, worauf das Treffen nach Angaben von James Forman »eine katastrophale Wendung« nahm. »Einige schrien: ›Wer hat das entschieden?‹, als würde irgendjemand versuchen, ihnen was unterzujubeln.« Der führende MFDP-Aktivist Lawrence Guyot lehnte das Programm ab, weil es die Kräfte des SNCC von Mississippi auf andere Regionen in den Südstaaten aufteilen würde. Sogar Bob Moses verteidigte den Vorschlag nicht, obwohl er an dessen Vorbereitung beteiligt war.[13]

Mit einiger Berechtigung interpretierte James Forman den zum Ausdruck kommenden Unwillen der Kader, sein Programm zu akzeptieren, als persönliche Niederlage. In der Organisation, die oftmals entschlossen auftretende Führungspersonen zurückwies, gab es einige Mitglieder, die das ambitionierte Projekt als Versuch von Forman deuteten, seine Autorität zu vergrößern. Forman selbst hat tatsächlich bestätigt, dass er in dieser Phase vorhatte, das SNCC in eine »starke, zentralisierte Organisation zu verwandeln, die ihre Macht ausweitet und eine Massenorganisation werden sollte.« Er wollte nicht, dass das SNCC »eine begrenzte Gruppe von Organisatoren blieb, die da und dort Proteste initiierte und vielleicht als Katalysator für eine Massenorganisation wirksam wurde – ohne jemals selbst eine werden zu können.«

Formans Zielvorstellungen wurden durch die Lektüre neuer revolutionärer Schriften geformt, vor allem derjenigen des Afrikaners Kwame Nkrumah, aber in dieser Phase hatte Forman kein klares Aktionsprogramm. Der Black Belt Plan gab nur wenig Hinweise auf eine Neukonzeption des SNCC. Später sollte sich Forman über AktivistInnen aus der Mittelklasse im SNCC wegen deren individualistischer Werte lustig machen, aber im Herbst 1964 lobte er, das SNCC bestünde aus »aktionsorientierten Intellektuellen und aus Agitatoren, Unruhestiftern, die die Sache immer wieder zuspitzen.«

Er beschrieb sich selbst als jemand, der aus der Praxis der schwarzen Field Secretaries in den Südstaaten hervorgegangen sei, aber er war zumindest teilweise verantwortlich für die Tatsache, dass die SNCC-Zentrale eher von Weißen und Schwarzen aus den Nordstaaten dominiert wurde anstatt von »Schwarzen vor Ort«. Seine Erklärung für die Absetzung von John Lewis als Vertreter des SNCC bei den Treffen mit den anderen Bürgerrechtsorganisationen verdeutlichte seine Ambivalenz bezüglich der Behauptung, die Schwarzen aus den Südstaaten sollten die Politik des SNCC bestimmen. Forman beschrieb Lewis als »jung, unerfahren, aus einer Kleinstadt in den Südstaaten kommend«, er sah bei ihm »gute Eigenschaften für eine Symbolfigur des Widerstands der Schwarzen, aber unter diesen übermächtigen, trickreichen Funktionären war er verloren.«[14]

Bob Moses war der Wortführer der Anti-Forman-Fraktion, aber im Unterschied zu Forman fühlte er sich zunehmend unwohl mit dem Einfluss, den er auf das SNCC ausübte. Sein Versäumnis, den Black Belt Plan zu unterstützen, rührte von seiner Überzeugung her, intellektuelle Fähigkeiten nicht dazu zu benutzen, andere zu dominieren. Er wollte weniger intellektuelle BürgerrechtlerInnen dazu ermutigen, ihre eigenen Fähigkeiten als Führungspersonen auszubilden. Moses betrachtete das SNCC nicht wie Forman als dauerhaft bestehende politische Organisation, sondern wollte es als informelle Gemeinschaft von OrganisatorInnen erhalten, deren Aufgabe es war, örtlich bedeutende AktivistInnen ausfindig zu machen, ihre Entwicklung zu fördern und dann beiseite zu treten, um es diesen Führungspersonen zu ermöglichen, ihre eigene Richtung zu bestimmen. Ironischer Weise verursachte seine Weigerung, andere zu manipulieren und seine selbstlose Hingabe an den Kampf eine unbeabsichtigte Gefolgschaft besonders unter den weißen studentischen AktivistInnen, die in ihm den Archetyp des intellektuellen Aktivisten sahen. Moses erkannte, dass viele im SNCC und COFO von seiner Person abhängig wurden, was ihn dazu veranlasste, seine Meinungen mit zunehmender Zurückhaltung auszudrücken. Aber diese Haltung verstärkte nur seine Attraktivität unter denen, die gegen das bestimmende Auftreten Formans eingestellt waren. Im Herbst 1964 trennten sich die Wege von Bob Moses und James Forman immer mehr. Forman wollte die Bedeutung, die das SNCC während des Sommerprojekts errungen hatte, stabilisieren und bestand auf der Notwendigkeit von Planung, der Disziplin der AktivistInnen und der Strukturierung der Organisation. Er führte die Zurückhaltung von Bob Moses, seine Rolle als Führungsperson auszuüben, »auf den Druck zurück, den der Liberalismus auf ihn ausübt, denn er warnt uns vor unserer eigenen Führerschaft, unserer eigenen Macht.«

Forman forderte Bob Moses dazu auf, sich stärker an den Strategiediskussionen des SNCC zu beteiligen, aber er fand, dass Moses »durch eine fast schon Jesus-ähnliche Aura, die er und sein Name erhalten haben, daran gehindert wird. ›Niemand hat mich jemals mother-fucker genannt‹, so oder ähnlich hat er es einmal ausgedrückt und damit gemeint, er erhalte eine Form des Respekts, die ihm nicht gebührt.«[15]

Moses selbst folgte dem Beispiel seines ideologischen Mentors, Albert Camus, und maß seinen humanistischen Idealen größere Bedeutung zu als dem Ziel, politische Macht zu erringen. Obwohl er versuchte, die internen Konflikte im SNCC zu beschwichtigen, indem er sich mit Forman traf und zustimmte, die Probleme des SNCC bei Treffen der Hauptamtlichen mitzudiskutieren, sollte Moses fortan keine bedeutende Rolle bei den strategischen Entscheidungen des SNCC mehr spielen. Diejenigen, die auf seine Anleitung warteten, beriefen sich weiter auf ihn, um ihre Opposition gegen eine zentralisierte Autorität innerhalb der Organisation zu legitimieren.

Nach dem Oktobertreffen bereiteten Forman und andere ein großes, länger dauerndes Perspektivseminar für die Kader für Anfang November 1964 vor, um etwas gegen die schwindende Effektivität der Arbeit des SNCC zu unternehmen. Anstatt sich immer nur mit den alltäglichen Problemen zu befassen, erhofften sie sich die Behandlung langfristiger Strategien und Zielvorstellungen, sowie die Etablierung eines internen Bildungsprogramms. Als Ort für das Seminar wurde die Gulfside Methodist Church in Waveland,

Mississippi, gewählt. Waveland war eine kleine Gemeinde im Südosten des Bundesstaates.

Auf der Einladung an die rund 160 OrganisatorInnen stand als Zweck des Seminars die Klärung einer Reihe von Fragen: »Wo, wie, warum organisieren wir uns? Wer soll das Exekutivkomitee bilden? Wo steht die Bürgerrechtsbewegung heute und was bedeutet das für uns? Wie soll das SNCC mit dem neuen Bürgerrechtsgesetz umgehen?«[16] Die Vorbereitungsgruppe wusste, dass ein Seminar eigentlich nicht ausreichen würde für solch eine anspruchsvolle Liste von Tagesordnungspunkten, aber sie hofften, die AktivistInnen könnten für eine Woche ihre bisherige Tendenz überwinden, den Aktionismus der Beratung und Diskussion vorzuziehen. Die Hauptamtlichen wurden gebeten, vor dem Seminar Positionspapiere zu schreiben, damit sich ihre Ideen klarer ausdrücken konnten als in den oft abschweifenden Diskussionen, die für das SNCC typisch waren.

Die 37 Positionspapiere, die für das Seminar geschrieben wurden, enthüllten eine allgemeine Besorgnis über die unklaren Zielvorstellungen im SNCC und das daraus entstehende Problem, nach dem Sommerprojekt nicht entscheidend und effektiv agiert zu haben. Obwohl die Papiere für die Probleme im SNCC keine Lösung parat hatten, gab es Vorschläge, die die allgemeine Entwicklung des US-amerikanischen Radikalismus in den sechziger Jahren andeuteten. Wie schon bei der Antisklaverei-Bewegung im neunzehnten Jahrhundert steuerten die Diskussionen und Konflikte innerhalb der Bewegung in den Südstaaten den Humus bei für das Auftreten verschütteter US-amerikanischer Traditionen wie dem afro-amerikanischen Separatismus, dem Feminismus und der partizipatorischen Demokratie. Sie beeinflussten zudem spätere Aktionsformen, die von Community Organizers in den Armutsprogrammen oder bei den Peace Corps (Friedensbrigaden) benutzt wurden.

Die älteren OrganisatorInnen bestanden darauf, die bisherige Arbeit des SNCC auszuwerten, bevor zukünftige Schritte unternommen werden. Sie wussten natürlich um die Schwierigkeiten, inmitten einer intensiven sozialen Bewegung innezuhalten, um einen Prozess der Selbstkritik und der grundlegenden Fortbildung in Gang zu setzen. Bob Moses war wahrscheinlich der Autor eines anonymen Papiers, welches die Situation des SNCC mit der »eines Schiffs in der Mitte des Ozeans« verglich. »Es muss neu gebaut werden, um seetüchtig zu bleiben. Es muss aber gleichzeitig auch seetüchtig bleiben, um neu gebaut werden zu können. Das ist unsere Situation. Und da wir mitten im Ozean sind, müssen wir das selbst tun.« In dem Papier wurde eine flexible Entscheidungsfindung vorgeschlagen: »Wichtige Probleme, die im Zentrum unserer Arbeit stehen, brauchen längere Zeit für Beratung und ein größeres Forum der Entscheidungsfindung. Alltagsprobleme, die mit den Grundlagen unserer Arbeit nur am Rande zu tun haben, können sofort von den verantwortlichen Personen entschieden werden oder den Leuten, mit denen sie unmittelbar zu tun haben.«[17]

Charles Sherrod konstatierte in seinem Papier eine neue Phase der Bewegung. Das SNCC habe früher erfolgreich an »das schlechte Gewissen des weißen Mannes« appelliert, doch nun habe man/frau es »mit einem ›Backlash‹ des selbstbewußten weißen Mannes« zu tun. Die konservativen Kräfte seien in den USA auf dem Vormarsch und das SNCC müsse seine eigene Machtbasis organisieren. Es müsse eine Theorie entwickeln und »sich straffer organisieren.« Sherrod warnte die Kader davor, das Bild von »Grashüpfern abzugeben, die den schlafenden Riesen bekämpfen. Wenn der Riese erwacht und seine Rüstung anlegt, werden wir alle dafür bezahlen. Früher waren wir Kids; jetzt sind wir erwachsen – nahezu. Noch haben wir ein wenig Zeit, bevor der Riese erwacht.«[18]

Die Warnung von Sherrod wurde in einem anonymen Papier wiederholt, in dem versichert wurde, das SNCC könne »sich nicht den Luxus einer abschweifenden und unergiebigen Diskussion erlauben, die uns zwar geistig anregt, aber gleichzeitig im organisatorischen Chaos belässt.« Das Papier beschwor die Gefahr, die internen Differenzen würden eine Situation heraufbeschwören, in welcher »das SNCC zwar die äußere Repression – die Schläge, die Morde, den Terrorismus – überlebt, aber im eigenen Sumpf und Überdruss würgt und erstickt.«[19]

Das SNCC war an einem Wendepunkt angelangt, und der Radikalismus der Anfangsjahre des SNCC musste durch neue Strategien ergänzt werden. Der Konses über notwendige Bürgerrechtsreformen hielt das SNCC in seinen Entwicklungsjahren zusammen, aber die gemeinsam formulierten Ziele der OrganisatorInnen konnten nicht Fragen beantworten wie zum Beispiel diejenige, ob das Stimmrecht oder die Abschaffung der Segregation ausreichten, um die Lebensbedingungen der Schwarzen in den Südstaaten zu verbessern. Das Sommerprojekt des Jahres 1964 war ein entscheidender Prüfstein für die in den Nachkriegsjahren entwickelte Bürgerrechtsstrategie, die darauf basierte, die schlimmsten Auswirkungen des Jim Crow-Systems öffentlich zu machen und mit zivilem Ungehorsam sowie Massendemonstrationen die Bundesregierung zum Eingreifen zu zwingen (»Jim Crow« bezeichnet in der Umgangssprache die 1883 in Kraft getretenen und vom Obersten Gerichtshof 1896 für legal erklärten Rassengesetze in den Südstaaten der USA, die Mitte der sechziger Jahre abgeschafft wurden, d. Ü.). Die Bürgerrechtsgesetze von 1964 bedeuteten einen wichtigen Sieg für diese Strategie, aber gerade als sie erlassen wurden, sahen sich die SNCC-AktivistInnen als Teil eines Kampfes für fundamentalere soziale Veränderungen.

Viele Vorbereitungspapiere für das Waveland-Seminar behandelten die Frage, ob das SNCC weiterhin eine entscheidende Rolle in den Kämpfen der Schwarzen spielen konnte. Howard Zinn argumentierte, das SNCC sei »am besten beraten, eine vergleichsweise kleine, mobile Kampftruppe zu bleiben; eine Art Guerillakämpfer auf dem Schauplatz sozialer Veränderungen, die die Probleme an ihrer Wurzel packen und die Menschen aufrütteln. Sie begründen Fundamente der Gegenmacht in den Nischen des Landes, die außerhalb der offiziellen Machtstrukturen bleiben und sie greifen diese Strukturen dadurch an, dass sie ihre Finger auf die Wunden, die Fehler der Nation legen.« Aber diese Art von Protestaktivität, die den radikalen Ruf des SNCC etabliert hatte, schien für die fundamentalen Probleme der Armut und Machtlosigkeit der Schwarzen im ländlichen Süden unangemessen. Ein Kader befand, die Mitglieder im SNCC hätten sich nie entschieden, ob sie AgitatorInnen, DemonstrantInnen oder OrganisatorInnen sein wollten – »und wir können uns nicht damit belügen, alles auf einmal sein zu wollen, denn das können wir nicht erfolgreich umsetzen.«[20]

Trotz größerer Zweifel über ihre zukünftige Rolle blieben die Hauptamtlichen von dem besonderen Wert ihrer Ideen überzeugt, auch nachdem sich die Ziele des Kampfes der Schwarzen verändert hatten. Zwar wurden frühere Voraussetzungen hinsichtlich der Richtung der anzustrebenden Veränderungen hinterfragt, aber die Überzeugung blieb unangetastet, dass alle Menschen unabhängig von ihrer Bildung und ihrer Klassenlage eine sinnvolle Rolle im politischen Leben spielen sollten. Das Prinzip, dass führende Schwarze vor Ort und nicht die SNCC-AktivistInnen die Taktiken und Ziele der Bewegung in den Südstaaten bestimmen sollten, hatte bei den SNCC-Projekten höchste Priorität und war die Grundlage dessen, was partizipatorische Demokratie genannt wurde. Aber die Krise nach den Sommeraktionen des Jahres 1964 hatte zu dem Schluss geführt, dem SNCC sei es wohl nicht gelungen, den örtlichen Führungspersonen die Fähigkeiten und das Selbstvertrauen zu vermitteln, die notwendig waren, um den Kampf weiterzuführen.

Mehrere Papiere für das Waveland-Seminar sahen in der College-Tradition des SNCC eine Ursache für die mangelnde Fähigkeit, selbstbewußte AktivistInnen unter kaum gebildeten Schwarzen heranzuziehen. Sherrod, der in seiner Jugend selbst arm gewesen war, bemerkte, eine Person »mag wohl zu ungebildet sein, um sich ein gutes Paar Schuhe zu leisten, aber sie kann gebildet genug sein, um zu wissen, wann ein Schuh drückt, wann ein Dach leckt und dass die Weißen Macht über seinen leeren Magen haben.« Charles Sherrod drängte das SNCC dazu, für eine neue Gesellschaft zu kämpfen, »mit dem Wissen, wo der Schuh drückt und dass der Magen leer ist.« Maria Varela, Vorsitzende des Alphabetisierungsprojekts im SNCC, meinte, die OrganisatorInnen sollten »die Gewohnheiten ablegen, die aus einem Wertesystem kommen, das wir alle kennen – und das dazu führt, dass gebildete und wohlhabende Leute ganz selbstverständlich weniger gebildete und ärmere Leute dominieren.« Ein anderer Kader forderte die SNCC-Mitglieder dazu auf, »die Art, wie die Leute vor Ort denken und arbeiten zu respektieren und sie nicht in ein organisatorisches Schema zu pressen, das ihnen fremd ist.«[21]

Diese Ideen waren zwar nur eine Aufzählung der Voraussetzungen, die bereits für die erfolgreichsten Projekte des SNCC grundlegend waren. Sie wurden aber wieder aktuell, als eine größer werdende Anzahl Community Organizers mehr Einfluss innerhalb der Organisation einklagten. In einem anonymen Positionspapier wurde als das drängendste Problem des SNCC der Unterschied zwischen den Hauptamtlichen mit College-Bildung in der Zentrale und denjenigen in den lokalen Büros vor Ort benannt. Die OrganisatorInnen vor Ort seien »durch ihren Hintergrund« näher an den BewohnerInnen der Gemeinden, in denen sie arbeiten, »während diejenigen, die die Strategieentscheidungen treffen, nicht nur physisch, sondern auch durch ihren Hintergrund und ihre Erfahrung von den Leuten in den örtlichen Gemeinden viel weiter entfernt sind.« Ein Weg, der schwarzen Bevölkerung in den Gemeinden zu zeigen, »dass sie dafür da sind, ihnen zu Diensten zu stehen«, sei der Einsatz der Intellektuellen aus der Zentrale »bei den Menschen vor Ort«, damit sie nicht in Versuchung kommen, »große intellektuelle Pläne darüber zu entwerfen, was wir mit der örtlichen Bevölkerung alles anstellen sollen.« Solche Positionen resultierten aus der Frustration der OrganisatorInnen vor Ort, die sich eher als Führungspersonen der Gemeinden denn als OrganisatorInnen von draußen erlebten. »Ich glaube nicht, dass das Exekutivkomitee für das SNCC entscheiden sollte«, schrieb James Pittman, ein Field Secretary aus Mississippi. »Ich denke, alle Menschen können Entscheidungen treffen und ich glaube, in diesem Sinne sollten wir weiter denken.«[22]

Ein anderer Sprecher der Hauptamtlichen aus Mississippi, Frank Smith, griff diejenigen SNCC-AktivistInnen scharf an, die den Community Organizers ohne College-Ausbildung keine Verantwortung übertragen wollten oder behaupteten, »was wir wirklich brauchten, wären einige nüchterne, intelligente, gebildete Leute, die sich zusammensetzen und Entscheidungen treffen können, weil die ganzen Kader dazu nicht fähig sind.« Sie würden nur Lippenbekenntnisse zur Idee des »One man, one vote«-Prinzips abgeben, kritisierte er, aber in den eigenen Angelegenheiten »zögern sie, jeder Person eine Stimme und das Stimmrecht zu geben.« Die lokalen OrganisatorInnen hätten »das Recht dazu, Entscheidungen darüber zu treffen, welche Programme sie verwirklichen wollen und wie sie zu organisieren sind.« Und das könne nur umgesetzt werden, wenn die lokalen OrganisatorInnen auch ihre eigenen Angestellten auswählen können.[23]

Das SNCC hatte es hier mit dem ständig auftretenden Dilemma derjenigen zu tun, die die Lage der Unterprivilegierten verbessern wollen, ohne neue Abhängigkeiten zu etablieren. Weil es den OrganisatorInnen des SNCC so wichtig war, in Übereinstimmung mit ihren Idealen zu handeln, wurde ein enormer intellektueller Energieaufwand dieser schwierigen Frage gewidmet, die von anderen zeitgenössischen Bürgerrechts- oder Sozialorganisationen wie selbstverständlich ignoriert wurde. Bei ihrem Versuch, eine befriedigende Lösung für das Problem zu finden, Unterdrückung aufzuheben, ohne selbst eine neue Quelle für Unterdrückung zu werden, zeigten die AktivistInnen des SNCC einander die subtilen Ungerechtigkeiten und Ungleichheiten auf, die innerhalb der Organisation ebenso wie in der sie umgebenden Gesellschaft existierten. Durch diesen Prozess gewannen sie wertvolle neue Erkenntnisse und brachten Unmut und Spannungen zum Ausdruck, die vordem noch unterdrückt worden waren.

Eine Quelle dieser Spannungen innerhalb des SNCC war der integrierte, sowohl durch Schwarze wie Weiße geprägte Charakter der Organisation. Ein Misstrauen aufgrund der Hautfarbe lag vielen Kritiken zugrunde, die schwarze OrganisatorInnen an ihren weißen Gegenüber äußerten. Der ständig zunehmende Anteil der Weißen in den Jahren 1963 und 1964 brachte viele zum Nachdenken, die daran zweifelten, dass sich leitende Schwarze vor Ort gut entwickeln konnten, wenn viele Weiße anwesend waren. Nicht wenige schwarze OrganisatorInnen des SNCC hatten Angst, die weißen Freiwilligen würden authentische schwarze Führungspersonen beiseite drängen und unbeabsichtigt traditionelle Muster rassistischer Dominanz und Abhängigkeit wieder aufwärmen. Zudem hatten die Jahre des Widerstands und der gemeinsame Kampf Gefühle der Solidarität unter den Schwarzen in den Südstaaten entfacht – ebenso wie Wut auf die Weißen.

Im Sommer 1964 und auch noch danach gab es unzählige Vorfälle, bei denen weiße BürgerrechtlerInnen zur Zielscheibe der Frustrationen von Schwarzen wurden. Ein weißer Aktivist des COFO sprach von »race riots« während des Herbstes in der Zentrale von Jackson und meinte, Weiße seien »oft Opfer schlimmer, rassistischer Ungerechtigkeiten und sogar von Gewalt, die von schwarzen Aktivisten ausgeübt wird.« Liz Fusco, Leiterin einer Freiheitsschule, erinnerte sich, alle »weißen Aktivisten in Mississippi wurden von schwarzen Kadern und zunehmend auch von vor Ort lebenden Schwarzen eingeschüchtert.«[24] Bob Moses schrieb, dass bestimmte Schwarze die weißen AktivistInnen als ein »anderes Volk« betrachteten. Er beschrieb die rassistischen Spannungen »als jene Art von Vorkommnissen, die wohl kaum von allein aufhören werden.« Sie »verbreiten sich wie Gift und ergießen sich über jeden.«[25]

Die SNCC-AktivistInnen hatten gezögert, den gemischten Charakter der Organisation in Frage zu stellen, aber als sich die Situation verschlimmerte, schwand der Unwille, die zukünftige Rolle weißer OrganisatorInnen zu diskutieren. In einem Vorbereitungspapier für das Waveland-Seminar zweifelte der Leiter der SNCC-Projekte im Bundesstaat Alabama, Silas Norman, ob er »bereit sein wird, in einem gemischten Projekt zu arbeiten, nur um sich etwas zu beweisen.« Obwohl die Weißen eine »größere Öffentlichkeit bewirken und daher größere Unterstützung«, seien gemischte Gruppen in Regionen mit Segregation nur »Farbtupfer« und weiße Frauen neben schwarzen Männern eine »Kriegserklärung«. Diese Bedenken glichen denjenigen von Bob Moses, der vor 1963 dazu tendiert hatte, keine weißen Field Secretaries in Mississippi einzusetzen. Aber Norman ließ ein neues schwarzes Bewusstsein ahnen, das im Kampf der Schwarzen in der zweiten Hälfte des Jahrzehnts dominant werden sollte, als er die »ethnische Verbundenheit« der schwarzen OrganisatorInnen mit der schwarzen Gemeinschaft unterstrich. »Ich glaube nicht, dass Weiße in dieses Verhältnis eintreten können.«[26]

Die VerteidigerInnen des Integrationismus innerhalb des SNCC waren nun gezwungen, für etwas zu argumentieren, das vordem zu den Grundlagen gezählt hatte. Charles Sherrod, der erste SNCC-Aktivist, der ein gemischtes Projekt als bewusste politische Strategie durchführte, bemerkte in seinem Vorbereitungspapier für das Waveland-Seminar, es gebe »keinen Platz für Rassenhass« im SNCC. Die Schwarzen sollten einsehen, dass sich die Bedürfnisse der Weißen »nicht so sehr von den unseren unterscheiden, zumindest was Respekt, Zufriedenheit, Gruppenstatus und so weiter anbetrifft.« Ein weiterer schwarzer Berufsaktivist äußerte sein Missfallen, wenn er schwarze AktivistInnen »hört, die sich über unsere weißen Brüder nach unseren eigenen kleinlichen Vorurteilen lustig machen.« Wieder ein anderer bemerkte, die Limitierung der Anzahl der Weißen unter den SNCC-Angestellten würde die Probleme nicht lösen: »Wir könnten sie vielleicht aus dem SNCC rausschmeißen, aber wir können ihnen nicht verbieten, sich der Bewegung anzuschließen. Denn die Bewegung ist mehr als das SNCC.« Die Weißen würden die Organisation nicht »übernehmen« wollen, sondern nur »ihre Arbeit machen.« Die Frage sei, ob die Schwarzen »dieselbe Arbeit wollen. Wenn nicht, dann sagt das den Weißen und lasst sie ihren Weg gehen.« Mike Miller, ein weißer Aktivist aus dem SNCC-Büro von San Francisco, gab zu bedenken, dass, »wenn wir in unserer eigenen Bewegung eine Gemeinschaft aufbauen wollen, kann nicht die Rasse als ein Argument dafür angeführt werden, um automatisch die Argumentation eines weißen Field Secretaries zu entwerten, der die politische Strategie diskutieren will.«[27] Aber es war bereits die Frage, ob die meisten AktivistInnen des SNCC tatsächlich noch dieses Ziel vor Augen hatten, das SNCC könne eine ideale Gemeinschaft innerhalb einer ungerechten und zunehmend feindlichen Umwelt werden. Das SNCC war eine Gemeinschaft, in der sich schwarze und weiße AktivistInnen von vielen rassistischen Vorurteilen lösen konnten, an denen die US-amerikanische Gesellschaft erkrankt war, aber die meisten OrganisatorInnen wollten keine utopische Sekte werden, die sich von den sozialen Problemen abschottete statt sie zu beseitigen.

Die Vorbereitungspapiere für das Waveland-Seminar behandelten Probleme, die auch bei den kommenden sozialen Bewegungen in den USA eine Rolle spielten sollten, aber ihre Klärung war binnen einer einzigen Woche Diskussion unter ausgebrannten Hauptamtlichen unmöglich. Die Papiere nährten Erwartungen, die nicht erfüllt werden konnten. Den AktivistInnen, die die Papiere lasen, wurde deutlich, in welchem Ausmaß das SNCC über Grundsatzfragen gespalten war, aber sie konnten darauf nur reagieren, indem sie Verfahren für innere Konflikte vorschlugen. Und auch das war schwierig in einer Organisation, die ihre Entscheidungen bisher durch Konsens fällte und die keine autoritäre Struktur hatte. Das Seminar, das am 5. November 1964 begann, wirkte somit nicht inspirierend – man/frau ließ sich nach den wegweisenden intellektuellen Grundsatzdiskussionen des Frühjahrs und den fiebrigen Aktivitäten des Sommers einfach fallen.

Bei seiner Eröffnungsrede betonte James Forman die Notwendigkeit, die Entscheidungsstrukturen im SNCC zu verändern. Obwohl die Angestellten eine größere Rolle bei der Bestimmung der Politik des SNCC gewonnen hätten, liege die nominelle Kontrolle der Organisation noch immer in den Händen der Koordinierungs- und Exekutivkomitees, die hauptsächlich aus studentischen VertreterInnen zusammengesetzt seien. Forman schlug vor, dass die TeilnehmerInnen dieses Seminars in Waveland die Funktionen des Koordinierungskomitees übernehmen sollten, was die Kontrolle direkt in die Hände der Hauptamtlichen gelegt hätte. Diese Forderung, die der real ablaufenden Entwicklung entsprach, trug der Tatsache Rechnung, dass das SNCC keine koordinierende Plattform für Gruppen aus den Schulen und Colleges mehr war, sondern eine Gruppe von BerufsorganisatorInnen.

Forman machte jedoch keine Angaben darüber, wie das SNCC mit seiner Arbeit fortfahren werde, wenn die neue Struktur umgesetzt sei. Er schlug einfach vor, dass die Kader »die politisch und wirtschaftlich wirkenden Kräfte in diesem Land intensiver studieren sollten, und damit fortfahren sollten, neue Perspektiven für die Bevölkerung und für uns selbst zu schaffen.« Er spielte ebenfalls auf die moralischen Qualitäten an, die bisher das SNCC bestimmt hatten und die immer noch als Richtschnur für radikale soziale Veränderungen dienlich sein konnten: »Wir müssen damit weiter machen, nicht direkt für die utopische Gesellschaft zu arbeiten, aber für einen neuen Geist der Brüderlichkeit; einen Geist, der sowohl Schwarze wie Weiße mit einbezieht; einen Geist, der uns alle einfach als Männer und Frauen sieht, die für eine neue Form der Würde kämpfen.«

James Forman wusste um die Schwierigkeiten, einen Kurs für die Kämpfe in den Südstaaten festzulegen. Er selbst war durch die Kampagnen vom Sommer so erschöpft, seine Gesundheit so angegriffen, dass er es für notwendig hielt, seine Rolle als Generalsekretär für drei Monate abzugeben, um nachzudenken und auszuruhen. Trotzdem verwarf Forman den Gedanken, die SNCC-Kader sollten von ihrer Rolle als Avantgarde des Kampfes zurücktreten, beseelt vom falschen Glauben, die Projekte könnten auch ohne sie weitergehen. Die Schwarzen in den Südstaaten seien vielmehr auf die OrganisatorInnen angewiesen, »um die Arbeit fortzusetzen, die wir begonnen haben. Die Leute betrachten uns als eine Gruppe von Brüdern. Wir müssen entscheiden: Will the circle be unbroken? Wenn wir eine Gruppe von Brüdern bleiben, ein Kreis, der sich vertraut: We shall overcome!«[28]

James Forman hielt an einem vorsichtigen Optimismus fest, aber auf dem Seminar gab es viele Anzeichen dafür, dass der emotionale »Circle« des Vertrauens, der die AktivistInnen zusammenhielt, bereits zerbrochen war. Als der Kampf in den Südstaaten über die Bürgerrechtsziele hinausging und politische sowie wirtschaftliche Themen aufgriff, und als die Unterstützung der Liberalen aus den Nordstaaten mehr und mehr problematisch wurde, fragten sich die SNCC-Hauptamtlichen, ob sie noch jede/n BewerberIn aufnehmen oder sogar jeden Angestellten behalten konnten. Vor dem Seminar konnte noch jede Person, die eine gewisse Hartnäckigkeit bewies, hauptamtliche MitarbeiterIn im SNCC werden, und noch immer war keine Person entlassen worden, aber die SNCC-OrganisatorInnen, die schon skeptisch gegenüber ihren liberalen Verbündeten und den liberalen Ideen waren, wurden nun auch noch zunehmend misstrauisch bezüglich ihrer eigenen Beweggründe. Nach einigen Seminartagen reisten viele Kader ab, frustriert von den ausufernden und zweideutigen Diskussionen. Im Protokoll des Seminars war zu lesen: »Es wurde darauf hingewiesen, es müsse uns klar werden, dass wir keine Bruderschaft sind – wir alle kommen aus unterschiedlichen Zusammenhängen.« Ein Vorschlag, die OrganisatorInnen sollten sich in Workshops nach Dauer der Zugehörigkeit aufteilen, wurde abgelehnt, weil »die älteren Mitglieder der Organisation in einem ganz anderen Umfeld arbeiteten als wir hier und heute.«[29]

Obwohl niemand auf dem Seminar in Waveland eine schlüssige Vorstellung von den zukünftigen Zielen des SNCC hatte, waren die immer unwilliger werdenden schwarzen OrganisatorInnen unter den Angestellten davon überzeugt, dass das SNCC zukünftig mehr brauche als den Willen, sich für humanistische Ideale aufzuopfern.

Trotz der Unfähigkeit der OrganisatorInnen, die vielen Probleme, die in Waveland aufgeworfen worden waren, zu lösen, war das Seminar eine wichtige Wegmarkierung bei der Veränderung des SNCC von einer einfachen aktionsorientierten Bürgerrechtsorganisation zu einer politischen Strömung mit radikalen Ideen und Strategien. Das Seminar war ein mutiger Versuch, den schwierigen Prozess der Selbstkritik und Selbstbildung inmitten des sozialen Kampfes anzugehen. »Es war eine sehr produktive Konferenz«, erinnerte sich Cleveland Sellers. »Wir kamen danach an unsere verschiedenen Außenposten mit einer besseren Kenntnis von dem zurück, wer wir waren, und was wir eigentlich verwirklichen wollten. Wir konnten nicht alle Fragen beantworten, das war einfach unmöglich.«[30]

Während die Kader in Waveland erfolglos versuchten, alte Probleme zu lösen und sich öffnende interne Spaltungstendenzen zu überbrücken, wurden sie mit einem neuen Vorwurf von unerwarteter Herkunft konfrontiert, nämlich dem sich Ausdruck verschaffenden feministischen Bewusstsein. Wie schon der Ursprung der Frauenrechtsbewegung im 19. Jahrhundert auf die Beteiligung von Frauen in der Bewegung für die Abschaffung der Sklaverei zurückverfolgt werden kann, so kamen wichtige Impulse für die moderne Frauenbewegung aus dem SNCC und den Bürgerrechtskämpfen der sechziger Jahre. In beiden Fällen resultierte aus den Kämpfen der Schwarzen ein gesteigertes Gefühl für die eigene politische Bedeutung der beteiligten Frauen, sowie eine erhöhte Sensibilität für die Restriktionen, die ihnen aufgrund ihres Geschlechts auferlegt wurden. Das SNCC, im 20. Jahrhundert das Pendant zu den radikalen AbolitionistInnen (BefürworterInnen der Abschaffung der Sklaverei, d. Ü.) im 19. Jahrhundert, hatte Wege aufgezeigt, wie die individuelle Unzufriedenheit zur Basis eines lang anhaltenden politischen Aktivismus werden konnte, und die Frauenbewegung war nur eine von vielen sozialen Bewegungen innerhalb der US-amerikanischen Gesellschaft, die vom Versuch des SNCC lernen sollten.

Auf dem Waveland-Seminar gab es einen Workshop zur Rolle der Frauen. Aus diesem Workshop resultierte die Forderung, das SNCC solle die sexistische Diskriminierung innerhalb der Organisation thematisieren. Eine Gruppe von weiblichen Hauptamtlichen, darunter einige der einflussreichsten weißen Mitglieder, schrieben ein Positionspapier. Casey Hayden aus dem SNCC-Büro in Jackson, und Mary King von der Presseabteilung des SNCC waren die federführenden Autorinnen, wenngleich sie betonten, damals sei Einmütigkeit schon deshalb geboten gewesen, um Gegenschläge zu verhindern, »keine so endgültigen Gegenschläge wie Verlust des Jobs oder sofortiger Ausschluss, aber doch Dinge, die das interne Klima für immer zerstören konnten – Anspielungen, das Lächerlichmachen des Themas, übertriebene Gegenpositionen.« In dem Papier wurde der Vorwurf erhoben, Frauen würden gewohnheitsmäßig aufgefordert, die täglichen Büroreinigungsarbeiten zu verrichten, aber kaum einmal gefragt, die Diskussionsleitung bei Versammlungen oder wichtige Rollen in der Politik zu übernehmen. Obwohl solche und ähnliche Vorwürfe »für einige befremdlich, kleinlich für andere, für die meisten aber lächerlich erscheinen mögen«, wurden tatsächlich viele Talente und Erfahrungen verschwendet, weil den Frauen im SNCC »keine Arbeit, die ihren Fähigkeiten entsprach, überantwortet wurde.«

In dem Papier wurde die Stellung der Frau mit derjenigen von Schwarzen verglichen. So wie Weiße oft nicht verstehen könnten, warum es Schwarze zurückweisen, »boy« genannt zu werden oder als besonders musikalisch oder sportlich betrachtet zu werden, so könne der durchschnittliche Organisator des SNCC auch die Kritik der Frauen kaum verstehen. »Die Grundannahmen einer männlichen Überlegenheit sind so weit verbreitet und tief verwurzelt wie die Grundannahmen weißer Überlegenheit.« Die männlichen Kader fühlten sich »zu sehr bedroht«, um sich mit der Thematik zu konfrontieren. Und viele weibliche Mitglieder seien »ebenso unsensibel und unwissend wie Männer, so wie es auch viele Schwarze gibt, die nicht verstehen, dass sie nicht frei sind, und die Teil des weißen Amerika sein wollen.« Das SNCC solle »den Rest der Bewegung dazu zwingen, diese Diskriminierung zu beenden und einen langsamen Prozess der veränderten Werte und Ideen in Gang setzen, damit wir alle Stück für Stück verstehen: diese Welt ist ebenso wenig länger eine Welt der Männer wie eine Welt der Weißen.«[31]

Einige Männer verspotteten in Waveland die Kritik der Frauen durch die Behauptung, sexistische Diskriminierung sei ein im Vergleich zu anderen Themen kleineres Problem. Obwohl James Forman zugab, dass »sowohl innerhalb als auch außerhalb des SNCC subtile und direkte Formen der Frauendiskriminierung existieren«, blieb das feministische Positionspapier nahezu folgenlos. Wie in den anderen Bürgerrechtsorganisationen war auch im SNCC keine egalitäre Ethik der Geschlechterbeziehungen entwickelt worden, ganz im Gegensatz zum antirassistischen Egalitarismus. Hinzu kam, dass das schwindende gegenseitige Vertrauen, das von den traumatischen Erfahrungen des letzten Jahres herrührte, dazu führte, dass die Angestellten weniger gewillt waren, sich mit der unerwarteten Kritik auseinanderzusetzen.

Stokely Carmichael war unter denjenigen, die die Vorwürfe hinsichtlich geschlechtlicher Diskriminierung als ärgerliche Zumutung angesichts der Aufgaben des SNCC in Waveland betrachtete. Auf eine Frage nach der angemessenen Stellung der Frauen im SNCC antwortete Carmichael ironisch: »liegend.« Dieser Spruch, der innerhalb feministischer Kreise häufig zitiert wurde und Carmichael noch öfter in Verlegenheit bringen sollte, verdeutlichte nur den Mangel an Ernsthaftigkeit, mit dem feministischen Positionen in jener Zeit meist begegnet wurde. Zudem führte die Tatsache, dass die wichtigsten Unterstützerinnen des feministischen Papiers Weiße waren, dazu, dass viele schwarze Hauptamtliche seine Bedeutung herunterspielten. Muriel Tillinghast, eine von mehreren Schwarzen, welche Carmichael ausgewählt hatte, um Büros in Mississippi zu leiten, und die auf den zitierten Spruch von Carmichael mit einem Wutausbruch reagierte, war zu dieser Zeit trotzdem größtenteils unsensibel gegenüber sexistischer Diskriminierung im SNCC. Cynthia Washington, eine andere Projektleiterin, die von Carmichael ernannt worden war, meinte, ihre »relative Autonomie« als Projektleiterin widerlege den Spruch von Carmichael. Sie und andere schwarze Frauen im SNCC seien »der Beweis, dass nicht wahr ist, was er gesagt hat – so dachten wir damals. In Wirklichkeit bin ich sicher, dass unsere eindimensionale Ausrichtung auf die rassistische Diskriminierung und auf den Kampf der Schwarzen für Gleichheit uns für andere Themen blind gemacht hat.«[32]

Obwohl das feministische Papier keine auffallenden Veränderungen in der Politik des SNCC bewirkte, wurde es zum Auslöser der feministischen Bewegung in den sechziger Jahren. Ein Jahr später sollten Casey Hayden und Mary King eine ähnliche Kritik für ein größeres Auditorium formulieren, in einem Manifest an »andere Frauen in der Friedens- und Freiheitsbewegung.«[33] Sie und andere Frauen brachten viele Werte und Kampfformen der Bürgerrechtsbewegung in die entstehende Frauenbefreiungsbewegung ein.

Trotz seiner langfristigen historischen Bedeutung wurde der Feminismus von den Kadern ignoriert, die von angeblich unmittelbar wichtigeren Problemen absorbiert wurden. In den Wochen, die auf das Waveland-Seminar folgten, wurde die Existenz des SNCC durch unverantwortliche Verhaltensweisen bedroht, die aus der schwindenden Moral, dem Fehlen einer gemeinsamen Zielvorstellung und allgemeiner Disziplinlosigkeit resultierten. Einige OrganisatorInnen, die am Sommerprojekt beteiligt waren, traten von ihren Posten zurück. Sie begründeten diesen Schritt damit, dass sie ausgelaugt und erschöpft seien oder dem Wunsch lokaler schwarzer BewohnerInnen nachgegeben hätten, größeren Einfluss auf die Bürgerrechtsaktivitäten in ihrer Gemeinde ausüben zu wollen. Freiheitsschulen und Community Centers in Mississippi wurden geschlossen, weil die verantwortlichen Personen nicht mehr da waren. »Die Leute gingen rein und raus aus der Organisation«, erinnerte sich Marion Barry. »Einige arbeiteten, andere nicht.«[34] Als weiteres Problem kam hinzu, dass der Konsum von Marihuana stark zunahm. Weil es keine bedeutsamen Privilegien gab, mit deren Entzug die SNCC-Projektleiter den Angestellten drohen konnten, standen nur wenige Druckmittel zur Verfügung, um die Kader wieder dazu zu bringen, ihren Verpflichtungen nachzukommen. Im Herbst 1964 war es sogar schwierig geworden, zu definieren, wer wirklich angestellt war, weil viele Mitglieder nicht erklärt hatten, ob sie ihre Aufgaben nach dem Sommer fortführen wollten und sich noch nicht über ihre zukünftigen Pläne im klaren waren. Wie bereits bei früheren Beispielen des US-amerikanischen Radikalismus, der auf einem aus der Mittelklasse stammenden Idealismus basierte, musste sich nun auch der Kampf um die Bürgerrechte in den Südstaaten dem Dilemma stellen, auseinanderdriftende individualistische Werte und politische Notwendigkeiten zu überbrücken.

Dieser Zusammenbruch der SNCC-Projekte in Mississippi war besonders schwerwiegend, weil dieser Bundesstaat das traditionelle Zentrum der SNCC-Politik war. Weil das SNCC keine neuen Programme anzubieten hatte, um die Unterstützung der politisch erwachten Schwarzen in Mississippi aufrechtzuerhalten, zeigte die MFDP im Herbst nur wenig Aktivität. Das war »eine entscheidende Zeit«, notierte Lawrence Guyot mit Bedauern. »Wir hatten das Land aufgerüttelt. Der Staat von Mississippi war in der Defensive.«[35] Eine weitere Freiheitswahl wurde im November 1964 abgehalten, in der die Schwarzen ihre Unterstützung für die Kandidatenliste der MFDP ausdrückten, aber es gab wenig Begeisterung für diese Rückkehr zur Taktik, eigenständige Wahlen abzuhalten.

BewohnerInnen von Mississippi, die sich fest an das SNCC gebunden hatten, fingen an, ihre Verbindungen mit der Organisation zu lockern. Charles Evers und andere NAACP-Führungspersonen, die lange Zeit durch den Radikalismus des SNCC in den Hintergrund gedrängt wurden, behaupteten erneut ihren Anspruch, die Bürgerrechtsbewegung in Mississippi anzuführen. Die Bundesstaatskonferenz der NAACP im November 1964 zog ihre dürftige Unterstützung des COFO zurück und kritisierte die Dominanz dieser Föderation von Bürgerrechtsgruppen durch das SNCC.[36]

Viele COFO-Mitglieder, die sich noch immer als SNCC-MitarbeiterInnen betrachteten und vom SNCC ihre finanzielle Unterstützung erhielten, beanspruchten jedoch allmählich eine größere Unabhängigkeit, weil ihnen die Grenzen des SNCC deutlicher bewusst wurden.

Die führenden Personen der MFDP forderten ebenfalls eine größere Unabhängigkeit sowohl vom COFO als auch vom SNCC. Sie versuchten, die Partei von einer Organisation der sozialen Bewegung in eine dauerhafte politische Institution umzuwandeln. Während die MFDP von Außenstehenden als zu sehr vom SNCC beeinflusst kritisiert wurde, wurde die Partei von den SNCC-AktivistInnen wiederum für ihre zunehmende politische Rücksichtnahme und ihre Unterstützung für die Wahl von Lyndon Johnson bei den Präsidentschaftswahlen vom November 1964 kritisiert. Das SNCC fuhr fort, die Partei finanziell zu unterstützen und einige Führungspersonen der MFDP hielten ihren Status als SNCC-Hauptamtliche aufrecht, aber im Herbst 1964 verfolgte die MFDP einen Schlingerkurs zwischen dem SNCC und den liberalen Kräften. So entließ die Parteiführung zum Beispiel ihren Berater Joseph Rauh, um ihre Unzufriedenheit mit seiner Haltung bei der damaligen Herausforderung der Demokratischen Partei in Atlantic City Ausdruck zu verleihen. Sie kündigte darüber hinaus Pläne für eine Herausforderung der in Mississippi 1965 neu zu wählenden Delegation der Demokratischen Partei für den Kongress an. Für diese, auch juristisch komplizierte Aufgabe, die weißen KongresskandidatInnen zu ersetzen, stellten sie drei radikale Anwälte an – Arthur Kinoy, William Kunstler und Benjamin Smith.[37]

Die zunehmende Entfremdung des SNCC von seiner früheren Unterstützungsbasis führte dazu, dass die Kader aus Mississippi entscheidende Veränderungen in der Gesamtorganisation verlangten. Ihre Unzufriedenheit wurde bei einem COFO-Treffen Anfang Dezember 1964 in Hattiesburg deutlich. Von den mehr als 350 TeilnehmerInnen – COFO-Kader, Freiwillige und BewohnerInnen aus Mississippi – klagten viele über den Verlust an Bewegungsdynamik in Mississippi und über das Fehlen neuer Programme, um das Interesse der Gemeinschaft aufrechtzuerhalten. Ein großes Ärgernis war die Ineffizienz der COFO-Zentrale in Jackson, die von entnervten Hauptamtlichen geschlossen worden war, um eine Neuorganisation dieser Einrichtung zu erzwingen. Cleveland Sellers, der neu ernannte Projektleiter in Holly Springs, beklagte sich, dass er seit August nichts vom Büro in Jackson bekommen habe: »Der einzige Weg, um an Nahrungsmittel und Kleidung zu kommen, war der, in den Nordstaaten anzurufen und um direkte Sendungen zu bitten.« Er drohte damit, sein Projekt abzubrechen, wenn er nicht mehr Unterstützung entweder vom COFO oder vom SNCC erhalte. Sellers missfiel der Aufwand an Energie, der in die Reform der Entscheidungsstrukturen im SNCC gesteckt wurde, und argumentierte: »Die Struktur ist nicht wichtig; was zählt ist die Dienstleistung, die die Struktur bieten kann. Und so lange einige Leute keine Verantwortung übernehmen, wird die Struktur, egal wie sie aussieht, zu diesen Dienstleistungen nicht in der Lage sein.«[38]

Die Organisationsprobleme und die fehlenden Ressourcen, die die COFO-OrganisatorInnen beklagten, waren bei den anderen SNCC-Projekten in den Südstaaten noch gravierender. Sie hatten 1964 bereits durch die Konzentration aller Mittel und jeder Aufmerksamkeit des SNCC auf Mississippi gelitten. Ihnen war es zudem weit weniger gelungen, von lokalen Schwarzen selbstverwaltete Institutionen aufzubauen. Ihr Mangel an Stabilität wird durch die Tatsache verdeutlicht, dass von den InitiatorInnen dieser Projekte in den Jahren 1962 und 1963 kaum noch jemand im Herbst 1964 anwesend war. Bernard Lafayette trat im September 1963 von seinem Posten als Leiter des zentralen Projekts in Alabama zurück; Charles Sherrod verließ Südwest-Georgia nach dem Sommer 1964, um am Union Theological Seminary zu studieren; und Bill Hansen trat von seinem Posten als Leiter des Projekts im Bundesstaat Arkansas zurück, indem er sich auf die Notwendigkeit einer Leitung durch Schwarze berief. Diejenigen, die die älteren SNCC-AktivistInnen in diesen Bundesstaaten ersetzten, waren in den Südstaaten aufgewachsene Schwarze, die den OrganisatorInnen von Mississippi in ihren Forderungen nach größerer Disziplin der Kader und einer effektiveren Verwaltung der Organisation beistehen wollten.

James Forman und John Lewis sympathisierten mit den Versuchen der OrganisatorInnen vor Ort, die Zentrale des SNCC mehr in die Verantwortung zu nehmen, aber beide galten als zu sehr mit der Zentrale in Atlanta verbunden, um die Probleme vor Ort vollständig nachvollziehen zu können. Obwohl Forman später behauptete, er habe versucht, die örtlichen OrganisatorInnen zur Übernahme des SNCC zu bewegen, kam die eigentliche Initiative zur Veränderung von der Zentrale. Forman, der gesundheitlich angeschlagen war – offenbar ein Magengeschwür, das sich durch den Druck der politischen Arbeit noch verschlimmerte –, und andere ältere SNCC-Leute antworteten auf die Forderungen der örtlichen OrganisatorInnen mit einem Versuch, die ideologischen Konsequenzen offenzulegen.[39]

Als sich die SNCC-Hauptamtlichen am 12. Februar 1965 in Atlanta trafen, wiederholte John Lewis die Sicht bestimmter OrganisatorInnen, dass »das wichtigste Ziel des SNCC die Befreiung der schwarzen Bevölkerung sein muss.« Sicherlich würden auch Weiße ausgebeutet, aber Schwarze »werden nicht nur wirtschaftlich ausgebeutet und politisch diskriminiert, sondern (…) zudem entmenschlicht durch das furchtbare System der Segregation und des Rassismus.« Deshalb solle das SNCC in Zukunft nicht mehr auf die Unterstützung »weißer Liberaler und so genannter wohlhabender Schwarzenführer setzen. (…) Sie werden zum hundertsten Mal unsere Ideale verkaufen, um sich selbst zu retten.« Weiße Kader »müssen die Tatsache zur Kenntnis nehmen, dass wir nun mal das Schicksal der großen Mehrheit der farbigen Menschen in der ganzen Welt teilen, die sich jetzt ihrer Macht bewusst werden und die Rolle bestimmen, die sie in dieser Welt spielen wollen. Wenn die Bewegung und das SNCC ehrlich und effektiv die schwarzen Massen befreien will, muss die Bürgerrechtsbewegung von Schwarzen organisiert, dominiert und geführt werden.«[40]

Die OrganisatorInnen aus den Projekten erreichten bei diesem Treffen ihre wichtigsten Ziele. Genervt von ausufernden Diskussionen beendeten sie die Debatten immer wieder mit Forderungen nach formaler Abstimmung, die sie dann problemlos gewannen. Sie entschieden, dass sie selbst Mitglieder des Koordinierungskomitees werden, so dass sie auch offiziell die Politik der Organisation bestimmten. Der Vorschlag von Jesse Morris, Field Secretary aus Mississippi, die Mitgliedschaft im Exekutivkomitee auf Schwarze aus den Südstaaten zu beschränken, die kein College besucht hatten, kam zwar nicht durch. Aber mehrere der in das Exekutivkomitee Gewählten erfüllten diese Bedingung. Von den zwanzig Mitgliedern des Exekutivkomitees waren nun dreizehn bereits im COFO aktiv und die meisten von ihnen stammten aus Mississippi. Das jüngste Komiteemitglied war der 19-jährige Silas McGhee aus Greenwood, die 46-jährige Fanny Lou Hamer war die Älteste. Cleveland Sellers hatte seinen Posten als Projektleiter in Mississippi aufgegeben, um der neue Programmsekretär des SNCC zu werden und zusammen mit Lewis und Forman das neu geschaffene Sekretariat des SNCC zu komplettieren. Das Sekretariat wurde autorisiert, zwischen den Treffen des Exekutivkomitees Entscheidungen zu treffen.

Die SNCC-Beschäftigten aus den Projekten hatten damit zwar die Kontrolle über das Exekutivkomitee gewonnen, auf dem Treffen jedoch kaum ausgearbeitete Strategien für die Zukunft des SNCC anzubieten. Nur in zwei Punkten waren sie sich einig: erstens, sie erneuerten ihre Unterstützung für die MFDP und auch deren Vorhaben, studentische AktivistInnen nach Washington zu bringen, um erneut dafür zu werben, die Delegation der Demokratischen Partei aus Mississippi ersetzen zu können. Und zweitens, sie wollten »Volkskonferenzen« unter der Schirmherrschaft des SNCC im ländlichen Süden abhalten, um den BewohnerInnen die Möglichkeit zu geben, ihre eigenen lokalen Vorhaben zu planen und zu verwirklichen. Die OrganisatorInnen boten keine neuen Ideen mehr an, sondern waren damit zufrieden, zu tun, worum sie von den BewohnerInnen gebeten wurden. Sie wandten sich zudem wieder dem Kampf für die verarmten Schwarzen zu, »weil trotz aller Erfolge der Studentenbewegung die Menschen noch immer arm, ohne Stimmrecht, ohne Arbeit sind und unter Polizeibrutalität, unzumutbaren Wohnbedingungen und der Nichtrespektierung ihrer Würde leiden.«[41]

Obwohl das Treffen im Februar 1965 ein Sieg für die schwarzen Community Organizers war, wurden die ideologischen Konsequenzen dieses Sieges nicht sofort sichtbar. Weil sie ihren Glauben an die Bundesregierung und an das liberale Gewissen verloren hatten;

weil sie sich zunehmend von allen sozialen Bindungen außerhalb ihrer Bewegung abwandten, begannen die SNCC-Kader in verschiedene Richtungen zu tendieren, je nach ihrem klassenspezifischen Hintergrund oder ihrer Hautfarbe. In den Positionspapieren des Waveland-Seminars finden sich einige dieser Unterschiede, aber es waren nur Hinweise auf das Ausmaß, in dem einige OrganisatorInnen bereit waren, mit der Vergangenheit zu brechen und neue Strategien zu entwickeln, mit denen sie die tief verwurzelten wirtschaftlichen und politischen Probleme angehen wollten. Die Kritik der bisherigen Politik des SNCC sowie die Anerkennung innerer Differenzen verbanden sich dabei mit dem Willen einiger Kader, im Jahr 1965 neue Projekte zu lancieren, welche die Basis für ein erneuertes Engagement und neue Kämpfe bilden sollten.

Teil 2: Innenschau

Auf dem Weg zu neuen Ufern

Eine bedeutsame Abfolge von Demonstrationen begann im Frühjahr 1965 in Selma, Alabama, und bildete den Auftakt für einige avantgardistische Abenteuer des SNCC. Sie verstärkten gleichzeitig die zunehmend verbittert geführten inneren Diskussionen, die die Bedeutung des SNCC als Quelle neuer Ideen ebenso offenlegten wie seine Schwäche als politische Organisation. Gestärkt durch ihre populäre Kritik an der eher vorsichtigen Strategie des SCLC bei den Protesten anlässlich des Marsches von Selma nach Montgomery, gingen die SNCC-OrganisatorInnen in die Gemeinden zwischen beiden Städten und halfen den schwarzen BewohnerInnen, die *Lowndes County Freedom Organization* (LCFO, Freiheitsorganisation des Lowndes County) zu gründen, die bald als *Black Panther Party* (BPP, Schwarze Panther Partei) bekannt werden sollte. Sie betraten zudem die komplexe Szenerie der städtischen schwarzen »Ghettos«, wo sie ihre schwerste Herausforderung zu bestehen hatten.

Diese und weitere neue Projekte hätten der Anfang einer Erneuerung des SNCC sein können, aber viele Kader waren durch die Rücktritte von den Projekten und die Unklarheiten über den zukünftigen Kurs des SNCC entnervt. In den Gemeinden der Schwarzen in ländlichen Regionen der Südstaaten, in denen das SNCC bisher durch seinen Idealismus und Aktionismus die Unterstützung der BewohnerInnen gewinnen konnte, konnten pragmatischere und engstirnigere Schwarzenführer erneut die Kontrolle über die örtlichen Bewegungen erringen. Einige SNCC-Kader, vor allem aus den Nordstaaten, antworteten auf diese Verdrängung mit dem Austritt aus dem SNCC oder durch das »Floating«, das heißt, sie wanderten freischwebend von Projekt zu Projekt, um sich eine bedeutsamere Funktion auszusuchen. Die Floater wurden in diesem Zusammenhang sehr bald als »von der Freiheit high« verspottet. Andere OrganisatorInnen, die weiterhin Anteil am veränderten Kampf in den Südstaaten nehmen wollten, akzeptierten die schwarzen Führungspersonen vor Ort, aber betrachteten sich immer noch als notwendige KatalysatorInnen für den Kampf der Schwarzen. Dazu gehörte eine Fraktion von »Hardlinern«, die es darauf anlegte, den anderen Kadern ein bisher ungekanntes Maß an organisatorischer Disziplin und Struktur aufzubürden. Zwischen diesen Extremen von *Floatern* und *Hardlinern* stand das Gros der Mitglieder, darunter die meisten führenden AktivistInnen des SNCC. Diese auf Ausgleich bedachte Gruppe von Mitgliedern war sich darüber klar, wie unverantwortliche Aktionen und der Mangel an effektiven Programmen der Arbeit des SNCC schaden konnten, aber sie war gleichzeitig nicht dazu bereit, den unstrukturierten Aktionismus und die dezentrale Entscheidungsstruktur abzuschaffen, welche den bisherigen Erfolg des SNCC ausgemacht hatten. Diese Gruppe kämpfte darum, die Verbindung zu den Ursprüngen des SNCC aufrechtzuerhalten und gleichzeitig seine Rolle als Avantgarde der Kämpfe der Schwarzen zu stabilisieren, die nicht mehr auf die Bürgerrechte ausgerichtet oder auch nur auf die Südstaaten konzentriert waren. Obwohl die Meinungen darüber, wie weit sich das SNCC zu ändern habe, auseinander gingen, hatten die internen Debatten des Waveland-Seminars die Richtung des spezifischen Radikalismus im SNCC angezeigt. Einzelne Übertreibungen der allgemeinen Opposition des SNCC gegen Autoritäten veränderten nicht die Überzeugung der Hauptamtlichen, dass Organisationen und AktivistInnen die Kämpfe der Massen nicht dominieren, sondern aus ihnen hervorgehen sollten.

Bei den Versuchen des SNCC, die Gemeinden der Schwarzen in

den Südstaaten zu mobilisieren, blieb es grundlegendes Element, auf einer lokalen Führung zu bestehen. So meinte Stokely Carmichael, dass »das einzig wirklich Radikale«, das in den USA geschehe, die Tatsache sei, dass die Menschen in Frage stellten, was entschieden wird und wie man/frau an politischen Entscheidungen beteiligt ist. »Es ist nicht radikal, wenn Leute aus dem SNCC politische Posten erringen, oder wenn Martin Luther King Präsident würde, denn dann werden die Entscheidungen noch immer von oben nach unten gefällt«, schrieb er. »Wenn die Entscheidungen von unten nach oben gefällt werden, dann ist das radikal.«[1]

Viele OrganisatorInnen des SNCC wollten keine Führungsrollen übernehmen, zum einen wegen des zunehmenden Selbstbewusstseins der führenden Schwarzen vor Ort, zum anderen weil sie gegen jede Form von Autorität waren, auch gegen solche, die aus den Kämpfen selbst hervorging. Die Kader des SNCC bezogen sich oft auf die Notwendigkeit, die Köpfe der Menschen von den Zwängen der bestehenden Ordnung zu befreien, und waren auf diese Weise unerwartet erfolgreich, was die Übertretung der von Schwarzen im ländlichen Süden bereits gewohnheitsmäßig beachteten Verbote betrifft. Dadurch wurde die Legitimität der bestehenden, von Weißen dominierten Institutionen untergraben. Für die OrganisatorInnen selbst, die jahrelang gegen die bestehende Autorität protestiert hatten, die in einer unstrukturierten Gemeinschaft von AktivistInnen lebten, und die Vertrauen in ihre Fähigkeit gewannen, nach ihren Idealen zu leben, war der Kampf in den Südstaaten ein Schlag gegen jede Beschränkung individueller Freiheit. Für den ehemaligen Field Secretary von Mississippi, Charles Cobb, waren die Wahrnehmung der »täglichen Unterdrückungsformen« und die Infragestellung von Autoritäten der erste Schritt zur Überwindung von Ungerechtigkeit. »Das ist die wirkliche Drohung der ›Schwarzenbewegung‹ im Süden, denn die Maxime ›Der Nigger bleibt auf seinem Platz‹ ist nur eine extremistische Form der Maxime ›Alle *Leute* bleiben auf ihrem Platz‹, was nichts anderes heißt, als dass die Menschen davon abgehalten werden, sich mit den für sie relevanten Dingen des Lebens zu befassen.«² Diese weitergehende Bedeutung des Kampfes in den Südstaaten gehörte für viele, die sich mit dem SNCC verbunden fühlten, zu den wichtigsten Motiven. Die Anziehungskraft, die das SNCC ausübte, lag nicht nur in seiner politischen Effektivität und ganz sicher nicht in den materiellen Möglichkeiten begründet, sondern in seiner Identität als moralisch konsequente Gemeinschaft von AktivistInnen. Während des Sommers 1965 beschrieb ein Freiwilliger in Laurel, Mississippi, die Begeisterung, von der die AktivistInnen beseelt waren. Dieser Begeisterung lag die Hoffnung zugrunde, dass die Vereinigten Staaten und dann die ganze Welt verändert werden könnten, »durch Gewaltfreiheit und tatsächlich konsequente Lebensführung, durch wirklich freie Meinungsäußerung, wodurch dann sogar auf solche Dinge wie das Stimmrecht, Führungspersonen oder Leute, die Anweisungen geben, verzichtet werden kann.« Die moralische Reinheit der Bewegung war jedoch bereits durch die Gräben zwischen den Freiwilligen und den schwarzen BewohnerInnen vor Ort bedroht. Die Freiwilligen gaben all ihre Zeit und Energie dafür, »etwas zu tun, was ihnen Hoffnung auf Erfolg vermittelte, oder etwas, das als symbolische Handlung wahrgenommen werden konnte«, aber die Schwarzen vor Ort hatten pragmatischere Anliegen, »sie wollten etwas Konkretes, etwas unmittelbar Greifbares, wie etwa bessere Jobs oder geteerte Straßen.«³

Anstatt ihre Fähigkeiten zu benutzen, um der schwarzen Bevölkerung zu helfen, idealisierten die im College erzogenen AktivistInnen oft die unterdrückten Schwarzen. Die Leiterin einer Freiheitsschule, Liz Fusco, beschrieb AktivistInnen, die sich in Schuldvorwürfen ergingen oder in demütiger Nachgiebigkeit gegenüber jenen, die ärmer und schlechter ausgebildet waren. »Sie entschuldigten sich für Harvard und Smith und Berkeley. Sie entschuldigten sich dafür, dass sie buchstabieren konnten.« Jane Stembridge, die erste Geschäftsführerin des SNCC, empfand die Menschen in Mississippi freier als manche AktivistInnen, unter anderen sie selbst, denn verarmte Schwarze waren nicht dazu sozialisiert worden, ihre Gefühle zu unterdrükken. Sie schrieb, die Sozialisation ihrer Kindheit hätte sie dazu angeleitet, Scham- und Schuldgefühle zu erlernen. Und sie hatte Angst, das SNCC könne von jenen zerstört werden, die aus ihm eine »Institution« mit einer »Parteilinie« machen wollten. Diese Leute, so schrieb Stembridge, hätten »Angst davor, frei zu sein« und bevorzugten die Phrase der »Revolution« gegenüber der »Freiheit«. Im Gegensatz dazu besaßen die Schwarzen auf dem Lande ihrer Meinung nach »eine Erdverbundenheit, eine Verbundenheit untereinander in dem Sinne einer Gemeinschaft, die sich aus einem gegenseitigen Aufeinander-Angewiesensein entwickelt hat, es war die Stärke der Armen.«[4]

Die Angst von Jane Stembridge, das SNCC könne zu einer Institution transformiert werden, kontrastierte scharf mit den Anliegen der SNCC-Kader, die gerade die organisatorischen Bedingungen des Kampfes in den Südstaaten verbessern wollten. Während des Jahres 1965 war das SNCC zerrissen zwischen Hauptamtlichen, die gegen die Tendenz zu Zentralisierung und Bürokratisierung Widerstand leisteten, die glaubten, das würde die Entstehung lokaler AktivistInnen gerade verhindern, und denjenigen, die davon überzeugt waren, ein radikaler sozialer Wandel erfordere Einschränkungen der individuellen Freiheit, um kollektive Zielsetzungen zu verwirklichen.

Zur letzteren Gruppe gehörte Cleveland Sellers, der bei dem Treffen der Hauptamtlichen im Februar 1965 zum Programmleiter des SNCC gewählt wurde. Wie viele von denen, die sich als »Hardliner« bezeichneten, war Sellers ein schwarzer Organisator aus den Südstaaten, dessen politische Bildung zum größten Teil innerhalb des SNCC stattgefunden hatte. Er zeigte wenig Interesse für die philosophischen Themen, mit welchen sich seine Antipoden befassten. Sellers beschrieb die »am grellsten leuchtende Fraktion« des SNCC als »Sternchen«, er benutzte auch die Bezeichnungen »Philosophen, Existentialisten, Anarchisten, Floater und Freedom-high Niggers.« Er behauptete, die meisten Floater hätten eine gute Ausbildung und sowohl Schwarze wie Weiße unter ihnen würden die gleichen Merkmale zeigen, die er kritisierte: »Sie waren Integrationisten, die fest davon überzeugt waren, jedes Individuum habe das Recht und die

Verantwortung, dem Diktat seines Gewissens zu folgen, was immer auch geschieht.« Sellers' Antipathie gegen die Floater war durch die Probleme geprägt, die sie bei den SNCC-Projekten hinterlassen hatten. Ihn störte auch die Tendenz der Floater, bei Treffen, »die zu besuchen ihnen keine Probleme bereitete«, Diskussionen zu dominieren und dabei den Graben zwischen dem SNCC und den oft kaum gebildeten Schwarzen zu vertiefen, die gerade organisiert werden sollten. »Sie liebten es, Treffen im Tumult von sich anschreienden Menschen über ihre ausufernden, theoretischen Fragen enden zu lassen«, schrieb er. »Inmitten wichtiger Diskussionen über das Problem von Führungspersonen in ländlichen Gemeinden ergriff einer von ihnen das Wort und begann einen Vortrag zu halten über die wahre Bedeutung des Wortes *Leader* (Führungsperson, Leiter, Anleiter; d. Ü.).«[5]

Cleveland Sellers' übertriebene Charakterisierung der Floater verdeutlicht die persönlichen Animositäten, die sich aufgrund seiner manchmal harschen, autoritären Art entwickelt hatten, und die er gegen widerspenstige OrganisatorInnen einsetzte – zu denen zeitweise auch sein Freund Stokely Carmichael gehörte. »Stokely dachte, ich würde mich mehr für die Autos des SNCC, das Geld und die Ausrüstung interessieren als für die Menschen. Er war davon überzeugt, dass ich ein Bürokrat geworden bin.« Sellers gestand zu, dass seine GegnerInnen »den freiheitlichen, anarchistischen Ursprüngen« des SNCC näher standen als die »Hardliner«, aber für ihn war die zunehmende Stärke seiner Fraktion Ausdruck der Krise in den Projekten des SNCC. »Was uns Hardliner zusammenhielt war die Überzeugung, dass wir das SNCC aus dem Morast ziehen konnten, in dem es steckte.«[6]

Die Hardliner überzeugten mehrere ältere SNCC-AktivistInnen, dass ihre Klagen über undisziplinierte AktivistInnen berechtigt waren. James Forman zum Beispiel sprach später über die negativen Folgen, die der Rückzug einiger OrganisatorInnen von ihren aktiven Rollen in den Projekten Mississippis hatte. Zynisch bezog er sich auf »ein Leiden, das als ›local-people-itis‹ bekannt wurde – in Wirklichkeit die Romantisierung der Armen von Mississippi. Das bedeutete gleichzeitig, dass die Menschen vor Ort nichts falsch machen konnten; und dass niemand, besonders niemand von außerhalb der örtlichen Gemeinde, irgendeine Art von Aktion initiieren oder irgendeine Art von Leitung übernehmen durfte.«[7]

James Forman unterstützte die Versuche von Cleveland Sellers, mehr Kontrolle über die Aktivitäten der Hauptamtlichen auszuüben, aber Sellers' Meinung, das SNCC solle eine zentralisierte politische Organisation werden, unterschied sich von der vieler OrganisatorInnen, auch von der einiger Hardliner, die eher darauf aus waren, dass sich die Zentrale in Atlanta um Spendenkampagnen und die Ressourcenverteilung kümmern und nicht weiter in die Autonomie der lokalen Projekte intervenieren sollte. James Forman setzte sich selbst der Kritik aus, weil er seinen Verwaltungsjob für das SNCC zeitweise aufgab, um bei verschiedenen Protestaktionen im Jahre 1965 mitzumachen. Wie viele AktivistInnen, die dem SNCC in den frühen sechziger Jahren beitraten, hatte Forman Schwierigkeiten, sich bei öffentlichen Protesten zurückzuhalten, auch wenn er inzwischen zu dem Schluss gekommen war, dass die disziplinierte politische Aktion ebenso notwendig war, um die Mächtigen in Bedrängnis zu bringen.

Bob Moses war weniger als Forman gewillt, die Meinung zu akzeptieren, politische Zweckmäßigkeit habe Vorrang vor moralischer Konsequenz, und das war der Grund, weshalb viele Floater ihn als ihren führenden Ideologen betrachteten. Aber Bob Moses konnte niemals für ihn selbst zufriedenstellend das von Albert Camus aufgezeigte Dilemma lösen, ein Gleichgewicht zwischen moralischer Konsequenz und politischer Effektivität aufrechtzuerhalten. Er trat Ende 1964 als COFO-Leiter zurück und begründete diesen Schritt damit, dass seine Position in Mississippi »zu dominant, zu zentral geworden ist, wodurch Leute, die das gar nicht nötig haben, anfangen, sich auf mich zu beziehen, mich als Krücke zu benutzen.«[8]

In einem offensichtlichen Versuch, sich der Bürde seiner Bekanntheit zu entledigen, kündigte Moses bei einem Treffen von Hauptamtlichen Anfang 1965 an, er werde von nun an den Nachnamen Parris annehmen (in Wirklichkeit sein zweiter Vorname). Auf demselben Treffen kündigte seine Ehefrau an, sie werde ab jetzt wieder ihren Mädchennamen Dona Richards tragen. Obwohl beide ihre persönlichen Kontakte mit anderen OrganisatorInnen abbrachen, blieb Bob Moses, allein durch seine gewonnene Reputation, eine hoch respektierte Persönlichkeit im SNCC.

Die Bedeutung von Bob Moses' Rückzug wurde anschaulich illustriert, als Sellers ein Treffen der übrig gebliebenen Floater im Frühjahr 1965 sprengte. Sellers selbst erinnerte sich, dass er und einige andere Kader, darunter Stokely Carmichael, Ivanhoe Donaldson und H. Rap Brown, eine informelle Diskussion mit Casey Hayden und anderen, die als Floater bezeichnet wurden, dominiert hatte. Sellers wusste, dass Bob Moses sich gegen die Forderung, das SNCC solle eine straffe Organisation werden, durchgesetzt hätte. »Er war klug genug, um uns philosophisch auszumanövrieren«, schrieb Sellers. »Er tat es aber nicht, weil ihm klar wurde, dass er dann genau das werden musste, was ihm verhasst war, ein Manipulator.«[9]

Die Hardliner, die im Allgemeinen politisch eher unerfahren waren, konnten das Vakuum nicht füllen, das der Rückzug von Bob Moses hinterlassen hatte. Und trotz ihres augenscheinlichen Sieges auf dem Treffen der Hauptamtlichen vom Februar 1965 waren es immer noch die älteren AktivistInnen der Proteste der frühen sechziger Jahre, die die Organisation dominierten, und diese widerstanden einer schnellen Umsetzung organisatorischer Zwänge. Indem er die Extreme beider Fraktionen zu vermeiden versuchte, berücksichtigte Charles Cobb das Dilemma, dem sich die IdealistInnen im SNCC gegenübersahen, wenn er schrieb, dass das Zusammenleben mit anderen »einige Opfer an persönlicher Freiheit mit sich bringt, und einiges an bewusst erlebter Verantwortung für andere Menschen ebenso wie für einen selbst.« Die Entscheidung, dem SNCC beizutreten, so Cobb weiter, bedeute die Annahme »einer Verantwortlichkeit für die vielen Menschen, die innerhalb dieses organisatorischen Rahmens arbeiten« und ein Bewusstsein »für die Bedürfnisse anderer Personen, auch wenn diese im Gegensatz zu unseren Überzeugungen stehen.«[10] Dass es Cobb und anderen älteren SNCC-AktivistInnen schwer fallen würde, ihr Bedürfnis danach, ihre Unzufriedenheit offen auszudrücken, mit ihrem Wunsch nach einer größeren Effizienz der Organisation zu verbinden, wurde deutlich, als sich viele von ihnen ganz unerwartet bei einer Reihe von Demonstrationen in Selma, Alabama, beteiligten.

Anfang des Jahres 1965 hätten wohl nur wenige SNCC-OrganisatorInnen vermutet, dass Alabama das Zentrum ihrer zukünftigen Aktivitäten werden würde. Im Vergleich mit den Projekten in Mississippi und Georgia hatten die Aktivitäten des SNCC in Alabama bisher wenig Aufsehen erregt. Im Herbst 1964 gab es nur drei OrganisatorInnen in der Zentrale des SNCC in Selma, Alabama. Der ehemalige studentische Aktivist Bernard Lafayette, der an den Freiheitsfahrten teilgenommen hatte, und seine Ehefrau, Colia, eine studentische Aktivistin aus Tougaloo, hatten das Projekt in Alabama im Februar 1963 initiiert. Nachdem die Lafayettes ans College zurückgegangen waren, wurde das Projekt unter der Leitung von Worth Long, John Love und schließlich, ab dem Frühling 1965, Silas Norman, einem Absolventen des Paine College in Augusta, Georgia, fortgesetzt.

Die Ankündigung von Martin Luther King, er wolle Anfang 1965 eine groß angelegte Stimmrechtskampagne in Selma durchführen, wurde unter den Aktivisten des SNCC in Alabama mit gemischten Gefühlen aufgenommen. Sie wussten, dass Kings Kampagne den eigenen Einschreibungsaktivitäten nützlich sein konnte, weil sie überregionale Aufmerksamkeit erregen und vielleicht das Eingreifen der Bundesregierung gegen die weiße Regierung von Alabama provozieren würde. Von Mississippi abgesehen hatte Alabama die geringste Rate von in den Wahllisten eingeschriebenen Schwarzen. Im Dallas County, dem Sitz des SNCC-Zentrums, hatten sich nur zwei Prozent der in Frage kommenden schwarzen BewohnerInnen eingeschrieben, in den ländlichen Regionen waren es noch weniger. Doch die OrganisatorInnen hatten auch Bedenken, dass die Anwesenheit von Martin Luther King ihrer langfristig angelegten Strategie, schwarze Führungspersonen heranzubilden, eher im Wege stehen könnte. Sie waren sich darin einig, die Kampagne von Kings SCLC nicht zu stören und boten den SCLC-VertreterInnen sogar die Nutzung ihrer Ausrüstung und Infrastruktur an, aber sie hatten erwartet, selbst eher am Rande der Ereignisse zu bleiben und hofften, die Schwarzen vor Ort würden die Mängel dieser persönlichkeitszentrierten SCLC-Kampagne erkennen.

Viele SNCC-Hauptamtliche außerhalb des Bundesstaates konnten jedoch der Versuchung nicht widerstehen, sich zu beteiligen, vor allem nachdem es zu gewaltsamen Zusammenstößen zwischen der Polizei und schwarzen BürgerInnen gekommen war. Die Festnahme von Martin Luther King während einer Demonstration vor dem Court House von Selma am 1. Februar 1965 führte zu weiteren Protestmärschen und zur Festnahme von mehr als eintausend Protestierenden, darunter Hunderte von schwarzen Schulkindern. Die Dynamik der Bewegung brachte Präsident Johnson dazu, der ganzen Nation öffentlich zu erklären, er beabsichtige das Stimmrecht »für alle unsere Bürger zu sichern.«

Das erste Unglück der Kampagne ereignete sich in Marion, einer Stadt in der Nähe von Selma. Jimmy Lee Jackson, ein 26-jähriger schwarzer Demonstrant, wurde von einem Polizisten Alabamas umgebracht, als er versuchte, seiner Mutter zu helfen, die von der Polizei geschlagen wurde. Der Tod von Jackson war der Ausgangspunkt von neuerlichen Massenprotesten. Bereits Anfang März 1965 kündigten führende SCLC-Akivisten an, sie würden einen Marsch von Selma zum Kapitol (Sitz des Kongresses/Parlaments im jeweiligen Bundesstaat der USA, d. Ü.) von Alabama in Montgomery planen, um die Trauer der Schwarzen von Alabama auszudrücken. Obwohl sie sich offiziell an der Bürgerrechtskampagne noch nicht beteiligten, trafen sich SNCC-VertreterInnen mit führenden SCLC-Aktivisten am 5. März, zwei Tage vor dem Marsch, um ihre Differenzen zu besprechen. Trotz ihrer Bedenken gegen den Marsch stimmten die OrganisatorInnen des SNCC in Alabama im Hinblick auf die betei-

ligten örtlichen BewohnerInnen überein, die versprochene Unterstützung zu geben. Bei Treffen, die am selben Tag zu einem späteren
Zeitpunkt sowie am nächsten Tag stattfanden, argumentierten einige
Mitglieder des Exekutivkomitees des SNCC, das SNCC solle sich
am Marsch beteiligen, um dem Einfluss der SCLC zu begegnen. Die
Treffen endeten mit der Entscheidung, dass sich das SNCC offiziell
heraushalten werde. Weil aber einige SNCC-AktivistInnen, darunter John Lewis, bereits beteiligt waren, entschied das Exekutivkomitee, die SNCC-ArbeiterInnen könnten als Privatpersonen teilnehmen. Das Komitee kam außerdem zu dem Entschluss, an King
einen Brief mit den Positionen des SNCC zu schreiben und um ein
Treffen mit den SCLC-Führungspersonen zu bitten.[11]

Zur Überraschung der SNCC-AktivistInnen mischte sich King
nicht unter die 2000 MarschiererInnen, die ihren Marsch von Selma
nach Montgomery am Sonntagnachmittag, 7. März 1965, begannen, sondern fuhr nach Atlanta zurück, um dort eine Predigt zu
halten. Durch seine Abwesenheit fanden sich Hosea Williams von
der SCLC sowie John Lewis und Robert Mants vom SNCC in leitenden Positionen der Kampagne wieder. Auf der Pettus-Brücke im
Stadtrandgebiet von Selma trafen die MarschiererInnen auf Polizei-
kräfte und Truppen des Bundesstaates Alabama, die von Sheriff
Jim Clark und Major John Cloud befehligt wurden. Cloud gab den
Befehl, die Demonstration innerhalb von zwei Minuten aufzulösen.
Als sich die Marschierenden dem Befehl verweigerten, wurden sie
von der Polizei mit Gummiknüppeln angegriffen.

»Wir sagten nach hinten durch, dass sich jede Person wie zum
Gebet niederknien sollte«, erinnerte sich Lewis. »Dann griffen uns
die Truppen erneut an, diesmal auch mit Tränengas.« Durch einen
Schlag auf den Kopf erlitt Lewis eine Schädelfraktur, trotzdem gelang es ihm, die Marschierenden zu sammeln und zur Kirche zu-
rückzuleiten. Bevor er zum Hospital aufbrach, schrie er wütend: »Ich
versteh' nicht, wie Präsident Johnson seine Truppen nach Vietnam
und in den Kongo schicken kann, aber nicht nach Selma, Alabama.
Wenn wir das nächste Mal aufbrechen, bleiben wir nicht in Mont-

gomery stehen. Wir werden direkt weiter nach Washington gehen müssen.«[12]

Der brutale Angriff auf die Marschierenden an der Pettus-Brücke schob die vormaligen Bedenken bei vielen SNCC-AktivistInnen beiseite. Vier vollbeladene Autos mit Kadern aus Mississippi-Projekten verließen auf der Stelle ein COFO-Treffen in Jackson, als die Nachricht eintraf. Sie fuhren nach Selma, obwohl die Autos eigentlich für die Mississippi-Projekte unentbehrlich waren. Eine weitere Gruppe, die gerade das Treffen des Exekutivkomitees in Atlanta besuchte, charterte ein Flugzeug, um nicht kostbare Zeit bei einer vierstündigen Autofahrt nach Selma zu verlieren. Diese Reaktion verdeutlichte den tief sitzenden Wunsch nach direkter Aktion, sogar unter den Hardlinern, die geglaubt hatten, dass solche Proteste kontraproduktiv waren. »Wir waren wütend«, erinnerte sich Cleveland Sellers. »Und wir wollten Gouverneur George Wallace, der Alabama State Highway Patrol, Sheriff Clark, den Weißen von Selma und der Bundesregierung, sowie auch den armen Schwarzen in den Südstaaten und in den anderen Selmas zeigen, dass wir nicht gewillt waren, diese Scheiße länger hinzunehmen. Wir wollten diesen Marsch jedem in die Gurgel stopfen, der versuchen würde, uns aufzuhalten.«[13] Die Anteilnahme für die von den Angriffen Betroffenen, sowie ein Gespür dafür, dass die Protestaktionen eine Übung für langfristig angelegte Kämpfe sein konnten, führten zu dieser Reaktion der SNCC-Kader. Aber sie verdeutlichte auch die Fragilität ihrer selbst auferlegten Disziplin und dass die Entscheidungsprozesse in einer Krise zusammenbrachen.

Als sie in Selma ankamen, kritisierten die SNCC-AktivistInnen offen die angewandte Strategie der SCLC. James Forman und andere SNCC-AktivistInnen verurteilten die Forderung des Bundesrichters Frank Johnson, den Marsch zu verschieben, als Bedingung für eine gerichtliche Verfügung gegen die Beamten des Bundesstaates Alabama. Martin Luther King war anfangs dafür, den Marsch trotz der Warnungen von Seiten der Bundesregierung fortzusetzen, aber er entschied sich gegen diese Konfrontation mit der Polizei, nachdem er mit dem Generalbundesanwalt Nicolas Katzenbach und anderen Vertretern der Bundesregierung diskutiert hatte. King hatte jedoch die SNCC-AktivistInnen nicht über seine Pläne informiert, als er am 10. März mit einer Menge von eintausend Protestierenden auf eine Polizeisperre außerhalb von Selma zu ging. Er bat die Menge um ein Gebet und sagte den MarschiererInnen dann, sie sollten sich umdrehen und zurückgehen. Diese Aktion von King machte viele SNCC-AktivistInnen ebenso wie lokale BewohnerInnen wütend. Dass man/frau bereits auf der freien Straße nach Montgomery war und die Polizei offen herausgefordert hatte, verstärkte nur den Ärger der Marschierenden. Ein Biograph von Martin Luther King, David Lewis, schrieb: »Mit einem Sarkasmus, der sich tief in die Köpfe der SNCC-Studenten eingegraben haben musste, gingen die dreitausend Demonstranten zurück zur Kirche und viele sangen dabei ›Ain't Gonna Let Nobody Turn Me Round‹ (Wir lassen uns von niemandem ›umdrehen‹!).«[14]

Kurz nach diesem abgebrochenen Marsch wurden drei weiße Pastoren, die sich an den Demonstrationen beteiligt hatten, von Weißen aus der Stadt angegriffen. Einer der Pastoren, Reverend James Reeb, starb einige Tage später an den Verletzungen, die ihm zugefügt worden waren. In scharfem Gegensatz zum Mord an Jimmy Lee Jackson führte die Ermordung Reebs zu einer unmittelbaren Reaktion der Bundesregierung. Sympathisierende der Bürgerrechtsbewegung aus dem ganzen Land trafen zur Beerdigung in Selma ein. Tausende von DemonstrantInnen forderten das Eingreifen der Bundesregierung auf Solidaritätsdemonstrationen in vielen Städten des Nordens. Am 15. März 1965 benutzte Präsident Johnson, der für die Witwe von Reeb ein Flugzeug organisiert hatte, um sie heim nach Boston zu bringen, die Krise in Selma, um in einer Fernsehansprache eine neue Wahlrechtsgesetzgebung vorzuschlagen.

Viele SNCC-AktivistInnen hörten Johnsons Rede, während sie nahe dem Capitol von Alabama in Montgomery demonstrierten. Während sie die Dominanz der SCLC in Selma anerkennen mussten, hatten die SNCC-OrganisatorInnen schwarze StudentInnen aus dem

Tuskegee Institute und anderen Colleges in Montgomery mobilisiert, um auf die bundesstaatlichen Behörden weiter Druck auszuüben.

James Forman sollte später für seine eigenmächtige Entscheidung kritisiert werden, ungefähr 5000 Dollar der knappen finanziellen Rücklagen des SNCC für die Unterstützung der Demonstrationen in Alabama ausgegeben zu haben. Aber er konnte der Gelegenheit nicht widerstehen, »die Studenten zu radikalisieren.« Und die Demonstrationen in Montgomery von Mitte März 1965 übertrafen seine Erwartungen. Zusammen mit Bill Hall, Bill Ware und Willie Ricks ermutigte James Forman die StudentInnen, ihre Demonstrationen in der Nähe des Capitols fortzusetzen, und versuchte den Einfluss von gemäßigten schwarzen Pastoren und Vertretern der SCLC zurückzudrängen. »Ich betrachtete die Demonstrationen als lebendige Erfahrung und als Basis für zukünftiges Engagement«, schrieb er später. »Mir schien es der einzig mögliche Weg zu sein, die Studenten zu beteiligen, in dem sie in Bewegung gebracht wurden; in dem versucht wurde, sie zu radikalisieren, zum Beispiel dadurch, dass ihnen erklärt wurde, was die Pastoren da machten.« Am Montag, dem 15. März 1965, kam es zu gewaltsamen Auseinandersetzungen zwischen DemonstrantInnen und der Polizei. In der darauf folgenden Nacht stießen ungefähr 600 MarschiererInnen, darunter Forman, mit berittener Polizei zusammen, die Gummiknüppel und Elektroschocker einsetzte. Gemäßigte Schwarzenführer und Regierungsvertreter versuchten die protestierenden StudentInnen zurückzuhalten, aber die SNCC-AktivistInnen gewannen die Unterstützung eines harten Kerns von mehreren hundert StudentInnen. Auf einer Kundgebung, die am 16. März von SCLC-Vertretern in der Hoffnung abgehalten wurde, die Kontrolle über die Demonstrationen zu behaupten, zeigte Forman die eskalierende Verbalradikalität, die die Proteste begleiteten, als er den ZuhörerInnen, unter ihnen Pastoren und ReporterInnen, zurief: »Wenn wir nicht am Tisch der Demokratie sitzen können, dann hauen wir die scheiss Tischbeine ab.« Obwohl er diese martialische Sprache sofort bedauerte, schrieb er später, dass »mir ein Polizeiangriff, der an diesem Tag bereits stattgefunden hatte, noch immer im Kopf war. Es war schwer, die Wut nicht rauszulassen.«[15]

Als der Marsch von Selma nach Montgomery schließlich durchgeführt wurde, wirkte er als Gegenbeispiel zu den tumultartigen Demonstrationen der vorhergehenden Wochen: Ungefähr 25 000 Menschen marschierten friedlich in die Hauptstadt des Bundesstaates, wo am 25. März 1965 eine Massenkundgebung abgehalten wurde. Martin Luther King hielt eine aufrüttelnde Rede, während Gouverneur Wallace in seinem nahegelegenen Büro saß und verloren hatte. Trotzdem verhielten sich die weißen Rassisten in den Südstaaten unverändert aggressiv. Nach der Kundgebung wurde Viola Liuzzo, eine weiße Hausfrau aus Detroit, erschossen, als sie nach Montgomery zurückfuhr, nachdem sie Protestierende nach Selma gefahren hatte.

Im Rückblick kann die Selma-Kampagne als Erfolg für Kings Proteststrategie betrachtet werden. Mag sein, dass seine Anwesenheit die langfristige Strategie des SNCC durchkreuzte, selbständige schwarze AktivistInnen vor Ort heranzuziehen, aber sie war auch der Funke, der eine entscheidende Konfrontation zwischen den Schwarzen in Alabama und den halsstarrigen Beamten dieses Bundesstaates auslöste, welche wiederum zu einem Klima der Sympathie der öffentlichen Meinung außerhalb des Südens sowie der darauf folgenden Annahme von Johnsons Wahlrechtsgesetz beitrug. Trotz dieses entscheidenden Sieges trug die Selma-Kampagne zur weiteren Desillusionierung der SNCC-Kader bei. Selbst AktivistInnen, die immer noch an die Macht der gewaltfreien Aktion glaubten, hatten zu zweifeln begonnen, ob die errungenen Reformen die Opfer wert waren. »Wir sind nur Fleisch«, bemerkte Lewis. »Ich konnte die Leute verstehen, die nicht mehr geschlagen werden wollten. Die Fähigkeit der Schwarzen zu glauben, ein Weißer könne wirklich sein Herz öffnen, sein Leben öffnen aufgrund des Appells der Gewaltfreiheit, war erschöpft.«[16]

Andere SNCC-AktivistInnen, die für sich bereits seit langem entschieden hatten, dass die Appelle an das nationale Gewissen sinnlos waren, empfanden die Proteste von Selma und Montgomery als Bestätigung für ihre Meinung. Die an Zynismus grenzende Bitterkeit, die viele OrganisatorInnen fühlten, wurde durch die Anklage von Stokely Carmichael ausgedrückt, dass der Marsch nach Montgomery, der als Protest gegen die Ermordung des Schwarzen Jimmy Lee Jackson begann, erst landesweite Aufmerksamkeit erregt hatte, als Reverend Reeb starb. »Ich sage nicht, dass wir um Reverend Reeb nicht trauern sollten«, erklärte Carmichael. »Aber ich sage, wenn wir um den einen trauern sollen, dann sollten wir auch um den anderen trauern. Und ich denke, wir sollten uns klar machen, warum (Präsident Johnson) Blumen für Mrs. Reeb und nicht für Mrs. Jackson gesandt hat.«[17]

Die Demonstrationen von Alabama illustrierten die Ambivalenz der SNCC-AktivistInnen gegenüber der Nutzung von Widerstandstaktiken. Sie waren hin- und hergerissen zwischen ihrem Wunsch, den Aktionismus der Massen unter den Schwarzen des Südens zu fördern und ihrem dagegen stehenden Interesse, Aktionen zu vermeiden, die die bestehenden Projekte gefährden und mit den langfristigen Programmen in Konflikt geraten konnten. Während die Selma-Kampagne eine unerwartete Gelegenheit für die BefürworterInnen des gewaltfreien Widerstands im SNCC bot, erneut Bedeutung in der Organisation zu erlangen, wurden die Hardliner in der Folge noch hartnäckiger, wenn es darum ging, die Arbeitsdisziplin aufrechtzuerhalten und eindeutige Anordnungen von Projektleitern zu befolgen. Im April kritisierte der Projektleiter von Alabama, Silas Norman, zum Beispiel, dass ihn die SNCC-AktivistInnen aus anderen Bundesstaaten nicht gefragt hätten, ob sie nach Alabama gehen sollten, um sich an den Protesten zu beteiligen. Er fügte hinzu, der frühere Projektleiter von Mississippi, Ivanhoe Donaldson, sei einer der Hauptorganisatoren des Marsches geworden, »obwohl er erst dagegen war.« Und was den Vorsitzenden des SNCC angehe, bemerkte Norman sarkastisch: »John (Lewis), der Vorsitzende des SNCC, macht einfach, was er will.« Verärgerte Hauptamtliche, die in Mississippi geblieben waren, während die anderen SNCC-AktivistInnen am Marsch teilnahmen, beklagten sich, ihnen sei ursprünglich gesagt worden, das SNCC sei eigentlich gegen die Demonstrationen. Sie hätten jedoch später zur Kenntnis nehmen müssen, dass das SNCC »mit Forman vorneweg, scheinbar Tag und Nacht Demonstrationen angeführt hätte und die SCLC offensichtlich deswegen bekämpft hat, weil es gegen die Fortsetzung der Demonstrationen war. Was, zur Hölle, geht hier eigentlich vor?«[18]

Trotz der Verschärfung der inneren Konflikte im SNCC konnten nur wenige OrganisatorInnen das erneute Aufleben des Massenaktivismus, besonders unter den StudentInnen, ignorieren, das neues Leben in die Organisation brachte. Die Kader, die gegen die Beteiligung des SNCC an der Stimmrechtskampagne waren, nutzten die Gelegenheit, um eine ansehnliche Menge junger Schwarzer an den Colleges von Alabama zur Mitgliedschaft im SNCC zu mobilisieren – es war die erste bedeutsame Gruppe schwarzer StudentInnen, die wieder dem SNCC beitrat, seit der Ankunft einer Gruppe von NAG-Mitgliedern im Frühjahr 1964. Die Demonstrationen in Selma, Alabama, förderten den Aktivismus der Schwarzen landesweit und führten zudem zur Gründung der Black Panther Party (BPP) in den ländlichen schwarzen Wohngebieten des Lowndes-County zwischen Selma und Montgomery. Wie in den Gemeinden von Mississippi, in denen die SNCC-AktivistInnen ihre Basis erweitert hatten, waren die schwarzen BewohnerInnen des Lowndes County in der Mehrzahl mittellos, landlos und wirtschaftlich abhängig von einer kleinen Elite weißer Plantagenbesitzer. Auch wenn es in der Region weitaus mehr schwarze als weiße BewohnerInnen gab, war es den Schwarzen nicht gelungen, sich in die Wahllisten einzutragen und nur wenige wagten es, ihre Unterstützung für Bürgerrechtsreformen auszudrücken. In diesem County wurde Viola Liuzzo ermordet. Am Tag nach ihrem Tod hatte man Stokely Carmichael in das County gefahren und ihn mit einem Schlafsack und einigen Dollar in der Tasche aussteigen lassen. Er kannte zudem noch den Namen eines Bewohners, bei dem er unterkommen konnte.

Stokely Carmichael war bereits ein erfahrener politischer Aktivist, der sich schon in der High School mit jungen weißen Linken getroffen hatte. Er war auf den westindischen Inseln geboren worden und ging als Kind mit seiner Familie nach New York. Später wurde er zur gehobenen Bronx High School of Science zugelassen. Er freundete sich mit Gene Dennis an, dessen Vater Generalsekretär der *Communist Party* (CPUSA, Kommunistische Partei) war. Er traf ältere schwarze Parteiführer, unter anderem Benjamin Davis, der in den vierziger Jahren im New Yorker Stadtrat war. Während seiner Schuljahre knüpfte Carmichael informelle Verbindungen mit mehreren marxistischen Studentenorganisationen und nahm an Demonstrationen teil, die von sozialistischen Jugendgruppen und dem *Fair Play for Cuba Committee* (FPCC, Komitee Gerechtigkeit für Cuba) unterstützt wurden.

Am Anfang war Carmichael von den politisch unerfahrenen schwarzen studentischen AktivistInnen in den Südstaaten nicht sonderlich beeindruckt. »Ich erinnere mich, dass ich die Zeitung auf den Boden warf und sagte: Nigger tu was, damit dein Name in die Zeitung kommt!« Er sagte Freunden, dass die StudentInnen im Süden nicht weit kommen würden, weil »sie es falsch anpacken.« Seine Meinung veränderte sich, als er auf einer Demonstration gegen das House Committee on Un-American Activities (HUAC) in Washington Mitglieder der Nonviolent Action Group (NAG) traf. Später, im Sommer 1960, beteiligte er sich an Demonstrationen der NAG in Maryland. Teilweise aufgrund dieser Kontakte schrieb sich Carmichael im Herbst 1960 an der Howard University ein. Er wurde schnell zu einer prägenden Figur der NAG und war Delegierter für die NAG auf Treffen des SNCC. Zusammen mit demokratischen Sozialisten wie Bayard Rustin und Tom Kahn, einem weißen Studienkameraden, der Vorsitzender der *League for Industrial Democracy* (LID, Liga für industrielle Demokratie), einer Schwesterorganisation der SDS, geworden war, trat Carmichael für eine stärkere Betonung der ökonomischen Thematik ein.

Nach seinem College-Abschluss 1964 wurde Carmichael SNCC-Organisator und bekam die Aufgabe, das COFO-Büro im zweiten

Wahldistrikt von Mississippi zu leiten. Später beschrieb er seine Teilnahme am Sommerprojekt von Mississippi als Versuch, den schwarzen Nationalismus einzuführen, aber es ist wohl richtiger, dass sich Carmichaels Meinung durch die Beobachtung der Probleme, welche die weiße Beteiligung an den Kämpfen um Bürgerrechte mit sich brachten, erst formte.[19] Er nahm in seinem Distrikt nur schwarze Kader auf, behielt aber freundliche Beziehungen zu den vielen weißen Freiwilligen, mit denen er in der COFO-Zentrale in Greenwood in Kontakt kam (Carmichael bekam oft Geschenke von einer informellen Gruppe von UnterstützerInnen aus den Nordstaaten, die sich *Friends and Admirers of Stokely Carmichael* (Freunde und Bewunderer von Stokely Carmichael) nannte).[20]

Wie viele ältere SNCC-AktivistInnen stand Carmichael keiner der extremen SNCC-Fraktionen nahe. Sein Rücktritt als Leiter des Distrikts ließ jedoch vermuten, dass er das grundsätzliche Misstrauen gegen Institutionen im SNCC teilte. Carmichael war zwar der Meinung, dass die armen, auch die ungebildeten Schwarzen ihre eigenen politischen Entscheidungen treffen sollten, aber er unterstützte keineswegs die extreme Position, frühere College-StudentInnen sollten überhaupt keine führenden Rollen im Kampf in den Südstaaten übernehmen. Stattdessen forderte er die OrganisatorInnen dazu auf, ihre Fähigkeiten und Informationen an die Schwarzen auf dem Lande weiterzugeben.[21]

Stokely Carmichaels Organisationstalent wurde schnell deutlich, als er in einem County wie Lowndes die Gelegenheit hatte, eine politische Bewegung der Schwarzen zu initiieren. Bei ihm verbanden sich scharfsinnige politische Analysen mit der Fähigkeit, mit weniger gebildeten Menschen in ihrer eigenen Sprache zu reden. Zusammen mit anderen SNCC-AktivistInnen wie Bob Mants, Scott B. Smith, Willie Vaugn und Judy Richardson gewann Carmichael das Vertrauen einiger führender Schwarzer vor Ort, die dann den Kurs der Bewegung im Lowndes County bestimmten.

Anstatt seine Meinung den Schwarzen im Lowndes County aufzuzwingen, vermied es Carmichael eher, die Differenzen zwischen

SNCC und SCLC zu diskutieren. Er wusste, dass die lokalen BewohnerInnen die BürgerrechtlerInnen nicht in verschiedene Fraktionen einteilten; für sie waren sie einfach »Civil Rights Workers« oder »Freedom Fighters«. Carmichael stimmte auch nicht mit James Formans Meinung überein, das SNCC solle die führende Rolle Martin Luther Kings angreifen, und trat stattdessen dafür ein, die Begeisterung, die Kings Präsenz auslöste, auszunutzen:[22]

»Die Leute liebten King. Ich habe Leute im Süden gesehen, die auf den Rücken ihrer Vorderleute stiegen, nur um sagen zu können: ›Ich habe ihn berührt! Ich habe ihn berührt!‹ Ich spreche jetzt von den Jungen. Die älteren Leute empfanden eher Liebe und Respekt für ihn. Sie sahen in ihm sogar so was wie einen Gott. Das waren die Leute, mit denen wir arbeiteten und ich hatte in seine Fußstapfen zu treten, wenn ich in ihre Häuser ging. Die Leute wussten nicht, was das SNCC war. Sie sagten nur: ›Du bist einer von Dr. Kings Leuten?‹ ›Ja, Ma'am, das bin ich.‹«

Obwohl die Kader des SNCC während ihres ersten Monats im Lowndes County kaum zählbare Erfolge vorweisen konnten, gelang es ihnen, eine Gruppe aktiver und selbstbewußter schwarzer BewohnerInnen zusammenzubringen, die die Bewegung im County prägen sollte. Wie in den ländlichen Regionen von Mississippi besaßen die schwarzen Farmer im Lowndes County Waffen und waren dazu bereit, sich zu verteidigen, wenn sie angegriffen wurden. Kundgebungen der Schwarzen im County wurden oft von bewaffneten Ordnern geschützt, manchmal verstärkt durch die *Deacons for Defense and Justice* (DDJ, Diakone für Verteidigung und Gerechtigkeit), die ihre Basis in Louisiana hatten. Im Sommer 1965 sagte Carmichael einem Reporter einer überregional erscheinenden Zeitung, er übe eigentlich einen auf Zurückhaltung angelegten Einfluss auf die lokalen Schwarzen aus. Er konnte einen führenden Schwarzen vor Ort, R. L. Strickland, der 1958 mit einem Versuch der Einschreibung in die Wahllisten scheiterte, nicht von den Vorteilen der Gewaltfreiheit überzeugen, und der Reporter zitierte Strickland nach den Worten von Stokely Carmichael: »Du hältst die andere Wange hin, und dafür bekommst du die Hälfte von dem, was du sowieso schon hast.«[23]

Die Überzeugungen der SNCC-AktivistInnen wurden durch den alltäglichen Umgang mit militanten schwarzen Farmern verändert. Das zeigt deutlich ihre Reaktion auf die Festnahme eines SNCC-Aktivisten in Südwest-Georgia wegen des Besitzes dreier Pistolen. Roy Shields, der Projektleiter für diese Region, war von John Lewis, Marion Barry und anderen BefürworterInnen der Gewaltfreiheit dafür kritisiert worden, dass seine Kader nicht davon abgehalten wurden, Waffen mit sich zu führen. OrganisatorInnen aus Alabama verteidigten Shields entschlossen. »Wir sind nicht King oder die SCLC«, ereiferte sich Carmichael, »die machen nicht die Arbeit, die wir machen, und sie leben auch nicht in Gegenden, in denen wir leben. Die fahren nicht nachts auf dem Highway.« Er wisse, dass für King die Gewaltfreiheit »alles« sei, aber für das SNCC sei sie immer nur einfach eine Taktik gewesen. Als Bill Hansen nachfragte, warum die Kader keine Waffenscheine für ihre Gewehre hätten, protestierte Carmichael: »Komm schon. Kannst du dir vorstellen, wie wir in den Gemeinden vor Ort Waffenscheine beantragen sollten?« Eine andere Organisatorin aus Alabama, Fay Bellamy, bemerkte, wenn die SNCC-Führung »6000 Dollar für Montgomery ausgeben kann, sollte sie fähig sein, die Kaution für diesen Mann aufzubringen und ihm einen Anwalt zu besorgen.« Carmichael erinnerte sich, dass die Diskussion damit endete, dass er alle, die Waffen mit sich trugen, darum bat, sie auf den Tisch zu legen. Fast alle schwarzen OrganisatorInnen, die im ländlichen Süden aktiv waren, waren bewaffnet.[24]

Trotz der zunehmenden Militanz der SNCC-Kader und der führenden lokalen Schwarzen im Lowndes County waren bis Anfang August 1965 nur rund 250 Schwarze in die Wahllisten eingetragen. Die Einschreibungsbemühungen erfuhren allerdings am 10. August einen Aufschwung, als gemäß dem jüngst verabschiedeten Stimmrechtsgesetz ein von der Bundesregierung gestellter Einschreibungsbeamter im County eintraf. Danach war es den schwarzen BewohnerInnen erlaubt, sich ohne Lese- und Schreibprüfung in die Wahllisten einzutragen.

Dieser Durchbruch bei der Einschreibung in die Wahllisten intensivierte die rassistischen Gegenmaßnahmen der Weißen. In Fort Deposit verhaftete die Polizei eine Mahnwache, die aus einer Gruppe von Schwarzen bestand, sowie zwei weiße Bürgerrechtler. Als die DemonstrantInnen nach einer Woche im County-Gefängnis von Hayneville freigelassen wurden, schoss ein Deputy Sheriff in die Gruppe und tötete einen der Bürgerrechtler, Jonathan Daniels, einen Theologiestudenten und Freund von Stokely Carmichael. Der andere weiße Bürgerrechtler, Reverend Richard Morrisoe, wurde bei dem Vorfall verwundet. Der Deputy Sheriff wurde später von einem nur aus Weißen zusammengesetzten Geschworenengericht freigesprochen.

Der Anschlag konnte die Einschreibungen in die Wahllisten nicht aufhalten, sondern stärkte im Gegenteil die Entschlossenheit der schwarzen BewohnerInnen. Zwei Tage nach der Ermordung von Daniels drückte der verbitterte Carmichael die trotzige Stimmung der Schwarzen im County aus, als er auf einer Versammlung dem Publikum erklärte: »Wir werden dieses County abreißen. Danach werden wir es wieder aufbauen, Stein für Stein, bis es ein Platz ist, an dem Menschen leben können.«[25]

Weil die Einschreibungen in die Wahllisten im Lowndes County für die herrschenden Weißen so bedrohlich waren, fragten sich die SNCC-AktivistInnen, ob sie damit fortfahren sollten, die Schwarzen dazu zu ermutigen, sich bei den »Demokraten« einzuschreiben oder ob sie eine unabhängige Partei gründen sollten. Im Spätsommer telefonierte Carmichael mit dem Forschungsleiter des SNCC, Jack Minnis, um nach dem rechtlichen Prozedere für die Gründung einer solchen Partei zu fragen. Nach einigen Tagen der Informationssammlung entdeckte Minnis eine Sonderklausel im Recht des Bundesstaates Alabama, die die Gründung einer politischen Partei auf der County-Ebene erlaubte. Die Bevölkerung eines Countys konnte unabhängige KandidatInnen einfach dadurch nominieren, dass sie einen Nominierungsparteitag abhielt. Wenn diese KandidatInnen mindestens zwanzig Prozent bei den County-Wahlen gewannen, konnte ihre Partei offiziell anerkannt werden. Die SNCC-AktivistInnen entschieden sich dafür, eine unabhängige Partei zu gründen und die schwarzen BewohnerInnen antworteten mit Begeisterung auf diesen Entschluss. Viele fanden es sinnlos, sich in eine Partei wie die »Demokraten« einzuschreiben, die von dem Segregationisten George Wallace geführt wurde, der den Slogan »Weiße Vormacht« benutzte. Ein Bewohner erinnerte sich: »Das SNCC schlug eine dritte Partei vor und wir entschieden uns dafür, weil es keinen Sinn machte, in die Demokratische Partei einzutreten, wenn das die Leute waren, die die Morde im County auf dem Gewissen hatten und unsere Köpfe blutig geschlagen hatten.«[26]

Die neue politische Organisation trug den Namen Lowndes County Freedom Organization (LCFO) und John Hulett wurde ihr Vorsitzender. Hulett war 37 Jahre alt und Vater von sieben Kindern. Er war im County bereits vor der Ankunft des SNCC politisch aktiv. Hulett hatte zusammen mit anderen lokalen Führungskräften nach Diskussionen mit Andrew Young und James Bevel von der SCLC das *Lowndes County Christian Movement for Human Rights* (Christliche Bewegung für Menschenrechte im Lowndes County) gegründet. Als die SCLC es nicht schaffte, einen Hauptamtlichen ins County zu schicken, entschied sich Hulett dafür, mit den SNCC-Kadern zusammenzuarbeiten, mit denen er während des Marsches nach Montgomery Kontakt aufgenommen hatte.

Die LCFO wurde als unabhängige politische Partei gegründet und nicht als separatistische Gruppe der Schwarzen. Doch das Emblem, das für die neue Organisation gewählt wurde – ein zähnefletschender schwarzer Panther – war ein unmissverständliches Zeichen. »Der schwarze Panther ist ein Tier, das sich, wenn es unter Druck steht, zurückzieht, bis es eingekreist ist«, erklärte Hulett, »dann schnellt es vor und kämpft um Leben oder Tod. Wir empfanden es so, dass wir lange genug zurückgedrängt worden waren und dass es Zeit wurde für die Schwarzen, rauszukommen und die

Sache zu übernehmen.«[27] Eine Partei mit ausschließlich schwarzer Mitgliedschaft war ursprünglich nicht geplant – es gab einfach keine Weißen, die Mitglied werden wollten. Carmichael erinnerte sich, dass die schwarzen BewohnerInnen vor Ort anfangs gegen die Idee einer ausschließlich schwarzen Organisation waren. »Die Leute wollten nichts Separatistisches haben, weil sie dachten, das sei schlecht«, kommentierte er einige Monate später. Er drängte die Bedenken zurück, indem er den BewohnerInnen erklärte, dass »das eine Partei ist wie die Demokratische Partei oder die Republikanische Partei. Wir wollen Macht, das ist alles. Nachdem wir Macht errungen haben, können wir darüber reden, ob wir sie ausschließlich schwarz wollen oder nicht.«[28]

Phrasenhafte Aufrufe für rassistischen Separatismus wurden von den SNCC-AktivistInnen in Lowndes County im Jahre 1965 kaum benutzt. Später spielte die schriftliche Lagebeurteilung von Courtland Cox die separatistischen Implikationen dieser SNCC-Initiative herunter: »Im Kern geht es darum, politische Macht auf die County-Ebene zu den Armen und Ausgeschlossenen zu transferieren – die Hautfarbe hängt natürlich damit zusammen«, schrieb er. »Das Ausmaß, mit dem die schwarze Hautfarbe als ›Problem‹ betrachtet wird, ist nur ein Ausdruck der segregierten und rassistischen Gesellschaft.«[29]

Das Projekt im Lowndes County war ein bedeutender Aspekt der Veränderung des SNCC, ebenso wie kurze Zeit später erfolgende Versuche, in städtischen Gemeinden der Schwarzen jene Ideen anzuwenden, die bei der Arbeit in ländlichen Gebieten der Südstaaten entstanden sind. Das SNCC bekam eine unerwartete Gelegenheit, die politische Kraft städtischer Schwarzer zu mobilisieren, als eine Bundesgerichtshofentscheidung die Gesetzgebung des Bundesstaates Georgia dazu zwang, die Wahlkreise neu einzuteilen. Daraus resultierte ein vorwiegend von Schwarzen bewohnter Wahldistrikt ganz in der Nähe der SNCC-Zentrale von Atlanta. Ivanhoe Donaldson drängte Julian Bond, den Leiter der Presseabteilung des SNCC, für den neuen Sitz im Repräsentantenhaus zu kandidieren.

Julian Bond, der Sohn des bekannten Gelehrten Horace Mann Bond, war ein untypischer SNCC-Aktivist, obwohl er seit der Gründungskonferenz in Raleigh Mitglied war. Er hatte an keiner Protestaktion seit 1960 teilgenommen und seine Funktion in der Zentrale von Atlanta sowie seine familiäre Situation mit der Verantwortung für eine Ehefrau und Kinder hatten ihn vom SNCC-Aktivismus isoliert. Trotzdem wurde er in der Organisation weithin für sein Engagement und seine Intelligenz respektiert. Ivanhoe Donaldson glaubte zweifellos, dass der sanfte, schreibende Aktivist Julian Bond, der nun mehr und mehr an das Licht der Öffentlichkeit trat, der Angestellte war, der am ehesten die Unterstützung der gemäßigten Schwarzen bekommen könnte. Bond missfielen zwar öffentliche Auftritte, aber er hatte das SNCC lange Zeit gebeten, in Atlanta selbst ein Projekt zu beginnen, und er erkannte, dass eine politische Kampagne den Organisationsbemühungen des SNCC in der Stadt dienlich sein konnte.

Bond kandidierte jedoch nicht für eine unabhängige Partei, sondern trat bei den Vorwahlen für die Demokratische Partei an. Seine Kampagne war eine Demonstration des besonderen Ansatzes des SNCC bei Wahlkampagnen. Er wusste, dass die armen schwarzen WählerInnen im Distrikt nicht durch traditionelle Kandidatenkundgebungen erreicht werden konnten und setzte einen Schwerpunkt auf Hausbesuche. »Wir gingen direkt zu den Leuten, klopften an ihre Türen und fragten sie, was sie von ihrem Abgeordneten erwarteten«, erinnerte er sich. »Zuerst war das für viele Leute verwirrend, weil sie niemals einen wirklichen Abgeordneten hatten. Wir mussten den Leuten erklären, was ein Abgeordneter für sie tun konnte, und nachdem wir es erklärt hatten, erzählten uns die Leute, dass ihre Probleme hauptsächlich wirtschaftlicher Natur waren.« Aufgrund dieser Gespräche erstellte Julian Bond eine Wahlplattform, in der ein Mindestlohn von zwei Dollar gefordert wurde, ein Programm für eine verbesserte städtische Infrastruktur, die Aufhebung bestimmter Gesetze im Arbeitsrecht sowie die Abschaffung der Lese- und Schreibprüfungen bei der Einschreibung in die Wahllisten.[30]

Die Beteiligung an konventioneller Politik löste Kritik bei denjenigen SNCC-AktivistInnen aus, die dagegen waren, innerhalb der Demokratischen Partei zu arbeiten, und die glaubten, das SNCC sollte nicht »das politische Spiel mitspielen.« Charles Cobb, der Bonds Wahlkampfmanager wurde, bekam von anderen SNCC-AktivistInnen zu hören, er und seine Kampagnenleute hätten »sich verkauft«, weil viele von ihnen gebügelte Hemden, Schlips und feine Hosen anstatt Overalls trugen. Cobb verteidigte die Kampagnenleute und meinte, dieses der Mittelklasse konforme Aussehen vermeide »irrelevante Nachfragen nach der Kleidung« und erlaube es ihnen, sich auf die wichtigen Themen zu konzentrieren. Cobb gab zu, dass »der Kampagne mit Misstrauen und Ambivalenz begegnet wurde.« Er fragte sich selbst ernsthaft, ob jemand »wirklich in einer legislativen Funktion ohne die Unterstützung des Establishments wirksam arbeiten konnte.« Trotzdem verteidigte er die Kandidatur als einen Versuch, »die Politikformen Amerikas zu erkunden und die Möglichkeiten, sie zu gestalten – wenn das denn überhaupt möglich ist –, um unseren Bedürfnissen nachzukommen.« Charles Cobb hoffte, die Kampagne würde »greifen und an unsere eigenen radikalen Traditionen anknüpfen, wie zum Beispiel die der MFDP.« Obwohl einige Mitglieder dagegen waren, stimmte eine Mehrheit des Exekutivkomitees des SNCC zu, Bond ein Darlehen für seine Ausgaben zu geben und ihn mit Geldern für ein Kampagnenbüro auszustatten.[31]

Die schwarzen BewohnerInnen vor Ort waren von der Kampagne für Bond begeistert. Cobb notierte, viele seien beeindruckt von der Bereitschaft Bonds, in ihr Haus zu kommen und ihnen zuzuhören. »Ich glaube, dass tatsächlich einhundert Prozent der Leute, bei denen ich war, noch nie erlebt hatte, dass irgendjemand in ihr Haus kam, sich setzte und mit ihnen ernsthaft über ihre Gemeinde redete.« Bond gewann die Vorwahlen im Mai 1965 deutlich gegen einen schwarzen Pastor und gewann 82 Prozent bei den Wahlen im Juni 1965, als er gegen einen Schwarzen aus der »Republikanischen Partei« antrat, der Dekan an der Atlanta University war.

Da noch nicht vorauszusehen war, welche Hindernisse Bond bei seinem Versuch, die Schwarzen in seinem Distrikt zu vertreten, noch erwarten würden, ermutigte die Kampagne SNCC-AktivistInnen, Schwarze für die Eroberung politischer Macht zu mobilisieren. »Stell dir vor, zehn SNCC-Abgeordnete im Repräsentantenhaus von Georgia, die wirklich für die Sache stehen und die Abgeordnetensitze dafür benutzen, die Bedürfnisse der Gemeinde, wie sie von der Gemeinde formuliert worden sind, zu erfüllen«, schrieb Cobb. Er war fasziniert von der Idee, die traditionellen politischen Formen für »Leute zu nutzen, deren Bedürfnisse von diesen Formen bisher und wahrscheinlich auch zukünftig nicht erfüllt wurden und werden.« Cobb kam zu dem Schluss, dass die Organisierung in Stadtgebieten nach demselben Muster möglich war wie in den ländlichen Regionen. »Was die Leute wirklich brauchen, das ist etwas, das sie greifen können, mit dem sie etwas aufbauen können; das sie ihr eigen nennen können.«[32]

Die erfolgreiche Kampagne von Bond inspirierte mehrere ältere SNCC-AktivistInnen, die in städtischen Regionen aufgewachsen waren, Mobilisierungskampagnen in anderen städtischen Gemeinden zu initiieren. Ivanhoe Donaldson verließ die Kampagne von Bond, um eine Kampagne in Columbus, Ohio, aufzubauen; Bill Hall ging nach Harlem; Marion Barry nach Washington, D. C. – innerhalb eines Jahres hatte das SNCC in Newark, Philadelphia, Chicago und Los Angeles Fuß gefasst.

Diese städtischen Projekte überstiegen die Kapazitäten des SNCC und erinnerten die OrganisatorInnen schmerzhaft an ihre mageren Ressourcen und den Mangel an langfristigen Programmen für die städtischen Problemlagen. Für einige Kader waren die Versuche, städtische Schwarze zu organisieren, eine Flucht vor der Verantwortung, die sie im ländlichen Süden übernommen hatten oder, was manche Städte in den Nordstaaten anbetraf, eine Flucht vor deren Fundraising-Verpflichtungen. Die meisten städtischen Projekte kamen 1965 kaum voran, obwohl Donaldson einigen Erfolg bei der Gründung eines »Gemeinschaftsfonds« in Columbus hatte, der kleine Zuschüsse an lokale Projekte vergab, die ein demokratisch gewähltes Gremium der Gemeinde ausgewählt hatte.

Als sie in Stadtgebieten zu arbeiten begonnen hatten, bekamen die SNCC-OrganisatorInnen den Eindruck, dass sie durch ihre Erfahrungen in ländlichen Regionen nicht auf die Probleme schwarzer städtischer BewohnerInnen vorbereitet waren, die differenzierter waren, was Klassenhintergrund, Bildungsgrad, institutionelle Verbindungen und politische Erfahrung anbetraf. Es gab zum Beispiel in der Stadt keinerlei schwarze Institution, die mit der Bedeutung der schwarzen Kirchen auf dem Lande verglichen werden konnte, welche im ländlichen Süden als verbindende Kraft große Teile der schwarzen Bevölkerung erreichen konnte. Die städtischen OrganisatorInnen waren dazu gezwungen, neue Thematiken zu entdecken, mit denen sie die Schwarzen mobilisieren konnten, weil viele von den Bürgerrechtsreformen des ländlichen Südens bei den städtischen Schwarzen bereits verwirklicht waren. Sie erkannten, dass die ärmsten Schichten der städtischen Schwarzen, die im Zentrum ihres Interesses waren, stärker entfremdet waren, sich auch stärker antisozial verhielten, und aggressiver waren als ihre Brüder und Schwestern im ländlichen Süden. Da es ihnen an scharf und eindeutig definierbaren Gegnern wie dem Südstaatenrassismus fehlte, machten sich die SNCC-AktivistInnen in den städtischen Gebieten an die schwierige Aufgabe, eine soziale Bewegung unter Schwarzen aufzubauen, die ein allgemeines Misstrauen und einen ungezielten Hass aufgestaut hatten. Den SNCC-AktivistInnen wurde schnell klar, dass ihre früheren Erfolge im ländlichen Süden zu einer Überschätzung ihrer Macht geführt hatten, die tief verwurzelten und flexibel reagierenden Institutionen herauszufordern, die für die sozialen Probleme der städtischen, industriellen Gesellschaft verantwortlich waren.

Die Versuche der SNCC-OrganisatorInnen, die Bandbreite ihrer Arbeit auszuweiten, demonstrierten sowohl ihren ungebremsten Enthusiasmus als auch ihre Grenzen als politische Kraft. Nach fünf Jahren seiner Existenz konnte das SNCC viel von seiner früheren Dynamik wiedergewinnen, aber programmatische Unklarheiten und organisatorisches Chaos führten zur Verschwendung der Ressourcen. Die Kader initiierten neue Projekte, während sie die alten Projekte nicht mehr beachteten. Sie brachen ihre Verbindungen zu früheren Verbündeten unter den Weißen ab, noch bevor sie die Unterstützung unter den Schwarzen in den Südstaaten konsolidiert hatten. Trotz des gestiegenen Einflusses, den die Hardliner beim Februartreffen der Hauptamtlichen im Jahre 1965 hatten, zögerten die SNCC-Mitglieder, die Zwänge institutioneller Funktionen und des politischen Pragmatismus zu akzeptieren. Sie erkannten, dass es jetzt ihr Ziel war, die liberale Macht herauszufordern anstatt diese Macht zu einem Einsatz auf ihrer Seite und zur Unterstützung der Schwarzen im Süden zu bewegen. Die führenden SNCC-AktivistInnen hofften, zukünftig die schwächenden Formen des Antiautoritarismus im SNCC zu vermeiden, ohne aber die einzigartige Tradition des individualistischen, rebellischen Aktivismus im SNCC ganz abzuschaffen.

Als Schwachstelle des SNCC führte James Forman im April 1965 an, die OrganisatorInnen seien lediglich daran interessiert, Menschen zu mobilisieren und sie zu bewegen, die Sache voranzutreiben. Aber Forman meinte, diese Herangehensweise sei Teil einer vergangenen Epoche der Bürgerrechtsbewegung in Georgia und Mississippi gewesen. Er glaubte, eine neue Phase der Kämpfe in den Südstaaten erfordere auch andere Fähigkeiten, dass aber die Kader des SNCC noch nicht damit begonnen hätten, die neuen Themen zu diskutieren, etwa den von der Johnson-Regierung ausgerufenen »Krieg gegen die Armut« oder die von ihm vorgeschlagene Wahlrechtsgesetzgebung.[33]

Formans Ausführungen wurden bei einem Treffen des Exekutivkomitees im April 1965 in Holly Springs, Mississippi, diskutiert. Dort versuchten die SNCC-AktivistInnen mit Leitungsaufgaben, verfallende Projekte durch stärkere Kontrollmaßnahmen über die Angestellten in den Griff zu bekommen. Sie waren sich darin einig, dass die Probleme gravierend waren, aber die Sprunghaftigkeit ihrer Kommentare spiegelte ihre Unsicherheit darüber wider, inwieweit sich das SNCC zu ändern habe, um weiterhin die Avantgarde des Kampfes der Schwarzen zu bleiben.

Als die Generalsekretärin des SNCC, Ruby Doris Robinson, das Treffen in Holly Springs mit der Klage eröffnete, einige Kader »sind nur Floater und machen keine Arbeit«, stimmten weitere Komiteemitglieder in die Kritik gegen diejenigen mit ein, die sie als unverantwortlich betrachteten. Von den zivilen Umgangsformen, die früher die Kritik von Mitgliedern begleiteten, war nichts mehr zu spüren. Die Mitglieder des Exekutivkomitees entschieden sich dafür, einschneidende Maßnahmen gegen die Floater anzuwenden. Ben Grinnage, Leiter des Projekts im Bundesstaat Arkansas, warnte sie mit den Worten: wenn das Komitee die Arbeit jeder/s Angestellten bewerten wolle, dann sei es wohl nötig, die meisten von ihnen rauszuschmeißen. Fay Bellamy aus Alabama fragte rhetorisch: »Seit wann gibt es die Möglichkeit, jemanden nur einzustellen, aber nicht rauszuschmeißen?« Bill Hansen fügte hinzu, die SNCC-AktivistInnen könnten »bleiben, wo immer und in welcher Stadt sie wollen, aber sie dürfen nicht darauf hoffen, dafür vom SNCC auch noch finanziert zu werden.« John Lewis stimmte zu und meinte, er sei »sehr stark dafür, dass die Leute sich am Riemen reißen oder uns verlassen.«[34] Auf diese Weise begann eine fast zwei Tage dauernde Evaluierungsrunde der rund einhundert hauptamtlich Angestellten, Person für Person. Ohne festgelegte Regeln für Supervision oder Verfahren, nach denen Arbeitsaufgaben und Verhalten der Beschäftigten bestimmt wurden, waren die Bewertungen oft willkürlich, widersprüchlich und manchmal gründeten sie nur auf der Reputation einer Person. Ein Komiteemitglied versuchte eine Diskussion über Donaldson mit der Erklärung zu beenden: »Wir alle wissen, dass Ivanhoe arbeitet, also gibt es keine Notwendigkeit für eine weitere Diskussion.«[35]

Ein guter Ruf schützte andere Kader keineswegs, besonders wenn sie mit den Floatern identifiziert wurden. Die Hardliner-AktivistInnen aus Alabama waren besonders verärgert über die Weigerung von Bob Moses und seiner Ehefrau, Dona Richards, nach ihrer Ankunft in Birmingham für den Projektleiter Silas Norman zu arbeiten. Obwohl Moses durch seine bisherigen Erfolge vor persönlicher Kritik geschützt war, bestand Norman darauf, dass er und Richards wie alle anderen OrganisatorInnen behandelt wurden. »Ich werde ihnen nicht nachlaufen; sie müssen mit mir Kontakt aufnehmen«, erklärte er. Die anderen stimmten zu. »Es sollte jemand rausfinden, was sie eigentlich tun«, schlug Ruby Doris Robinson vor. »Sie können nicht einfach sagen, ihre Arbeit habe mit dem SNCC nichts zu tun.« Auch Casey Hayden wurde auf eine ähnliche Weise dafür kritisiert, dass sie ihre Funktion in Mississippi ohne Erlaubnis aufgegeben hatte. »Einige wollen einfach tun, was sie wollen und gehen, wohin sie wollen«, kommentierte John Lewis. »Sie wollen mit ihrer persönlichen Freiheit experimentieren.« Ein Bewohner aus Mississippi, Lee Bankhead, verspottete alle OrganisatorInnen, die »von persönlicher Freiheit reden und davon, was sie tun wollen und was nicht. Wie können diese Chaosaktivisten in unseren Gemeinden arbeiten?«[36] Obwohl Lewis und Forman die Forderung nach größerer Disziplin teilten, wurden auch sie dafür kritisiert, dass sie an den Aktionen in Selma und Montgomery teilnahmen, lange Vortragsreisen in die Nordstaaten unternahmen und deshalb ihrer Arbeit in Atlanta nicht nachgehen konnten. Wie schon im Falle von Bob Moses war auch die Kritik gegen diese beiden SNCC-Vertreter ein Zeichen dafür, dass sich die Bande von Respekt und Freundschaft, die vormals aus dem SNCC »eine Bruderschaft, einen eingeschworenen Zirkel« gemacht hatten, lockerten.

Es wurden kaum Vorschläge gemacht, wie die Probleme gelöst werden konnten. Carmichael sprach auch für andere Kader, als er meinte, das Exekutivkomitee befasse sich »eher mit Symptomen als mit den Ursachen« und forderte, radikale Programme zu entwickeln, um das Interesse der AktivistInnen zu binden. Er bedauerte, dass die OrganisatorInnen noch immer auf Proteststrategien zurückgriffen, obwohl diese Taktik nicht länger angemessen sei. »Wenn uns die Leute fragen, wie sie ihre Straßen geteert kriegen, sagen wir ihnen: ›Protestiert vor dem Court House!‹«[37]

Auf einem Treffen der SNCC-Hauptamtlichen von Alabama, das kurz nach dem Treffen von Holly Springs stattfand, verteidigte Bob Moses die Maxime, dass die OrganisatorInnen bei sozialen Bewegungen vor Ort keine Führungsrolle ausüben sollten, und propagierte sogenannte *People's Conferences* (Volksversammlungen), aus denen die neuen Programme hervorgehen würden. In einem Flugblatt, das im April 1965 verteilt wurde, hieß es, diese Versammlungen sollten »aus verschiedenen Bundesstaaten Leute zusammenbringen, um die Erfahrungen in der Bewegung auszutauschen und Workshops über ihre Probleme abzuhalten.«[38] Bob Moses vertraute darauf, dass die örtlichen Bewegungen, wenn sie von äußerer Dominanz befreit würden und genug Zeit dazu hätten, sich zu entwickeln, ihre gemeinsamen Probleme erkennen und daraus schlussfolgern würden, dass sie eine Gesellschaft aufbauen müssten, in der alle an den Entscheidungsprozessen teilnehmen. Er glaubte nicht, dass ExpertInnen in diesem Prozess eine wichtige Rolle spielen sollten und meinte, die SNCC-AktivistInnen sollten ihre Ideen den lokalen BewohnerInnen nicht aufdrängen. »Die Organisatoren benennen bestimmte Probleme, die Leute entwickeln die Antworten«, sagte er den Kadern.

Einige von ihnen kritisierten beim Treffen in Alabama die Strategie von Bob Moses und forderten ein entschlosseneres Vorgehen der OrganisatorInnen bei der Arbeit mit der Bevölkerung, um die komplexen Probleme zu lösen. Carmichael behauptete, das SNCC brauche ein Programm, das über jenes, »nur mit den Leuten zu reden«, hinausgehe. Bill Hall machte deutlich, einige AktivistInnen seien frustriert darüber, dass es kein »strukturiertes Programm in Alabama« gebe. Silas Norman stimmte zu und ergänzte, er brauche solche Programme, um einen Maßstab für die Arbeitsbewertung der Angestellten zu haben.[39] Die Diskussionen beim Treffen in Alabama zeigten deutlich, dass viele Kader verärgert über die Tendenz anderer waren, die Bevorzugung örtlicher Führungspersonen mit einer allgemeinen Ablehnung jeglicher Autorität und jeglicher Institutionen gleichzusetzen. Sie glaubten, die Organisierungsstrategien des SNCC würden in Gegenden wie dem Lowndes County gute Ergebnisse zeitigen, wo die Schwarzen gerade damit anfingen, selbstbewußt ihre Rechte auszuüben. Aber in Mississippi sei es anders. Dort habe der Kampf der Schwarzen eine neue Phase erreicht, in der neue Wege der Institutionalisierung und SpezialistInnen nötig seien.

Einige AktivistInnen des SNCC, die darin übereinstimmten, dass das SNCC seine Techniken und Strukturen ändern sollte, hatten gleichwohl Schwierigkeiten dabei, selbst die neuen Rollen zu übernehmen. OrganisatorInnen in Mississippi, die früher eine besondere Rolle bei der Herausforderung des weißen Establishments in diesem Bundesstaat spielten, waren sich nun über ihre weitere Beteiligung an Institutionen wie der MFDP oder den Freiheitsschulen im unklaren. Die gesunkene Moral wurde deutlich, als sich die COFO-Hauptamtlichen auf einem Treffen im Mai 1965 durch Applaus selbst dazu beglückwünschen mussten, dass es ihnen gelungen war, sich auf die organisatorischen Aufgaben zu konzentrieren und nicht, wie bei früheren Treffen, »persönliche und Personalprobleme« zu wälzen. Doch trotz ihrer dreitägigen offenen und oft selbstkritischen Diskussion konnte das Treffen den Niedergang des COFO nicht abwenden.

Die Kader diskutierten auf dem Treffen, ob das COFO zu einer neuen Phase des Kampfes bereit sei. Johnnie Mae Walker behauptete, dem COFO sei es nicht gelungen, »diese Leute ohne Ausbildung zu organisieren – den Typen in der Billardhalle, der dort seinen Wein trinkt«. Sie führte die Diskussion zurück auf die schwelende Frage, ob weiße OrganisatorInnen die Entstehung örtlicher schwarzer Führungspersonen verhinderten. »Manche Dinge können nur von Schwarzen zu Schwarzen gesagt werden«, meinte ein Kader. Andere erinnerten sich an die grundverschiedene Situation innerhalb der Bürgerrechtsbewegung vor der Ankunft der weißen Freiwilligen. »Jetzt sitze ich da und verstehe nicht, was los ist«, sagte ein Hauptamtlicher. Die Kritik richtete sich nicht nur gegen die Weißen, sondern auch gegen Schwarze mit College-Ausbildung, deren akademische Fähigkeiten auf viele lokale AktivistInnen einschüchternd wirkten. »Obwohl ich die High School abgeschlossen habe, Junge, verstehe ich viele ihrer großspurigen Worte nicht«, beklagte sich ein Aktivist. Ein anderer stimmte zu: »Es sollte niemand zum Deppen erklärt werden, wenn er hierher kommt und etwas beitragen will.«[40]

Viele SNCC-Kader mit College-Ausbildung wollten zwar das Misstrauen örtlicher Schwarzer vermeiden, aber sie erkannten auch, dass ihre Tendenz, auf institutionalisierte Führungsrollen zu verzichten oder sie abzulehnen zur Krise der konkreten Projekte in Mississippi beigetragen hatte. Einige AktivistInnen machten im Jahre 1965 vorsichtige Schritte dahin, sich an von Schwarzen selbstverwalteten Institutionen zu beteiligen, während andere wiederum die AktivistInnen der MFDP aufforderten, ihre Prinzipien nicht aufzugeben und sie davor warnten, »die gleichen schlimmen Verhaltensweisen« wie die Leute im etablierten politischen System anzunehmen, während sie versuchen, es zu verändern.[41]

Jesse Morris initiierte die *Poor People's Corporation* (Arme Leute Aktiengesellschaft) und wurde ihr Generalsekretär. Durch diese Institution konnte er von Schwarzen selbstorganisierte Wirtschaftsprojekte mit finanziellen Hilfen ausstatten. Zwei weitere COFO-AktivistInnen mobilisierten schwarze FarmarbeiterInnen im Mississippi-Delta und organisierten sie in der *Mississippi Freedom Labor Union* (MFLU, Freiheitliche Arbeiter-Gewerkschaft Mississippis). Die MFLU forderte 1,25 Dollar Mindestlohn, freie Gesundheitsversorgung, soziale Sicherheit, eine Unfallversicherung sowie gleiche Löhne, Arbeitsmöglichkeiten und Arbeitsbedingungen für Schwarze. Mit diesem Programm zog die Gewerkschaft innerhalb weniger Monate über eintausend Mitglieder in mehreren Counties an. In dem sie die Fundraising-Kontakte des SNCC benutzte, überlebte sie einen fehlgeschlagenen Streik im Frühjahr 1965. Bis zum Herbst hatte sie ihre eigene Finanzbasis aufgebaut und war nicht länger vom SNCC abhängig.[42]

Die COFO-OrganisatorInnen bedauerten nicht, dass solche Institutionen unabhängig wurden, sondern sahen diese Entwicklung als unvermeidlich an. Sie waren stolz auf ihre Zurückhaltung, was die Übernahme institutioneller Funktionen anbetraf. Sie lachten über die professionellen ReformistInnen, die nur ihre Stunden abarbeiteten und sich den organisatorischen Zwängen beugten. »Eine gute Organisation bringt die Leute zusammen«, erklärte Dona Richards auf einem Treffen der AktivistInnen von Alabama, »eine schlechte macht alles ›sauber und fachgerecht‹.« Auch diejenigen, die die Notwendigkeit einsahen, innerhalb anderer Reformorganisationen zu arbeiten, hatten oft Schwierigkeiten, sich an ihre neuen Funktionen zu gewöhnen. Das zeigte sich zum Beispiel während des Jahres 1965 bei der *Mississippi Child Development Group* (MCDG, Mississippi-Gruppe für die Entwicklung des Kindes), einem von der Bundesregierung finanzierten Vorschulprogramm, bei dem COFO-AktivistInnen angestellt wurden. Das Programm war von Tom Levin entwickelt worden, einem New Yorker Psychologen, der in den Freiheitsschulen gearbeitet hatte.

Die Skepsis der AktivistInnen bei ihrer Beteiligung an diesem »Armutsprogramm« führte zu vielen Konflikten mit den führenden MCDG-Personen und kein/e AktivistIn – auch nicht Levin, der sie geholt hatte – blieb für mehr als einige Monate bei der Gruppe. Die verlangten Fähigkeiten, die es für die SNCC-AktivistInnen gleichzeitig schwierig und notwendig machten, solche institutionellen Rollen einzunehmen, wurden bei der Beurteilung des Aktivisten Frank Smith durch die MCDG-Mitglieder deutlich:[43] »Frank war ein sehr aufsässiger Aktivist. Er wollte mit niemandem zusammenarbeiten. Aber er konnte Hunderten von Menschen das Gefühl geben, sich als eine Macht zu empfinden. Er kritisierte die Erzieher in der Gruppe endlos. Aber ich habe noch nie verarmte Menschen gesehen, die so fieberhaft an Erziehung interessiert waren, wie diejenigen, die Frank dafür interessierte. Ich erkannte, dass es wichtigere Dinge gibt als geordnete Prozeduren und diszipliniertes Arbeiten.«

Die AktivistInnen des SNCC sollten besondere und bedeutende Fähigkeiten in die Reformbewegungen der späten sechziger Jahre einbringen, aber diese Fähigkeiten führten manchmal auch zu Spannungen, sogar zwischen dem SNCC und denjenigen Organisationen, die mit Hilfe des SNCC gegründet worden waren, vor allem der MFDP. Nicht zufällig wollten die eher pragmatisch orientierten OrganisatorInnen die Frustrationen der Arbeit im COFO hinter sich zu lassen und der MFDP oder anderen Institutionen beitreten. Im November 1965 löste das SNCC das COFO auf und ließ seinen OrganisatorInnen die Wahl zwischen der Arbeit im Rahmen der MFDP oder der Beteiligung an den wenigen übriggebliebenen SNCC-Projekten in diesem Bundesstaat, die effektiv arbeiteten. Das SNCC kam weiter für die Löhne derjenigen AktivistInnen auf, die für die MFDP arbeiteten und bot auch an, für Bürokosten in der MFDP-Zentrale Mittel bereit zu stellen. Aber in dieser logistischen Unterstützung drückte sich eher eine Hoffnung denn eine Erwartung aus.[44]

Die Probleme, die im COFO entstanden waren, übertrugen sich auf andere SNCC-Projekte, unter anderem auf sein Netzwerk für Fundraising. Das SNCC bekam keine bedeutsamen Geldbeträge aus Institutionen mehr, weder von Kirchen oder Gewerkschaften, noch von Stiftungen, wie es noch beim Sommerprojekt 1964 möglich gewesen war. Stattdessen hing die Finanzierung nun fast vollständig von Einzelbeiträgen ab, die während des Jahres 1965 zurückgingen, zum Teil wegen Problemen in den SNCC-Büros der Nordstaaten. Die einzig zählbare Unterstützung aus dem Norden kam vom Büro in New York und aus Regionen wie San Francisco, wo es starke Solidaritätsgruppen gab. Am Ende des Jahres 1965 war das SNCC gezwungen, ein kurzfristiges Darlehen von 10 000 Dollar aufzunehmen, um seine Projekte fortführen zu können.[45]

Der Rückgang der Einnahmen des SNCC war natürlich zum Teil eine Folge der Opposition der liberalen Kräfte gegen seine Aktivitäten, zum anderen Teil aber auch eine Konsequenz der Ineffektivität und Unverantwortlichkeit einiger Kader. Doch das waren keine unzusammenhängenden Faktoren. Obwohl das SNCC ein empfängliches Publikum außerhalb der Südstaaten für seinen spezifisch radikalen Aktivismus gefunden hatte, schlitterte die Organisation in die Krise, weil es ihr nicht gelang, feste – und das heißt institutionalisierte – Grundlagen der Unterstützung aufzubauen, sei es im Süden oder im Norden. Mit der Ausnahme des Lowndes County und von Atlanta, wo die OrganisatorInnen des SNCC dabei waren, neue Projekte zu starten, erlebten die anderen Projekte des SNCC im ländlichen Süden einen Niedergang, weil die Kader unfähig waren, ihren Wunsch nach Massenbeteiligung mit der Notwendigkeit zu vereinbaren, dauerhafte und machtvolle, von Schwarzen verwaltete Institutionen aufzubauen, die den Schwarzen konkrete Versorgungsleistungen bieten konnten. Die individualistischen Formen der Rebellion, die den Prozess des Aufbaus einer Unterstützungsbasis im Süden behinderten, entwickelten eine große Anziehungskraft außerhalb des Südens. Aber die Solidaritätsaktionen für das SNCC in den Nordstaaten wurden während des Jahres 1965 weitgehend durch die Bewegung gegen den Vietnamkrieg verdrängt. Die Treffen der hauptamtlichen MitarbeiterInnen im Frühjahr des Jahres 1965 zeigten, dass sich viele SNCC-AktivistInnen über das Problem des extremen Individualismus im klaren waren, aber sowohl sie wie auch die vielen jungen AktivistInnen, für die das SNCC ein Modell gewesen war, begannen erst, die vielen Auswirkungen dieses Problems zu erkennen.

Teil 2: Innenschau

Die Neue Linke

In den Augen seiner SympathisantInnen wie auch seiner KritikerInnen war das SNCC 1965 nicht einfach nur eine Bürgerrechtsgruppierung, sondern auch ein Teil der Neuen Linken: eine amorphe Sammlung junger AktivistInnen, die ideologische Alternativen zum bürgerlichen Liberalismus suchten. Einige BeobachterInnen führten den Radikalismus des SNCC auf die Präsenz weißer Linker innerhalb des Kampfes in den Südstaaten zurück. Richtiger wäre es jedoch umgekehrt, das SNCC als einen Fundus der Inspiration und der Erfahrung für die Neue Linke zu betrachten. So wie der unverwechselbare Stil eines unstrukturierten, rebellischen Aktivismus die traditionellen Anpassungsmechanismen der Schwarzen in den Südstaaten aufbrach, so unterminierte das SNCC auch die politische und kulturelle Konformität der weißen College-StudentInnen in den USA zur Zeit des Kalten Krieges. Das SNCC inspirierte die kleine Gruppe von AktivistInnen, welche die Bewegung gegen den Vietnamkrieg und die Studentenbewegung in der Mitte der sechziger Jahre initiierte. Obwohl es keine eigenständige Ideologie hatte, zogen die impliziten Grundlagen der Arbeit des SNCC AktivistInnen an, denen die Strategien der Alten Linken entweder nicht bekannt waren, oder die sich bereits von ihnen abgewandt hatten.

Das Beispiel des SNCC war besonders wichtig für die Students for a Democratic Society (SDS), deren Anwachsen zur größten Organisation der Neuen Linken mit der Entwicklung des SNCC parallel verlief. Zahlreiche SNCC-AktivistInnen – darunter Casey Hayden, Betty Garmen, Jim Monsonis, Bob Zellner und Maria Varela – spielten wichtige Rollen bei den SDS. Durch sie und andere SDS-Mitglieder wurden viele Werte und Organisationstechniken, die im Kampf in den Südstaaten entstanden waren, von den SDS aufgenommen und mit Ideen vermischt, die aus dem wachsenden Fundus der nicht-marxistischen radikalen Literatur stammten, darunter den Schriften von Albert Camus, Allen Ginsberg, C. Wright Mills und Paul Goodman. Auf ihrer Jahresversammlung von 1962 veröffentlichten die SDS-Delegierten die *Erklärung von Port Huron*, ein Manifest, in dem die Ursachen ihrer gesellschaftlichen Entfremdung beschrieben wurden und wo darauf hingewiesen wurde, dass sie der Kampf in den Südstaaten dazu »gezwungen« hatte, »vom Schweigen zum Handeln« überzugehen.[1] Im Jahre 1964 starteten die SDS ihr *Economic Research and Action Project* (ERAP, Projekt für Wirtschaftsforschung und Aktion), ein Versuch, viele Techniken des SNCC aus dem Kampf im Süden für die Probleme der Armen in den Großstädten des Nordens nutzbar zu machen.

Trotz wichtiger Differenzen gab es eine kurze Zeit, in der das SNCC und die mehrheitlich von Weißen dominierte Neue Linke ein gemeinsames radikales Vokabular und eine antiimperialistische Perspektive teilten. Obwohl der Radikalismus im SNCC aus verschiedenen kulturellen und ideologischen Quellen stammte, zeigten sich fast alle Kader des SNCC gewillt, das wichtigste Anliegen der Neuen Linken zu unterstützen: den Widerstand gegen das militärische Eingreifen der USA in den Vietnamkrieg. Nur langsam entwickelten die führenden Schwarzen, die das SNCC Mitte der sechziger Jahre dominierten, eine Perspektive, die für Weiße im SNCC keinen Platz mehr vorsah und den Traum der Neuen Linken von einer gemischten radikalen Bewegung von Schwarzen und Weißen bedrohte.

Das Treffen von Tom Hayden mit SNCC-AktivistInnen in Mc-Comb, Mississippi, im Jahr 1961 bildete die Grundlage für die folgenden Beziehungen zwischen dem SNCC und den SDS. Hayden zeigte sich beeindruckt und forderte die weißen AktivistInnen auf, die Veränderung unter den aktiven schwarzen StudentInnen wahrzunehmen: »In Zukunft sollte uns bewusst sein, dass sich die da unten im Süden geändert haben. Und wir sollten ihre revolutionäre Sprache sprechen, ohne uns darüber lustig zu machen. Denn sie ist weder ein Lippenbekenntnis, noch der Egotrip einer aufstrebenden Klasse unter den Schwarzen.« Hayden forderte die Radikalen in den Nordstaaten dazu auf, den Kampf im Süden ohne Zögern zu unterstützen. »Es gibt keinen Grund zu der Befürchtung, die Bürgerrechtsbewegung sei rückständig«, schrieb er als offensichtliche Antwort auf die Zurückhaltung einiger Linksradikaler aus den Nordstaaten, sich auf eine Bewegung einzulassen, die den massenhaften zivilen Ungehorsam stärker betonte als die intellektuelle Analyse. Er fügte hinzu, dass die Bürgerrechtsbewegung in den Südstaaten »sich zu jener Revolution gewandelt hat, auf die wir gehofft haben, und wir haben noch nicht einmal etwas zu diesem Wandel beigetragen.« Die schwarzen StudentInnen seien »uns meilenweit voraus, sie schauen auf uns zurück, und sie lachen in sich hinein im vollen Wissen um die Bedeutungslosigkeit der Liberalen! (...) Im ländlichen Süden, in den ›ausgewählten Regionen der Integration‹, in den Städten werden sie aus ihrem tiefsten Innern nach der Gerechtigkeit rufen. Wir sollten besser dort sein.«[2]

Tom Hayden verband seine Begeisterung für den revolutionären Elan des SNCC mit dem Glauben, dass alle AktivistInnen die Grenzen der Bürgerrechtsreformen überwinden und sich in einer Bewegung für eine umfassende soziale Veränderung wiederfinden werden. Kurz nach seinem Aufenthalt in McComb entwarf Hayden mit anderen die Erklärung der SDS von Port Huron, die sich mit dem Kampf im Süden solidarisierte und ihn zum neuen politischen Schwerpunkt der eigenen Arbeit erklärte, wobei angemerkt wurde, »die moralische Eindeutigkeit der Bürgerrechtsbewegung« sei nicht immer »von klaren politischen Zielvorstellungen begleitet gewesen, manchmal nicht einmal von wirklichem politischen Bewusstsein.«

Die Erklärung war für weiße StudentInnen aus der Mittelklasse geschrieben, nicht für die schwarzen Armen im Süden. Trotzdem regte sie die zukünftige intellektuelle Entwicklung an, der sowohl das SNCC wie auch die SDS folgen sollten. Die Erklärung nahm einige Leitlinien des SNCC auf und forderte als soziales System »eine Demokratie der Mitbestimmung des einzelnen, die von zwei Prinzipien bestimmt ist: Der einzelne soll an den sozialen Entscheidungen teilhaben, welche seine Lebensweise und seinen Lebensgang festlegen; und die Gesellschaft soll so eingerichtet werden, dass sie die Selbständigkeit der Menschen fördert und die Medien für allgemeine Mitbestimmung bereitstellt.«[3]

Nach der Gründung des ERAP Anfang 1964 intensivierten führende AktivistInnen des SDS ihre Anstrengungen, die Verbindungen zum SNCC zu stärken. Sie förderten den Wandel in der Schwerpunktsetzung innerhalb des SNCC von Bürgerrechtsthemen zu wirtschaftlichen Belangen. Die SDS-FunktionärInnen waren besonders an den Organisationsversuchen des SNCC in Gemeinden der Weißen interessiert und nahmen Kontakt zu Sam Shirah und anderen zukünftigen Mitgliedern des SSOC auf. Die SDS sandten Literatur an die SNCC-Projekte im ländlichen Süden und versuchten darüber hinaus, aus den Freiwilligen des Sommerprojektes von Mississippi 1964 AktivistInnen für das ERAP anzuwerben. Bereits Ende 1964 schlug der Vorsitzende des ERAP, Rennie Davis, den Austausch von Personal unter Projekten des SNCC und den SDS vor. Und Todd Gitlin vom *Peace Research and Education Project* (Projekt für Friedensforschung und Friedenserziehung) der SDS bat das SNCC um Beteiligung an einem Sit-In gegen US-amerikanische Investitionen in Südafrika.[4]

Die Öffnung der SDS hin zum SNCC mündete nicht in gemeinsamen Kampagnen. Die Beziehungen zwischen den beiden Organisationen wurden während einer Phase freundschaftlich, in der sich beide Gruppen zunehmend von früheren Bündnispartnern isolierten. Bei den ersten ERAP-Unternehmungen in den Armengebieten der nördlichen Großstädte vollzog sich ein Bewusstseinswandel, der demjenigen innerhalb des SNCC ähnelte. Die OrganisatorInnen der SDS waren zumeist Weiße mit College-Ausbildung. Ihr selbstkritisches Bewusstsein über ihre Privilegien als Weiße förderte Einstellungen, die denen ähnelten, die in der »Freiheitsfraktion« des SNCC zu finden waren. Darum idealisierten einige SDS-Mitglieder die Verhaltensweisen der armen und ungebildeten Schwarzen und wollten keine institutionalisierten Führungsrollen einnehmen, die normalerweise Personen aus wohlhabenden Schichten oder AkademikerInnen zufielen. Wie die AktionistInnen im SNCC halfen auch die OrganisatorInnen der SDS, die Führungsfähigkeiten der örtlichen BewohnerInnen zu fördern, aber manchmal ging ihre anti-autoritäre Orientierung ins Extrem. In einem Bericht über ein ERAP-Treffen Anfang 1965 wird beschrieben, wie OrganisatorInnen vom SNCC, die das Treffen besuchten, »vom ERAP mit dem Bild eines Organisators beeindruckt wurden, der niemals organisierte; der also durch seine bloße Anwesenheit das mystische Medium darstellte, durch das sich die ›Bevölkerung‹ spontan äußerte.« Im Bericht wurde hinzugefügt, dass das »Treffen die AktivistInnen am Ende der Verwirrung überließ: einem Glauben, dass es der Geist ist, der entscheidet; einem Glauben, es gebe eine unsichtbare Hand, die alle erlöst, wenn Aufrichtigkeit herrscht.«[5]

Zum Zeitpunkt jenes Treffens galten einige Field Secretaries des SNCC als eine Art Rollenmodell für viele SDS-OrganisatorInnen, die zudem ihre eigenen Vorurteile und Organisationstechniken in Frage stellten. Den Radikalen aus den Nordstaaten, die enge Verbindungen zum SNCC hielten, wurde nur allmählich klar, dass das SNCC selbst über zentrale Fragen gespalten war. Deshalb behielten viele sympathisierende BeobachterInnen eine Sicht auf das SNCC, die dessen permanent sich wandelnder Realität nur teilweise gerecht wurde.

Der Bewegungshistoriker Staughton Lynd sprach von der »faszinierenden intellektuellen Grundlage« im SNCC gegen Ende 1964. Lynd hatte Freiheitsschulen in Mississippi geleitet und war sowohl mit dem SNCC als auch den SDS eng verbunden. Er war einer der vielen weißen UnterstützerInnen des Kampfes in den Südstaaten, die Angst hatten, dass die internen Debatten des SNCC zu einer Orientierung gegen die Mitarbeit von Weißen führten, wenn sich die Kader dem Gefühl hingeben würden, »dass eine so grundsätzlich von Vorurteilen beherrschte Gesellschaft wie die unsere niemals eine bleibende Atmosphäre der Gleichheit herstellen kann.« Trotzdem schlug Lynd dem SNCC vor, seine »Mystifizierung der Aktion« abzulegen, welche die Versuche, Pläne für die Zukunft zu erstellen, unterbrochen und das SNCC davon abgehalten habe, »mit jenen Gruppen Kontakt aufzunehmen, die Bündnispartner in einer breiter angelegten Bewegung sein könnten.«

Diejenige Form des Radikalismus, die Lynd und andere weiße Radikale vom SNCC beispielhaft verwirklicht sahen, deutete ein Essay an, den Lynd als Antwort auf Bayard Rustin schrieb, nachdem dieser die parlamentarische Politik als neue Richtung der Bürgerrechtsbewegung vorgeschlagen hatte. Lynd verwarf »die sozialdemokratische Vision, mehr und mehr radikale Gesetzgeber wählen zu wollen, bis die Macht friedvoll zur Linken übergeht.« Er schlug stattdessen ein »Szenario« vor, das auf Bob Moses zurückgeht und in welchem die Schwarzen im Nashoba County, Mississippi, nur noch die Autorität ihres eigenen »Freiheits-Sheriffs« anerkannten, und nicht mehr diejenige des weißen Sheriffs, der für die Morde an den drei Bürgerrechtlern im Jahre 1964 verantwortlich war. Moses fragte sich: »Was wäre, wenn der Freiheits-Sheriff eine Freiheits-Geschworenen-Jury einsetzen und Sheriff Rainey wegen Mordes anklagen würde?« Für Lynd bewiesen diese Ideen, dass die Revolution nicht ein »monolithischer, einzigartiger Akt« war, sondern im Gegenteil als »Entscheidung von Individuen beginnt, ›Nein‹ zu sagen und den ersten Schritt zu machen.« Lynd verband das Szenario von Bob Moses mit einem Plan, der von Tom Hayden vorgeschlagen wurde, welcher einen neuen »kontinentalen Kongress« einberufen wollte für alle Bevölkerungsgruppen, die sich von der bestehenden nationalen Regierung nicht repräsentiert fühlten.[6]

Wie viele andere AktivistInnen, die sich während der frühen

sechziger Jahre radikalisierten, glaubte Staughton Lynd, dass grundsätzliche soziale Veränderungen durch die sich zuspitzende Herausforderung der bestehenden Autoritäten erreicht werden konnten, die vom SNCC begonnen wurde. Die mutigen schwarzen SNCC-AktivistInnen inspirierten die weißen AktivistInnen, die anfingen, nicht nur die politische Orthodoxie des Kalten Krieges, sondern auch die kulturellen Voraussetzungen der weißen Mittelklassegesellschaft in den USA zu hinterfragen. Der Journalist Jack Newfield behauptete, dass innerhalb der Neuen Linken »SNCC« das eine Wort war, welches »vor allen anderen die Magie ausstrahlte, die blinde Gefolgschaft und epische Mythen hervorrief.« Er zitierte Carl Oglesby, einen führenden SDS-Aktivisten, der als Ziel des SNCC die Ausschaltung all dessen benannte, was der Liebe im Weg stand: »jene Ungleichheit, die mit der Ungerechtigkeit einhergeht, um blankes Leid hervorzubringen und Misstrauen zu verbreiten. Armut. Rassismus. Die homogenisierenden Fließbandunis dieser Pepsi-Generation. Die wuchernde Sucht nach Reichtum. Und die Ideologie des Antikommunismus ebenfalls, weil sie meine Neugier erstickt und meine Leidenschaft korrumpiert.«[7]

Für viele junge Radikale, die sich an die bestehenden US-amerikanischen Werte nicht anpassen wollten, schien das SNCC einen Ausweg aus ihrer Unzufriedenheit zu bieten, ohne dabei ihren Individualismus aufgeben zu müssen. Nur wenige SympathisantInnen waren sich der Probleme bewusst, die durch den Unwillen im SNCC entstanden, die notwendige Disziplin und Struktur zu akzeptieren. Hinzu kam, dass die SympathisantInnen nicht mehr wahrnahmen, dass der Erfolg des SNCC in den frühen sechziger Jahren zum Teil der Drohung einer Intervention der Bundesregierung gegen ein geschwächtes politisches System in den Südstaaten geschuldet war.

Die mit dem SNCC sympathisierende Organisationschronik, die Howard Zinn 1964 geschrieben hatte und deren Neuauflage bereits im Jahre 1965 erschien, trug zur Popularisierung dieses romantischen Bildes vom SNCC bei. Zinn bezeichnete als wichtigste Qualität des SNCC, dass es, »ohne anmaßendes Märtyrertum den betrügerischen Schein eines verzerrten Wohlstands ablehnte. Es geht zudem darum, sich einen lange verschütteten emotionalen Zugang zum Leben wiederanzueignen, der über Politik und Ökonomie hinausgeht, um die Hindernisse aus dem Weg zu räumen, die die Menschen davon abhalten, zueinander Kontakt aufzunehmen.« In einer lobenden Rezension von Zinns Buch behauptete der führende SDS-Aktivist Tom Hayden, die Quelle des »unverwechselbaren Charakters« des SNCC sei »dessen Ursprung in der Erfahrung unterdrückter Schwarzer.« Die schwarzen SNCC-OrganisatorInnen erhielten ihre Stärke von den Schwarzen in den Südstaaten, die weit außerhalb »der städtischen industriellen Gesellschaft« lebten und die es gelernt hätten, das Leid auszuhalten. »Die Würde, Einsicht und das Vorbild des Schwarzen vom Lande demonstriert den Studenten, dass sie auf der Grundlage eines Lügengespinstes aufgewachsen sind«, schrieb Hayden. »Diese Bewegung wurzelt in Regionen, die auf tragische Weise den Makel der amerikanischen Moral und ihrer Versprechen bezeugen.«[8]

Dieser Blick weißer AktivistInnen auf das SNCC war manchmal von einer romantischen Sicht auf die Schwarzen getrübt, aber er beschleunigte wirksam die Entwicklung der Neuen Linken. Der führende SDS-Aktivist Norm Fruchter sprach in der damals üblichen Art und Weise in einem Essay über das SNCC, den er direkt nach einem einwöchigen Aufenthalt bei SNCC-Kadern in Mississippi geschrieben hatte: »Die wichtigste Grundsatzthese des SNCC ist die, dass ein Individuum erst frei genannt werden kann, wenn es all die Entscheidungen, die sein Leben betreffen, wirksam kontrollieren und ausführen kann.« Fruchter blieb von den organisatorischen Problemen innerhalb des SNCC unberührt. Das SNCC mag, so Fruchter, in manchen Bereichen Fehlschläge erlitten haben, aber seinen wichtigsten Zweck habe es erfüllt, nämlich »die Frage zu provozieren, ob all die Organisationen, die auf bürokratischen Grundlagen innerhalb der Mehrheitsgesellschaft aufgebaut sind, überhaupt der menschlichen Freiheit gedient haben.« Norm Fruchter legte nahe, das SNCC daran zu messen, »wie viele Menschen auf lokaler Ebene es erreicht hat, welche Art von Beziehungen es innerhalb der örtlichen Organisationen aufgebaut hat, und welche neuen Formen und Institutionen die lokale Bevölkerung geschaffen hat, um ihre Bedürfnisse zu erfüllen.«[9]

Norm Fruchter war Mitglied der Redaktionsgruppe einer Zeitschrift der Neuen Linken, *Studies on the Left*, in der die Bürgerrechte als die Kardinalfrage innerhalb der US-amerikanischen Politik behandelt wurden. Der Gruppe gehörten auch Tom Hayden und Alan Cheuse an. Sie argumentierten, dass Bürgerrechtsorganisationen wie das SNCC neue radikale Bündnispartner brauchten, die »feste Führungspositionen« strukturell abgeschafft hätten, denn Führungspersonen »entwickeln unvermeidlich ein Interesse, nur die Organisation (oder gar ihre eigene Position) zu sichern und verlieren dabei den Kontakt zu den unmittelbaren Bedürfnissen der Massen.« Sie warfen den Radikalen vor, »bis heute die Beziehungen und Formen nicht erkannt zu haben, die die Individuen frei machen, als Radikale zu denken und zu handeln, und eine Bewegung aufzubauen, in welcher ›jede Person eine Führungsperson‹ ist.«

Die Identifikation mit den anti-autoritären Werten des SNCC trennte die Neue Linke von den älteren Linken innerhalb dieser Zeitschrift, die behaupteten, der Radikalismus des SNCC sei nur im Bündnis mit den gemäßigten Bürgerrechtsgruppen wirksam gewesen und es sei ihm nicht gelungen, eine eigenständige Massenbasis aufzubauen. In ähnlichem Sinne argumentierte Victor Rabinowitz, dessen Tochter eine ehemalige Organisatorin des SNCC war, dass Fruchter nur einen der widersprüchlichen Trends im SNCC beschreibe, während er jene Aspekte ignoriere, die das SNCC näher an traditionalistische linke Gruppen rückten. Rabinowitz behauptete, das SNCC habe auf seinem Treffen der Hauptamtlichen vom Februar 1965 eine bürokratische Struktur beschlossen, indem es ein Sekretariat gegründet habe, welches politische Entscheidungen fälle und »orthodoxe politische Forderungen« stelle.[10]

Obwohl sie die Konfliktlinien innerhalb des SNCC oftmals nicht wahrnahmen, kamen die jungen Linksradikalen einem Verständnis des spezifischen Charakters des SNCC näher als ihre älteren GenossInnen. Als die Neue Linke intensivere anti-autoritäre Tendenzen entwickelte, gewann sie zunehmend Abstand zum traditionellen Marxismus. Die SDS tendierten ab 1965 zur Unstrukturiertheit, weil ihre bundesweit bekannten Führungspersonen entweder nicht mehr fähig oder nicht mehr willens waren, Organisationspolitik zu machen. Die SDS kappten ihre Verbindung zu ihrer gemäßigten Mutterorganisation, der *League for Industrial Democracy* (LID, Liga für Industrielle Demokratie), als sie sich dafür entschieden, die Zugangsbeschränkungen für KommunistInnen aufzuheben. Ironischerweise wurde die League damals von Tom Kahn geleitet, einem ehemaligen Mitglied der Nonviolent Action Group (NAG). Bis Ende des Jahres 1965 hatten sich die SDS von den meisten traditionellen linken Gruppen auf ähnliche Weise isoliert, wie sich das SNCC von der traditionellen Bürgerrechtsbewegung entfernt hatte.

Die Komplexität und die Ironien des Verhältnisses des SNCC zu den linksradikalen Weißen spiegelten sich in der überregionalen Presse des Jahres 1965 nicht wider. Zeitungen, die ehemals freundlich über das SNCC berichteten, kommentierten nun seine radikale Wendung. Sie konzentrierten sich dabei auf die linksradikale Orientierung in der Rhetorik und ignorierten weitgehend das in Wirklichkeit stärkere Element des schwarzen Separatismus, welches das SNCC zu dominieren begann.

Wie die SympathisantInnen der Neuen Linken im SNCC das sahen, was sie eben sehen wollten, so schrieben auch die feindlich gesinnten BeobachterInnen sehr subjektiv über die Verbindungen des SNCC zu den subversiven Ideen der Alten oder Neuen Linken. Diese Diffamierungen ignorierten die Tatsache, dass es sich bei den öffentlich bekannten Neuen Linken, die zugleich SNCC-Mitglieder waren, zumeist um Weiße oder Schwarze aus den Nordstaaten handelte, die weder in SNCC-Projekten noch sonst als Hauptamtliche wirklich aktiv gewesen waren. Die zunehmenden Angriffe gegen das SNCC führten jedoch dort zu keinerlei Säuberungsaktionen, und obwohl im Laufe des Jahres 1965 einige Versuche gemacht wurden, nicht autorisierte öffentliche Erklärungen von Angestellten zu vermeiden, so festigte das SNCC doch seine bewährte, gegen den Ausschluß von KommunistInnen gerichtete Linie.

Das SNCC war weiterhin bereit, Hilfe von all jenen anzunehmen, die »ihre ganze Existenz einbringen«, aber die Kontrolle der Organisation blieb in den Händen derjenigen Schwarzen, deren politische Positionen von ihren Erfahrungen im Kampf in den Südstaaten bestimmt wurden, und nicht von den revolutionären Doktrinen früherer Bewegungen. Das SNCC war zu sehr dezentralisiert und zu unstrukturiert, um von einer auswärtigen Gruppe dominiert werden zu können. Sein Radikalismus wurde jedoch für das weitverbreitete Vorurteil von US-AmerikanerInnen instrumentalisiert, nach welchem Reformgruppierungen, die KommunistInnen nicht ausschlossen, unweigerlich von diesen kontrolliert werden. Obwohl die Weißen in den Südstaaten dem SNCC oft vorgeworfen hatten, es sei eine subversive Organisation, waren solche Vorwürfe keine ernsthafte Bedrohung für die OrganisatorInnen des SNCC, bis ab 1965 dieselben Vorwürfe von Liberalen aus dem Norden kamen, die nun in die Litanei einstimmten, sie als Rote zu brandmarken.

Die Kader des SNCC hatten Angst, sie würden nun aufgefordert, vor den Kongress-Komitees wie dem HUAC aussagen zu müssen, inwieweit die KommunistInnen die Bürgerrechtsbewegung beeinflussten. Es war dem SNCC klar, dass Hearings vor dem Kongress die informellen Verbindungen zur Linken ans Licht zerren und dadurch die Unterstützung durch die Liberalen weiter schwächen würden. Im Februar 1965 sorgte Senator James Eastland aus Mississippi, ein langjähriger Kritiker des SNCC, für zusätzlichen Sprengstoff, als er viele MFDP-UnterstützerInnen, darunter SNCC-Hauptamtliche, der Subversion beschuldigte.

Eastland sagte im einzelnen aus, dass sich Bob Moses der Wehrpflicht als Kriegsdienstverweigerer entzogen hatte; dass James Forman in die Affäre um Robert Williams im Jahre 1961 verwickelt gewesen sei; dass Jack Minnis, Forschungsleiter im SNCC, in einer

Rede das FBI scharf kritisiert habe; und dass Joni Rabinowitz, ehemalige Aktivistin in Südwest-Georgia, die Tochter des Eigentümers einer Anwaltskanzlei sei, welche die kubanische Regierung vertreten habe.[11]

Eastlands Versuch, das SNCC durch Anspielungen auf Verbindungen zu anderen Organisationen zu diffamieren, hätte kaum erfolgreich sein können, wenn nicht zur gleichen Zeit die liberale Unterstützung für das SNCC im Kongress durch einen Gegenschlag der Weißen aus den Nordstaaten gegen die Radikalität der Schwarzen geschwächt worden wäre. Die Reden von James Forman waren weithin bekannt und die Beteiligung anderer SNCC-OrganisatorInnen bei einem Sit-In vor dem Weißen Haus während der Demonstrationen von Selma und Montgomery brachten viele UnterstützerInnen dazu, das SNCC als eine Bürde der Bürgerrechtsbewegung zu betrachten. Die Kritik des SNCC an der Wahlrechtsgesetzgebung und seine Unterstützung der unabhängigen politischen Bewegung im Lowndes County führte zu einem weiteren Rückzug der liberalen UnterstützerInnen. James Forman und John Lewis trafen sich weiterhin mit den führenden Persönlichkeiten der anderen Bürgerrechtsorganisationen, aber die Beziehungen des SNCC zur NAACP und zur SCLC wurden durch das rasche Tempo der Radikalisierung des SNCC immer schwieriger.

Tatsächlich wurde das SNCC radikaler, aber viele KritikerInnen führten diesen Wandel irrtümlicherweise auf ihre Politik der offenen Bündnisse zurück. Das Magazin *Newsweek* verteidigte andere Bürgerrechtsorganisationen offen gegen die Vorwürfe kommunistischer Unterwanderung, schrieb aber, dass »dieser Sorge im Falle des SNCC weniger leicht zu begegnen« sei. Die Herausgeber von *Newsweek* nannten führende SNCC-AktivistInnen »romantisch, idealistisch, vielleicht auf gefährliche Weise unschuldig«, und gaben zu, dass die AktivistInnen des SNCC »offen feindselig auf orthodoxen Marxismus-Leninismus reagieren, oder besser: auf jede organisierte Ideologie«, und dass sie stattdessen »eine jazzige, freie Form des Individualismus« bevorzugten. Trotzdem warnten sie: »Ihr idealistischer Enthusiasmus kann nicht darüber hinwegtäuschen, dass die trübe Geschichte des Kommunismus die guten Motive oft genug in ihr Gegenteil verkehrt hat – und das spricht gegen sie. Immer wieder mussten liberale Bewegungen in der Geschichte die Kommunisten entweder ausschließen oder die bitteren Konsequenzen tragen.«[12]

Diese sich selbst erfüllende Prophezeiung wurde von zwei alten Feinden des SNCC begierig aufgegriffen und wiederholt: den Kolumnisten Rowland Evans und Robert Novak, deren Angriffe auf den SNCC oftmals im *Congressional Record* wiederabgedruckt wurden. Im März 1965 beschuldigten Evans und Novak das SNCC offen, es sei »grundlegend von linksradikalen Beatnik-Revolutionären infiltriert, sowie – und das ist das Schlimmste – von Kommunisten.« Sie führten keinen Beleg für diese Beschuldigung an und bezogen sich lediglich auf die Kritik des SNCC an den gemäßigten Führungspersonen der Bürgerrechtsbewegung. Später versuchten sie, ihre Angriffe dadurch zu untermauern, dass sie auf die Unterstützung des SNCC durch die National Lawyers Guild (NLG) hinwiesen, und dass die linksradikale Publikation *National Guardian* zur »Standardausrüstung in den Snick-Büros« gehöre; dass die SNCC-Gründerin Ella Baker als Bindeglied zwischen dem SNCC und dem SCEF fungiere, und dass Reginald Robinson vom SNCC im letzten Jahr am Weltjugendforum in Moskau teilgenommen habe. Sie schlossen aus alldem, dass obwohl »nur eine sehr kleine Fraktion der Snick-Aktivisten kommunistische Verbindungen hat«, selbst diese kleine Fraktion »sehr einflussreich sein kann.« John Lewis, so meinten sie, »scheint kein Kommunist zu sein. Aber er wiederholt den Fehler so vieler Liberaler aus früheren Zeiten, die glaubten, sie könnten die Kommunisten benutzen, anstatt von ihnen benutzt zu werden.« Evans und Novak forderten den Ausschluss »der Ultra-Linken« aus dem SNCC, und bis dahin solle »es zum Besten der Rechte der Schwarzen isoliert werden.«[13]

John Lewis reagierte auf diese und ähnliche Vorwürfe, indem er erklärte, die Diffamierungen seien »Teil einer Verschwörung, um die Arbeit des SNCC innerhalb der Bürgerrechtsbewegung zu diskreditieren.« Er gestand ein, dass im SNCC KommunistInnen mit-machten, aber er bestand darauf, dass die Organisation nach wie vor »jeden willkommen heißt, der ins Mississippi-Delta oder den Black Belt geht, um dort für die Freiheit zu arbeiten.« Während ei-nige Hauptamtliche die traditionelle Politik der Offenheit im SNCC verteidigten, glaubten sie, das SNCC wäre durch solche Angriffe we-niger gefährdet, wenn es weniger undisziplinierte Kader gebe. Sie meinten, das SNCC solle nicht KommunistInnen ausschließen, aber zu praktischen Einschätzungen über negative Auswirkungen jeder einzelnen eingestellten Person kommen. Die öffentlichen Erklärun-gen von Lewis über die Politik der Offenheit standen im Kontrast zu seiner Stellungnahme auf dem Treffen des Exekutivkomitees im April 1965: »Manchmal sind wir zu offen, wenn wir bedenken, wer dann alles bei uns mitmacht.« Auf diesem Treffen forderte das Exe-kutivkomitee mehr Zurückhaltung bei öffentlichen Erklärungen. Der Aktivist Jimmy Garrett wurde zum Beispiel dafür kritisiert, dass er einem *Newsweek*-Reporter mitgeteilt habe, das SNCC sei dabei, KommunistInnen »zu unterwandern: Wir sind revolutionärer als die Kommunisten.« Garrett bestand zwar darauf, er sei falsch zitiert worden, aber seine Angeberei kam wohl der Wirklichkeit näher als die Vorwürfe, das SNCC sei von KommunistInnen domi-niert.[14]

Informierte BeobachterInnen, die das SNCC noch immer ver-teidigten, hatten unterschiedliche Meinungen über seinen Radika-lismus, aber sie bestanden darauf, dass er kaum etwas mit tradi-tionellen linken Doktrinen zu tun habe. »Das SNCC ist Teil eines ›neuen Radikalismus‹ oder der ›studentischen Linken‹. Und es ist Mario Savio (dem Begründer des Free Speech Movement an der Uni-versität von Berkeley, California, d. Ü.) näher verwandt als Marx«, schrieb Andrew Kopkind in der *New Republic*. Der Herausgeber von *Ebony*, Lerone Bennett, Jr., charakterisierte den SNCC als »kraft-voll und fähig, den Lack abzuschleifen; und wahrhaft revolutionär (in einem gewaltfreien Sinne)«, und zudem »eine Organisation, die gegen die Organisation revoltiert, es ist eine formlose Form.« Er schloss daraus, das »SNCC ist weder heute noch war es früher eine unamerikanische Organisation. Lediglich die Weigerung, seine Aktiven einen Eid auf die Verfassung schwören zu lassen, hat seinen Kritikern eine Waffe in die Hand gelegt, die sie mit zunehmender Wirksamkeit gebrauchen.« Der Historiker C. Vann Woodward identifizierte das SNCC mit der »spontaneistischen Linken«, die AktivistInnen umfasse, deren Herzen »in Mississippi oder Harlem sind, nicht in Moskau oder Peking, aber die oft eine tiefgreifende Entfremdung von der amerikanischen Gesellschaft ausdrücken und sich weigern, mit Gruppen aus kirchlichen Kreisen, liberalen Kreisen oder der Arbeiterbewegung zusammenzuarbeiten. Sie lehnen die bekannten Führungspersonen der Bürgerrechtsbewegung ab und verzweifeln an den bestehenden Institutionen.« Obwohl der liberale Journalist Pat Watters darauf hoffte, dass das SNCC seinen dogmatischen »Anti-Anti-Kommunismus« ablegen werde, applaudierte er einer Entwicklung hin zu einer »Neudefinition dessen, was in der amerikanischen Linken respektabel genannt werden kann – wobei das SNCC und die studentischen Radikalen die Maßstäbe setzen, über sie hinweggehen und Amerika dazu zwingen, zu seinen intellektuellen Freiheiten von vor McCarthy zurückzukehren.«[15]

Diese Verteidigungen wogen die negative öffentliche Stimmung nicht auf, die aus den radikalen Aktivitäten des SNCC entstand. In einer Gallup-Umfrage aus dem November 1965 glaubten 48 Prozent der befragten US-AmerikanerInnen, dass es »einen starken«, 27 Prozent, dass es »einen begrenzten« kommunistischen Einfluss innerhalb der Bürgerrechtsbewegung gebe.[16] Die Tatsache, dass die öffentliche Aufmerksamkeit in den USA des Jahres 1965 immer mehr auf den Krieg gegen die KommunistInnen in Vietnam gerichtet war, förderte solche Ansichten. Gruppierungen, die eine soziale Veränderung erreichen wollten, kamen nicht umhin, öffentlich zum Krieg Stellung zu nehmen. Ironischerweise überdeckte diese Thematik den sich öffnenden Graben zwischen den Radikalen der Neuen Linken und den schwarzen SNCC-AktivistInnen.

Die meisten AktivistInnen des SNCC waren von dem Moment

an GegnerInnen der US-Intervention in Vietnam, als sie von ihr erfuhren. Die pazifistische Strömung war im SNCC noch immer existent, damit verbunden war das allgemeine Misstrauen der SNCC-AktivistInnen gegenüber den Motiven der Bundesregierung und ihre Sympathie mit den Kämpfen der Dritten Welt gegen die Herrschaft der Weißen. Das alles zusammen machte die Opposition unvermeidlich. Zudem verweigerten die männlichen SNCC-Kader den Kriegsdienst, weil die Organisation andernfalls vom Verlust eines Großteils seines männlichen Personals bedroht war. Die SNCC-Kader kamen nicht in den Genuss von Zurückstellungen, wie es für College-Studenten üblich war, und von den Rekrutierungsbehörden konnten sie kaum Sympathie erwarten, denn die meisten dieser Ämter waren in den Südstaaten. Die überwältigende Mehrheit der SNCC-OrganisatorInnen drückte daher aus unterschiedlichen Gründen ihre standfeste Ablehnung des nationalen liberalen Establishments durch eine Antikriegsposition aus, welche unzweideutig ihr Bekenntnis zu radikalen Ideen deutlich machte.

Während jedoch die Antikriegsposition des SNCC über jeden Zweifel erhaben war, wurden öffentliche Erklärungen nur nach ausführlichen Diskussionen abgegeben, was auf die Unausgereiftheit der ideologischen Entwicklung des SNCC hinwies. Einige Kader wollten sich gerne selbst an der Antikriegsbewegung beteiligen. Diejenigen, die an Gemeindeprojekten der Schwarzen in den Südstaaten beteiligt waren, näherten sich dem Thema jedoch mit Vorsicht, weil sie den Bezug der Antikriegsaktivitäten zu ihren Organisationsanstrengungen nicht sahen. Die Schwierigkeit des SNCC lag nicht in ihrer Kriegsgegnerschaft begründet, sondern im Versuch, eine Position zu finden, die zugleich zur Einigung der AktivistInnen beitrug und auch für die armen Schwarzen unmittelbar einsichtig war.

Vor 1965 hatten verschiedene führende AktivistInnen des SNCC, darunter James Forman und Bob Moses, das US-amerikanische Eingreifen in Vietnam öffentlich kritisiert, zu einer Zeit, als die US-Bundesregierung nicht gewillt war, zur Unterstützung der BürgerrechtlerInnen in den Südstaaten einzugreifen. Diese Kritiken waren kein Bestandteil der Politik des SNCC, sondern sie waren nur eine weitere Demonstration des Willens vieler SNCC-AktivistInnen, ihre Meinung zu äußern, unabhängig von den dabei entstehenden Konsequenzen. Die SNCC-Kader betrachteten den Krieg als eine neuerliche Form der Heuchelei der führenden Liberalen der Nation, die ihre Unterstützung für die Demokratie in den Südstaaten proklamiert hatten, aber weiter undemokratische Praktiken im Süden tolerierten. Bis 1965, so erinnerte sich James Forman, hatten er und die meisten AktivistInnen des SNCC »den Krieg nicht als irrelevant betrachtet, aber doch als weit weg.«[17]

Der Krieg rückte näher, als die USA 1965 mehr und mehr menschliche und materielle Ressourcen in die Schlacht warfen. Zu Beginn des Frühjahrs begann die Antikriegsbewegung, als eine kleine Gruppe aus der Neuen Linken ein Teach-In an der Universität von Michigan organisierte, gefolgt von weiteren Teach-Ins und Protesten im ganzen Land. Als die SDS für den 17. April 1965 in Washington, D.C., einen Tag des Protests gegen den Krieg ausriefen, entschied das Exekutivkomitee des SNCC ohne lange Diskussion und einstimmig, den Aufruf zu unterstützen. Bob Moses war einer der Redner der Kundgebung am 17. April 1965 vor dem Washington-Denkmal, an der zwischen 15 000 und 25 000 Menschen teilnahmen – die erste große Demonstration gegen den Vietnamkrieg.

Bob Moses blieb in der entstehenden Antikriegsbewegung aktiv und verband seine Kriegsgegnerschaft beständig mit seinen Erfahrungen im Kampf in den Südstaaten. Er hielt eine Ansprache bei einem Teach-In auf dem Campus von Berkeley und sagte, er spreche hier »als ein Mitglied der Dritten Welt.« Er erinnerte an die unterschiedlichen öffentlichen Reaktionen auf die Morde an Jimmy Jackson und an Reverend James Reeb und meinte, wenn die ZuhörerInnen den Grund für diesen Unterschied zu verstehen lernten, könnten sie auch »anfangen, dieses Land in seiner Beziehung zu Vietnam und zur Dritten Welt, dem Kongo und zu Santo Domingo zu verstehen.« Er erzählte von seiner Reaktion auf ein Zeitungsfoto, das die Gefangennahme eines feindlichen Soldaten durch einen US-Marineinfanteristen zeigte – »ein kleiner farbiger Junge gegen einen Stacheldrahtzaun gedreht mit einem großen weißen Marineinfanteristen hinter ihm, der ihm sein Gewehr in den Rücken drückt« – und sagte seinen ZuhörerInnen, wenn sie erkennen würden, dass ein Teil der Dritten Welt in den USA sei, dann würden sie auch die Bedeutung des Kampfes in den Südstaaten erkennen. »Der Süden muss für uns ein Spiegel sein, nicht ein Blitzableiter. Ihr müsst vom Süden lernen, wenn ihr die Politik dieses Landes in Bezug auf Vietnam verändern wollt.« Er verglich Vietnam mit den Städten im Süden, wo die Mörder von BürgerrechtlerInnen und Schwarzen nicht für ihre Verbrechen verurteilt würden. »Ihr könnt daraus lernen, wie es ist, wenn sich ein Mob zusammenfindet und Mordtaten gemeinsam plant und ausführt und diese Leute dann frei davonkommen. Und wenn ihr daraus was lernt, dann lernt ihr etwas über dieses Land und wie es anderswo in der Welt Mordtaten plant und ausführt.«[18]

Auch wenn die Rede von Bob Moses in Berkeley die allgemeine Gefühlslage unter den Schwarzen im SNCC ausdrückte, beteiligte er sich stärker an den Antikriegsaktivitäten als die meisten anderen schwarzen Hauptamtlichen. In einer Zeit, in der sich die SNCC-Mitglieder darin einig waren, dass ihre Energien auf die Organisierung der schwarzen Gemeinschaft konzentriert werden sollten, betonte Moses die Notwendigkeit, die Ziele des Kampfes der Schwarzen zu erweitern. Obwohl er für seine Abwesenheit eine Auszeit vom SNCC nahm, um der Kritik der Hardliner zu entgehen, die über die Zersplitterung der Kader verärgert waren, verteidigte Bob Moses seine Aktivitäten und forderte, dass die Bürgerrechtsgruppen »das Recht ihrer Leute wahren müssen, als Individuen zu handeln.« Er trat ebenfalls dem Argument entgegen, dass die BürgerrechtlerInnen nicht die bisherigen Erfolge dadurch auf's Spiel setzen sollten, dass sie sich an der Antikriegsbewegung beteiligen. »Mit Sicherheit ist eines der Grundrechte, für das wir kämpften, das Recht, ganz am Leben dieses Landes teilzuhaben. Und wenn wir nun daran teilhaben – das heißt, wenn wir uns an den großen Diskussionen, die in diesem Land geführt werden, beteiligen – dann können wir nicht dieses

Recht der Teilhabe in Frage stellen. Sonst können wir uns gleich fragen, ob dieses Recht überhaupt existiert.«[19]

Die Aktivitäten von Bob Moses in Washington führten zu weiteren Kritiken und zur Forderung nach einer Untersuchung des SNCC durch den Kongress. Obwohl nur wenige SNCC-OrganisatorInnen Bob Moses bei seinem Versuch unterstützten, eine »Versammlung nicht-repräsentierter Bevölkerungsgruppen« zustande zu bringen, behauptete der Abgeordnete Joe Waggoner aus Louisiana, das »von Kommunisten gestützte« SNCC plane »die Besetzung« der Abgeordnetenkammer im August. Er behauptete zudem, das SNCC sei ein »Mob«, bei dem keine StudentInnen mitmachten, sondern »nur radikale, von Kommunisten infiltrierte Banden von Agitatoren«, die »für Gewalt eintreten, um die Parteivorgaben zu erfüllen.« Evans und Novak berichteten Unheil verkündend, dass Moses zwar kein Angestellter des SNCC mehr sei, aber das Washingtoner Büro des SNCC als Basis seiner Operationen benutze. »Sie sind unglücklich, weil die Bürgerrechtsbewegung im Süden in Scherben liegt«, behaupteten sie, »und darum wird Lyndon Johnsons Außenpolitik zum Hauptangriffspunkt für Bob Moses und seine Bürgerrechtsaktivisten.«[20] In der Tat gab es unter den zweihundert Festgenommenen der wichtigsten Demonstration in diesem Sommer, derjenigen vom 9. August 1965, nur eine Handvoll von BürgerrechtsaktivistInnen aus dem Süden.

Für die SNCC-OrganisatorInnen war die wichtigste Aktivität, die für den Sommer 1965 geplant war, die Unterstützung des Versuchs der MFDP, die Sitze der Kongress-Delegation des Bundesstaates Mississippi zu gewinnen. Obwohl diese Aktivität weniger kontrovers war als die Antikriegsproteste, hatte diese Herausforderung eine vergleichbar geringe Erfolgschance. Es ist interessant, dass die liberale Unterstützung für diese Wahlherausforderung durch die Veröffentlichung eines Rundschreibens der MFDP von Ende Juli in Verruf gebracht wurde, in welchem ein Antikriegstext, der in McComb zirkulierte, abgedruckt worden war. In dem Flugblatt, geschrieben anlässlich des Todes eines Einwohners von McComb, der sich 1961 an den Demonstrationen des SNCC beteiligt hatte und nun in Vietnam gefallen war, wurde argumentiert, die Schwarzen aus Mississippi sollten nicht »in Vietnam für die Freiheit des weißen Mannes kämpfen, solange nicht alle Schwarzen in Mississippi frei sind.« Die AutorInnen des Flugblatts fügten hinzu, dass »niemand das Recht hat, uns aufzufordern, unser Leben zu riskieren und andere farbige Menschen in Santo Domingo und Vietnam umzubringen, damit die weißen Amerikaner noch reicher werden können. Wir würden von allen farbigen Völkern auf der Welt als Verräter angesehen, wenn wir Schwarzen ohne Grund weiter kämpfen und sterben.« Obwohl sich führende MFDP-AktivistInnen schnell von dem Flugblatt distanzierten, stärkte es die Opposition gegen die neuerliche Herausforderung (der Demokratischen Partei, d. Ü.) bei den anstehenden Wahlen zum Kongress und der Versuch wurde im September 1965 niedergestimmt.[21]

Das SNCC unternahm keinen Versuch mehr, das landesweite Bündnis von Bürgerrechtsgruppen wieder zu beleben, das die Erfolge der ersten Hälfte der sechziger Jahre möglich gemacht hatte. Trotzdem erkannten die OrganisatorInnen, dass sie noch keineswegs alternative Machtstrukturen in den Gemeinden der Schwarzen aufgebaut hatten. Darum vermieden sie es, die übriggebliebenen Verbindungen zwischen ihnen und ihren früheren Bündnispartnern zu kappen. Die VertreterInnen des SNCC nahmen weiterhin an den Treffen des *Council on United Civil Rights Leadership* (CUCRL, Rat für die gemeinsame Führung der Bürgerrechtsgruppen) teil und erhofften sich einen Anteil an den rückläufigen Spenden, die von dieser Dachorganisation verteilt wurden. Obwohl der Graben zwischen dem SNCC und den beiden gemäßigten Bürgerrechtsorganisationen, der Urban League (UL) und der NAACP, unüberbrückbar war, blieben die Beziehungen zum CORE durch die Radikalisierung des SNCC weitgehend unbeschädigt und die Beziehungen zur SCLC verbesserten sich sogar, nachdem sie während der Demonstrationen von Alabama in den ersten Monaten des Jahres 1965 einen Tiefpunkt durchschritten hatten.

Der CORE war dabei, eine ähnliche ideologische Transformation durchzumachen wie das SNCC. Zwar wird der CORE seltener mit der Neuen Linken identifiziert als das SNCC, aber viele linksradikale Weiße waren in seinen Reihen aktiv und er hatte seine Unterstützungsbasis in denselben Universitäten der Nordstaaten wie die SDS. Die führenden Mitglieder des CORE waren älter als diejenigen im SNCC, aber die aktivsten Ortsgruppen standen unter dem Einfluss von AktivistInnen, die durch ihre Erfahrungen in den Protestbewegungen des Nordens und vereinzelten Beteiligungen an den Kämpfen im Süden radikalisiert worden waren. Auf der Jahreskonferenz des CORE im Juli 1965 hatten die Führungspersonen kaum Einwände gegen einen Antrag, der dazu aufforderte, die Organisation auf den Widerstand gegen den Vietnamkrieg auszurichten. Hinzu kam, dass die Organisation Projekte in städtischen Schwarzen-»Ghettos« initiiert hatte und daher, wie das SNCC, einem Trend hin zum schwarzen Separatismus ausgesetzt war. Die schwarzen OrganisatorInnen des CORE in den Südstaaten befürworteten wie ihre KampfgefährtInnen im SNCC ebenfalls eine Graswurzelstrategie bei der Förderung von AktivistInnen vor Ort.[22]

Auch die SCLC erlebte einen Prozess der Radikalisierung, wenn er auch weniger offensichtlich war als beim SNCC oder CORE. Der Kreis von AktivistInnen um Martin Luther King, Jr., bestand sowohl aus Radikalen wie James Bevel, die in den Kämpfen des Südens seit den frühen sechziger Jahren aktiv waren, und eher vorsichtigeren Führungspersonen wie etwa Andrew Young. Die Unzufriedenheit des SNCC gegenüber Martin Luther King legte sich etwas, als beim SNCC die Organisierung von Protestaktionen, die immer wieder zu einer Art Konkurrenz mit King und seinen Kadern führte, eine weniger wichtige Rolle zu spielen begann. Als sich der Schwerpunkt der Aktivitäten des SNCC hin zur politischen Organisierung verlagerte, konnte der SNCC von der Fähigkeit Kings zur Massenmobilisierung eher profitieren: Die SNCC-Kader in Alabama arbeiteten zum Beispiel gut mit einer großen Gruppe von Freiwilligen aus dem Norden zusammen, die von der SCLC 1965 für ihr *Summer*

Community Organization and Political Education Project (SCOPE, Sommerprojekt für Gemeindeorganisierung und politische Erziehung) mobilisiert hatte. Hinzu kam, dass in einer Zeit, in der die AktivistInnen des SNCC über die Risiken öffentlicher Stellungnahmen gegen den Vietnamkrieg debattierten, die gelegentlichen Antikriegserklärungen von King dessen Ansehen unter den SNCC-Mitgliedern stärkte, während sie gleichzeitig Kritik in den Reihen der SCLC hervorriefen.[23]

Von allen Bürgerrechtsgruppen war das SNCC diejenige Strömung, die am wenigsten gewillt war, den Ton seiner Kritik im Interesse der politischen Zweckmäßigkeit zurückzunehmen, aber die Langsamkeit, mit der sich die Antikriegsposition auch im SNCC durchsetzte, weist daraufhin, dass führende AktivistInnen des SNCC den völligen Bruch mit der US-Bundesregierung vermeiden wollten. Im Herbst 1965 arbeiteten John Lewis und Marion Barry an der Vorbereitung einer Bürgerrechtskonferenz des Weißen Hauses mit, die für Juni 1966 geplant war. Sie wollten dafür einstehen, dass den schwarzen Armen und den Community Organizers eine bedeutsame Rolle auf der Konferenz garantiert werde. Nur kurze Zeit später jedoch wurde der noch nicht vollzogene öffentliche Bruch mit der Johnson-Regierung aufgrund des Krieges Anlass für die Verärgerung einiger OrganisatorInnen. Julian Bond erinnerte sich, dass es die SNCC-AktivistInnen leid wurden, sich immer »ausdrücklich von ihrer eigenen Organisation loszusagen«, wenn sie sich gegen den Krieg aussprachen. Howard Zinn schrieb, das SNCC könne keine Unterstützung von der schnell wachsenden Antikriegsbewegung erwarten, wenn es sich nicht deutlich zum Krieg positionierte. Zweifellos riskierte des SNCC als Ergebnis einer Antikriegserklärung einen großen finanziellen Verlust, der nicht wieder aufgefangen werden konnte, aber Zinns Warnung war ein Appell an die moralischen Grundlagen des SNCC und beeinflusste wahrscheinlich einige unentschiedene Kader. Zinn fragte, was die Mitglieder des SNCC wohl denken würden, wenn Mitglieder von Friedensorganisationen keine klare Position zur Situation in Mississippi äußerten, weil sie nicht zu Themen Stellung nehmen wollten, die nicht ihr zentrales Anliegen sind. »Ich glaube, die Leute aus der Bewegung würden verärgert reagieren, und sie hätten Recht. Sie würden fragen: ›Geht uns nicht das Leid *aller* Menschen an?‹«[24]

Dona Richards antwortete auf Zinn, dass eine öffentliche Erklärung gegen den Krieg zu noch mehr Diffamierung des SNCC als »Sammelbecken von Roten« und zu einem weiteren Rückgang seiner Fähigkeit, Gelder einzutreiben, führen werde. Sie schrieb, das SNCC habe die Möglichkeit, eine bedeutsame politische Kraft der Schwarzen aufzubauen, aber die linksradikale Opposition gegen den Krieg habe »keinerlei Einfluss auf die politischen Entscheidungen in Vietnam, und selbst der Beistand aller Bürgerrechtsgruppen kann daran nichts ändern. Während wir viel über Vietnam und Bürgerrechte reden, können wir doch nichts tun, um die Situation in Vietnam zu verändern, aber wir können uns selbst Hindernisse in den Weg legen, wenn wir das versuchen.«[25]

Beim Treffen der Hauptamtlichen im November 1965 gab es viel Zustimmung für Richards und den anfänglichen Wunsch, das Thema Vietnam solle nicht diskutiert werden. Am letzten Tag des Treffens wurde es dann doch auf die Tagesordnung gesetzt und diskutiert. Einige OrganisatorInnen lehnten den Krieg aus moralischen Gründen ab, aber die Mehrheit machte deutlich, dass ihre Opposition zum Krieg nicht vor dem Hintergrund eines Bekenntnisses zur Gewaltfreiheit zu sehen war. Ein Kader sagte, er sei bereit, in den USA auf der Seite des »Viet-Cong« zu kämpfen. Viele meinten, dass das SNCC das Militär angreifen solle, weil dieser Aspekt des Krieges in unmittelbarer Verbindung zu den schwarzen Menschen in den Südstaaten und zur Lebenssituation der OrganisatorInnen des SNCC stehe. Nach langer Diskussion entschieden die AktivistInnen, dass trotz unterschiedlicher Begründungen der Kriegsgegnerschaft das Exekutivkomitee autorisiert werde, eine Antikriegserklärung zu veröffentlichen, welche für alle Fraktionen akzeptabel sein sollte.[26]

Bis zum 3. Januar 1966 kamen die Vorbereitungen für diese Erklärung kaum voran. An diesem Tag wurde jedoch ein Schwarzer ermordet, was für führende AktivistInnen des SNCC Anlass war, ihre Position öffentlich klarzustellen. Sammy Younge, ein schwarzer Student aus dem Tuskegee Institute, der dem SNCC während der Demonstrationen in Montgomery im vorangehenden Frühjahr beigetreten war, wurde erschossen, als er versuchte, den Wartesaal für Weiße an einer Tankstelle in Tuskegee zu benutzen. Am Tag seiner Ermordung war Sammy Younge von einem Einschreibungsbeamten im Court House von Macon County mit dem Messer bedroht worden, als er vierzig Schwarze zur Einschreibung in die Wahllisten mitbrachte.[27] Der Mord an dem 27-jährigen ehemaligen Marinesoldaten, der bei SNCC-Projekten in Mississippi und Alabama gearbeitet hatte, symbolisierte für die OrganisatorInnen den Rassismus und die Heuchelei, welche die gesamte Nation durchzog.

Drei Tage nach dem Tod von Younge erklärte des Exekutivkomitee des SNCC, es habe »das Recht und die Verantwortung, die Außenpolitik der Vereinigten Staaten in jedem Punkt zu kritisieren.« Es beschuldigte »die Regierung der Vereinigten Staaten des Betruges angesichts ihrer Behauptung, für die Freiheit des vietnamesischen Volkes einzutreten. Und es war auch ein Betrug, wenn sie behauptete, für die Freiheit farbiger Völker in Ländern wie der Dominikanischen Republik, des Kongo, Südafrikas, Rhodesiens und in den Vereinigten Staaten selbst einzutreten.« In der Erklärung des SNCC wurde der Mord an Younge mit dem Mord an VietnamesInnen verglichen: »Younge wurde ermordet, weil die Gesetze der Vereinigten Staaten nicht umgesetzt werden und Vietnamesen werden ermordet, weil die Vereinigten Staaten mit ihrer aggressiven Politik das internationale Recht verletzen. Die Vereinigten Staaten respektieren weder Personen noch das Recht, wenn diese Personen oder das Recht gegen ihre Wünsche und Interessen auftreten.« Die führenden SNCC-AktivistInnen prangerten die Heuchelei der regierungsoffiziellen Behauptung an, »die Freiheit in der Welt zu schützen«, und erklärten ihre Sympathie und ihre Solidarität mit den Kriegsdienstverweigerern:[28] »Wir glauben, dass die Arbeit in der Bürgerrechtsbewegung und anderen Menschenrechtsorganisationen eine gültige Alternative zum Kriegsdienst ist. Wir fordern alle Amerikaner auf, sich für diese Alternative zu entscheiden – und wissen dabei sehr gut, dass sie diese Entscheidung ihr Leben kosten kann, genau wie in Vietnam.«

Die Erklärung des SNCC löste eine Welle der Kritik aus und entfernte die Organisation so weit wie noch nie von der Johnson-Regierung und vom Mainstream der Bürgerrechtsbewegung. Regierungsvertreter reagierten darauf, indem sie gemäßigte schwarze Führungspersonen dazu drängten, sich von der Erklärung des SNCC zu distanzieren. Der Berater Johnsons, Louis Martin, sprach mit dem NAACP-Vorsitzenden Roy Wilkins über die SNCC-Erklärung und gleich darauf verurteilte Wilkins das SNCC in seiner Kolumne, die in mehreren überregionalen Zeitungen erschien. Ein weiterer Regierungsberater, Clifford Alexander, gab dem Präsidenten den privaten Ratschlag zu folgendem Vorgehen: »Lassen Sie die sechs schwarzen Kongress-Abgeordneten eine Erklärung verfassen, in der sie die von ganzem Herzen kommende Unterstützung der schwarzen Bevölkerung für unsere Aktion in Vietnam zum Ausdruck bringen.« Alexander deutete an, die größte Sorge bereite ihm die Antwort von Martin Luther King und er informierte den Präsidenten darüber, dass er mit Kings Berater, Andrew Young, sprechen werde, »um ihm gegenüber die Bedeutung der SNCC-Erklärung klarzumachen und die insgesamt negativen Auswirkungen dieser Erklärung auf die gesamte Bürgerrechtsbewegung.«[29]

Die meisten führenden Personen aus den anderen Bürgerrechtsgruppen brauchten nur wenig Druck, um ihre Versuche, das SNCC zu isolieren, zu verstärken. Nachdem er im Januar 1966 mit Wilkins und Clarence Mitchell von der NAACP, sowie mit Whitney Young von der Urban League (UL) zusammengetroffen war, erklärte Vizepräsident Humphrey, alle drei hätten sich beklagt, dass die Regierung »alle Vertreter der Bürgerrechtsgruppen mit einer Art großzügiger Gleichheit behandle.« Die führenden Schwarzen hätten sich, so Humphrey, darüber verwundert gezeigt, dass das SNCC und John Lewis gleich behandelt werden, und das trotz der Tatsache, dass das

SNCC »die heftigsten Angriffe auf den Präsidenten und die Regierung durchführt.«[30]

Martin Luther King hatte seine persönliche Haltung gegen den Krieg bereits öffentlich erklärt und wiederholte sie anlässlich der neuerlichen Kritik des SNCC nicht noch einmal. Er beteiligte sich nicht an der öffentlichen Diskussion um die Erklärung des SNCC, obgleich er im darauf folgenden Sommer eine Entscheidung des SCLC-Kongresses unterstützte, eine kritische Erklärung zum Krieg zu veröffentlichen. Allerdings verteidigte King Julian Bond, nachdem diesem führenden Aktivisten des SNCC verweigert wurde, sein Mandat im Parlament des Bundesstaates Georgia wahrzunehmen, weil er die Antikriegshaltung des SNCC unterstützte.[31]

Bond hatte nach seiner Kampagne im Jahre 1965 vom SNCC eine Auszeit genommen und war am Zustandekommen der SNCC-Erklärung nicht beteiligt, aber bei seiner stark pazifistischen Tendenz war garantiert, dass er die Erklärung unterstützte. Als Bond am 10. Januar 1965 im Parlamentsgebäude von Georgia erschien, um seinen Amtseid abzulegen, waren bereits in den meisten Tageszeitungen von Georgia Denunziationen gegen ihn erschienen. In der *Atlanta Constitution* war ein Brief von Lillian Smith abgedruckt – einer weißen Autorin aus den Südstaaten, die das SNCC früher einmal unterstützt und sogar auf Treffen gesprochen hatte –, in dem behauptet wurde, das SNCC sei jetzt von KommunistInnen beherrscht. Sie schrieb, »Bond (dessen Eltern wunderbare Menschen sind, eine der feinsten Schwarzenfamilien in Georgia) ist, so befürchte ich, hin- und hergerissen.«[32] Das Schicksal von Bond war besiegelt, noch bevor er darum gebeten wurde, abseits zu bleiben, während die anderen Abgeordneten ihren Eid schwörten.

Julian Bonds langer Kampf um sein Parlamentsmandat beanspruchte ihn die meiste Zeit des Jahres, aber als er schließlich seine Klage beim Obersten Gerichtshof der USA gewonnen hatte, war er kein Mitglied des SNCC mehr. Das SNCC wiederum veränderte sich im Jahre 1966 auf dramatische Weise, zum Teil aufgrund eines neuen Projekts, das in Bonds Distrikt in Atlanta begonnen wurde, nachdem er vom Parlament ausgeschlossen worden war. Obwohl Julian Bond und andere OrganisatorInnen des SNCC aufgrund ihrer Antikriegsaktivitäten in der Öffentlichkeit weiter mit der Neuen Linken in Verbindung gebracht wurden, entwickelten die Radikalen im SNCC ihre eigene umstrittene und lange nachwirkende Kritik der US-amerikanischen Gesellschaft. Während die linksradikalen Weißen versuchten, den politischen Konsens des Kalten Krieges zu unterminieren, der die Grundlage für die US-amerikanische Intervention in Vietnam bildete, gingen die SNCC-AktivistInnen die noch grundsätzlichere Aufgabe an, die kulturellen Grundlagen der rassistischen Haltung der Weißen und des Gefühls der Minderwertigkeit und Machtlosigkeit unter den Schwarzen in Frage zu stellen.

Schwarzer Separatismus

Die Kader des SNCC waren zwar gegen das Eingreifen der US-Armee in den Vietnamkrieg und stimmten generell mit der Kritik der Neuen Linken am US-amerikanischen Liberalismus überein, aber viele verloren den Glauben an den Traum der Neuen Linken von einer gemischten Bewegung der Unterprivilegierten, unabhängig von ihrer Hautfarbe. Die AktivistInnen des SNCC glaubten, es sei nicht nur ihre Aufgabe, den Aktionismus der Schwarzen voranzutreiben, sondern auch von Schwarzen verwaltete Institutionen aufzubauen, um soziale Erfolge zu stabilisieren. Deshalb legten die AktivistInnen mehr und mehr diejenigen Strategien ab, die entweder auf die Hilfe der Bundesregierung oder der entstehenden Neuen Linken bauten. Eine Strömung im SNCC begann, den schwarzen Separatismus als ein Ideal anzusehen, welches das Bewusstsein der schwarzen Bevölkerung wecken und eine neue Phase des Kampfes einläuten werde.

Die Mitglieder des neu begonnenen SNCC-Projekts in Atlanta propagierten den schwarzen Separatismus mit bisher noch nie dagewesener Intensität. Im Gegensatz zu den AktivistInnen des SNCC in Lowndes County, Alabama, die im Allgemeinen explizit auf die Hautfarbe bezogene Aufrufe vermieden, benutzten die Kader des Atlanta-Projekts den schwarzen Separatismus als Grundlage bei ihren Aufrufen an Schwarze. Trotz ihrer begrenzten Erfolge als Community Organizer initiierten die SeparatistInnen von Atlanta einen grundlegenden Wandel im Führungspersonal und in der Politik des SNCC, indem sie den bisher zurückgehaltenen Meinungen vieler OrganisatorInnen eine Stimme gaben.

Obwohl sie mit der Vergangenheit des SNCC brechen wollten, erhielten die SeparatistInnen aus Atlanta einige Aspekte des spezifischen Radikalismus aufrecht, der in den frühen sechziger Jahren geboren wurde. Wie die meisten frühen SNCC-AktivistInnen glaubten sie, dass der Aktionismus nicht durch Erwägungen politischer Zweckmäßigkeit begrenzt werden dürfe. So kam es, dass ihre Betonung eines als Ideal angesehenen »Schwarz-Seins« besonders innerhalb des SNCC zur Grundlage eines individualistischen Radikalismus wurde und mit der in der Geschichte des SNCC immer wieder bedeutsamen Maxime verbunden wurde, dass das kompromisslose Engagement für die eigenen Ideale den grundsätzlichen sozialen Wandel bringen werde. Sie demonstrierten auf ähnlich deutliche Weise wie diejenigen, die einst als »Floater« bezeichnet wurden, dass sie dazu bereit waren, politische Effizienz zugunsten ihrer Ideale zu opfern. Und sie nahmen zudem eine Tendenz zum ideologischen Dogmatismus vorweg, der typisch für die letzten Jahre des SNCC werden sollte.

Die Hauptamtlichen, die im Frühling 1966 das SNCC prägten, teilten viele Meinungen der SeparatistInnen aus Atlanta, aber sie waren nicht darauf vorbereitet, eine geschlossene separatistische Ideologie zu übernehmen. Die meisten neuen Führungspersonen des SNCC blieben wie ihre VorgängerInnen eklektisch und bewegten sich langsam vorwärts tastend auf ihrem Weg über den Rahmen der Bürgerrechtsstrategien hinaus. Aber ihre endgültige Abkehr vom liberalen Mainstream markierte die kontroverseste Phase in der Geschichte des SNCC.

Die Schwarzen in den Südstaaten waren mehr und mehr stolz auf ihre Anstrengungen, die Richtung ihrer lokalen Bewegungen selbst zu bestimmen, auch wenn sie noch auswärtige Hilfe annahmen. Nach 1964 wurde dieser Stolz noch stärker, als sie begannen, die neu erkämpften Bürgerrechte auszuüben und mehr Vertrauen in ihre Fähigkeiten zu entwickeln. Die AktivistInnen des SNCC nahmen die Zunahme des schwarzen Selbstbewusstseins wahr, aber sie konnten das Potential dieser Identitätspolitik und des Stolzes der Schwarzen auf ihre Hautfarbe noch nicht richtig einschätzen. Die Hauptamtlichen des Atlanta-Projekts machten sich zuerst daran, die Beziehungen zwischen den Prinzipien des schwarzen Separatismus und des Kampfes der Schwarzen in den Südstaaten zu analysieren. Indem sie Ideen von Malcolm X und aus dem Buch von Frantz Fanon, *The Wretched of the Earth* (Die Verdammten dieser Erde) aufgriffen, analysierten sie die bisherigen Fehler der Bürgerrechtsbewegung und schlugen vor, was die SNCC-AktivistInnen zu tun hätten, um die Projekte in den Gemeinden der Schwarzen wieder zu beleben und zu verbreitern. Ihr übersteigertes Selbstbewusstsein basierte eher auf dem Gefühl, nicht korrumpierbar zu sein, denn auf politischen Erfolgen, aber es beeinflusste diejenigen OrganisatorInnen, die auf der Suche nach einer kohärenten Weltanschauung in einer sich rasch verändernden Welt waren.

Die SeparatistInnen aus Atlanta zögerten nicht damit, viele der bewährten Ideen des SNCC zurückzuweisen. Die meisten von ihnen waren dem SNCC erst beigetreten, als es sich vom Protest gegen die Segregation abgewandt und den Organisationsversuchen auf der Grundlage politischer und ökonomischer Ziele zugewandt hatte. Deshalb waren sie weniger als die älteren SNCC-AktivistInnen aus der frühen Zeit mit den christlichen und gandhianischen Ideen des gewaltfreien Kampfes in Kontakt gekommen, und sie hatten auch weniger engen Kontakt zu weißen AktivistInnen. Ungefähr die Hälfte der Hauptamtlichen im Atlanta-Projekt kam aus den Nordstaaten; bevor sie dem SNCC beitraten, waren viele von ihnen in städtischen Gruppen des schwarzen Nationalismus aktiv gewesen, etwa in der Nation of Islam (NOI). Die meisten hatten das College besucht und waren im Allgemeinen intellektueller als die schwarzen AktivistInnen im SNCC, die aus den Südstaaten kamen. Vielleicht war es gerade die Tatsache, dass sie mit den frühen Jahren des SNCC nichts zu tun hatten, die es den SeparatistInnen aus Atlanta relativ

schnell ermöglichte, die bisher prägenden Personen im SNCC selbstbewusst herauszufordern. Die Bedeutung dieser Herausforderung
war jedoch keineswegs abzusehen, als das Atlanta-Projekt unter der
Leitung von Bill Ware initiiert wurde.

Bill Ware kam auf einer Reise zu einem Workshop über die Bürgerrechtsbewegung, der ursprünglich in South Carolina stattfinden
sollte, durch Atlanta. In Atlanta sah er die Zeitungsschlagzeilen vom
Ausschluss Julian Bonds aus dem Parlament von Georgia. Ware,
der schon in Mississippi und Alabama für das SNCC gearbeitet
hatte, erklärte später, er habe wenig Sinn darin gesehen, seine Bürgerrechtsarbeit in Mississippi fortzusetzen, wenn ein offiziell gewählter
Schwarzer wie Bond daran gehindert werde, frei seine Meinung zu
äußern. So schlugen er und eine Handvoll weiterer Kader James
Forman vor, auf den Ausschluss dadurch zu antworten, dass das
SNCC in Bonds Wahlkreis daran arbeiten solle, eine Unterstützungskampagne für den nicht zugelassenen Abgeordneten auf die Beine zu
stellen. James Forman fand den Vorschlag gut und Bill Ware wurde
als Leiter des neuen Projekts in dem Stadtteil Vine City von Atlanta
bestimmt.

Bill Ware wurde im ländlichen Mississippi geboren und wuchs
dort auch auf. Er besuchte ein College in Minnesota. 1962 trat er
den Peace Corps bei und arbeitete ein Jahr in Ghana. Er wurde vom
schwarzen Gelehrten St. Clair Drake beeinflusst, der Freiwillige für
die Peace Corps ausbildete, und übernahm dessen pan-afrikanische
Perspektive, die betonte, die schwarzen Bevölkerungen müssten sich
weltweit zusammenschließen. Als er im Sommer 1963 bei den Protesten in Mississippi im Anschluss an die Ermordung von Medgar
Evers teilnahm, so erinnerte sich Ware später, isolierten ihn seine
Vorliebe für afrikanische Kleidung und seine pan-afrikanische Haltung, sowie seine Entscheidung, sich einen Bart wachsen zu lassen,
von den meisten Schwarzen in der damaligen Bewegung. Nach einem
kurzen Aufenthalt in Minnesota, wo er für das SNCC Fundraising
betrieb, ging Ware wieder in den Süden und wurde 1964 Hauptamtlicher für das SNCC. Er mischte sich nicht in die Strömungsdis-

kussionen des Jahres 1965 ein und gewann durch seinen Fleiß und seinen Aktionismus schnell den Respekt anderer OrganisatorInnen. Obwohl er eines jener SNCC-Mitglieder war, die im Frühling 1965 nach Alabama gingen, um die schwarzen StudentInnen in Montgomery zu »radikalisieren«, befürwortete er Bündnisse des SNCC mit der SCLC. Ware sprach später von der Bedeutung seiner Beteiligung an der Boykottkampagne »Schwarze Weihnacht« Ende 1965 in Natchez, Mississippi, für die Position des schwarzen Separatismus, aber er trat in der Folgezeit nicht durch ein auffälliges Eintreten für den schwarzen Nationalismus hervor.[1]

Nachdem er am Atlanta-Projekt beteiligt war, führten ihn seine dort gemachten Erfahrungen zur Stärkung seiner Überzeugung, es sei nötig, den schwarzen Nationalismus zu betonen. Er und weitere Mitglieder des Atlanta-Projekts sahen sich als bewusste Neuerer, die an einem einzigartigen Experiment der Organisierung in einem städtischen Umfeld teilnahmen. Vine City war ein Stadtteil, in dem die klassischen Probleme städtischer Slums präsent waren: Arbeitslosigkeit, heruntergekommener Wohnraum, schlechte Schulen und unzureichende öffentliche Dienste. All das führte zu Gefühlen der Machtlosigkeit und politischen Apathie. Atlanta hatte den Ruf, die progressivste unter den Städten in den Südstaaten zu sein. Trotzdem hatten die SNCC-Kader den Eindruck, das liberale Establishment der Weißen in der Stadt und deren gemäßigte Bündnispartner unter den Schwarzen würden die wahren Probleme der schwarzen Bevölkerung ignorieren. Die AktivistInnen kämpften um die »Kontrolle der Schwarzen über die öffentlichen Entscheidungen, die ihr Leben betreffen.« Sie warnten, ohne solche Kontrolle würden die Schwarzen in den Südstaaten »das gleiche Schicksal erleiden wie die meisten Schwarzen in den Ghettos im Norden: ein Zuteilungs- und Patronagesystem wird entstehen und das Stimmrecht für die Schwarzen wird nur einer kleinen Anzahl von Leuten zugute kommen.« Eine Tendenz zu solchen Zuständen sei in Atlanta bereits erkennbar, denn »die kleine Gruppe der etablierten Schwarzenführer arbeitet intensiv daran, ihre politische Kontrolle auszubauen.« Die AktivistInnen forderten das SNCC auf, Programme zu entwickeln, die den demographischen Prozess ausnutzten, den sie als ein »Blackening« (Zunahme schwarzer Bevölkerung, d. Ü.) der städtischen Region bezeichneten. »Wir brauchen wohl nicht viel darüber zu sagen, welches Potential für Black Power diese demographische Entwicklung bietet«, schrieben die OrganisatorInnen.[2]

Die Hauptamtlichen in Atlanta begannen zunächst, erste Kontakte zu führenden Schwarzen vor Ort aufzunehmen. Mit Hilfe der lokalen Initiative *Vine City Council* (Rat von Vine City) organisierten sie warmes Essen und Übernachtungsmöglichkeiten für verarmte BewohnerInnen, die unter der Kälte des Winters litten. Julian Bond wandte sich an Stadtverordnete, VertreterInnen des Bundesstaates sowie der US-Regierung. Die Kader untersuchten die örtlichen Lebensbedingungen und organisierten Proteste der schwarzen Gemeinde. Anfang Februar 1966 wurden drei SNCC-Aktivisten verhaftet, darunter Ware, weil sie versucht hatten, die Räumung des Hauses einer Familie zu verhindern. »Unter den Schwarzen muss es Einigkeit geben«, sagte Bill Ware auf einer Kundgebung vor seiner Verhaftung. »Wir können Räumungen nur dann verhindern, wenn sich die Leute zusammenschließen.«[3]

Nach den ersten Wochen des Projekts entfernten sich die Hauptamtlichen von Atlanta immer weiter von bisherigen Organisierungsstrategien, weil sie die nationalistische Dimension des Kampfes der Schwarzen betonten. Schon immer hatten die AktivistInnen des SNCC darauf geachtet, das Bedürfnis nach schwarzem Selbstbewusstsein ernst zu nehmen, aber die SeparatistInnen von Atlanta kamen zu der Überzeugung, eine drastische Wandlung des nationalistischen Bewusstseins sei vonnöten. Und das könne nicht einfach nur durch die Teilnahme an einem aktionsbezogenen Kampf geschehen – einer der wichtigsten Grundsätze der bisherigen Ideologie des SNCC –, sondern die nationalistischen Werte, durch die man/ frau sich von der anderen Bevölkerung unterschied, sollten in den Gemeinden der Schwarzen bewusst aufgenommen werden, und auch im SNCC selbst. Die SeparatistInnen von Atlanta forderten das

SNCC dazu auf, die schwarze Identität zu betonen, um das Gefühl der rassistischen Unterlegenheit und politischen Machtlosigkeit loszuwerden, welches die Entwicklung der Afro-AmerikanerInnen begrenzte.

Ein wichtiges Mittel der Kader von Atlanta, um schwarzen Stolz zu fördern, war die Zeitung der Gemeinde, *Nitty Gritty* (Zur Sache kommen). Der Name wurde gewählt, um marginalisierte städtische Schwarze anzusprechen, »den Typen mit der gestrickten Mütze und den glatt gestrichenen Haaren, der an der Ecke lehnt und seine Weinflasche leert.« Nach Meinung von Ware drückten die Worte »Nitty Gritty« den Wunsch der Schwarzen aus, »es zu sagen wie es ist.« Um die finanzielle Unterstützung des SNCC zu erhalten, schrieben die AktivistInnen von der Notwendigkeit, die grundlegenden Anschauungen »der frustrierten, verzweifelten Massen schwarzer Amerikaner zu verändern. Wir halten keine bedeutsame, langfristig anhaltende soziale Wandlung unter den Massen für möglich, wenn die Individuen nicht an sich selbst glauben«, fuhren sie fort. »Wir halten es nicht für möglich, dass Schwarze in der Lage sind, eigenständige Strukturen aufzubauen, solange sie emotional, sozial, politisch und ökonomisch von nicht-schwarzen Individuen abhängig sind.« Die AktivistInnen hofften darauf, in den Schwarzen »ein Gefühl für Stolz auf ihre Schönheit, ihre Stärke und ihre Kreativität entwickeln zu können; ebenso einen Sinn für Selbstrespekt, den sie nur gewinnen können, wenn sie Schwarze bei der gemeinsamen Verwirklichung sinnvoller Programme erleben – ohne die Führung, Anleitung oder Kontrolle von Nicht-Schwarzen.« Ohne diese Bedingung, so endeten sie, »werden schwarze Menschen in diesem Land die Freiheit nicht kennenlernen, sondern nur subtilere Formen der Sklaverei.«[4]

Was die OrganisatorInnen aus Atlanta von anderen Mitgliedern des SNCC unterschied, war ihre Entschlossenheit, separatistische Ideologien im antirassistischen Kampf anzuwenden. Die SeparatistInnen aus Atlanta forderten nicht einfach nur den Aufbau schwarzer Institutionen für die Verwirklichung gemeinsamer Ziele, sondern sie forderten den Ausschluss der Weißen aus dem SNCC, um ihr Ideal des »Schwarz-Seins« zu verwirklichen. Diese spezifische Orientierung der AktivistInnen aus Atlanta wurde deutlich, als sie mehrmals Bewerbungen weißer AktivistInnen ablehnten, die sich am Projekt beteiligen wollten. Unter denjenigen, die abgelehnt wurden, befand sich zum Beispiel Mendy Samstein, eine fähige Aktivistin, die seit dem Sommer 1963 im SNCC mitmachte und ursprünglich an der Planung des Atlanta-Projekts beteiligt war.

Die Hauptamtlichen aus Atlanta, von denen viele erst seit kurzer Zeit an den Bürgerrechtskämpfen beteiligt waren, begannen eine generelle Kritik dieser Kämpfe auszuarbeiten. »In *Wirklichkeit* war und ist die Bürgerrechtsbewegung niemals unsere Bewegung gewesen«, schrieb Aktivist John Churchville in einem Papier zum »Tod« dieser Bewegung. Er behauptete, die Bürgerrechtsbewegung habe nur die Spaltungen innerhalb der schwarzen Gemeinschaft reproduziert, die es seit der Ära der Sklaverei gegeben habe. »Das bedeutet, dass der Kampf um Bürgerrechte seit der Sklaverei (mit Ausnahme der *Revolten* gegen die Sklaverei und der *Riots* von heute) nur ein Kampf um die Verbesserung unserer Rolle als Sklaven war, und nicht darum ging, die Sklaverei abzuschaffen.« Er argumentierte, dass »alle Weißen Rassisten sind; das heißt, kein Weißer (wenn du wirklich Klartext redest) wird Schwarze als Menschen behandeln, als Männer, als Gleiche, erst recht nicht als Überlegene. Sie können den Gedanken nicht aushalten, von Schwarzen regiert zu werden, oder dass die Schwarzen unabhängig von ihnen regieren.« Er schloss mit der rhetorischen Frage: »Was wäre passiert, wenn der Feld-Neger revoltiert hätte und das Land des Masters konfisziert hätte? Und was wird passieren, wenn wir (ob wir nun im Haus, im Garten oder auf dem Feld sind) anfangen, uns als Nicht-Nigger und Nicht-Sklaven zu behaupten? Die Bibel spricht von diesem Tag als Armageddon. Lasst uns daran arbeiten, diesen biblischen Tag Wirklichkeit werden zu lassen.«[5]

Das Atlanta-Projekt begann mit der These, dass städtische Organisierung nur mit Prinzipien erfolgen kann, die sich von den in ländlichen Regionen und kleinen Städten der Südstaaten entwickelten Prinzipien unterscheiden. Die AktivistInnen aus Atlanta folgten nicht der im SNCC bewährten Regel, dass sich die Ideen aus dem Kampf entwickeln, sondern sie erstellten einen ideologischen Rahmen für ihre Aktivitäten, dessen Ideen von außerhalb des SNCC stammten. Ihre Erklärungen, die in einer Phase des Enthusiasmus im Winter und Frühling 1966 entstanden, legten die Grundlage für diejenigen Themen, die die Politik der Schwarzen in den späten sechziger Jahren bestimmen sollten. Leider ignorierten die SeparatistInnen von Atlanta viele der wertvollen Lehren aus der Vergangenheit des SNCC. Sie konnten deshalb nur zum Teil Antworten auf die Probleme formulieren, unter denen das SNCC litt. In ihrer kompromisslosen Art, ihre Ideen anderen AktivistInnen des SNCC aufzudrängen, unterminierten sie das Vertrauen, den gegenseitigen Respekt und die kreative Zusammenarbeit, ohne die das SNCC nicht überleben konnte.

Der erste Hinweis auf den Dogmatismus der SeparatistInnen von Atlanta kam zum Vorschein, als das Projekt einen Zuschuss von 3000 Dollar erhielt, der eigentlich zur Finanzierung der Unterstützungskampagne des SNCC für Julian Bond gedacht war. Die Hauptamtlichen des Projekts diskutierten die Frage, ob das Geld an die mit der Kampagne befassten AktivistInnen des SNCC weitergeleitet werden sollte, oder ob es für die eigenen Propagandaaktivitäten in Vine City benutzt werden sollte. Ware wurde bewusst, dass eine Eigenverwendung eine Art »Unabhängigkeitserklärung« vom SNCC bedeuten würde, aber er argumentierte nicht grundsätzlich gegen die Zweckentfremdung. Er wies die AktivistInnen nur darauf hin, sich die Konsequenzen wirklich gut zu überlegen. Die AktivistInnen entschieden sich dafür, das Geld auf einem Sperrkonto einer Bank zu deponieren. Wie erwartet erfuhren James Forman und andere führende AktivistInnen des SNCC von dieser Handlung und forderten die Übergabe des Geldes ans SNCC. Die AktivistInnen aus Atlanta antworteten darauf mit der Bitte, es solle ihnen auf dem nächsten Treffen der Hauptamtlichen des SNCC im März 1966 die Möglichkeit gegeben werden, ihre Aktionen und ihre Kritik der SNCC-Politik zu erklären.

Als dieses Anliegen einmal auf die Tagesordnung des Treffens gesetzt worden war, erarbeiteten die AktivistInnen des Atlanta-Projekts ein Positionspapier, das die kritisierte Handlung ignorierte und stattdessen versuchte, die führenden SNCC-AktivistInnen dadurch in die Defensive zu zwingen, dass sie die Präsenz von Weißen innerhalb der Organisation angriffen. Sie hatten nicht die Erwartung, dass ihr Affront gegen die wichtigsten AktivistInnen des SNCC gutgeheißen werde, aber sie wollten ihre Meinungen auch in einer ihnen feindlich gesinnten Atmosphäre vertreten. Das Positionspapier beschrieb zum Teil die Programme, die für Vine City geplant worden waren, aber am wichtigsten waren die Argumente für ein neues nationalistisches Bewusstsein unter Schwarzen als erstem Schritt auf dem Weg zum revolutionären Kampf. Die Tendenz, dass der Kampf der Schwarzen auch von Schwarzen geführt werden solle, und dass die Weißen anfangen sollten, die weißen Armen zu organisieren, war bereits seit einiger Zeit von fast allen AktivistInnen des SNCC befürwortet worden. Aber dieses Positionspapier verwandelte etwas, das bisher als pragmatische Einschätzung behandelt wurde, in ein absolutes Prinzip. Obwohl das Papier als Aufruf zur nationalistischen Einheit für das Ideal des Schwarzseins bezeichnet wurde, war es in Wirklichkeit der erste Warnschuss in einem Kampf innerhalb der schwarzen Gemeinschaft um die Kontrolle des SNCC und die zukünftige Ausrichtung der Kämpfe.

Das Positionspapier war eine Gruppenarbeit und als solche beinhaltete es zahlreiche Widersprüche sowohl im Stil wie auch im Inhalt. Trotzdem wurden die grundsätzlichen separatistischen Ideen mit Klarheit und Deutlichkeit ausgedrückt. Der entscheidende Abschnitt über die Ideologie wurde geschrieben von Bill Ware, Donald Stone, einem Absolventen der Atlanta University, und Roland Snellings, einem früheren Mitglied des *Revolutionary Action Movement* (RAM, Revolutionäre Aktions-Bewegung), das 1964 von den AnhängerInnen von Robert F. Williams gegründet worden war.[6] In dem Positionspapier, das in erster Linie dem Zweck dienen sollte, die Atlanta-AktivistInnen gegen die erwartete Anschuldigung des Rassismus zu verteidigen, wurden die Ressentiments gegen die Weißen eher zurückgehalten. Dennoch war es die deutlichste Position gegen die Beteiligung von Weißen innerhalb der Bürgerrechtsbewegung, die es bis zu diesem Zeitpunkt gegeben hatte. Wenngleich die meisten Kader des SNCC die Forderung ablehnten, das SNCC solle eine ausschließlich schwarze Organisation werden, fanden sie doch viele Ideen der SeparatistInnen von Atlanta überzeugend. Einige dieser Argumente waren bereits von Silas Norman auf dem Seminar von Waveland im November 1964 geäußert worden; jetzt wurden sie mit historischen Beispielen untermauert, sowie von der These der Autoren gestützt, dass es durch die Beteiligung der Weißen für das SNCC unmöglich sein werde, die Gefühle der Unterlegenheit bei den Schwarzen zu bekämpfen.

Die wichtigste These des Positionspapiers war, »dass die Form weißer Beteiligung, so wie sie in der Vergangenheit praktiziert wurde, obsolet geworden ist.« Auf einer pragmatischen Ebene behaupteten die Autoren, dass viele Schwarze »durch die Präsenz von Weißen eingeschüchtert werden, weil sie wissen, dass Weiße Macht über ihr Leben haben.« Eine einzige weiße Person, die an einem Treffen von Schwarzen teilnehme, könne die Atmosphäre dieses Treffens ändern: »Die Leute würden sofort über ›Brüderlichkeit‹, ›Liebe‹ u. s. w. reden; Rassenunterschiede würden nicht diskutiert.« Die Autoren argumentierten, es müsse ein Klima geschaffen werden, in welchem sich Schwarze frei ausdrücken können. Sie schrieben, das SNCC habe sich aufgrund der Präsenz von Weißen von den Schwarzen isoliert. Sie stellten die Organisation als eine »geschlossene Gesellschaft« dar und behaupteten, Schwarze könnten »sich nicht auf das SNCC beziehen, weil dort eine unrealistische, Rassenunterschiede ignorierende Atmosphäre herrscht, in welcher die Erfahrungen von Amerika als einer rassistischen Gesellschaft keine Rolle spielen.« Auf einer tiefer reichenden Ebene meinten die SeparatistInnen von Atlanta, dass Weiße strukturell unfähig sind, diese Erfahrungen der

Schwarzen zu verstehen. Trotzdem würden Weiße auch noch die Sicht der Schwarzen auf sich selbst, ihr eigenes Selbstbild, bestimmen. »Zu lange haben wir den Weißen erlaubt, die Wichtigkeit und die Bedeutung der kulturellen Aspekte unserer Gesellschaft zu interpretieren.«

Die Autoren des Positionspapiers gestanden zu, dass einige radikale Weiße die rassistischen Privilegien abschaffen wollten, aber diese Weißen würden sich nicht eingestehen, dass sie »Teil des kollektiven weißen Amerika« sind. Das Bild der Vereinigten Staaten, das die AktivistInnen aus Atlanta zeichneten, war kategorisch: »Wenn wir die Massen weißer Menschen sehen, sehen wir die herrschende Realität Amerikas; wir sehen den Rassismus, wir sehen die Bigoterie und die Zerstörung der Persönlichkeit, wir sehen die Inhumanität des Menschen gegenüber dem Menschen; wir sehen in Wirklichkeit 180 Millionen Rassisten.« Sie kritisierten, dass die meisten radikalen Weißen »versuchen, der schrecklichen Realität Amerikas dadurch zu entkommen, dass sie in die schwarze Gemeinschaft gehen und die Schwarzen mobilisieren wollen, während sie die Notwendigkeit antirassistischer Arbeit in den Gemeinden der Weißen ignorieren. Wie kann man den Hof eines anderen ausfegen, wenn der eigene Hof dreckig ist?« Die Autoren erklärten, die Weißen sollten versuchen, sich auf »die menschliche Ebene« der Schwarzen zu erheben. »Immerhin sind nicht wir es, die für den völkermörderischen Krieg in Vietnam verantwortlich sind; und wir sind auch nicht verantwortlich für den Neokolonialismus in Afrika und Lateinamerika; es sind nicht wir, die ein ganzes Volk seit 400 Jahren in animalischer Sklaverei halten.«

Die Autoren behaupteten, das SNCC müsse sich vom Einfluss seiner weißen AktivistInnen lossagen, um die Art von Organisation werden zu können, die es angestrebt habe. »Wir können ihnen Arbeitsaufträge geben, aber sie können in keiner Weise auf der Ebene politischer Entscheidungen beteiligt werden«, schrieben sie. Obgleich die Weißen »womöglich bleiben wollen, weil sie schon so lange dabei sind oder weil sie das Gefühl haben, wir seien ihnen etwas schuldig«, fuhren sie fort, »wird denjenigen Weißen, die für unsere Probleme wirklich sensibel sind, klar werden, dass wir unser Schicksal selbst bestimmen müssen.« Die Autoren bestanden darauf, dass Weiße nicht mit den schwarzen Massen in Kontakt treten dürften, weil »sie nicht fähig sind, den Mythos westlicher Überlegenheit zu zerstören. Die Weißen sind nur dazu da, diese Mythen zu verewigen.« Stattdessen müsse die Organisierung »durch Schwarze erfolgen, die fähig sind, ihre eigene Schönheit zu erkennen; die fähig sind, die wichtigen kulturellen Beiträge der Afro-Amerikaner zu sehen; die fähig sind zu sehen, dass dieses Land mit dem Blut und auf den Rücken unserer schwarzen Vorfahren aufgebaut wurde.«

Für die SeparatistInnen aus Atlanta war der Ausschluss der Weißen aus dem SNCC der entscheidende Schritt auf dem Weg zur nationalen Identität. Schwarze Selbstbestimmung des Kampfes wurde nicht nur als Vorbedingung für die Unterstützung der Massen propagiert, sondern als zentrales Element für den Aufbau eines neuen afrikanischen kulturellen Bewusstseins. Die Schwarzen sollten die Beteiligung von Weißen zurückweisen und damit beginnen, viele kulturelle Werte der weißen Gesellschaft auszulöschen. »Die systematische Zerstörung unserer Verbindungen zu Afrika wird von selbstbewussten Schwarzen in diesem Land nicht mehr akzeptiert«, schrieben sie. »Die schwarze Bevölkerung ist nicht gewillt, eine westliche Kultur gutzuheißen, die täglich auf's Neue unsere Schönheit, unseren Stolz und unsere Männlichkeit verweichlicht.«

Beeinflusst von Frantz Fanon beschrieb das Positionspapier des Atlanta-Projekts die kulturelle Unterdrückung der Afro-AmerikanerInnen als vergleichbar mit der Situation kolonisierter Völker in der »Dritten Welt«. Weiße BürgerrechtlerInnen wurden mit »weißen Verwaltungsbeamten und Missionaren in den kolonisierten Ländern« verglichen, »die über längere Zeit hinweg mit den kolonisierten Völkern gearbeitet haben und ihnen gegenüber eine paternalistische Haltung entwickelt haben.« Obwohl sie offensichtlich die Komplexität der Antwort nicht überblicken konnten, fragten die Autoren: »Welchen Anteil hatten die weißen Kolonialisten an der

Befreiung der unabhängigen afrikanischen Nationen? Wer waren die Agitatoren für die afrikanische Unabhängigkeit? Die Antworten auf diese Fragen zwingen uns zu dem Glauben, dass unser Kampf um Befreiung und Selbstbestimmung nur wirksam von der schwarzen Bevölkerung selbst durchgeführt werden kann.«

In dem Papier wurde zur Propagierung »eines Mythos« schwarzer Führungsfähigkeiten aufgerufen, der es den Schwarzen ermöglichen sollte, sich mit »der Bewegung« zu identifizieren. Die Autoren schlugen vor, dass das SNCC von »Schwarzen gebildet, von Schwarzen kontrolliert und von Schwarzen finanziert« werden sollte, um der schwarzen Bevölkerung zu zeigen, dass solch eine Organisation wirksam sein konnte. Des weiteren forderten sie einen allgemeinen Schwenk in Richtung schwarzem Separatismus. »Wenn wir wirkliche Befreiung wollen, müssen wir uns von den Weißen abwenden. Wir müssen unsere eigenen Institutionen aufbauen, unsere eigenen Kreditgesellschaften, Kooperativen, politischen Parteien. Wir müssen unsere eigene Geschichte schreiben.«

Diese Ideen und sogar viele Sätze dieses Positionspapiers sollten in den späten sechziger Jahren in zahllosen Reden militanter Schwarzer wieder auftauchen. Und das Papier sollte neu aufgelegt werden. Doch seine Bedeutung lag darin, dass Ideen offen formuliert wurden, die in der Vergangenheit des SNCC geschlummert hatten. Bis zum Frühling 1966 waren nur noch einige Dutzend Weiße unter den Hauptamtlichen des SNCC verblieben, weil viele Weiße an den Antikriegsaktivitäten teilnahmen oder zum College zurückgegangen waren. Die weißen OrganisatorInnen hatten wenig Einfluss auf die Formulierung der Politik des SNCC, und die meisten verstanden sich sowieso eher als Unterstützungspersonal oder als OrganisatorInnen in den Gemeinden der Weißen. Doch für die SeparatistInnen aus Atlanta waren die verbliebenen Weißen ein störendes Element und verhinderten die ideologische Entwicklung des SNCC zu seinem logischen Endpunkt. Indem sie den Ausschluss der noch im SNCC aktiven Weißen forderten, provozierten sie Widerspruch bei den bekanntesten SNCC-AktivistInnen und initiierten eine intellektuelle

Diskussion, die die Ausrichtung des SNCC verändern sollte. Als die SeparatistInnen ihr Positionspapier auf dem Treffen der AktivistInnen des SNCC vom März 1966 präsentierten, wollten sie die AktivistInnen des SNCC eher ärgern als sie überzeugen. Sie hatten ja bereits ihr ideologisches Anliegen durch die Einbehaltung der Gelder in Zweifel gezogen. Da sie starken Widerspruch erwarteten, versuchten die SeparatistInnen am Anfang des Treffens ohne Erfolg durchzusetzen, dass die Diskussionen mitgeschnitten werden sollten. Sie ließen durchblicken, dass sie später die Heuchelei so genannter radikaler Schwarzer bloßstellen würden, welche gegen die Forderung des Ausschlusses der Weißen aus dem SNCC argumentierten. Die AktivistInnen aus Atlanta zählten auf die Unterstützung von anderen schwarzen OrganisatorInnen, die ebenfalls dagegen waren, dass Weiße in Gemeinden der Schwarzen arbeiteten und die eine militante separatistische Rhetorik an den Tag legten. Julius Lester, der seinen Abschluss am Fisk College gemacht hatte und kurz danach Organisator im SNCC wurde, besuchte die Zentrale von Atlanta im März 1966 und berichtete, dass in den Konversationen immer wieder Begriffe wie »Whitey« (abwertend: Weißer, d. Ü.) und »schwarzes Bewusstsein« auftauchten und dass die Kader andere Schwarze mit »Bruder« anredeten. Trotzdem hatten die SeparatistInnen ihre Stärke sehr überschätzt. Sogar viele Hauptamtliche, die gegen die Beteiligung von Weißen waren, hatten Einwände gegen die spalterischen Taktiken der AktivistInnen aus Atlanta und weigerten sich, deren Forderungen nach dem Ausschluss der Weißen nachzukommen. Willie Ricks, ein beredter Aktivist, zeigte sich keineswegs überzeugt vom Positionspapier: »Wir haben immer gesagt: ›Reden ist eine Sache, Taten sind eine andere.‹ Sie redeten über Nationalismus und so weiter innerhalb des SNCC, aber sie hatten keine organisatorische Basis in ihrer Gemeinschaft.«[7]

Auch Stokely Carmichael wandte sich gegen die SeparatistInnen aus Atlanta. Obwohl er in der Presse aufgrund seiner Arbeit im Lowndes County als Separatist galt, grenzte er sich von den extremen Formulierungen ab, die in den Forderungen zum Ausschluss der Weißen zum Ausdruck kamen. Stokely Carmichael war mit vielen Punkten im Positionspapier einverstanden, und ironischerweise sollte er in Zukunft der wichtigste Propagandist dieser Ideen werden. Trotzdem hielt er enge Beziehungen zu weißen OrganisatorInnen aufrecht, ebenso zu Weißen aus der Neuen Linken in den Nordstaaten. Er wusste zudem um die Abhängigkeit des SNCC von der Unterstützung durch die Weißen aus dem Norden. Wie andere AktivistInnen widersprach er der Ignoranz, die die SeparatistInnen gegenüber der Erfahrung der bekannten AktivistInnen des SNCC zeigten. »Das ist auf eine äußerst spalterische Weise vorgebracht worden«, erinnerte er sich. Er sah in der Atlanta-Gruppe »Opportunisten« am Werk, die versuchten, durch die Thematisierung der Beteiligung von Weißen die Kontrolle des SNCC zu übernehmen; sie wollten »schwärzer als du selbst« erscheinen.[8]

Wenngleich Carmichael auf dem März-Treffen zusammen mit der Mehrheit der Hauptamtlichen die Forderungen der SeparatistInnen zurückwies, war er doch von den Ideen, die im Positionspapier zur Sprache kamen, tief berührt. Er erkannte, dass hier etwas ausgedrückt wurde, was viele andere AktivistInnen dachten. Carmichael spürte die zunehmende Unterstützung für eine Richtungsänderung im SNCC und den Organisationsansatz, den er im Lowndes County entwickelt hatte. Und gleich nach dem März-Treffen erklärte er öffentlich, dass er mit der Tradition im SNCC brechen wolle und aktiv für den Vorsitz der Organisation kandidieren werde, der zu jener Zeit von John Lewis eingenommen wurde, der untrennbar mit der Vergangenheit des SNCC verbunden war.

In den Jahren vor 1966 waren die jährlichen Vorstandswahlen zum SNCC eine ereignislose Formalität, weil es kaum offene Konkurrenz um irgendeine führende Position gegeben hatte. Trotz beträchtlicher Veränderungen sowohl in der Zusammensetzung der Kader als auch in der Politik des SNCC waren James Forman seit 1961 Generalsekretär und John Lewis seit 1963 Vorsitzender. Vom gewählten Vorstand ging nur Cleveland Sellers, der im vorangehenden Jahr zum Programmsekretär gewählt wurde, aus der Gruppe

jüngerer Schwarzer hervor, welche erst 1964 und 1965 zu OrganisatorInnen geworden waren. Die rapiden Veränderungen, die den
Kampf in den Südstaaten seit 1964 erfasst hatten, stellten jedoch
die Flexibilität von Lewis und Forman auf eine harte Probe.

Besonders John Lewis hatte Schwierigkeiten, sein mit sanfter
Stimme gesprochenes Bekenntnis zum gewaltfreien Radikalismus
mit der zunehmend rauen Sprache des Radikalismus anderer Kader
in Einklang zu bringen. Während des Frühjahrs 1966 kritisierten
einige OrganisatorInnen Lewis offen dafür, dass er sich noch immer an den Planungen des Weißen Hauses für eine Konferenz über
Bürgerrechte beteiligte, ebenso dafür, dass er eine Fundraising-Tour
nach Europa durchführte, die vom norwegischen StudentInnen-
Verband gesponsert wurde.

Während die Kritik an Lewis' Aktivitäten und Taktiken stärker
wurde, stützte der Erfolg der Lowndes County Freedom Organization (LCFO) die Kandidatur von Stokely Carmichael. Während in
vielen Gemeinden der Schwarzen in den Südstaaten die Unterstützung für das SNCC bröckelte, hatte Carmichael eine starke, radikale politische Bewegung auf die Beine gestellt, die zum Vorbild für
die »Freedom Organizations« im gesamten »Black Belt« Alabamas
wurde. Carmichaels großes Selbstbewusstsein wurde weiter gestei-
gert, als es ihm gelang, ein Eingreifen des Justizministeriums auf
der Seite der LCFO dadurch zu erreichen, dass er damit drohte, die
Schwarzen vor Ort würden ihr am 3. Mai 1966 stattfindendes Jahrestreffen vor Angriffen der Weißen mit Waffen schützen. Die AktivistInnen des SNCC in Lowndes erhielten die Unterstützung der
Schwarzen vor Ort trotz verbaler Kritik von führenden SCLC-
Aktivisten und gemäßigten Mitgliedern der Demokratischen Partei
Alabamas, die das SNCC dafür verurteilten, die Black Panther Party
(BPP) anstatt der Demokratischen Partei bei ihren Vorwahlen zu
unterstützen. Carmichael überzeugte die BewohnerInnen davon,
dass es für Schwarze unmöglich war, sich zugleich in der LCFO zu
engagieren und Mitglied der Demokratischen Partei zu sein, und
fügte hinzu, es sei »für Schwarze ungefähr so albern, Mitglied der

Demokratischen Partei zu werden, wie es für die Juden albern gewesen wäre, Mitglied der Nazi-Partei in den dreißiger Jahren werden zu wollen.«[9]

Die SNCC-Hauptamtlichen wurden von Carmichaels Erfolg ermutigt, aber als sie am 8. Mai 1966 im Seminarhaus von Kingston Springs in der Nähe von Nashville zu ihrer einwöchigen Versammlung eintrafen, waren sie nicht darauf vorbereitet, Lewis zu entlassen. Trotz ihrer Kritik fühlten die OrganisatorInnen eine Art Loyalität gegenüber Lewis, der in seinem Leben für die Bewegung bereits auf über 40 Verhaftungen zurückblicken konnte. Selbst AktivistInnen, die ernsthaft über Lewis verärgert waren, respektierten weiterhin seinen Mut und seine Aufopferungsbereitschaft. Die meisten dachten zudem, dass diese Vorstandsposten nicht wichtig genug waren, um sich darüber zu streiten. Nahezu alle Mitglieder des Atlanta-Projekts, die gegenüber den führenden Älteren des SNCC die schärfste Kritik formuliert hatten, besuchten dieses entscheidende Treffen der Hauptamtlichen nicht.

Anstatt sich einer neuen Konfrontation zu stellen fuhren die meisten Separatisten von Atlanta lieber zu einem afro-amerikanischen Festival nach New Orleans. Bill Ware beklagte sich später, dass Mitglieder des Projekts von anderen SNCC-Aktivisten in den Wochen nach der Diskussion über ihr Positionspapier physisch bedroht worden seien. Es sei ihnen gesagt worden, ihre Gegner würden beim Mai-Treffen Waffen mit sich führen. Aber Forman bestand darauf, dass die Gruppe aus Atlanta wieder eingeladen wurde, um ihre Meinungen noch einmal vor den Hauptamtlichen vorzutragen.[10] Es ist durchaus möglich, dass sowohl die Angaben von Ware wie auch die von Forman stimmen. Jedenfalls hatten die Kader des Atlanta-Projekts in New Orleans die Gelegenheit, ihre Ideen vor einem wohlwollenden Publikum zu präsentieren und zogen deshalb diese Möglichkeit vor. Bob Moses hatte das Treffen in New Orleans organisiert, um die »Entkolonialisierung« der schwarzen Bevölkerung zu diskutieren, nachdem er öffentlich erklärt hatte, er werde alle Beziehungen zu Weißen abbrechen.[11] Die Abwesenheit der Separatisten erlaubte es den Hauptamtlichen beim Treffen von Kingston Springs, die Diskussionen über ihre Politikausrichtung von ihren Gefühlen gegenüber der Gruppe in Atlanta zu trennen. Donald Stone sagte später, die Versuche der Separatisten, »das SNCC nach ihren Vorstellungen zu organisieren«, wären wohl zu kontrovers und daher kontraproduktiv gewesen. Wahrscheinlich lag er mit dieser Vermutung richtig, und wenn sie auf dem Mai-Treffen anwesend gewesen wären, wäre es anderen SNCC-AktivistInnen schwerer gefallen, sich in Richtung des Atlanta-Projekts zu bewegen.[12]

Ohne die Angst, sie könnten mit den Intentionen des Atlanta-Projekts verwechselt werden, zeigten die schwarzen OrganisatorInnen in Kingston Springs eine größere Bereitwilligkeit, der Politik des SNCC eine neue Orientierung zu geben. Ivanhoe Donaldson, ein älterer Aktivist, meinte, die »vagen Konzepte« von früher – »der Aufbau einer gemischten Demokratie zwischen Schwarzen und Weißen in diesem Land; das Recht der Menschen auf Beteiligung an den Entscheidungen, die ihr Leben betreffen; die Entwicklung von Führungsfähigkeiten bei Schwarzen und von Nischen der Macht« – seien nicht mehr die Themen, die heute schwarze Menschen mobilisieren könnten. Er argumentierte, das SNCC habe auf drei Ebenen zu handeln. Erstens hätten die SNCC-AktivistInnen anzuerkennen, dass »der Nationalismus dabei hilft, die schwarze Gemeinschaft zu organisieren.« Zweitens müssten politische Bewegungen aufgebaut werden, die die gesamte schwarze Gemeinschaft umfassen, wie zum Beispiel bei der Kampagne für Julian Bond oder bei der Black Panther Party. Weiße OrganisatorInnen sollten nach Donaldsons Überzeugung »die Gemeinden der Weißen nach den Vorstellungen und Bedürfnissen der Schwarzen organisieren, über schwarze Geschichte aufklären und die Bedeutung des Schwarzseins in der heutigen Welt vermitteln.« Schließlich sollten die AktivistInnen des SNCC Verbindung mit der »Dritten Welt« aufnehmen, indem sie gegen den Vietnamkrieg protestierten, den Widerstand der Schwarzen in Südafrika unterstützten und internationale Bündnisse eingingen. Donaldson forderte das SNCC dazu auf, »eine Widerstandsbewegung« innerhalb der Vereinigten Staaten aufzubauen.[13] Die Rede von Donaldson war Bestandteil einer ausführlichen und kritischen Überprüfung der bisherigen Arbeit des SNCC durch seine MitarbeiterInnen. Die Protokolle dieser Diskussionen enthüllen die manchmal schmerzhaften Anstrengungen älterer SNCC-AktivistInnen, die Folgen ihres früheren Idealismus auszuwerten. Viele meinten selbstkritisch, sie wären zu naiv gewesen, sie hatten geglaubt, »die Armen sind von Herzen gut und können nichts Falsches tun«, und dass »solche Dinge wie Führungsqualitäten, Geld, Macht u. s. w. per Definition falsch waren und vom SNCC zu vermeiden waren.« Sie hatten geglaubt, sie könnten die Geschichte vergessen, weil sie anders seien, und weil sie »rein« gewesen seien, habe auch ihre Organisation »nur ähnlich rein sein können, gut, unkorrumpierbar und dauerhaft«, und sie hätte von selbst überleben können. Die AktivistInnen des SNCC hinterfragten ihre eigene Sicht als Avantgarde des Kampfes der Schwarzen und meinten nun, die Schwarzen in den nördlichen Städten hätten sie überholt. John Lewis fügte hinzu, die AktivistInnen des SNCC wären davon ausgegangen, sie hätten »ein Monopol auf die Wahrheit« und seien die besten OrganisatorInnen.[14]

Nach der Bewertung ihrer bisherigen Grundlagen gingen die Hauptamtlichen dazu über, neue Ziele zu formulieren. Fast alle waren mit den allgemeinen Politikrichtlinien, die in Donaldsons Rede zum Ausdruck kamen, einverstanden. John Lewis schlug die Eröffnung eines »Büros für Internationale Angelegenheiten« vor, um Bündnisse mit der »Dritten Welt« zu schmieden. Die Gründerin des SNCC, Ella Baker, stellte die Idee vor, die Organisation solle ein Seminar zu »revolutionärer Ethik« veranstalten und dazu RevolutionärInnen aus mehreren Ländern der »Dritten Welt« einladen. Stanley Wise meinte, das SNCC solle nur noch Einladungen aus Gemeinden der Schwarzen annehmen und Nachrichten nur noch an Zeitungen der Schwarzen weitergeben. Die MitarbeiterInnen des SNCC sollten seiner Meinung nach ihre psychologischen Verbindungen zum afrikanischen Erbe verstärken. Cleveland Sellers und andere plädierten dafür, den Aufbau von Unterstützungsbasen an

Colleges der Schwarzen stärker zu betonen.[15] Diese Aufzählung von Kritiken und Vorschlägen fungierte für die AktivistInnen als emotionaler Blitzableiter. Sie hatte entsprechende Folgen für die Wahl des neuen Vorsitzenden des SNCC. Als die Kandidaturen für die Posten vorlagen, favorisierten viele Kader die Beibehaltung bewährter Führungspersonen, inclusive von John Lewis. James Forman hatte jedoch bereits angedeutet, dass er den Posten des Generalsekretärs abgeben wollte. Die Unterstützung für Lewis hatte seit 1964 abgenommen, aber als am letzten Abend des Treffens die erste Abstimmung stattfand, konnte Lewis Carmichael mit Vorsprung besiegen. Sellers wurde erneut als Programmleiter gewählt, während Ruby Doris Robinson den Posten von Forman übernahm.[16]

Sofort nach der Abstimmung jedoch kritisierte Worth Long, ein früherer Organisator des SNCC, das Verfahren. Long hatte für seine Kritik eigentlich keinen gültigen Anlass und war zur Teilnahme am Treffen nur zugelassen worden, weil er sich früher lange am SNCC beteiligt hatte. Es gelang Long aber, die Diskussion über den Vorsitzenden neu zu eröffnen. Die Kader gingen in ihren Diskussionsbeiträgen schnell vom Thema der Legitimität des Verfahrens dazu über zu erörtern, ob Lewis die nun dominante ideologische Orientierung des SNCC noch repräsentiere.

Worth Long hatte gegenüber Lewis ambivalente Gefühle. Wie die meisten OrganisatorInnen bewunderte und respektierte er den langjährigen Aktivisten. »John war die mutigste Person, mit der ich je innerhalb der Bewegung zusammengearbeitet habe«, meinte er später. »John würde dir nicht einfach in die Höhle des Löwen folgen, er würde dich hineinführen.« Long sagte, sein Motiv bei der Infragestellung der Wahl von Lewis sei es gewesen, das SNCC auf dem Niveau einer »Speerspitze der Bürgerrechtsbewegung« zu halten, indem ein Vorsitzender gewählt wurde, der bereit war, die zunehmend radikale Atmosphäre unter den AktivistInnen zu berücksichtigen.[17]

Als die Diskussionen bis in die frühen Morgenstunden dauerten, wurde die Brüchigkeit der Unterstützung für Lewis deutlich. Viele seiner entschiedensten BefürworterInnen verließen das Treffen nach der ersten Abstimmung, ermüdet von den ausgedehnten Diskussionen über Vergangenheit und Zukunft des SNCC. Die Position von Lewis wurde zudem durch den Vorschlag von Forman entscheidend geschwächt, dass sowohl er wie auch Lewis zurücktreten sollten, »um einigen jüngeren Aktivisten die Möglichkeit zu geben, Erfahrungen zu sammeln, die wir selbst sammeln konnten.«[18] Forman und andere AktivistInnen kritisierten zusätzlich Lewis' fortgesetzte Beziehung zur SCLC, bei dessen politischem Komitee er mitmachte, sowie seine Beteiligung an der Planung der Konferenz des Weißen Hauses zum Thema Bürgerrechte, die für den folgenden Monat angesetzt war.

Als sie seine Verwundbarkeit erkannten, hielten die GegnerInnen von Lewis Strategiesitzungen ab, um Wege zu finden, wie sie ihn absetzen konnten. Mehrere AktivistInnen baten Forman um eine Kandidatur, aber er wollte nicht, sodass der Weg für Stokely Carmichael frei wurde. Obwohl einige Kader über Carmichael nicht sehr erfreut waren und dessen enge Beziehungen zu weißen Hauptamtlichen bemängelten, sahen sie ihn lieber in der Position des Vorsitzenden als Lewis. Vor dem Hintergrund der allgemeinen separatistischen Tendenz ist es besonders bemerkenswert, dass Jack Minnis, ein weißer Linksradikaler, der die Forschungsabteilung des SNCC leitete, eine entscheidende Rolle bei der Unterstützung für Carmichael spielte. Minnis war davon überzeugt, dass die religiösen Tendenzen bei Lewis nicht das waren, was »die Zeiten erfordern.«[19] Zusammen mit anderen UnterstützerInnen von Carmichael überredete Minnis Sellers und Robinson dazu, von ihren Posten zurückzutreten, um eine erneute Wahl zu erzwingen. Anfangs weigerte sich Lewis, das Manöver mitzumachen und sein Amt zur Verfügung zu stellen, aber sein Starrsinn bestärkte nur die Entschlossenheit seiner GegnerInnen. Schließlich akzeptierte Lewis seine unvermeidliche Niederlage und trat zurück, wodurch es den erschöpften Übriggebliebenen möglich wurde, Carmichael mit überwältigender Mehrheit zu wählen. John Lewis war über diese Niederlage verbittert und führte sie auf

Machenschaften von James Forman zurück. Er beschrieb Stokely Carmichael, mit dem er befreundet war, als willenloses Werkzeug anderer. »Ich denke, bestimmte Kräfte und eine bestimmte Fraktion unter den Angestellten haben Stokely benutzt«, meinte er später. Jahre später erinnerte er sich schmerzhaft der Vorgänge: es sei »keine gute Nacht gewesen – das betrifft weniger die Wahl selbst als die Art der Diskussion und die dabei zum Vorschein kommende Missgunst und die Feindschaften, die aufgebaut wurden.«[20]

Durch die Wahl von Carmichael und die darauf folgende Wiederwahl von Robinson und Sellers machten die OrganisatorInnen ihre Tendenz deutlich, einen neuen Kurs einzuschlagen. Obwohl die drei Gewählten schon länger dabei waren, waren sie in der Vergangenheit immer für einen radikaleren Kurs eingetreten. Mit 24 Jahren war Stokely Carmichael der älteste von den dreien. Ruby Doris Robinson, 23, war seit dem Frühjahr 1960 im Kampf der Schwarzen aktiv gewesen. Sie war eine unermüdliche Frau und schaffte es, ihren Abschluss zu machen, ihr Familienleben zu führen und dabei noch eine der wirksamsten und am meisten respektierten Führungspersonen des SNCC zu werden. Cleveland Sellers war bei seiner Wiederwahl ebenfalls erst 23 Jahre alt, aber er hatte zu dem Zeitpunkt bereits zwei Jahre als Kader des SNCC hinter sich und war einer der entschiedensten Befürworter der Position der »Hardliner« innerhalb des SNCC.

Nach den Wahlen des neuen Vorstands etablierten die Hauptamtlichen ein zehnköpfiges Zentralkomitee, welches das schwer handhabbare Exekutivkomitee ersetzen sollte. Es wurde versucht, die innere Spaltung, die durch die Wahl von Carmichael aufgetreten war, dadurch zu überbrücken, dass John Lewis zu einem Mitglied des Zentralkomitees ernannt und zum Leiter eines neuen internationalen Bildungsprogramms bestimmt wurde. Fünf der neuen Mitglieder des Zentralkomitees – James Forman, Courtland Cox, Ivanhoe Donaldson, Ralph Featherstone und Jack Minnis – hatten bereits in der Zentrale des SNCC in Atlanta gearbeitet und wussten um die organisatorischen Probleme, die von unverantwortlichen Kadern geschaffen worden waren. Stokely Carmichael, Bob Smith und Fred Meely aus dem Team von Mississippi, sowie Bob Mants aus dem Lowndes County waren die übrigen Mitglieder des Zentralkomitees.

Wie gewöhnlich wurden JournalistInnen von dem Treffen der Hauptamtlichen in Kingston Springs ausgeschlossen, aber sofort nach dem Bekanntwerden von Carmichaels Wahl deuteten einige JournalistInnen dies als Sieg für den schwarzen Nationalismus. Ein Artikel in der Zeitung *Atlanta Constitution* sagte voraus, dass das SNCC unter der Führung von Stokely Carmichael »sich mehr in Richtung der Philosophie des schwarzen Nationalismus orientieren wird.« Jack Nelson von der *Los Angeles Times* sprach von Stokely Carmichael als »einem der eher radikaleren Führungspersonen des SNCC« und betonte seine Rolle bei der Formierung einer ausschließlich aus Schwarzen bestehenden Partei im Lowndes County. In der *New York Times* wurde Carmichael dahingehend zitiert, das SNCC werde seine weißen OrganisatorInnen nicht feuern, »aber wenn sie organisieren wollen, sollen sie die Weißen organisieren. Die Schwarzen (im Original: Negroes, d. Ü.) werden die Schwarzen organisieren.«[21]

Die neuen Führungspersonen des SNCC versuchten, die Bedeutung des Vorstandswechsels herunterzuspielen. Sie erklärten, es habe keine ernsthafte innere Spaltung gegeben. John Lewis sagte, der neue Vorstand habe seine »Unterstützung und Kooperationsbereitschaft bei der Verwirklichung der Programme des SNCC, um die Gesellschaft vom Rassismus zu befreien und eine Weltgemeinschaft aufzubauen, die in Frieden mit sich selbst lebt.« Trotz solcher Versicherungen war der Widerspruch zwischen Lewis' Zurückhaltung und Carmichaels offener Radikalität für BeobachterInnen offensichtlich. Als dann das Zentralkomitee am 23. Mai 1966 erklärte, dass die Organisation seine Beteiligung an der Konferenz des Weißen Hauses über Bürgerrechte zurückziehe, war Lewis bei der Pressekonferenz zwar anwesend, fiel dort aber durch sein Schweigen auf. Trotzdem setzte Lewis seine Unterschrift unter die Rückzugserklärung, in der kritisiert wurde, die Konferenz sei ein Versuch, »die Verantwortung für die entwürdigende Situation, in der die Schwarzen sich befinden, von den Unterdrückern auf die Unterdrückten abzuwälzen.«[22] (Diese Erklärung bezog sich auf eine Ansprache von Präsident Johnson, in der die Probleme der Schwarzen vorwiegend auf den Zusammenbruch der Familienstrukturen unter den Schwarzen zurückgeführt wurden.)

Der Rückzug des SNCC von der Konferenz des Weißen Hauses führte zu weiteren Kritiken in der Presse. Evans und Novak schrieben, das SNCC habe sich von der Bürgerrechtsbewegung »selbst ausgeschlossen.« Die Kolumnisten kommentierten: »Aus Sicht verantwortungsbewußter Führungspersonen unter den Schwarzen, die schon lange den Extremismus von Snick als selbstzerstörerisch eingeschätzt haben, ist dieser Rückzug zu gut, um wahr zu sein. Snick fügt sich nun selbst das zu, was die Bürgerrechtsbewegung nicht zu tun gewagt hat.« Die Herausgeber von *Time* meinten in ähnlichem Ton, Carmichaels Aufruf für eine ausschließlich aus Schwarzen bestehende Partei sei zwar »ein emotionales und vielleicht überzeugendes Argument für viele Schwarze – aber das kann nur zur weiteren Isolierung und Verbitterung der Schwarzen in den Südstaaten beitragen.«[23]

In den Wochen nach dem Treffen von Kingston Springs machte Carmichael einige Versuche, frühere Verbündete unter den Weißen davon zu überzeugen, dass die neue Politik des SNCC kein »umgekehrter Rassismus« sei oder ein Aufruf zur Gewaltanwendung. Er sagte einem Reporter der radikalen Wochenzeitung *National Guardian*, dass Weiße noch immer eine wichtige Rolle spielen könnten, um dem Kampf der Schwarzen zu helfen, indem »sie in die Gemeinden der Weißen gehen und dort jene Basis von Gemäßigten herstellen, von denen alle reden, die aber heute nicht existieren.« Er sagte, es sei »nichts Falsches an ausschließlich von Schwarzen verwalteten Projekten«, und dass Evans und Novak, die früher das SNCC von KommunistInnen unterwandert sahen, nun eben damit beginnen, die Organisation als von schwarzen NationalistInnen unterwandert zu denunzieren. Er riet den früheren UnterstützerInnen des SNCC, zu verstehen, dass die Schwarzen »etwas für sich selbst aufbauen wollen, etwas das sie mit ihren eigenen Händen aufbauen. Und das ist *nicht* anti-weiß. Wenn du dein eigenes Haus aufbaust, heißt das nicht, dass du das Haus auf der anderen Straßenseite abreißt.«[24]

Mit ähnlicher Intention veröffentlichte das New Yorker Büro des SNCC eine Erklärung, um die »unglaublich verdrehten Presseberichte und offenen Lügen« gegen das SNCC richtig zu stellen. In der Erklärung wurde zwar ein Kurswandel bestätigt, aber dem Eindruck widersprochen, die Wahl von Carmichael würde einer »Übernahme durch anti-weiße Extremisten« gleichkommen. Stattdessen repräsentiere die Wahl das Bewusstsein der AktivistInnen des SNCC, dass sie »versuchen müssen, die Scham der Schwarzen gegenüber solchen Dingen wie etwa den physischen Charakteristika des ›Negroiden‹ zu überwinden und ein Gefühl für Würde zu fördern, das die Menschen im Inneren wie im Äußeren befreit.« Die Erklärung verglich den Aufbau schwarzen Bewusstseins mit der Art und Weise, mit der auch »andere ethnische Gruppen ihr kulturelles Bewusstsein und ihren Stolz entwickelt und aufrechterhalten haben, besonders in Zeiten des Kampfes.« Den UnterstützerInnen des SNCC aus den Nordstaaten wurde verdeutlicht, »dass schwarze Studenten vom SNCC in erster Linie deshalb fasziniert waren, weil sie nirgendwo sonst in dieser Gesellschaft an etwas sozial Bedeutendem teilnehmen konnten, das nicht von Weißen dominiert war.« Den UnterstützerInnen wurde versichert, dass im SNCC »die Betonung einer Notwendigkeit von Macht mit dem grundlegenden, humanistischen Geist koexistiert, für den das SNCC seit langem bekannt ist.«[25]

Der sozialkritische Journalist I. F. Stone und die langjährige Unterstützerin des SNCC Anne Braden waren unter den wenigen weißen JournalistInnen, mit denen das SNCC weiter zusammenarbeiten wollte. Stone schrieb in seiner von ihm selbst publizierten Wochenzeitung, dass »ein gewisses Maß an schwarzem Nationalismus unter Schwarzen (im Original: Negroes, d. Ü.) unvermeidlich ist; sie können nicht Gleichheit erlangen, wenn sie nicht auf sich selbst als Schwarze stolz sein können.« Er fügte hinzu, ein solcher Stolz könne nicht erreicht werden, solange die Schwarzen es nicht gelernt hätten, »für sich selbst zu kämpfen, und nicht nur als Schützlinge des weißen Mannes, wie freundlich letzterer auch immer sein mag.« Anne Braden, die im Jahre 1961 für die Anstellung des ersten weißen Hauptamtlichen im SNCC verantwortlich war, betrachtete den neuen Kurs des SNCC als Bestätigung ihrer Position, dass »es die Aufgabe der Weißen, die für Befreiung kämpfen, ist, das weiße Amerika anzugreifen.« Sie schrieb, das SNCC würde »die Weißen nicht zurückweisen.« Indem das SNCC dazu aufforderte, weiße AktivistInnen in ihre eigenen Gemeinden zu entsenden, wo soviel getan werden muss, »gibt das SNCC dieser Generation von Weißen vielleicht die letzte Chance, die sie je haben wird, um Rassismus und weiße Vorherrschaft zu überwinden, durch die der westliche Mann der Zerstörung dieses Planeten nahe gekommen ist.«[26]

Solch wohlwollende Berichterstattung über das SNCC von linken JournalistInnen mit nur geringer Leserschaft konnte die fortgesetzte Verschlechterung des öffentlichen Rufs des SNCC nicht mehr verhindern. Stokely Carmichaels selbstbewusste Beschreibung der zukünftigen Programme des SNCC trugen dazu bei, die UnterstützerInnen zu beruhigen, aber viele seiner öffentlichen Erklärungen waren kalkuliert, um zu zeigen, dass die Radikalität des SNCC nicht von Erwägungen der Public Relations abhing. Für viele AktivistInnen des SNCC erfüllte der schwarze Separatismus psychologische Bedürfnisse, die nicht einfach durch geduldige Anstrengungen zur Mobilisierung der schwarzen Gemeinschaft und zur Durchsetzung konkreter Ziele befriedigt werden konnten. Carmichael wurde mit der Wahl konfrontiert, politische Institutionen wie diejenigen, die er selbst im Lowndes County initiiert hatte, aufzubauen, oder dem Beispiel des Atlanta-Projekts zu folgen und sich mit nichts anderem zu beschäftigen als mit verbalradikalen Aufrufen für die Einheit der Schwarzen auf der Basis separatistischer Ideale. Seine öffentlich geäußerte Präferenz war die erste Alternative, aber der Lauf der

Ereignisse drängte ihn in die andere Richtung. Obwohl die Community Organizer Carmichael unterstützten und dachten, er würde dem entsprechen, was sie nun brauchten, konnten sie nicht vorhersehen, wie Carmichael oder jedes andere Mitglied des SNCC auf die Erfordernisse reagieren würde, welche sich 1966 den führenden AktivistInnen des SNCC stellten. Anfang Juni verlautete im SNCC-Büro von New York, Carmichael »wird die meiste Zeit dieses Jahres damit verbringen, unsere Projekte in den Südstaaten zu besuchen und die dortigen Aktivisten zu ermutigen.« Die Erwartung, die Probleme des SNCC durch die Effektivierung der Organisation zu lösen, blieb noch immer ein verlockender Traum, besonders bei Radikalen wie Carmichael, die eine weit reichende Vision vom Daseinszweck des SNCC hatten. Carmichael wollte seine Zeit unzweifelhaft zur Stärkung der Projekte des SNCC im Süden aufwenden, aber er glaubte, das Bewusstsein der Schwarzen müsse sich ändern, bevor ihre Lebensbedingungen substantiell verbessert werden konnten. Die Widerstandsaktionen von 1965 hatten gezeigt, dass die AktivistInnen des SNCC noch immer erpicht darauf waren, ihren Radikalismus öffentlich auszudrücken. Sie bestanden darauf, dass ihre Beteiligung an gewaltfreien Märschen der Bürgerrechtsbewegung unerlässlich sei, um andere von der Notwendigkeit eines radikaleren Vorgehens zu überzeugen. So kam es, dass noch bevor das SNCC damit beginnen konnte, sich zu reorganisieren und seine Projekte zu stabilisieren, seine Führungspersonen in eine Serie von Protestaktionen in Mississippi verwickelt wurden, welche die Zukunft des SNCC und die Zukunft des Kampfes der Schwarzen insgesamt stark beeinflussen sollten.[27]

Die Proteste in Mississippi begannen nach der Erschießung von James Meredith, der am 5. Juni 1966 zu einem Marsch durch Mississippi aufgebrochen war, um zu beweisen, dass die schwarzen BewohnerInnen ihre Rechte ohne Angst ausüben konnten. Meredith war ein schwarzer Student an der Universität von Mississippi. Als er sich 1962 einschrieb, kam es bereits zu Gewaltakten seitens reaktionärer Kreise. Er wurde auf seinem Marsch durch drei Gewehrschüsse verwundet und in ein Krankenhaus in Memphis gebracht. Als die Schüsse fielen, waren Stokely Carmichael, Stanley Wise und Cleveland Sellers gerade in Arkansas und versuchten dort zu helfen, den Projekten des SNCC wieder Stabilität zu verleihen. Spontan fuhren die drei führenden Aktivisten des SNCC nach Memphis, um Meredith beizustehen, und planten ihre Rückkehr für den nächsten Tag. Nachdem sie Meredith besucht hatten, entschieden sie sich jedoch zu bleiben und sich mit anderen führenden Bürgerrechtlern zu treffen, die ebenfalls in Memphis waren. Zusammen mit Martin Luther King und dem Vorsitzenden von CORE, Floyd McKissick, trafen sie sich in der Kirche von Reverend James Lawson, dem Autor des ersten Programms des SNCC, und entwickelten Pläne, den Marsch von Meredith fortzusetzen. Die Vertreter des SNCC schlugen vor, dass der Marsch den örtlichen Kampagnen zur Eintragung in die Wahllisten dienen sollte und die Marschierenden sowie JournalistInnen in diejenigen Städte Mississippis bringen sollte, in denen die meisten Schwarzen noch nicht eingeschrieben waren. Sie bestanden zudem darauf, dass sich die Marschierenden an Aktionen zivilen Ungehorsams beteiligen sollten, wenn sie auf Schwierigkeiten und Behinderungen treffen würden. Nach Angaben von Stanley Wise verärgerte diese Idee vor allem Roy Wilkins, der zu dem Treffen hinzugekommen war, und der NAACP-Vorsitzende weigerte sich fortan, den Marsch zu unterstützen. »Wir nutzten diese Gelegenheit, um Roy Wilkins ins Gesicht zu sagen, was ihm viele von uns schon lange sagen wollten – und das war, dass er sich zur Ruhe setzen soll, in einem College lehren soll und ein Buch über seine frühen Tage schreiben soll«, erinnerte sich Wise. Entschlossen, den Marsch fortzusetzen, kehrten Carmichael, Sellers und Wise nach Atlanta zurück und suchten die Zustimmung des Zentralkomitees des SNCC.[28]

Weil sie sich an die Probleme noch gut erinnerten, die aus der Beteiligung des SNCC an den Protesten von 1965 in Alabama entstanden waren, lehnten mehrere Mitglieder des Zentralkomitees eine Beteiligung am Marsch in Mississippi entschieden ab. Courtland

Cox argumentierte, das SNCC brauche keinen Marsch, »um die wirklich wichtige Arbeit der Organisierung durchzuführen.« Der Marsch finde nur statt, weil Meredith eine im ganzen Land bekannte Persönlichkeit sei, meinte er. Carmichael antwortete, dass der Marsch durch Gemeinden gehen werde, die noch immer das SNCC unterstützten, und dass er dem öffentlichen Protest gegen die Nichtanwendung bestehender Gesetze dienen sollte. Seine Argumente überzeugten die Mehrheit des Zentralkomitees. Es wurde entschieden, dass das SNCC den Marsch dazu nutzen sollte, den Aufbau von Gemeindeorganisationen unter der schwarzen Bevölkerung zu propagieren. Sellers erinnerte sich, dass die Befürworter des Marsches lediglich »ein sehr, sehr zurückhaltendes Okay bekamen. Ich dachte mehrfach an die Worte des Zentralkomitees an uns: ›Wir wollen nichts mehr von diesem Marsch hören. Ruft uns bloß nicht um Hilfe!‹«[29]

Carmichael und Sellers kehrten nach Memphis zurück und trafen sich mit den anderen führenden Bürgerrechtlern. Sie verärgerten die Gemäßigten, als sie forderten, dass die Beteiligung von Weißen nicht extra betont werden sollte und, dass es den Deacons for Defense erlaubt werden sollte, während des Marsches Waffen zu tragen, um die MarschiererInnen zu schützen. In der Hoffnung, damit zumindest den Anschein einer Einheit unter den Bürgerrechtsgruppen zu wahren, gaben King und McKissick der Beteiligung der Deacons ihr Einverständnis. Obwohl es Weißen erlaubt war, sich zu beteiligen, war ihre Präsenz weniger sichtbar als bei irgendeiner anderen großen Bürgerrechtsdemonstration in den sechziger Jahren. Ohne intensive und umfangreiche Vorbereitungen marschierten nur einige hundert TeilnehmerInnen entlang des Mississippi-Highway von dem Ort aus, an dem auf Meredith geschossen wurde.

Die Presseleute, die über den Marsch schrieben, waren darauf aus, Informationen über Unstimmigkeiten zwischen dem SNCC, der SCLC und dem CORE herauszufinden und die führenden Aktivisten scherten sich wenig darum, ihre unterschiedlichen Ansichten vor der Öffentlichkeit zu verbergen. Die abendlichen Kundgebungen in den Gemeinden der Schwarzen Mississippis wurden zu Konkurrenzveranstaltungen darum, welche von den drei Führungspersönlichkeiten die Unterstützung der örtlichen BewohnerInnen bekam. Carmichael und McKissick betonten die Notwendigkeit einer stärkeren Militanz und verurteilten die Bundesregierung dafür, dass sie nicht eingriff, um die Schwarzen in den Südstaaten zu unterstützen. Martin Luther King war zwar in der Defensive, aber er plädierte auf wirkungsvolle Weise für die weitere Nutzung gewaltfreier Taktiken.

Während der ersten Tage des Marsches war King eindeutig die dominante Persönlichkeit unter den TeilnehmerInnen. Die SNCC-Aktivisten mussten erkennen, dass er noch immer bei weitem der populärste Bürgerrechtsaktivist war. Die unterschiedlichen Ansichten zwischen Martin Luther King und Stokely Carmichael waren für die örtlichen Schwarzen, die King bewunderten und seiner Leitung vertrauten, nicht unmittelbar erkennbar. King war sich seinerseits durchaus der wachsenden Militanz junger Schwarzer bewusst und seine Reden während des Marsches waren Versuche, dieser neuen Stimmungslage Rechnung zu tragen, ohne das Ideal der Gewaltfreiheit aufzugeben. Trotz ihrer Differenzen knüpften einige Aktivisten des SNCC während des Marsches freundschaftliche Kontakte zu King. »Es stellte sich heraus, dass er eigentlich ganz locker war, mit einem wunderbaren Sinn für Humor«, erinnerte sich Sellers. »Sein Geist war offen und wir waren überrascht zu sehen, dass er weit weniger konservativ war als wir anfangs gedacht hatten.«[30]

Trotz ihres Respekts für King suchten die SNCC-Aktivisten Gelegenheiten, um ihre Position mit ihm zu diskutieren und dabei die Wut der Schwarzen, ihre Unzufriedenheit und ihre Desillusionierung deutlich zum Ausdruck kommen zu lassen, die sich nach ihrer Ansicht durch Kings eher zurückhaltende Rhetorik nicht vermitteln ließ. Zwar konnten sie das auch selbst durch die detaillierte Beschreibung der SNCC-Programme nicht ausdrücken, aber sie entdeckten ein Mittel, unterdrückte Gefühle der Schwarzen anzusprechen – und zwar durch die Teilnahme eines älteren SNCC-Aktivisten, der nach Mississippi gekommen war, um beim Marsch mitzumachen. Längst bevor Willie Ricks zu einer Gruppe von Aktivisten des SNCC stieß, die vor dem eigentlichen Marsch die Schwarzen in den kleinen Gemeinden entlang der Marschstrecke mobilisieren sollte, war seine Fähigkeit, die schwarzen ZuhörerInnen zu begeistern, weithin bekannt. Er hatte am Kampf in den Südstaaten bereits als Schüler der High-School in Chattanooga, Tennessee, Anfang der sechziger Jahre teilgenommen. Er radikalisierte sich, als ein naher Freund während einer Demonstration getötet wurde. Seinem oft rauen Ton mangelte es an der intellektuellen Rhetorik der meisten SNCC-AktivistInnen, die das College besucht hatten und die politischen Diskussionen der Hauptamtlichen dominierten. Er mied die Fraktionskämpfe innerhalb des SNCC und bezeichnete sich als schwarzer Nationalist, was die Akzeptanz des Konzepts der bewaffneten Selbstverteidigung von Schwarzen sowie eine allgemeine Antipathie gegen Weiße mit einschloss.

Ricks versorgte Stokely Carmichael mit einer neuen Waffe in seiner ideologischen Auseinandersetzung mit Martin Luther King, als er die enorme Attraktivität des Slogans *Black Power* demonstrierte – eine Abkürzung von »Black Power for Black People« (Schwarze Macht für die schwarze Bevölkerung), einem Slogan, den die AktivistInnen des SNCC in Alabama skandierten. Die beiden Worte waren von anderen Schwarzen bereits kombiniert worden, längst bevor Ricks sie in Mississippi populär machte. Richard Wright benutzte sie als Titel seines Buches über afrikanische Politik, das er in den frühen fünfziger Jahren geschrieben hatte; und der schwarze Aktivist Paul Robeson sprach von Black Power ebenfalls schon während der fünfziger Jahre. Ein führender politischer Aktivist aus Harlem, Jesse Gray, sowie der Kongressabgeordnete Adam Clayton Powell hatten den Slogan vor kurzem ebenfalls benutzt. Zur Zeit des Mississippi-Marsches hatten die SNCC-AktivistInnen damit begonnen, von der Notwendigkeit von Black Power zu reden. Am 10. Juni 1966 erklärte Carmichael den Mitgliedern des Zentralkomitees, einer der Gründe, weshalb er die Teilnahme des SNCC am Marsch befürwortete, sei, Unterstützung für »das Konzept von Black Power« zu bekommen.[31] Zweifellos hätten die AktivistInnen des SNCC auch damit angefangen, Black Power als politischen Slogan zu benutzen, wenn der Mississippi-Marsch nicht stattgefunden hätte. Aber Ricks war der erste, der die durchschlagende Bedeutung spürte, die die öffentliche Kombination eines bis vor kurzem noch mit rassistischen Abwertungen verknüpften Begriffs mit einem Ziel ausmachte, das für die schwarze Bevölkerung als Gruppe schon immer außerhalb des Erreichbaren gelegen hatte.

Die Führungspersonen des SNCC glaubten Ricks' ersten Berichten über seine Kundgebungsreden nicht. »Stokely versuchte mich vom Marsch auszuschließen, weil ich ständig übertreiben würde«, erinnerte sich Ricks. Er erzählte den SNCC-Führungspersonen von der überwältigend positiven Reaktion der Menge. »Ich verließ die Leute, laut rufend: ›Black Power‹, und das rufen sie jetzt noch.« Obwohl sie anfangs skeptisch waren, ließen sich Carmichael und andere SNCC-Aktivisten überzeugen, nachdem sie selbst eine Rede von Ricks in einer Kirche der Schwarzen miterlebt hatten.[32]

Carmichaels Gelegenheit, den Black-Power-Slogan anzuwenden kam, als der Marsch die Grenze des Leflore County überschritt, eine Region, in der das SNCC gerade Anstrengungen unternahm, WählerInnen zu registrieren. Zu Beginn des Marsches hatten die BürgerrechtlerInnen mit wenigen Schwierigkeiten von Seiten der Beamten des Bundesstaates zu kämpfen und es gelang ihnen, dass sich viele BewohnerInnen von Gemeinden der Schwarzen entlang des Highway 51 in die Wahllisten einschrieben. Am 16. Juni kam eine kleine Vorausgruppe nach Greenwood, um dort wie in anderen Gemeinden auch Zelte auf dem Gelände einer örtlichen Schule für Schwarze aufzustellen. Als ihnen die lokale Polizei erklärte, die Zelte könnten nicht ohne schriftliche Erlaubnis der Schulverwaltung aufgestellt werden, versuchte Carmichael zu verhandeln. Er wurde wegen des Versuchs, sich einer polizeilichen Anweisung zu widersetzen, festgenommen. Carmichael und zwei weitere Aktivisten wurden sechs Stunden festgehalten und dann für eine Kaution von 100 Dollar freigelassen. An diesem Abend war Carmichael der letzte Redner auf der örtlichen Kundgebung, nach McKissick, King und Ricks. Weil er noch immer über seine Festnahme wütend war, sagte er den ungefähr 600 ZuhörerInnen: »Das ist jetzt meine 27. Festnahme gewesen. Ich werde nicht mehr ins Gefängnis gehen.« Er meinte, die Schwarzen würden jetzt seit sechs Jahren Freiheit fordern und hätten nichts bekommen. »Was wir jetzt wollen ist ›Black Power‹.« Er wiederholte den Slogan mehrmals und jedes Mal schrie die Menge zurück, »Black Power!« Willie Ricks sprang auf die Rednerbühne und fragte: »Was wollt ihr?« Und wieder und wieder rief die Menge einstimmig den Slogan, der plötzlich ihre Gefühle zum Kochen gebracht hatte.[33]

Carmichaels Übernahme des Black-Power-Slogans wurde sofort zur zentralen Kontroverse des Marsches. Die Presseleute konzentrierten schnell die öffentliche Aufmerksamkeit auf den Slogan. Martin Luther King betrachtete den Spruch als »eine unglückliche Wortwahl«, die dazu geeignet sei, die öffentliche Unterstützung für die Bürgerrechtsbewegung zu schwächen, und rief die OrganisatorInnen von SNCC, CORE und SCLC zu einem Treffen in Yazoo City, Mississippi, zusammen. Bei diesem Treffen brachte Floyd McKissick vom CORE seine Unterstützung für den Slogan zum Ausdruck. King, dem klar wurde, dass die schwarzen ZuhörerInnen etwas an Begeisterung für seine Taktik der Gewaltfreiheit verloren hatten, versuchte Carmichael und die anderen davon zu überzeugen, dass sie den Slogan nicht verwenden sollten, »weil er unsere Bündnispartner verprellt, die Gemeinschaft der Schwarzen isoliert, und weil er vielen vorurteilsbeladenen Weißen, die sich sonst vielleicht ihrer anti-schwarzen Gefühle schämen würden, eine lange gesuchte Selbstbestätigung gibt.« Stokely Carmichael und McKissick antworteten, der Kampf der Schwarzen brauche einen neuen Kampfruf, und dass am Konzept der Black Power nichts Falsches sei, schließlich sei es dieselbe Form von Gruppenmacht, die auch von anderen ethnischen Gruppen gefordert werde. Nach einer fünfstündigen Diskussion einigten sich die verschiedenen Vertreter darauf, den Wettstreit um die Unterstützung der schwarzen KundgebungsbesucherInnen einzustellen, indem sowohl auf die Verwendung des Slogans »Black Power« wie auch auf »Freedom Now« verzichtet werde.[34]

Während die Zeitungen im ganzen Land den Black-Power-Slogan verurteilten, verstärkte sich die Reaktion der Weißen gegen den Marsch in Mississippi. Als die Marschierenden am 22. Juni in Philadelphia, Mississippi, eintrafen, um der drei Bürgerrechtler zu gedenken, die vor zwei Jahren in der Nähe ermordet worden waren, hielt King eine Rede vor dem Court House des Counties. Eine Gruppe Weißer, darunter Deputy Sheriff Cecil Price und andere, die später wegen Verschwörung zum Mord verurteilt wurden, versuchte dabei ständig, die Rede zu stören. Als die MarschiererInnen zurück in die Gemeinde der Schwarzen gingen, wurden sie von Weißen angegriffen. Die Polizei weigerte sich einzugreifen, bis die Schwarzen anfingen, zurückzuschlagen. Später am Abend kam es zu Kämpfen zwischen bewaffneten Schwarzen und Weißen.[35]

Als die Marschierenden zwei Tage später versuchten, ein Zelt auf dem Gelände einer Schule der Schwarzen in Canton aufzubauen, wurden sie von der Polizei angegriffen, die Tränengas und Knüppel einsetzte. Der Journalist Paul Good erinnerte sich, dass nach dem Angriff von Canton sogar King Zweifel überkamen, ob seine gewaltfreie Taktik wirksam bleiben konnte. »Die Regierung muss mir schon einige Siege zugestehen, wenn ich die Leute weiterhin von der Gewaltfreiheit überzeugen soll«, sagte Martin Luther King. »Ich weiß, dass ich selbst gewaltfrei bleiben werde, egal was passiert. Aber viele Leute sind verletzt und verbittert, und sie können das nicht mehr auf diese Weise betrachten.«[36]

Der Marsch wurde am 26. Juni 1966 mit einer Massenkundgebung am Kapitol des Bundesstaates in Jackson, Mississippi, beendet. Carmichael sagte den ungefähr 15 000 Menschen, die Schwarzen sollten »eine Machtbasis aufbauen, die so stark sein muss, dass wir die Weißen jedes Mal in die Knie zwingen können, wenn sie sich mit uns anlegen.«[37] Die Teilnahme von AktivistInnen des SNCC am Mississippi-Marsch war der Höhepunkt einer Übergangsphase des

SNCC, die eigentlich nach innen gerichtet war und in der die programmatischen und organisatorischen Grundlagen kritisch überprüft wurden. Seit dem Sommer 1964 hatte eine erschöpfende Suche nach neuen Zielsetzungen eingesetzt, welche die Ideen ersetzen sollten, die die Bürgerrechtsbewegung zuvor geleitet hatten. Die Kader kamen zu dem Ergebnis, dass sie auf die Unterstützung durch die Bundesregierung oder die Solidarität weißer Liberaler aus den Nordstaaten nicht rechnen konnten und diskutierten die Möglichkeiten, unabhängige politische Organisationen für Schwarze aufzubauen, ohne dabei jedoch den Beteiligten größere disziplinarische Richtlinien aufzuerlegen oder die antiautoritäre Ethik, die innerhalb der Organisation verbreitet war, aufzugeben. Im Jahre 1965 hatten die SNCC-OrganisatorInnen einige neue Projekte initiiert, um schwarze Machtbasen in den Gemeinden aufzubauen und die liberalen Bürgerrechtskoalitionen zu ersetzen, aber sie hatten es dabei nicht vermocht, den Zielkonflikt zwischen politischer Effizienz und ideologischer Reinheit aufzulösen. Das Entstehen eines Konsensus innerhalb des SNCC hinsichtlich der Notwendigkeit von Black Power war darum eine unzureichende Antwort auf den veränderten Kontext afroamerikanischer Politik. Die Wahl von Stokely Carmichael war ein Ausdruck der Hoffnung von Kadern des SNCC, dass das SNCC dazu fähig sein könne, als ersten Schritt auf dem Weg zu einer neuen Sozialordnung das afro-amerikanische politische Bewusstsein zu wecken. Doch die Frage blieb ungelöst, ob die AktivistInnen des SNCC tatsächlich stabile und machtvolle Alternativinstitutionen auf der Grundlage von Werten aufbauen konnten, die während jahrelanger Rebellion gegen die bestehenden Autoritäten und durch beständige Kritik der etablierten Mächte entwickelt wurden. Der Black-Power-Slogan war gleichzeitig ein Mittel zur Mobilisierung der unzufriedenen schwarzen Individuen und ein Vorschlag für die noch immer nur teilweise formulierten Ziele. Die OrganisatorInnen sollten schnell erkennen müssen, dass ihre Aufgabe komplexer als erwartet und ihre Gegner mächtiger als zuvor waren.

Teil 3: Zerfall

Black Power

Mit Stokely Carmichaels Popularisierung des Slogans Black Power begann ein neuer Abschnitt der Veränderung afro-amerikanischen Bewusstseins. Die Black-Power-Rebellion zerstörte das zerbrechliche Bündnis der Bürgerrechtskräfte und stellte die Voraussetzungen bisheriger Bemühungen von Schwarzen und Weißen in Frage, landesweit geltende Bürgerrechtsreformen durchzusetzen. Die Kämpfe der Schwarzen in den sechziger Jahren hatten vergessene Traditionen des schwarzen Radikalismus und des schwarzen Separatismus wieder entdeckt, welche alle dahin tendierten, unter den Schwarzen ein Gefühl für Stolz, Selbstvertrauen und schwarze Identität zu stärken. Durch die zunehmend positive Resonanz auf das Konzept von Black Power zeigten Afro-AmerikanerInnen aus allen Schichten ihren Willen, die hart erkämpften Menschenrechte dazu zu nutzen, ihr Leben auf eine Weise zu verbessern, die gleichzeitig ihre kulturellen Werte erneuert.

Wie die vier Studenten aus Greensboro, die die Sit-In-Protestbewegung in den Restaurants initiierten, war auch Carmichael keine außergewöhnliche prophetische Persönlichkeit. Er wurde zum Symbol schwarzer Radikalität, weil er die weit verbreitete Bereitschaft der Schwarzen spürte, bisherige anpasserische Verhaltensweisen zu verwerfen. Carmichaels Ansichten wurden von seinen Erfahrungen im Kampf in den Südstaaten geprägt und entsprachen den unterdrückten Gefühlen vieler anderer Schwarzer, vor allem in den städtischen Zentren der Nordstaaten, wo die Bürgerrechtsbewegung Hoffnungen genährt, aber nicht erfüllt hatte. Wie seine Vorläufer aus Greensboro war auch Carmichael ein Erneuerer, der die sozialen Kräfte, die er in Bewegung setzte, weder kontrollieren noch gänzlich verstehen konnte. Er konnte nur mit der schwierigen Aufgabe beginnen, eine umfassende politische Strategie für die Zeit nach der Bürgerrechtsbewegung zu entwerfen. Trotzdem schuf er die Rahmenbedingungen der unmittelbar folgenden politischen Entwicklung unter den Schwarzen. Stokely Carmichael kann in eine Reihe mit äußerst kühnen schwarzen Führungspersonen gestellt werden – Martin Delany, Marcus Garvey, Malcolm X –, deren geschichtliche Funktion es war, große Teile der schwarzen Bevölkerung zu mobilisieren, indem deren unterdrückte Wut reflektiert wurde und bisher verborgene Aspekte ihrer rassistischen Unterdrückung offen benannt wurden.

Erst als Carmichael als Befürworter von Black Power die Aufmerksamkeit des ganzen Landes erregte, fing er damit an, das Konzept intellektuell zu füllen, während es ursprünglich nur eine Schlussfolgerung aus seinen Erfahrungen mit der Arbeit des SNCC war. Er versuchte zu demonstrieren, dass Black Power ein logisches Ergebnis des Kampfes der Schwarzen in den Südstaaten war und gleichzeitig eine rationale Antwort auf die Lebensbedingungen der Afro-AmerikanerInnen. Zwar gelang es ihm, einige Missverständnisse seiner Auffassungen zu klären, aber er konnte eine gewisse Konfusion nicht vermeiden, die von einseitigen Presseberichten ebenso herrührten wie von der Unsicherheit der SNCC-AktivistInnen über ihre eigenen zukünftigen Vorstellungen. Hinzu kam, dass Carmichaels Schriften und öffentlichen Erklärungen nicht nur vage Formulierungen einer Strategie waren, sondern zugleich emotionale Antworten auf die Enttäuschungen, mit denen die SNCC-Kader ebenso konfrontiert waren wie die rebellierenden Schwarzen in den Städten. Sie waren desillusioniert über ihre bisherigen Versuche, durch gewaltfreie Taktiken und gemischte Bündnisse von Schwarzen und

Weißen soziale Veränderungen herbeizuführen und deshalb sahen sich Stokely Carmichael sowie andere explizite Militante innerhalb des SNCC nicht mehr länger an eine Rücksichtnahme auf weiße Verbündete gebunden. Weil sie eine bisher unterdrückte Wut ausdrükken konnten, fühlten sich Carmichael und andere auf eine bestimmte Weise »befreit« – so ähnlich vielleicht, wie auch die schwarzen AktivistInnen während der frühen Tage der Sit-In-Bewegung ein Gefühl der Befreiung verspürten.

Die Attraktivität von Black Power für die schwarzen AktivistInnen im SNCC gründete sich zu einem großen Teil darauf, dass der Slogan Schwarze mobilisieren konnte und zugleich die Weißen verstörte. Indem sie einen ambivalenten Slogan aufgriffen, der auch rassistische Gefühle erzeugen konnte, zeigten die Kader des SNCC ihre fortgesetzte Bereitschaft, für ihre Ideale auch Risiken einzugehen. Während Carmichael die Notwendigkeit spürte, seine Ideen auch Weißen zu erklären, zeigte er sich zwiegespalten zwischen einer Tendenz, auf seine Kritiker zu antworten und wiederholten Weigerungen, seinen Verbalradikalismus zu dämpfen, um die Ängste der Weißen zu mildern. »Ich habe mich an die schwarze Bevölkerung zu wenden, nicht an die Presse und auch nicht an die weiße Bourgeoisie«, sagte er dem Journalisten Paul Good. Bei wiederholten Gelegenheiten forderte er die Bürgerrechtsbewegung dazu auf, ihre Rolle als »Pufferzone zwischen der schwarzen Gemeinschaft und den Weißen« abzulegen und damit anzufangen, »die Gefühle der schwarzen Gemeinschaft in der Sprache der schwarzen Gemeinschaft auszudrücken.«[1]

Noch immer versuchte Carmichael, Weiße zu überzeugen, die gewillt waren, seinen Argumenten Gehör zu schenken. Im Sommer des Jahres 1966 veröffentlichte er zwei Essays: *What We Want*, in der *New York Review of Books*, sowie *Toward Black Liberation*, in der *Massachusetts Review*.[2] Diese Aufsätze wurden vielfach wiederabgedruckt. In ihnen erklärte Carmichael die Gründe für den Wandel des SNCC in einer Sprache, welche weiße Liberale und Radikale verstehen, wenn nicht sogar akzeptieren konnten.

Stokely Carmichael befürwortete die kulturelle und politische Autonomie für die Gemeinden der Schwarzen. Er verteidigte das Konzept der Black Power als eine Antwort der schwarzen Bevölkerung auf die Notwendigkeit, »unsere Geschichte und unsere Identität wieder zu entdecken und sie dem kulturellen Terrorismus (der Weißen, d. Ü.) und der verheerenden Tendenz entgegenzusetzen, uns selbst die Schuld der Weißen aufzuladen.« Er meinte, die schwarze Bevölkerung werde »für das Recht kämpfen müssen, unsere eigenen Maßstäbe aufzustellen, nach welchen wir uns und unsere Beziehungen zur Gesellschaft definieren. Und diese Maßstäbe müssen anerkannt werden.«[3]

Bei seinem Aufruf für die Selbstbestimmung der Schwarzen wiederholte Carmichael viele Argumente aus dem Positionspapier des Atlanta-Projekts, das bereits im vorangegangenen Frühjahr geschrieben worden war. Obwohl er noch immer gegen die Forderung der Separatisten von Atlanta war, die Weißen aus dem SNCC auszuschließen, übermittelte er nun einem landesweiten Publikum viele ihrer Ideen über die psychologischen Implikationen des Kampfes der Schwarzen. Während die Separatisten von Atlanta das Thema der weißen Mitgliedschaft im SNCC dazu nutzten, ihren Einfluss in der Organisation auszubauen, benutzte Carmichael die allgemeine Analyse weißer politischer Vorherrschaft dazu, die gemäßigten Führungspersonen anderer Bürgerrechtsorganisationen herauszufordern. »Wir wollen wissen, wer unser Freund ist, und wir werden niemanden akzeptieren, der zu uns kommt und sagt: ›Wenn du das und das und das machst, werden wir dir helfen.‹« Er meinte kategorisch: »Wir lassen es nicht zu, dass der Unterdrücker den Unterdrückten sagt, wie wir den Unterdrücker loswerden können.«[4]

Carmichael schloss die Möglichkeit gemischter Bündnisse von Schwarzen und Weißen nicht aus. Er wies die Kritik zurück, das Konzept der Black Power sei »ein Rückzug in den schwarzen Nationalismus und Isolationismus.« Stattdessen meinte er, die Politik des SNCC könne gerade einen gegenteiligen Effekt haben: »Wenn die schwarze Gemeinschaft ihre örtlichen Institutionen kontrolliert und mit anderen Gruppen aus einer Position organisatorischer Stärke heraus verhandelt, wird die Möglichkeit bedeutsamer politischer Bündnisse bei speziellen Thematiken erhöht.« Das sei aber nur möglich, wenn die weißen AktivistInnen ihre Verantwortung erkennen würden, die Gemeinden der Weißen zu organisieren. »Sie ermahnen die Schwarzen, gewaltfrei zu sein«, so schrieb er. »Sollen sie doch die Gewaltfreiheit in den Gemeinden der Weißen predigen.«[5]

Seit 1964 hatte Carmichael die Radikalen unter den Weißen dazu aufgefordert, verarmte Weiße zu organisieren, aber er warnte auch, dass die unterprivilegierten Weißen »uns gegenüber noch feindseliger werden können, zum Teil weil sie beobachten, wie die Aufmerksamkeit der Nation auf die Armut der Schwarzen gelenkt wird und sich niemand um sie kümmert.« Während einer Diskussion in Atlanta kommentierte Carmichael grinsend, dass »arme Weiße in Wirklichkeit sehr rassistisch sind, weil das gesamte Land rassistisch ist. In eine arme Gemeinde von Weißen in Mississippi oder Alabama zu gehen und über Integration reden zu wollen, ist ein reiner Selbstmordversuch.«[6] Obwohl er sich über die enormen Schwierigkeiten im klaren war, mit denen AktivistInnen in den Gemeinden der Weißen konfrontiert wurden, kritisierte er mehrfach weiße AktivistInnen, die lieber in die Gemeinden der Schwarzen gingen – »dort, wo die Aktionen stattfinden« – anstatt Weiße zu mobilisieren, um fortschrittliche soziale Veränderungen zu erreichen.

Stokely Carmichael bemühte sich kaum darum, Schwarze zu gemischten Bündnissen mit Weißen auf der Basis einer Klassenanalyse zu ermutigen. »Der einzige Grund, weshalb uns die Weißen unterdrücken, ist der, dass wir schwarz sind«, sagte er bei einer Kundgebung im Stadtteil Watts in Los Angeles. Obwohl er sich mit den Interessen schwarzer Armer identifizierte, versuchte Carmichael nicht, Schwarze auf der Grundlage einer Betonung ihrer gemeinsamen Klasseninteressen zu mobilisieren. Weil er das Gefühl hatte, dass die Schwarzen durch Klassenappelle weniger ansprechbar seien als durch ›Rassen‹-Appelle (im Original: racial appeals, d.Ü.), bewegte sich Carmichael immer mehr hin zu einer Ideologie des schwarzen Separatismus. Wahrscheinlich erkannte Carmichael, dass er in seinen Analysen zu sehr vereinfachte, aber er konzentrierte sich darauf, von unzufriedenen Schwarzen Zuspruch zu erhalten anstatt Verständnis aus den Reihen skeptischer Weißer. In seinen Reden ging er kaum auf die wirtschaftlichen Probleme der Schwarzen ein und stellte stattdessen Ideen dar, mit denen er Schwarze aus allen Klassen erreichen wollte. »Das wichtigste für die schwarze Bevölkerung ist ihre Zusammenarbeit, und um sie zu erreichen, müssen wir aufhören, uns dafür zu schämen, dass wir schwarz sind«, sagte er. »Wir sind schwarz und wir sind schön.«[7]

Carmichael hatte jedoch kaum eine Vorstellung davon, welche politische Richtung seine schwarzen ZuhörerInnen einschlagen sollten, wenn sie sich unter dem Banner der schwarzen Führungskräfte vereinigt hatten. Noch hatte er die Forderung nicht vollständig übernommen, die Afro-AmerikanerInnen sollten eine separate kulturelle oder politische Einheit bilden. Er konzentrierte sich eher darauf, die bestehende Ordnung zu unterminieren, als eine neue Ordnung zu beschreiben. In seinen wenigen expliziten Vorschlägen zur Zukunft des Kampfes der Schwarzen beschwor er ein Modell für den Aufschwung ganzer Bevölkerungsgruppen, welches auf populären Konzepten nach den historischen Erfahrungen ethnischer Gruppen in Europa basierte. »Schon immer war der Weg zur sozialen und politischen Integration in Amerikas pluralistischer Geschichte derjenige, sich seine eigenen Institutionen aufzubauen, welche die Bedürfnisse der eigenen Gemeinschaft innerhalb der größeren Gesellschaft erfüllten«, schrieb er. Als Carmichael in der CBS-Fernsehsendung *Face the Nation* auftrat, führte er die irische und die jüdische Bevölkerungsgruppe als zwei Beispiele dafür an, wie eine Minderheit lokale politische Macht durch den Prozess der Ausübung des Wahlrechts gewinnen kann. Er sagte, sein Konzept der Black Power beinhalte die Organisierung der Schwarzen als eine unabhängige Kraft, die zu einem »starken Block« innerhalb der existierenden politischen Parteien werden sollte und die PolitikerInnen dazu zwingen solle, »den Wünschen der Schwarzen zu entsprechen.«[8]

In Stokely Carmichaels Verteidigung des Black-Power-Konzepts lag zweifellos auch ein Element der Heuchelei: Er konnte nicht sagen, ob sein Aufruf für Black Power nur eine Erweiterung der jüngsten Formen der Militanz im SNCC mit dem Ziel einer Reform sein sollte oder eine grundsätzliche Richtungsänderung dieser Militanz im Hinblick auf radikale oder revolutionäre Ziele. Die Tatsache, dass Carmichael seine Argumente an weiße Liberale und Radikale richtete, lässt darauf schließen, dass er seine Hoffnung noch immer auf eine gemischte Demokratie setzte, die auf der Gleichheit zwischen Schwarz und Weiß gegründet sein müsse. Trotz seines Schwankens zwischen Hoffnung und Verzweiflung, zwischen pluralistischen und separatistischen Analysen der gesellschaftlichen Realität, wurde Carmichael öffentlich als Symbolfigur anti-weißer Wut und Gewalt identifiziert. In den Monaten nach dem Marsch von Mississippi wurden seine Bemühungen zur Klärung seiner Ideen durch eine Debatte über den Slogan Black Power untergraben, die eher eine emotionale Auseinandersetzung war denn eine ideelle.

Stokely Carmichael regte eine entscheidende Diskussion über die Zukunft afro-amerikanischer Politik an, aber er war nur eine von vielen konkurrierenden Stimmen im Wettkampf um die politische Dominanz in der schwarzen Gemeinschaft. In der erhitzten Kontroverse um eine inhaltliche Füllung des Black-Power-Konzepts stritten Carmichael und einige SNCC-Aktivisten mit anderen schwarzen Führungspersonen um die Definition von Black Power als Zielvorstellung und politische Strategie. Aber noch bevor Carmichael seine ersten Essays zu Black Power veröffentlicht hatte, formten tendenziöse Presseberichte über seine Kundgebungsreden die öffentliche Meinung über ihn und seine Ideen.

Carmichael widersprach den wiederholten Unterstellungen, er sei anti-weiß oder dass seine Reden zu anti-weißer Gewalt aufstachelten; doch waren diese Konnotationen für viele unzufriedene Schwarze ein unmissverständlicher Teil der Black-Power-Rhetorik. Carmichaels beabsichtigte Mehrdeutigkeit erlaubte es seinen AnhängerInnen wie auch seinen GegnerInnen, ihre eigenen Vorstellungen in den Verbalradikalismus der Black Power hineinzulegen. Wenngleich Carmichael ein Opfer dieser Missverständnisse war, trug er doch auch zu ihrer Verbreitung bei, vor allem durch seine zweideutigen Äußerungen über zukünftige anti-weiße Vergeltungsaktionen. Üblicherweise vermied er eindeutige Aufrufe zur Gewalt und deutete stattdessen seine implizite Unterstützung solcher Aktionen an, während er explizit eher gemäßigte Aktionsvorschläge unterbreitete. Wie schon der Slogan Black Power selbst, so waren auch Stokely Carmichaels kontroverse Stellungnahmen hinsichtlich der Anwendung von Gewalt ambivalent – so, als er zum Beispiel während des Marsches in Mississippi propagierte, jedes Gerichtsgebäude in diesem Bundesstaat sollte niedergebrannt werden, »damit wir diesen Dreck endlich los sind.« Wenn er in weniger aufgeregtem Zustand war, meinte er, sein Ziel sei es, den Wandel durch eine politische Strategie erreichen zu wollen, welche die Anwendung von Gewalt überflüssig machen sollte.

Stokely Carmichael beschuldigte die Führungspersonen der Bürgerrechtsbewegung, sich selbst inbegriffen, für die anti-weißen Aufstände in den Städten des Nordens mitverantwortlich zu sein: es sei ihnen allen nicht gelungen, die aufgestauten Gefühle der städtischen Schwarzen auf angemessene Weise zum Ausdruck zu bringen. »Jedes Mal wenn die Leute in diesen Städten sahen, wie Martin Luther King geschlagen wurde, wurden sie wütend; wenn sie sahen, wie vier kleine schwarze Mädchen von einer Bombe zerrissen wurden, wurden sie noch wütender; und als daraufhin nichts geschah, geriet ihr Blut in Wallung«, schrieb er. »Und wir konnten ihnen nichts Zählbares anbieten, abgesehen davon, wieder rauszugehen und wieder geschlagen zu werden.« Er bekannte, die Bedeutung des Slogans Black Power liege darin, dass er zeige, »von jetzt an werden die Schwarzen die Worte benutzen, die sie für angemessen halten – und nicht die Worte, die die Weißen hören wollen.«[9]

Stokely Carmichael behauptete, »die einzige Macht, die führenden Schwarzen bisher zugestanden wurde, ist die Macht, schwarze Menschen zu verdammen.« Er kommentierte in seiner Rede in Watts, wenn schwarze Führungskräfte »davor Angst haben, Weiße zu verdammen, dann sollten sie ihren Mund halten, wenn sie sich anmaßen, zu einem schwarzen Publikum zu sprechen.« Er verglich seine eigene Direktheit mit der Zurückhaltung der führenden Bürgerrechtler in den frühen sechziger Jahren, die jedes Mal in die Defensive gerieten, wenn ihnen vorgeworfen wurde, ihr Ziel sei die Vermischung der »Rassen«. Stokely Carmichael meinte dazu: »Doch die Schwarzenführer entschuldigten sich dafür, noch bevor sie mit ihrer Bewegung begonnen hatten. Nun, ich jedenfalls werde immer wütend, wenn ich diesen Vorwurf zu hören bekomme. Ich sage ihnen: ›Deine Mutter, deine Tochter, deine Schwester ist nicht die Königin der Welt; sie ist nicht die Jungfrau Maria. Sie kann geschwängert werden. Also werden wir weiter machen.‹«[10]

Anstatt diejenigen Elemente von Carmichaels Ideen, die mit ihren Programmen übereinstimmten, zu betonen und anzuerkennen, konzentrierten sich mehrere wichtige schwarze Führungspersonen auf die Tendenz zu anti-weißer Gewalt, welche mit dem Slogan Black Power verbunden wurde. Durch ihre Angriffe auf Carmichael erhofften sie sich, die UnterstützerInnen unter den Weißen an sich zu binden, indem sie das SNCC vom Rest der Bürgerrechtsbewegung trennten. Roy Wilkins von der NAACP war der erste führende Schwarze, der das SNCC und den Black-Power-Slogan mit Nachdruck bekämpfte. »Egal wie oft und wie endlos sie versuchen, den Begriff ›Black Power‹ zu interpretieren: er bedeutet anti-weiße Macht«, sagte Wilkins seinen Delegierten beim jährlichen NAACP-Kongress im Juli 1966. Für ihn war der Slogan gleichzusetzen mit schwarzem Separatismus. Wilkins gab zu, dass die Parole »einen tröstenden, einen tiefgründigen psychologischen Effekt« habe, aber er warnte, dass »die schnelle, unkritische und hoch emotionalisierte Übernahme dieses Slogans durch einige Teile einer heimgesuchten Bevölkerung am Ende nur den Tod der Schwarzen bedeuten kann.«[11]

Wilkins' Kritik bestimmte die Tonlage der darauf folgenden kritischen Kommentare durch andere führende Persönlichkeiten aus den Lagern der Liberalen sowie der Bürgerrechtsbewegung. Sie erhofften sich, den kontinuierlichen Rückgang weißer Unterstützung für die Bürgerrechtsbewegung dadurch aufzuhalten, dass sie Carmichael extreme Positionen zuschrieben, gegenüber denen ihre eigenen gemäßigten Positionen dann für die weiße Öffentlichkeit attraktiver wurden. Am Tag nach der Rede von Roy Wilkins sprach US-Vizepräsident Hubert Humphrey zum NAACP-Kongress und erklärte: »Wir müssen Aufrufe zum Rassismus zurückweisen, ob sie nun aus weißen oder aus schwarzen Mündern kommen.« Präsident Lyndon Johnson kritisierte Black Power ebenfalls und rief zu einer »amerikanischen demokratischen Macht« auf. Ähnlich Senator Robert F. Kennedy, der warnte, »Black Power könnte sich als zerstörerisch nicht nur für die Bürgerrechtsbewegung, sondern auch für das ganze Land erweisen.« Whitney Young von der Urban League (UL) erklärte, seine Organisation werde jede Gruppe zurückweisen, die »formell Black Power zum Programm erhebt, oder die innere Bürgerrechtssituation mit dem Vietnamkonflikt in Beziehung setzt.«[12]

Bayard Rustin, einst Berater von Carmichael und anderen Mitgliedern der Nonviolent Action Group (NAG), veröffentlichte eine der ersten ausführlichen Kritiken des Black-Power-Konzepts. In der Zeitschrift *Commentary* schrieb er, die Leidenschaftlichkeit, mit der die Diskussion um Black Power geführt werde, habe »ihre Wurzeln in der psychologischen und politischen Frustration der schwarzen Gemeinschaft«, aber Rustin behauptete, die Idee der Black Power sei nicht nur »ohne Wert für die Bürgerrechtsbewegung«, sondern darüber hinaus »direkt schädlich.« Er argumentierte, die »Black Panther-Perspektive des SNCC ist zugleich utopisch und reaktionär – utopisch aufgrund des offensichtlichen Arguments, dass ein Zehntel der Gesamtbevölkerung eines Landes wohl nicht besonders viel durch sich selbst erreichen könne; reaktionär, weil solch eine Partei die Schwarzen von dem Hauptkampfplatz des politischen Kampfes abzieht (nämlich der Demokratischen Partei; d.A.), und weil der ›Rassen‹-Thematik gerade in einer Zeit die Priorität gegeben wird, in welcher die grundsätzlichen Fragen, die sowohl die Schwarzen (im Original: Negroe, d.Ü.) wie die US-amerikanische Gesellschaft

betreffen, hauptsächlich ökonomische und soziale sind.«[13] Der Bruch
der Beziehungen zwischen dem SNCC und den gemäßigten Bürger-
rechtsführern wurde deutlich, als das SNCC seinen Plan veröffentlichte, am 6. August 1966, dem Tag der Hochzeit der Tochter des
Präsidenten der USA, eine Demonstration gegen den Vietnamkrieg
durchzuführen. Wilkins, Young, King und A. Phillip Randolph sandten ein Telegramm an Carmichael, in welchem sie das SNCC darum
baten, das Vorhaben abzublasen, damit nicht »bei Millionen ameri-
kanischer Bürger der irreführende Eindruck entsteht, dass diese Demonstration eine Aktion der Bürgerrechtsbewegung ist.« Das Zentralkomitee des SNCC stimmte einer bitteren Antwort zu, die von
Courtland Cox formuliert wurde:[14] »Ihr habt mehr Rückgrat bei
der Verteidigung der Tochter des Präsidenten und ihres Bräutigams
gezeigt als für eure schwarzen Brüder, die gerade in unseren Städten rebellieren. Was uns betrifft, so könnt ihr Botengänger eurem
Chef mitteilen, dass der Hochzeitstag seiner Familie zugleich der
Tag ist, an dem sein Land in Hiroshima viele Menschen ermordet
hat.« Ein noch ernsthafterer Bruch zwischen dem SNCC und den
gemäßigten Bürgerrechtlern entstand, als das SNCC es ablehnte,
Johnsons neuerliche Bürgerrechtsgesetzgebung zu unterstützen, die
während des Frühjahrs dem Kongress vorgelegt wurde. Das SNCC
betrachtete die Gesetzgebung als überflüssig und forderte, die Regierung solle die bestehenden Gesetze endlich anwenden.

Im August 1966 wurden die AktivistInnen des SNCC noch un-
nachgiebiger in ihrer Opposition gegen die vorgeschlagene Bürgerrechtsgesetzgebung, als das Repräsentantenhaus mit überwältigender Mehrheit ein Gesetz beschloss, welches es zu einem bundesweit
zu verfolgenden Verbrechen erhob, wenn eine Person die Grenzen
von Bundesstaaten überschritt, um einen Aufstand oder andere
gewaltsame Störungen des Zivillebens zu initiieren oder durchzuführen.[15] Stokely Carmichael und andere Aktivisten wurden für die
Gewaltausbrüche in den Städten verantwortlich gemacht. Einige
Kongressabgeordnete zitierten eine besonders emotionale Rede von
Carmichael in Cleveland, kurz nachdem dort ein Riot der Schwar-

zen stattgefunden hatte. Carmichael sagte in der Rede nach Augenzeugenberichten, dass Schwarze überall dort reagieren würden, wo man sich mit einem schwarzen Mann »anlegen will.« Er fuhr fort: »Wenn ihr von Black Power redet, dann redet ihr davon, dieses Land in die Knie zu zwingen. Wenn ihr von Black Power redet, dann redet ihr davon, eine Bewegung zu schaffen, die alles zerstört, was die westliche Zivilisation aufgebaut hat.«[16]

Nur wenige JournalistInnen waren dazu fähig, Carmichaels eher durchdachte Kritiken des US-amerikanischen Liberalismus und der Bürgerrechtsbewegung von seinen manchmal verbalradikalen öffentlichen Ansprachen zu unterscheiden. Diese Presseleute ergingen sich häufig in unaufgeforderten Ratschlägen, die als solche schon offenbarten, dass ihnen ein wichtiger Grund für die Black-Power-Rhetorik entgangen war. In der Regel war für sie der Aufruf zu Black Power identisch mit schwarzem Separatismus. Das *Time*-Magazin sprach von Black Power als »einer rassistischen Philosophie«, die von »jungen Demagogen« vertreten werde, deren Ideen »gefährlich nahe an eine Philosophie des schwarzen Separatismus heranreichen.« Die Berichterstattung der Zeitschrift *Newsweek* war ausgewogener, aber deren Artikel waren trotzdem mit Anspielungen auf »die heißblütigen Theoretiker des SNCC« angereichert. Die Herausgeber der *Saturday Evening Post* veröffentlichten eine scharfe Kritik am Konzept von Black Power und warnten die schwarzen AktivistInnen, dass die Weißen im Jahre 1943 einen anti-schwarzen Riot in Detroit durchgeführt hatten, im Vergleich zu dem »die Riots von Watts wie eine Musicalkomödie ausgesehen haben.« Ohne an ihre schwarzen LeserInnen zu denken, behaupteten sie:[17] »Lasst uns der Wirklichkeit ins Auge sehen: Wir alle sind Bürger von Mississippi. Wir alle wünschen uns inbrünstig, dass das Problem der Schwarzen nicht existierte, oder dass es ignoriert werden könnte. Während wir mit den ständigen Forderungen nach guten Schulen, Jobs, Wohnungen und all den anderen Minimalrechten des amerikanischen Systems konfrontiert werden, tun wir – auf halbherzige Weise – unser Bestes, um alte Irrtümer zu korrigieren. Es mag sein, dass die Hand ungern und auf paternalistische Weise ausgestreckt wird, aber jeder, der diese Hand zurück weist, weist zugleich auch seine eigenen besten Interessen zurück.«

Von linksradikalen JournalistInnen abgesehen, schwenkten nur wenige ReporterInnen und KolumnistInnen in den großen Zeitungen nicht in diese allgemeine Tendenz der Verurteilung ein. Einer davon war der Kolumnist der *New York Times*, Tom Wicker, ein Weißer aus den Südstaaten, der schrieb, dass »gemäßigte Weiße so wenig sich und ihre Instinkte neu erschaffen können wie die Schwarzen in den Slums (im Original: slum Negroes, d.Ü.); und es nutzt jeder Seite wenig, gegen die andere in einer Sprache zu predigen, die nicht verstanden wird, oder für Wertvorstellungen, die für irrelevant oder wertlos gehalten werden.« Nachdem andere KolumnistInnen und Herausgeber ihre ersten Reaktionen auf die Idee der Black Power noch einmal überdacht hatten, räumten einige Zeitungen wie der *Christian Science Monitor* und der *Boston Herald* ein, dass die negativen Pressereaktionen unberechtigt gewesen sein könnten. »Wie jeder Aufständische übertreibt Carmichael«, schlussfolgerte ein Artikel in *Newsweek* Anfang August. »Aber es gibt kaum Zweifel daran, dass viele Zeitungen in den USA von dem ambivalenten und unklaren Slogan so verstört waren, dass sie es nicht vermochten, ihn näher zu untersuchen und ihn einzuordnen.«[18]

Die Vermittlungsversuche in den Essays von Stokely Carmichael über Black Power trugen zu einer langsamen Mäßigung der Kritik von Weißen bei, aber Carmichael und andere SNCC-AktivistInnen interessierte die Antwort der Schwarzen auf das Konzept weitaus mehr. Sie konnten schnell feststellen, dass ein großer und wachsender Teil der Schwarzen das Konzept attraktiv fand, obwohl sie es auf verschiedene Weise interpretierten.

Zu dieser positiven Resonanz unter den Schwarzen trugen mit Carmichael sympathisierende Artikel in den Zeitungen der Schwarzen bei. Der Herausgeber von *Ebony*, Lerone Bennett, Jr., proklamierte Carmichael zum »Begründer von Black Power«, meinte aber gleichzeitig, der Slogan »entsprang nicht einfach« Carmichaels Kopf.

»Er lag in der Luft; er war in den Köpfen und Herzen von Männern, die lange gelitten haben, und die einen hohen Preis für minimale Gewinne gezahlt haben«, so schrieb er und fügte hinzu: »Es war ein Geniestreich von Stokely Carmichael, diese Atmosphäre zu spüren, mit der die Psyche der schwarzen Menschen schwanger ging, und ihr Ausdruck zu verleihen.« Mitte Sommer 1966 führte Louis Harris eine Umfrage durch, die eine große Zustimmung zur Idee von Black Power unter den Schwarzen zum Ausdruck brachte. Mehr als die Hälfte der befragten »Führungspersonen aus Gemeinden der Schwarzen« sagten aus, sie befürworteten Black Power.[19] Sehr wahrscheinlich gab die Umfrage das ganze Ausmaß der Zustimmung nicht wieder, denn viele Schwarze waren zweifellos sehr zurückhaltend, wenn es darum ging, öffentlich kontroversen Ideen zuzustimmen, über die in den Zeitungen überwiegend negativ berichtet wurde.

Stokely Carmichael hoffte am Anfang, dass die Schwarzen den Slogan selbst definieren würden, obwohl ihm zunehmend klar wurde, dass sowohl die BefürworterInnen wie auch die KritikerInnen ein Recht auf ihre eigenen Definitionen hatten. Während des Sommers von 1966 beobachtete zum Beispiel die frühere COFO-Aktivistin Joyce Ladner eine grundlegende Spaltung unter den BefürworterInnen von Black Power in Mississippi und bot eine Analyse der wahrgenommenen Bedeutungsgehalte von Black Power an. Auf der einen Seite der Dichotomie Ladners waren die »Locals«, Schwarze, die ihr gesamtes Leben im Bundesstaat Mississippi verbracht hatten, und die im Black-Power-Slogan eine fruchtbare, alternative Methode sahen, langfristige wirtschaftliche und politische Ziele zu erringen. Auf der anderen Seite waren die »Cosmopolitans«, typischerweise junge, gut ausgebildete AktivistInnen, die oft aus den Nordstaaten stammten und »viele weiße Bekannte hatten«. Sie bestanden darauf, »dass die Schwarzen in der amerikanischen Gesellschaft den Begriff ›Schwarz‹ und alles, was damit zusammenhängt, neu definieren müssen, und dass der Stolz und die Würde des Schwarzseins in jeden schwarzen Amerikaner eingepflanzt werden müssen.« Im Jahre 1966 gab es im SNCC sowohl Locals als auch Cosmopolitans, aber während die lokale Orientierung in Mississippi eindeutig dominierte, nahm die kosmopolitische Ausrichtung innerhalb des gesamten SNCC zu.[20]

Martin Luther King war gefangen zwischen der Spaltung in Gemäßigte und der wachsenden Anzahl derjenigen Schwarzen, deren Loyalität zu Carmichael tendierte. King kritisierte den Black-Power-Slogan aus dem Grund, dass er mit einer anti-weißen Gefühlslage verbunden war. Wenn aber andere führende Schwarze eine Erklärung veröffentlichen wollten, die Black Power verurteilte, hielt King dem Druck stand und unterzeichnete nicht. Er erklärte, er würde der Erklärung inhaltlich zustimmen, aber er wolle nicht den Eindruck erwecken, die BefürworterInnen von Black Power zu »exkommunizieren«. King sympathisierte sogar mit der Radikalität des SNCC, obwohl er meinte, dass er von den Vertretern des SNCC während des Marsches in Mississippi benutzt worden war, um deren Ansichten auf seine Kosten zu verbreiten. Ein Jahr später, in seinem zuletzt veröffentlichten Werk, hielt King an seiner Skepsis gegenüber dem Slogan zwar in manchen Bereichen fest, schrieb aber trotzdem eine der bewegendsten Erklärungen dieser Zeit über dessen Notwendigkeit und erwähnte lobend die Bedeutung eines größeren Selbstbewusstseins für die schwarze Bevölkerung.[21]

Von den wichtigsten Bürgerrechtsorganisationen unterstützte nur CORE das SNCC bei dessen Kampagne für Black Power. Mit seiner hauptsächlich aus dem Norden stammenden Mitgliedschaft konnte CORE noch weniger als das SNCC die Aufstände in den von Schwarzen bewohnten Stadtvierteln des Nordens während der letzten beiden Jahre ignorieren. Und CORE hatte diese Militanz durch seine Protestaktivitäten in den Städten des Nordens mit hervorgerufen. Carmichael hielt vor den Delegierten des Jahreskongresses von CORE im Juli 1966 eine Rede, die von den meisten wohlwollend aufgenommen wurde. Die Delegierten übernahmen Black Power als ihre Thematik und stimmten dem SNCC ebenfalls dabei zu, sowohl das Recht auf bewaffnete Selbstverteidigung für Schwarze zu akzeptieren als auch sich öffentlich gegen den Vietnamkrieg auszusprechen.[22]

Ende Juli veröffentlichte zur Überraschung vieler SNCC-AktivistInnen eine informelle Gruppe aus 48 schwarzen Kirchenleuten eine ganzseitige Anzeige in der *New York Times*, in welcher sie das Konzept der Black Power unterstützten. Die Gruppe meinte, Black Power sei eine Reaktion auf die »Voraussetzung, dass Weiße dazu berechtigt sind, ihre Interessen durch den Einsatz von Macht durchzusetzen, aber schwarze Amerikaner, entweder aufgrund ihrer Natur oder aufgrund der Umstände, ihre Ansprüche nur als Gewissensappell vorbringen können.« Die Kirchenleute erklärten, die Schwarzen seien »als eine Gruppe unterdrückt, nicht als Individuen.«[23]

Weit weniger überraschend war die Unterstützung durch den Kongressabgeordneten Adam Clayton Powell, denn der schwarze Politiker aus Harlem betrachtete sich als der eigentliche Urheber des Black-Power-Slogans. Nach einem Treffen mit Carmichael und anderen VertreterInnen des SNCC, veröffentlichte Powell Pläne für eine landesweite Konferenz zur Diskussion über die Erfolge von Black Power, die im Oktober 1966 stattfinden sollte. Die SNCC-AktivistInnen waren zwar über solcherlei Unterstützung durch einen schwarzen Politiker hoch erfreut, aber sie hatten kein schlüssiges Konzept zur Hand, um denen eine Perspektive zu bieten, die nun auf den Zug aufsprangen und sich ebenfalls zu Black Power bekannten. Als Powell dann seine Konferenz abhielt, entschied sich das Zentralkomitee beispielsweise gegen die Entsendung von SNCC-VertreterInnen, weil das Gefühl vorherrschte, den Vorstellungen von Powell und anderen etablierten schwarzen Führungspersonen nichts entgegensetzen zu können, um das Black-Power-Konzept inhaltlich in eigenem Sinne zu füllen. »Powell redet nur darüber, mit dem Werfen von Molotow-Cocktails aufzuhören und nicht darüber, die Ursachen dafür zu beenden, die das Werfen von Molotow-Cocktails hervorbringen«, ärgerte sich Carmichael im Privaten während einer Diskussion auf der Konferenz. Er fügte hinzu, Powell »redet nie über unabhängige Politikformen«, sondern stattdessen »versucht er, die Leute wieder unter dem Dach der Demokratischen Partei zu versammeln.« James Forman schlug später vor, das SNCC solle eine eigene Konferenz über Black Power am siebten Jahrestag der ersten Greensboro-Sit-Ins abhalten, aber er hat diese Idee nicht entschlossen weiterverfolgt. Er erklärte, das SNCC »ist sich seiner eigenen ideologischen Position nicht sicher« und dass es ein »grandioser Fehler von uns wäre, eine Konferenz über Black Power einzuberufen, ihr aber zugleich keine ideologische Richtung geben zu können.«[24]

Die Konferenz von Adam Clayton Powell signalisierte den Anfang vom Ende des SNCC-Einflusses unter den Schwarzen, denn das war nur der erste von vielen Versuchen gemäßigter Führungspersonen, das neue politische Bewusstsein der Schwarzen zu prägen. Nach ihrem Besuch der Konferenz veröffentlichte eine von Dr. Nathan Wright – Leiter der Abteilung für die Arbeit in den Städten der Episkopaldiozöse von Newark – angeführte Gruppe Pläne für eine noch größere Konferenz, die im Juli 1967 stattfinden sollte. Bezeichnenderweise spielten SNCC-VertreterInnen nur eine marginale Rolle bei der Vorbereitung dieser großen Versammlung, welche die öffentlich wahrnehmbaren Inhalte der Black-Power-Bewegung mit formulieren sollte.

Während es den SNCC-AktivistInnen gelang, den Black-Power-Slogan zu verbreiten, verloren sie allmählich ihre Fähigkeit, andauernde Gefühle schwarzer Stärke zu entfachen, wie es im Kampf der Schwarzen in den Südstaaten gelungen war. Als Programmleiter beobachtete Cleveland Sellers den scharfen Kontrast zwischen Stokely Carmichaels selbstsicherer Behauptung von der Notwendigkeit einer neuen Orientierung in der afro-amerikanischen Politik und den zunehmend offenkundig werdenden Grenzen des SNCC als politischer Organisation. Sellers hatte Carmichael beim Treffen der Hauptamtlichen in Kingston Springs unterstützt und er stimmte auch generell seinen Aktivitäten als Vorsitzender zu, aber er hatte gemischte Gefühle, wenn es um die Kontroverse zu Black Power ging. Er empfand die »von Hysterie geprägten Reaktionen« der Öffentlichkeit auf Black Power als »Alptraum«, trotzdem erklärte er, stolz darauf zu sein, dass das SNCC »in vorderster Linie des Kampfes um die Befreiung der Schwarzen« stehe, dass die SNCC-AktivistInnen in den »Ghettos« der Schwarzen »als Helden verehrt« werden, und dass »sich Journalisten, Intellektuelle, Politiker und Studenten durchweg auf unsere Radikalität beziehen.« Er schrieb jedoch, es gebe einen Widerspruch zwischen dem Image des SNCC und seinem wirklichen Zustand: »Während die Führer des Establishments unseren steigenden Einfluss denunzieren, haben wir alle Hände voll damit zu tun, die Organisation vor dem Zusammenbruch zu retten.«[25]

Als Sellers und andere Hauptamtliche erkannten, dass ihre eigene Organisation im Niedergang begriffen war, wurde ihre Oppositionshaltung entschlossener. Während des Sommers erhielten Kongressabgeordnete aus den Südstaaten viel Zustimmung für einen »Anti-Riot«-Zusatzartikel zu den Bürgerrechtsgesetzesvorschlägen der Johnson-Administration. Nur das Scheitern des gesamten Gesetzespakets verschob diese Initiative des Kongresses, neue Gesetze gegen die Militanz der Schwarzen durchzusetzen. Die örtlichen Behörden reagierten auf die Ängste der Weißen vor schwarzer Militanz und anti-weißer Gewalt und versuchten, Projekte des SNCC in verschiedenen Städten zu behindern, in dem sie SNCC-AktivistInnen verhafteten und fortwährend belästigten, wobei die AktivistInnen ihnen allerdings zuweilen in die Hände spielten, wenn sie konfrontative und eigensinnige Aktivitäten unternahmen.

Im August 1966 illustrierte eine Polizeirazzia im SNCC-Büro in Philadelphia – durchgeführt von einer schwer bewaffneten, 80 Mann starken Kampfeinheit – die Art der Repression gegen das SNCC und andere städtische militante Gruppen unter den Schwarzen, die die folgenden Jahre prägen sollten. In den Schlagzeilen stand nach der Razzia, die Polizei habe im Büro Dynamit gefunden und mehrere AktivistInnen des SNCC verhaftet. In Wirklichkeit wurde das Dynamit in einer Wohnung gefunden, die von den *Young Militants* (Junge AktivistInnen), einer mit der NAACP verbundenen Gruppe, benutzt wurde, und nur einer der vier Verhafteten, Barry Dawson, war Organisator des SNCC. Da jedoch die Presseberichte über Carmichaels jüngste Reden die Weißen in Philadelphia darauf vorbereiteten, das Schlimmste über das SNCC zu denken, tauchten Projektleiter Fred

Meely und weitere Kader, die nicht verhaftet worden waren, lieber unter. Um die Razzia zu rechtfertigen, versuchten Polizeichef Frank Rizzo und Bürgermeister John Tate, das SNCC mit einem Plan in Verbindung zu bringen, nach welchem eine Stadtguerillagruppe gegründet werden sollte. Sie forderten zudem Redeverbot für Stokely Carmichael in den Städten der Nordstaaten.[26]

James Forman und andere leitende SNCC-AktivistInnen hielten das Büro in Philadelphia geöffnet und organisierten die Verteidigung für Dawson. Sie konnten Ende August 1966 mehrere tausend Menschen für eine Solidaritätskundgebung mobilisieren, aber es gelang ihnen nicht, die fehlerhaften Presseberichte über den Vorfall zu korrigieren. Nachdem Dawson aussagte, er habe die Dynamitstangen, die er von einem Freund bekommen hatte, zum SNCC-Büro gebracht, während Meely außerhalb der Stadt zu tun hatte, gab die Polizei einen Haftbefehl für Meely und zwei weitere Aktivisten des SNCC heraus. Als sich die Situation im November etwas beruhigt hatte, stellten sich die drei gesuchten SNCC-Aktivisten selbst und die Anklagen gegen sie wie auch gegen Dawson wurden schließlich fallengelassen.[27] Das Projekt in Philadelphia sollte sich von dieser Razzia nie mehr ganz erholen.

Kurz darauf war Stokely Carmichael an einem Zusammenstoß mit der Polizei im Stadtteil Summerhill von Atlanta beteiligt. Er besuchte die dortige Gemeinde der Schwarzen, nachdem er Berichte gehört hatte, dass ein Schwarzer von der Polizei verwundet worden war, als er sich seiner Verhaftung widersetzt hatte. Als er am Tatort der Schießerei eingetroffen war, traf Stokely Carmichael auf eine wütende Menschenmenge, die bereits eine Protestkundgebung gegen die Schießerei plante. Er versprach, zur Kundgebung zu kommen und erklärte, gemäß dem Polizeibericht, wenn er zurückkomme, werde er »diesen Ort niederreißen« (Carmichael dementierte dieses Zitat). Die OrganisatorInnen in der Zentrale des SNCC überzeugten Carmichael davon, dass es besser sei, wenn Bill Ware und Bobby Walton aus dem Atlanta-Projekt an seiner Stelle sprachen. Ware war einverstanden und hoffte, auf diese Weise seine Beziehungen zu Carmichael und anderen führenden Aktivisten des SNCC verbessern zu können. Er brachte einen Lautsprecher zur Kundgebung und bat die lokalen BewohnerInnen, ihre eigene Version von der Schießerei zu erzählen. Trotz ihrer Bemühungen, aufhetzende Reden zu vermeiden, wurden Ware und Walton verhaftet, als sie der Aufforderung der Polizei nicht nachkamen, den Lautsprecher abzustellen.[28]

Ihre Verhaftung machte die Menge noch wütender und sie fing an, Steine und Flaschen auf die Polizei zu werfen. Bürgermeister Ivan Allen kam mit Polizeiverstärkung hinzu und versuchte, vom Dach eines Autos zur Versammlung zu sprechen, aber die Menge störte seine Ansprache und forderte, dass schwarze Führungspersonen sprechen und der für die Schießerei verantwortliche Polizist gefeuert werden sollte. Nach Aussage eines Zeugen wurde Allen schließlich vom Autodach gestürzt, worauf er der Polizei den Befehl gab, die Menge aufzulösen und dazu, wenn es nötig sein sollte, auch Häuser einzureißen. Marion Barry erinnerte sich: »Schwarze Frauen wurden zu Boden geschlagen. Die Bullen feuerten Tränengas in jeden Hauseingang. Kleine Kinder kamen heraus und schnappten nach Luft. Die Bullen gingen die Veranda vieler Häuser entlang und schlugen und verhafteten wahllos Schwarze, die sich gerade dort aufhielten.«[29]

Obwohl Carmichael, Ware und andere SNCC-Aktivisten Summerhill bereits verlassen hatten, als die schwersten Zusammenstöße zwischen Polizei und schwarzer Bevölkerung stattfanden, machten weiße Beamte der städtischen Behörden das SNCC für die Gewalt verantwortlich. Kurz darauf besuchte Bürgermeister Allen ein Treffen der *Atlanta Summit Leadership Conference* (Gipfelkonferenz der Führungskräfte von Atlanta), wo prominente Schwarze zusammenkamen, und forderte sie zur Verabschiedung einer Erklärung auf, die das SNCC verurteilen sollte. Die Konferenz vermied es, das SNCC beim Namen zu nennen, aber sie rief die Schwarzen dazu auf, »niemandem zu erlauben, sie als Werkzeug in einem üblen Spiel zu benutzen, welches das Zusammenleben in der Stadt gefährdet.« Polizeichef Herbert Jenkins machte ebenfalls das SNCC für die Gewalt verantwortlich und nannte es fortan »das nicht-studentische gewaltsame Komitee.« Der Herausgeber der Zeitung *Atlanta Constitution*, Ralph McGill, behauptete, das SNCC sei von »einer geheimen klan-artigen Gruppe übernommen worden, die offen ihren Rassenhass zum Ausdruck bringt, sowie ihr Ziel, Unordnung und Chaos zu schüren, um die westliche Zivilisation zu zerstören.«[30]

Carmichael machte nach den gewaltsamen Auseinandersetzungen Hausbesuche im Stadtteil Summerhill und erklärte dort, dass er es nicht darauf angelegt hatte, den Konflikt anzufachen. Derweil setzten die Behörden von Atlanta ihre Versuche fort, das SNCC mit dem Ausbruch der Unruhen in Verbindung zu bringen. Es gelang ihnen, Haftbefehle für Carmichael wegen Anstiftung zum Aufruhr sowie gesetzlosen Verhaltens zu erwirken. Kurz darauf besetzte die Polizei die SNCC-Zentrale in Atlanta und verhaftete Carmichael, der später gemäß dieser Anklagen verurteilt wurde. Das Urteil gegen Carmichael und andere Aktivisten des SNCC aufgrund der Anklage wegen Anstiftung zum Aufruhr wurde in der Berufungsverhandlung allerdings aufgehoben.[31]

Stokely Carmichaels Versuche, dem Black-Power-Slogan eine intellektuelle Legitimation zu verschaffen, machten bald der Tendenz vieler AktivistInnen des SNCC Platz, der schwarzen Bevölkerung zu erlauben, den Slogan durch ihre eigenen Aktionen zu definieren. Den SNCC-AktivistInnen war jedoch nicht klar, wie ein militantes schwarzes Bewusstsein für bestimmte politische Ziele einzusetzen war, wodurch es gemäßigteren schwarzen Führungspersonen möglich wurde, die Black-Power-Rhetorik für ihre eigenen Zwecke auszubeuten. Als der ambivalente Black-Power-Slogan zum einen mit der Wahl schwarzer Politiker oder mit der Entwicklung eines schwarzen Kapitalismus verbunden wurde, andererseits mit einem neuen schwarzen Wertesystem und der Forderung nach einer Revolution der Schwarzen, wurde immer offensichtlicher, dass die SNCC-AktivistInnen den grundlegenden Konflikt zwischen Klassen- und ›Rassen‹-Strategien nicht lösen konnten. Es war ihnen gelungen, eine florierende intellektuelle Debatte zu stimulieren, gleichzeitig verloren sie jedoch die Möglichkeit, darin eine prägende Rolle zu spielen.

Die Hauptamtlichen des SNCC wiesen die Versuche der gemäßigten schwarzen Führungspersonen zurück, die Black-Power-Rhetorik in deren Sinne zu bestimmen, aber selbst die ausführlichsten Erklärungen von Carmichael über Black Power konnten keinen stimmigen und radikalen Fundus an Ideen für die zukünftigen Kämpfe der Schwarzen beisteuern. Zusammen mit einem Ko-Autor, dem Politikwissenschaftler Charles V. Hamilton, veröffentlichte Carmichael 1967 das Buch *Black Power: The Politics of Liberation in America* (dt.: Black Power: die Politik der Befreiung in Amerika, Fischer, Frankfurt/M. 1969). Darin wurden Ideen aus den nationalistischen Bewegungen der »Dritten Welt« und aus westlichen Studien über diese Bewegungen kritiklos, und ohne sie auf ihre Übertragbarkeit zu prüfen, übernommen. Carmichael und Hamilton meinten, die Afro-AmerikanerInnen könnten ihrem »kolonisierten« Status in der US-amerikanischen Gesellschaft dadurch entgehen, dass sie einen Prozess der »politischen Modernisierung« durchliefen, in welchem das Erwachen des schwarzen Bewusstseins nur die erste Etappe sei. Sie beschrieben das Buch als »einen politischen Rahmen und eine Ideologie, welche die letzte vernünftige Gelegenheit für diese Gesellschaft darstellt, sein Problem des Rassismus ohne lang anhaltenden Guerillakrieg zu lösen.« Aber es beinhaltete nur vage Formulierungen über die Notwendigkeit für Schwarze, die bestehenden politischen Spielregeln zurückzuweisen und zu »neuen politischen Formen« zu finden. Die Autoren kamen zu der Schlussfolgerung, dass durch das schwarze Bewusstsein selbst der neue Rahmen radikaler sozialer Veränderungen gefunden werde, womit sie implizit andeuteten, dass das SNCC nicht mehr fähig war, durch den Einsatz schwarzer College-StudentInnen und Intellektueller den Weg zu weisen.[32]

Stokely Carmichaels politische Haltung, wie auch die von anderen SNCC-OrganisatorInnen, veränderte sich im Laufe des Jahres 1967. Er hielt, zumindest in seinen Schriften von 1966 und 1967, einen flüchtigen Glauben an gemischte Bündnisse von Schwarzen und Weißen und an konventionelle Formen politischer Aktivität aufrecht. Dieser Glaube wurde von anderen SNCC-AktivistInnen nicht mehr geteilt. Sie waren davon überzeugt, dass alle Verbindungen zu Weißen abgebrochen werden mussten und dass die Entwicklung militanter Ideen ein Hauptziel des Kampfes sei. Obwohl sie in der Regel der These zustimmten, dass die Unterdrückung der Schwarzen sowohl eine Klassen- als auch eine ›Rassen‹-Dimension habe, bewegten sich Carmichael und andere Kader immer stärker auf eine Sichtweise zu, die ›Rasse‹ stärker betonte als Klasse und Bündnisse mit der »Dritten Welt« gegenüber Bündnissen mit verarmten Weißen bevorzugte. Sie wussten, dass eine wütende schwarze Menge, die zur Gewalt bereit war, ihren Argumenten mehr zugeneigt war, wenn sie die alles dominierende psychologische Bedeutung schwarzer Identität in der US-amerikanischen Gesellschaft in den Mittelpunkt ihrer Analysen stellten. Die tendenzielle Negierung klassenspezifischer Ansätze, die noch kurz zuvor zentrale Bedeutung für die Arbeit des SNCC hatten, sollte schnell dazu führen, dass die noch verbliebenen Verbindungen mit der weißen Linken zerstört wurden. Zudem sollten dadurch die Beziehungen zu den sozialistischen Regierungen in der »Dritten Welt« ebenso kompliziert werden wie zu dortigen revolutionären Bewegungen.

Der schwarze Sozialkritiker Harold Cruse, der im Grunde mit der Betonung des schwarzen Bewusstseins in der Rhetorik des SNCC sympathisierte, warnte inmitten der Kontroverse um Black Power, dass ein »Chauvinismus der schwarzen Hautfarbe« in den USA politisch unproduktiv sei. Er kritisierte, die »Theoretiker der Black Power« unterschätzten die Bedeutung der Thematik, »welche Klasse die reale Macht ausübt.« Cruse glaubte, eine der Schwächen bisheriger gemischter sozialer Bewegungen von Schwarzen und Weißen sei es gewesen, kulturellen Inhalten zuwenig Bedeutung beizumessen, dessen ungeachtet stellte er jedoch ironisch fest, dass die zeitgenössischen schwarzen Militanten »nicht etwa die Welt der Weißen da draußen zu verändern versuchen, sondern die Welt der Schwarzen im Innern, und zwar in dem sie sie politisch und ökonomisch in irgendetwas anderes zu reformieren trachten.«[33] In ähnlicher Weise beschrieb Robert Allen in seinem Buch *Black Awakening in Capitalist America* diesen Prozess, in welchem die schwarze Militanz durch die US-amerikanische korporative Ordnung unterminiert wurde. Allen war ein schwarzer Journalist, der über das SNCC und andere Gruppen für die Zeitung *National Guardian* schrieb. Er bemerkte, dass es Carmichael »nirgends gelang, Ambivalenzen zu vermeiden.« Manchmal spreche Carmichael als »Reformer, der nur das soziale System modernisieren und seine Funktionen verbessern wollte« und ein anderes Mal spreche er als Revolutionär. »Manchmal gelang es ihm sogar, den bemerkenswerten Eindruck zu erwecken, als sei er zugleich ein Reformer und ein Revolutionär.«[34]

Die Diskussion um die Bedeutung von Black Power hielt auch nach 1966 an, aber weder Carmichael noch das SNCC sollten auf das Ergebnis noch einen entscheidenden Einfluss haben. Zwar brachten die SNCC-AktivistInnen den Black-Power-Slogan mutig in den explosiven Kontext des Konfliktes zwischen Schwarzen und Weißen ein und initiierten dadurch eine neue Etappe der politischen Diskussion unter den Schwarzen. Sie zahlten jedoch dafür auch den Preis, ab sofort als berüchtigt zu gelten. Die SNCC-Aktivistin Ethel Minor erinnerte sich, dass die öffentliche Aufmerksamkeit für das SNCC in dieser Zeit bei den Beteiligten zu dem Eindruck führte, sie seien an politischen Entscheidungen beteiligt, die weit über die USA hinausreichen. »Ich fühlte mich wirklich so, als gehörten wir zu den wichtigsten Leuten auf der Welt, als lösten wir tatsächlich weltbewegende Aufgaben.«[35] Doch daneben gab es ebenso eine beträchtliche Anzahl von Mitgliedern, die sich fragten, ob das SNCC seine Ziele erreichen konnte, während die AktivistInnen mit der Kontroverse um Black Power beschäftigt waren. Selbst Mitglieder, die damit übereinstimmten, dass das SNCC nach einer ideologischen Leitlinie für die Schwarzen suchen sollte, hinterfragten Carmichaels Fähigkeit, für sie zu sprechen. Die Separatisten aus Atlanta dominierten diejenigen innerhalb des SNCC, die ihre eigenen Ansichten über das angemessene Bewusstsein für die Schwarzen hatten, und ihr erbitterter Kampf um die Kontrolle des SNCC ließ die nach-folgenden Debatten ahnen, die die Schwarzen außerhalb des SNCC spalten sollten, als sie das illusionäre Ziel der schwarzen Einheit ver-folgten.

Teil 3: Zerfall

Innere Konflikte

Stokely Carmichael und andere SNCC-Kader schürten die ›Rassen‹-Gefühle (im Original: racial feelings, d. Ü.) der Schwarzen durch verbale Angriffe gegen die existierenden Führungspersonen und die damaligen Strategien der Bürgerrechtsbewegung, aber ihre eigene Organisation wurde während dieses Prozesses geschwächt. Die Kader hatten Attacken von außen erwartet, und zweifellos glaubten einige auch, dass diese Denunziationen die Richtigkeit ihrer Aktivitäten bestätigten. Doch für viele SNCC-Mitglieder war die neue Angreifbarkeit der Organisation in gewissem Sinne unnötig, weil sie aus einer verbalradikalen Rhetorik herrührte und kaum aus der Entwicklung effektiver Programme, welche die Erfolge aus dem Kampf um Bürgerrechte in den Südstaaten stabilisieren konnten. Als Carmichael eine national bedeutende Persönlichkeit wurde, verschob das SNCC den Schwerpunkt seiner Aktivitäten vom ländlichen Süden in die städtischen Zentren, und einige OrganisatorInnen bezweifelten, dass erreichbare politische Ziele das Ergebnis der persönlichen Anziehungskraft Carmichaels sein könnten.

Dass die Propagierung militanter Ideen die schwarze Gemeinschaft keineswegs immer vereinigen und bestehende Konflikte unter Schwarzen sogar intensivieren konnte, wurde innerhalb des SNCC deutlich, als die schwarzen Separatisten aus dem Atlanta-Projekt auf ihren Forderungen beharrten, die verbliebenen Weißen unter den

Angestellten auszuschließen. Das Thema der Beteiligung von Weißen wurde zur Waffe im Kampf um die zukünftige Entwicklung des SNCC zwischen den Separatisten und den anderen schwarzen OrganisatorInnen, die zwar den Extremismus der Separatisten ablehnten, aber ihren eigenen Glauben nicht in Frage stellten, dass das Festhalten an schwarzer Identitätspolitik wichtiger war als die Frage der politischen Wirksamkeit des SNCC und sie sogar als bedeutsamer erachteten als die fortdauernde Existenz des SNCC. Solcher Idealismus war dereinst ein Aktivposten beim Kampf des SNCC, breite Kräfte in der Bürgerrechtsbewegung zu mobilisieren; er wurde zu einer Last, als das SNCC seine eigenen Machtbasen aufbauen und damit neue Ziele gegen eine machtvolle und entschlossene Reaktion verwirklichen wollte.

Als die Beteiligung Stokely Carmichaels bei den Unruhen von Atlanta im September 1966 mit dessen Verhaftung endete, meldeten einige Kader bezüglich seiner öffentlichen Aktivitäten deutliche Zweifel an. SNCC-Geschäftsführerin Ruby Doris Robinson schrieb, die AktivistInnen des SNCC hätten keineswegs, so wie Carmichael, beschlossen, »die westliche Zivilisation zu zerstören«. Und angesichts Stokely Carmichaels öffentlichem Image als »Architekt von Black Power« fragte sie die anderen Mitglieder: »Wie nur konnte eine einzelne Person in so kurzer Zeit auf so viele Leute solch einen überwältigenden Eindruck machen? Und zwar einen solchen Eindruck, dass einige Leute meinen, das SNCC sei einfach die Organisation, die Carmichael zu seiner Verfügung hat, um zu tun, was er sich wünscht?« Sie beantwortete ihre eigene Frage und behauptete, dass Carmichael »der einzige klar erkennbare Sprecher für die Organisation war. Ihm stand die Presse nicht nur zur Verfügung, sondern sie suchte sich ihn geradezu aus, zu welchem Thema immer sie auch Munition brauchte – *um uns zu zerstören.*« Sie konzedierte, »bestenfalls hat er ausgedrückt, was (die schwarzen Massen, d. A.) hören wollten«, aber sie fügte hinzu: »Seine Reden bestanden immer mehr aus Klischees.«[1] Einige Wochen nach Robinsons Kritik an Carmichael sahen sich die Hauptamtlichen in Atlanta mit einer

Gruppe von neun Schwarzen konfrontiert, die mit Gewehren und Handgranaten bewaffnet das Büro betraten und behaupteten, Anhänger Carmichaels zu sein. »Uns hatte niemand über ihr Kommen informiert, und es war das erste Mal gewesen, dass sie im Büro von Atlanta waren«, erinnerte sich Fay Bellamy. »Sie kannten uns nicht mal, aber sie ließen uns schnell wissen, welche Ausrüstung sie bei sich hatten.«[2]

Bis zu einem gewissen Punkt war die Kritik an Carmichael auch von einer Mischung aus Missgunst, Eifersucht und verständlicher Abneigung von Seiten älterer OrganisatorInnen geprägt, die einfach die Vorstellung nicht leiden konnten, nun als Carmichaels AnhängerInnen oder Hilfstruppen zu gelten. Muriel Tillinghast erinnerte sich, das SNCC habe zuvor darauf geachtet, dass der Vorsitzende keine dominante Rolle einnehmen konnte, aber nach der Wahl von Carmichael »war es plötzlich der Vorsitzende selbst, der die Politik autonom bestimmte und der Rest von uns hatte sich zu entscheiden, ob wir dem Vorsitzenden zustimmten oder nicht.«[3] Das Unvermögen der AktivistInnen, Stokely Carmichaels Aktivitäten zu kontrollieren, zeigte, dass sie noch keinen Weg gefunden hatten, ihren Wunsch nach innerer Disziplin mit dem ebenfalls vorhandenen Wunsch nach demokratischer Kontrolle zu versöhnen.

Stokely Carmichael war die Notwendigkeit von Disziplin bewusst und er räumte dabei sogar eigene Versäumnisse ein, als sie ihm wiederholt vorgeworfen wurden. Auf dem Treffen des Zentralkomitees im Oktober 1966 gab er zu, »rhetorisch viele Fehler gemacht« zu haben. Er reagierte auf die Vorhaltungen von Ruby Doris Robinson, Fay Bellamy, Ralph Featherstone und anderen starken Persönlichkeiten im Büro von Atlanta und stimmte dem Vorschlag zu, keine Kundgebungsreden nach dem 10. Dezember 1966 mehr zuzusagen, um seine Zeit vollständig »der Entwicklung von Programmen und der Arbeit an der inneren Struktur« zu widmen.[4]

Carmichael war höchstwahrscheinlich bei der Abgabe dieses Versprechens ernsthaft gewillt gewesen, es einzuhalten und seine Reden einzuschränken, aber es war eben schwer, sich dem Licht der Öffentlichkeit zu entziehen. Einige Monate später verbot ihm das Zentralkomitee einen Auftritt in einer Fernsehshow und entschied zudem, dass Carmichael ab sofort bei jedem Auftritt von einem weiteren Aktivisten begleitet werden sollte. Carmichael war über diese Restriktionen zweifellos verärgert, denn er und andere OrganisatorInnen waren davon überzeugt, dass seine Reden die Präsenz des SNCC drastisch erhöht hatten – wenn nicht gar die Effizienz der Organisation. Zudem waren diese Engagements eine wichtige Finanzierungsquelle für die öffentlich unter Druck stehende Organisation geworden.

Die ursprünglichen Ziele des SNCC waren im Kontext der vorgefundenen Gesellschaft in den Südstaaten ohne Zweifel radikal gewesen, und im Vergleich zum Jahr 1966 hatte es das SNCC in seinen Anfangsjahren auch mit einer brutaleren und unmittelbar zuschlagenden Gegnerschaft zu tun. Aber die Kontroverse um Black Power schwächte die Aktionsbasis des SNCC in den Südstaaten, weil sie viele ältere OrganisatorInnen frustrierte und gleichzeitig ein großer Teil des SNCC-Personals die langfristig angelegten Projekte im ländlichen Süden verließ, während neue Angestellte meist gleich in städtischen Projekten anfingen. Dabei war es keineswegs so, wie zahlreiche KritikerInnen behaupteten, dass das SNCC von militanten Schwarzen übernommen wurde, die ohne jede Verbindung zur Bürgerrechtsbewegung waren. Ungefähr zwei Drittel der circa 100 Kader im Oktober 1966 waren bereits seit mindestens zwei Jahren AktivistInnen, die ihre ganze Zeit dem Kampf widmeten. Zudem hatten einige, die in den Jahren 1965 und 1966 angestellt wurden, bereits an früheren Bürgerrechtskampagnen teilgenommen, wenn auch nicht als bezahlte Kader. Trotzdem hatte sich das SNCC in mehrfacher Hinsicht seither entscheidend verändert. Die dramatischste Veränderung war die Verlagerung des Personals in die städtischen Gebiete. In der Phase von 1961 bis 1965 waren, von einem kleinen Teil abgesehen, fast alle OrganisatorInnen an Projekte in Arkansas, Mississippi, Alabama oder Südwest-Georgia gebunden. Im Oktober 1966 war nur noch ein Drittel dieses Personals in diesen Regionen tätig; die anderen zwei Drittel waren um die Zentrale des SNCC herum in Atlanta versammelt oder verteilten sich über weitere Städte außerhalb der Südstaaten.[5]

Ein Vergleich der bezahlten Kräfte vom Herbst 1966 mit der Phase von vor 1965 verdeutlicht, dass nur wenige Büro- und ProjektleiterInnen aus der Zeit des Herbstes 1964 im SNCC geblieben waren. Die neuen BüroleiterInnen des SNCC hatten versucht, John Lewis in der Organisation zu halten, um den Anschein von Kontinuität zu wahren, aber die Verbitterung, die aus dem Treffen von Kingston Springs herrührte, ließ sich nicht mehr gutmachen. Lewis machte erstmals am 11. Juni 1966 den Vorschlag zurückzutreten, aber das Zentralkomitee lehnte sein Angebot ab. Er war jedoch noch stärker davon überzeugt, dass er zurücktreten sollte, als er davon hörte, dass einige wenige SNCC-Aktivisten beim Marsch in Mississippi durch einen Trick versucht hatten, führende SCLC-Vertreter der Gefahr einer Verhaftung auszusetzen. Obwohl er gegen Carmichael keine persönliche Feindschaft empfand, war er verstört über Aktionen von SNCC-AktivistInnen, die offen feindselig auf Weiße reagierten. Als John Lewis schließlich gegen Ende Juni 1966 seinen Rücktritt verkündete, erklärte er, dass er nicht dazu bereit sei, sein »persönliches Bekenntnis zur Gewaltfreiheit« aufzugeben. Er hatte sich die ganze Zeit über geweigert, das Black-Power-Konzept öffentlich zu kritisieren, deutete jedoch viel später an, das SNCC habe es nicht vermocht, »weitergehende« Programme für die Bedürfnisse der Schwarzen durchzuführen. »Es ist eine Sache, ein Programm zu haben, und es ist eine andere Sache, eine Art von Reden schwingender Public Relations-Organisation zu haben«, bemerkte er.[6]

Julian Bond, einer der GründerInnen des SNCC, trat kurz darauf, im Sommer 1966, zurück, gleich nach dem Ausbruch der Unruhen in Atlanta. Nachdem er im Februar 1966 wieder gewählt worden war und nachdem ihm zum wiederholten Mal verboten wurde, seinen Abgeordnetensitz im Parlament des Bundesstaates Georgia einzunehmen, befand sich Bond inmitten seiner dritten Wahlkampagne und entschied, dass seine Verbindung zum SNCC eine zu große

Belastung für ihn geworden war. Er erklärte einigen Reportern, er stehe nicht im Widerspruch zur Politik des SNCC und sein Rücktritt als Hauptamtlicher sei zum Teil eine Folge der geringen Kostenentschädigung im SNCC (85 Dollar in der Woche), die für seine Familie nicht ausreiche. Privat war er jedoch davon enttäuscht, dass das SNCC viel von seiner Effizienz verloren habe und sich nur noch mit ideologischen Fragen herumschlage. Später meinte er, das SNCC habe »kein Programm gehabt, welches es mit seiner Verbalradikalität hätte aufnehmen können.« Im Gegensatz zu Lewis jedoch zeigte Bond keine Verbitterung bei seinem Bruch mit dem SNCC und er pflegte weiter enge Beziehungen zu den SNCC-AktivistInnen, von denen viele an seiner erfolgreichen Kampagne zur Wiederwahl teilnahmen.[7]

Schlimmer noch als die Austritte von Lewis und Bond war für das SNCC die zunehmende Vernachlässigung der Projekte. Die Fähigkeit des SNCC, seine Projekte in den Südstaaten wieder aufzubauen, wurde durch den Weggang der OrganisatorInnen, die über die meisten Erfahrungen verfügten, stark eingeschränkt. Der erste hauptamtliche Kader des SNCC, Charles Sherrod, stieg 1966 aus, als das Zentralkomitee einstimmig seinen Antrag ablehnte, weiße StudentInnen aus den Nordstaaten nach Südwest-Georgia zu entsenden, um den dortigen Projekten zu helfen. Nach seinem Austritt aus dem SNCC baute Sherrod das *Southwest Georgia Independent Voters Project* (Unabhängiges Wählerprojekt von Südwest-Georgia) auf, das weiter aktiv blieb, nachdem alle Projekte des SNCC in der Gegend beendet worden waren.[8]

Mehrere OrganisatorInnen aus Arkansas zogen es ebenfalls vor zu gehen, anstatt sich mit der neuen ideologischen Ausrichtung des SNCC abzufinden. Die meisten Kader in Arkansas hatten schlussendlich das Black-Power-Konzept akzeptiert, jedoch stieg einer von ihnen, Bill Hansen, trotzdem wieder aus, als er einen besonders hasserfüllten Bericht eines Aktivisten aus dem Bundesstaat New Jersey gelesen hatte. Cleveland Sellers schrieb, Hansen sei ja dazu bereit, die Aktionen des SNCC gegen liberale KritikerInnen zu verteidigen, aber er sei nicht dazu bereit, »wegen eines Streits um irgendwelche Begriffe mit irgendwelchen liberalen Dummköpfen ihnen gleich den Krieg zu erklären.« Bill Hansen verließ schließlich das Projekt, zum Teil deshalb, weil er sich über die Unfähigkeit des SNCC ärgerte, die öffentlichen Erklärungen von Carmichael zu kontrollieren. Und auch sein direkter Nachfolger als Projektleiter, Ben Grinnage, stieg sehr schnell wieder aus, um dem *Arkansas Human Relations Council* (Rat für humane Beziehungen von Arkansas) beizutreten.[9]

Weitere Projekte wurden durch Austritte und eine schwindende Moral unter den OrganisatorInnen geschwächt. Im Bundesstaat Mississippi verschärften intensive Versuche von gemäßigten schwarzen Führungspersonen, eine Alternative zur MFDP aufzubauen, die seit langem bestehenden Spannungen zwischen dem SNCC und dem eher pragmatisch eingestellten MFDP-Aktivisten Lawrence Guyot. Obwohl die OrganisatorInnen über Guyots zunehmend unabhängigen Kurs verärgert waren, konnten sie seine Kritik, vom SNCC komme wenig Unterstützung für die Partei, kaum widerlegen. Cleveland Sellers besuchte im Sommer 1966 mehrere Gemeinden in Mississippi und traf nur wenige Kader des SNCC an, die ihren Verantwortlichkeiten nachkamen. Einen besonders negativen Eindruck bekam er vom Projekt in Holly Springs, wo er selbst früher Projektleiter gewesen war. Er meinte, der gegenwärtige Projektleiter, Sid Walker, wolle seine weißen OrganisatorInnen im Projekt halten, habe dafür aber nicht die Unterstützung der schwarzen Bevölkerung vor Ort. Sellers schloss deshalb das Büro und forderte die Entlassung der meisten Angestellten. Walker verteidigte sich mit dem Argument, die Mitarbeit der weißen Freiwilligen sei notwendig, weil das SNCC nicht das Geld auftreiben könne, um die schwarzen OrganisatorInnen zu bezahlen. Walker konnte die Durchsetzung von Sellers' Forderung nicht mehr verhindern. Doch auch diese drastische Aktion gegen angeblich unproduktive Kader in Mississippi konnte den Niedergang der SNCC-Aktivitäten in diesem Bundesstaat nicht aufhalten. Im Oktober 1966 berichtete Ruby Doris Robinson, dass die verbliebenen Angestellten in Mississippi nicht mehr mit der SNCC-Zentrale in Atlanta in Verbindung stünden und glaubten, das SNCC würde ihre Arbeit nicht angemessen unterstützen.[10]

Sogar im Lowndes County, Alabama, wo die führenden SNCC-Aktivisten sich erhofften, das Potential der Black-Power-Strategie demonstrieren zu können, waren die realen Ergebnisse enttäuschend. Nachdem Stokely Carmichael das Projekt verlassen hatte, gingen nach und nach weitere OrganisatorInnen weg und zwangen damit das Zentralkomitee, Ralph Featherstone ins County zu entsenden, um einen verspäteten Versuch zu starten, das Projekt wiederzubeleben. Im Oktober 1966 berichtete Carmichael jedoch, dass nur noch ein Aktivist, Rap Brown, nach den Wahlen vom November in Alabama bleiben wolle. Das SNCC versuchte, mit der Situation so umzugehen, dass es AktivistInnen aus anderen Projekten anwies, in den Tagen vor den Wahlen nach Lowndes County zu kommen, und dieser zeitlich begrenzte Anstieg des Personals brachte der Lowndes County Freedom Organization (LCFO) fast den Sieg – aber eben nur fast. Am Vorabend der Wahlen kam Carmichael zurück, hielt vor einer begeisterten Versammlung eine mitreißende Rede und erinnerte sie an all die Unterdrückung, die sie ausgehalten hatten. »Wir erinnern uns an den Dreck, den wir gefressen haben«, rief er. »Und wir sagen denen, die sich daran erinnern: ›Es wäre besser, du erinnerst dich, denn wenn du nicht mit uns weitergehst, dann werden wir über dich hinweg schreiten!‹« Trotz dieser Anstrengungen in letzter Minute hatten die LCFO-AktivistInnen der Taktik der Weißen nichts mehr entgegenzusetzen, die den schwarzen PlantagenarbeiterInnen Transporter zur Verfügung stellten, um sie zu den Wahllokalen zu fahren – mit der Anweisung selbstverständlich, für die weißen KandidatInnen zu stimmen. Mit diesen schwarzen Stimmen wurden die LCFO-KandidatInnen besiegt und bekamen lediglich 41 bis hin zu 46 Prozent der Stimmen.[11] Bedeutsamer war jedoch die Tatsache, dass das SNCC nach Abreise der zeitlich befristet ins County gekommenen AktivistInnen nicht mehr in der Lage war, den schwarzen BewohnerInnen bei der Fortsetzung ihres Kampfes zur

Seite zu stehen. Die OrganisatorInnen des SNCC außerhalb der Südstaaten hatten keine Probleme damit, sich an die Rhetorik der Black Power anzupassen, aber es gelang ihnen nicht, die Unterstützung der Schwarzen für dieses Konzept in konkrete politische Macht umzuwandeln. Der SNCC-Aktivist Cliff Vaughs aus Los Angeles zum Beispiel veröffentlichte im Sommer 1966 sein Vorhaben, die mehrheitlich von Schwarzen bewohnten Stadtteile von Los Angeles in eine »Freedom City« zu verwandeln, aber dieses Projekt kam über eine Anfangsphase nie hinaus. Anfang 1967 kam das Zentralkomitee zu der Einschätzung, Vaughs arbeite nicht effizient, und forderte ihn auf, zurückzutreten. Kurz darauf wurde das Büro in Los Angeles geschlossen.[12]

Die SNCC-AktivistInnen in Washington hatten etwas mehr Erfolg und konnten die *Free D. C. Movement* (FDCM, Bewegung zur Befreiung des District Columbia) aufbauen, der erste Versuch, die kommunale Selbstverwaltung in diesem Distrikt zu erreichen. Dieses Projekt war schließlich erfolgreich, aber Büroleiter Marion Barry beklagte während der Kampagne im August 1966, dass das SNCC gute OrganisatorInnen verliere, die zum Armutsprogramm der Bundesregierung übergewechselt seien, weil das SNCC sie nicht mehr ausreichend bezahlen könne. Cleveland Sellers berichtete von »einem allgemeinen Missmut in einigen Schwarzenvierteln, weil es keine Projekte gibt.« Andere Mitglieder des Zentralkomitees kritisierten Barrys vergleichsweise moderate politische Orientierung und hatten schließlich nichts dagegen, als er ohne Aufsehen von seinem Posten im SNCC zurücktrat, um als unabhängiger Organisator weiter zu arbeiten. Er wurde kurze Zeit später Vorsitzender einer Organisation, die gegen die Armut kämpfte und sich *Pride, Inc.* (Stolz e.V.) nannte.[13]

Die Organisationsarbeit von Bill Hall in Harlem war untrennbar mit einem bitteren Kampf der schwarzen BewohnerInnen um die Kontrolle der mehrheitlich von Schwarzen besuchten Schulen verbunden. Hall wurde durch diese Erfahrung skeptisch, was die Fähigkeit des SNCC anbetraf, mit den Problemen städtischer Schwarzer umgehen zu können. Er erinnerte sich daran, dass viele Leute, die dem SNCC nach 1965 beitraten, die Notwendigkeit technischer Fertigkeiten nicht einsahen. Er aber wollte sich solche Fähigkeiten aneignen, verließ New York und das SNCC und ging zurück ans College. Nach seinem Weggang beschränkten sich die Aktivitäten des SNCC in New York weitgehend auf Fundraising.[14]

Ende 1966 wurde das Chicagoer Büro des SNCC von der Polizei durchsucht. Der Büroleiter, Monroe Sharpe, ging einige Monate später ins Exil nach Tanzania, um der Polizei und den Nachstellungen des FBI zu entkommen. Im Jahre 1967 versuchten zunächst Joyce Brown und dann Bob Brown vergeblich, die SNCC-Aktivitäten in der Stadt wiederzubeleben.[15]

Die führenden AktivistInnen des SNCC wurden fast wahnsinnig, als sie versuchten, ihren niedergehenden Projekten neues Leben einzuhauchen. Cleveland Sellers bemerkte an einer Stelle, es sei »ein Witz« zu glauben, er könne »wirksam arbeiten, während in Wirklichkeit jeder Angestellte individualistisch arbeitet und eine bornierte, egozentrische Meinung vertritt.« An anderer Stelle schrieb er, das SNCC könne seine Ziele nicht verwirklichen und seine Programme nicht umsetzen, »solange wir uns nicht disziplinieren können« und er meinte besonders »die Notwendigkeit, unsere Kräfte weise einzusetzen und dabei alle Fähigkeiten wirksam werden zu lassen.« Ruby Doris Robinson berichtete mit ähnlicher Tendenz, sie habe sich jetzt dagegen entschieden, die Aktivitäten aller OrganisatorInnen zu beschreiben, denn das »wäre taktlos.«[16]

Die zurückgehende Wirksamkeit des SNCC schwächte nicht nur seine Projekte, sondern trug auch zum Verlust der finanziellen Unterstützung aus den Nordstaaten bei. Auch diejenigen Individuen, die die Wendung des SNCC hin zu Black Power mit unterstützt hätten, sahen nicht ein, eine Organisation zu unterstützen, die nur wenige Projekte mit Perspektive vorweisen konnte. Das SNCC verließ sich fast ausschließlich auf Kundgebungsreden und das New Yorker Büro, das von professionellen FundraiserInnen und älteren AktivistInnen betrieben wurde, welche die Gelder für die Löhne der

Kader einsammeln sollten. Als ihre Quellen nicht mehr ausreichten, waren sie gezwungen, manche Schecks zurückzuhalten und veranlassten damit wieder einige AktivistInnen, die Organisation zu verlassen, weil sie sich und ihre Familien über Wasser halten mussten.[17]

Die Probleme des SNCC wurden nicht nur durch seine Militanz und den Mangel an Disziplin verursacht. Auch SCLC und CORE hatten ihre Probleme, sich mit einem neuen politischen Kontext abzufinden, in welchem ihre bisherigen Taktiken und Strategien oft unangemessen waren. Eine der Stärken des SNCC war es immer gewesen, sich ändern zu können und neue AktivistInnen mit neuen Ideen anziehen zu können. Die Kontroverse um Black Power hatte die Fähigkeit des SNCC nur einmal mehr bewiesen, in der vordersten Reihe des sozialen Kampfes zu bleiben. Aber die Probleme des Jahres 1966 waren ernsthafter als jemals zuvor, denn das SNCC wirkte nicht mehr als Katalysator für länger andauernde lokale Kämpfe. Anstatt örtliche AktivistInnen dazu zu ermutigen, ihre eigenen Ideen zu entwickeln, wurde das SNCC nun zu einer von vielen Organisationen, die im Namen der schwarzen Gemeinschaft sprechen wollten. Statt sich in Widerstandsaktionen zu stürzen und die eigenen Erkenntnisse aus den fortschreitenden Massenkämpfen abzuleiten, betonten die AktivistInnen des SNCC im Jahre 1966 die Notwendigkeit, den städtischen Schwarzen ein neues schwarzes Bewusstsein als Grundlage für zukünftige Kämpfe einzupflanzen. Diejenigen, die 1966 dem SNCC beitraten, waren im Allgemeinen städtische Schwarze, die eher vom militanten Image des SNCC angezogen wurden statt von dessen Projekten in den Südstaaten. Die meisten von ihnen waren entschlossene AktivistInnen, die dazu bereit waren, Risiken für ihre Ideale einzugehen, aber nur wenige wollten die schwierige Arbeit auf sich nehmen, das Vertrauen und die Unterstützung der Schwarzen in den Südstaaten zu gewinnen, die älter als sie waren und denen die neuen Strömungen des schwarzen nationalistischen Denkens weniger wichtig waren. Die Verbalradikalität des SNCC drückte die wütende Stimmung vieler städtischer Schwarzer aus, aber die Projekte des SNCC waren nicht dazu fähig, diese separatistische Wut in dauerhaft wirkende lokale Widerstandsbewegungen zu transformieren.

Obwohl die verbliebenen älteren SNCC-AktivistInnen die Notwendigkeit eines Ausbildungsprogrammes erkannten, mit dem die OrganisatorInnen trainiert werden sollten, war es ihnen wie zuvor unmöglich, ein solches Programm auf die Beine zu stellen. Während des hektischen Sommers von 1966 sammelte Cleveland Sellers Carmichael, Donaldson, Rap Brown, George Ware, Stanley Wise, Ella Baker und Charles Hamilton um sich, um mit ihnen Ausbildungsprogramme und Seminare für OrganisatorInnen zu diskutieren. »Wir sind an einem kritischen Punkt angelangt, an welchem wir unbedingt Ausbildungsprogramme brauchen, weil unsere Jobs immer komplexer werden und die Angestellten scheinbar das Interesse verlieren, ihre Pflicht zu erfüllen«, kommentierte Sellers. Das Treffen war jedoch kein Erfolg, und nach einem weiteren Treffen, auf dem Ausbildungsprogramme diskutiert worden waren, schrieb Jack Minnis, dass viele SNCC-Mitglieder nicht die Fähigkeit hätten, »sich hinzusetzen und einem Vortrag zuzuhören«, während andere nicht lesen konnten. Er schlug vor, dass »die Leute, die Camus und Fanon nicht lesen können, etwas über sie durch die Konversation mit denjenigen erfahren können, die sie gelesen haben.«[18]

Trotz dieser Treffen und dem Versuch von Bill Hall, ein »ideologisches Institut« für das SNCC aufzubauen, wurde nicht viel davon verwirklicht. James Forman beklagte in einem Essay von 1967 unter dem Titel *Rock Bottom* das Fehlen »eines systematischen Versuchs, uns selbst weiterzubilden; neue Mitglieder auszubilden; ein Gefühl für die Bedeutung der Geschichte unserer Organisation zu entwickeln; die vielen Ereignisse in der Welt zu diskutieren und zu analysieren.« Er gab sich dabei selbst die Schuld und betrachtete es als irrsinnig, »immer den Forderungen des Augenblicks nachzugeben und nicht entschiedener darauf zu bestehen, dass wir ein Programm für die intellektuelle und politische Entwicklung unserer Angestellten ausarbeiten und umsetzen.« James Forman argumentierte, das SNCC habe beim Angriff auf den Rassismus und die Segregation, sowie bei den Einschreibungen der schwarzen Stimmberechtigten im ländlichen Süden eine bedeutende Rolle gespielt, aber die OrganisatorInnen hätten nicht erkannt, dass die Verabschiedung der Bürgerrechtsgesetze von 1965 den »ganzen Charakter« des SNCC verändert habe. Er warnte, wenn das SNCC seinen »Handlungsstil« nicht ändere, werde die Effektivität wieder sinken, »denn es fehlt die Richtung, das Vertrauen in die Zukunft. Stattdessen herrscht eine Stimmung des Scheiterns, der Erschöpfung, der Verzweiflung, der Frustration über den schlechten Zustand der Organisation vor.«

James Forman war nicht in der Lage, eine andere Ideologie vorzuschlagen, aber er glaubte, dass der Black-Power-Slogan keine angemessene Richtlinie für die Zukunft war. Er forderte die OrganisatorInnen dazu auf, sich mit weitergehenden Fragen der Bedeutung des schwarzen Bewusstseins innerhalb des Kampfes der Schwarzen zu konfrontieren:[19] »Sind die Probleme, mit denen wir es zu tun haben, wirklich nur eine Frage der Hautfarbe? Was bedeutet obere, was untere Mittelklasse? Gibt es das auch unter den Schwarzen? Warum gibt es einen schwarzen Bankier in der Stadt und einen verhungernden Schwarzen in derselben Stadt? Entstehen die Probleme einer schwarzen Mutter, die von der Sozialhilfe lebt, nur aus ihrer Hautfarbe? Wenn nein, was sind die anderen Gründe?«

Forman war sich darüber klar, dass die Fähigkeit des SNCC, sich mit diesen Themen zu beschäftigen, nicht nur durch die äußere Repression begrenzt war, welche die Aufmerksamkeit der Kader absorbierte, sondern zudem durch die inneren Spannungen und Konflikte, welche den gegenseitigen Respekt und das gegenseitige Vertrauen zerstörten, das im SNCC früher existiert hatte. Sein Aufruf zur systematischen Selbstkritik enthielt die implizite Behauptung, dass die SNCC-Mitglieder ihre verbalradikalen Angriffe gegen den Liberalismus und die Gesellschaft der Weißen irrtümlicherweise als Grundlage für wirksame politische Aktion verstanden. Obwohl sich die Kader über die Notwendigkeit einer fundamentalen Wende in der ideologischen Ausrichtung des SNCC einig waren, wurde ihnen nur langsam klar, was das für die komplizierten Fragen der Taktik und

Strategie bedeutete, die innerhalb des SNCC und der afro-amerikanischen Gemeinschaft insgesamt zu lösen waren. Das SNCC konnte seine Aktivitäten nicht richtig einschätzen, ohne zuerst diese Fragen zu beantworten.

Das Thema der Beteiligung weißer AktivistInnen innerhalb der Organisation verdrängte alle anderen Fragen und illustrierte die Unfähigkeit des SNCC, seine inneren Differenzen über die politische Ausrichtung auf der Basis stimmiger politischer Prinzipien zu lösen anstatt durch Emotionen und das kompromisslose Festhalten an ›Rassen‹-Idealen. Diese Frage war eine Quelle interner Differenzen seit dem Jahr 1964, aber für die meisten OrganisatorInnen war sie durch den Beschluss des SNCC beantwortet worden, die Heranziehung von Weißen in Gemeinden der Schwarzen einzustellen und die Tendenz explizit zu formulieren, dass die Schwarzen die Ausrichtung ihres Kampfes selbst bestimmen sollten. Gegen Ende 1966 verblieb nur eine Handvoll weißer Angestellter innerhalb des SNCC, und von diesen hatte lediglich Jack Minnis noch immer einigen Einfluss auf die Organisation. Trotzdem war das SNCC unfähig, dieses Problem als gelöst zu betrachten, weil die Präsenz von Weißen die Differenzen unter den schwarzen Kadern an die Oberfläche brachte. Für eine beträchtliche Zahl von schwarzen Separatisten symbolisierte diese Thematik den allgemein verbreiteten Unwillen des SNCC, mit seiner eigenen Vergangenheit zu brechen. Die Mitglieder des Atlanta-Projekts hatten in ihrem damaligen Positionspapier darauf hingewiesen, dass den Schwarzen auch rein schwarze Organisationen zur Verfügung stehen müssten, um das ›rassische‹ Selbstvertrauen und die Militanz auszubilden, die für die kommenden Kämpfe nötig sein würden. Die Separatisten hatten zwar die erste Auseinandersetzung mit der Führung des SNCC verloren, aber nach Carmichaels Wahl fuhren sie damit fort, das Thema der Beteiligung Weißer als Mittel zur Unterminierung der SNCC-Führungspersonen zu benutzen. Innerhalb dieses Prozesses demonstrierten sie, wie die Rhetorik von Black Power in den Machtkämpfen um schwarze Führung als Waffe benutzt werden konnte, die im SNCC und in der schwarzen Gemeinschaft während der späten sechziger Jahre noch stattfinden sollten. Die Separatisten aus Atlanta schürten und spiegelten zugleich eine Stimmung ›rassischer‹ Ressentiments, die der schwarze Psychiater Alvin Poussaint analysierte, der Mitte der sechziger Jahre eng mit dem SNCC zusammenarbeitete. Nach Poussaint war der Kampf in den Südstaaten ein Ausdruck der unterdrückten Wut der schwarzen AktivistInnen, aber viele von ihnen fühlten sich dabei noch immer gehemmt durch die guten Beziehungen zu den weißen BürgerrechtlerInnen und durch den Wunsch, die Unterstützung der Weißen aus den Nordstaaten zu erhalten. Poussaint hat wohl etwas übertrieben, als er schrieb, dass viele BürgerrechtlerInnen, die nach dem Juni 1966 am lautesten den Black-Power-Slogan schrieen, frühere »Vertreter des gewaltfreien, auf Liebe basierenden, passiven Widerstands waren, die gegen die Dominanz der Weißen kämpften.« Er bewegte sich schon auf sichererem Terrain, wenn er argumentierte, die BefürworterInnen von Black Power »schienen eine bestimmte Art von Emanzipation vom Rassismus zu suchen, indem sie ihr Selbstbewusstsein stärkten und aggressiven, wütenden Gefühlen freien Lauf ließen.«[20] Solche Gefühle kamen auf öffentlichen Kundgebungen zu Black Power zum Ausdruck, wenn auf die Möglichkeit von ›Rassen‹-Gewalt (im Original: racial violence, d. Ü.) angespielt wurde. Sie kamen zudem durch verbale und manchmal auch physische Attacken auf andere AktivistInnen des SNCC zum Ausdruck. James Formans Beschreibung vom SNCC als »einer Bruderschaft, einem Kreis von Vertrauten« war nur noch eine Erinnerung, als seine Kader um die Methoden stritten, mit denen Black Power erreicht werden sollte. Ironischerweise lockerten sich die freundschaftlichen Bande, die die AktivistInnen zusammengehalten hatten, gerade in jener Zeit, als das SNCC homogener wurde, das heißt fast ausschließlich aus Schwarzen zusammengesetzt war. In ihrer Entschlossenheit, ›Rassen‹-Ziele durchzusetzen, verurteilten die AktivistInnen des SNCC jetzt die vormaligen Erfolge der eigenen Organisation und verloren die organisatorischen Taktiken, mit denen diese Erfolge erreicht worden waren, völlig aus den Augen.

Julius Lester, der dem SNCC kurz nach Carmichaels Wahl beigetreten war, drückte diese veränderte Haltung innerhalb des SNCC in einem Essay über »die wütenden Kinder von Malcolm X« aus. Die SNCC-AktivistInnen aus den frühen sechziger Jahren waren für ihn naiv und idealistisch, sie hätten »ernsthaft geglaubt, wenn die Weißen erfahren würden, was die Segregation anrichtet, dann werde sie abgeschafft.« Sie mussten nun, so Lester, einer neuen Generation weichen, die meint, dass die Gewaltfreiheit nicht funktioniert hat:[21] »Jetzt sind sie vorbei, die Tage, an denen Freiheitslieder gesungen wurden, und die Tage, an denen den Kugeln und Knüppeln der Polizei mit Liebe begegnet wurde. Liebe ist zerbrechlich und sanft, und sie sucht eine gleichartige Antwort. Sie sangen ›Ich liebe euch alle‹, als sie sich unter Steinen und Flaschen duckten. Heute singen sie:

> *Zu viel Liebe*
> *Zu viel Liebe*
> *Nichts tötet einen Nigger so sehr wie*
> *Zu viel Liebe.*«

In seinem populären Traktat *Look Out, Whitey! Black Power's Gon' Get Your Mama!* (Pass' auf, mein weißer Freund! Die schwarze Macht holt sich deine Mutter!, d. Ü.) ging Julius Lester noch weiter und meinte, ein »Rassenkrieg« scheine am Horizont auf. »Du kannst nicht tun, was du den Schwarzen angetan hast, und dann keine Vergeltung erwarten. Der Akt der Vergeltung an sich ist befreiend!« Lester lehnte den moralischen Kampf, der einst von Bob Moses, Charles Sherrod, John Lewis und anderen AktivistInnen des SNCC geführt worden war, ab und behauptete: »Es steht eindeutig geschrieben, dass das Opfer zum Henker werden muss.« Die SNCC-AktivistInnen aus Chicago drückten einen ähnlichen Gedanken noch direkter aus: »Wir müssen alles hassen, was mit den Weißen zu tun hat.«[22] Die Essays von Julius Lester drückten das anti-weiße Ressentiment einiger SNCC-AktivistInnen aus, aber sie deuteten ebenfalls auf eine starke Strömung eines anti-schwarzen Gefühls hin, das unter den militanten Schwarzen noch stärker wahrnehmbar werden sollte, die sich von allen Verbindungen mit einer weniger militanten Vergangenheit absondern wollten. Schwarze SNCC-AktivistInnen, die noch Freundschaften zu Weißen pflegten, oder die eine zu helle Hautfarbe hatten, oder die noch zu sehr von »weißen« kulturellen Werten beeinflusst waren, wurden zur Zielscheibe der Kritik von Seiten anderer Schwarzer. Radikalität drückte sich nicht mehr durch den Bürgerrechtskampf aus, sondern durch die Propagierung schwarzer Ideale. Auch diejenigen, für die Black Power nicht zugleich mit antiweißen Haltungen verbunden war, hielten sich sehr zurück mit Bemerkungen, aufgrund derer andere ihre ›rassische‹ Loyalität anzweifeln konnten. »In politischer Hinsicht hieß Black Power politische, ökonomische und kulturelle Selbstverwaltung der schwarzen Gemeinschaft«, analysierte Julius Lester später, »aber im SNCC-Büro, in den Bars und auf den Straßen von Atlanta hörte ich eine zunehmende Litanei aus Hass.« Lester, der seine weiße Ehefrau verlassen hatte, um dem SNCC beizutreten, hatte durchaus seine Schwierigkeiten, dem Bild des militanten Schwarzen zu entsprechen, das er mitgeformt hatte. Obwohl er »Einwände« gegen die Black-Power-Rhetorik hatte, äußerte er sie nicht, »denn wenn ich das getan hätte, wäre ich gefragt worden, warum ich überhaupt beigetreten bin. Ich war so entschlossen, Revolutionär zu werden, dass ich mich weigerte, in mein Inneres zu sehen und etwas zu entdecken, was dem widersprach, was ich werden wollte.«[23]

Die Separatisten aus dem Atlanta-Projekt, die solche Gefühle ›rassischer‹ Ambivalenz nicht kannten und erpicht darauf waren, die schwarz-nationalistische Loyalität anderer in Frage zu stellen, brachten im Sommer und Herbst 1966 andere SNCC-AktivistInnen in die Defensive. Sie hatten jedoch nur wenig Erfolg bei ihrem Versuch, die Schwarzen aus dem »Ghetto« von Vine City zu organisieren, zum Teil weil es ihnen nicht gelang, die Unterstützung starker, eingesessener, bewährter Führungspersonen vor Ort zu erlangen, die bei früheren Kampagnen den Hauptamtlichen des SNCC

Zutritt zur Gemeinde verschafften. Aber die Separatisten konnten von ihrem Scheitern ablenken, als sie dafür die fortgesetzte Präsenz von Weißen im SNCC verantwortlich machten. Bill Ware glaubte, die Weigerung des SNCC, die »Nabelschnur« zu durchschneiden, die es noch von der finanziellen Unterstützung durch Weiße abhängig mache, verhindere, dass ein Gefühl sich selbst zu genügen im Bewusstsein der Schwarzen entstehe. Ware und andere Mitglieder aus Atlanta waren bereit, die Zerstörung des SNCC zu riskieren, um ihre schwarz-nationalistischen Ziele zu erreichen: »Ich sagte, ›Meine Loyalität gehört dem schwarzen Volk und nicht notwendigerweise dem SNCC. Sie gehört dem SNCC nur insoweit, als ich an seine Loyalität gegenüber dem schwarzen Volk glaube.‹«[24]

Die separatistische Ausrichtung des Atlanta-Projekts bekam öffentliche Aufmerksamkeit, als die Kader des Projekts im Sommer 1966 mit Hector Black zusammenstießen, einem weißen Harvard-Absolventen, der im Rahmen eines Stipendiums des Armutsprogramms der Bundesregierung in Vine City tätig war. »Wir sahen, dass er eine Fortsetzung der Missionarsmentalität war, des so genannten guten Weißen, zu dem wir für unsere Erlösung aufsehen müssen, anstatt dass wir uns um uns selbst kümmern«, erinnerte sich Ware. Die Tatsache, dass Black beträchtliche Unterstützung aus der Gemeinde bekam und Mitglied des *Vine City Council* (Rat von Vine City), einem inoffiziellen Forum der Gemeinde, wurde, steigerte nur die Ablehnung der Separatisten. Im Frühsommer sprach der Rat Black mit überwältigender Mehrheit das Vertrauen aus, nachdem die SNCC-Aktivisten mit einem Lautsprecherwagen durch die Gemeinde gefahren waren und die BewohnerInnen gefragt hatten: »Was hat euer weißer Jesus denn heute für euch getan?«[25]

Die Militanz des Atlanta-Projekts zog einige jugendliche UnterstützerInnen an, aber ihre Organisierungsversuche wurden unterbrochen, als im August 1966 zehn OrganisatorInnen festgenommen wurden, die vor einer Militärbehörde gegen die Rekrutierung des SNCC-Aktivisten Michael Simmons protestiert hatten. Die Protestierenden wurden einige Tage später schuldig gesprochen und zu dreißig Tagen Gefängnis verurteilt. Aktivist Johnny Wilson wurde im Verlauf des Ereignisses ebenfalls des Aufruhrs angeklagt.[26]

Bill Ware und die anderen Mitglieder des Projekts, die nicht verhaftet worden waren, konnten kaum genug Unterstützung unter den Schwarzen finden, um die Kautionsgelder für die verhafteten AktivistInnen zusammen zu bekommen. Nachdem sowohl schwarze wie auch weiße Bürgerrechtler aus Atlanta die Rolle des SNCC bei den gewaltsamen Auseinandersetzungen vom September 1965 verurteilt hatten, bedrohten die schwarzen BewohnerInnen die Mitglieder des Projekts und zündeten einen Informationsstand des Projekts an. In einem Brief an den Vine City Council verurteilte Bill Ware die von ihm so genannten »Judas-Schwarzen«, denen er vorwarf, sie seien bezahlt worden, um das SNCC anzugreifen. Er nannte sie »Verräter«, die »ihr eigenes Volk betrügen.« Ware fügte hinzu, die »guten Leute aus Vine City« hätten sich »noch nicht getraut, das wieder aufzubauen, was die Verräter zerstört haben.«[27] Interessanterweise bewegten die Angriffe gegen das Atlanta-Projekt einige Council-Mitglieder, die vordem noch kritisch gegenüber dem SNCC eingestellt waren, nun dazu, die Organisation zu verteidigen.

Diese Kampfsituation der Mitglieder des Atlanta-Projekts verstärkte noch deren Entschlossenheit, das SNCC zum Bruch seiner Verbindungen mit Weißen zu bewegen, trotz der starken Opposition führender SNCC-AktivistInnen. Freddie Greene, Absolvent der Dillard University, arbeitete im Büro von Atlanta und erinnerte sich, dass Ruby Doris Robinson »eine strikt nationalistische Linie fuhr«, aber trotzdem darauf bestand, dass die Angestellten ihren Willen zu arbeiten verdeutlichten, anstatt »herumzusitzen und über die Weißen zu reden.«[28] Die Separatisten erhofften sich eine endgültige Entscheidung zur Frage »weißer« Beteiligung, als sich die Hauptamtlichen am 1. Dezember 1966 auf dem New Yorker Anwesen des schwarzen Entertainers »Peg Leg« Bates zu einem Treffen einfanden.

Die führenden SNCC-AktivistInnen hatten das Treffen an diesem abseits gelegenen Ort geplant, um den Kadern die Möglichkeit zu geben, sich mit den Problemen der Black-Power-Kontroverse auseinanderzusetzen. Eine Diskussion über die Rolle der Weißen innerhalb des SNCC stand auf der Tagesordnung, aber sie sollte nur einen Teil des ersten Tages in Anspruch nehmen. Die Vorbereitungsgruppe hoffte, dass in den darauf folgenden Tagen die Diskussionen in einer lockereren Atmosphäre vonstatten gehen würden und den Niedergang der Wirksamkeit des SNCC aufhalten und umkehren konnten. Obwohl sie den Wunsch der meisten OrganisatorInnen kannten, sich den vielen Problemen des SNCC zu widmen, unterschätzte die Vorbereitungsgruppe auf dramatische Weise die emotionale Kraft der Argumente, welche die Separatisten aus Atlanta und ihre Verbündeten vorbringen sollten.

Die Mehrheit der ungefähr 100 hauptamtlichen MitarbeiterInnen auf dem Treffen fand zu Beginn, es sei unnötig, die Weißen auszuschließen und zog es vor, ihnen vorzuschlagen, in Gemeinden der Weißen zu agitieren. Stokely Carmichael vertrat diese Meinung in seiner Eröffnungsrede und argumentierte, das SNCC brauche die finanzielle Unterstützung der Weißen sowie eine »Pufferzone« von weißen Liberalen, um weniger offen der Repression ausgesetzt zu sein. Carmichael und andere Schwarze kritisierten die Weigerung der Separatisten aus Atlanta, über andere Themen zu reden, bis die Weißen ausgeschlossen seien. Obwohl fast alle älteren SNCC-AktivistInnen mit dieser Meinung übereinstimmten, waren die separatistischen Kräfte entschlossen, das Thema hochzuspielen, und sie unterbrachen das Treffen wiederholt, um zu fordern, dass »die Weißen zu verschwinden haben.«[29]

Bill Ware eröffnete seine vorbereitete Rede mit der Behauptung, er sei »überzeugt davon, dass das schwarze Volk und das SNCC Black Power nicht verstehen«, denn andernfalls »wären jetzt keine Weißen in der Organisation.« Er erklärte, wenn die OrganisatorInnen im SNCC »verstehen würden, dass die jungen Wilden an der Ecke keine Weißen in der Organisation haben wollen, dann würden sie die Weißen rausschmeißen.« Er wiederholte mit Nachdruck die Argumente aus dem Positionspapier des Atlanta-Projekts aus dem Frühjahr 1966 und behauptete, die Beteiligung Weißer sei »das

größte Hindernis« auf dem Weg »zur Befreiung der Schwarzen.«
Er fügte hinzu, die Tatsache, dass sich das SNCC so viel Zeit für
diese Diskussion nehme, sei allein ein Argument für den Raus-
schmiss der Weißen, weil »wirklich sensible Weiße« die Probleme,
die durch ihre Präsenz entstanden seien, erkennen und freiwillig gehen würden. »Die, die das nicht verstehen, müssen ausgeschlossen
werden.«[30]

Zur Verärgerung der meisten leitenden SNCC-AktivistInnen zog
sich diese Diskussion über mehrere Tage hin. Die Debatte wurde zunehmend emotional, besonders für die sieben verbliebenen weißen
AktivistInnen. Schließlich wurde James Forman so sauer über die
scheinbar endlose Debatte, dass er vorschlug, das SNCC aufzulösen und die verbliebenen Gelder an die Befreiungsbewegungen in
Afrika zu überweisen. Er war besonders verärgert darüber, dass sich
einige schwarze Separatisten über die ältere Aktivistin Fannie Lou
Hamer lustig machten, die gegen den Ausschluss der Weißen war,
und sie als »irrelevant« oder »nicht auf der Höhe der Zeit« abquali-
fizierten. Aus der kleinen Gruppe weißer AktivistInnen war während dieser Tage einer von Misstrauen geprägten Debatte nicht viel
zu hören, und als Cordel Reagon schließlich zur Abstimmung aufrief, beteiligten sich die Weißen nicht daran. Die schwarzen Kader
stimmten einer Resolution zu, wonach die Weißen ausgeschlossen
wurden. Es ergab sich nur eine Mehrheit von einer Stimme, neunzehn Stimmen standen für die Resolution, achtzehn dagegen, bei
vierundzwanzig Enthaltungen. Die anderen Angestellten hatten das
Treffen entweder schon verlassen oder waren bereits vor der Abstimmung zu Bett gegangen, die bezeichnenderweise um zwei Uhr
morgens stattfand. Obwohl nur neunzehn AktivistInnen gegen die
weitere Beteiligung Weißer stimmten, war der Sieg der Separatisten
durch den Unwillen der meisten Kader zustande gekommen, sich
gegen etwas zu stemmen, was ihnen unvermeidlich erschien. Jack
Minnis erinnerte sich, dass er sich überlegt hatte, mit abzustimmen,
aber später war er erleichtert darüber, dass er und die anderen Weißen sich enthalten hatten und nicht die entscheidenden Stimmen

gegen den Ausschluss der Weißen beigetragen hatten.[31] Die weißen Angestellten verließen das Treffen sofort nach der Abstimmung. Einige der verbliebenen Schwarzen fühlten eine Mischung aus Erleichterung und Bedauern über den Ausschluss der weißen AktivistInnen, die so viel Zeit ihres Lebens dem SNCC gewidmet hatten. Die Pressesprecherin Ethel Minor hatte die Entscheidung befürwortet, erinnerte sich aber an ein Schuldgefühl nach der Abstimmung. Sie bezog sich auf Bob Zellner und sagte: »Er war jemand, der lange in vorderster Reihe gekämpft hat, bevor ich zur Organisation stieß. Niemand wollte Bob danach ins Gesicht sehen.«[32]

Aufgrund ihres entschlossenen Vorgehens dominierten die Aktivisten des Atlanta-Projekts das Treffen vom Dezember 1966, aber die Ironie der Geschichte wollte es, dass auf den Ausschluss der Weißen ihr eigener Ausschluss aus der Organisation folgte. In den auf das Treffen folgenden Monaten fuhren sie damit fort, die ›rassische‹ Loyalität führender SNCC-AktivistInnen in Frage zu stellen und ihre Reputation zu untergraben. Die leitenden SNCC-Kader gingen schließlich gegen das Projekt vor, als dessen Aktivisten sich weigerten, ein Auto zurückzugeben, welches dem SNCC gehörte. Nach mehrfachen Aufforderungen, das Auto zurückzugeben, meldeten Cleveland Sellers und Stokely Carmichael das Auto bei der Polizei als vermisst. Ein aufgebrachter Bill Ware schrieb ein Telegramm an James Forman, um gegen dieses Vorgehen zu protestieren. »Euer ausgesuchter Vorsitzender, die angebliche Hoffnung des schwarzen Amerika, ist auf das Niveau gesunken, einen rassistischen Polizeihandlanger des weißen Master Allen von Atlanta zu Hilfe zu rufen, um ein internes Problem unter angeblich schwarzen Leuten im SNCC zu lösen.« Ware spielte zudem mit einer Drohung darauf an, dass James Forman eine ehemalige weiße SNCC-Aktivistin geheiratet hatte und kündigte an, er werde nachteilige Informationen über Forman an die Presse geben.[33]

Als Stokely Carmichael durch Forman von Ware's Telegramm erfuhr, beendete er diese Aufsässigkeit, indem er alle Mitglieder des Atlanta-Projekts suspendierte oder feuerte. Weil die Aktivisten des

Atlanta-Projekts bereits beträchtliche Unterstützung im SNCC hatten, schrieben Carmichael und Sellers einen Brief, in dem sie alle Gründe für diese Aktion auflisteten.

Die meisten der Separatisten von Atlanta blieben in der Stadt, nachdem sie ausgeschlossen worden waren und hofften darauf, genug Unterstützung zu bekommen, um die Entscheidung auf dem nächsten ordentlichen Treffen der Hauptamtlichen zu revidieren. Ware akzeptierte die Entscheidung jedoch schlussendlich dadurch, dass er andere Mitglieder des Projekts davon abhielt, mit Waffen vor dem Zentralkomitee zu erscheinen, auf dem die Entlassung aller Mitglieder außer von Donald Stone bestätigt wurde.[34]

Doch auch nach der Entlassung der Separatisten aus Atlanta wurde das SNCC von inneren Streitereien heimgesucht. Die Angelegenheit der Beteiligung Weißer war bis zum Mai 1967 noch keineswegs endgültig geregelt. In der Hoffnung, die Kader würden die Reichweite der Entscheidung vom Dezember 1966 einschränken, beantragten Bob Zellner und seine Ehefrau Dottie vor dem Zentralkomitee, einem Plan zur Organisierung weißer Stadtteile von New Orleans zuzustimmen und für sich das volle Stimmrecht im SNCC. In dem vorsichtig formulierten Antrag der Zellners wurde argumentiert, das Zentralkomitee solle dem Antrag »nicht aufgrund unserer langjährigen Verbundenheit mit dem SNCC zustimmen, nicht aufgrund unserer langjährigen Arbeit für die Organisation, nicht aufgrund unseres Beitrags oder unserer emotionalen und persönlichen Bindungen.« Stattdessen argumentierten sie, das SNCC solle dem Plan zustimmen, weil eine zukünftige Koalition nicht verwirklicht werden könne, wenn weiße und schwarze OrganisatorInnen komplett isoliert voneinander agierten.[35]

James Forman und einige andere ältere SNCC-AktivistInnen befürworteten anfangs den Vorschlag. Aber Forman befürchtete, dass ein Versuch, die Dezemberentscheidung zu kippen, einige Kader dazu veranlassen werde, die Motive der führenden SNCC-AktivistInnen für die Entlassung der Aktivisten des Atlanta-Projekts in Frage zu stellen. Cleveland Sellers erinnerte sich, er und andere ältere

SNCC-AktivistInnen seien gegenüber dem Antrag der Zellners' unentschlossen gewesen, weil Bob Zellner »einer der wenigen Weißen war, der von allen in der Organisation respektiert wurde«, und er, wie Bob Moses, »eine besondere Persönlichkeit im SNCC gewesen ist.« Doch trotz dieser Gefühle wollte Sellers die Debatte über die Rolle der Weißen nicht noch einmal eröffnen. Das Zentralkomitee lehnte den Antrag einstimmig ab, entschied aber, den Zellners' Mittel für ihre Arbeit außerhalb des SNCC zur Verfügung zu stellen. Die Entscheidung war für das SNCC bedeutend, aber Sellers erinnerte sich, dass die AktivistInnen »so gequält dreinblickten, dass viele von uns kaum mehr taten, als uns die Hand zu geben und zu wünschen, dass der Lauf der Dinge anders gewesen wäre.«[36]

Die inneren Konflikte und der fortgesetzte Niedergang der praktisch wirksamen Arbeit des SNCC verhinderte nicht, dass die Organisation die politischen Haltungen vieler Afro-AmerikanerInnen stark beeinflusste. In der Tat war es gerade während dieses Jahres, in dem Stokely Carmichael Vorsitzender war, dass das SNCC wie nie zuvor als bedeutende Quelle neuer Ideen angesehen wurde. Das SNCC hat nicht von sich aus die politische Richtung der Schwarzen verändert, aber es reflektierte den entscheidenden Wandel innerhalb des Kampfes der Schwarzen weg vom ländlichen Süden und hin zu den Stadtvierteln in den Nordstaaten, weg von den Bürgerrechtsreformen und hin zu den komplexen, miteinander verflochtenen Problemen der Armut, Machtlosigkeit und kultureller Unterdrückung. Wie um 1960 bereits vor dem alles entfachenden Protest von Greensboro Tausende schwarzer StudentInnen dazu bereit waren, sich an den Sit-Ins zu beteiligen, so waren nun Millionen Schwarzer dazu bereit, die Rhetorik von Black Power aufzunehmen, um ihren angestauten Hass auszudrücken und eine neue, befriedigendere ›rassische‹ Identität anzunehmen.

Trotzdem wurden die Anstrengungen des SNCC, die Unzufriedenheit der Schwarzen in Strategien zur Umsetzung von Black Power zu verwandeln, immer wieder durch die Kontroversen blockiert, die von Stokely Carmichael ausgingen, sowie durch die zunehmend deutlicher werdenden politischen und persönlichen Differenzen, die innerhalb des SNCC existierten. Als die Organisation in eine Phase eintrat, in welcher ›rassische‹ Gegengewalt ein neues, intensiveres Niveau erreichte, musste das SNCC Angriffe von außen aushalten, die seine inneren Konflikte verschärften. Das SNCC suchte nach neuen Verbündeten, sowohl innerhalb der USA wie auf den anderen Kontinenten, aber in dem Maße, wie es sich von seinen früheren Bündnispartnern unter den Weißen isoliert und ganz offen mit unkontrollierter schwarzer Militanz in den Städten identifiziert hatte, war es mit der brutalen Repression des Staates konfrontiert. Während die OrganisatorInnen die Black-Power-Rhetorik von 1966 in der Folgezeit mit Inhalten füllen wollten, führten die tödlichen Angriffe der Repressionsorgane in den kommenden Jahren dazu, dass ihre Botschaft eine immer kleiner werdende Zahl von Schwarzen erreichen sollte.

Teil 3: Zerfall

Die Repression der Weißen

Den Mitgliedern des SNCC war die Popularität ihrer kontroversen Ideen unter den Schwarzen sehr willkommen. Stokely Carmichael und andere Militante des SNCC waren nicht die Ursache des Aufruhrs in den städtischen Schwarzenvierteln, aber sie hatten ein politisches Vokabular formuliert, das die unterdrückte Wut vieler Schwarzer ausdrückte, vor allem der Jugendlichen und der städtischen Armen. Carmichaels Befürwortung eines radikalen ›Rassen‹-Bewusstseins war für Schwarze attraktiv, die eine neue Identität annehmen wollten, welche ihr eigenständiges kulturelles Erbe und ihre Trennung von der dominanten Gesellschaft der Weißen betonte.

Die zunehmende Popularität der Black-Power-Rhetorik war zugleich ein Pluspunkt wie Anlass zur Sorge für die Organisation. Einerseits erhielten die SNCC-OrganisatorInnen zuweilen schnell Unterstützung, vor allem unter schwarzen StudentInnen. Die Reden von Carmichael führten schlagartig zu einer größeren Popularität des SNCC in den Stadtvierteln des Nordens und eröffneten neue Möglichkeiten für politische und materielle Solidarität. Andererseits aber blieb die Gefolgschaft des SNCC unter den College-StudentInnen und BewohnerInnen der Stadtviertel dürftig und kurzlebig. Die Bereitschaft vieler Schwarzer, ihre ›Rassen‹-Ressentiments durch Gegengewalt auszudrücken, machte die SNCC-AktivistInnen zur Zielscheibe der Repression durch die Polizei. In einer gesellschaftlichen

Situation, die durch städtischen Aufruhr der Schwarzen sowie durch den Widerstand gegen den Vietnamkrieg gekennzeichnet war, benutzten die Regierungsbehörden die oftmals verbalradikalen öffentlichen Reden des SNCC dazu, außerordentliche Maßnahmen der Polizeiüberwachung sowie willkürliche Verhaftungen von AktivistInnen zu legitimieren. Die große Resonanz, die diese Reden in der Öffentlichkeit fanden, führte umgekehrt zum Rückgang der Unterstützung von Weißen für progressive antirassistische Reformen.

Die Wahl von Hubert »Rap« Brown zum neuen Vorsitzenden des SNCC war ein Versuch, die Verwundbarkeit des SNCC zu reduzieren. Aber Brown versuchte eine Art Führungsperson für orientierungslose städtische Schwarze zu werden und wurde sehr schnell unter Weißen und gemäßigten Schwarzen als ähnlich berüchtigt eingestuft wie Carmichael. Brown und weitere AktivistInnen des SNCC waren nicht nur Opfer ihrer eigenen Aktivitäten, sondern wurden auch zum Sündenbock für viele Schwarzenaufstände gemacht. Im Sommer 1967 wurde das SNCC in das *Counterintelligence Program* (COINTELPRO, Überwachungsprogramm) des FBI aufgenommen. Dieses Programm war Teil einer konzertierten Aktion auf allen Regierungsebenen, den Radikalismus der Schwarzen durch offene und verdeckte Methoden, sowie durch subtilere Techniken der Kooptation und zeitweiliger Zugeständnisse zu unterdrücken.

Eines der wichtigsten Ziele des SNCC zu Beginn des Jahres 1967 war der Versuch, die Mobilisierungsbasis an den Universitäten der Schwarzen in den Südstaaten wieder aufzubauen, die vormals das SNCC mit AktivistInnen versorgt hatten. In der Tat kamen einige Mitglieder des früheren Exekutivkomitees ursprünglich aus SNCC-Freundeskreisen an den Universitäten. Aber im Jahr 1966 waren die dem SNCC nahe stehenden Gruppen an der Howard, Fisk oder Atlanta University sowie anderen Colleges entweder geschwächt oder ganz verschwunden. Stokely Carmichaels Popularität als Sprecher für Black Power konnte den studentischen Aktivismus wieder beleben und die AktivistInnen des SNCC wollten die Energie der Jugendlichen anzapfen, die Carmichael mobilisiert hatte. Wie früher bei der Mobilisierung der Schwarzen im ländlichen Süden ermutigten die AktivistInnen die Schwarzen, die Selbstverwaltung von Institutionen zu fordern, die ihren Alltag prägten. Sie stärkten das Selbstvertrauen der Betroffenen, Konfrontationen mit den existierenden Autoritäten zu riskieren und ihre Kämpfe selbst zu bestimmen. Die Kader des SNCC erkannten bald, dass bereits viele StudentInnen gegen die Zustände an den Universitäten protestierten, wie etwa gegen restriktive Regeln an den Colleges oder das Fehlen von Kursen zur Geschichte der Schwarzen. In einer Zeit, in der akademische Institutionen bereits überall angegriffen wurden, brauchten die schwarzen StudentInnen kaum noch äußere Anreize, um sich zu radikalisieren. Tatsächlich entdeckten die SNCC-OrganisatorInnen bald, dass StudentInnen aufgrund ihrer Verbindung mit dem SNCC verfolgt wurden und die Militanz der autonomen studentischen Gruppen das SNCC nur noch berüchtigter machte.

Dieser Mechanismus wurde deutlich, nachdem der Koordinator des SNCC für die studentische Mobilisierung, George Ware, Ende 1966 nach Nashville kam, um Unterstützungsgruppen an den Colleges der Schwarzen in den Südstaaten aufzubauen. George Ware wurde in Alabama geboren und war 1965 als Promotionsstudent in Chemie am Tuskegee Institute zum SNCC gestoßen. Er sprach zunächst mit befreundeten Fakultätsmitgliedern und engagierte sich bald darauf an der Fisk University für den Aufbau einer Solidaritätsgruppe für das SNCC. Er überzeugte zudem einige KommilitonInnen, nach Alabama zu gehen und mit den örtlichen AktivistInnen der LCFO zusammenzuarbeiten. George Ware hatte eine zurückhaltende Art und war sich der Gefahren bewusst, in einer Zeit zuviel an öffentlicher Aufmerksamkeit auf die eigene Person zu lenken, in der das SNCC im Zentrum der landesweiten Kontroverse um Black Power stand. Er hoffte, seine Arbeit in Nashville könnte ein Modell darstellen, um Polizeiverfolgung und andere Formen der Repression zu überstehen.[1]

George Ware kritisierte die Tendenz von Stokely Carmichael, oft an den mehrheitlich von Weißen besuchten Colleges der Nordstaaten zu sprechen und organisierte Anfang 1967 eine Rundreise, die Stokely Carmichael an die überwiegend von Schwarzen besuchten Colleges in Nashville und anderen Städten in den Südstaaten führen sollte. Er bereitete zudem eine Konferenz über Black Power vor und wollte damit StudentInnen sowohl der Fisk University wie auch der nahe gelegenen Tennessee A. & I. State University ansprechen. Schnell jedoch bekam es George Ware mit Gegenmaßnahmen der Fisk University zu tun und musste die Konferenz in die Kapelle von Saint Anselm verlegen, eine studentische Episkopalgemeinde unter Leitung von Priester James Woodruff, einem schwarzen Kleriker, der zu einem starken Unterstützer des SNCC wurde.[2]

Die Konferenz beschäftigte die Polizei von Nashville und das FBI, das Spitzel unter die UnterstützerInnen des SNCC in der Stadt mischte. Die Polizei hatte nur geringe Kenntnisse von der Organisationsstruktur oder der ideologischen Ausrichtung des SNCC, wodurch die Wahrnehmung der Rolle des SNCC in Nashville getrübt wurde. Sie betrachtete das SNCC als hierarchisch organisierte Gruppierung, in der Pläne durch nationale Führungspersonen nach Beratung mit KommunistInnen formuliert wurden. Die Polizei entschied also, dass das SNCC eine Verschwörung plane, um während der Konferenz zu Black Power, die auf drei Tage im März 1967 angesetzt war, Gewalt in Nashville zu säen. Ungefähr 70 Menschen besuchten die Konferenz, darunter einige »Outsider« wie Willie Ricks, Rap Brown, Carmichael und Sellers. Nach dem Polizeibericht hielt Carmichael auf der Konferenz eine Rede und »überließ es dann seinen Handlangern, den Plan Operation Nashville zu vollenden.« Angeblich wurden auf einem Folgetreffen am 4. April 1967 Mitglieder des SNCC von Nashville durch nicht näher identifizierte Personen »ausgewählt«, diese Operation auszuführen.

Der Leiter der Ortsgruppe, Fred Brooks, ein Student der Tennessee State University, sowie Ricks seien zudem angeblich instruiert worden, »schwarzen Kindern Hass auf die Weißen zu predigen, weil der weiße Mann nichts für sie getan hat.« Eine weitere Studentin, Andrea Felder, wurde verdächtigt, beauftragt worden zu sein, Lehrkurse zur Herstellung von Molotow-Cocktails abzuhalten.[3] Nach der Polizeiversion waren sowohl KommunistInnen wie kommunistische SympathisantInnen an der Verschwörung des SNCC beteiligt. Den StudentInnen auf der März-Konferenz war ein »Propaganda«-Film über Kriegsschäden in Nordvietnam gezeigt worden. Außerdem hielt die frühere SNCC-Aktivistin Diane Nash Bevel, die gerade eine Informationsreise nach Nordvietnam gemacht hatte, auf der Konferenz eine Rede. Als Carmichael Anfang April 1967 nach Nashville zurückgekehrt war, um an einem Symposium an der Vanderbilt University teilzunehmen, traf er sich »im Geheimen« mit Carl und Anne Braden sowie anderen Mitgliedern des SCEF, der von der Polizei als kommunistische Frontorganisation sowie »Dachorganisation« des SNCC beschrieben wurde.[4]

Die Polizeiversion schrieb dem SNCC einen Einfluss auf seine Ortsgruppen zu, den es mit Sicherheit nicht besaß und ebenso sehr übertrieb die Polizei die Verbindungen des SNCC zum SCEF. Aber diese Tendenz lag ganz auf der Linie der unter den Weißen weit verbreiteten Ängste gegenüber dem SNCC und der Militanz der Schwarzen. Obwohl sich einige SNCC-Kader und studentische UnterstützerInnen in Nashville tatsächlich auf Aktionen der Gegengewalt eingestellt haben mögen, war die SNCC-Ortsgruppe doch hauptsächlich mit universitären Themen beschäftigt, die damals auch in anderen Städten von schwarzen StudentInnen diskutiert wurden. Zweifellos gab es unter den UnterstützerInnen des SNCC in Nashville unterschiedliche Meinungen zum Thema Gewalt, wie das auch im überregionalen SNCC der Fall war. Fred Brooks gab später eine eidesstattliche Erklärung ab, dass weder er noch jemand, den er kannte, einen Plan zur Initiierung von ›Rassen‹-Gewalt ausgearbeitet hatte. »Wenn vom SNCC ein Riot geplant oder vorbereitet worden wäre, dann hätte ich darüber Bescheid gewusst, denn meine Verbindungen zu diesen Gruppen waren nun mal um einiges besser als die Kontakte der Polizei«, erklärte er einem Ausschuss des US-Senats.[5] Trotzdem hatten die Reden von Carmichael besonders unter den Weißen eine Atmosphäre des Misstrauens gegenüber dem

SNCC und jeder Person, die damit in Verbindung stand, geschaffen. Kurz vor dem geplanten Auftritt von Carmichael an der Vanderbilt University im April 1967 rief die Zeitung *Nashville Banner* die Direktion der Universität dazu auf, ihn vom Universitätsgelände zu verweisen, eine Forderung, die in Leserbriefen von den *Veterans of Foreign Wars and American Legion* (Veteranen der Kriege im Ausland und der US-amerikanischen Legion) unterstützt wurde. Die Polizei hatte einen Notplan im Falle eines Riot vorbereitet und hielt schwer bewaffnete Einsatzkräfte ab dem Morgen des 7. April 1967 »rund um die Uhr in Bereitschaft« bis zum Auftritt von Carmichael einen Tag später.[6]

Wenige Stunden nach Carmichaels Rede an der Vanderbilt University kam es zu einem Vorfall in der Bar »University Inn«, direkt an der Straße gegenüber dem Campus der Fisk University und nur wenige Häuser vom Büro der SNCC-Ortsgruppe entfernt gelegen. Der schwarze Eigentümer des Lokals hatte die Polizei gerufen, um einen Schwarzen aus dem Lokal zu weisen, der Gäste belästigte. Die Polizei warf den Mann hinaus, nahm ihn aber nicht fest. Kurz darauf verwies sie auf Bitte des Eigentümers ebenfalls einen schwarzen Soldaten des Lokals und übergab ihn der Militärpolizei. Der erste Hinausgeworfene ging zum SNCC-Büro und überzeugte rund ein Dutzend StudentInnen davon, am Lokal eine Mahnwache zu organisieren, um gegen das Vorgehen des Eigentümers zu protestieren. Als immer mehr Schaulustige die Protestaktion verfolgten, sperrte die Polizei die Zufahrt zu einer nahe gelegenen, verkehrsreichen Kreuzung ab, weil die Leute schon auf der Straße standen. Einige wenige Schwarze, darunter Leroy Wilson vom SNCC, versuchten die Situation zu beruhigen, aber um 9 Uhr 30 abends war die Menge auf 350 bis 500 Personen angewachsen und die Stimmung wurde gegenüber der Polizei und den anwesenden Weißen immer feindseliger.[7]

Zu dieser Zeit ließ die Polizei nur Stadtbusse bis zur Kreuzung durch, und der Versuch eines Busfahrers, vorbeizufahren, löste den ersten gewaltsamen Vorfall dieses Abends aus. Ein dem SNCC nahe stehender Zeuge berichtete, der Busfahrer »wollte den Weg durch die Menge erzwingen« und die Leute auf der Kreuzung reagierten darauf, indem sie »den Busfahrer und die Polizei ausbuhten.« Als darauf ein Polizist auf die Straße stürmte und mehrere Schüsse in die Luft abfeuerte, »begannen empörte und erschreckte Studenten, Steine und Flaschen auf die Cops zu werfen, die versuchten, die Menschen abzudrängen, nachdem die Schüsse abgefeuert worden waren.« Herbeigerufene Spezialeinsatzkräfte drängten die Leute in die Studentenwohnheime an der Fisk University zurück, indem sie sie mit Knüppeln schlugen, gezielt auf Personen schossen und dabei mehrere StudentInnen verletzten. Vor dem Bundesgericht wurde später ein an einigen Punkten davon abweichender Bericht verlesen. Nach dem Vorfall mit dem Stadtbus seien demnach »Agitatoren auf und ab gerannt, forderten schwarze Polizisten dazu auf, ihre Posten zu verlassen und sich den Agitatoren anzuschließen. Sie spuckten deren Vorgesetzte an und benutzten ihnen gegenüber obszöne und beleidigende Ausdrücke.« Der Gerichtsbericht fuhr fort: Als Steine auf die Polizei geworfen wurden, habe die Polizei die Menge aufgelöst und Schüsse in die Luft abgefeuert. »Drei Studenten sind auf dem Campus der Fisk University von Querschlägern getroffen worden, aber es gab kein gezieltes Feuer auf irgendeinen Studenten oder irgendeine andere Person in der Menge«, erklärte das Gericht.[8]

In dieser und den folgenden Nächten kam es immer wieder zu gewalttätigen Auseinandersetzungen zwischen den Schwarzen und der Polizei. Sie weiteten sich auf die Gegend um den Campus der Tennessee State University sowie auf einige nördliche Stadtteile von Nashville aus. Obwohl die Rolle der SNCC-Kader und UnterstützerInnen als Auslöser der Gewalt Gegenstand zahlreicher Diskussionen war, waren sowohl die Unzufriedenheit über die allgemeinen Lebensbedingungen wie auch das Misstrauen gegenüber der Polizei bei einer großen Zahl von Schwarzen in Nashville offensichtlich längst präsent, so wie es auch in anderen Städten der Fall war, in denen es ähnliche gewaltsame Aufstände von Schwarzen gab. Obwohl niemand von den bekannten SNCC-OrganisatorInnen der

Ortsgruppe während der ersten Nacht verhaftet worden war, beschuldigte die Polizei das SNCC, die Gewalt angezettelt zu haben.

Vor dem ersten Zusammenstoß mit der Polizei hatten Stokely Carmichael und George Ware die Demonstration verlassen, was ein FBI-Agent, der auf Carmichael angesetzt war, später bestätigte. Nach Angaben von Ware erkannten beide das Gewaltpotential der Menge und entschieden sich dafür, zu gehen, um später nicht beschuldigt werden zu können. George Ware und Ernest Stephens, ein Organisator des SNCC, verließen Nashville zusammen mit Carmichael am frühen Morgen des 9. April 1967, um Carmichael zu einer Veranstaltung in Knoxville zu begleiten. Als sie in der darauf folgenden Nacht nach Nashville zurückkehrten, entschieden sie sich dafür, Carmichael zunächst einmal an einem sicheren Ort unterzubringen – »er war im Moment zu heiß«, erinnerte sich Ware. Sie gingen zum Haus von Fred Books, um SNCC-Literatur entgegenzunehmen, die sie für eine weitere Veranstaltung in New Orleans brauchten.

Eine Polizeistreife, die in der Gegend Überstunden machte, erkannte ihr Auto und verhaftete Ware und Stephens mit der Anschuldigung, den Aufruhr ausgelöst zu haben. Als die Polizei ihr Auto durchsuchte, fand sie zwei Gewehre, eines davon in einem Aktenkoffer, der Carmichael gehörte. Die Anklage wegen unerlaubtem Waffenbesitz folgte auf dem Fuss.[9]

Fast zur gleichen Zeit durchsuchte die Polizei das Büro des SNCC in Nashville und verhaftete sieben OrganisatorInnen, darunter Leroy Wilson und Andrea Felder. Im Polizeibericht stand, die Polizei sei bei ihrer Ankunft mit sechs Molotow-Cocktails beworfen worden. Aber im Büro waren bei der Durchsuchung keine Explosivstoffe gefunden worden. Im Polizeibericht stand zudem, die Fingerabdrücke von Andrea Felder seien auf einem der Molotow-Cocktails gefunden worden.[10]

Im Vergleich zu anderen gewaltsamen Schwarzenaufständen oder den blutigen Rebellionen, die kurz darauf in Detroit, Newark und weiteren Städten stattfinden sollten, waren die Vorfälle von Nashville eine weniger bedeutsame Affäre. Die Polizei verhaftete 94 Menschen, denen sie vorwarf, an den Gewalttätigkeiten beteiligt gewesen zu sein. 73 der Verhafteten waren StudentInnen. Trotzdem reagierten die geschockten Vertreter der städtischen Behörden mit einer Kampagne, die sich direkt gegen das SNCC richtete. Der Bürgermeister von Nashville, Beverly Briley, beschuldigte Carmichael, für den Ausbruch der Gewalt verantwortlich zu sein. Der Präsident der Fisk University denunzierte »auswärtige Agitatoren« des SNCC als Speerspitze der Gewalt. Das Parlament des Bundesstaates Tennessee verabschiedete schnell eine Entschließung, nach der der US-Bürger Stokely Carmichael des Bundesstaates Tennessee verwiesen wurde. Die *Interdenominational Ministerial Alliance* (Interkonfessionelles Bündnis religiöser Würdenträger) stand nahezu allein auf weiter Flur, als sie der allgemeinen Tendenz widerstand, die SNCC-AktivistInnen zu brandmarken. Sie erklärte, »die wahren Ursachen der jüngsten Unruhen gab es längst vor Carmichaels Geburt.«[11]

VertreterInnen des SNCC behaupteten, die Polizei habe die Gegengewalt in Nashville provoziert und eine friedliche Demonstration in eine gewaltsame Auseinandersetzung verwandelt. Am Ende des Monats erstatte das SNCC Anzeige gegen die PolitikerInnen der Stadtverwaltung und behauptete, sie hätten sich mit dem Ziel verschworen, den AktivistInnen und UnterstützerInnen des SNCC die konstitutionellen Rechte zu nehmen. Das SNCC forderte eine gerichtliche Verfügung gegen die LokalpolitikerInnen von Nashville, um die juristische Verfolgung von George Ware, Ernest Stephens und anderen SNCC-SympathisantInnen zu verhindern. Die Klage wurde schließlich abgelehnt, verzögerte aber die Gerichtsverfahren gegen die Verhafteten. Um zu zeigen, dass sie sich nicht einschüchtern lassen, erklärten führende SNCC-AktivistInnen Nashville zu einer »Projektregion« für den Sommer 1967.[12]

Wie in Nashville waren auch die SNCC-UnterstützerInnen an der Texas Southern University in Houston mit Schikanen der Universitätsleitung konfrontiert. Dem örtlichen Freundeskreis des SNCC wurden Treffen auf dem Campus verboten und der Arbeitsvertrag des Fakultätsberaters der Gruppe wurde gekündigt. Im März 1967 beteiligten sich immer mehr StudentInnen an Protestkampagnen, um diese Entscheidungen anzufechten, die Qualität des Lehrplans zu erhöhen und die Ausgangssperre für Studentinnen ab neun Uhr abends aufzuheben. Anfang April 1967 blockierten 150 StudentInnen mit Ketten und Vorhängeschlössern die Eingänge des Universitätsgebäudes, während Hunderte von weiteren StudentInnen ihre Unzufriedenheit durch eine Sitzblockade auf der Universitätsstraße zum Ausdruck brachten. Kurz darauf verhaftete die Polizei von Houston zwei führende Personen der Protestbewegung. Beiden wurde vorgeworfen, sie hätten damit gedroht, einen Polizeibeamten zu töten. Ein weiteres Mitglied des örtlichen SNCC-Freundeskreises wurde von der Universität suspendiert und verhaftet, nachdem es eine Protestaktion in der Cafeteria organisiert hatte. Die Verhaftungen steigerten nur die Unruhe unter den StudentInnen und die Universitätsleitung sah sich dazu veranlasst, die Anklagen fallen zu lassen, obwohl der Bezirksstaatsanwalt von Houston auf der Strafverfolgung bestanden hatte. Die Unzufriedenheit der StudentInnen eskalierte schließlich am Abend des 16. Mai 1967. Während eines massiven Angriffes auf studentische DemonstrantInnen schoss die Polizei mehrere Tausend Schuss Munition in die Studentenwohnungen auf dem Universitätsgelände. Nachdem sie die Kontrolle über den Campus wiederhergestellt hatte, durchsuchte und – nach einigen Berichten – vandalisierte die Polizei die Räume und persönlichen Habseligkeiten der StudentInnen. Sie verhaftete 481 Menschen. Während des Polizeiangriffs wurden ein Student und zwei Polizeibeamte verletzt, einer der Polizisten war tödlich getroffen worden. Obwohl die nachfolgenden Untersuchungen darauf hindeuteten, dass der tote Polizist aus Versehen von seinem Polizeikollegen erschossen worden war, wurden fünf StudentInnen, alle im SNCC-Freundeskreis aktiv, wegen Mord angeklagt. Die Anklagen gegen die StudentInnen, die bei den Massenfestnahmen verhaftet worden waren, wurden aus Mangel an Beweisen bald darauf fallengelassen, aber die Mordanklagen gegen die »T.S.U. Five« wurden erst nach Monaten von Solidaritätskampagnen und öffentlicher Kritik zurückgezogen.[13]

Der blutigste Zusammenstoß zwischen StudentInnen und der Polizei fand zu Anfang des Jahres 1968 am South Carolina State College in Orangeburg statt. Ungefähr ein Jahr zuvor war der ehemalige Programmleiter des SNCC, Cleveland Sellers, an dieses College gegangen, das nur einige Meilen von seiner Heimatstadt entfernt lag. Damals hatten die StudentInnen die Vorlesungen erfolgreich boykottiert, um gegen ein paternalistisches College-Hausrecht und die Suspendierung von drei politisch aktiven weißen Lehrern zu protestieren. Sellers arbeitete nun eng mit den StudentInnen einer radikalen Gruppe zusammen, die mit der NAACP-Gruppe am College konkurrierte und sich *Black Awareness Coordinating Committee* (BACC, Koordinierungskomitee für Schwarzes Bewusstsein) nannte. Anfang Februar 1968 griff die Polizei eine Gruppe von StudentInnen an, die an einer engen Zufahrt zu einem Bowling-Center demonstrierte, dessen Eigentümer keine Schwarzen einließ. Sellers gab taktische Ratschläge und riet den StudentInnen, den Verkehr an einer Straße nahe dem College-Campus zu blockieren. Obwohl die StudentInnen dem Ratschlag gar nicht folgten, behaupteten die Behörden einfach, Sellers habe die Proteste entfacht. Sellers' Verbindungen zu Mitgliedern des BACC hatten bereits zu Polizei- und FBI-Überwachungsmaßnahmen geführt.

Die Wut der StudentInnen steigerte sich, als die städtischen Behörden auf ihre Forderungen nicht eingingen. In der Nacht des 7. Februar 1968 bewarfen frustrierte StudentInnen Autos mit Steinen und Flaschen und beteiligten sich an weiteren vereinzelten Akten des Vandalismus. Die eskalierenden Auseinandersetzungen in Orangeburg erreichten am folgenden Tag ihren Höhepunkt, als die Polizei die Feuerwehr zu Hilfe rief, um ein Feuer zu löschen, das die StudentInnen gemacht hatten, um sich in den kalten Abendstunden wärmen zu können. Unterstützt von der Nationalgarde besetzte die Polizei erneut den Campus. Als ein Polizist von einem Teil eines Treppengeländers getroffen wurde, das ein flüchtender Student geworfen hatte, dachten die anderen Polizisten, sie würden beschossen und feuerten auf die StudentInnen, von denen viele daraufhin die Hände hochhielten oder sich auf den Boden legten. 33 schwarze DemonstrantInnen wurden angeschossen. Drei von ihnen starben an ihren Verletzungen.

Die ersten Nachrichtensendungen meldeten, die StudentInnen seien bei einer Schießerei von beiden Seiten getötet worden, obgleich niemand auf die Polizei geschossen hatte. Spätere Erklärungen durch Offizielle der Stadt und des Bundesstaates gaben Cleveland Sellers die Schuld, obwohl der bei dem Vorfall selbst verwundet worden war. Henry Lake, der offizielle Sprecher des Gouverneurs in Orangeburg, machte die falsche Angabe, Sellers habe das Geländerstück geworfen, das den Polizisten verletzt hatte. »Er ist der Rädelsführer«, betonte Lake. »Er ist der größte Nigger unter ihnen.«[14] Sellers wurde kurz danach verhaftet und wegen Anstiftung zum Aufruhr angeklagt, aber es kam nicht einmal zum Gerichtsverfahren. Nach einer Untersuchung des »Massakers von Orangeburg« durch die Bundesregierung wurden neun Polizeibeamte des Bundesstaates South Carolina angeklagt, den DemonstrantInnen die konstitutionellen Rechte vorenthalten zu haben. Diese Anklage wurde allerdings später wieder fallengelassen.

Die Gegengewalt, die mit den Versuchen von Mitgliedern des SNCC und ihren UnterstützerInnen einherging, ein neues, radikales Selbstbewusstsein unter den schwarzen StudentInnen zu entwickeln, war nur zum Teil mit der Black-Power-Rhetorik verbunden. Obwohl einige SNCC-Mitglieder seit 1967 dazu bereit waren, Gewalt zur Erreichung ihrer Ziele anzuwenden und auch gewaltsame Zusammenstöße mit der Polizei zu provozieren, wurde ihre Rolle beim Schüren von Gegengewalt an den Colleges bei weitem überschätzt, denn ähnliche Zusammenstöße fanden genauso an Colleges statt, an denen es keine SNCC-Gruppe gab. Das SNCC schuf die Welle schwarzer studentischer Militanz nicht, welche in den späten sechziger Jahren zahllose Universitäten erfasste, sondern spiegelte sie allenfalls wider. Die brutale Reaktion der Polizei auf die Proteste der schwarzen StudentInnen kann nur durch das Klima der Angst erklärt werden, das durch die negativ gefärbten Presseartikel über das Phänomen des schwarzen Bewusstseins entstand, sowie durch die borniere Meinung der Polizeileitung, studentische Proteste könnten erfolgreich unterdrückt werden, wenn identifizierbare schwarze Führungspersonen verhaftet würden. Auch die Missachtung der Sicherheit und der Rechte der schwarzen StudentInnen durch die Regierungsbehörden der Weißen trug natürlich dazu bei.

Die gewaltsame Unterdrückung der Proteste schwarzer StudentInnen fand nicht in einem Vakuum statt: die Colleges der Schwarzen waren ein Mikrokosmos der US-amerikanischen Gesellschaft. Die Colleges boten eine unkomplizierte und freundliche Umgebung für die OrganisatorInnen des SNCC, vor allem wenn man/frau sie mit den komplexen und gefährlichen Bedingungen vergleicht, unter denen andere Kader des SNCC arbeiten mussten, die in die massiven städtischen Revolten des Jahres 1967 involviert waren.

Stokely Carmichael erkannte die Gefahren, die aus seiner herausragenden öffentlichen Präsenz und der Schwäche des SNCC während einer Periode sich ausweitender Auseinandersetzungen zwischen Schwarzen und Weißen entstanden. Bis zum Jahrestreffen der Hauptamtlichen des SNCC im Frühling 1967 hatte er sich dazu entschieden, künftig auf den Vorsitz zu verzichten. Die OrganisatorInnen waren nun damit konfrontiert, eine Person zu finden, die die wütende Stimmung der städtischen Schwarzen ausdrücken und zugleich die Rolle des Sündenbocks für die um sich greifenden Aufstände der Schwarzen vermeiden konnte. Die Begeisterung und das gegenseitige Vertrauen, welches auf früheren SNCC-Treffen bestanden hatte, fehlte bei diesem Treffen in Atlanta ganz offensichtlich. Die verbliebenen 76 Kader waren sich darüber im Klaren, dass ihre Mitgliedschaft im SNCC während des vergangenen Jahres eine neue Bedeutung bekommen hatte, was besonders die Verhaftungen in Philadelphia, Atlanta, Nashville und in anderen Orten zeigten. Einige Kader waren mit schwerwiegenden juristischen Verfahren konfrontiert. Zu dieser Zeit hatten die meisten der sechzehn SNCC-Aktivisten, die zur Armee einberufen worden waren, sich entschieden, den Kriegsdienst zu verweigern und riskierten damit eine Gefängnisstrafe. Nur wenige Tage vor dem Treffen wurde Sellers vor einem großen Geschworenengericht angeklagt, der Einberufung nicht nachgekommen zu sein.[15] Ethel Minor erinnerte sich, dass die zunehmende Gefahr, die mit der Mitgliedschaft im SNCC verbunden war, die AktivistInnen an den Rand einer Paranoia brachte. Die Verbitterung, die auf dem vorangehenden Jahrestreffen zum Ausdruck kam, war noch immer vorhanden, als die AktivistInnen um die Bestätigung des Ausschlusses der Aktivisten des Atlanta-Projektes gebeten wurden. Obwohl der Ausgang der Entscheidung klar war, kanzelte ein Mitglied der Gruppe aus Atlanta, das vor kurzem aus dem Gefängnis entlassen worden war, diejenigen ab, welche sein Projekt und die Idee des »Schwarzseins« verraten hätten. Er beschuldigte die Anwesenden, unter die Kontrolle von James Forman gefallen zu sein. Seine ausfallenden Vorwürfe schufen eine Atmosphäre, die das gesamte Treffen anhielt und belastete.[16]

Uneins über die zukünftige Richtung des SNCC oder sogar seine langfristige Existenz, erkannten die Hauptamtlichen zudem, dass die Projekte des SNCC in einem schrecklichen Zustand waren und dass eine Phase der Konzentration auf das Wesentliche sowie eine Phase des Wiederaufbaus notwendig wurde. Die meisten Anwesenden wollten Carmichael durch eine Person ersetzen, die weniger leicht die Aufmerksamkeit der Presse auf sich ziehen konnte. Carmichael selbst gab zu, er habe vielleicht das SNCC durch seine Kundgebungsreden »weiter mitgenommen, als es zu gehen bereit war.« Aber er erklärte, das sei eine »Falle« für jede Person, die den Vorsitz übernehmen wolle, weil die Mitglieder für ihre Vorstandsmitglieder keine Richtlinien aufgestellt hätten.[17] Die Kader akzeptierten diese Verteidigung von Carmichael, sie hofften aber trotzdem, eine Person zu finden, welche weniger stark im Zentrum von Kontroversen stehen werde, um es der Organisation zu ermöglichen, ihre inneren Probleme zu lösen und Unterstützung für die Zukunft zu bekommen. Einige meinten, Ruby Doris Robinson könne diese Rolle erfüllen, aber sie war an einer seltenen Form von Krebs erkrankt und sollte daran einige Monate später sterben. Andere SNCC-Veteranen wie

James Forman waren von den Aufgaben, mit denen sie in den vorangehenden Jahren überfrachtet worden waren, ausgepowert. Die meisten OrganisatorInnen glaubten zudem, dass der oder die neue Vorsitzende eine Person sein sollte, die eher den neuen SNCC-Schwerpunkt in den nördlichen Städten als die Wurzeln der Organisation in der Protestbewegung der Südstaaten repräsentierte. Nach langwieriger Diskussion wählten die Anwesenden ein bis dahin wenig bekanntes Mitglied aus dem Projekt von Alabama, Rap Brown, zum neuen Vorsitzenden.

Hubert, »Rap«, Brown wurde in Baton Rouge geboren und hatte die meiste Zeit seines Lebens in Louisiana verbracht, wo sein Vater viele Jahre bei einer Ölgesellschaft arbeitete. Er hatte sich an den studentischen Protesten zu Beginn der sechziger Jahre kaum beteiligt, obwohl er damals eine Universität in den Südstaaten besuchte. Sein politischer und intellektueller Scharfsinn war noch nicht ausgebildet, als er im Sommer 1962 nach Washington, D.C., ging, um seinen Bruder Ed zu besuchen, der Mitglied in der Nonviolent Action Group (NAG) war. Rap Brown war vom politischen Bewusstsein der NAG-Mitglieder beeindruckt und erinnerte sich: »Sie redeten Kopfwichse und ich konnte nur einiges von dem, was sie sagten, verstehen, weil ich all die Bücher nicht gelesen hatte.«[18]

Im Gegensatz zu den früheren Vorsitzenden des SNCC bildete sich Brown seine politische Meinung in einer Phase, als schwarze AktivistInnen dazu übergingen, sich in politisch unabhängigen Aktivitäten sowie in den Städten zu organisieren. Seine Beteiligung am Kampf der Schwarzen in Cambridge, Maryland, im Jahre 1963 schärfte sein Bewusstsein für wirtschaftliche Belange, die zu einem wichtigen Schwerpunkt der Bürgerrechtsbewegung werden sollten. Brown arbeitete 1964 für die Einschreibungskampagne in die Wahllisten im Holmes County, Mississippi. Bis dahin hatte er an keinen Bürgerrechtsaktivitäten im ländlichen Süden teilgenommen. Nach diesem Sommer entschied sich Brown dafür, seine Oberseminarkurse am College abzubrechen und stattdessen nach Washington zurückzukehren, wo er weiter in der NAG arbeitete und schließlich ihr örtlicher Vorsitzender wurde. In dieser Zeit bekam er seinen Spitznamen aufgrund seiner Fähigkeit, mit verarmten Schwarzen zu »rappen«. »Seine Art zu sprechen, seine ganze Haltung drückte eine Graswurzelqualität aus, die ihm die Anziehungskraft der Massen sicherte«, schrieb James Forman später. Als führender NAG-Aktivist betonte er die Notwendigkeit für die schwarzen StudentInnen an den Colleges, »sich mit den Brüdern auf der Straße zu identifizieren« und »die Aktionen des Bruders auf der Straße zu legitimieren – und damit anzufangen, seine Meinung zu artikulieren, denn ein College-Student hat Fähigkeiten, die sein Blutsbruder nicht hat.«[19] Als er Anfang 1966 Kader im SNCC wurde, ging Rap Brown nach Greene County, Alabama, um dabei zu helfen, eine unabhängige Partei für die Schwarzen nach dem Modell der LCFO aufzubauen. Zur Zeit des Jahrestreffens der Hauptamtlichen von 1967 war er noch ein Neuling und ältere Mitglieder sahen ihn noch immer als »kleinen Bruder« von Ed Brown an, der schon sehr viel länger dabei war.

Alle gewählten Leitungspositionen des SNCC im Jahre 1967 wurden von Personen besetzt, von denen die AktivistInnen den Eindruck hatten, sie würden sich bei öffentlichen Erklärungen zurückhaltend zeigen und die Entwicklung effektiver Programme für die Städte vorantreiben. Geschäftsführerin Ruby Doris Robinson wurde durch Stanley Wise ersetzt, einen 24 Jahre alten Aktivisten aus North Carolina, der, wie Brown, während seiner Studienzeit an der Howard University führendes NAG-Mitglied gewesen war. Während des Jahres 1964 hatte Wise Erfahrungen bei der städtischen Organisierung durch seine Beteiligung an der Cambridge-Bewegung gesammelt. Nachdem er im selben Jahr Kader des SNCC geworden war, wurde er Organisator für die Universitäten und Colleges in den Südstaaten und arbeitete eng mit James Forman, Ivanhoe Donaldson und später Stokely Carmichael zusammen, um die Arbeit der Kader vor Ort zu koordinieren und einzuschätzen.

Ralph Featherstone, ein ehemaliger Sprachlehrer an Grundschulen, wurde neuer Programmleiter des SNCC und ersetzte Cleveland

Sellers. Featherstone kam 1964 nach Mississippi, um an den Freiheitsschulen zu lehren und wurde schließlich deren Koordinator. Er war zudem Leiter eines COFO-Projekts in Noshoba County. Zur Zeit seiner Wahl war er fast 28 Jahre alt und hatte vor allem durch seinen auf ruhige Art vorgetragenen Radikalismus und seine kraftvolle, aber undogmatische Befürwortung von Arbeitsdisziplin den Respekt der anderen Hauptamtlichen gewonnen.

Der neue Vorstand versuchte, die zukünftige Außendarstellung bei seinen ersten Kontakten mit den PressereporterInnen zu etablieren, die zum Treffen selbst nicht zugelassen waren. Er kündigte an, es werde in Zukunft weniger öffentliche Stellungnahmen von führenden Vertretern des SNCC geben. »Das SNCC wendet sich von der Rhetorik ab und seinem Programm zu«, erklärte Brown nach dem Treffen. Er kündigte an, das wichtigste Ziel des SNCC sei es, *Freedom Parties* aufzubauen, deren Aktivitäten zugleich weit über Wahlkämpfe hinausgehen sollten. »Die Freiheitsorganisationen müssen von den Schwarzen als Quelle von Jobs, von Macht und von Freiheit betrachtet werden.« Er bestätigte, dass das SNCC mit seinen Aktivitäten gegen die Wehrpflicht fortfahren und sie auf High-School-SchülerInnen ausdehnen werde. Featherstone fügte hinzu, es werde größeres Gewicht auf das Ziel gelegt, »die wirtschaftliche Selbstverwaltung der schwarzen Gemeinschaft zu erreichen.«[20]

Rap Brown hatte zweifellos anfänglich ernsthaft vor, unnötige Kontroversen zu vermeiden. Nach seiner ersten Pressekonferenz berichtete *Newsweek* überzeugt, dass Brown »als Redner weit weniger selbstsicher« als Carmichael wirke »und auch weit weniger impulsiv.« Browns Vorhaben, die Kontakte zu weißen ReporterInnen zu begrenzen, wurde von seiner Überzeugung für die Unvermeidlichkeit von Presseberichten sowie ihrer oft hilfreichen Rolle bei der Mobilisierung von Unterstützung unter den Schwarzen für das SNCC konterkariert. In ruhigeren Zeit wäre es Brown wohl gelungen, große Kontroversen zu vermeiden, aber das Jahr, in dem er Vorsitzender des SNCC wurde, war ein Jahr außergewöhnlicher sozialer Unruhen. Hinzu kam, dass Brown bei seinen öffentlichen Reden weniger taktisch, selbstdiszipliniert und ambivalent auftrat als Carmichael und deshalb auch weniger dazu fähig war, die Presse in seinem Sinne zu beeinflussen. Carmichael war wahrscheinlich weitaus stärker bewusst, was das ihm nachfolgende nationale Symbol für die Militanz der Schwarzen zu erwarten hatte. Bei der ersten Pressekonferenz von Brown blieb Carmichael im Hintergrund und sagte den ReporterInnen nur, dass sie anfangen müssten, ihre Photos von dem neuen Vorsitzenden zu machen. »Er wird sich um euch kümmern – er ist ein *schlimmer* Junge«, witzelte Carmichael.[21]

Rap Browns Meinung zur Gegengewalt war natürlich für die Presse am wichtigsten. Als er auf einer Pressekonferenz in San Francisco zu seiner Meinung über die im Bundesstaat California neu gegründete *Black Panther Party for Self-Defense* (BPP, Schwarze Panther-Partei für Selbstverteidigung) gefragt wurde, drückte Brown die Position des SNCC aus, dass die Schwarzen ein Recht hätten, sich selbst zu verteidigen. Aber er fügte hinzu: »Wenn die Schwarzen sich organisieren, können sie auf politischem Wege die Macht erobern. Zum gegenwärtigen Zeitpunkt sind wir gegen den Gebrauch von Waffen.« Trotz dieser eher vorsichtigen Aussage wurden die entschiedenen persönlichen Ansichten von Brown bezüglich Bewaffnung und Gegengewalt eher durch seine eigenen Erfahrungen als durch politische Überzeugungen geformt. Er akzeptierte die Tatsache, dass gewaltfreie Taktiken »in einer Phase angemessen sein mögen, in welcher es darum geht, Sympathie für die Bewegung zu gewinnen, aber für mich als Individuum hat Gewaltfreiheit einfach nie funktioniert.« Er ging schon mit seinem Vater auf die Jagd und führte, wie andere SNCC-OrganisatorInnen im ländlichen Süden, oft eine Waffe zu seinem Schutz mit sich. Im Jahr 1966 wurde er in Alabama verhaftet und des Mitführens einer versteckt gehaltenen Waffe angeklagt. Er ärgerte sich darüber, dass das SNCC für ihn keine Kaution hinterlegte. »Sie hätten mich vielleicht aus der Organisation schmeißen können«, schrieb er später, »aber meine Waffe hätten sie mir nicht abgenommen. Das einzige, was ›der Weiße‹ an dir respektiert, ist die 45er oder 38er, die du hast.«[22]

Rap Brown glaubte, dass bewaffnete Selbstverteidigung notwendig sei, weil sich die ›Rassen‹-Gewalt ausweiten werde und er wusste, dass unbewaffnete Schwarze die Schlachten mit der schwer bewaffneten Polizei und den Militäreinheiten verlieren würden. Noch während das Jahrestreffen des SNCC stattfand, wurde Ben Brown, ein junger Schwarzer, der mit dem SNCC zusammengearbeitet hatte, in Jackson, Mississippi, getötet, als die Polizei in eine Demonstration schoss. Einige SNCC-Kader fuhren hin und forderten die StudentInnen dazu auf, sich zu verteidigen. Rap Brown kommentierte später, die SNCC-AktivistInnen hätten das Gefühl gehabt, die USA »rüsten zum Rassenkrieg« und in dieser Situation sei es die Verantwortung des SNCC, »die schwarze Bevölkerung darauf vorzubereiten.« Oft wiederholt wurde Rap Browns Aussage: »Wenn die Amerikaner Nazis spielen wollen, werden sich die Schwarzen weigern, Juden zu spielen.«[23]

Wenige Wochen nach ihrer Wahl zeigten Rap Brown und andere SNCC-Kader ihre Tendenz, impulsiv zu reagieren, wenn ihre radikale Haltung herausgefordert wurde. Sie hatten erfahren, dass Stokely Carmichael vor dem Eingang einer Kirche in Prattville, Alabama, verhaftet worden war, weil er nicht aufgehört hatte, den Slogan »Black Power« zu rufen. Schwarze BewohnerInnen protestierten vor Ort außerhalb des Gefängnisses, in dem Carmichael festgehalten wurde. Später kam es zu einer Schießerei zwischen den Schwarzen und lokalen Weißen, darunter Mitgliedern des Ku Klux Klans. In der darauf folgenden Nacht stellte ein weißer Mob Stanley Wise und weitere führende Schwarze in einem Haus, und die SNCC-AktivistInnen hörten überall Gerüchte, Carmichael sei gelyncht worden. Am folgenden Morgen waren Wise und die anderen festgenommen und der Anstiftung zum Aufruhr angeklagt worden. Die Polizei des Bundesstaates und Truppen der Nationalgarde, die von Gouverneur Lurleen Wallace gesandt worden waren, verschafften sich Zugang zur Gemeinde der Schwarzen in Prattville, durchsuchten die Häuser und schlugen auf diejenigen ein, die sich wehrten. Später, am selben Tag, berief Brown eine Pressekonferenz ein, auf der er die Anwesen-

den warnte, das SNCC werde »nicht mehr länger dasitzen und zu-
sehen, wie Schwarze von Mördern umgebracht werden, die sich hinter Papieren und dem Stern des Gesetzes verstecken.« Er beschrieb
die Ereignisse als »eine Kriegserklärung« des »rassistischen weißen
Amerika« und rief »zur Vergeltung durch die Schwarzen überall in
den USA« auf. Browns Erklärung war jedoch nur impulsiver Verbalradikalismus, denn das SNCC war gar nicht mehr dazu fähig,
Schwarze für größere und wirksame Aktionen zu mobilisieren. »Zu
einer anderen Zeit in seiner Geschichte wäre das SNCC dazu fähig
gewesen, Prattville mit einer Invasion von Organisatoren zu überflu-
ten und den Willen der weißen Stadtverwaltung zu brechen«, notierte Cleveland Sellers. »Unglücklicherweise waren wir nicht mehr
dazu in der Lage, solch eine Kampagne aufzuziehen.« Das SNCC
war dazu verdammt, die normalen Wege der Gerichtsbarkeit einzuschlagen, um die Verhafteten freizubekommen.[24]

Einige Tage später traf Rap Brown in Atlanta ein, kurz nachdem
die Polizei einen Riot niedergeschlagen und dabei einen Schwarzen
getötet sowie drei weitere verwundet hatte. Die Presse berichtete
ausführlich über Rap Browns Aufenthalt in Atlanta. Während Willie
Ricks erklärte, die Militanten des SNCC von Atlanta würden »für
Zustände sorgen, gegenüber denen Vietnam wie Urlaub« aussehe,
sagte Brown nach Zeugenaussagen auf einer Pressekonferenz: »Wir
sind hierher gekommen, um Atlanta in die Luft zu jagen.« Er verurteilte schwarze Jugendliche, die eine Jugendpatrouille als Hilfstruppe
der Polizei gebildet hatten, um die Ordnung in der Gemeinde der
Schwarzen aufrechtzuerhalten und sagte: »Jeder Schwarze, der da
draußen als Mitglied der Patrouille angetroffen wird, wird als Verräter behandelt werden.«[25] Bei den Aktionen der Gegengewalt in
Atlanta hatte kein/e SNCC-AktivistIn teilgenommen, aber die Tatsache, dass Stokely Carmichael, Willie Ricks und Rap Brown nun
fast jede Gelegenheit benutzten, ihre Unterstützung von gewaltsamen
Schwarzenaufständen auszudrücken, demonstrierte ihren Wunsch,
als Sprecher einer landesweiten Rebellion der Schwarzen zu gelten,
über die sie jedoch real wenig Kontrolle ausübten. Die Folgen ihres

Verbalradikalismus waren ihnen wohl klar, aber die Militanten des SNCC ließen sich von den Repressionskräften nicht davon abhalten, ihre selbst gewählte Rolle auszufüllen, die Schwarzen auf eine ihrer Ansicht nach bevorstehende ›Rassen‹-Revolution vorzubereiten.

Der kontroverseste Vorfall, an welchem Brown beteiligt war, fand nach einer Einladung der *Cambridge Action Federation* (CAF, Föderation für Aktion in Cambridge) statt. Diese Gruppe bestand aus den früheren Mitgliedern des SNCC-Freundeskreises in Cambridge, Maryland, sowie aus schwarzen Jugendlichen, die wütend über die in der jüngsten Zeit zunehmenden gewalttätigen Übergriffe des Ku Klux Klan (KKK) und der *States Rights Party* (SRP, Partei für die Rechte der Bundesstaaten) waren. Vor dem Hintergrund von Presseberichten über einen Guerillakrieg der Schwarzen in Detroit hielt Rap Brown am 25. Juli 1967 eine vierzigminütige Rede vor mehreren Hundert schwarzen BewohnerInnen von Cambridge. In der Rede wiederholte er die Themen des ›Rassen‹-Stolzes sowie der schwarz-nationalistischen Entschlossenheit, die typisch für Stokely Carmichaels Reden gewesen waren. Aber Brown ging noch weiter als Carmichael und forderte die ZuhörerInnen dazu auf, gegen die Gesellschaft der Weißen die Waffen zu ergreifen. »Wenn sich Amerika uns nicht zuwendet, Bruder, dann werden wir es niederbrennen«, rief er. »Wir werden es niederbrennen, wenn wir unseren Anteil nicht bekommen.« Er meinte, die schwarze Bevölkerung sei vom Genozid bedroht aufgrund ihrer ärmlichen Lebensbedingungen und der Rekrutierung junger Schwarzer für den Vietnamkrieg. Er forderte die Schwarzen dazu auf, Geschäfte und Läden, die Weißen gehörten, zu übernehmen. »Ihr müsst einige ihrer Geschäfte besitzen. Und mir ist es egal, ob ihr sie vorher niederbrennen und die Leute rausschmeißen müsst.« Er rief ebenfalls dazu auf, Weiße davon abzuhalten, in Gemeinden der Schwarzen zu gehen. »Wann immer ihr euch entscheidet, den weißen Mann zu bekämpfen, dann macht es auf seinem Schlachtfeld. Es gibt nur eines, das ihn interessiert. Und das ist Geld. Das ist sein Gott. Wenn ihr seine Geschäfte niederreißt, dann lästert ihr seine Religion.«[26] Während der Rede selbst fanden keine gewaltsamen Auseinandersetzungen statt, aber ungefähr eine Stunde später kam es zu einer Schießerei zwischen schwarzen BewohnerInnen und der Polizei. Nach dem Polizeibericht hatte Brown eine Gruppe von Aufständischen in das Geschäftsviertel von Cambridge geführt, wo sie Geschäfte niederbrannten und plünderten. Eine Grundschule für Schwarze wurde ebenfalls niedergebrannt. Brown hatte kritisiert, dass sie schlechter ausgestattet sei als die Schulen für die Kinder von Weißen. Brown behauptete, er habe sich in dieser Nacht nicht an gewaltsamen Aktionen beteiligt, sondern er sei von der Polizei verletzt worden, als er eine Frau nach Hause gebracht habe. Er wurde aufgrund seiner leichten Verletzung medizinisch behandelt und verließ Cambridge am frühen Morgen. Zu dieser Zeit waren siebzehn Gebäude beschädigt oder zerstört worden und der vor kurzem gewählte Gouverneur Spiro T. Agnew hatte die Nationalgarde in die Stadt geholt.[27]

Bis dahin hatte Agnew den Ruf, ein Liberaler zu sein. Er war auch von vielen Schwarzen gewählt worden und hatte neue Bürgerrechtsgesetze im Bundesstaat erlassen, aber seine Reaktion auf die Gegengewalt von Cambridge deutete auf eine Veränderung in seiner politischen Orientierung hin. Am folgenden Tag ging er in die Gemeinden der Schwarzen und beschuldigte Rap Brown, an den Zerstörungen schuld zu sein. »Ich hoffe, er wird bald aufgegriffen, eingebuchtet und sie werfen die Schlüssel weg«, bemerkte er.[28]

Dass Rap Brown den Bundesstaat bereits verlassen hatte, war für die Behörden von Maryland kein Hindernis. Ohne einen Beweis seiner aktiven Beteiligung beim Niederbrennen von Gebäuden in Cambridge, wurde er der Brandstiftung angeklagt und das FBI übernahm den Fall. Weil er sich in Lebensgefahr glaubte, nachdem die bundesweite Fahndung nach ihm begonnen hatte, entschied Brown mit Hilfe des dem SNCC nahe stehenden Anwalts William Kunstler, sich der Polizei zu stellen und wollte seine Festnahme in New York arrangieren. Das FBI ging auf den Deal nicht ein und verhaftete ihn schon am Flughafen von Washington, als er versuchte, das

Flugzeug nach New York zu besteigen. Brown wurde dann zum Gericht nach Alexandria, Virginia, gebracht, wo die US-weit geltenden Anklagen gegen ihn fallengelassen wurden, so dass er nach Maryland ausgeliefert werden konnte. Bevor er auf Kaution freigelassen wurde, veröffentlichte er eine Erklärung, in der es hieß, die schwarzen Massen seien »am Rande einer schwarzen Revolution.« Brown sagte, die schwarzen Massen würden »den Feind bekämpfen, indem jede repressive Maßnahme unmittelbar vergolten werde,« und dass er sich »weder vom Gefängnis noch von Todesdrohungen« einschüchtern lasse. Auf einer Pressekonferenz in Washington, D. C., am folgenden Tag war er sogar noch aggressiver und nannte Präsident Johnson einen »weißen Zuhälter und Drogendealer, einen Outlaw aus Texas« und behauptete, seine Verhaftung sei das Ergebnis einer Verschwörung, an der Johnson, die Behörden der US-Regierung und FBI-Chef J. Edgar Hoover beteiligt seien, »um meine Organisation zu diskreditieren und L. B. J.'s Schuld an den ganzen Riots auf mich zu schieben.«[29]

Innerhalb nur weniger Tage nach seiner Freilassung auf Kaution häuften sich weitere Anklagen gegen Brown. Die städtischen Behörden von Dayton, Ohio, beschuldigten ihn »der Befürwortung eines kriminellen Syndikalismus« (Gewerkschaftsarbeit, d. Ü.) während eines Auftritts am Vorabend des Ausbruchs eines zweitägigen Riots in der Stadt. Hinzu kamen juristische Probleme für Brown, als er sich ein Gewehr kaufte, kurz bevor er seine Familie in Louisiana besuchte. Er glaubte, dass er unter den Bedingungen permanenter Überwachung dennoch sein Recht, solch eine Waffe zu besitzen, ausüben konnte. Er ließ das Gewehr vorschriftsmäßig auf seinen Namen registrieren und händigte es einer Flugzeug-Stewardess aus, als er von New York nach New Orleans und zurück flog. Unglücklicherweise wurde genau in der Zeit, in der er mit dem Flugzeug unterwegs war, von einem Geschworenengericht in Maryland gegen ihn Anklage wegen Aufforderung zur Brandstiftung bei den gewaltsamen Auseinandersetzungen in Maryland erhoben. Nachdem er in New York gelandet war, verhafteten ihn Agenten der Alkohol- und

Tabak-Abteilung des Justizministeriums aufgrund eines kaum bekannten Gesetzes, wonach es verboten ist, ein Gewehr über die Grenzen von US-Bundesstaaten zu transportieren, während der Eigentümer unter Anklage steht. Die Kaution für Brown wurde auf 25 000 Dollar festgesetzt und er wurde nach New Orleans zurück verfrachtet. Nachdem die Kaution hinterlegt worden war, beschränkte ein Bundesrichter seine Bewegungsfreiheit auf die Regionen, die der Rechtsprechung des Bundesgerichts von New York City unterstanden.[30]

Die juristische Verfolgung von Brown verringerte seine Möglichkeiten zu Kundegebungsauftritten für die städtischen Schwarzen, aber diese Form der Repression hatte eine weit größere Bedeutung, als allen Beteiligten in diesem Sommer des Jahres 1967 klar war. Sie etablierte ein Muster, mit dem in der Zukunft gegen öffentlich weithin bekannte Führungspersonen in sozialen Bewegungen vorgegangen wurde. Rap Brown hatte jugendliche Schwarze dazu ermutigt, gegen die weißen Autoritäten zu rebellieren, aber er wurde gleichzeitig für Millionen Weiße zum Symbol ihrer Bereitschaft, bekannte Personen und Einrichtungen schwarzer Militanz unmittelbar anzugreifen. Statt eine starke revolutionäre Kraft der Schwarzen aufbauen zu können, die zum Umsturz der bestehenden sozialen Ordnung fähig wäre, wurde Rap Brown vielmehr zum Spielball im Kampf zwischen den liberalen und konservativen Strömungen dieser sozialen Ordnung. Der Sommer 1967 demonstrierte die Macht der schwarzen Bevölkerung, die nationale Aufmerksamkeit durch ziellose Ausbrüche des Zorns zu gewinnen. Aber dieser Sommer machte ebenso deutlich, dass ein Jahr des Redens über Black Power die SNCC-AktivistInnen so ohnmächtig wie noch nie zurückgelassen hatte.

1964 schrieb Charles Sherrod, die SNCC-AktivistInnen hätten »noch immer ein wenig Zeit, bevor der Drache erwacht«; im Sommer 1967 war die Zeit zu Ende. Ohne die fatalen Folgen zu überdenken, verzichtete das SNCC bewusst auf den unverlässlichen, aber nichtsdestotrotz lebenswichtigen Puffer der Unterstützung durch weiße Liberale, die in den zurückliegenden Jahren seine Gegner auf Distanz hielten. Die seit einiger Zeit sichtbar werdende Tendenz der Kader, ihre Meinungen öffentlich und bestimmt, sowie ohne Rücksicht auf die Konsequenzen zu äußern, brachte sie zwar potentiellen Verbündeten in den »Ghettos« der Schwarzen und in der »Dritten Welt« näher, stärkte aber zugleich ihre Kritiker im Kongress und führte zu den brutalen Repressionsmaßnahmen des FBI. Das SNCC hatte die Angriffe der Sheriffs in den Südstaaten überlebt, aber seine Existenz wurde durch die neuen Gegner mit ihrem Zugriff auf die enorme Macht der Bundesregierung weitaus stärker bedroht. Und auch die Effektivität, mit der lokale Behörden die Institutionen des SNCC zerstörten, wurde dadurch erhöht, dass die Behörden der Bundesregierung und landesweit bekannte Politiker die lokalen Autoritäten nun dabei unterstützten.

Die stärkste Opposition gegen das SNCC auf bundesweiter Ebene kam noch immer aus den Reihen der weißen Kongressabgeordneten der Südstaaten. Aber sie hatten nun die Unterstützung vieler Politiker aus den Nordstaaten, die nicht öffentlich mit der Militanz der Schwarzen in Verbindung gebracht werden wollten. Während viele Delegierte der Demokratischen Partei aus den Südstaaten und konservative Delegierte der Republikanischen Partei eine bundesweite Kampagne zur Unterdrückung schwarzer Militanz vorschlugen, befürworteten andere Delegierte soziale Reformprogramme, die der Unterstützung der Schwarzen für radikalere Alternativen den Boden entziehen sollten. Demnach hatten sich die SNCC-AktivistInnen nicht nur mit der Peitsche der Repression auseinanderzusetzen, sondern auch mit dem Zuckerbrot der Kooptation und der begrenzten Zugeständnisse.

Als im Kongress über eine Gesetzesvorlage diskutiert wurde, die das Überqueren von Grenzen der einzelnen Bundesstaaten bei »Anstiftung zum Aufruhr« zu einem bundesgerichtlich zu verfolgenden Verbrechen erhob, wurde deutlich, dass konservative Politiker ihre Unterstützungsbasis auf Kosten der Liberalen stärken konnten, wenn es um die Militanz der Schwarzen ging. Während der Parlamentsdebatte über die Anti-Riot-Gesetze behaupteten Abgeordnete der »Demokraten« aus den Südstaaten, dass die KommunistInnen hinter der Gegengewalt steckten. Gerald R. Ford, der Vorsitzende der Parlamentsfraktion der »Republikaner«, vertrat eine Verschwörungstheorie, nach der Stokely Carmichael der wichtigste Verschwörer war. Der Kongressausschuss der »Republikaner« kritisierte Präsident Johnson für sein »unentschuldbares Schwanken, sein Zögern und auch seine Ignoranz« beim Umgang mit der Gewalt der Schwarzen. Die meisten Abgeordneten der »Demokraten« wollten sich in dieser Sache nicht den Anschein geben, »zu weich« zu sein, und das Parlament verabschiedete die Gesetzesvorlage mit überwältigender Mehrheit am 19. Juli 1967.[31]

Die Konservativen hatten noch immer die Initiative in der Hand, als das Gesetz Anfang August vom Gesetzeskomitee des Senats ratifiziert wurde, wobei der »Demokrat« und Plantagenbesitzer James O. Eastland aus dem Bundesstaat Mississippi den Vorsitz innehatte. Die bei dem Procedere zunächst befragten Zeugen waren Polizeibeamte, die im Allgemeinen den Senat dazu aufforderten, die Anti-Riot-Gesetze zu ratifizieren, und ihre Aussagen bestimmten die Atmosphäre bei den darauf folgenden Hearings. Der Polizeichef von Cambridge machte Rap Brown für den Ausbruch der Gewalttätigkeiten des letzten Monats in seiner Stadt verantwortlich. Der Polizeichef von Cincinnati behauptete, Stokely Carmichaels Anwesenheit habe den Aufruhr in seiner Stadt verursacht. Captain John A. Sorace von der Polizei in Nashville vermutete, die SNCC-AktivistInnen hätten nicht nur eine prägende Rolle beim Ausbruch der gewaltsamen Auseinandersetzungen vom April desselben Jahres gespielt, sondern er kam zudem wieder auf die Treffen von Carmichael mit führenden Mitgliedern des SCEF zu sprechen, die von Eastland sofort als »eine kommunistische Organisation« identifiziert wurde. Nach diesen Anschuldigungen erklärte Sorace plötzlich, das *Office for Economic Opportunity* (OEO, Büro für ökonomische Chancen) – das heißt also, eine Institution des Programms der Bundesregierung zur Bekämpfung der Armut – habe dem SNCC einen Zuschuss gegeben. Sorace behauptete, dass Fred Brooks, der Leiter des SNCC-Büros von Nashville, Gelder von der Bundesregierung erhalten habe, um eine »Schule der Befreiung« zu betreiben. Sorace fügte hinzu, obwohl als Zweck der Schule die Unterrichtung junger Schwarzer über afro-amerikanische Geschichte angegeben worden sei, wäre in Wirklichkeit ihre Rolle, »den Hass auf den weißen Mann« zu lehren.[32]

Die Beschuldigungen von Sorace machten sofort Schlagzeilen im ganzen Land und veröffentlichten die schwelenden Konflikte zwischen Liberalen und Konservativen, die sich um die Nützlichkeit wie um die Verwaltung der Programme zur Bekämpfung der Armut von Seiten der Bundesregierung drehten. Obwohl im SNCC das Misstrauen gegen Johnsons Motive vorherrschte, waren in der anfänglichen Orientierung des ersten Programms zur Bekämpfung der Armut einige der demokratischen Werte berücksichtigt worden, die auch für die eigenen Projekte des SNCC maßgebend waren. Die OEO-VertreterInnen wurden gesetzlich dazu verpflichtet, »die größtmögliche Beteiligung der Armen« zu erreichen. Diejenigen, die an diese Aufgabe verantwortlich herangingen, entschieden sich oft dafür, ehemalige BürgerrechtsaktivistInnen anzuwerben, um die Armen dazu zu mobilisieren, die örtlichen Serviceleistungen der Regierung in Anspruch zu nehmen und an der Verwaltung der Programme teilzunehmen, die für diesen Zweck entworfen worden waren. Die BürgerrechtsaktivistInnen blieben in der Regel auch als Angestellte ihren Ansichten treu, aber einige Verwaltungsbeamte des Programms zur Bekämpfung der Armut erhofften sich, die AktivistInnen würden die vielen schwarzen Armen auf direktem Wege erreichen können. Letztere galten als noch weitaus unverbesserlicher als die BürgerrechtsaktivistInnen und wurden als Bedrohung der sozialen Ordnung eingeschätzt. Einige ehemalige SNCC-AktivistInnen bekamen beträchtliche Mittel von der Bundesregierung über private Armutsorganisationen, welche sie zum Teil mitbegründet hatten. Ein Leiter des Armutsbekämpfungsprogramms von Nashville sagte vor den Mitgliedern des Gesetzeskomitees des Senats aus, die Beamten seien ein »kalkuliertes Risiko« eingegangen, als sie AktivistInnen angeworben haben, »um Nashville während des Sommers 1967 abzukühlen.« Er erklärte, die Anwerbung von AktivistInnen sei ein Versuch zu ihrer »Rehabilitierung« gewesen.[33]

Die Beamten des Armutsbekämpfungsprogramms befanden sich sehr bald in der Defensive, als sie mit der Kritik aus dem Kongress konfrontiert wurden, zur Finanzierung einer Schule beigetragen zu haben, die als »Schule des Hasses« bezeichnet wurde. Reverend J. Paschall Davis, der ebenso überraschte wie verärgerte Leiter der *Metropolitan Action Commission* (MAC, Innerstädtischer Aktionsausschuss), flog sofort nach Washington. um dort zu bestreiten, dass das SNCC mit Regierungsgeldern finanziert und Fred Brooks angeworben worden sei, obwohl er zugeben musste, dass über Brooks' Bewerbung als Leiter des Sommerprogramms beraten worden war. Die Aussage von Davis wurde kurz darauf von der Presse widerlegt. Und Brooks hatte in der Zwischenzeit zu der Kontroverse beigetragen, als er auf einer Pressekonferenz – die eigentlich einberufen worden war, um zu widerlegen, dass die Schule zum Hass erziehen wolle – erklärte, den schwarzen Jugendlichen werde allerdings der Ratschlag gegeben, sich selbst zu schützen: »Wenn ein weißer Mann an dich Hand anlegt, dann bring' ihn um, bevor Gott davon erfährt.«[34]

Gleich nach der Aussage von Davis nahm die MAC ihre frühere Zustimmung zum Programm zurück. Brooks verkündete, die Schule werde in einem Stadtpark von Nashville weiter betrieben, obwohl die Stadtparkkommission ursprünglich die Erlaubnis verweigert hatte. Ende August 1967 hatte während eines Schulkurses in diesem Park George Ware vor ZeugInnen erklärt, die jüngste Rebellion der Schwarzen in Detroit sei »sehr gut für die Sache der Schwarzen« gewesen. Er verkündete weiter, die Schwarzen würden »dieses Land bis auf seine Grundfesten niederbrennen«, wenn sie ihre Gemeinden nicht verwalten dürften. George Ware wurde bald darauf verhaftet und des Aufruhrs angeklagt, jedoch später von einem Geschworenengericht freigesprochen. Erst im November 1967, nach mehreren Monaten negativer Schlagzeilen, hatte Fred Brooks die Gelegenheit, auf die Kritiken zu antworten, als er vor dem permanent tagenden Untersuchungsausschuss des Senats aussagen konnte. Fred Brooks bestritt, dass irgendeine Person, die an der Schule beteiligt gewesen war, an den April-Unruhen teilgenommen hatte oder dass schwarzen SchülerInnen der Hass auf die weiße »Rasse« gelehrt worden sei, aber er machte aus seinen eigenen militanten Ansichten keinen Hehl. Er wurde vom Vorsitzenden des Untersuchungsausschusses, Senator John L. McClellan aus Arkansas, unbarmherzig ausgefragt. An einem Punkt der Anhörung sagte Brooks auf eine Frage von McClellan, dass er die meisten Weißen als seine Feinde betrachtete. Aber er fügte gleichzeitig hinzu, einige seiner besten Freunde seien Weiße. »Aber zählen Sie mich nicht dazu«, warf McClellan ein. »Das würde ich nie tun«, antwortete Brooks. Als McClellan fragte, was Brooks zu Rap Browns Erklärung sagen würde, Gewaltanwendung sei »genauso amerikanisch wie Kirschkuchen«, bemerkte Brooks, der Vietnamkrieg sei schließlich »nicht aus Liebe und moralischen Motiven heraus geführt« worden. John L. McClellan schnappte: »Ich habe Sie nicht zu Vietnam befragt.«[35]

Einige Wochen vor der Aussage von Fred Brooks wurde der örtliche SNCC-Freundeskreis in Houston, Texas, in eine ähnliche Affäre verwickelt. Wie in Nashville führte die angebliche Rolle von Mitgliedern des Freundeskreises beim Ausbruch studentischer Unruhen im Frühjahr 1967 zu einer Untersuchungskommission der Bundesregierung, die sich schnell auf die Beteiligung von SNCC-AktivistInnen an den Programmen zur Bekämpfung der Armut konzentrierte. Das Beispiel Houston verdeutlicht noch klarer die Doppelstrategie, die als Antwort auf die Militanz der Schwarzen in vielen Städten gegen Ende der sechziger Jahre üblich war. Während einige SNCC-UnterstützerInnen nach dem Frühling 1967 mit permanenter Polizeiüberwachung und Einschüchterungen konfrontiert waren, wurden andere als Angestellte des *Community Action Program* (CAP, Aktionsprogramm für die Gemeinschaft) angeworben, das vom OEO finanziert wurde und den erklärten Zweck hatte, ›rassisch‹ motivierte Gegengewalt in der Region Houston zu verhindern. Später erklärte ein Leiter des Armutsprogramms, die Gelder seien dafür vorgesehen gewesen, »die Abweichenden, die Agitatoren, die Aufwiegler und die Militanten aktiv in konstruktive Bahnen zu lenken.« Der Leiter erwähnte besonders, dass die Anwerbung zur gleichen Zeit wie der Gerichtsprozess gegen Muhammad Ali durchgeführt wurde, der den Militärdienst verweigert hatte. Die OEO-Vertreter konnten zehn »Hardcore-Aktivisten des SNCC-Freundeskreises« rekrutieren sowie sechzehn »Sympathisanten«, die alle als Freizeitanimateure arbeiteten. Dieser Kooptationsversuch war nicht völlig erfolgreich, da einige, die auf der Gehaltsliste des OEO standen, weiter für Black Power agitierten. Letztlich zwang der Druck von Seiten des Kongresses den Programmleiter zum Rücktritt und die angeworbenen Militanten wurden rausgeschmissen.[36]

Es war eine Ironie dieser Versuche von Beamten des Armutsprogramms, die Militanz der schwarzen Aktivisten in gesetzliche Bahnen zu lenken, in dem sie an Reforminstitutionen beteiligt wurden, dass sie nur dort erfolgreich waren, wo die Beteiligten noch keinen besonderen Ruf für ihre Militanz gewonnen hatten. Eine Reihe früherer SNCC-Kader arbeitete in dieser Phase für städtische Programme, die von der Bundesregierung finanziert wurden, aber für diejenigen, die den Sommer 1967 hindurch im SNCC geblieben waren, waren solche Möglichkeiten kaum in Reichweite.

Die SNCC-AktivistInnen akzeptierten das Stigma, das ihre Mitgliedschaft im SNCC mit sich brachte. Sie wussten, dass sie weitaus mehr durch Repression als durch Kooptation bedroht waren, als sich der Konflikt zwischen Schwarzen und Weißen zuspitzte. Aber auch sie konnten kaum wissen, wie weit die Regierungsbehörden zu gehen bereit waren, um den schwarzen Radikalismus niederzuschlagen. Diese Dimension kam erst Jahre nach dem Ende des SNCC an die Öffentlichkeit, als die Repressionsorgane der Regierung gegen liberale Kräfte eingesetzt wurden, die dem politischen Zentrum viel näher standen als das SNCC und die sich weitaus effektiver zur Wehr setzen konnten.

Die Polizeiaktionen gegen örtliche SNCC-Gruppen schwächten die Möglichkeiten der Organisation, eine dauerhafte Unterstützungsbasis aufzubauen. Aber die Überlebensfähigkeit des SNCC als landesweite Organisation war durch die zunehmende Härte, mit der nun Einrichtungen der Bundesregierung, besonders das FBI, gegen sie vorgingen, noch stärker gefährdet. Das SNCC und das FBI standen sich schon immer misstrauisch gegenüber. Die AktivistInnen kritisierten das FBI öffentlich für seine freundschaftlichen Kontakte zur lokalen Polizei in den Südstaaten, sowie für seine Unfähigkeit, BürgerrechtlerInnen zu schützen. Schon im Jahr 1964 hatte das SNCC den FBI-Chef J. Edgar Hoover dafür kritisiert, die öffentliche Aufmerksamkeit von der Unterdrückung, die die Schwarzen im Süden erleiden mussten, durch seine Behauptung abzulenken, die Bürgerrechtsbewegung sei von KommunistInnen unterwandert. Hoover fuhr damit fort, kommunistische Einflüsse zu wittern, auch wenn sich keine Beweise finden ließen, so wie er später behauptete, dass SNCC-AktivistInnen, und seien sie noch so wenig, eine große Anzahl ihnen höriger Schwarzer dirigieren könnten.

Als J. Edgar Hoover Anfang 1967 vor einem Unterausschuss des Parlaments aussagte, variierte er seine früheren Beschuldigungen gegen die Subversion der Kommunistischen Partei, in dem er behauptete, Stokely Carmichael sei »in ständigem Kontakt mit Max Stanford, dem kommandierenden Vorsitzenden der Revolutionary Action Movement (RAM), einer höchst geheimen schwarz-nationalistischen, marxistisch-leninistischen, chinesisch-kommunistischen Organisation, die den Guerillakrieg zur Erreichung ihrer Ziele propagiert.«

Stokely Carmichael und Max Stanford hatten sich als Teenager in Harlem gekannt und beide nahmen an der studentischen Bewegung der Schwarzen teil, aber der Verdacht, Stanford habe einen negativen Einfluss auf Carmichael ausgeübt, war schon weit hergeholt. In Wirklichkeit war der Einfluss der RAM innerhalb des SNCC bei den Separatisten des Atlanta-Projekts am größten, die sich dem Verbalradikalismus des schwarzen Nationalismus der RAM annäherten, aber zur Zeit von Hoovers Aussage gerade in bitteren Auseinandersetzungen mit Carmichael und anderen führenden SNCC-AktivistInnen steckten.[37]

Hoover nahm das SNCC als Organisation nicht vor 1967 in sein FBI-Counterintelligence-Programm (COINTElPRO) auf, aber die allgemeine Überwachung der Aktivitäten des SNCC hatte schon mehrere Jahre vorher begonnen. Schon im Oktober 1960 erhielt das FBI Berichte über Treffen des SNCC. 1964 stieg das Interesse des FBI am SNCC sprunghaft an, als die FBI-AgentInnen damit begannen, regelmäßig Berichte über kommunistische Einflüsse im SNCC und dessen Unterstützungsgruppen in den nördlichen Bundesstaaten zu schreiben. Die Überwachung durch das FBI intensivierte sich, nachdem in den Südstaaten Zeitungsartikel behaupteten, an den Demonstrationen des SNCC in Alabama seien KommunistInnen beteiligt gewesen. Im März 1964 schrieb das FBI-Büro in Atlanta einen Bericht, in dem fälschlicherweise behauptet wurde, eine schwarze Frau aus Philadelphia sei von der Kommunistischen Partei abgesandt worden und stehe nun an der dritten Stelle der Befehlshierarchie des SNCC – nach John Lewis und James Forman. Im Jahre 1965 erhielt Hoover von Generalstaatsanwalt Nicholas Katzenbach die Erlaubnis, Abhörgeräte in Telefonanlagen des SNCC zu installieren.[38]

Keiner der FBI-Berichte aus der Zeit von 1964 bis 1967 präsentierte einen Beweis dafür, dass irgendein Mitglied des SNCC zugleich Mitglied der Kommunistischen Partei gewesen war. Stattdessen behaupteten diese Berichte nur, dass bestimmte Individuen, die als subversiv eingeschätzt wurden, Aktivitäten des SNCC unterstützt hätten und dass AktivistInnen des SNCC an Projekten teilgenommen hätten, die von linksradikalen Gruppen finanziert worden seien. Nach mehreren Jahren der Überwachung musste eine FBI-Untersuchung im August 1967 konstatieren, dass obwohl das SNCC niemanden aufgrund ihres oder seines politischen Hintergrundes aus der Organisation ausschloss, »es bis heute nicht bekannt ist, dass Kommunisten eine landesweit bedeutsame Rolle im SNCC spielen.« Die Untersuchung konnte nur einige wenige Beispiele der Infiltration lokaler Gruppen aufzeigen, etwa wurden KommunistInnen aus Los Angeles beschuldigt, »an den SNCC-Publikationen in dieser Stadt mitzuarbeiten.« In dem Bericht wurde hinzugefügt, dass das SNCC und die Kommunistische Partei »immer wieder bei Protestdemonstrationen zusammenarbeiten und Redner austauschen, sowie öffentliche Erklärungen unterzeichnen.« Auch wurde betont, dass »Individuen mit kommunistischem Hintergrund« am Sommerprojekt des Jahres 1964 in Mississippi teilgenommen hätten. Das SNCC wurde entfernt mit den »von Kommunisten kontrollierten« *W. E. B. DuBois-Clubs of America* in Verbindung gebracht, deren Vorsitzender, Franklin Alexander, an den Demonstrationen in Texas teilgenommen hatte. Die »trotzkistische« *Socialist Workers Party* (SWP, Sozialistische Arbeiterpartei) und ihre Jugendorganisation, die *Young Socialist Alliance* (YSA, Allianz der jungen SozialistInnen) hätten angeblich mit dem SNCC dadurch »kollaboriert«, dass sie »an Fundraisingaktivitäten wie dem Sammeln von Briefmarken und der Veranstaltung von Abendbuffets« teilgenommen haben. Die Verbindungen des SNCC mit den SDS seien durch das Erscheinen von Ralph Featherstone und Charles Cobb auf deren Treffen deutlich geworden.[39]

Solch eine dünne Beweislage für die subversiven Einflüsse im SNCC war offensichtlich vor 1967 nicht hinreichend, um die Aufnahme des SNCC in das Counterintelligence-Programm des FBI zu rechtfertigen, welches 1965 aus der Taufe gehoben wurde, um die Kommunistische Partei zu bekämpfen.[40] Erst nach den zahlreichen Aufständen der städtischen Schwarzen von 1967 fing das FBI damit an, spaltende und oft illegale Taktiken gegen aktivistische Organisationen der Schwarzen wie etwa auch das SNCC einzusetzen. Kurz nachdem Hoover am 1. August 1967 vor der *National Advisory Commission on Civil Disorders* (Nationale Beratungskommission zu den Störungen der öffentlichen Ordnung) Stokely Carmichael, Rap Brown, Martin Luther King und Floyd McKissick als »lautstarke Aufwiegler« verurteilt hatte, wies er seine Untergebenen an, die AktivistInnen des SNCC und Mitglieder anderer Organisationen auf einen »Index für öffentliche Ruhestörer« zu setzen. Die auf diesem Index aufgelisteten Personen sollten zur bevorzugten Zielscheibe für das COINTELPRO-Programm des FBI werden.[41]

Am 25. August 1967 wies Hoover seine AgentInnen zu einer neuen Kampagne an, »die Aktivitäten von schwarzen nationalistischen, hasserfüllten Organisationen und Gruppierungen, ihre Leitfiguren, Sprecher, Mitglieder und Sympathisanten bloßzustellen, zu stören, in Misskredit zu bringen oder anderweitig zu neutralisieren, sowie ihre Propagierung von Gewalt und öffentlicher Unruhe zu bekämpfen.« Unter den Gruppen, denen bei dieser Ausweitung des COINTELPRO eine »besondere Aufmerksamkeit« zukommen sollte, waren die Deacons for Defense and Justice (DDJ), die Nation of Islam (NOI), CORE, SCLC, RAM und SNCC. »Es soll keine Gelegenheit ausgelassen werden, um durch Mittel der Counterintelligence die organisationsinternen und persönlichen Konflikte der führenden Personen dieser Gruppen auszunutzen, und wo immer es möglich ist, sollen existierende Konflikte zwischen konkurrierenden schwarz-nationalistischen Organisationen auf die Spitze getrieben werden«, stand in der Anleitung. Die FBI-AgentInnen wurden instruiert, die »widerwärtigsten Informationen« über »Leitfiguren in Umlauf zu bringen«, um sie zu diskreditieren. Gleichzeitig wurden die AgentInnen daran erinnert, dass diese Kampagne geheim gehalten werden müsse und niemand ohne Autorisierung des FBI zu handeln habe. »Sie sind aufgefordert, einen enthusiastischen und phantasievollen Zugang zu diesem neuen Counterintelligence-Programm zu entwickeln und das FBI wird sich gerne mit von Ihnen vorgeschlagenen Techniken und Verfahrensweisen beschäftigen«, endete die Anleitung.[42]

Als das FBI sein Counterintelligence-Programm erweiterte, intensivierte es auch die Überwachung von Stokely Carmichael, Rap Brown und anderen SNCC-AktivistInnen im gesamten Land. Das FBI arbeitete dabei auch eng mit örtlichen Polizeistationen zusammen und tauschte mit ihnen Informationen aus. Captain Sorace von der Polizei in Nashville sagte zum Beispiel vor Gericht aus, dass die nachrichtendienstlichen Informationen seiner Polizeiabteilung an die FBI-Agenten weitergegeben wurden. »Wir geben ihnen alle Informationen, von denen wir glauben, dass sie für sie interessant sind. Und das machen wir täglich«, erklärte er.[43] Ab 1968 sahen sich die SNCC-Kader und militante Schwarze einem rücksichtslosen Gegenschlag gegenüber, der aus vielen Richtungen kam. Dieser Gegenschlag konzentrierte sich nicht einfach nur auf ihre Aktionen, sondern auf ihre organisatorischen Verbindungen sowie auf ihren Ruf als Radikale.

Eine FBI-Mitteilung vom 29. Februar 1968 benannte direkt die Zielsetzung des FBI bezüglich der »militanten schwarzen Nationalisten.« In ihr wurde erklärt, der Zweck des COINTELPRO sei es, »Bündnisse zwischen militanten schwarz-nationalistischen Gruppen zu verhindern; den Aufstieg einer Führungsperson zu verhindern, die diese gewaltbereiten Elemente vereinigen und begeistern könnte; diese Militanten daran zu hindern, Ansehen zu gewinnen und das Anwachsen dieser Gruppen unter Amerikas Jugend zu verhindern.« Um die Vorgehensweise anzuzeigen, die die FBI-Büros einzuschlagen hatten, zitierte die Mitteilung die Taktiken, die im vorangehenden Sommer gegen die RAM, eine Gruppe schwarzer Militanter aus Philadelphia, angewandt worden war. Die führenden Gruppenmitglieder wurden »wegen jedes erdenklichen Grundes verhaftet, bis sie keine Kaution mehr auftreiben konnten« und »die Führungspersonen deshalb den größten Teil des Sommers im Gefängnis verbrachten, wodurch keine Gewalttat stattfand, die auf die Gruppe zurückgeführt werden konnte.« Die Mitteilung warnte davor, dass Rap Brown oder Stokely Carmichael das Potential dazu hätten, »der ›Messias‹ zu werden, der die militante schwarz-nationalistische Bewegung vereinigen und begeistern könnte.« Die langfristigen Ziele des COINTELPRO waren nicht nur die Verhinderung eines Bündnisses militanter Schwarzengruppen und von deren Gegengewalt, sondern auch der Versuch, sie davon abzuhalten, »Ansehen zu gewinnen.« Dazu sollten sie »bei der verantwortlichen Gemeinde der Schwarzen, unter den Weißen, und in den Augen schwarzer Radikaler und den Anhängern der Bewegung« systematisch diskreditiert werden.[44] Diese FBI-Mitteilung deutete auf die Möglichkeit hin, dass sich die führenden Personen unter den militanten Schwarzen vereinigen könnten, um den städtischen Revolten der Schwarzen die Leitung zu geben, die ihnen fehlte. Aber schon die Vorstellung, dass der Kampf der Schwarzen einen Messias bräuchte oder von Organisationen abhängig war, stand völlig im Gegensatz zu den Werten, die im SNCC verbreitet waren. Hoover hatte den Aktionismus der Schwarzen immer wieder als Resultat des Einflusses von Führungspersonen wie Martin Luther King interpretiert und dabei den radikaleren SNCC-AktivistInnen weniger Aufmerksamkeit geschenkt. Erst nachdem das SNCC seine Basis in den Südstaaten aufgegeben und seinen Schwerpunkt vom Community Organizing zu den Kundgebungsreden und dem Schmieden von Bündnissen verlagert hatte, wurde es zur Zielscheibe für das COINTELPRO und anderer verdeckter Regierungsprogramme.

Das FBI glaubte, dass Carmichael das »notwendige Charisma« hatte, um der neue schwarze Messias zu werden, und konzentrierte sich darauf, die Spannungen zu vergrößern, die zwischen dem ehemaligen Vorsitzenden des SNCC und seinem gegenwärtigen Vorstand existierten. Zudem sollte Carmichaels Einfluss außerhalb des SNCC unterminiert werden. Die FBI-AgentInnen versuchten insbesondere, das Gerücht in die Köpfe der Mitglieder des SNCC sowie der städtischen Schwarzen zu pflanzen, dass Carmichael nur von dem Wunsch nach eigener Macht und eigenem Wohlstand getrieben sei. Die FBI-Leute versuchten zum Beispiel das Gerücht zu streuen, Carmichael und seine Ehefrau würden den Kauf eines teuren Hauses in Washington, D.C., in Betracht ziehen. Aber solche Gerüchte verschwanden wieder, weil Carmichael kein solches Haus kaufte. Später versuchten FBI-Agenten Carmichael dadurch zu diskreditieren, dass sie das Gerücht in Umlauf brachten, Carmichael sei ein FBI-Agent. Solche und noch weit gefährlichere FBI-Projekte, die 1968 und 1969 folgen sollten, verdeutlichten die zunehmende Loslösung des FBI von legalistischen Rücksichtnahmen in einer Zeit, in der sich der Verbalradikalismus der schwarzen Militanten mit der ›Rassen‹-Gewalt in den Städten verbunden hatte.[45] Ironischerweise jedoch sahen sich die SNCC-AktivistInnen gerade dann mit stärkerer Regierungsgewalt konfrontiert, als es ihnen immer weniger gelang, eine große Anzahl Schwarzer für grundlegende und dauerhafte politische Aktion zu mobilisieren. Obwohl sie den Radius ihrer Aktivitäten stark vergrößerten, vergaßen viele OrganisatorInnen die Erkenntnisse und Erfahrungen aus den früheren SNCC-Kampagnen, in denen die Schwarzen davon überzeugt wurden, ihre eigenen politischen Ziele zu formulieren und ihre eigenen lokal verankerten Institutionen aufzubauen, die ihren Bedürfnissen entsprachen.

Die Kader waren sich nicht immer bewusst darüber, wie weit und wie entscheidend sie mit ihren neuen Aktivitäten von den Werten entfernt waren, auf denen das SNCC gegründet worden war. Sie betrachteten das Interesse der Regierung an ihren Aktivitäten als Beweis ihrer Bedeutsamkeit und sicherlich auch ihres Radikalismus. »Es wurde deutlich, dass wir Revolutionäre waren, und dass das bedeutete, dass wir die Grenze dessen überschritten hatten, was in diesem Land akzeptiert wurde«, erinnerte sich Ethel Minor. Viele OrganisatorInnen jedoch glaubten sich nicht gerüstet für die bevorstehenden Schlachten. »Weder dieses Land noch diese Welt ist groß genug sowohl für revolutionäre als auch reaktionäre Kräfte«, warnte Julius Lester 1967. »Eine Seite muss eliminiert werden. Die Entschlossenheit der Regierung, dass wir diejenigen sind, die eliminiert werden müssen, mit allen notwendigen Mitteln (Ironie im Original: by any means necessary, die damals populäre Formel für schwarze Gegengewalt, hier von der Regierung praktiziert, d. Ü.), sollte niemals unterschätzt werden.«[46]

Teil 3: *Zerfall*

Auf der Suche nach neuen Verbündeten

Die Mitglieder des SNCC sahen sich während des Jahres 1967 mit scharfer Kritik konfrontiert, die auf ihre angebliche Rolle bei der ›Rassen‹-Gewalt in den Städten und auf ihre Verbindungen zu schwarz-nationalistischen Gruppen in den USA sowie revolutionären Bewegungen in der »Dritten Welt« anspielte. Das SNCC reagierte auf den dramatischen Rückgang an Unterstützung durch Weiße dadurch, dass es versuchte, den Kampf der Afro-AmerikanerInnen in eine internationale Bewegung gegen den westlichen Imperialismus und Kapitalismus zu transformieren. Die ambitionierten Ausflüge des SNCC in die Bereiche der Außenpolitik waren Teil einer langsamen Abwendung von den ideologischen Wurzeln der Organisation, die im US-amerikanischen Pazifismus und religiösen Radikalismus lagen. Stattdessen rückten internationale Perspektiven in den Vordergrund, die auf säkularen Ideologien des Antirassismus und der Klassenanalyse basierten.

Die neue Perspektive des SNCC zeigte sich an dessen Widerstand gegen die US-Intervention in Vietnam, bei Reisen in die Staaten der »Dritten Welt«, in öffentlichen Solidaritätserklärungen für auswärtige radikale und revolutionäre Gruppen, sowie durch die Aufnahme von pan-afrikanischen und marxistischen Doktrinen durch einige Hauptamtliche. Das sich ausweitende Themenspektrum des SNCC hatte ursprünglich eine Nähe zu den überwiegend von

Weißen dominierten Organisationen der Neuen Linken zur Folge. Jetzt aber misstrauten viele AktivistInnen des SNCC solchen Bündnissen mit US-amerikanischen Weißen, sahen sie als unangemessen und unattraktiv an. Sie gingen von der mangelnden Unterstützung der Weißen für eine radikale soziale Gesellschaftsveränderung und der Notwendigkeit für Schwarze aus, mit den von Weißen dominierten antirassistischen Reformbewegungen zu brechen und ihren zukünftigen politischen Kurs selbst zu bestimmen.

Zwar stimmten die meisten AktivistInnen darin überein, dass der US-amerikanische Kapitalismus grundlegend verändert oder überwunden werden müsse. Aber in der Regel wurde die Dominanz des antirassistischen Kampfes gegenüber dem Klassenkampf betont. So beschrieb Stokely Carmichael auf seiner Rundreise durch die neuen Nationen in der »Dritten Welt« im Jahre 1967 die städtischen Aufstände der Afro-AmerikanerInnen als Teil der internationalen sozialistischen Bewegung, behauptete aber gleichzeitig, dass sie in Wirklichkeit eher Reaktionen auf die rassistische Unterdrückung und kaum auf Klassenunterdrückung seien. Die zunehmende Betonung der schwarz-nationalistischen Ausrichtung des Kampfes durch Carmichael führte dazu, dass eine andere Gruppe von Kadern, geführt von James Forman, darauf insistierte, dass die Klassenanalyse ein wichtiger Aspekt der politischen Strategie der Schwarzen bleiben müsse. Der Versuch des SNCC, ein Bündnis mit dem vielversprechendsten unter den potentiellen innenpolitischen Bündnispartnern einzugehen, der im Bundesstaat Kalifornien entstandenen Black Panther Party for Self Defense (BPP), brachte diesen Kampf zweier Fraktionen an die Öffentlichkeit.

Obwohl das SNCC durch die Polizeirepression, den Rückgang der finanziellen Unterstützung durch Weiße, innere Unstimmigkeiten und fehlendes Verantwortungsbewusstsein bereits stark geschwächt war, unternahmen die SNCC-AktivistInnen ihre Suche nach neuen Bündnispartnern mit dem für sie charakteristisch gewordenen überbordenden Selbstbewusstsein und knüpften dadurch weitergehende internationale Kontakte als jede andere Organisation der Schwarzen.

Wie schon früher erweiterte das SNCC die Grenzen des politischen Dialoges in den USA und nahm die Risiken auf sich, die unvermeidlich mit der entschiedensten politischen Dissidenz und der politischen Neuorientierung verbunden waren. Die tief verwurzelte Entschlossenheit, solche Meinungen öffentlich zu machen, wurde nur durch das wachsende Bewusstsein zurückgehalten, dass wichtige politische Spaltungen selbst unter militanten Schwarzen, die alle das Black-Power-Konzept vertraten, existierten.

Als die SNCC-Mitglieder auf ihrem Treffen im Mai 1967 Rap Brown als Vorsitzenden wählten, erklärten sie das SNCC zu einer »Menschenrechtsorganisation« und verkündeten, sie würden »die Befreiungskämpfe gegen Kolonialismus, Rassismus und ökonomische Ausbeutung« in der ganzen Welt ermutigen und unterstützen. Zudem proklamierten sie eine Haltung »positiver Blockfreiheit« in der Weltpolitik und unterstrichen damit ihre Intention, die Positionen der Regierungen in der »Dritten Welt« sowie der Befreiungsorganisationen zu übernehmen. Sie beantragten für das SNCC den Status einer zugelassenen Nicht-Regierungs-Organisation beim Wirtschafts- und Sicherheitsrat der Vereinten Nationen.[1] Um diese Aktivitäten zu koordinieren wurde im SNCC eine »Kommission für Internationale Angelegenheiten« gebildet, die James Forman leitete.

Auf diesem Treffen sagte Stokely Carmichael nach Zeugenaussagen, dass das SNCC »in der ganzen Welt und besonders in der Dritten Welt« als diejenige Organisation in den USA angesehen werde, die am besten dazu geeignet sei, »die Grundlage für eine Revolution zu legen.« Er warnte die Anwesenden, das SNCC werde von nun an »sehr, sehr vorsichtig« sein müssen, weil Individuen und Gruppen das SNCC für ihre Zwecke ausnutzen wollten und das SNCC »von Agenten infiltriert werden wird, die zwar schwarz sind, deren Aufgabe es aber sein wird, diese Organisation zu behindern und zu zerstören, und zwar mit allen notwendigen Mitteln (im Original: by any means necessary, d. Ü.).«[2] Stokely Carmichaels Worte entstammten wohl kaum paranoiden Vorstellungen, denn trotz des Ausschlusses aller Nichtmitglieder aus den internen Diskussionen des SNCC wurde seine Warnung später wortwörtlich vor dem Untersuchungsausschuss des Senats über das SNCC zitiert. Trotzdem hatten die OrganisatorInnen keine Lust, aus Angst vor Überwachungsmaßnahmen auf den Aufbau internationaler Kontakte zu verzichten. Denn sie sahen diese neuen Verbündeten als notwendige Kompensation für den Verlust innenpolitischer Bündnispartner an. Zudem sollten sie die schwarze Bevölkerung davon überzeugen, dass sie nicht einfach nur eine kleine Minderheit innerhalb einer Nation von Weißen waren, sondern Teil der großen Mehrheit einer Weltbevölkerung, die nicht weiß war, sondern das Opfer der Unterdrückung durch Weiße. »Es ist ein natürliches Bündnis – ein Bündnis jener, die wissen, dass sie enteignet worden sind«, schrieb Julius Lester.[3]

Die AktivistInnen des SNCC reagierten auf die Drohung größerer Repression und den Verlust des innenpolitischen Rückhalts durch ihre Unterstützung revolutionärer Bewegungen anderer Nationen unterschiedlich. Sie drückten ihren zunehmenden Fatalismus angesichts der geringer werdende Unterstützung durch Weiße nicht nur durch das Aufgreifen von anti-weißen Phrasen aus, sondern auch durch provozierende Erklärungen über außenpolitische Beziehungen, die den einzigen Zweck hatten, die Unabhängigkeit des SNCC von seinen sowieso weniger werdenden finanziellen Unterstützungsorganisationen unter den Weißen zu demonstrieren. So provozierte eine Gruppe von OrganisatorInnen kurze Zeit nach der Verhaftung von Rap Brown in Cambridge zum Beispiel viele weiße UnterstützerInnen des SNCC durch die Veröffentlichung eines Artikels, der sich eindeutig hinter die palästinensische Position im Nahostkonflikt stellte.

Obwohl dieser Artikel in der Presse als offizielle Erklärung des SNCC dargestellt wurde, war er eigentlich als organisationsinternes Papier geschrieben worden, um unter den SNCC-AktivistInnen eine Diskussion über den Nahostkonflikt in Gang zu bringen, und er wurde ohne Zustimmung vieler führenden SNCC-AktivistInnen nach außen weiter geleitet. Die Kader hätten wohl im Privaten der pro-palästinensischen Tendenz des Artikels zugestimmt, aber sie waren verärgert darüber, dass das SNCC erneut aufgrund der nicht autorisierten Aktion einiger weniger im Zentrum der Kritik stand. Der Artikel wurde geschrieben, nachdem sich das Zentralkomitee im Juni 1967 getroffen hatte, inmitten des Sechs-Tage-Krieges, bei dem Israel über die arabischen Streitkräfte siegte. Das Treffen beauftragte die AktivistInnen in der Forschungs- und Presseabteilung des SNCC damit, Hintergrundmaterial zum arabisch-israelischen Konflikt zusammenzutragen. Ethel Minor, die Redakteurin des *SNCC-Newsletter*, meldete sich für diese Aufgabe freiwillig und erinnerte dabei daran, dass das Zentralkomitee eine »objektive Darstellung der Tatsachen« verlangte. Ethel Minor war keine unparteiische Beobachterin des Konflikts, denn während ihrer Jahre am College war sie mit palästinensischen StudentInnen eng befreundet gewesen. Zudem war sie ursprünglich Mitglied der Nation of Islam (NOI). Die Mitglieder des Zentralkomitees erwarteten zweifellos, dass diejenigen, die sich mit dem Thema befassten, zu einem Ergebnis kommen würden, das die palästinensische Seite bevorzugte. Trotzdem war James Forman, der sich als Leiter des Internationalen Programms des SNCC erst kurz zuvor mit arabischen Führungspersonen getroffen hatte, der Auffassung, dass sich das SNCC nicht öffentlich dazu äußern sollte, bevor das Thema auf einem Treffen der OrganisatorInnen diskutiert und alle AktivistInnen ausreichend informiert worden seien. Forman sorgte sich um »die Fähigkeit des SNCC, dem von außen kommenden Druck standzuhalten«, der unweigerlich durch eine anti-israelische Position auf die Organisation ausgeübt werden würde. »Ich wusste, dass das unseren inneren Zusammenhalt stärken könnte, aber der äußere Druck würde wahnsinnig stark werden, vor allem in New York«, schrieb er später.[4]

Weil er die meiste Zeit des Juni und Juli 1967 auf Reisen in anderen Kontinenten war, konnte Forman die Veröffentlichung der Erklärung der SNCC-AktivistInnen zum arabisch-israelischen Konflikt vom Juli 1967 kaum verhindern. Offensichtlich ohne Rücksprache mit anderen Mitgliedern schrieb der langjährige SNCC-Aktivist Fred Meely einen Artikel für einen Nachrichtendienst, der sich *Afroamerican News for You* nannte. Sein eher neutraler Essay rief schwarze Führungspersonen dazu auf, sich nicht zu dieser Krise zu äußern, die seiner Meinung nach mit religiösen Ursachen zu tun habe. Er meinte, Schwarze seien derzeit »bereits unter zu starkem Druck« wegen der Kontroverse um Black Power. »Wir Schwarze brauchen weder, noch verdienen wir den Zorn der Araber und der Juden, denn uns wird sogar der Zugang zu dieser (Palästina-, d. Ü.) Debatte verwehrt, die für die Zukunft der Menschheit so wichtig ist«, schrieb er.[5]

Der Essay von Fred Meely wurde außerhalb des SNCC fast überhaupt nicht wahrgenommen, aber Ethel Minors Artikel im *SNCC-Newsletter*, der sich auf eine Auflistung von 32 »dokumentierten Fakten« zum »Palästina-Problem« stützte, führte zu einer Welle von Angriffen gegen das SNCC aus den Reihen jüdischer Führungspersonen und vieler anderer. Ethel Minor und ihre Leute wollten mit dem Artikel Informationen an Schwarze weitergeben, die »in der amerikanischen Presse der Weißen« nicht verfügbar waren. Nach diesem Artikel war der erste arabisch-israelische Krieg ein Versuch zur Wiedereroberung palästinensischen Landes, wobei »die Zionisten die Häuser der Araber und ihr Land durch Terror, Zwang und Massaker einnahmen.« Schon der Artikel im Newsletter hätte zu kontroversen Diskussionen geführt, aber die beigefügten Fotos und Karikaturen durch den SNCC-Künstler Kofi Bailey steigerten noch die emotionalen Befindlichkeiten. Die Bildunterzeile zu einem der Fotos, welches die Erschießung arabischer Opfer zeigte, die gegen eine Wand gedrängt waren, lautete: »Das ist der Gaza-Streifen, Palästina, nicht Dachau, Deutschland.«[6]

Obwohl Ethel Minor später meinte, diejenigen, die am Artikel beteiligt waren, hätten eine solche Reaktion nicht vorausgesehen, erkannten andere SNCC-AktivistInnen, vor allem im New Yorker Fundraising-Büro, sofort, dass der Artikel postwendend Proteste von Seiten jüdischer Liberaler hervorrufen würde. Johnny Wilson, der

Leiter dieses Büros, berief sofort eine Pressekonferenz ein, um zu verkünden, dass der Artikel nicht die offizielle Position des SNCC wiedergebe. Wilsons Dementi blieb in den folgenden Presseberichten jedoch unerwähnt, weil die AktivistInnen in der SNCC-Zentrale in Atlanta ihre eigene Pressekonferenz abhielten, um die anti-israelische Position zu unterstützen. Programmleiter Ralph Featherstone erklärte den JournalistInnen in Atlanta, der Artikel bedeute nicht, dass das SNCC antisemitisch sei, aber er erhitzte die Gemüter der US-amerikanischen Juden und Jüdinnen noch weiter, indem er die jüdischen Geschäftsleute in den Schwarzenvierteln der USA kritisierte. James Forman war noch immer außerhalb des Landes, als der *Newsletter* herauskam, und erinnerte sich, dass er den Artikel öffentlich verteidigte, privat aber verärgert darüber war, dass sein Rat zur Vorsicht ignoriert worden war. Er entschied sich dafür, dass das SNCC bei der Palästina-Frage die arabische Seite unterstützen solle, »egal wie unausgegoren unsere Positionsfindung« war und schlussfolgerte aus der Affäre, dass »keine noch so genaue Ausformulierung unserer Position die Zionisten und viele Juden zufrieden gestellt hätte.«[7]

Der Artikel und die Pressekonferenz von Atlanta verursachten eine Welle der Kritik am SNCC. Der Geschäftsführer des *American Jewish Congress* (US-amerikanischer jüdischer Kongress) brandmarkte den Artikel als »schockierenden und hässlichen Antisemitismus.« Ähnliche Kritiken kamen aus den Reihen anderer jüdischer Gruppen, aber auch von den schwarzen Führungspersonen Whitney Young, A. Philip Randolph und Bayard Rustin.[8] Obwohl sich viele OrganisatorInnen über die Art ärgerten, in welcher der kontroverse Artikel publiziert worden war, glaubten die meisten, dass die Angriffe in jedem Fall gekommen wären. Ihre Sucht nach ideologischer Konsequenz triumphierte über jede Hoffnung auf Unterstützung durch Weiße. Cleveland Sellers musste später zugeben, dass nach dieser Affäre die Spenden »aus den Reihen der Weißen schlagartig aufhörten«, aber er fügte hinzu: »Anstatt aber unseren Willen zu brechen, überzeugte uns das nur noch mehr denn je davon, dass wir richtig lagen, wenn wir die Mehrheit der US-amerikanischen

Weißen beschuldigten, Rassisten zu sein.«[9] Die Frage, ob die Kader des SNCC bei ihren Erklärungen zum Nahostkonflikt antisemitische Vorurteile verbreiteten, war natürlich der Schwerpunkt in der Kontroverse, die sich im Anschluss an den pro-palästinensischen Artikel entspann. SprecherInnen des SNCC verteidigten die Organisation gegen den Vorwurf des Antisemitismus, aber einige AktivistInnen des SNCC waren durchaus dazu bereit, anti-jüdische Vorurteile unter den Schwarzen für ihre Zwecke auszunutzen und präsentierten die Juden/Jüdinnen als Sündenbock für die Unterdrückung der Schwarzen oder gaben sie der Lächerlichkeit ebenso preis wie der Verachtung. Sogar Ethel Minor selbst zeigte sich erschrocken über den Mangel an Kenntnissen über die Hintergründe des Nahostkonflikts bei einigen AktivistInnen, u. a. auch des Vorsitzenden des SNCC, wodurch eine intelligente Diskussion über das Thema kaum möglich gewesen sei.[10]

Für viele Juden und Jüdinnen war der pro-palästinensische Artikel nur ein neuer von vielen Belegen dafür, dass sich die Militanz der Schwarzen immer mehr gegen sie richtete. Und sie betrachteten solche Positionen als Verrat, denn sie erwarteten aus den Reihen der Schwarzen Unterstützung für Israel als eine Gegenleistung für die vorhergehende jüdische Unterstützung der Schwarzen in der Zeit der Bürgerrechtsbewegung. Es lag wohl an der starken Beteiligung von Juden und Jüdinnen an den früheren Aktionen für Bürgerrechtsreformen, dass sie zu einer potentiellen Zielscheibe für Schwarze wurden, die ihre Selbstbestimmung verlangten. Ursachen der wachsenden Spannungen zwischen Schwarzen und Juden und Jüdinnen waren auch die Entscheidung des CORE, wo Juden und Jüdinnen sich viel stärker als im SNCC engagiert hatten, die Black-Power-Politik zu übernehmen, und die offenen Kämpfe zwischen schwarzen AktivistInnen und jüdischen LehrerInnen um Einfluss und Hegemonie innerhalb der Schulen und Bildungseinrichtungen von New York. Vor diesem Hintergrund war es tatsächlich wahrscheinlich, dass der Vorwurf des Antisemitismus gegen jede Form einer pro-palästinensischen Erklärung des SNCC erhoben worden wäre, ganz unabhängig davon, wie vorsichtig sie formuliert gewesen wäre.[11] Die Kontroverse über den pro-palästinensischen Artikel verdeutlichte eine innere Spaltung des SNCC, die sich in den Jahren 1967 und 1968 noch zuspitzen sollte. Die meisten SNCC-AktivistInnen, vor allem Stokely Carmichael und die OrganisatorInnen aus Atlanta, traten mit immer unversöhnlicheren Stellungnahmen für den schwarzen Separatismus an die Öffentlichkeit, wodurch jede Perspektive zukünftiger Bündnisse zwischen Schwarzen und Weißen verunmöglicht und auch marxistischen Versuchen der Klassenanalyse kaum noch Bedeutung beigemessen wurde. Aber andere AktivistInnen, vor allem rund um das New Yorker Büro für Internationale Angelegenheiten von James Forman, waren weiter offen für die Zusammenarbeit mit radikalen Weißen und auch eher gewillt, Klassenanalysen in ihre nach wie vor dominanten antirassistischen Ansätze mit einzubeziehen. Diese letztere Strömung hatte große Schwierigkeiten, sowohl das Extrem des schwarzen Separatismus als auch die traditionellen Schablonen schwarzer Abhängigkeit von weißen UnterstützerInnen zu vermeiden. Jede Person, die auf einem SNCC-Treffen – oder jedem anderen Treffen von Schwarzen in dieser Zeit – argumentierte, dass die Probleme der schwarzen Bevölkerung sowohl aus der Klassenherrschaft als auch aus rassistischer Unterdrückung resultierten, setzte sich dem Risiko aus, als illoyal gegenüber schwarz-nationalistischen Werten oder als übermäßig durch Weiße beeinflusst diffamiert zu werden. Im November 1967 sprach James Forman vor einer schwarzen Zuhörerschaft in Los Angeles und erklärte seine Sorge über eine zu eindimensionale separatistische Orientierung: »Eine ausschließliche Gesellschaftsanalyse entlang der Hautfarbe macht es sehr schwer, sich vor reaktionärem Nationalismus zu schützen«, so warnte Forman und zitierte historische Beispiele führender Afrikaner, die mit den europäischen Kolonialherren kollaboriert hatten. Er benannte außerdem schwarze Aktivisten, die Antikriegsdemonstrationen behinderten, indem sie die beteiligten Schwarzen dazu aufforderten, nicht gemeinsam mit Weißen zu marschieren, weil die Weißen schließlich den Krieg begonnen hätten und ihn also auch selbst beenden sollten. Er erzählte von einer anderen Begebenheit, bei der sich ein Schwarzer ihm gegenüber die Benutzung des Wortes »marxistisch« verbat: »Er sprang auf, schlug auf den Tisch und schrie: ›Du Arschloch, Marx war schließlich kein Schwarzer. Er war nicht schwarz, hörst du? Er war ein weißer Schriftsteller.‹«[12]

James Forman argumentierte immer wieder für eine stärkere Berücksichtigung von Klassenanalysen innerhalb des SNCC, aber er war keinesfalls ein doktrinärer Marxist. Er war zum Beispiel ein entschlossener Gegner der Versuche marxistischer Gruppen, dem SNCC eine vorgefertigte Ideologie aufzudrängen. Aus diesem Grund fand er sich auch – trotz seines Eintretens für das Ideal der Offenheit im SNCC – schlussendlich damit ab, dass zwei bekannte Mitglieder der Kommunistischen Partei, Franklin Alexander und Angela Davis, aus der SNCC-Ortsgruppe von Los Angeles ausgeschlossen wurden, um sicherzustellen, dass die Gruppe unabhängig von äußerer Kontrolle agierte.[13]

James Forman sprach über seine ambivalenten Gefühle hinsichtlich seiner Verbindungen mit den vorwiegend von Weißen dominierten linksradikalen Gruppen auf der »National Conference for a New Politics« an einem Oktoberwochenende 1967 in Chicago. Die Teilnahme des SNCC an dieser Konferenz wies darauf hin, dass trotz allem der Wille zur Beteiligung an einer bundesweiten, gemischten radikalen Bewegung vorhanden war, aber die SNCC-VertreterInnen waren zugleich dazu entschlossen, ihre Beziehung zu liberalen und radikalen Weißen neu zu definieren und insistierten zum Beispiel darauf, dass der Minderheit der schwarzen Delegierten dieselbe Stimmenzahl wie den anwesenden Weißen gegeben werde. Forman warnte auf einem eigenständigen Treffen der schwarzen Delegierten dieser Konferenz vor den Gefahren der Verbündeten aus »dem liberalen Lager und dem der Arbeiterbewegung«, die, so die Erfahrung des SNCC, die schwarze Bevölkerung oft genug in die Irre geführt hätten. Er behauptete, auch progressive Weiße könnten die Dimension nicht vollkommen verstehen, mit der der Rassismus auf den Schwarzen laste. Daher müssten es die Schwarzen sein, welche die Kämpfe für soziale Veränderungen dominierten. »Das ist unsere Verantwortung und jeder, der das nicht akzeptiert, kann zur Hölle fahren«, rief er. James Formans prägende Rolle auf der Konferenz brachte ihm unter den Weißen den Ruf eines separatistischen Demagogen ein, aber in Wirklichkeit verhielt sich Forman weit zurückhaltender als andere militante Schwarze auf der Konferenz, darunter Rap Brown. Brown weigerte sich überhaupt, ein Gespräch mit irgendwelchen Weißen zu führen und meinte nach Zeugenaussagen auf dem eigenständigen Treffen der Schwarzen, dass die Führung des US-amerikanischen revolutionären Kampfes »mit niemandem geteilt werden darf. Sie sollte immer in den Händen der Ausgebeuteten bleiben.«[14]

Obwohl Forman die Forderung nach gleicher Stimmenzahl für die schwarzen Delegierten durchsetzen konnte – und in der Tat nahezu alle Forderungen der Schwarzen –, war die Konferenz von Chicago der letzte bedeutsame Versuch in den sechziger Jahren, ein landesweites, gemischtes und gleichzeitig radikales Bündnis zwischen Schwarzen und Weißen zu schmieden. Forman und andere SNCC-AktivistInnen befürworteten solch ein Bündnis, konnten aber kaum der starken Tendenz militanter Schwarzer widerstehen, den Weg eines emotionalen nationalistischen Separatismus einzuschlagen, der ein Ventil für das Ressentiment der Schwarzen gegen Weiße bereithielt. »Weil wir das vereinfachende Etikett des Rassismus auf alle unsere Probleme klebten und einzelne weiße Individuen angriffen, haben wir viele Leute davon abgehalten, zu uns zu kommen«, klagte Forman später, als er über diese Konferenz schrieb. »Es gab leidenschaftliche Diskussionen in der ideologischen Arena darüber, ob unser Problem ausschließlich der Rassismus war.«[15]

Die Schwierigkeit, dieser separatistischen Tendenz zu widerstehen wurde für Johnny Wilson, den Leiter der *National Black Anti-War Anti-Draft Union* (NBAWADU, Nationale Vereinigung der Schwarzen gegen Krieg und Wehrpflicht) schmerzhaft deutlich, als er versuchte, erbittert ausgetragene Konflikte innerhalb der entstehenden Widerstandsbewegung gegen die Wehrpflicht zu schlichten. Wilson meinte, die Schwarzen sollten eine eigenständige Identität innerhalb der Antikriegsbewegung aufrechterhalten, dabei aber dennoch mit weißen AntikriegsaktivistInnen kooperieren, wo immer das möglich war. Er war verärgert darüber, dass militante Schwarze sich während einer Demonstration am Pentagon im Oktober 1967 weigerten, an den Protesten zusammen mit weißen AktivistInnen teilzunehmen und stattdessen ein Treffen abhielten, während sich gleichzeitig bei der Demonstration eine gewaltsame Konfrontation abzeichnete. »Ich denke, wir können nicht mehr länger dasitzen und darüber reden, wie schwarz wir sind, denn wenn wir das jetzt noch nicht wissen, brauchen wir darüber auch nicht mehr zu diskutieren.« Aber Wilson sagte auch linksradikalen Weißen, es sei »kein gutes Zeichen von Seiten der Weißen, dazusitzen und den Schwarzen ständig gönnerhaft zu sagen: ›Nun, wir verstehen schon, warum ihr so handelt.‹«[16]

Wie diese Bemühungen Wilsons vermuten lassen, hatten SNCC-AktivistInnen, die gegen den ›Rassen‹-Chauvinismus von Schwarzen waren, die schwierige Aufgabe, zwischen militanten Schwarzen, die ihre Unterdrückung in rein rassistischen Kategorien analysierten, und weißen wie schwarzen MarxistInnen zu vermitteln, die versuchten, die Schwarzen in ihre spezifische Strategie des Klassenkampfes zu integrieren. Obwohl fast alle wichtigen sozialistischen Gruppen in den USA verbal ihre Unterstützung für das SNCC und Black Power äußerten, waren die Beziehungen führender SNCC-AktivistInnen zu diesen Gruppen von Vorsicht geprägt. Einerseits hofften sie auf finanzielle und politische Solidarität von sozialistischen Organisationen, andererseits war ihnen bewusst, dass die Communist Party of the United States of America (CPUSA), die Socialist Workers Party (SWP), die *Progressive Labour Party* (PLP, Fortschrittliche Partei der Arbeit) und andere Gruppen ihre Anstrengungen Mitte der sechziger Jahre dramatisch verstärkt hatten, ihrerseits Schwarze zu rekrutieren und auf diese Weise zu einer Art von Konkurrenz für das SNCC zu werden. Die AktivistInnen des

SNCC waren mehr denn je davon überzeugt, dass sie nur mit Gruppen zusammenarbeiten wollten, die ganz eindeutig darauf verzichteten, ideologisch in die Kämpfe der Schwarzen einzugreifen; und sie bevorzugten Gruppen, die nicht versuchten, Schwarze zu organisieren. In den öffentlichen Erklärungen führender SNCC-AktivistInnen wurde ständig betont, dass gemischte Bündnisse zwischen Schwarzen und Weißen nur möglich seien, nachdem die linksradikalen Organisationen der Weißen begonnen hätten, Machtbasen in den Gemeinden der Weißen zu erringen.

Bei bestimmten Anlässen erklärten SNCC-AktivistInnen auch, dass die doktrinären inneren Auseinandersetzungen in der Linken unnötige Spaltungen unter Schwarzen nach sich ziehen würden, weil sie entlang von Spaltungslinien der Linken geführt würden, die für den Kampf der Schwarzen keine Bedeutung hätten. Johnny Wilson war zum Beispiel völlig entnervt von der Rolle, die die trotzkistischen Schwarzen innerhalb der NBAWADU spielten, weil sie die Position derjenigen SNCC-Aktivisten in Frage stellten, die bereits im Gefängnis waren, weil sie sich dem Wehrdienst verweigert hatten. Die TrotzkistInnen meinten dagegen, die korrekte Linie wäre gewesen, ins Militär zu gehen und sich dort von innen heraus zu organisieren.[17]

Die Kader des SNCC fanden es nicht nur schwierig, ihre eigenen und einzigartigen politischen Werte mit denen der bestehenden linksradikalen Organisationen in den USA in Einklang zu bringen, sie meinten zudem, dass ihre spezifischen Erfahrungen ihre Beziehungen zu den sozialistischen Staaten und den revolutionären Organisationen der »Dritten Welt« komplizierter machten. Sie glaubten, dass das SNCC zwar internationale Verbindungen aufnehmen sollte – zum Teil, um die innenpolitische Isolation in den USA zu überwinden –, aber sie waren eigentlich nur dazu bereit, diese Verbindungen auf der Grundlage eigener Vorstellungen einzugehen. Einige führende SNCC-Aktivisten, vor allem James Forman, hatten politische Ansichten, die den wichtigsten Strömungen des revolutionären Denkens in der »Dritten Welt« nicht fern standen, aber das SNCC sprach in seinen internationalen Beziehungen nicht mit einer einheitlichen Sprache. In Wirklichkeit waren die Ausflüge des SNCC in die internationale politische Arena von derselben Form der impulsiven, unkoordinierten Aktivität gekennzeichnet, wie sie schon seit langem bei den innenpolitischen Aktivitäten des SNCC vorherrschte.

Seit der Wahl von Stokely Carmichael zum Vorsitzenden im Jahre 1966 war das SNCC auf anderen Kontinenten weithin bekannt geworden und es bekam zahlreiche Einladungen von Gruppen und vielen Staaten, darunter Nord-Vietnam, Kuba, die Dominikanische Republik, Japan, die Sowjetunion und Israel. Mit Ausnahme von Israel besuchten SNCC-AktivistInnen all diese Länder in den Jahren 1966 und 1967. Da sie zunehmend davon überzeugt waren, dass die ›Rassen‹-Gewalt in den USA sich zu einer Situation des revolutionären Kampfes zuspitzen würde, suchten die AktivistInnen Inspirationen von den RevolutionärInnen der »Dritten Welt«, die sich mit Gewalt und manchmal erfolgreich gegen die europäische Dominanz zur Wehr setzten. Obwohl viele KritikerInnen des SNCC dessen Aktivitäten im Ausland als Teil einer internationalen kommunistischen Verschwörung betrachteten, blieben die SNCC-VertreterInnen auf ihren Reisen überwiegend skeptisch gegenüber dem Marxismus, den sie nicht als adäquate Gesellschaftstheorie betrachteten, mit der ihre eigenen Erfahrungen als Afro-AmerikanerInnen erfasst werden konnten.

Der Bericht von Fay Bellamy über ihre zusammen mit drei anderen SNCC-Mitgliedern durchgeführte Reise in die Sowjetunion im Jahre 1966 gibt Auskunft darüber, wie der Hintergrund und die Erfahrungen der SNCC-AktivistInnen ihre Beziehungen mit VertreterInnen anderer Regierungen beeinflussten. Fay Bellamy hatte es nicht einfach, ihren GastgeberInnen vom *Komsomol* – der Jugendorganisation der *Kommunistischen Partei der Sowjetunion* – zu erklären, warum das SNCC nicht mit der CPUSA zusammenarbeitete, weil die RussInnen keine Ahnung von den Unterschieden zwischen dem separatistischen Radikalismus des SNCC und dem orthodoxen Marxismus der CPUSA hatten. Obwohl Fay Ballamy von einigen

Aspekten des russischen Alltags beeindruckt war, vor allem von der Gesundheitsfürsorge für Frauen, berichtete sie, dass viele StudentInnen aus Afrika Diskriminierungen ausgesetzt waren und schlechte medizinische Versorgung erhielten, und beklagte sich allgemein über die rassistischen Vorurteile in der russischen Bevölkerung. »Wo immer wir hingehen, folgen uns Leute und starren uns an. Einige freundschaftlich, andere aus Verwunderung und wieder andere mit Hass.« Bei der Abschrift ihres Berichts zur Verteilung im SNCC fügte Bellamy einen negativen Eindruck über die Wahrhaftigkeit ihrer GastgeberInnen hinzu: »Es ist sehr interessant in der Sowjetunion, aber sie lügen genauso sehr wie unsere Regierung.«[18]

Die tief verwurzelte Skepsis und das Misstrauen Weißen gegenüber zeigte sich erneut während der Beteiligung des SNCC am *War Crimes Tribunal* (Tribunal gegen Kriegsverbrechen), das der Philosoph Bertrand Russell einberufen hatte, um die Militäraktionen der USA in Vietnam zu untersuchen. Obwohl sie wussten, dass sie damit vielfache Kritik auslösen würden, nahmen führende SNCC-Aktivisten die Einladung, am Tribunal teilzunehmen, schnell an. Aber als Julius Lester eine Gruppe von Mitgliedern des Tribunals nach Nord-Vietnam begleitete, um Beweise zu US-amerikanischen Kriegsverbrechen zu sammeln, drückte er sein Misstrauen darüber aus, dass er und der andere SNCC-Vertreter, Charles Cobb, »benutzt« werden könnten. Die beiden stießen die anderen Mitglieder der Delegation wiederholt durch ihre Kommentare »vor den Kopf«, dass ihre Verurteilung der US-Regierung nicht für selbstverständlich gehalten werden solle. Trotz dieser Probleme meinte Julius Lester, dass die Beteiligung am Tribunal ein wichtiger, wenngleich gefährlicher Schritt des SNCC »in die internationale Arena« sei. Und er fügte hinzu: »Jetzt werden wir nicht mehr nur allein von den verrückten Cops in den Südstaaten beobachtet. Jetzt schauen alle verrückten Cops auf der ganzen Welt zu. Die Revolution ist ein absolutes Bekenntnis zur Weltlage, und es gibt keine Ausrede, wenn du verhaftet wirst.«[19] Julius Lester ärgerte sich auch über die Weigerung der europäischen Mitglieder des Tribunals, vor allem des Philosophen Jean Paul Sartre, die rassistische Dimension des Vietnamkrieges anzuerkennen, welche für die SNCC-AktivistInnen so offenkundig war. »Aber Fakt ist doch, dass die Welt heute polarisiert ist in den Westen (weiß) gegen alle anderen (farbig, schwarz und gelb) und dass der Krieg in Vietnam nur die Vorlage dafür abgibt, was die Vereinigten Staaten tun müssen, um ihre Interessen in Lateinamerika, anderen Teilen Asiens, Afrikas oder in ihrem Innern zu sichern«, schrieb er.[20]

Durch ihre Kontakte mit potentiellen Bündnispartnern aus anderen Kontinenten hofften die Kader, die Schwarzen im eigenen Land davon zu überzeugen, dass der orthodoxe Antikommunismus des Kalten Krieges abzulehnen sei und alternative Strategien des Kampfes möglich wären. Die von den Medien am stärksten verfolgte Auslandsreise eines Aktivisten im Jahr 1967 war Stokely Carmichaels nicht autorisierte – weder von der Regierung noch vom SNCC – Rundreise durch Nationen der »Dritten Welt«. Diese Reise verdeutlichte das Fehlen eines gemeinsamen Fundus von politischen Prinzipien innerhalb des SNCC, mit denen die Versuche zur Bildung von Bündnissen begleitet werden konnten. Und sie illustrierte gleichzeitig eine von vielen Formen des Radikalismus des SNCC im Rahmen internationaler Politik.

Die Auslandsreisen von Stokely Carmichael im Jahre 1967 waren eine Überraschung, nicht nur für die meisten OrganisatorInnen des SNCC, sondern auch für Carmichael selbst. Nach dem Ende seiner Zeit als SNCC-Vorsitzender verkündete er der Öffentlichkeit, er werde »zurück auf's Land gehen, um dort Organisationsarbeit zu leisten«,[21] aber er bemerkte bald, dass die Anfragen an ihn als Sprecher für die militanten Schwarzen nicht nachließen.

Im Juli 1967 nahm er in London an dem *Congress on the Dialectics of Liberation* teil. Vor einem begeisterten Auditorium verkündete er, dass der Kampf »zur Rettung der Menschheit« eine Reihe »neuer Sprecher« aus der »Dritten Welt« hervorbringen werde. »Sie werden Che heißen, Mao, Fanon«, behauptete er.[22] Nachdem er durch die Rede auf dem Kongress und seine Treffen mit führenden schwarzen Militanten die Wut der Regierungsvertreter in England auf sich gezogen hatte, nahm Carmichael als nächstes eine Einladung von Ralph Schoenman von der *Bertrand Russell Peace Foundation* (Bertrand Russell Friedensstiftung) an, das Treffen der *Organization of Latin-American Solidarity* (OLAS, Organisation für Solidarität mit Lateinamerika) zu besuchen, das in Havanna, Kuba, stattfand.

Über die Ankunft von Carmichael in Havanna am 25. Juli 1967 wurde in der US-amerikanischen Presse mit den zeitgleich stattfindenden blutigen Schwarzenaufständen in Detroit berichtet. US-Zeitungen zitierten Passagen aus einem seiner Interviews, das von der kubanischen Nachrichtenagentur veröffentlicht worden war. Carmichael sagte dort: »Wir bereiten städtische Guerillagruppen auf die Verteidigung unserer Stadtviertel vor.« Er fügte hinzu, die US-amerikanischen Schwarzen betrachteten die kubanische Revolution und Che Guevara als Inspirationsquelle. In den folgenden Tagen gab Carmichael zahllose ähnliche Erklärungen, in dem offensichtlichen Versuch, seine Gastgeber davon zu überzeugen, dass die Afro-AmerikanerInnen bereits dabei seien, einen revolutionären Kampf gegen den US-amerikanischen Kapitalismus zu führen. Während einer langen Pressekonferenz am 1. August 1967 gab er viele Stellungnahmen ab, die anscheinend dazu gedacht waren, die Regierungsvertreter in den Vereinigten Staaten wütend zu machen. Während er die CPUSA als »die Partei der Reichen« brandmarkte, bekannte er sich zum kubanischen Kommunismus als demjenigen »System« von allen existierenden kommunistischen Gesellschaften, »das uns am besten gefällt.«[23] Die kontroverseste Stellungnahme Stokely Carmichaels bestand aus einer impliziten Drohung gegen führende US-amerikanische Politiker: »Wenn von uns jemand umgebracht werden sollte, dann ist es für die Schwarzen in den USA wichtig zu wissen, dass die CIA verantwortlich ist. Die Rache muss sich gegen die Regierenden der USA richten.«[24]

Stokely Carmichaels ganz offene Befürwortung einer bewaffneten Revolution in den USA, sowie seine Sympathie für den kubanischen Kommunismus brachte ihm beträchtliche Aufmerksamkeit bei den ReporterInnen in Havanna und anscheinend auch viel Sympathie von der kubanischen Regierung ein. Obwohl er zu der OLAS-Konferenz nur als Beobachter eingeladen war, wurde er schnell durch Akklamation zum Ehrendelegierten gewählt, was ihm wiederum die Gelegenheit gab, eine der Hauptreden an die Plenarsitzung zu halten.[25]

Der Hauptzweck der Rede Stokely Carmichaels war, die Delegierten davon zu überzeugen, dass die Afro-AmerikanerInnen bei deren Plänen für den revolutionären Kampf gegen »die weiße, westlich-imperialistische Gesellschaft« mit einbezogen werden sollten. Er erklärte, das SNCC würde die radikalen Weißen in den USA noch immer dazu auffordern, ihre eigenen Gemeinden zu organisieren, aber er behauptete gleichzeitig, die Schwarzen würden »nicht so lange warten, bis das passiert, und sie werden auch nicht verzweifeln, wenn es überhaupt nicht passiert.« Stattdessen, fuhr er fort, würden die Schwarzen erkennen, dass ihr Kampf international sei. »Weil unsere Hautfarbe als Waffe benutzt wurde, um uns zu unterdrücken, müssen wir jetzt unsere Hautfarbe als Waffe der Befreiung einsetzen, so wie andere Völker ihre Nationalität als eine Waffe der Befreiung einsetzen.« Er erklärte, ein »doppelter Angriff« auf den Rassismus und gegen die Ausbeutung sei nötig. »Black Power bezieht sich nicht nur auf Ausbeutung, sondern auch auf das Problem der kulturellen Selbstachtung«, für die einzustehen er wiederum als »wichtigen Kampf in der Dritten Welt« betrachtete, wo die westliche Gesellschaft »ihre Kultur durch ihre Macht aufgezwungen hat.« Er schloss, dass es notwendig sei, »unsere korrupten westlichen Werte zu zerstören« und dass »unser Widerstand nicht erfolgreich sein wird, solange unsere kulturelle Selbstachtung nicht wiederhergestellt ist und aufrechterhalten wird.«[26]

Obwohl einige Passagen von Stokely Carmichaels Rede, die die Bedeutung des separatistischen Kampfes betonten, nicht mit der Politik der kubanischen Regierung übereinstimmten, war der kubanische Präsident Fidel Castro ganz offensichtlich hingerissen von

Carmichaels Auftritt. Fidel Castro wollte, dass die OLAS-Delegierten seine Pläne zur Förderung der Revolution in Nord- und Südamerika unterstützten, und Carmichael lieferte den Beweis, dass es sogar in den USA Unterstützung für die Revolution gab. Die kubanische Presse spielte Carmichaels indirekte Drohung gegen führende US-Politiker herunter, aber im übrigen sorgten die kubanischen Behörden dafür, dass Carmichaels Rede weit verbreitet wurde. Im US-Kongress gab es die ersten Forderungen, Carmichael müsste nach seiner Rückkehr verhaftet werden. Castro erklärte darauf, Stokely Carmichael könne in Kuba bleiben, wenn er das wollte, und dass die »revolutionären Bewegungen in der ganzen Welt Stokely ihre volle Solidarität als Schutz gegen die Repression der Imperialisten geben müssen, damit ganz klar ist: jedes Verbrechen gegen diese führende Person wird ernsthafte Folgen in der ganzen Welt nach sich ziehen.«[27]

Stokely Carmichael erinnerte sich an Castro als eine »sehr offenherzige und sehr gut aussehende« Persönlichkeit, als er mit ihm zusammen ein Wochenende in den Bergen der Sierra Maestra verbrachte. Als sie mit dem Jeep in der Gegend herumfuhren, tippte Castro Carmichael immer wieder an die Schulter, um ihm Schauplätze des Kampfes gegen das Batista-Regime zu zeigen. Carmichael erklärte später, er sei mit den Antworten Castros zufrieden, die er auf seine Fragen zur Situation der Afro-KubanerInnen erhalten habe. Carmichael erzählte, Castro habe den kubanischen Rassismus als »Erbe des Kolonialismus« beschrieben und ihm gesagt, die Regierung würde »alles Mögliche tun, um ihn zu bekämpfen.«

Julius Lester war zufällig zur gleichen Zeit in Kuba, um an einem Folkfestival teilzunehmen, und wurde kurzerhand angestellt, um die Presseerklärungen von Carmichael zu koordinieren. Er schrieb später eine etwas andere Geschichte dieser kubanischen Episode, die sich entschieden feindlich gegen Carmichael richtete. Lester gab zu, er habe »nie erfahren, worüber genau Stokely eigentlich mit Fidel« geredet habe, aber er erinnerte sich, dass Carmichael »dazu wohl nur gesagt hat, dass Fidel vom Rassismus nichts verstanden habe.«

Castro wiederum hat Carmichaels politische Ansichten wahrscheinlich als noch unterentwickelt betrachtet, gleichwohl der Solidarität wert. In seiner Rede zum Ende der Konferenz verteidigte Castro die Bewegung der Schwarzen in den USA gegen den Vorwurf, es fehle ihr ein Programm. »Was im Moment passiert, ist, dass der schwarze Teil der Bevölkerung in den Vereinigten Staaten, von der tagtäglichen Repression überwältigt, seine Energien darauf konzentriert, sich zu verteidigen, Widerstand zu leisten, zu kämpfen«, erklärte er. Er fügte hinzu, in den USA werde eine »revolutionäre Bewegung« entstehen, »nicht aus rassistischen Gründen, sondern aus sozialen Gründen, aus Gründen der Ausbeutung und der Unterdrückung, und weil dieser Teil der Bevölkerung derjenige ist, der am längsten unterdrückt wurde und darunter gelitten hat.«[28]

Carmichaels Reden auf Kuba produzierten den erwarteten Sturm der Kritik in den Vereinigten Staaten. Auf die Regierung Johnson wurde enormer Druck ausgeübt, härteste Maßnahmen gegen Carmichael zu ergreifen, obwohl die Regierungsbeamten schnell herausfanden, dass sie kaum mehr tun konnten als den Pass von Stokely Carmichael zu beschlagnahmen, wenn er in die Staaten zurückkehrte. Carmichael reagierte auf die Kritik der Regierung, indem er meinte, er sei ihr keine Rechenschaft schuldig, er habe »niemanden um Erlaubnis gefragt, irgendwo hin zu gehen, zu welcher Zeit und aus welchem Grund auch immer.« Das freilich hätte auch über die Beziehungen Carmichaels zum Zentralkomitee des SNCC gesagt werden können, denn die Reden auf Kuba erregten Misstrauen gegen Carmichael bei den anderen OrganisatorInnen. Fay Bellamy und andere führende AktivistInnen des SNCC waren verärgert darüber, dass Carmichael wieder einmal das SNCC durch seine unautorisierten öffentlichen Erklärungen der Medienkritik ausgesetzt hatte. »Eine Revolution wird nicht durch irgendeine Person ausgerufen«, kommentierte Bellamy. Vor dem Hintergrund der späteren politischen Entwicklung Carmichaels (er vertrat immer stärker antikommunistische Positionen, d. Ü.), ist es eine Ironie der Geschichte, dass sich die Kritik der SNCC-Mitglieder gerade gegen Carmichaels offensichtliche Identifizierung des Kampfes der Schwarzen mit den marxistischen Bewegungen der Weißen und mit dem Kommunismus richteten. Die führenden SNCC-AktivistInnen teilten Stokely Carmichael ihre Kritik per Telefon mit. »Wir alle rannten zum Telefon und sagten ihm, er solle den Mund halten. Wir sagten ihm, niemand von uns verstehe, was er da unten gesagt hat«, erinnerte sich Ethel Minor.[29]

Trotz dieser Rüge war Carmichael weiter davon überzeugt, es sei seine Aufgabe, das revolutionäre Ansehen der Afro-AmerikanerInnen in den Augen der RevolutionärInnen der »Dritten Welt« aufzupolieren. So versprach er etwa, die Schwarzen würden nicht mehr länger an »den US-amerikanischen rassistischen und imperialistischen Kriegen« teilnehmen. Er sagte, wenn die Schwarzen von nun an Waffen einsetzen würden, dann geschehe das, um in Guinea die portugiesische Kolonialmacht zu bekämpfen, oder in Simbabwe die britischen Kolonialherrn, oder es geschehe in den US-amerikanischen Städten. »Unsere Kämpfe werden dieselben sein«, versprach Carmichael potentiellen Verbündeten in der »Dritten Welt«. »Unsere Kämpfe sollten koordiniert werden.«[30]

Auf Kuba wurde Carmichael zu einem Besuch in Nord-Vietnam eingeladen und er sagte zu. Er reiste über Moskau, flog dann zuerst nach China und traf dort kurz den exilierten schwarzen Aktivisten Robert F. Williams. Er traf ebenfalls auf Shirley Graham DuBois, die Witwe des Gelehrten und führenden Pan-Afrikaners W. E. B. DuBois. Shirley Graham DuBois schlug Carmichael vor, nach Guinea zu gehen und dort mit Präsident Sekou Touré sowie dem im Exil lebenden führenden Ghanaer Kwame Nkrumah zu verhandeln. In Nord-Vietnam sprach Carmichael dann mit Ho Chi Minh, der ihm von seinem Aufenthalt in New York in den Tagen des charismatischen schwarzen Arbeiterführers Marcus Garvey erzählte. Ho Chi Minh verstärkte zudem Carmichaels Interesse am Pan-Afrikanismus, denn er fragte ihn, warum die Afro-AmerikanerInnen denn nicht nach Afrika zurückkehrten, da doch die USA nicht ihr wahres Heimatland seien? Die Frage blieb Carmichael im Gedächtnis.[31]

Carmichael flog dann über Algerien nach Guinea, wo er als offizieller Gast der Regierung begrüßt wurde. Er machte während seines Aufenthalts in Afrika ausgedehnte Ausflüge und konferierte privat mit Touré und Nkrumah. Dabei wurde er davon überzeugt, dass der Pan-Afrikanismus, besonders wie er in den Schriften von Nkrumah formuliert wurde, die angemessene Ideologie für den Kampf der Afro-AmerikanerInnen in den USA sei. Touré lud Carmichael ein, sich in Guinea niederzulassen und Nkrumah bot ihm eine Stellung als sein Privatsekretär an. Da er zu dieser Zeit sehr pessimistisch hinsichtlich der Möglichkeiten eines langfristigen Überlebens in den USA war und zudem davon überzeugt, dass die Afro-AmerikanerInnen eine territoriale Basis in Afrika benötigten, nahm Stokely Carmichael schließlich beide Angebote an.[32]

Während Carmichael enge Beziehungen zu Touré und Nkrumah aufbaute, handelte er sich die dauerhafte Feindschaft anderer afrikanischer RevolutionärInnen ein. In Tansania bezweifelte er vor Zeugen die Ernsthaftigkeit und die nationalistische Loyalität südafrikanischer »Freiheitskämpfer«, die »sich zu sehr für große Autos und weiße Frauen interessieren« und die ihren militärischen Erfolg übertreiben würden. Für diese Einschätzung handelte sich Carmichael vom südafrikanischen *African National Congress* (ANC, Afrikanischer Nationalkongress) den Vorwurf ein, er zeichne »sich vor allem durch seine Irrelevanz und seine arrogante Demagogie aus.«[33]

Trotz der Kritik aus den Reihen der SNCC-AktivistInnen an Carmichaels vier Monate dauernder Tournee durch die »Dritte Welt« kehrte er in die Vereinigten Staaten mit größerer Reputation unter den militanten Schwarzen denn je zurück. Er hatte seinen Ruf als bekanntester schwarzer Redner in den USA dadurch gestärkt, dass er die Vereinigten Staaten öffentlich verurteilt hatte, zur revolutionären Gewalt aufrief, sich selbst mit den Führungspersonen der »Dritten Welt« verbündete und es noch immer verstanden hatte, einer juristischen Verfolgung für seine Aktivitäten zu entgehen. (Die Regierungsvertreter Johnsons waren anscheinend zu der Überzeugung gelangt, dass jeder Versuch, Carmichael zu verfolgen, gescheitert wäre und darüber hinaus noch den unangenehmen Nebeneffekt gehabt hätte, Carmichael zum Märtyrer zu machen.)[34] Aber Carmichaels persönliche Popularität brachte für das SNCC kaum Vorteile. Er kehrte mit dem Selbstbewusstsein zurück, dass er fähig sei, eine vereinigte und kraftvolle schwarze Bewegung aufzubauen – ein Ziel, das andere SNCC-Mitglieder mit ihm teilten –, aber seine Tendenz zum Pan-Afrikanismus lag oft konträr zu den Versuchen des neuen Vorstands des SNCC, eigenständige Verbindungen zur »Dritten Welt« zu knüpfen.

Die persönliche Popularität Carmichaels trug zum zeitgleichen Niedergang seines Einflusses im SNCC bei, denn einige Kader glaubten, dass er sich von den anderen AktivistInnen abgesetzt habe und von den Werten abgewichen war, die in den frühen sechziger Jahren entwickelt wurden. »Wir fanden es gar nicht gut, dass Stokely auf dem Wege war, sich das Image eines Anführers zuzulegen«, erinnerte sich Fay Bellamy. »Das war ein falsches Image für das SNCC; es entsprach in Wirklichkeit nur Stokely selber.«[35]

In mancher Hinsicht waren solche gegen Carmichael gerichteten Kritiken ungerecht, denn Carmichael war nicht der einzige innerhalb des SNCC, der oder die mit der bisherigen Schwerpunktsetzung auf die Herausbildung eigenständiger, lokaler Führungspersonen gebrochen hatte. Carmichael wurde zur Zielscheibe der Kritik, nicht nur weil er der Versuchung nachgab, in den Nordstaaten bekannter zu werden als das SNCC, sondern auch, weil er ein effektiver Propagandist politischer Ideen war, die sich zunehmend von denen unterscheiden sollten, die im SNCC die Oberhand behielten. Obwohl alle Kader am Kampf zur Beendigung der rassistischen Unterdrückung teilnahmen, waren einige keinesfalls dazu bereit, irgendeine Form des Pan-Afrikanismus zu akzeptieren, der in ihren Augen das Bestehen von Klassengegensätzen ignorierte oder verharmloste. Und sie weigerten sich auch, die Solidarität der Schwarzen ausschließlich auf der Basis des gemeinsamen afrikanischen Erbes einzufordern. James Forman beispielsweise war zwar selbst ein Panafrikanist, der gegenüber gemischten Bündnissen zwischen Schwarzen und

Weißen naturgemäß skeptisch blieb, aber er war weitaus stärker als Carmichael dazu bereit, die marxistischen Ideologien der meisten sozialistischen Nationen und revolutionären Bewegungen zu akzeptieren, mit denen das SNCC hoffte, seine internationalen Kontakte zu festigen. Forman war innerhalb des SNCC vor allem deshalb einflussreicher als die Fraktion Carmichaels, weil er ständig versuchte, seine politischen Ziele durch die Arbeit innerhalb der organisatorischen Strukturen des SNCC umzusetzen. Aber Carmichaels persönliche Popularität brachte ihm bedeutsame Vorteile gegenüber Forman, als die beiden darum konkurrierten, diejenige Organisation zu beeinflussen, die zu Beginn des Jahres 1968 dem SNCC am nächsten zu stehen und der viel versprechendste innenpolitische Bündnispartner zu sein schien: die Black Panther Party (BPP).

Die aktive Mitarbeit von SNCC-AktivistInnen in der Black Panther Party ging zurück auf frühere Kontakte des SNCC zu anderen militanten Gruppen, vor allem zu Gruppierungen nationalistischer oder separatistischer Minderheiten. Aufgrund dieser Bekanntschaften tauschten die Gruppen zunächst gegenseitige Solidaritätserklärungen aus, was dem SNCC anfangs wenig nützte und es andererseits aber angreifbar für die Repressionstaktik der Regierung machte. Trotzdem waren die meisten SNCC-AktivistInnen dazu bereit, Risiken in Kauf zu nehmen, um ein revolutionäres Bündnis unterdrückter Bewegungen und Gruppen innerhalb der USA zu schmieden. So machte das SNCC im Januar 1967 die Versuche puerto-ricanischer NationalistInnen in der Öffentlichkeit bekannt, ihre Forderung nach nationaler Unabhängigkeit für Puerto Rico vor die Vereinten Nationen zu bringen, indem es Stokely Carmichael nach San Juan, Puerto Rico, sandte, um eine Unterstützungserklärung zu unterzeichnen.[36] Im Oktober 1967 ging eine Delegation des SNCC, bestehend aus Ralph Featherstone, Ethel Minor, Willie Ricks und Freddie Greene nach Albuquerque, um einen Solidaritätsvertrag mit den führenden Hopi Tomas Banyaca und Reies Tijerina zu unterzeichnen, die die Rückgabe von Land verlangten, das den Vorfahren dieser Spanisch sprechenden BewohnerInnen des Südwestens der USA geraubt worden war.[37] Obwohl sie darauf aus waren, Verbindungen mit allen nicht-weißen militanten Gruppen aufzunehmen, glaubten die Kader des SNCC, dass die BPP der attraktivste potentielle innenpolitische Bündnispartner war, weil die Partei unter den jungen städtischen Schwarzen eine Gefolgschaft hatte, die derjenigen glich, die das SNCC einmal unter den schwarzen College-StudentInnen in den Südstaaten besessen hatte. Trotz dieser Attraktivität der BPP für die AktivistInnen des SNCC waren die Beziehungen zwischen beiden Gruppen von Anfang an durch Misstrauen und Missverständnisse geprägt. Diese Bündnisarbeit brachte die Werte, die das SNCC noch immer von anderen Organisationen unterschied, wieder ins grelle Scheinwerferlicht, ebenso wie die ernsthaften Differenzen unter den SNCC-AktivistInnen über den zukünftigen Kurs ihrer Organisation.

Die Gründer der BPP, Huey Newton und Bobby Seale, behaupteten später, sie seien durch die Erfolge des SNCC im ländlichen Süden inspiriert worden, aber ihre wechselnden Haltungen zum SNCC offenbarten ihre geringe Kenntnis von dessen Geschichte. Nachdem sie ein Flugblatt mit dem Titel »Wie die Menschen im Lowndes County sich selbst bewaffnet haben« gelesen hatten, nahmen Newton und Seale das Symbol des schwarzen Panthers aus der LCFO als Name für ihre eigene Organisation in Oakland, California. Die beiden formulierten gegen Ende 1966 ein Zehn-Punkte-Programm und fingen damit an, Einsätze der Polizei mit eigenen bewaffneten Streifen zu überwachen. Einige Monate, nachdem die Partei 1967 formell gegründet wurde, gewann sie bundesweite Aufmerksamkeit und zahlreiche neue Mitglieder, als eine Gruppe bewaffneter Parteimitglieder in Sacramento ins Kapitol des Bundesstaates Kalifornien eindrang, um dort gegen einen Gesetzentwurf zur Waffenkontrolle zu protestieren.

Gleich danach unternahm Newton, der so genannte »Verteidigungsminister« der BPP, erste Schritte zur Aufnahme von Verbindungen zum SNCC, indem Stokely Carmichael »rekrutiert« wurde, um als so genannter »Field Marshal« (Bereichsmarschall, Autorität mit regionaler Zuständigkeit, nicht etwa mit deutschen Feldmarschall vergleichbar, d. Ü.) der Partei mit der Autorität ausgestattet zu werden, »das revolutionäre Gesetz, die revolutionäre Ordnung und Gerechtigkeit« im Osten der USA zu etablieren. Newton fand heraus, dass seinen Parteimitgliedern die »bourgeoisen Fähigkeiten« fehlten, die nötig waren, um eine große Organisation zu verwalten und wollte das SNCC als eine Art politisches Hilfsreservoir für die BPP benutzen, als diese sich über ihre Basis in Oakland hinaus ausbreitete. Ganz offensichtlich war er über die organisatorischen Probleme des SNCC nicht im Bilde und dachte, die führenden SNCC-AktivistInnen »könnten gute Arbeit leisten, wenn sie die Verwaltung der Partei übernehmen, weil sie alle entschlossene Leute mit großen Fähigkeiten waren.« Er glaubte, das SNCC habe »als Organisation Einfluss und Kraft verloren, weil sich das Zentrum der Bewegung von den Südstaaten in die Städte des Nordens und des Westens« verlagert habe, woraus er schloss, »dass sich das SNCC und die Black Panther Party gegenseitig brauchen, und das schwarze Volk uns beide braucht.«[38]

Newtons Beschreibung seiner eigenen Motive betonte seinen selbstlosen Willen, die Führung des SNCC anzuerkennen. Aber er ließ doch profanere Gründe für das Bündnis mit dem SNCC durchscheinen, etwa die Tatsache, dass er dadurch »Zugang zu ihren Kopiergeräten und anderer dringend benötigter Ausstattung« bekommen würde. Newton wies zudem darauf hin, dass er die Führungspersonen des SNCC kontaktiert habe – »diejenigen, die öffentlich für das SNCC sprachen« –, woraus sich schließen lässt, dass er das SNCC für eine hierarchische Organisation ähnlich der BPP hielt. Newton glaubte, die führenden SNCC-Aktivisten sprächen für die ganze Organisation und behauptete, dass BPP-Vertreter den Führungspersonen des SNCC, besonders Stokely Carmichael, übermittelt hätten, das Ziel der Partei sei die Fusion beider Gruppierungen.[39] An den entscheidenden Gesprächen Ende 1967 und Anfang 1968 war Newton jedoch nicht beteiligt, da er aufgrund einer Anklage wegen Ermordung eines Polizeioffiziers im Gefängnis war. Als Newton seinen Prozess erwartete, konzentrierte sich die BPP darauf, die Unterstützung der Massen für eine erfolgreiche Verteidigung vor Gericht zu organisieren, und Eldridge Cleaver wurde nun zum wichtigsten Sprecher der BPP und die zentrale Figur bei den Verhandlungen mit dem SNCC.

Eldridge Cleaver war eine selbstbewusste Führungsperson und seine kompromisslosen Positionen hatten sich während seiner neunjährigen Haft, die er im Gefängnis von Soledad absaß, sowie während seiner Mitgliedschaft in der Nation of Islam (NOI) und der späteren Organisation von Malcolm X, *Afro-American Unity* (AAU, Afro-Amerikanische Einheit) entwickelt. Cleaver wurde Journalist für die Zeitung *Ramparts* und organisierte die Unterstützung der radikalen Weißen für die BPP, indem er sie mit der neu gegründeten *Peace and Freedom Party* (PFP, Partei für Frieden und Freiheit) in Verbindung brachte. 1967 war er ein großer Bewunderer von Carmichael, in dem er einen führenden Repräsentanten einer neuen Generation von schwarzen Intellektuellen sah, »die die Ketten der Sklaven abgeworfen haben und bereit sind, ihr Talent und ihren Genius selbstlos zur Verfügung zu stellen, um für die Massen zu arbeiten.«[40] Als er einen Artikel über Carmichael schrieb, begegnete er Kathleen Neal, einer SNCC-Aktivistin aus Nashville, die Cleaver später heiratete. Sie wurde Pressesprecherin der BPP. Trotz seiner Hochachtung für Carmichael und persönlicher Bekanntschaften mit Kadern des SNCC hatte Cleaver das Gefühl, dass die BPP das SNCC als führende militante Organisation der Schwarzen bereits verdrängt habe. Er war deshalb mehr daran interessiert, Auftritte von Carmichael für eine Reihe von Kundgebungen der Kampagne zur »Befreiung Hueys« zu organisieren, als damit, die organisatorische Unterstützung des SNCC zu bekommen.

Als sich Eldridge Cleaver und Bobby Seale mit Stokely Carmichael in Washington, D.C., kurz nach dessen Rückkehr aus Afrika trafen, ignorierten die führenden BPP-Aktivisten Hinweise darauf, dass sich die politische Perspektive Carmichaels von der ihren unterschied, selbst dann noch, als Carmichael die Verbindungen der BPP zur Peace and Freedom Party kritisierte. »Er sagte uns, viele seiner Freunde wollten nicht, dass er in Oakland rede, weil bei der Kundgebung auch weiße Redner vorgesehen waren«, schrieb Seale später. »Wir sagten Stokely, es gebe einen Redner von der Peace and Freedom Party, und dass wir der Meinung waren, es sei unbedingt notwendig, dass er rede.«[41] Obwohl sich Carmichael dafür entschied, für die Freilassung Newtons auf der Kundgebung zu sprechen, vor allem nachdem ihm Cleaver und Seale den Titel »Premierminister der Afro-Amerikanischen Nation« verliehen hatten, so vertieften sich doch seine Zweifel an der BPP-Führung und ihrer Taktik. Er kommentierte später, dass sie »von Organisierung überhaupt nichts verstanden« und dass sie ihren Mangel an organisatorischer Stärke durch die Kultivierung der Solidarität »verdeckten«, die sie von linksradikalen Weißen erhielten.[42]

Stokely Carmichael hatte zu jener Zeit keine bedeutende Funktion im SNCC inne, aber Seale und Cleaver glaubten, er sei die entscheidende Persönlichkeit für den Aufbau intensiver Verbindungen zum SNCC. Erst nach ihren Treffen mit Carmichael suchten die führenden Panther auch die Beteiligung anderer OrganisatorInnen des SNCC zu gewinnen. Sie entdeckten sehr schnell einen tiefen Riss zwischen Stokely Carmichael und den aktuellen Funktionsträgern des SNCC. »Da waren auf der einen Seite Rap Brown und James Forman, die die Dinge leiteten, und auf der anderen Seite Stokely, der sein eigenes Ding leitete«, beobachtete Seale.[43] Als James Forman erfuhr, dass Carmichael Premierminister der BPP wurde, war er sofort dagegen, aber Seale und Cleaver machten Forman klar, dass ihnen die Unterstützung von Carmichael wichtiger war. So gewann die persönliche Popularität Carmichaels schließlich die Oberhand über die führenden Aktivisten des SNCC. Carmichael erklärte später offen, er habe gesehen, dass die BPP auf der dringenden Suche nach ideologischer Führung gewesen sei – »up for grabs« – und er mit Forman darum kämpfte, sie ihnen zu geben.[44]

Die führenden Schwarzen Panther machten keinen Versuch, die Zustimmung des Zentralkomitees des SNCC für ihre geplante Fusion mit dem SNCC zu erhalten. Als James Forman gegenüber anderen Kadern die Idee einer Allianz ansprach, sprachen sich die meisten dagegen aus. Julius Lester bemerkte jedoch später: da dem SNCC »die Fähigkeit fehlte, seine Mitglieder zu disziplinieren«, wurde auch nichts unternommen, um James Forman von seinen Plänen für eine Allianz abzubringen.[45] Kurz: die Aktivitäten sowohl von Carmichael als auch von Forman waren weitere Belege dafür, dass das SNCC zwischen den Idealen der Gruppenführung und der hierarchischen Autorität zerrissen war.

James Forman war darauf aus, Stokely Carmichaels beträchtlichen Einfluss in der BPP einzudämmen, weil er glaubte, diese neue Gruppe militanter Schwarzer sei die Organisation, die am ehesten eine »breit verankerte Partei« werden könnte, wie er es sich früher für das SNCC erhofft hatte, ohne dabei mit den Problemen konfrontiert zu werden, die zum Niedergang des SNCC geführt hatten. Diese Schwierigkeiten erklärte er sich mit der Herkunft vieler Hauptamtlicher des SNCC aus der Mittelklasse. Die BPP dagegen »legte den Schwerpunkt darauf, Brüder von der Straße, Jugendliche aus den ›Ghettos‹ zu rekrutieren, und nicht College-Studenten. Daraus resultierten die breite Basis der Partei und die Vermeidung einiger Klassengegensätze, die zu unseren negativen Erfahrungen gezählt hatten.« Obwohl James Forman zunehmend klar wurde, dass er verglichen mit Carmichael eine untergeordnete Rolle spielen würde, half er der BPP bei den Vorbereitungen für die Solidaritätskundgebungen für Newton in Kalifornien und stellte seine zahlreichen Kontakte in diesem Bundesstaat zur Verfügung. Bei seinem Aufenthalt in Los Angeles half Forman dabei, die organisatorische Basis der BPP zu verbreitern, in dem er die Auflösung einer konkurrierenden Organisation veranlasste, die vormals vom SNCC initiierte *Black Panther Political Party* (BPPP, Politische Partei der Schwarzen Panther).[46]

James Forman half ebenso bei der Schlichtung der schwelenden Konflikte zwischen der BPP und der eigenständigen Organisation *US* (»Us« im Sinne von »Wir«, Schwarze, im Gegensatz zu »Them«, Weiße; d. Ü.) von Ron Karenga, die ihre Zentrale in Los Angeles hatte. Die Gruppen standen kurz davor, den Kampf um die Dominanz unter den militanten Gruppen der Schwarzen in Los Angeles gewaltsam auszutragen. Ron Karenga hatte versucht, Kontakt zum SNCC aufzunehmen, als er seinen Einfluss über Kalifornien hinaus vergrößern wollte. Er hatte dabei das SNCC als »die größte« Organisation gepriesen und glaubte, er könne dem SNCC helfen, »Kultur- und Bildungsprogramme zu entwickeln, wo immer sie gebraucht werden.«[47] Karengas Leidenschaftlichkeit und sein autoritärer Führungsstil wurde von einigen OrganisatorInnen des SNCC als unerträglich empfunden. Sie waren es nicht gewohnt, mit solch »rigide reglementierenden« Führungspersonen wie Ron Karenga umzugehen. Forman jedoch sah, dass die disziplinierten »US«-Mitglieder eine wichtige Kraft im *Black Congress* (Kongress der Schwarzen) waren, einem Bündnis von Organisationen der Schwarzen in Los Angeles, und dass die Unterstützung Karengas für den Erfolg der in der Stadt geplanten Kundgebung für Newton entscheidend war. Forman hatte Angst, es wäre »einfacher« für die konkurrierenden Gruppen der Schwarzen, »die Gewehre aufeinander zu richten anstatt auf den Unterdrücker« und überzeugte deshalb Eldridge Cleaver und Bobby Seale, Verhandlungen mit Karenga aufzunehmen, damit der Black Congress die Kundgebung unterstützt.[48]

Obwohl Cleaver den Namen von Carmichael und die organisatorischen Talente von Forman in den Wochen vor den Kundgebungen benutzte, verärgerte er die beiden Führungspersonen, als er einer Zuhörerschaft weißer UnterstützerInnen der BPP erzählte, das SNCC sei »eigentlich eine Ansammlung schwarzer Hippies, schwarzer College-Studenten, die der schwarzen Mittelklasse entflohen sind.« Er meinte, die AktivistInnen des SNCC seien unfähig gewesen, »den schwarzen Bruder im Block« zu mobilisieren, und behauptete, das SNCC hätte entschieden, »ihren Apparat« der BPP zur Verfügung zu stellen. Er verkündete zudem, dass Carmichael und Brown erst dann zu ihrer militanten Rhetorik gefunden hätten, nachdem sie »zur Westküste gekommen waren und hier einige Zeit mit den Schwarzen Panthern verbracht« hätten.[49]

Trotz des komplizierten und spannungsgeladenen Verhältnisses der Führungspersonen von SNCC, BPP und US gab es bei den Kundgebungen für Huey Newton ein Maß an Einheit und Zusammenarbeit unter den schwarzen Militanten in Kalifornien, das danach nie mehr erreicht werden sollte. Auf der ersten Kundgebung im Oakland Auditorium versammelten sich am Abend des 17. Februar 1968 über fünftausend Menschen, um Huey Newtons Geburtstag zu feiern und seine Freilassung zu verlangen. Stokely Carmichael, James Forman und Rap Brown (der zur Überraschung aller auftrat und dabei die Gerichtsauflagen ignorierte, bestimmte Bundesstaaten nicht zu verlassen) saßen zusammen mit Eldridge Cleaver und Bobby Seale auf dem Podium.[50]

Während Cleaver verkündete, dass führende SNCC-Aktivisten Funktionen in der BPP übernehmen werden, proklamierte er zudem, dass diese Ernennung die Fusion zwischen SNCC und BPP konstituiere. Forman war von dieser Proklamation überrascht, weil »es das erste Mal war, dass dieser Begriff benutzt wurde, obwohl wir uns noch nicht darüber geeinigt hatten, ob wir das nicht anders nennen sollten.« Als er auf der Kundgebung sprach, versuchte Forman die Beziehungen zwischen SNCC und BPP wieder als Bündnis zu definieren, aber das Publikum achtete überwiegend auf seine martialischen Sprüche zur Vergeltung im Falle von Attentaten auf führende Schwarze. Er forderte die Zerstörung von am Krieg verdienenden Unternehmen, von Polizeistationen und Kraftwerken, sowie den Tod von Gouverneuren und Bürgermeistern in den Südstaaten, sollten er, Brown oder Carmichael Opfer eines Attentats werden. Dann verkündete er, wenn Newton umgebracht werde, »dann ist nur der Himmel die Grenze unserer Vergeltung.«[51]

Der emotionale Höhepunkt des Abends war die Rede von Carmichael, die zugleich seine Qualitäten als Redner unterstrich, die ihn für die BPP attraktiv machten, aber auch seine ideologischen Differenzen mit der Partei zum Ausdruck brachte. Carmichael erklärte deutlich sein Einverständnis mit einer Formulierung wie dem schwarzen Separatismus, der weder für weiße Verbündete noch für

»weiße« Ideologien wie etwa den Marxismus Platz lasse. Er sagte dem Publikum, darunter eine nicht geringe Zahl von radikalen Weißen, dass sich die Afro-AmerikanerInnen vor allem mit dem Überleben innerhalb einer ihnen feindlich gesinnten Gesellschaft befassten. Durch seinen Kampfruf, »Jeder Neger ist ein potentieller Schwarzer!«, forderte er alle Schwarzen dazu auf, sich im Kampf gegen den »weißen Zuhälter« und seine rassistischen Institutionen zu engagieren.

Im Gegensatz zu seinen Äußerungen während seiner jüngsten Auslandsreisen verkündete Carmichael: »Der Kommunismus eignet sich nicht als Ideologie für die Schwarzen. Punkt. Der Sozialismus eignet sich nicht als Ideologie für die Schwarzen. Punkt.« Er erklärte, weder Kommunismus noch Sozialismus berücksichtigten die Thematik des Rassismus und forderte die Schwarzen dazu auf, sich »mit einer afrikanischen Ideologie« auszustatten, »die unserem Schwarzsein entspricht – und nichts anderes. Es ist nicht eine Frage von Rechts oder Links, es ist eine Frage von Schwarz.« Daraus schloss er, die Schwarzen müssten »ein Konzept von Volksbewusstsein in diesem Land entwickeln oder es wird dieses Land nicht mehr geben.« In seinem mitreißenden Finale proklamierte er: »Bruder Huey P. Newton gehört zu uns. Er ist Fleisch von unserem Fleisch, er ist Blut von unserem Blut. Bruder Huey wird frei sein – oder aber ...«[52]

Zweifellos waren Seale und Cleaver mit Teilen von Carmichaels Rede überhaupt nicht einverstanden, die viele weiße UnterstützerInnen der Panther mit einem Gefühl von »Konfusion, Verrat, Wut und Ausschluss« zurückließ. In seiner eigenen Rede widerrief Seale vor allem die Behauptung, die BPP sei anti-weiß und meinte: »das ist das Spiel des Ku Klux Klan.«[53] Trotzdem wollten die führenden Panther an Carmichael als einem ihrer bundesweiten Redner und als der Attraktion der BPP für die kommenden, mit Geldsammlungen verbundenen Solidaritätskundgebungen festhalten.

In den Tagen nach der Kundgebung in Oakland gab es bereits Anzeichen dafür, dass die Einheit militanter Kräfte der Schwarzen nicht halten würde. Kurz vor einer Versammlung, die für den 18. Februar 1968 in Los Angeles vorgesehen war, stritten sich Eldridge Cleaver und Ron Karenga darüber, ob vom Schutz durch die Polizei von Los Angeles, die für die Sicherheit der Veranstaltung sorgen sollte, Abstand genommen werden sollte. Stokely Carmichael bestärkte Cleaver in seinem Vorhaben, die BPP werde selbst für seine Sicherheit sorgen, so wie es auch in Oakland schon der Fall gewesen war. Rap Brown und Karenga setzten sich schließlich mit ihrer Haltung durch, dass eine Konfrontation mit der Polizei sinnlos sei.[54] Obwohl die Differenzen zwischen Karenga und den führenden BPP-Aktivisten lange genug vertuscht worden waren, um den Erfolg der Veranstaltung von Los Angeles nicht zu gefährden, sollten sich die Mitglieder von Karengas Organisation bald in blutige Schlachten mit den Panthern begeben, die Anfang 1969 mit der Ermordung zweier Panther durch Mitglieder von US auf dem Gelände der Universität der Stadt Los Angeles (UCLA) ihren Höhepunkt erreichten.

Stokely Carmichaels Abweichungen vom Kurs der BPP wurden zwar öffentlich ignoriert, aber die führenden BPP-Aktivisten äußerten ihre Kritik im Privaten im Laufe der folgenden Wochen, in denen Carmichael weiter auf Treffen sprach, die von der Partei organisiert wurden. Ethel Minor wohnte im Haus von Cleaver, während sie die Organisationsarbeit für Carmichaels Auftritte machte, und erinnerte sich, dass Cleaver und seine Ehefrau versuchten, Carmichael davon zu überzeugen, »seinen antisozialistischen Furor etwas einzudämmen.« Sie schloss daraus, dass die führenden Panther »einsahen, dass nicht nur sie versuchten, Stokely zu benutzen, sondern auch Stokely sich bemühte, die Beziehungen zur BPP für sich zu nutzen. Eldridge aber hatte kein Verständnis für jemanden, der versuchte, ihn zu benutzen.« Sie behauptete, Carmichael »war nicht klar, dass einige der Jungs kurz vor dem Punkt waren, gegen ihn physisch vorzugehen«, aber sie fügte hinzu, dass sich Cleaver über Forman und Brown sogar noch mehr ärgerte, weil sie für die Panther als weniger nützlich galten.[55]

Einige SNCC-OrganisatorInnen waren empört über den militaristischen Habitus der Panther und die gebieterische Art, in der die

Fusion zwischen SNCC und BPP verkündet wurde, aber die meisten hofften darauf, dass die beiden Organisationen zusammenarbeiten konnten. Sie bewunderten die kompromisslose Militanz der Panther, die auch ihre eigene geworden war. So kommentierte zum Beispiel Willie Ricks: »Wenn jemand sagte, die Leute vom SNCC seien die ›bad niggers‹ in der Stadt, dann sprangen die Panther auf und sagten, ›Wir sind aber noch schlimmer als ihr.‹« Für Cleveland Sellers schien es, als habe die BPP »das Vertrauen der militanten jungen Schwarzen in den Ghettos, einer Gruppe, zu der das SNCC niemals wirklich Kontakt aufbauen konnte.«[56] Einige AktivistInnen des SNCC, in der Regel UnterstützerInnen von Carmichael, entschieden sich, der BPP beizutreten. Carver (Chico) Neblett, der Sohn eines kleinen Farmpächters, der dem SNCC 1962 beigetreten war, wurde »Field Marshal« (Bereichsmarschall) der BPP für die westlichen Bundesstaaten; Donald Cox, der erst vor kurzem Hauptamtlicher des SNCC geworden war, übernahm in der BPP einen ähnlichen Posten für die östlichen Bundesstaaten; und Rap Brown, der im SNCC-Büro von Chicago arbeitete, wurde Vorsitzender des BPP-Ablegers in der Stadt.

Diejenigen Kader, die James Forman unterstützt hatten, blieben gegenüber der Idee einer Fusion mit den Panthern weitaus skeptischer, obwohl sie alle die BPP als eine Organisation betrachteten, mit der man/frau solidarisch sein sollte. Einige Frauen im SNCC waren verärgert durch Cleavers herabsetzende Bemerkungen über schwarze Frauen in seinem Essay-Buch, *Soul on Ice*, das im Jahre 1968 veröffentlicht wurde und sich von allen seinen Büchern am besten verkaufte. Andere Kader lehnten die Forderung der führenden Panther ab, das SNCC solle ihr Zehn-Punkte-Programm ohne Änderung übernehmen, denn für sie war dieses Programm eher reformistisch als revolutionär. Bei der Versammlung der Hauptamtlichen im Juni 1968 verabschiedeten sie eine vage gehaltene Resolution, in der sie sich zwar mit der BPP solidarisch erklärten, aber die Presseberichte über das Treffen konzentrierten sich auf das Fehlen einer expliziten Übernahme des Zehn-Punkte-Programms oder

der Fusionsidee. Auf einem Treffen mit führenden BPP-Aktivisten wurden die Vertreter des SNCC im folgenden Monat dafür kritisiert, sich nicht an die früheren Abmachungen gehalten zu haben. James Forman erinnerte sich an sein Gefühl, »dass nicht nur die Integrität des SNCC, sondern auch meine eigene politische Integrität auf dem Spiel stand.«[57]

Im Verlauf des Sommers 1968 machte Huey Newton seine Einschätzung öffentlich, die Weigerung des SNCC, die Verbindung mit der Black Panther Party einzugehen, sei auf die Geschichte der Beziehungen des SNCC zu liberalen Weißen zurückzuführen. Er behauptete, dass das SNCC noch vor kurzem vom »omnipotenten Herrschenden, dem Weißen,« kontrolliert wurde. Aus dieser dubiosen Interpretation der Geschichte des SNCC folgerte er, die SNCC-AktivistInnen hätten nun eine irrationale Angst vor radikalen Weißen entwickelt, welche von der BPP nicht geteilt werde, denn die BPP sei ja niemals von den Weißen kontrolliert worden.[58]

Der unerbittliche Ton der führenden Panther war eine Reaktion auf ihre ständige Auseinandersetzung mit der Verfolgung durch die Polizei, die sich nach den Kundgebungen vom Februar 1968 intensivierte. Am 25. Februar wurde Bobby Seale nach einer Razzia in seinem Haus verhaftet. Am 6. April des Jahres ermordete die Polizei Bobby Hutton, den Schatzmeister der BPP, der noch nicht einmal zwanzig Jahre alt war. Er und Eldridge Cleaver waren in einem Haus in Oakland gestellt worden. Cleaver war bei der Schießerei verwundet worden und wurde gezwungen, ins Gefängnis zurückzukehren, da der Beschluss aufgehoben worden war, der es ihm erlaubt hatte, unter Auflagen auf freiem Fuß zu sein. In Los Angeles wurden die Reihen der BPP im Frühling 1968 gelichtet, weil es viele Verhaftungen bei einer Polizeirazzia in der Parteizentrale gab; dann durch eine Säuberung, bei der diejenigen ausgeschlossen wurden, die als Polizeiagenten verdächtigt wurden.

Die FBI-Agenten waren zudem darauf aus, die an die Oberfläche gekommenen Spannungen zwischen der BPP und dem SNCC auszunutzen. So trug das FBI zu den Ängsten von James Forman bei, es seien Gewaltaktionen der Panther gegen ihn geplant: Das FBI machte anonyme Telefonanrufe und drohte, die Panther würden »ihn schon kriegen.« Weitere Maßnahmen der Einschüchterung des FBI gegen Forman wurden nur deshalb nicht durchgeführt, weil sich der führende SNCC-Aktivist bereits im Krankenhaus befand und kurz vor einem Nervenzusammenbruch stand. Stokely Carmichael war Ziel zahlreicher Kampagnen des FBI. Unter anderem teilte ein anonymer Anrufer seiner Mutter mit, dass Mitglieder der BPP ihren Sohn töten wollten. Aber auch unter Mitgliedern der BPP wurde mehrfach versucht, Misstrauen über Carmichaels Motive und Verlässlichkeit zu säen.[59] Diese COINTELPRO-Strategien beschleunigten wahrscheinlich die Spaltung von SNCC und BPP, aber der Erfolg des FBI war zu einem wesentlichen Teil möglich geworden, weil es zu wenig Vertrauen und Verständnis in den Beziehungen untereinander gab. Jede Organisation versuchte, die andere für ihre Zwecke zu benutzen, die daraus resultierenden Probleme wurden wiederum ausgenutzt, um beide Gruppen zu zerstören.

Der endgültige Bruch zwischen SNCC und BPP kam im Juli 1968, als die BPP Forman kritisierte, die Organisation von Protestkundgebungen in New York zum anstehenden Prozess gegen Huey Newton zu verschleppen. Forman verteidigte sich später, er habe ständig am Aufbau der Solidaritätskampagne für Newton gearbeitet und eine Pressekonferenz bei den Vereinten Nationen einberufen, aber er gestand zu, dass sich seine Gesundheit aufgrund seiner unzähligen Reisen sowie durch die Spannungen verschlechtert hatte, die aus seinen Bemühungen um Zustimmung zum Bündnis mit der BPP bei den schwankenden SNCC-Kadern entstanden waren. Nach Formans Erinnerung kamen keine Vertreter der BPP zur Pressekonferenz bei den Vereinten Nationen. »Später verbreiteten einige Panther die Lüge, dass ich mich einfach geweigert hätte, in die UN zu gehen, und auch dass ich die Pressekonferenz ganz allein abgesagt hätte, und nicht etwa aufgrund ihrer Aktionen«, erzählte Forman. In Cleveland Sellers Erinnerung war Forman zu dieser Zeit bereits durch paranoide Ängste geschwächt, wozu auch gehörte, dass die führenden Panther, die über den mangelnden Fortschritt bei der Organisierung der Kundgebungen verärgert waren, forderten, Forman solle über seine Aktivitäten Rechenschaft ablegen, etwa auch darüber, dass er darauf bestand, mit Vertretern der BPP nur schriftlich zu kommunizieren. »Das Treffen endete damit, dass die Panther damit drohten, es ihm auf physische Weise zu vergelten, wenn Jim sich nicht für die Pressekonferenz zusammenreißen könnte, die für den nächsten Morgen angesetzt war«, erinnerte sich Sellers. In Zeitungsberichten der folgenden Tage stand, eine nicht geladene Waffe sei in Formans Mund gedrückt worden und der Abzug sei dreimal ausgelöst worden, aber sowohl Forman wie auch Sellers bestritten diese Behauptung.[60] Einige Tage nach der missglückten Pressekonferenz bei den Vereinten Nationen entschied das Zentralkomitee des SNCC, das Bündnis mit den Panthern zu beenden.

Die führenden SNCC-Aktivisten hatten sich in dieses Bündnis ziehen lassen, weil sie glaubten, diese jüngere, dynamischere Organisation könnte auch das SNCC neu beleben. Sie entdeckten jedoch, dass die führenden BPP-Aktivisten die Geschichte des SNCC nicht verstanden, ebenso wenig die wichtigen Lehren, die die AktivistInnen des SNCC aus ihren früheren Kämpfen gezogen hatten. Die SNCC-AktivistInnen wiederum verloren das Vertrauen, dass ihre besondere Form der Organisierung, die auf der Entwicklung lokaler Führungspersonen basierte, auf städtische Regionen übertragen werden konnte. Das Netzwerk zur Unterstützung des SNCC sowie seine überregionalen und internationalen Kontakte waren in der Vergangenheit Nebenprodukte seiner Aktivitäten zur Mobilisierung in den ländlichen Gebieten der Südstaaten gewesen, aber im Jahre 1968 befanden sich die SNCC-Projekte im Niedergang und die erfolgreichsten Community Organizer waren gegangen. Was zurückblieb, war eine sich auflösende Institution, die schließlich ganz ausgeschlachtet werden sollte, entweder von den städtischen militanten Schwarzen, die ihren Einfluss ausbreiten wollten; oder von Polizeiagenten und Spitzeln, die die schwarze Militanz untergraben wollten; oder von jenen Hauptamtlichen, die sich mehr mit institutioneller Kontrolle denn mit der schwierigen Arbeit befassten, aus der Unzufriedenheit der Schwarzen eine Massenbewegung aufzubauen.

Es wäre den Mitgliedern wohl nicht gelungen, den Kampf der Schwarzen wiederzubeleben, selbst wenn das Bündnis mit der BPP überlebt hätte, denn beide Organisationen verloren den Kontakt zur sozialen Realität, der gerade für ihre Existenz gesorgt hatte. Die Mitglieder des SNCC hatten seit langem den Wunsch nach einer größeren Selbstdisziplin, nach einer systematischen Ausbildung der OrganisatorInnen, sowie nach einer wirkungsvolleren organisatorischen Struktur anerkannt, aber viele von ihnen – vor allem jene, die bei den Kämpfen in den Südstaaten Mitte der sechziger Jahre nicht dabei waren – hatten den Blick dafür verloren, dass es einen anfangs unartikulierten, aber von den meisten Schwarzen geteilten Wunsch gab, ihre Unzufriedenheit durch direkte Massenaktionen auszudrücken. Dieser Wunsch war die Basis des Engagements der AktivistInnen im SNCC, die Basis ihrer unverwechselbaren Erfahrung, und der einzige Grund für die Entstehung des SNCC.

Obwohl die zunehmende Popularität des Verbalradikalismus der militanten Schwarzen den Eindruck erweckte, als gebe es eine Einheit unter den Schwarzen, entstanden im Frühjahr 1968 tiefgreifende Differenzen, als führende Schwarze versuchten, Programme zu entwerfen, mit denen das Ziel der Black Power verwirklicht werden sollte. Sogar die Militanten stritten sich untereinander, ob das Ziel des Kampfes der Schwarzen ein schwarzer Kapitalismus oder ein afrikanischer Kommunalismus sein sollte, ob die Strategie eher die Wahlpolitik oder die Revolution favorisieren sollte. Die Hauptscheidelinie innerhalb der Gemeinde der militanten Schwarzen lag zwischen kulturellen NationalistInnen – die die Schwarzen dazu aufforderten, sich um verschiedene Konzeptionen eines schwarzen Kulturmythos zu gruppieren – und selbsternannten politischen RevolutionärInnen, die eher als die kulturellen NationalistInnen darauf aus waren, den bewaffneten Kampf zu befürworten, um politische oder wirtschaftliche Ziele zu erreichen. Unter den OrganisatorInnen des SNCC gab es AnhängerInnen beider dieser Hauptströmungen, aber 1968 bezweifelten alle Fraktionen zunehmend, dass das SNCC diejenige Organisation bleiben werde, mit der ihre Ziele verwirklicht werden konnten.

Teil 3: Zerfall

Niedergang des schwarzen Radikalismus

Die spontanen städtischen Aufstände von 1968 beendeten eine Ära des Kampfes der Schwarzen, denn im Gegensatz zu früheren Rebellionen – an denen das SNCC und Schwarze aus den Südstaaten beteiligt waren – zerstreuten sie sich schnell, als sie mit den Institutionen der Macht konfrontiert wurden. Die führenden weißen Politiker antworteten auf die gewaltsame Herausforderung der Schwarzen mit tödlicher Repression und betäubenden Linderungsmitteln. Die Aufstände brachten keine starke, tragfähige und kollektiv geteilte Zielsetzung hervor, durch die selbst- und rachsüchtige Motive, die in solchen Ausbrüchen des ›Rassen‹-Krieges immer wiederkehren, hätten zurückgedrängt werden können. Die städtischen Aufstände der Schwarzen waren zu kurzlebig, um individuelle Wut und Frustration in eine dauerhafte politische Bewegung umzusetzen.

Einige übrig gebliebene Führungspersonen des SNCC konkurrierten miteinander um die Rolle des führenden Ideologen der schwarzen Befreiungsbewegung, aber sie konnten die militanten Schwarzen nicht zu beispielhaften Aktionen inspirieren. Nur wenige OrganisatorInnen versuchten noch, das Vertrauen der BewohnerInnen von speziellen Gemeinden zu gewinnen, lokale Führungspersonen heranzuziehen oder starke lokale Institutionen zu gründen. Sie waren zudem völlig mit inneren Fraktionskämpfen sowie der Repression von außen beschäftigt und vergaßen, dass sie sich von der Alltagsrealität der schwarzen Bevölkerung, in deren Namen sie agierten, isoliert hatten. AktivistInnen, die sich von anderen Schwarzen abgrenzten, weil sie nicht die »korrekte« politische Linie vertraten, waren nun an die Stelle früherer hingebungsvoller Community Organizer getreten. Die besonderen Fertigkeiten, die für selbstzerstörerische innere Kämpfe nötig waren, hatten die Fähigkeiten ersetzt, welche es dem SNCC ermöglicht hatten, in den Jahren seines größten Einflusses Tausende von Menschen außerhalb der Organisation zu inspirieren. Anstatt die kreative Energie, die in den neuen Aufständen militanter Schwarzer zum Ausdruck kam, aufzugreifen, ging das SNCC den Weg so vieler Organisationen in der Geschichte sozialer Bewegungen und versuchte, seine Weltsicht Menschen aufzuzwingen, die gerade dafür kämpften, für sich selbst denken zu können.

Das gesamte Jahrzehnt hindurch hatten die OrganisatorInnen des SNCC versucht, einen Ausgleich zwischen persönlicher Rebellion und kollektiver politischer Aktion zu finden, aber gegen Ende der sechziger Jahre wurden sie von einer Reihe von Führungspersonen dominiert, die im Individualismus die Quelle der Probleme des SNCC ausmachten. In ihren verzweifelten Versuchen, die Organisation wiederzubeleben versuchten diese Führungskräfte – von denen viele erst seit kurzem Mitglied waren –, die Verbindungen zur Vergangenheit des SNCC zu kappen, in dem sie ältere OrganisatorInnen an den Rand drängten, die sich nicht an die neuen Regeln halten wollten oder keine dogmatischen »revolutionären« Prinzipien akzeptierten. Die individualistischen Werte blieben jedoch im SNCC vorhanden, denn die Forderungen der neuen Führungspersonen nach revolutionärer Disziplin drückten oft nur eine intellektuelle Arroganz aus und legitimierten den willkürlichen Gebrauch von Herrschaft.

Der Optimismus, die schwarz-nationalistische Einheit sei möglich, löste sich während des tumultartigen Jahres 1968 schnell in Nichts auf. Obwohl nun viele der kontroversen Ideen, die früher die Radikalität des SNCC ausgemacht hatten, weithin geteilt wurden, musste nach den Ereignissen im Frühjahr und Sommer 1968 konstatiert werden, dass die schwarze Einheit eine Illusion blieb. Verdeckte Regierungsprogramme wie COINTELPRO waren zum Teil für die Spaltungen unter den schwarzen militanten Gruppen verantwortlich. Es spricht einiges dafür, dass es dem FBI gelungen ist, Misstrauen unter militanten Schwarzen zu säen, vor allem indem tödliche Zusammenstöße zwischen Mitgliedern der BPP und Ron Karenga's US-Organisation provoziert wurden.[1] Das ganze Ausmaß, in dem auch das SNCC durch Informanten, Agents provocateurs und illegale Polizeimethoden unterwandert war, kann noch nicht abgeschätzt werden. Jedenfalls war es nicht dem Unwillen des SNCC allein zuzuschreiben, dass das Bündnis mit der BPP zusammenbrach oder Stokely Carmichael daran scheiterte, eine vereinigte Front unter den Schwarzen aufzubauen. Die AktivistInnen des SNCC hatten mit starker Gegenwehr durch das von Weißen kontrollierte System gerechnet, aber ihr Versuch, die Repression dadurch zu überstehen, dass sie sich nur noch um so intensiver Fragen der inneren Sicherheit und ideologischen Reinheit widmeten, führte zu sterilem politischen Gerede und zum Verlust ihrer Rolle als KatalysatorInnen schwarzer Militanz.

Die Ermordung Martin Luther Kings im April 1968 und die nachfolgenden Ereignisse zeigten den AktivistInnen des SNCC sowohl das Ausmaß schwarzer Unzufriedenheit als auch die Angreifbarkeit schwarzer Leitfiguren. Sie waren oft nicht einverstanden mit der gewaltfreien Taktik, die King propagierte, aber wie die anderen Afro-AmerikanerInnen brachten sie nun ihre Wut über seine Ermordung zum Ausdruck. Obwohl Carmichael nicht mehr dem Führungszirkel des SNCC angehörte, hat er wahrscheinlich die Gefühle vieler Hauptamtlicher auf den Punkt gebracht, als er das »weiße Amerika« öffentlich warnte, es sei ein Fehler gewesen, King umzubringen. Er nannte King »den einzigen Vertreter unserer Rasse, auf den die älteren Generationen dieses Landes, die Aktiven, die Revolutionäre und die schwarzen Massen noch hörten.« Einige BeobachterInnen glaubten, der Einfluss Carmichaels werde nach Kings Tod noch zunehmen, aber anstatt etwas Optimismus zu vermitteln, wurde die Tonlage Carmichaels auf seltsame Weise fatalistisch. Er sagte einen gewaltsamen Endkampf voraus, in dem sich die Schwarzen »erheben und aufrecht wie Männer sterben« würden. »Wenn das unsere einzige Möglichkeit ist, Mensch zu sein, verdammt noch mal, dann werden wir eben sterben!«[2]

Nach diesen Äußerungen ging Carmichael zusammen mit Millionen anderer Schwarzer auf die Straße, um seine Wut auszudrükken. In einem einzigartigen Ausbruch bundesweiter nationalistischer Einheit verbrannten und plünderten Schwarze in zahlreichen Städten Eigentum von Weißen und bekämpften die Polizei- und Militärtruppen, die aufgeboten wurden, um sie zu unterdrücken. Mehr als 40 Schwarze wurden umgebracht und mehr als 20 000 verhaftet. Carmichael wurde die Schuld an den Zerstörungen in Washington gegeben, aber in Wirklichkeit hatte keine Führungsperson großen Einfluss auf die spontanen Aktivitäten.[3] Im Gegensatz zu den Horrorvisionen der Weißen und auch zu Phantasievorstellungen der Schwarzen zeigten die Aufstände nach Kings Tod gerade die Abwesenheit einer politischen Koordinierung oder auch nur Kommunikation unter militanten Schwarzen.

Die Mitglieder, die noch im SNCC blieben, teilten die Entschlossenheit, lieber die anhaltende Repression durchzustehen als sich an das bestehende politische System der USA anzupassen. Sie müssen wohl eine Art von Genugtuung empfunden haben, als sich auch gemäßigte schwarze Führungspersonen der Black-Power-Rhetorik bedienten, aber sie verurteilten zutiefst jene Führungspersonen, die militant daherredeten, um dann doch nur reformistische Zielsetzungen oder persönliche Karrieren zu verfolgen. Rap Brown zitierte zum Beispiel Whitney Youngs Erklärung von 1968, wonach dessen Urban League (UL) ab sofort Black Power zum Ziel erhoben habe, das durch schwarzen Kapitalismus zu erreichen sei. Rap Brown ärgerte sich, dass das Konzept der Black Power »verwässert und bis zu jenem Punkt prostituiert worden ist, an dem auch der konservativste Schwarze heute für Black Power sein kann.«[4] Einige ehemalige AktivistInnen des SNCC profitierten von den Versuchen der Bundesregierung und privater Stiftungen, schwarze Selbsthilfeprojekte zu finanzieren. Aber diejenigen, die Mitglied blieben, mussten bald feststellen, dass auch der Makel, mit dem SNCC verbunden zu sein oder genauer gesagt, mit seinen im Licht der Öffentlichkeit stehenden Führungspersonen, von Tag zu Tag weniger beeindruckte.

Die SNCC-AktivistInnen kannten das Labyrinth der Gesetzgebung, das kontinuierlich ihre Aktivitäten behinderte. Als exponiertestes Mitglied stießen die juristischen Verfahren gegen Rap Brown noch auf besonderes öffentliches Interesse, doch seine Erfahrungen und seine Reaktion darauf waren typische Antworten der SNCC-AktivistInnen auf ihre missliche Lage.

Am frühen Morgen des 21. Februar 1968 brachen Einheiten der Bundespolizei in die New Yorker Wohnung ein, in der Rap Brown lebte, und verhafteten ihn. Er wurde beschuldigt, gegen Kautionsauflagen verstoßen zu haben, als er nach Kalifornien gereist war, um auf der Kundgebung für Huey Newton aufzutreten. Das House Un-American Activities Committee (HUAC) hatte das Justizministerium über Browns Reise informiert. Nachdem es ihm nicht gelungen war, einen Bundesrichter davon zu überzeugen, dass er nur nach Kalifornien gereist sei, um sich mit seinem Anwalt, William Kunstler, zu treffen, wurde Brown nach New Orleans verlegt, wo ein anderer Richter eine neue Kaution in Höhe von 50 000 Dollar festsetzte. Während er auf seinen Auftritt vor dem Gericht in New Orleans wartete, kam es zu einem Wortwechsel mit einem schwarzen FBI-Agenten, der sich anschließend darüber beschwerte, von Brown bedroht worden zu sein. (Brown erinnerte sich an die folgenden Worte: »Ich hoffe, deine Kinder werden später nicht auch so ein Onkel Tom, wie du es bist!«) (Anspielung auf die Rolle des angepassten Sklaven in Harriet Beecher-Stowes Roman *Onkel Tom's Hütte*; d. Ü.) Nach dieser Drohung wurde die Kaution auf 100 000 Dollar erhöht. Da Brown nicht in der Lage war, die Kaution aufzubringen, verbrachte er einen Monat im Gefängnis, um auf den bundesgerichtlichen Prozess wegen Schmuggels von Schusswaffen zu warten.[5]

Statt sich vor der Regierungsmacht zu beugen, wurde Rap Brown nur noch entschiedener in seinem Kampf. Er begann einen Hungerstreik und erklärte in einem Offenen Brief dazu: »Man lässt ein wenig von seiner Kraft in jedem zweifelhaften Kompromiss, den man mit den Führern einer Macht schließt, an die man nicht glaubt.« Obwohl er dazu gezwungen war, eine gewaltfreie Widerstandtaktik anzuwenden, um auf seine Situation aufmerksam zu machen, rief er die Schwarzen dazu auf, andere Auswege »aus Sklaverei und Unterdrückung« zu finden. »Vom Widerstand müssen wir zum Angriff übergehen, von der Revolte zur Revolution«, erklärte er. In einer Erklärung an das weiße Amerika proklamierte er: »Wenn mein Tod notwendig ist, damit mein Volk seine Revolte gegen dich (Amerika, d. Ü.) organisiert (…) – dann ist hier mein Leben.«[6]

Entgegen seiner Absicht und weit davon entfernt, die Schwarzen durch sein Opfer zu mobilisieren, bestärkte die Aktion Browns eher noch den populären Glauben unter den Schwarzen, dass offener Widerstand gegen weiße Autoritäten sinnlos und bedeutungslos sei. »Viele Leute (…) konnten nicht verstehen, was ich tat«, gab Brown später zu.[7] Er wurde wegen anderer juristischer Verhandlungen nach Maryland verlegt und kam dann nach New Orleans zurück, wo sein Prozess für Mai 1968 angesetzt worden war. Seine Verurteilung aufgrund der Beschuldigung, er habe ein Gewehr von New Orleans nach New York geschmuggelt, während er unter Anklage stand, überraschte kaum jemand, aber der harte Urteilsspruch schockierte doch einige. Richter Lansing Mitchell verurteilte Brown zur Höchststrafe von fünf Jahren Gefängnis, zuzüglich einer Geldstrafe von 2000 Dollar. Später wurde öffentlich bekannt, dass Richter Mitchell kurz vor der Verhandlung gesagt hatte, er werde sich jetzt um seine Gesundheit kümmern und deshalb werde er »diesen Nigger drankriegen.« Durch die Aussagen vor Gericht kam zudem ans Tageslicht, dass Browns Telefongespräche vom FBI und von anderen Institutionen abgehört worden waren, und zwar schon bevor Brown Vorsitzender des SNCC geworden war.[8] Die Erfahrungen von Brown waren nur ein Teil der Repressionsstrategie der Regierung, die vom SNCC zwar verurteilt wurde, aber nicht wirksam bekämpft werden konnte. Die SNCC-AktivistInnen dachten nicht daran, ihre verbalradikale Rhetorik einzustellen, auch wenn sie sahen, dass die offen vorgetragene Militanz die Weißen in ihrem Ruf nach Polizeirepression nur vereinigte, während sie die Schwarzen spaltete. Sie waren nicht mehr fähig, die Begeisterung hervorzurufen, die nötig war, um den Kämpfen der Schwarzen in den sechziger Jahren Dauer und Kraft zu geben, sondern sie verstärkten sogar im Gegensatz dazu einen entnervenden Pessimismus unter den Schwarzen, wenn sie vom kommenden Genozid an den Schwarzen sprachen oder ihre voreiligen Aufrufe zum bewaffneten Kampf abgaben. Die AktivistInnen des SNCC waren in einem sich selbst verstärkenden Prozess der Polarisierung zwischen Schwarzen und Weißen gefangen, und sie beschleunigten den Niedergang ihrer Organisation dadurch, dass sie sich auf ihre eigenen Rückschläge konzentrierten.

Am 11. Juni 1968 begann das jährliche Treffen der Hauptamtlichen des SNCC, und die Beteiligten waren sich darüber klar, dass sie einen neuen Vorstand wählen mussten, um das SNCC wieder aufzubauen. Rap Brown war zu sehr mit seinen juristischen Problemen beschäftigt und stand als Kandidat zur Wiederwahl nicht mehr zur Verfügung. Obwohl die AktivistInnen die Arbeit von Brown mitgetragen hatten, waren sie doch genauso entschlossen, den scheinbar unaufhaltsamen Prozess zu durchkreuzen, nach dem die letzten Vorsitzenden des SNCC zunächst die Aufmerksamkeit der Medien bekamen und dann zur Zielscheibe der gesamtstaatlichen, der einzelstaatlichen und der städtischen Repressionsapparate wurden.

Die AktivistInnen sahen die Schwierigkeiten, mit denen es eine gewählte Person zu tun bekam, wenn sie Publizität vermeiden wollte, und veränderten deshalb die Struktur des SNCC. Sie wählten neun stellvertretende Vorsitzende anstelle von Brown. Der neue kollektive Vorstand bestand aus älteren Mitgliedern, darunter James Forman, Stanley Wise, George Ware, Johnny Wilson, Donald Stone und Bob Smith, sowie aus neu Hinzugekommenen wie etwa Brother Crook (Ronald LeRoy Wilkins) aus Los Angeles und Charles Koen aus St. Louis. Dieser Versuch, die Bedeutung des Vorsitzes zu reduzieren, löste die Probleme des SNCC jedoch nur zum Teil, denn auf dem Treffen wurde wenig getan, um sich mit der grundlegenden Schwäche der Gesamtorganisation zu beschäftigen: dem Fehlen bedeutender lokaler Programme, welche die Aufmerksamkeit von zügellosen Führungspersonen abziehen und auf Massenkämpfe lenken konnten. Hinzu kam das Problem, dass die AktivistInnen die Presse nicht davon abhalten konnten, denjenigen, der gerade sprach, als den neuen Vorsitzenden des SNCC zu identifizieren. Auf diese Weise reagierten die ReporterInnen auf die Neuwahlen des SNCC, indem sie den neu gewählten Programmsekretär, Phil Hutchings, als neue Führungsperson des SNCC präsentierten.[9]

Obwohl Hutchings in Wirklichkeit nicht viel Einfluss auf die Aktivitäten der anderen Mitglieder ausüben konnte, wies seine Wahl für eine wichtige Funktion sowie sein Auftreten als wichtigster Sprecher des SNCC auf den Respekt hin, der ihm von den anderen AktivistInnen entgegengebracht wurde. Eine von allen an ihm geschätzte Fähigkeit war seine ruhige, bedachtsame Art und seine erfolgreiche Arbeit als städtischer Organisator in den Nordstaaten. Er führte in Newark einen Kampf gegen den Neubau eines Medizin-Colleges im Schwarzenviertel und konnte den Behörden des Bundesstaates entscheidende Zugeständnisse abringen. So wie schon bei der Wahl von Rap Brown hofften die AktivistInnen des SNCC, dass Phil Hutchings öffentliche Erklärungen vermeiden werde, um sich auf die Verwirklichung der Programme zu konzentrieren, aber die Tatsache, dass er von der Presse als neuer Sprecher des SNCC ausgemacht wurde, führte dazu, dass Hutchings versuchte, das Image des SNCC etwas zurückhaltender darzustellen. Er wurde zitiert, das Ziel des SNCC sei es, über Aufrufe an Schwarze, sich zu bewaffnen, hinauszugehen. »Der einfache Mann fordert Aufstände und dass die Schwarzen auf die Straße gehen. (...) Wir müssen Schritte auf allen Ebenen und an allen Fronten unternehmen – wütend, aber auch schlau«, sagte er.[10] Phil Hutchings zog die Aufmerksamkeit der Presse weniger auf sich, vor allem, weil die Medien sich jetzt stärker für

Militante wie etwa Eldridge Cleaver interessierten, die die sensiblen weißen ZuhörerInnen mit Obszönitäten oder Aufrufen zur gewaltsamen Vergeltung gegen weiße Beamte schockierten, anstatt über Hutchings' emotionslos und mit Bedacht vorgetragene Erklärungen zu seinen Programmen zu berichten. Hutchings' Ziel war, die Schwarzen zu ermutigen, eine bundesweite schwarze politische Partei zu bilden, die sich sowohl mit Rassismus als auch mit Klassenunterdrückung beschäftigen sollte. »Wenn du wirklich über Machtergreifung redest und nicht einfach nur über irgendeine kulturelle Marotte«, sagte er in einem Interview, »dann musst du auch über die Überwindung des kapitalistischen Machtsystems reden.« Er war überzeugt, es sei möglich, zwischen verarmten Schwarzen und anderen Gruppierungen Klassenbündnisse zu schmieden. »Wir glauben, dass die schwarze Bevölkerung wegen ihrer einzigartigen Rolle in diesem Land immer die Avantgarde des revolutionären Kampfes stellen wird«, erklärte er. »Aber das bedeutet nicht notwendigerweise, dass sie die einzige Gruppe ist, die als revolutionär zu betrachten ist.«[11]

Die meisten OrganisatorInnen waren noch immer unentschieden, ob das SNCC selbst versuchen sollte, eine politische Partei der Schwarzen auf nationaler Ebene zu werden. Die unveränderte Ansicht der AktivistInnen, die von Hutchings geteilt wurde, besagte, dass das SNCC eine Gruppe von OrganisatorInnen bleiben müsse, die von Schwarzen verwaltete Institutionen aufbauen sollte, ohne selbst ein Teil davon zu werden. Die Kader des SNCC auf dem Treffen im Juni 1968 waren an verschiedenen, unkoordinierten Projekten beteiligt, welche nur lose mit dem SNCC verbunden waren. Für viele AktivistInnen war das SNCC nicht mehr länger der Schwerpunkt ihrer Aktivitäten; für einige war die Verbindung mit dem SNCC sogar zum Hindernis geworden.[12]

Ihre Unfähigkeit, auf lokaler Ebene Unterstützung zu organisieren, frustrierte die Mitglieder und verleitete sie dazu, dem SNCC die Schuld dafür zu geben. Der Mangel an ideologischer Geschlossenheit, der beim SNCC festzustellen war, irritierte die Kader, wenn sie sich mit VertreterInnen anderer radikaler Gruppen verglichen. Zudem sank die organisationsinterne Toleranz, als die SNCC-AktivistInnen zunehmend von Austritten einzelner Mitglieder sowie von Infiltrationen durch die Polizei betroffen wurden. Weil nur wenige Mitglieder Erfolge als OrganisatorInnen vorweisen konnten, wurde ihre Loyalität gegenüber den wechselnden Taktiken der Organisation zum einzigen Kriterium, an dem ihre Arbeit gemessen wurde.

Stokely Carmichael war der erste der ehemaligen führenden SNCC-AktivistInnen, der ausgeschlossen wurde, weil er den sich ständig verändernden ideologischen Positionen der Organisation nicht folgen wollte. Hutchings verkündete den Ausschluss auf einer Pressekonferenz in New York am 27. Juli 1968 und erklärte, die Entscheidung sei »mit Bedauern und ohne Freude« getroffen worden, sie sei aber nötig gewesen, weil das SNCC und Carmichael »sich in verschiedene Richtungen bewegten.« Führende AktivistInnen des SNCC hatten Stokely Carmichael beschuldigt, »einen Machtkampf« mit James Forman zu führen, der »fast in körperliche Auseinandersetzungen mit Angestellten des SNCC gemündet wäre und die Existenz der ganzen Organisation bedroht habe« – ein klarer Bezug auf die Zusammenstöße zwischen Forman und den Mitgliedern der BPP, die eine Woche zuvor stattgefunden hatten. Carmichael war traurig, aber die Entscheidung kam für ihn nicht überraschend. Er hatte zunehmend persönliche Angriffe über sich ergehen lassen müssen, seit er zum Vorsitzenden gewählt worden war. Seit seiner Rückkehr aus Afrika 1967 hatte er kein Mitgliedertreffen mehr besucht und die meisten seiner UnterstützerInnen waren nicht länger im SNCC aktiv. Zudem hatte er kontinuierlich mit der BPP zusammengearbeitet, trotz dessen Bruch mit dem SNCC. Er antwortete auf den Rauswurf mit einer zurückhaltenden Stellungnahme, in der er sein Bedauern darüber ausdrückte, dass seine Differenzen mit anderen AktivistInnen an die Öffentlichkeit gelangten, und dass er zukünftig gerne mit dem SNCC zusammenarbeiten wolle, wenn die Differenzen geklärt seien.[13] Carmichael war zu dieser Zeit weitaus mehr damit beschäftigt, die BPP als Basis für sein Projekt einer bundesweiten schwarzen Einheitsfront zu benutzen. Er bemerkte jedoch bald den geringen Einfluss, den er in der BPP hatte und der mehr auf seinem Nutzen für die Partei als international bekanntem Sprecher gründete, denn als ideologische Führungsperson. Seine Reden in Afrika, in denen er die ›Rassen‹-Einheit der Klasseneinheit vorgezogen hatte, erzeugten zunehmend unmissverständliche und persönliche Kritiken von Seiten der führenden Panther. Im Juli 1969 akzeptierte Carmichael das Unvermeidliche und erklärte seinen Austritt aus der Partei in einem Offenen Brief, in welchem er das Bündnis zwischen der BPP und radikalen Weißen verurteilte.[14]

Die SNCC-Kader, die Carmichael ausgeschlossen hatten, sahen ihr Vorgehen als notwendig an, um eine disziplinierte, revolutionäre Organisation aufzubauen. Aber sie konnten sich nicht auf einen gemeinsamen Katalog von politischen Taktiken einigen, durch die neue UnterstützerInnen gewonnen werden konnten. Sie nahmen stattdessen Doktrinen auf, die ihre Unterstützungsbasis auszehrten und in weiteren Säuberungen der Mitglieder endeten. Neumitglieder versuchten, sich auf Kosten von älteren AktivistInnen zu profilieren, indem sie auf den Niedergang des SNCC hinwiesen. Wie viele andere Bewegungsorganisationen, die sich in dem Moment spalteten, als ihre Fähigkeit, eine große Menschenmenge zu mobilisieren, verloren ging, kam das SNCC unter die Kontrolle immer kleiner werdender Fraktionen der Kader. Eine Organisation, deren Politik lange Zeit durch ihren Charakter einer offenen Vereinigung geprägt war, war eine Gruppe von DogmatikerInnen geworden, die jedem außerhalb und vielen innerhalb der Organisation misstrauten. Viele AktivistInnen beteiligten sich an den organisatorischen Aufgaben des SNCC nur so lange, wie sie sich bei den inneren Auseinandersetzungen durchsetzen konnten.

Das Treffen der Hauptamtlichen des SNCC vom Dezember 1968 brachte weitere innere Konflikte an die Oberfläche. Einige Mitglieder hatten sich einfach von der Organisation entfernt, weil sie sahen, dass aus der Verbindung mit einer sterbenden Organisation wenig gewonnen werden konnte. Andere, die blieben, waren umso stärker entschlossen, die Organisation von Personen zu befreien, die für ihren Niedergang verantwortlich gemacht werden konnten. OrganisatorInnen, denen es nicht gelungen war, lokale Unterstützung durch ein örtliches Projekt aufzubauen, waren unter denen, die umso verzweifelter an ihren Posten im SNCC festhielten. Früher hatten die SNCC-AktivistInnen es vermieden, Führungspositionen zu übernehmen, aber nun war das SNCC zu einer Gruppe selbst ernannter Führungspersonen geworden, die alle eine Gefolgschaft suchten.

Die älteren AktivistInnen, die für ein Stück Kontinuität innerhalb des SNCC sorgen konnten, fühlten sich ausgezehrt durch Jahre ständiger externer und interner Auseinandersetzungen. James Forman, ehemals die stärkste Führungsperson innerhalb des SNCC, stand am Rande eines völligen Nervenzusammenbruchs, nachdem er das Bündnis mit den Black Panthers aufgegeben hatte, und er verbrachte die meiste Zeit Ende 1968 mit Ausruhen und Reisen in die Karibik. Er reiste zwar zum Dezembertreffen frisch erholt an, aber einige Kader hatten damit begonnen, ihn als paranoid zu betrachten und bezweifelten seine weitere Eignung als Führungsperson. Dabei hatte Forman sicher gute Gründe, einigen AktivistInnen zu misstrauen, denn mindestens zwei anwesende Aktivisten sollten sich als FBI-Informanten herausstellen.[15] Zudem hatte Forman das Gefühl, dass einige AktivistInnen, die ihn früher unterstützt hatten, nun gegen ihn Stimmung machten. Eine prägende Person der Anti-Forman-Fraktion war Irving Davis, der Forman als Leiter der Abteilung »Internationale Beziehungen« im SNCC abgelöst hatte. Phil Hutchings sah sich als ausgleichende Person bei diesen Fraktionskämpfen, aber seine Position als Programmsekretär gab ihm wenig Autorität, weil es nur wenig Programme gab, mit denen er sich zu befassen hatte.

Das bedeutsamste Ereignis auf dem Treffen war die Diskussion über den Ausschluss zweier älterer Aktivisten, Cleveland Sellers und Willie Ricks. Sellers hatte bis vor kurzem eine Leitungsfunktion im SNCC inne; doch als er sich nun mit einer langen Gefängnisstrafe für seine Aktivitäten in Orangeburg und wegen seiner Kriegsdienstverweigerung konfrontiert sah, fand er sich plötzlich als Outsider in der Organisation wieder, in der er nahezu sein gesamtes Erwachsenenleben verbracht hatte. Er erinnerte sich: Als er und Ricks auf dem Treffen erschienen, fand er nur wenige bekannte Gesichter vor. »Obwohl sie sich verhielten, als wären sie alte Aktivisten des SNCC, war die Mehrheit von ihnen der Organisation beigetreten, nachdem Stokely gefeuert worden war«, schrieb Sellers später. Und in der Tat: von den 28 Anwesenden, die die Beobachter des FBI zählten, waren nur sechs – Ricks, Sellers, Forman, Stanley Wise, Courtland Cox und Charles Cobb – schon vor 1966 Mitglieder gewesen. Forman gesellte sich zu den Neuen, als er Sellers und Ricks dafür kritisierte, dass sie noch immer den Kontakt zu Carmichael aufrechterhielten, und dass sie sich zudem nicht von der BPP trennten. Die beiden wurden aufgefordert, ihre Loyalität zum SNCC dadurch zu demonstrieren, dass sie dabei helfen sollten, eine paramilitärische Gruppe in St. Louis aufzubauen, die *Black Liberators* (Schwarze Befreier) heißen sollte, aber sie lehnten ab. »Wir hatten die Position: Wenn wir Panther organisieren, dann organisieren wir Panther, aber wir organisieren keine Imitation der Panther«, erinnerte sich Ricks. Sellers und Ricks versuchten der Kritik dadurch zu begegnen, dass sie fragten, warum sich das SNCC überhaupt mit irgendeiner paramilitärischen Gruppe verbünden müsse, aber die Ankläger wurden zunehmend wütend und die beiden wurden schließlich ausgeschlossen.[16]

Cleveland Sellers und Willie Ricks waren von diesem Umgang geschockt und verbittert, verzweifelt protestierten sie, wussten aber, dass es kaum eine Chance gab, dass das Zentralkomitee seine Entscheidung revidierte. Kurz nachdem er das Treffen verlassen hatte, berichtete Sellers, er sei von mehreren SNCC-Kadern angegriffen worden. Sie hätten ihm vorgeworfen, er wolle das SNCC zerstören. Sellers erinnerte sich, es sei das erste Mal gewesen, dass er SNCC-AktivistInnen zu »Gangster-Methoden« habe greifen sehen, um andere zur Konformität zu zwingen. Als er schließlich die Pistole zog, um seine Angreifer abzuwehren, wusste Sellers, dass das SNCC für ihn gestorben war. Es war das schmerzliche Ende eines wichtigen

Lebensabschnittes. »Es war ein ungewohntes Gefühl, nicht mehr in der Organisation zu sein, in der ich aufgewachsen war«, beschrieb er später die Situation.[17]

Sellers fühlte sich besonders von James Forman hintergangen, dem es hätte gelingen können, die AktivistInnen davon zu überzeugen, die beiden nicht rauszuschmeißen, aber Formans eigene Verletzbarkeit beim Fraktionskrieg im SNCC sollte bald zum Vorschein kommen. Wahrscheinlich erkannte Forman selbst, dass das SNCC nicht länger besonders wertvoll als Aktionsbasis war und hoffte, seinen Einfluss durch Mitarbeit in anderen Organisationen auszuweiten. So übernahm er im April 1969 den Vorsitz der *National Black Economic Development Conference* (BEDC, Nationale Konferenz zur wirtschaftlichen Entwicklung für Schwarze), die in Detroit mit finanzieller Unterstützung der *Interreligious Foundation for Community Organization* (IFCO, Interreligiöse Stiftung für Gemeindeorganisation) durchgeführt wurde, einer Einrichtung von protestantischen Kirchen-Organisationen, um Reformprojekte in Minoritätengemeinden zu fördern. Formans Einstellung gegenüber solchen Versuchen war ambivalent. Sie brachten die Schwarzen seiner Ansicht nach von revolutionären Wegen ab, und Forman beklagte sich darüber, dass viele schwarze Nationalisten zu »Zuhältern« der militanten Schwarzen geworden waren und »die ersten gewesen sind, die auf den Zug des schwarzen Kapitalismus aufgesprungen sind«[18], aber sein Vorschlag auf der Konferenz war wohl ebenfalls kaum revolutionär zu nennen. Er präsentierte seine Ideen in einem *Manifest der Schwarzen* und forderte von den Kirchen der Weißen eine halbe Billion Dollar als Reparationszahlung an die Schwarzen zur Wiedergutmachung für ihre bisherige Ausbeutung, zu der religiöse Einrichtungen der Weißen beigetragen und mit angestiftet hätten. James Forman gab zu, dass die Forderungen nach Reparationszahlungen »kein langfristiges Ziel darstellen«, aber er verteidigte die Forderungen und erklärte, das Geld werde dazu verwendet werden, neue, von Schwarzen verwaltete Institutionen aufzubauen. James Forman erklärte nicht, wie er garantieren könne, die Reparationen so einzusetzen, dass sie allen schwarzen Menschen gleichermaßen zugute kommen. Zudem konnte er kaum überzeugend begründen, wie sich sein Vorschlag von dem anderer militanter Schwarzer unterscheide, die ebenfalls Geldbeträge für sich und ihre Organisationen einforderten, indem sie die Unterdrückung der Schwarzen dafür als Rechtfertigung benutzten.[19]

James Forman bekam viel öffentliche Aufmerksamkeit für sein Manifest, als er einen Gottesdienst am 4. Mai 1969 in der Riverside Church von New York unterbrach und den schockierten Gläubigen seine Forderungen präsentierte. Später beschrieb Forman diese provokante Aktion als Fortsetzung des Kampfes der Schwarzen aus den sechziger Jahren. »Ich empfand meine Aktion als eine weitere Form der Rebellion gegen das umfassende System der Kontrolle über schwarze Menschen und ihre Gedanken, wobei die Kirche und die Religion als hervorgehobene Beispiele stehen«, schrieb er später. Trotz der großen Presseresonanz, die seine Interventionen in Riverside und anderen Kirchen fanden, waren die Störungen von Gottesdiensten der Weißen eine kurzfristige und unwirksame Strategie für kleine Aktionsgruppen. Die Idee der Reparationszahlungen brachte immerhin eine Zunahme an Unterstützung aus kirchlichen Kreisen für die Entwicklungsprojekte der verschiedenen Minoritäten in den USA. Forman beklagte sich später darüber, dass nur wenig von diesen Geldern die Gruppierung erreichte, die die Kampagne gestartet hatte, die Black Economic Development Conference (BEDC). Er behauptete, dass »gierige schwarze Kirchenfunktionäre« Gelder für ihre eigenen Programme an sich gerissen hätten. Von den Reparationsgeldern, die die BEDC erreicht hatten, wurde ein großer Teil dazu verwandt, den Verlag *Black Star Publications* aufzubauen, der Schriften schwarzer Radikaler verlegte, darunter mehrere Bücher von Forman.[20]

James Formans Kampagne für Reparationszahlungen fand kaum Unterstützung unter den Schwarzen. Ein Beleg dafür war, dass sie vom SNCC nicht als Projekt akzeptiert wurde. Diese Entscheidung fiel auf dem letzten Treffen der Angestellten des »Student Nonviolent

Coordinating Committee«, das im Juni 1969 ironischerweise in den Räumen der Washington Square Episkopalkirche von New York stattfand. Wie die vorhergehenden Treffen war auch das New Yorker Treffen durch Misstrauen und Konfusion gekennzeichnet. Höhepunkt war schließlich der Sieg einer Fraktion, die einen Organisationsnamen zurückwies, der einmal eine Quelle des Stolzes gewesen war. Rap Brown gesellte sich zu den Kadern, die endgültig mit der Vergangenheit des SNCC brechen wollten. Er trat zusammen mit einer Gruppe von UnterstützerInnen auf und verurteilte die Fehler der aktuell gewählten SNCC-Führung scharf. Er forderte für seine Fraktion die Führung der Organisation und bestand darauf, dass sie in eine paramilitärische Gruppe umzuwandeln sei, die *Black Revolutionary Action Party* (Revolutionäre Aktionspartei der Schwarzen) heißen sollte. Weil zu wenige Mitglieder bereit waren, sich dieser Übernahme in den Weg zu stellen, obsiegten Brown und seine UnterstützerInnen. James Forman erkannte, dass er nicht mehr länger über bedeutenden Einfluss in der Organisation verfügte, bei der er das älteste Mitglied war, und trat zurück.[21]

Auf einer Pressekonferenz vom 22. Juli 1969 erklärte Brown, dass er erneut den Vorsitz des SNCC übernommen habe und dass die neue Führung des SNCC entschieden habe, den Namen der Organisation zu ändern. Anstatt den bisherigen Namen völlig zu ändern, erklärte Brown, das Akronym »SNCC« werde beibehalten, weil es noch immer landesweit bekannt sei, aber zukünftig werde mit der Abkürzung *Student National Coordinating Committee* (Studentisches Nationales Koordinierungskomitee) gemeint sein. Während Brown auf unbefristete Zeit Chef des SNCC geworden war, übernahmen Irving Davis und Muhammad (William) Hunt, die zusammen den *Revolutionary Political Council* (Revolutionärer Politischer Rat) des SNCC bildeten, der nun das Zentralkomitee als politisch entscheidendes Gremium des SNCC ersetzte, die Kontrolle über das, was von der Organisation übrig geblieben war. Jimmy Johnson, ehemals Mitglied einer Antikriegsgruppe, die innerhalb des Militärs aktiv war und sich *Ft. Hood 3* nannte, ersetzte Johnny Wilson als

Vorsitzenden der Antiwehrpflicht-Organisation des SNCC.[22] Nachdem er das SNCC verlassen hatte, hatte James Forman Schwierigkeiten, einen Platz in den zunehmend sich verästelnden Kämpfen der Schwarzen in den siebziger Jahren zu finden. Er wurde Funktionär der *League of Revolutionary Black Workers* (LRBW, Liga der revolutionären schwarzen Arbeiter), einer Abspaltung der United Automobile Workers (UAW) in Detroit. Forman verwandte in den frühen siebziger Jahren zudem viel Zeit darauf, seine voluminöse Geschichte der Entwicklung des SNCC, *The Making of Black Revolutionaries*, zu schreiben, in der er zu dem Ergebnis kam, dass der Niedergang des SNCC zum einen aus dessen Unfähigkeit resultierte, schwarze ArbeiterInnen zu organisieren »und sie ins Zentrum der Entscheidungsfindung zu stellen«, und zum anderen darin, »seine Machtbastionen im ländlichen Süden nicht gehalten zu haben.«[23]

Nach James Formans Rücktritt überlebte das SNCC noch mehrere Jahre, aber von Bedeutung war es nur noch für die Militanten, die noch immer um seine Kontrolle kämpften und für diejenigen FBI-Informanten, die langsam feststellten, dass es keine Bedrohung der sozialen Ordnung mehr darstellte. Das SNCC nutzte einen Teil eines Raumes im Pfarrhaus der Episkopalkirche von St. Peter in New York als bundesweite Zentrale, hatte aber weder Telefonanschluss noch bezahlte Kader. Die einzigen aktiven Ortsgruppen des SNCC außerhalb New Yorks waren in Atlanta und in Cincinnati. Die Polizei von Texas hatte die Ortsgruppen in diesem Bundesstaat dezimiert. Das Büro in New York veröffentlichte von Zeit zu Zeit eine Zeitung, in der das Konzept des »revolutionären Nationalismus« propagiert wurde, aber sie hatte nur wenige LeserInnen und keine kohärente ideologische Ausrichtung. Im Gegensatz zur *Student Voice*, die ehemals über die Aktionen Hunderter von AktivistInnen des SNCC im ländlichen Süden berichtet hatte, war die neue Publikation vor allem ein Meinungsforum von Mitgliedern, die nicht länger fähig waren, die schwarze Bevölkerung zu mobilisieren.

Einige wenige AktivistInnen versuchten, Projekte zu entwickeln, aber sie hatten kaum Erfolg. Das einzige einigermaßen erfolgreiche

Projekt in den frühen siebziger Jahren war eine feministische Gruppe, die sich die *Third World Women's Alliance* (TWWA, Frauenallianz der Dritten Welt) nannte und von Frances Beal geführt wurde. Doch auch das Anwachsen dieser Gruppe verhinderte nicht den Niedergang des SNCC, denn Beal konnte für ihre Gruppe eigene Geldmittel beschaffen und agierte autonom.[24]

Die AktivistInnen, die Tendenzen der Selbstauflösung ihrer Organisation wahrnahmen, fuhren damit fort, Mitglieder auszuschließen, die sie für die Ineffektivität des SNCC verantwortlich machten. 1969 kam es schließlich zu gravierenden Meinungsverschiedenheiten zwischen Muhammad Hunt und Irving Davis. Nachdem sie Forman ersetzt hatten, waren die beiden unfähig, sich über die zukünftige Ausrichtung der Organisation zu einigen. Hunt kritisierte Davis, weil dieser viel Zeit damit verbrachte, sich mit afrikanischen Vertretern bei den Vereinten Nationen zu treffen und in befreundete sozialistische Länder zu reisen anstatt eigenständige Programme zu entwickeln. Hunt beschuldigte Davis zudem, Gelder des SNCC ohne Zustimmung der AktivistInnen benutzt zu haben. Und er unterminierte die Position von Davis darüber hinaus dadurch, dass das Treffen der Kader vom November 1969 neue Leitlinien für Mitglieder annahm, in welchem AktivistInnen der Ausschluss für den Fall angedroht wurde, dass sie sich der Autorität des Revolutionary Political Council nicht beugten, dem Hunt vorstand. Alle AktivistInnen wurden außerdem dazu verpflichtet, mindestens die Hälfte eines Monats in Gemeindeprojekten zu arbeiten.[25] Diese und zahllose weitere Verhaltensleitlinien hatten den Zweck, das SNCC in eine revolutionäre Organisation zu verwandeln, aber Davis hatte erkannt, dass sie dafür benutzt wurden, um seinen Einfluss zurückzudrängen. Anfang 1970 wurde Irving Davis beschuldigt, gegen die neuen Leitlinien verstoßen zu haben und er trat aus dem SNCC aus.

Nach dem Austritt von Davis blieben Hunt und Brown die dominierenden Personen im SNCC, aber sie konnten die Organisation nicht zusammenhalten. Rap Brown war zu sehr damit beschäftigt, seinen bevorstehenden Prozess in Maryland vorzubereiten, um sich mit den inneren Angelegenheiten des SNCC abzugeben. Während des Jahres 1969 veröffentlichte er eine persönliche Darstellung seiner politischen Entwicklung unter dem Titel *Die, Nigger, Die!*, ein Buch, das im profanen Jargon der städtischen militanten Schwarzen geschrieben war. Das Buch verkaufte sich gut, aber Rap Brown konnte von seinem schriftstellerischen Erfolg nicht profitieren, weil er mit einer Verurteilung durch ein Bundesgericht konfrontiert war und wahrscheinlich eine lange Gefängnisstrafe in Maryland abzusitzen hatte.

Brown sollte zu seinem Gerichtsprozess nicht erscheinen, der von der als unsicher geltenden Gemeinde in Cambridge in die kleine Stadt Bel Air verlegt worden war. Am 9. März 1970, dem Tag vor dem Prozess, wurden zwei seiner Freunde vom SNCC, Ralph Featherstone und William H. (Che) Payne, durch eine Explosion ermordet, die ihr Auto, mit dem sie gerade Bel Air verlassen wollten, in zwei Teile riss. Die Leichen waren bis zur Unkenntlichkeit verstümmelt, sodass in den ersten Berichten davon die Rede war, Rap Brown sei selbst eines der Opfer. Die FBI-Agenten und die Polizei des Bundesstaates Maryland, die die Explosion untersuchten, kamen zu dem Ergebnis, dass im Wagen eine Zeitbombe versteckt worden war. Sie spekulierten darüber, ob die beiden SNCC-Aktivisten nach Bel Air gekommen waren, um eine Bombe im Gerichtssaal zu deponieren, das Vorhaben aber aufgrund der umfangreichen Sicherheitsmaßnahmen in und um das Gebäude aufgegeben hätten. Ein SNCC-Sprecher verkündete, die Bombe sei absichtlich im Wagen versteckt worden und rief zu »massiver Vergeltung und Rache« auf.[26] Was auch immer die Ursache der Explosion gewesen sein mag, der Tod der beiden Männer war ein weiteres deutliches Zeichen, das den Niedergang des SNCC zum Ausdruck brachte. Besonders Featherstone war einer der ergebensten AktivistInnen des SNCC und der einzige Verbliebene aus der Zeit vor 1965. Im Einklang mit seinem letzten Willen wurde der Körper von Featherstone in Afrika beerdigt. In Lagos, Nigeria, besuchten Tausende von AfrikanerInnen zusammen mit seiner Ehefrau und einigen engen FreundInnen seine Beerdigung und bekundeten »dem Bruder vom anderen Ufer des Meeres, der gekommen ist, um in der Erde seiner Vorfahren zu ruhen«[27], ihren Respekt.

Nach dem Tod seiner nahen Freunde versteckte sich Rap Brown in Kanada. Im Exil mied er die Öffentlichkeit mit Ausnahme eines Interviews, das er einer Untergrundzeitung gab. Dort äußerte er den Wunsch, nach Afrika zu gehen, um an den afrikanischen Befreiungsbewegungen teilzunehmen.[28] Am 16. Oktober 1971 wurde Brown bei einer Schießerei mit der New Yorker Polizei verwundet, als er versuchte, eine Cocktail-Bar in Manhattan auszurauben. Das Motiv für diesen Raub blieb unklar, wenngleich ehemalige SNCC-AktivistInnen mutmaßten, dass es Brown und seine drei Mittäter, die ebenfalls verhaftet wurden, auf Drogenpanscher in der Bar abgesehen haben mussten. Brown verbrachte mehrere Monate in einem Krankenhaus, wurde dann vor Gericht gestellt und im März 1973 wegen bewaffneten Raubes und tätlicher Bedrohung mit einer tödlichen Waffe verurteilt. Die Strafe lautete: fünf bis fünfzehn Jahre Gefängnis.[29]

Nach dem Tod von Featherstone und Payne wurden die AktivistInnen des SNCC noch misstrauischer und die Organisation noch ineffektiver. Ein Beleg für die interne Atmosphäre war ein Brief von Muhammad Hunt vom August 1970, in dem er den Mitgliedern mitteilte, sie müssten »alle Spuren eines bestimmten bourgeoisen Denkens tilgen, alle Meinungen und Verhaltensweisen von bestimmten Individuen innerhalb der Organisation.« Hunt führte »reaktionäre Ideen und Meinungen« als Grund für den unaufhaltsamen Niedergang des SNCC an. »Es muss den Aktivisten in der Organisation klar werden, dass wir dabei sind, die Organisation wiederaufzubauen, und dass jede Handlung, die wir als zerstörerisch für die Organisation interpretieren, gemäß der Bedeutung des gegen uns gerichteten Verbrechens geahndet wird.«[30]

Der Versuch von Hunt, Disziplin durchzusetzen, war bedeutungslos, denn es gab niemanden mehr, der seine Autorität akzeptierte. Das FBI fuhr dennoch damit fort, die aktionsunfähige Organisation des SNCC zu observieren. Im Mai 1971 berichtete das FBI, dass das SNCC in den vorangegangenen Monaten »an keinen Demonstrationen oder störenden Aktivitäten beteiligt war, und es scheint mit Rücksicht auf die begrenzte Mitgliederzahl, fehlende Geldmittel und interne Differenzen auch nicht dazu fähig zu sein.« Trotz dieser eindeutigen Einschätzung berichtete das FBI noch zwei weitere Jahre über das SNCC. Schließlich, am 11. Dezember 1973, erkannte das FBI, wie überflüssig seine Überwachung war. Das FBI-Büro in New York berichtete: »Angesichts der Tatsache, dass das SNCC kein bundesweit bedeutsames Büro hat, keine nationalen Funktionäre, seit Jahren an keinen bedeutsamen Aktivitäten beteiligt ist, und dahingehende Zukunftsperspektiven kaum auszumachen sind, schließt das New Yorker Büro den Fall ab.«[31]

Aufstieg und Fall des SNCC standen in engem Zusammenhang mit den Kämpfen der Schwarzen in den sechziger Jahren. Entstanden aus der Sit-In-Bewegung der studentischen Schwarzen von 1960, hatte das SNCC anfangs seine Inspiration und seine Ideen aus der US-amerikanischen Tradition des religiösen Radikalismus gewonnen, einer von Mahatma Gandhi beeinflussten Tradition, die mit früheren Bürgerrechtsprotesten verbunden war. Als sich die SNCC-AktivistInnen an der entstehenden sozialen Bewegung in den Südstaaten der USA maßgeblich beteiligten, entwickelten sie einen unverwechselbaren Stil rebellischen Aktionismus und von Community Organizing, der es ihnen ermöglichte, größere Teile der schwarzen Gemeinschaft unter eigenständiger, lokaler Führung zu mobilisieren. Die SNCC-AktivistInnen bündelten die radikale Stimmung der schwarzen Bevölkerung, vor allem jene in den am meisten rassistischen Regionen des »Black Belt«, die auf einmal von den psychologischen Hemmungen kultureller und politischer Anpassung befreit wurden. Als die SNCC-AktivistInnen sich zusammenfanden, um inmitten einer erwachenden Bevölkerung eine aktivistische Gemeinschaft zu schmieden, wurden sie selbst durch die Erfahrungen, die sie machten, verändert. Ihre Offenheit für neue Ideen, ihr entschlossener Wille, bestehende Institutionen der Herrschenden herauszufordern, ihr experimenteller Umgang mit dem Alltagsleben ermöglichte es den AktivistInnen, der veränderten Stimmung des Kampfes im Süden eine Stimme zu geben. Die »Freedom Fighters« des SNCC erlangten einen einzigartigen Zauber, der auf ihrer rebellischen Einstellung basierte und auf ihrem Bekenntnis zu humanistischen Idealen. Sie wurden zum Vorbild für eine Generation junger AktivistInnen, innerhalb und außerhalb des Südens, die viele der Grundlagen beiseite wischten, die die fortdauernde Existenz von Ungerechtigkeit und Unterdrückung in der US-amerikanischen Gesellschaft möglich gemacht hatten.

Mitte der sechziger Jahre jedoch hatten die SNCC-Kader damit begonnen, einige der Ideen, die ihrem Radikalismus zugrunde lagen, zu hinterfragen. Als sich der Schwerpunkt der Kämpfe im Süden von der Abschaffung der Segregation auf politische und wirtschaftliche Themen verlagerte, nahm der Radikalismus des SNCC eine säkulare Wendung: Religiöse Begründungszusammenhänge traten in den Hintergrund, wenngleich der Ton der moralischen Empörung in den öffentlichen Kritiken des SNCC an der Bundesregierung und am Liberalismus des Kalten Krieges deutlich vernehmbar blieb. Zunehmend desillusioniert von den dominierenden Werten der US-amerikanischen Gesellschaft, artikulierten die SNCC-AktivistInnen die implizit vorhandenen, nun neu entstehenden Ideen des Kampfes in den Südstaaten. Sie erklärten, die Schwarzen sollten stolz auf ihre Hautfarbe sein, und auf die Fähigkeiten, die unter den Schwarzen des Südens entstanden waren, als sie der entschlossenen Gegenwehr der Segregationisten standgehalten hatten und eigenständige Institutionen aufbauten. Obwohl sich einige OrganisatorInnen als schwarze Nationalisten verstanden und die Mitglieder des Atlanta-Projekts während des Jahres 1966 eine explizit schwarz-separatistische Doktrin etablierten, resultierte das schwarze Bewusstsein der AktivistInnen des SNCC aus ihren Erfahrungen in den praktischen Kämpfen des Südens, und nicht aus nationalistischen oder separatistischen Ideologien. Die älteren SNCC-AktivistInnen lehnten die Hinzuziehung weißer OrganisatorInnen in Gemeinden der Schwarzen ab, weil es dadurch für Schwarze schwieriger wurde, mehr Selbstvertrauen zu gewinnen. Sie akzeptierten die Legitimität einer lange bestehenden Tradition von bewaffneter Selbstverteidigung, wie sie die Schwarzen im tiefen, ländlichen Süden kannten. Sie sahen also den Slogan Black Power als ein logisches Ergebnis ihrer früheren Versuche, unter den Schwarzen den Gedanken zu verbreiten, dass sie für sich selbst eine bessere Welt aufbauen konnten. Die AktivistInnen des SNCC durchliefen einen schwierigen und schmerzhaften Prozess des Lernens innerhalb des sozialen Kampfes und wurden mit einem Dilemma konfrontiert, das viele vergleichbare Organisationen an dieser Stelle zu lösen hatten: das Problem, wie anti-autoritäre Werte mit der Notwendigkeit versöhnt werden konnten, bestimmte Abstriche an die persönliche Freiheit zu machen, um eine größere soziale Gerechtigkeit zu erreichen.

Angezogen von den städtischen Aufständen Mitte der sechziger Jahre brachten die AktivistInnen des SNCC die vereinheitlichenden schwarz-nationalistischen Ideale, die aus dem Kampf im Süden entstanden waren, in die nördlichen Städte, aber ironischerweise wurden sie mit einem spalterischen Wettbewerb durch andere militante Schwarzengruppen und viele innere ideologische Debatten konfrontiert. Auch wenn die Verfolgungen durch die Polizei und die Repressionen durch die Geheimdienste bestehende Spaltungen unter den militanten Schwarzen vergrößerten, waren es die AktivistInnen des SNCC, die ihren eigenen Niedergang dadurch beschleunigten, dass sie die Verbindung zu ihren Wurzeln in den Südstaaten verloren. Propagandisten und Ideologen versuchten sich nun am illusionären Ziel, Doktrinen zu propagieren, die zunehmend nicht existierende revolutionäre Massen städtischer Schwarzer vereinen sollten. Diese Ideologen hatten Community Organizer ersetzt, deren inhaltliche Positionen den sich wandelnden Charakter des Kampfes in den Südstaaten reflektiert hatten. Das SNCC wurde zu einer von vielen militanten Schwarzengruppen, die der schwarzen Bevölkerung die doktrinären Ergüsse vergangener Kämpfe anboten und es dabei nicht vermochten, die ideologischen Implikationen der neuen städtischen

Aufstände der Schwarzen gegen die weiße Vorherrschaft und bestehende schwarze Führungspersonen zu verstehen. Bisherige Qualitäten des SNCC, wie seine Offenheit und seine flexible Organisationsstruktur, wurden eher als Last denn als spezifische Errungenschaften empfunden, als die verbalradikalen Kader des SNCC eine Sichtweise unterstützten, die sie zuvor verworfen hatten: dass nämlich Führungspersonen und Organisationen massenhafte Aufstände der Schwarzen hervorrufen könnten. In den letzten Jahren der Existenz des SNCC wurden die AktivistInnen zunehmend dogmatisch und isoliert. Einst kontroverse Ideen wurden in Schablonen gepresst und heruntergeleiert. Das Ableben des SNCC als bundesweit bedeutsame Organisation bestätigte nur noch den schon früher eingetretenen Tod seines einzigartigen Geistes und des Geistes der Kämpfe der Schwarzen, die ihn hervorgebracht hatten.

Die AktivistInnen des SNCC waren nicht fähig, das Dilemma zu lösen, an dem bereits frühere Radikale und RevolutionärInnen gescheitert waren, aber sie haben ein Erbe hinterlassen, das überlebt hat. Dieses Erbe ist am sichtbarsten unter den Schwarzen im ländlichen Süden, wo das SNCC an heftigen lokalen Kämpfen beteiligt war. Örtliche schwarze AktivistInnen, die als Ergebnis der Arbeit des SNCC eine größere Selbstachtung gewonnen hatten, führten ihre politische Bewegung fort, als die SNCC-AktivistInnen weggegangen waren und die Aufregung der Widerstandszeit sich legte. »Leute, die Teilzeitfarmer und Pächter waren, übernehmen nun verantwortungsvolle Posten«, bemerkte John Lewis, der in engem Kontakt zu diesen Personen blieb, während er als Vorsitzender des Voter Education Project (VEP) in den frühen siebziger Jahren fungierte. Lewis bezog sich besonders auf die Schwarzen im Lowndes County, eine Gegend, in der die schlimmste rassistische Unterdrückung vorherrschte, als Stokely Carmichael 1965 mit dem dortigen SNCC-Projekt anfing. John Hulett und Charles Smith konnten sich nicht in die Wahllisten einschreiben, als die Aktivisten des SNCC eintrafen, aber mit der Ermutigung durch das SNCC wurden John Hulett und Charles Smith Vorsitzende der *Lowndes County Christian Move-*

ment for Human Rights (Christliche Bewegung für Menschenrechte im Lowndes County), die wiederum die Mutterorganisation für die Lowndes County Freedom Organization (LCFO), die erste »Black Panther Party« wurde. Im Jahre 1970, nachdem die Schwarzen im County beschlossen hatten, sich mit der neuen Parteiorganisation der Demokratischen Partei im Bundesstaat zusammenzuschließen, wurde Hulett zum Sheriff im Lowndes County gewählt. Einige Jahre später übernahm Smith die Funktion des offiziellen Beauftragten des County. Im Jahre 1978 führten Hullet und Smith eine Reihe von acht schwarzen Kandidaten an, die alle Gemeindeposten im County gewannen, für die sie angetreten waren. »Das SNCC hat eine exzellente Arbeit gemacht«, schloss Smith im Jahre 1978. »Das SNCC hat die Dinge nicht vorgegeben, es hat Dinge vorgeschlagen. Die Leute im County haben die Vorschläge akzeptiert oder zurückgewiesen und dann haben sie gemacht, was sie gemäß den örtlichen Bedingungen im Lowndes County für das beste hielten.«[32]

In anderen Regionen der Südstaaten, in denen das SNCC aktiv war, ist ein Erfolg weniger eindeutig festzustellen, aber es gibt keinen Zweifel, dass eine wichtige und irreversible Veränderung unter der schwarzen Bevölkerung seit den sechziger Jahren eingesetzt hat. Marion Barry führt es auf das SNCC zurück, dass »Gefühle des Schwarzseins erwacht sind, die zwar vorhanden gewesen sein mögen, die aber nicht ausgedrückt worden sind.« Die schwarzen Nationalisten drückten diese Empfindungen aus, aber am deutlichsten kamen sie durch die massenhaften Kämpfe der Schwarzen in den Südstaaten zum Ausdruck. Die Führungspersonen und die Organisationen haben diese Kämpfe nicht initiiert; das SNCC und seine besten OrganisatorInnen wurden vielmehr durch sie geschaffen. Carmichaels Ruf nach Black Power resultierte aus seinen eigenen Erfahrungen in den Bewegungen der Schwarzen in den Südstaaten, die damit begonnen hatten, sich eine eigene Machtbasis zu schaffen. Wenn viele Schwarze im Süden und anderswo arm und machtlos bleiben, wenn viele jugendliche Schwarze sich wieder selbstzerstörerischen Verhaltensweisen zuwenden, weil sie nicht länger die exem-

plarischen Aktionen von entschlossenen BürgerrechtlerInnen vor
Augen haben, dann haben sie nun trotzdem eine bisher nicht für
möglich gehaltene gesellschaftliche Gelegenheit, zukünftige Kämpfe
auf der Basis wieder aufzunehmen, die vom SNCC geschaffen worden ist. Dewey Greene aus Greenwood, Mississippi, der Vater von
zwei SNCC-Aktivisten, und eine Persönlichkeit, die ihren Beitrag
zum Kampf geleistet hat, sprach für viele Schwarze, denen die Bedeutung der Teilerfolge aus den sechziger Jahren bewusst geworden ist, als er bemerkte, die Weißen könnten nun einen Schwarzen
nicht länger ungestraft zusammenschlagen. »Der Schwarze wird die
Schläge nicht mehr einfach hinnehmen«, sagte er. »Also glaube ich,
es geht zwar nur Stück für Stück voran, aber ich weiß, soweit sind
wir schon gekommen.«[33]

Schwarze, die an den kollektiven Kämpfen der sechziger Jahre
nie teilgenommen haben, haben trotzdem von ihnen profitiert. Es
sind sogar die Schwarzen, die damals bei den Kämpfen eher beiseite
standen und die sich vorwiegend um ihr persönliches Fortkommen
kümmerten anstatt soziale Verantwortung zu übernehmen, die nun
am ehesten die Annehmlichkeiten der US-amerikanischen Gesellschaft genießen können. So kommentierte Willie Ricks, »Schwarze,
die in Schlips und Kragen herumlaufen und gute Jobs haben, sind
ein Resultat des SNCC.«[34] Ein zweckmäßiger Gedächtnisverlust der
jüngsten Geschichte der Afro-AmerikanerInnen hat es vielen heutigen Schwarzen ermöglicht, die Tatsache zu ignorieren, dass sie die
Resultate von aufopferungsvollen Kämpfen genießen, die von früheren Generationen geführt wurden, und ihren persönlichen Erfolg
ausschließlich als Ergebnis ihrer eigenen Anstrengungen interpretieren. Schwarze Jugendliche, die heute bessere Ausbildungsmöglichkeiten haben, die Kurse über die Geschichte der Schwarzen belegen,
die gut bezahlte Arbeitsstellen finden können, sind dazu nicht mehr
befähigt als ihre Eltern und Großeltern, aber sie haben sicherlich
das Glück gehabt, in einer Zeit leben zu können, in welcher ihre
Fähigkeiten stärker respektiert werden. Das Erbe des SNCC überlebt nicht nur im ländlichen Süden der USA, sondern auch in den

antisexistischen, minderheitenpolitischen und klassenbewussten Bewegungen, die Ideen und Taktiken des SNCC aufgenommen haben. Vielen Beteiligten dieser modernen Bewegungen ist kaum noch bewusst, bis zu welchem Ausmaß sie die Nachkommen des SNCC sind, denn die frühen AktivistInnen in diesen Bewegungen, die die Bedeutung des SNCC gekannt haben, sind meist schon gegangen – manchmal ersetzt durch AktivistInnen, die meinen, ihre Kämpfe hätten zu dem Zeitpunkt begonnen, an dem sie sich ihrer bewusst wurden. Doch »ein ganzes Gedankengebäude, eine ganze Kultur wurde vom SNCC beeinflusst«, schloss John Lewis. »Die Leute vom SNCC werden wahrscheinlich niemals die Anerkennung bekommen – vielleicht wollten sie sie auch nie haben –, aber eine Menge guter Dinge, die nicht nur den Schwarzen widerfahren sind, sondern der ganzen Gesellschaft, kann auf das SNCC zurückgeführt werden.«[35] Frühere OrganisatorInnen sind nicht immer einer Meinung, auf welche Weise das SNCC die späteren Bewegungen beeinflusst hat, denn die inneren Konflikte des SNCC kündigten viele politische Kontroversen an, die die fortschrittlichen Kräfte in den achtziger Jahren noch immer spalteten, aber sie sind davon überzeugt, dass ihre Arbeit Früchte getragen hat. Die AktivistInnen des SNCC haben dieselben Erfahrungen durchlebt wie ein Tom Hayden, bevor er eine bundesweit bekannte, prägende Person der Neuen Linken wurde, oder wie Casey Hayden und Mary King, bevor sie eines der ersten Manifeste der modernen feministischen Bewegung schrieben, oder wie Mario Savio, bevor er Sprecher der Berkeley Free Speech-Bewegung wurde. Das SNCC war im Zentrum eines Experiments, das auf dem Glauben gegründet war, dass Menschen aus jeder gesellschaftlichen Schicht eine bedeutende Rolle bei der Bestimmung ihres Schicksals spielen können, und Menschen, die mit dem SNCC verbunden waren, zogen Lehren aus ihren Erfahrungen, die für jede Person von bleibendem Wert waren, die diesen Glauben teilte.

Die AktivistInnen des SNCC haben auf verschiedene Weise damit weiter gemacht, ihr Leben auf der Basis dieses radikalen Glaubens zu leben. Einige bedauern es, dass das SNCC nicht mehr den

Rahmen für ihre Aktivitäten darstellt; andere sind zu dem Ergebnis gekommen, dass das SNCC im sozialen Klima der siebziger Jahre nicht überleben konnte. Einige andere wiederum sind in Reformsinstitutionen untergekommen oder in Regierungsprojekten auf nationaler, einzelstaatlicher oder lokaler Ebene; wieder andere sind politischen Organisationen beigetreten wie etwa der *All African Peoples Revolutionary Party* (Allafrikanische Volksrevolutionäre Partei), in der sie einen Nachfolger des SNCC sehen; andere haben organisatorische Verbindungen grundsätzlich abgelehnt. Einige haben beträchtlichen Erfolg gehabt, selbst an den üblichen Standards der US-amerikanischen Gesellschaft gemessen; wieder andere waren unfähig oder nicht willens, sich an ein Leben außerhalb des sozialen Kampfes anzupassen. Was immer sie aus ihrem Leben seit den Zeiten des SNCC gemacht haben, der Prozess der Selbsterkenntnis, der im Laufe der sechziger Jahre stattfand, bleibt ein besonderer Teil ihres Lebens. Bob Zellner sprach für viele, als er sagte, dass das SNCC »das größte war, was in meinem Leben passiert ist, und ich bin sicher, auch im Leben von jedem, der damit verbunden war.«[36]

Johnny Wilson war in vielerlei Hinsicht repräsentativ für die Mitglieder, die zu keiner Zeit bundesweite Aufmerksamkeit erlangten, die aber trotzdem aufgrund ihrer Verbindung mit dem SNCC zu neuem Selbstvertrauen fanden. Er erinnerte sich, als er 1962 Mitglied wurde, dass er »keinerlei politische Philosophie hatte«, aber durch seine Zusammenarbeit mit anderen AktivistInnen des SNCC habe er sich entwickelt. Er war einer der letzten von den älteren SNCC-AktivistInnen der frühen sechziger Jahre, die das SNCC verließen und war tief getroffen von den Auflösungserscheinungen der »Familie« des SNCC. Er erinnerte sich: »Für mich war es weitaus emotionaler als für viele andere, aber ich denke, für alle war es emotional. Noch heute ist es so, dass wir das Gefühl haben, wenn jemand von uns etwas macht, dann ist es so, als machten wir es alle zusammen.«[37]

Das SNCC hinterließ vielfältige Formen seines Erbes, weil es aus Menschen aus unterschiedlichen sozialen Schichten bestand, die unterschiedliche Schlussfolgerungen aus ihren Erlebnissen im SNCC zogen. Viele AktivistInnen, die damals für eine kurze und außerordentliche Zeit der Geschichte zusammengekommen sind, haben sich auch später für die Grundlagen der menschlichen Freiheit eingesetzt und sie hatten einige Teilantworten parat, die auf ihren besonderen Erfahrungen in den sechziger Jahren und danach gründeten. James Forman, der länger SNCC-Mitglied blieb als jede/r andere, repräsentiert das Erbe des SNCC durch seine nicht nachlassenden Versuche, eine kraftvolle revolutionäre Organisation in den USA aufzubauen. Er symbolisiert die Versuche der AktivistInnen des SNCC in den sechziger Jahren, eine radikale soziale Veränderung durch die Disziplinierung rebellischer Energien zu erreichen, die durch die Jahre des Protestes und der Agitation entstanden waren. Forman ist noch immer motiviert durch seine Kenntnis sowohl der Erfolge des SNCC als Bürgerrechtsgruppierung und seiner Grenzen als revolutionäre Organisation. »Wir müssen uns organisieren und von den schwarzen Arbeitern lernen, wir müssen immer wieder die Gesamtheit unserer Erfahrungen überblicken und die Gesetze entdecken, nach denen in den Vereinigten Staaten eine Revolution funktioniert. Wir müssen uns mit ernsthaften anti-imperialistischen Kräften verbünden und immer bereit sein, der Klasse die Führung zu überlassen, und uns dabei auf die Erkenntnis zurückziehen, dass wir zu den historischen Kräften gehören, die unsere Bevölkerung geprägt haben.«[38]

James Formans Glaube, revolutionäre Bewegungen erforderten eine starke Institutionalisierung, war Resultat einer ideologischen Tendenz, die immer im Gegensatz zu den tief verwurzelten Ansichten vieler SNCC-AktivistInnen stand, ihre Rolle sei es nur, die sozialen Kämpfe zu fördern statt für sie eine institutionelle Führung bereitzustellen. Bob Moses verkörperte diese letztere Orientierung, die die originärste Form des politischen Vermächtnisses des SNCC war.

Das SNCC entfernte sich vom organisatorischen Ansatz Moses' im Verlauf der sechziger Jahre, aber es war genau dieser Ansatz, der den Radikalismus des SNCC von den meisten anderen reformistischen oder revolutionären Organisationen unterschied. Bob Moses erkannte, wie leicht das kreative Potential von Menschen durch Führungspersonen und Institutionen zerstört werden konnte, und deshalb verließ er den Kampf in den Südstaaten genau an einem entscheidenden Wendepunkt. Er hatte ständig Angst, dass sein Glaube in die Freiheit der Menschen von anderen in eine versklavende Vergöttlichung der individuellen Freiheit verwandelt werden könne und flüchtete vor dem in Verehrung umschlagenden Kult, der sich um ihn breit gemacht hatte. In einer späteren Rede hat Moses erneut seine Vision des komplizierten Vermächtnisses des SNCC ausgedrückt. »Führungsqualitäten gibt es im Inneren der Menschen«, sagte er. »Darüber braucht man sich keine Sorgen zu machen. Es geht nicht darum, wo deine Führungspersonen sind, es geht nicht darum, wie wir an Führungspersonen rankommen. Die Qualitäten liegen in jeder Person. Wenn du rausgehst und mit den Menschen arbeitest, dann werden diese Qualitäten erwachen. (...) Wir wissen nicht, wer das im einzelnen sein wird; wir brauchen es nicht zu wissen. Aber die Führungsqualität wird aus der Bewegung entstehen, die sich entwickelt.«[39]

Epilog des Autors

Das *Student Nonviolent Coordinating Committee* (Studentisches Gewaltfreies Koordinierungskomitee) hinterließ ein wertvolles, wenn auch meistens missverstandenes Vermächtnis für den weiteren Kampf um Freiheit und Gerechtigkeit. Die SNCC-AktivistInnen rebellierten gegen die unterschiedlichen Ursachen der Unterdrückung von Afro-AmerikanerInnen und standen an der Spitze einer Reihe von Herausforderungen für das System rassistischer Dominanz in den US-Südstaaten ebenso wie für den vorsichtigen Liberalismus der Kennedy- und der Johnson-Regierung. Martin Luther King, Jr., war der prominenteste Befürworter der gewaltfreien Taktik nach gandhianischem Vorbild, aber es waren die SNCC-AktivistInnen, die mit Sit-Ins in Restaurants sowie den »Freiheitsfahrten« die Grenzen der gewaltfreien Proteststrategie entschlossen ausreizten. Sie waren bereit zur Konfrontation mit den Segregationisten in den Südstaaten und hatten wenig Sympathie für liberale Führungspersonen, die nicht dazu bereit waren, für die Durchsetzung der Bürgerrechte politische Risiken auf sich zu nehmen. Die meisten AktivistInnen des SNCC waren nicht so stark wie King an die christlich-gandhianische Konzeption gebunden, aber die gewaltfreie direkte Aktion blieb das wichtigste Kampfmittel des SNCC inmitten der Massenkämpfe. Die einzigartige Form, in der das SNCC die gewaltfreien Taktiken anwandte, trug zu seinem Elan und zu seiner Wirksamkeit bei, die ihrerseits andere Schwarze in den Südstaaten inspirierte, die wenig Macht und wenig materielle Ressourcen hatten.

Die schöpferische Anwendung der Taktik der direkten Aktion formte ursprünglich das Ansehen des SNCC, aber seine Techniken des Community Organizing sind noch charakteristischer für sein Vermächtnis. Als die OrganisatorInnen des SNCC über einzelne Protestkampagnen hinausgingen und langfristige Projekte verfolgten, entwickelten sie ein Modell der Mobilisierung von ganzen Gemeinden, das den Schwerpunkt auf die Entstehung von GraswurzelaktivistInnen und -organisationen legte. Die wirksamsten dieser Projekte des SNCC entfalteten die Macht von Gemeinden, deren BewohnerInnen Vertrauen in ihre kollektiven Fähigkeiten entwickelten, um damit Unterdrückungsmechanismen zu überwinden. Der demokratische Idealismus des SNCC zeigte den Einfluss von Ella Baker, die als Mitglied der NAACP und als ausführende Leiterin der Southern Christian Leadership Conference (SCLC) elitäre und sexistische Strukturen erfahren hatte. Baker wies den charismatischen Führungsstil von Martin Luther King zurück und riet den OrganisatorInnen des SNCC zur Propagierung von »auf die Entstehung von Gruppen orientierten Führungspersonen« anstelle von »an Führungspersonen orientierten Gruppen«. Die besten SNCC-AktivistInnen waren bekannt für ihr allgemeines Misstrauen gegenüber formellen Führungspersonen und praktizierten eine unkonventionelle Art des Aktivismus. Sie bestanden darauf, dass es ihre Aufgabe sei, sich selbst überflüssig zu machen, und sie achteten selbstbewusst darauf, dass sie nicht alte Hierarchien durch neue ersetzten. Die dezentralisierte Struktur des SNCC machte die Organisation empfänglich für die lokalen Bedürfnisse und ermutigte AktivistInnen, aus solchen Gruppen hervorzutreten, die bisher in der Regel – sei es aufgrund ihres sozialen Geschlechts, sei es aufgrund von Armut, ihrem soziologischen Hintergrund, aufgrund mangelhafter Ausbildung oder aufgrund des Alters – davon ausgeschlossen worden waren, sich an politischen Entscheidungsfindungsprozessen zu beteiligen. Während der Jahre seines dynamischen Wachstums wurde das SNCC zu einem

Katalysator für dauerhaft angelegte lokale Bewegungen und eine Brutstätte für Ideen, wie Unterdrückung überwunden werden kann.

Neben seinem Vermächtnis originärer Protestformen und Organisationstechniken, hinterließ das SNCC ebenso ein komplexes und widersprüchliches Erbe von Ideen über Identität und Schicksal der Afro-AmerikanerInnen. Die tragische Bedeutung der Agitation für Black Power in den letzten Jahren des SNCC liegt darin, dass die neue Form der Militanz frühere Einsichten über Wege des lang andauernden Kampfes überlagerte. Während viele nachfolgende soziale Bewegungen von den frühen Wertvorstellungen des SNCC beeinflusst wurden, ließ sich die politische Militanz der Afro-AmerikanerInnen in der Zeit nach 1965 eher von den Kampagnen für Black Power inspirieren denn vom Bürgerrechtsaktivismus, eher von Stokely Carmichael (und den Reden von Malcolm X) anstatt von Ella Baker und Bob Moses. Hinzu kam: obwohl der Black-Power-Slogan ein Resultat der Organisationsanstrengungen des SNCC im ländlichen Süden war, führte der Kampf um die Definition und die Inhalte des Slogans zu ständigen Spaltungen des SNCC. Die BefürworterInnen von Black Power im SNCC brachen mit der Vergangenheit der Organisation, anstatt auf ihren früheren Erfolgen aufzubauen. Stokely Carmichael war einer der wirksamsten OrganisatorInnen des SNCC, aber es waren eher seine verbalradikalen Reden als seine Aktivitäten in Mississippi und Alabama, die ihn zu einer national bekannten Führungsperson machten. Die Militanz der Black Power ließ sich von den frühen Kritiken von Malcolm X am Integrationismus und am gewaltfreien Aktionismus inspirieren, anstatt von dessen gereifter Anerkennung der radikalen Auswirkungen des Graswurzelansatzes im SNCC. Die Kampagne für Black Power hinterließ ein Erbe von schwarzem Bewusstsein, aber sie förderte ebenso eine zerstörerische Konkurrenz unter den schwarzen Führungspersonen, die alle von ihrer eigenen Aufrichtigkeit überzeugt waren.

Auf Ella Bakers Geburtstagsfeier im Jahre 1978 erklärte Bob Moses, dass das SNCC und der Kampf der Schwarzen im Allgemeinen von jener Frage bestimmt werde, die Martin Luther King in

seinem letzten Buch gestellt hatte: *Where Do We Go from Here?*
»Das Problem bei dieser Frage ist das ›Wir‹, wer *wir* sind«, sagte er.
»Denn wenn du tatsächlich damit aufhörst, darüber nachzudenken,
dann sind wir verlassen.« Die Debatten über schwarze Identität und
schwarzes Bewusstsein im SNCC waren von zukunftsweisender Bedeutung, aber sie behinderten die laufenden praktischen Projekte
und die Kampagnen zur finanziellen Unterstützung. Zudem: Trotz
ihrer Aufrufe für eine Einheit unter den Schwarzen handelten die
PropagandistInnen von Black Power gerade gegen die Werte, die mit
den wirksamsten Mobilisierungskampagnen des SNCC für Gemeinden verknüpft waren. Indem sie nach Alternativen zum Integrationismus und den gewaltfreien Taktiken der Bürgerrechtsbewegung
suchten, nahmen einige AktivistInnen des SNCC schwarz-nationalistische Ideen mit blindem Enthusiasmus auf. Einige Elemente in
der Tradition des schwarzen Nationalismus – vor allem seine Konzentration auf den Aufbau selbstverwalteter Institutionen und die
Wiederentdeckung der afro-amerikanischen Kultur – waren dabei
durchaus mit den grundlegenden Erfahrungen der AktivistInnen
des SNCC zu vereinbaren. Aber andere Elemente dieser Tradition –
besonders die Tendenz zur Dominanz von autoritären männlichen
Führungspersonen sowie eine pessimistische Perspektive der Möglichkeiten für Schwarze innerhalb der Vereinigten Staaten – standen im Widerspruch zu den Wertvorstellungen, die den wirksamsten Projekten des SNCC zugrunde lagen. Einige BefürworterInnen
von Black Power holten sich ihre Ideen aus den abgestandenen Ideo-
logemen früherer Kämpfe, anstatt von den Erfahrungen, die sie mit
den anderen teilten. Sie waren von der Rhetorik der Gewalt fasziniert und nicht mehr fähig, die Bedeutung gewaltfreier Taktiken für
jeden lang andauernden Kampfzyklus zu erfassen. Der Machismus,
die apokalyptischen Visionen und die ideologischen Konkurrenz-
situationen führten nicht nur dazu, dass kein relevanter Anteil der
Macht erobert werden konnte, sondern machte den Freiheitskampf
der Schwarzen auch anfällig für Repressionsstrategien von außen.
Die Mitglieder des SNCC zerstoben wie Samen im Wind, nachdem

ihr Radikalismus keinen Humus in den Kämpfen der Südstaaten mehr finden konnte. Der Abschied vom SNCC war manchmal von Traurigkeit und Verbitterung begleitet, aber die inzwischen vergangene Zeit hat das Gedächtnis geschärft und ein Bewusstsein von den bemerkenswerten Erfolgen, von den persönlichen Reifeprozessen und intensiven Freundschaften hinterlassen. Einige frühere SNCC-Mitglieder haben unter anderen politischen Umständen erneute Versuche gestartet, haben hohe politische Ämter oder andere prominente Funktionen übernehmen können. Andere blieben wurzellos und ließen viel von ihrer Energie im SNCC. Einige hielten sich weiterhin an die radikalen Werte des SNCC; andere nicht. Das SNCC hat es keineswegs vermocht, die Beteiligten an den Kämpfen zu Ausbunden der Tugend oder der Weisheit zu machen. Einige SNCC-Leute haben ein ganz konventionelles Leben geführt, nachdem sie die Organisation verlassen hatten; sie waren normale Menschen, die in einer bestimmten Zeit außerordentliche Dinge vollbrachten. Das SNCC selbst war einfach ein »Bund von Schwestern und Brüdern«, der für einen kurzen historischen Moment im Zentrum einer großen sozialen Bewegung stand. Das wichtigste Vermächtnis des SNCC sind nicht die Führungspersonen, die es hervorgebracht hat, und auch nicht die Bürgerrechtsreformen, die es durch seinen Kampf durchzusetzen geholfen hat. Sein Vermächtnis sind die Lehren, die für die weiteren Kämpfe gezogen werden, die mit der Entstehung des SNCC nicht begonnen haben und mit seinem Verschwinden nicht zu Ende gegangen sind.

Clayborne Carson, November 1994

Nachwort von Heinrich W. Grosse

Erinnerungen

Clayborne Carsons Darstellung und Analyse der Geschichte des *Student Nonviolent Coordinating Committee* (SNCC) hat viele Erinnerungen in mir geweckt.

1967–1968 habe ich als Stipendiat des Weltkirchenrates in Boston Religionssoziologie studiert und mich mit der Frage der »race relations« beschäftigt. Im Februar des Jahres 1968 begegnete ich zum ersten Mal Martin Luther King, auf einer Veranstaltung der Vereinigung *Clergy and Laymen Concerned About Vietnam* (Kleriker und Laien betroffen über Vietnam). Im Sommer 1968 konnte ich in Greenville, Miss., einer Stadt von 47 000 Einwohnern, im *Delta Ministry* (Kirchlicher Dienst im Mississippi Delta) mitarbeiten, zusammen mit einem Freund. (Wir waren die letzten weißen Voluntäre in dem Projekt.) Dieses Bürgerrechtsprojekt wurde vom *National Council of Churches* (Nationaler Kirchenrat der USA) finanziert und sollte die Lage der ärmsten Schwarzen im ärmsten Staat der USA verbessern. Von Mississippi aus nahm ich an der »Kampagne der Armen« in Washington, D. C., teil, die noch von King geplant worden war und die nach seinem Tode von seinen Mitarbeitern und Mitarbeiterinnen in der Bürgerrechtsorganisation *Southern Christian Leadership Conference* (SCLC) durchgeführt wurde.

Während unserer Arbeit im Delta Ministry wurden wir immer wieder mit den materiellen, physischen und psychischen Auswirkungen der Rassendiskriminierung in den USA konfrontiert. Ich erinnere mich an schwarze Kinder, die aufgrund fehlender ärztlicher Betreuung nach ihrer Geburt nicht richtig abgenabelt worden waren, und an Menschen, die hungerten. Ein schwarzer Freund zeigte uns Bäume, an denen noch in den vierziger Jahren des 20. Jahrhunderts Schwarze aufgehängt worden waren. Wir wohnten eine Zeitlang bei einer schwarzen Frau, Mrs. Johnson, mit ihren Kindern, in einem Viertel, in dem nur Schwarze aus der Mittelschicht lebten. Wenn wir sonntags mit den Kindern vor dem Haus spielten, warfen uns Mitglieder einer weißen Kirchengemeinde, die auf dem Weg zu ihrer nahegelegenen Kirche waren, abschätzige Blicke zu. Als wir mit der Gastgeberfamilie bei einem Feuerwerk am Ufer des Mississippi Platz nahmen, entfernten sich die Weißen, die vorher dort gesessen hatten. Schwarze und Weiße wie eine Familie zusammen – das war für viele unerträglich. 1968 war in Greenville, Mississippi, die Rassentrennung noch keineswegs in allen öffentlichen Einrichtungen abgeschafft. Es gab ein weißes und ein schwarzes Schwimmbad; wir tummelten uns als einzige Weiße im schwarzen Schwimmbad. »Race mixing is communist« war eine unter Weißen verbreitete Überzeugung. Deshalb hatten wir z. B. auch Schwierigkeiten, an einem Kiosk gemeinsam bedient zu werden oder Karten für eine gemeinsame Fahrt auf dem Mississippi zu erhalten. Als unsere Gastgeberin die Toilette auf einem Schiff aufsuchte, riefen weiße Kinder vor der Tür: »Nigger! Nigger!« In ihrer Bank wurde Mrs. Johnson nur mit ihrem Vornamen angeredet, während alle Weißen mit »Mr.« bzw. »Mrs.« und ihrem Nachnamen angesprochen wurden. Alte schwarze Männer wurden mit »boy« angeredet. Mich wundert nicht, dass einer unserer Lieblingssongs damals »Mississippi Goddam« von Nina Simone war.

Immer wieder wurde ich mit den seelischen Verletzungen konfrontiert, die Rassendiskriminierung bewirkt. Dafür nur zwei Beispiele: Mein Freund und ich waren die einzigen Weißen im Wohnviertel. Eines Tages kam ein junger Mann auf mich zu und fragte mich, ob ich bereit wäre, mit seiner siebzehnjährigen Schwester zu sprechen. Ihr Problem: Sie hatte einen weißen Vater – er war verstorben – und eine schwarze Mutter, und es bedrückte sie, dass sie nicht wußte, »auf welche Seite« sie gehörte, wer sie war und wer sie sein wollte. – Als Mrs. Johnsons elfjährige Tochter bei einem von uns vorbereiteten festlichen Essen bitterlich zu weinen anfing, erklärte uns ihre Mutter: »Ihr habt auf Yvonnes Tischkarte geschrieben: ›To our black princess‹. Sie möchte nicht ›black‹ sein.« (Das war bei vielen Schwarzen, vor allem in den Großstädten des Nordens und Westens, damals sicher schon anders.)

Clayborne Carsons Buch hat bei mir auch viele Erinnerungen an beeindruckende schwarze Frauen und Männer geweckt. Ich lernte im Delta Ministry Menschen kennen, die Landarbeiter und Landarbeiterinnen organisierten, die von den Baumwollplantagen weißer Farmer vertrieben worden waren. Mit den Betroffenen bauten sie in Selbsthilfe »Freedom City«: kleine Wohnhäuser und Gemeinschaftseinrichtungen.

Diejenigen, die ihre schwarzen Brüder und Schwestern zu Widerstand, zu politischen Organisationsformen und zum aufrechten Gang ermutigten, riskierten manchmal ihr Leben. Viele von ihnen sind namenlos geblieben; nur wenige haben eine gewisse Prominenz erreicht. Mich haben besonders James Lawson und John Lewis beeindruckt, denen ich 1969 in den USA begegnet bin. Beide waren für die Anfangsphase von SNCC von herausragender Bedeutung. Beide haben mit bewundernswerter Konsequenz am Prinzip einer vom Christentum und von Gandhi inspirierten Gewaltfreiheit festgehalten und dafür auch große persönliche Nachteile und Leiden in Kauf genommen.

Aufstieg und Fall des SNCC

Sich an die Geschichte des SNCC zu erinnern, heißt zunächst: sich an all die zu erinnern, die sich unter schwierigsten gesellschaftlichen Bedingungen bemüht haben, sich und anderen zum aufrechten Gang zu verhelfen. Ihnen gelang es auf vorher nicht gekannte Weise, Menschen aus politischer Apathie zu befreien und sie zu mobilisieren.

Aber die Geschichte des SNCC ist auch die Geschichte vom Aufstieg und Fall, vom Entstehen und Auseinanderfallen einer radikalen Bewegung. Bedenkt man die mutigen Anfänge des SNCC (Sit-ins; Freedom Rides) und die späteren Konfrontationen in Mississippi, dann markiert die Phase des Separatismus und des Niedergangs ein bedrückendes Ende. Trauer, nicht Häme überkommt einen, wenn man sich die Entwicklung von einer befreienden Graswurzel-Bewegung hin zu schwarzem Nationalismus, autoritären Führungsstrukturen und internen Machtkämpfen vor Augen führt. Auch der persönliche Lebensweg mancher SNCC-Führer ist gekennzeichnet von radikalen Brüchen und Erfahrungen des Scheiterns, oft mitverursacht durch repressive Maßnahmen der weißen Gesellschaft.

Bei der Lektüre des Buches fielen mir sofort Parallelen zur Entwicklung der deutschen studentischen Protestbewegung von den sechziger zu den siebziger Jahren auf: auch dort zunehmender Dogmatismus, Fehleinschätzungen der gesellschaftlichen Lage, autoritäre Entscheidungsstrukturen, Grabenkämpfe zwischen unterschiedlichen Gruppierungen, Eintreten für den bewaffneten Kampf – bei gleichzeitiger Zunahme staatlicher Repression.

Zur Rezeption der US-amerikanischen Bürgerrechtsbewegung in Deutschland

Blickt man auf die Rezeption der US-amerikanischen Bürgerrechtsbewegung in Deutschland, dann zeigt sich: In studentischen

Kreisen bzw. in der so genannten Linken, unter Politologen und Soziologen fanden die radikalen Gruppierungen und Einzelpersonen oft mehr Beachtung als die von Martin Luther King repräsentierte Bürgerrechtsbewegung. Malcolm X, Angela Davis, Eldridge Cleaver, Stokely Carmichael, Rap Brown, die Black Panther Party – das waren faszinierende Ikonen für viele. Auch ich las Bücher wie:

MALCOLM X: *Autobiography* (1964); ANDREW KOPKIND: *Von der Gewaltlosigkeit zum Guerillakampf* (1967); STOKELY CARMICHAEL & CHARLES HAMILTON: *Black Power. Politics of Liberation in America* (1967); ELDRIDGE CLEAVER: *Soul on Ice* (1968); JAMES FORMAN, STOKELY CARMICHAEL, DANIEL GUERIN, H. RAP BROWN: *Now. Der schwarze Aufstand* (1968); GERHARD AMENDT (HG.): *Black Power* (1970); ANGELA DAVIS: *Materialien zur Rassenjustiz* (1972).

Die Medien trugen dazu bei, die Aufmerksamkeit auf so genannte Radikale unter den Schwarzen zu richten. Besonders der Film von Spike Lee über Malcolm X machte diesen Sprecher gedemütigter Schwarzer in Deutschland populär. Malcolm X, der King einmal als »Uncle Tom« bezeichnet hatte, wurde häufig zum Gegenspieler Kings stilisiert. (Dass es nicht nur Differenzen, sondern auch große Gemeinsamkeiten zwischen den beiden gibt, hat James Cone in seinem 1991 erschienenen Buch *Martin & Malcolm & America* nachgewiesen.)

Wo die Aufmerksamkeit radikalen Einzelpersonen und Gruppierungen der US-amerikanischen Bürgerrechtsbewegung gilt, die gewaltfreie Aktionen für politisch unangemessen hielten oder allenfalls als taktisches Mittel ansahen und das Ziel der Rassenintegration zugunsten eines »black nationalism« aufgaben, da liegt es nahe, in Martin Luther King nichts anderes als einen naiven und harmlosen »Apostel der Gewaltfreiheit« zu sehen. Er und die von ihm repräsentierte Bürgerrechtsbewegung haben dann keine Bedeutung für unsere Gegenwart.

Aber auch King-Verehrung kann dazu führen, sich der Herausforderung durch sein Denken und Handeln zu entziehen, nämlich dann, wenn er zu einem Nationalhelden (der USA) oder zu einem

»Heiligen« stilisiert wird. Seit 1986 gibt es in den USA einen *Martin Luther King, Jr., Day*, der jeweils am ersten Montag nach Kings Geburtstag, dem 15. Januar, begangen wird. »Sie haben ihn 29-mal ins Gefängnis gesteckt. Nun haben sie einen Nationalfeiertag nach ihm benannt.« (Jim Wallis) Bereits 1983 bemerkte der schwarze Theologe Vincent Harding: »Diejenigen, die dafür kämpfen, Kings Geburtstag zu einem offiziellen Feiertag zu machen, scheinen den King von 1963 in einem Schrein zu verwahren. In gewisser Weise ist das für uns ein bequemeres Bild: der triumphierende King des ›Marsches auf Washington‹. Aber dieser ziemlich geglättete nationale Held ist nicht der King der Rede ›Jenseits von Vietnam‹«. In jener am 4. April 1967 in der Riverside Church in New York City gehaltenen Rede klagte King seine eigene Regierung als »die größte Gewaltausüberin in der heutigen Welt« an. Er warnte: »Wenn Maschinen und Computer, Profitbestrebungen und Eigentumsrechte für wichtiger gehalten werden als Menschen, dann wird das gigantische Trio von Rassismus, Materialismus und Militarismus nicht mehr beseitigt werden können.«

Das Klischee vom »gewaltlosen Märtyrer« kann dazu führen, Kings bleibende Herausforderung an uns zu verharmlosen, die ihm eigene Radikalität auszublenden. Da ist dann wenig zu merken von einer »gefährlichen Erinnerung« (J. B. Metz).

Martin Luther Kings bleibende Herausforderung an uns

Clayborne Carson hat in seinem Buch die Entwicklung des SNCC nachgezeichnet: von dessen Anfängen als einer (christlich inspirierten) gewaltfreien Graswurzel-Bewegung hin zu einer Organisation, in der gewaltfreie Methoden und gemeinsame Aktionen von Schwarzen und Weißen zunehmend zugunsten eines »black nationalism« in Frage gestellt wurden. (Bezeichnend für diese Entwicklung war die Änderung des Namens von »Student Nonviolent Coordinating Committee« zu: »Student National Coordinating Committee« im Jahr

1969.) Diese Entwicklung hat mich in meiner Überzeugung bestärkt, dass Kings Denken und Handeln für unsere Gegenwart keineswegs irrelevant ist, sondern eine bleibende Herausforderung an uns darstellt.

Drei Aspekte dieser Herausforderung möchte ich im Folgenden benennen: 1. Gewaltfreiheit und direkte Aktion; 2. Der Zusammenhang von Rassismus, Armut und Krieg; 3. Universalismus.

1. Gewaltfreiheit und direkte Aktion

In seinem Rückblick auf den Busboykott von Montgomery hat King »Grundaspekte gewaltfreier Aktion« benannt: »Gewaltfreier Widerstand ist keine Methode für Feiglinge. Es wird Widerstand geleistet. Wenn jemand diese Methode anwendet, weil er Angst hat oder weil ihm die Werkzeuge zur Gewaltanwendung fehlen, handelt er in Wirklichkeit gar nicht gewaltfrei.« »Gewaltfreiheit will den Gegner nicht vernichten oder demütigen. Das Ziel ist Aussöhnung (reconciliation)«. »Die Mittel müssen so rein sein wie die Ziele.« King wollte einen »Aufstand der Mittel gegen die Ziele« (J. Moltmann) vermeiden, weil eine durch gewaltsame Aktionen herbeigeführte Polarisierung dem Ziel einer versöhnten Gesellschaft (»beloved community«) entgegensteht.

In seiner Dankesrede für die Verleihung des Friedensnobelpreises erklärte King: »Gewaltfreiheit ist die Antwort auf die entscheidende politische und moralische Frage unserer Zeit – die Notwendigkeit, dass der Mensch Unterdrückung und Gewalt überwindet, ohne zu Unterdrückung und Gewalt Zuflucht zu nehmen.«

Es ging King um die Durchbrechung des Gewaltzirkels. Er hoffte, mit gewaltfreien direct actions den Gegner in einen politischen Lernprozeß einzubeziehen. Immer wieder betonte er: Gewaltfreiheit soll die Befreiung der Unterdrückten wie der Unterdrücker bewirken. King war dabei aber kein naiver Träumer. Er war nicht blind im Blick auf die institutionalisierte Gewalt, die Gewalt der bestehenden Verhältnisse. So wies er darauf hin, dass auch Ghettos und Arbeitslosigkeit eine Form von Gewalt darstellen. Scharf kritisierte er

Politiker, die, während sie den Vietnamkrieg unterstützten, Ghetto-Bewohner zu Gewaltfreiheit mahnten. Wer Gewaltfreiheit beschwört, um bestehende Gewaltverhältnisse gegenüber kritischen Minderheiten zu verteidigen, kann sich nicht auf King berufen!

1967 erklärte King in einer Weihnachtspredigt: »Die Zeit ist gekommen, Gewaltfreiheit in allen Bereichen menschlicher Konflikte zu erproben, und das bedeutet Gewaltfreiheit auf internationaler Ebene.« Ich finde, diese Überzeugung ist für uns in Deutschland von besonderer Aktualität. Setzen unsere Politiker und Politikerinnen seit einigen Jahren nicht immer stärker auf »Konfliktlösung« mit militärischer Gewalt? King hat mit seinem Plädoyer einen Weg vorgezeichnet, der der Tendenz zur Remilitarisierung der Außenpolitik diametral entgegengesetzt ist: den Weg der Rückkehr von militärischen zu (rechtzeitig angewandten!) politischen Mitteln der Konfliktlösung.

2. Der Zusammenhang von Rassismus, Armut und Krieg

Seit Ende des Jahres 1966 sprach King ständig von dem Zusammenhang zwischen Rassismus, Armut und Krieg: »Wir müssen zur Kenntnis nehmen, dass die Übel des Rassismus, der wirtschaftlichen Ausbeutung und des Militarismus alle zusammenhängen.« Diese Erkenntnis führte King in die erste Reihe der Vietnamkriegsgegner. Zunächst hatte er, obwohl er Mitglied des pazifistischen *Versöhnungsbundes* war, gezögert, offen gegen den Vietnamkrieg Stellung zu beziehen. Führende Bürgerrechtler fürchteten zu Recht, dass die Unterstützung der Bürgerrechtsbewegung durch weiße Liberale gefährdet sei, wenn King deutlich die Regierungspolitik kritisiere. Viele Afro-Amerikaner hatten zudem Angst vor dem Vorwurf, keine echten Patrioten zu sein. King brach mit dieser Tradition: »Es kommt eine Zeit, in der Schweigen Verrat bedeutet.« »Ich habe selbst jahrelang Gewaltfreiheit gepredigt. Wäre es nicht inkonsequent, wenn ich nicht gegen den Vietnamkrieg Stellung nähme?«

Genau ein Jahr vor seinem Tod erklärte King in einer eindrucksvollen Antikriegsrede in der New Yorker Riverside-Kirche: »Ich muss meiner Glaubensüberzeugung treu bleiben, mit allen Menschen zu den Kindern des lebendigen Gottes zu gehören. Diese Berufung zur Kindschaft und zur Brüderlichkeit geht über die Zugehörigkeit zu einer Rasse, Nation oder Glaubensgemeinschaft hinaus. Weil ich glaube, dass dem Vater besonders die Leidenden, Hilflosen und Verachteten unter seinen Kindern am Herzen liegen, komme ich (...) hierher, um für sie zu sprechen. Es ist unsere Aufgabe, für die Schwachen zu sprechen, für die, die keine Stimme haben (›to speak for the voiceless‹), für die Opfer unserer Nation, für die, die sie Feinde nennt. Denn keine von Menschen angefertigte Erklärung kann diese zu weniger machen als zu unseren Brüdern« (»und Schwestern« – würden wir heute ergänzen, H. G.).

Wenige Monate vor seinem Tod entwickelte King einen Plan zur politischen Mobilisierung aller Unterprivilegierten in den USA. Eine »Kampagne der Armen« (»Poor People's Campaign«) sollte die Bürger und Bürgerinnen mit der Armut im eigenen Land konfrontieren. Die für das Frühjahr 1968 geplanten Aktionen sollten erstmals Arme aus allen ethnischen Gruppen vereinen. Das Ziel war: »Macht für die Armen« (»poor people's power«).

Der nachdrückliche Hinweis Martin Luther Kings auf den Zusammenhang zwischen Rassismus, Armut und Krieg ist auch für uns in der Bundesrepublik Deutschland von bleibender Aktualität. Wo wir diesen Zusammenhang wahrnehmen, können wir manche gängigen Erklärungen und Lösungsvorschläge für innen- oder weltpolitische Probleme nicht akzeptieren (z.B.: gegen Asylbewerber und Armutsflüchtlinge mehr Grenzpolizei und Gefängnisse in der »Festung Europa«; in Konfliktzonen der »Dritten Welt« schnelle Eingreiftruppen zur Sicherung westlicher Interessen).

3. Universalismus

King war bewegt von einem »Traum«. Dieser betraf zunächst die US-amerikanischen Schwarzen und ihre Gegner, wie es in der berühmten »I have a dream«-Rede im Rahmen des »Marsches auf Washington« (August 1963) zum Ausdruck kommt. »Ich habe einen

Traum, dass eines Tages auf den roten Hügeln von Georgia die Söhne früherer Sklaven und die Söhne früherer Sklavenhalter miteinander am Tisch der Brüderlichkeit sitzen können.«

Im Laufe seines dreizehnjährigen öffentlichen Wirkens hat sich Kings Vision, sein Traum, ausgeweitet von dem national begrenzten Ziel einer Gleichberechtigung für die Schwarzen in den USA zur Vision einer weltweiten »beloved community«, eines »Welthauses«, in dem alle Menschen geschwisterlich zusammenleben: »Unsere Treueverpflichtungen (loyalties) müssen ökumenisch (ecumenical) werden, sie dürfen nicht regional begrenzt (sectional) bleiben. Jede Nation muss jetzt eine über alle Schranken sich hinwegsetzende Verpflichtung gegenüber der Menschheit als ganzer entwickeln.« »Unsere Treueverpflichtungen müssen über unsere Rasse, unsere Sippe, unsere Klasse und unsere Nation hinausgehen (transcend), und das bedeutet: Wir müssen eine Weltperspektive entwickeln.«

Kings universalistische Perspektive, seine Vision eines »Welthauses« steht allen Versuchen entgegen, Identität und Macht durch Abgrenzung und Gewalt zu gewinnen. (Deshalb beinhaltete sein Universalismus auch eine Kritik an separatistischen Tendenzen, wie sie sich im SNCC entwickelten.) Betrachtet man den gegenwärtigen Zustand der Weltpolitik, dann wird deutlich, wie bleibend aktuell Kings Universalismus ist und welche Herausforderung seine Weltperspektive für politisches Denken und Handeln bedeutet.

Zum Erbe Martin Luther Kings in Deutschland

Die von Martin Luther King repräsentierte Freiheitsbewegung hat andere Gruppen in den USA ermutigt, für die Respektierung ihrer Menschenwürde zu kämpfen: Frauen, Indianer, Wanderarbeiter, Chicanos. Initiativen gegen die Ausbeutung der Habenichtse dieser Welt, Gruppen der Friedensbewegung und Kernkraftgegner – sie alle führen, bewegt von seinem Traum und beeindruckt von seinen gewaltfreien direkten Aktionen, Kings Kampf gegen die Übel des

Rassismus, der wirtschaftlichen Ausbeutung und des Militarismus weiter.

Auch in Deutschland ist Kings Erbe lebendig. Ich nenne nur einige – von den Medien allerdings oft kaum beachtete – Beispiele:

• Viele Gruppen der Bürgerrechtsbewegung in der DDR (wie z.B. das *Christliche Friedensseminar Königswalde*) orientierten sich an Kings gewaltfreiem, schöpferischem Widerstand.

• Ein Pastor in der DDR, dessen Sohn an den Leipziger Montagsdemonstrationen teilnahm, schrieb mir am 9.11.1989 (!): »Ich denke, Martin Luther King hat als Vorbild manchen begleitet«.

• Georg Meusel, der vor der so genannten Wende auf phantasievolle Weise (z.B. durch Briefmarkenausstellungen) Gedanken Martin Luther Kings in der DDR zu verbreiten suchte, hat 1998 in Werdau (Sachsen) das *Martin-Luther-King-Zentrum für Gewaltfreiheit und Zivilcourage* gegründet. Dort werden Jugendliche in gewaltfreier Konfliktlösung ausgebildet.

• Die *Werkstatt für gewaltfreie Aktion*, Baden, führt unter Berufung auf Kings Kampagnenkonzepte u.a. Kampagnen gegen Sozialabbau durch.

• Gewaltfreie direkte Aktion in der Tradition Kings ist Bestandteil des politischen Selbstverständnisses der *Deutschen Friedensgesellschaft – Vereinigte Kriegsdienstgegner e.V.* (DFG-VK).

• Mitglieder der Bewegung *Schwerter zu Pflugscharen* (Wolfgang Sternstein u.a.) berufen sich bei der Begründung für ihre Aktionen zivilen Ungehorsams auf King.

• »Kirchenasyl« gewährende Gruppen orientieren sich an Martin Luther Kings »schöpferischem Nonkonformismus« und seiner »Philosophie der Gewaltfreiheit«.

Auch für uns, die wir am Beginn des 21. Jahrhunderts auf die bewegte Geschichte des SNCC und auf Martin Luther Kings Leben und Werk zurückblicken, gelten die Worte des Schriftstellers Langston Hughes aus Harlem/New York City:

Hold fast to dreams
for if dreams die
life is a broken-winged bird
that cannot fly.

Hold fast to dreams
for when dreams go
life is a barren field
frozen with snow.

Heinrich W. Grosse, Dezember 2003

Deutschsprachige Literatur zur US-Bürgerrechtsbewegung und zu Martin Luther King

Werke Martin Luther Kings

KING, MARTIN LUTHER: *Freiheit: Aufbruch der Neger Nordamerikas*. Bericht über den Busstreik in Montgomery. Kassel 1964 (und spätere Aufl.)

KING, MARTIN LUTHER: *Kraft zum Lieben*. Konstanz 1964 (und spätere Aufl.)

KING, MARTIN LUTHER: *Warum wir nicht warten können*. Düsseldorf 1964 (und spätere Aufl.)

KING, MARTIN LUTHER: *Wohin führt unser Weg?* Chaos oder Gemeinschaft. Düsseldorf 1968 (und spätere Aufl.)

KING, MARTIN LUTHER: *Aufruf zum zivilen Ungehorsam*. Düsseldorf 1969 (und spätere Aufl.)

KING, MARTIN LUTHER: *Testament der Hoffnung: Letzte Reden, Aufsätze und Predigten*. Gütersloh 1974 (und spätere Aufl.).

KING, MARTIN LUTHER: *Ich habe einen Traum*. Hrsg. von Hans-Eckehard Bahr und Heinrich W. Grosse. Düsseldorf 2003

Über M. L. King, die Bürgerrechtsbewegung der sechziger Jahre

BAHR, HANS-ECKEHARD: *Seht, da kommt der Träumer: Unterwegs mit Martin Luther King*. Stuttgart 1990

DEATS, RICHARD: *Martin Luther King: Traum und Tat*. Ein Lebensbild. München 2001

GROSSE, HEINRICH: *Die Macht der Armen: Martin Luther King und der Kampf für soziale Gerechtigkeit.* Hamburg 1971 (Konkretionen, 10)

MILLER, WILLIAM ROBERT: *Wir werden überwinden … Martin Luther Kings Leben, Martyrium und Vermächtnis.* Kassel 1970

OATES, B. STEPHEN: *Martin Luther King – Kämpfer für Gewaltlosigkeit.* München 1984 (und spätere Aufl.)

PRESLER, GERD: *Martin Luther King, Jr.: mit Selbstzeugnissen und Bilddokumenten.* Reinbek bei Hamburg, 1984 (rororo bildmonographien, 333) (und weitere Aufl., jetzt: Rowohlts Monographien, 50333)

WALDSCHMIDT-NELSON, BRITTA: *Martin Luther King, Malcolm X.* Frankfurt a. M., 2000 (Fischer, 14662: Gegenspieler)

ZITELMANN, ARNULF: *»Keiner dreht mich um«: die Lebensgeschichte des Martin Luther King.* Weinheim 1985 (und spätere Aufl.)

Über SNCC

MÜLLER, JÜRGEN: *Die Geschichte des Student Non-Violent Coordinating Committee: ein Kapitel der Bürgerrechtsbewegung in den Vereinigten Staaten.* Stuttgart, 1978 (Amerikastudien, 49)

Über Frauen in der Bürgerrechtsbewegung, besonders Ella Jo Baker und Fannie Lou Hamer

WALDSCHMIDT-NELSON, BRITTA: *From Protest to Politics: schwarze Frauen in der Bürgerrechtsbewegung und im Kongreß der Vereinigten Staaten.* Frankfurt a. M. (u. a.), 1998 (Nordamerikastudien, 8)

Anmerkungen

Abkürzungen

Alle Quellen ohne besondere Angaben stammen aus der Materialsammlung des Autors. Außerdem:

FOF: Facts on Film, Southern Education Reporting Service, Nashville, Tennessee

HU: Civil Rights Documentation Project, Howard University, Washington, D. C.

JFK: John F. Kennedy Library, Boston, Massachusetts

KLM: Key List Mailing: Selected Documents of Current and Lasting Interest in the Civil Rights Movement, San Francisco Regional Office of SNCC, 1965–67

LBJ: Lyndon Baines Johnson Library, Austin, Texas

NL-SU: New Left Collection, Hoover Institution on War, Revolution and Peace, Stanford University, Stanford, California

PS-SU: Project South Collection, Stanford University Archives, Stanford University, Stanford, California

SC-SU: Lorna Smith-Stokely Carmichael Collection, Stanford University Archives, Stanford University, Stanford, California

SHSW: Civil Rights Collection, State Historical Society of Wisconsin, Madison, Wisconsin

UCLA: Civil Rights Movement in the United States Collection, Special Collections, University Research Library, University of California, Los Angeles, California

Vorwort

1 Das Gesagte gilt für die sechziger Jahre und die Zeit im SNCC, unabhängig vom weiteren politischen Lebensweg der Beteiligten, der vielfältig und oft widersprüchlich war. So ging zum Beispiel John Lewis zunächst vom SNCC zum SCLC zurück und wurde ab 1986 Kongreßabgeordneter.

2 Floater heißt »Zugvogel«, jemand, die oder der ständig den Wohnsitz oder den Arbeitsplatz wechselt.

3 James Forman: 1967–Höhepunkt des schwarzen Widerstands, erstveröffentlicht 1968, hier in: JAMES FORMAN, STOKELY CARMICHAEL, DANIEL GUÉRIN, H. RAP BROWN: *Now! Der schwarze Aufstand.* Hrsg. Von V. H. Brandes und Joyce Burke, Trikont Verlag, München 1968, S. 33.

4 Vgl. zum Beispiel: FRANK SCHAUM: *Ghana*, in: NOHLEN/NUSCHELER (HG.): *Handbuch der Dritten Welt.* Bd. 4: Westafrika und Zentralafrika, Ludwigsburg 1982, S. 172–194, besonders S. 174 f. und S. 192 f. Nkrumah ließ sich als »leninistischer Zar« oder als »Erlöser« feiern.

5 PETER MICHELS: *Black Perspectives. Berichte zur schwarzen Bewegung.* Band I: USA. Atlantik Verlag, Bremen 1999, S. 75.

6 Ebenda, S. 349 f.

7 Ebenda, S. 97. Einige Seiten zuvor werden sogar die Errungenschaften der Bürgerrechtsbewegung eher hervorhebende Aussagen des ehemaligen SNCC-Aktivisten (was Michels verschweigt) Julian Bond und sogar von Ralph Abernathy, der rechten Hand von Martin Luther King, als Beleg für die angebliche überwiegend »skeptischen Stellungnahmen« zum Integrationismus angeführt und in eine Tendenz gestellt, die Bürgerrechtsbewegung und den Integrationismus als gescheitert hinzustellen. Vgl. das Kapitel »Der Traum, der ein Alptraum wurde«, S. 83 f.

8 Vgl. neben den Angaben von Carson in diesem Buch auch PAULA GIDDINGS: *When and Where I Enter. The Impact of Black Women on Race and Sex in America,* New York 1984, vor allem das Kapitel 16: SNCC – Coming Full Circle, S. 277–297, sowie Kapitel 17: The Women's Movement and Black Discontent, besonders S. 302 f.

9 H. Rap Brown: »Wir haben Detroit niedergebrannt und Amerika gewarnt«, Rede vom 14.8.1967 in Watts/Los Angeles, erstveröffentlicht 1968, hier in: JAMES FORMAN, STOKELY CARMICHAEL, DANIEL GUÉRIN, H. RAP BROWN: *Now! Der schwarze Aufstand.* Hrsg. Von V. H. Brandes und Joyce Burke, Trikont Verlag, München 1968, S. 95.

10 MAURICE ISSERMAN: *If I Had a Hammer… The Death of the Old Left and the Birth of the New Left,* New York 1987, besonders das Kapitel 4: Radical Pacifism, The Americanization of Gandhi, S. 125–169.

11 Zum SNCC das vorliegende Buch; zum SCLC siehe ADAM FAIRCLOUGH: *To Redeem the Soul of America. The Southern Christian Leadership Conference and Martin Luther King, Jr.,* Athens, Georgia, 1987; zu CORE siehe AUGUST MEIER, ELLIOTT RUDWICK: *CORE: A Study in the Civil Rights Movement 1942–1968,* New York 1973.

12 Selbst die deutschsprachigen Veröffentlichungen über Martin Luther King sind nicht gerade üppig zu nennen. Die zuletzt veröffentlichte umfassende Biographie über Martin Luther King von Stephen B. Oates datiert aus 1984 ist im Buchhandel noch in der zweiten Auflage von 1992 erhältlich.

Im Rahmen der rororo-Bildmonographien gibt es einen Band zu Martin Luther King von Richard Deats (2001). Es ist dem Hannoveraner Heinrich W. Grosse, zu verdanken, dass heute überhaupt wieder Schriften von Martin Luther King veröffentlicht worden sind (vgl. Literaturliste im Anschluss an Heinrich W. Grosses Nachwort zu diesem Buch). Aber wichtige neuere Veröffentlichungen blieben unübersetzt: TAYLOR BRANCHS 1000-seitiges Monumentalwerk *Parting The Waters. America in the King Years 1954–63*, New York 1988, blieb unübersetzt; der von CLAYBORNE CARSON herausgegebene Band »*The autobiography of Martin Luther King, Jr.*«, New York 1998, ist zwar ins Französische, aber noch nicht ins Deutsche übersetzt worden; JAMES H. CONE'S wegweisende Studie für die Zeit des Malcolm X-Revivals Mitte der neunziger Jahre: *Martin & Malcolm & America. A Dream or A Nightmare?*, New York 1991, blieb ebenfalls unübersetzt. Ein Jammer!

13 Vgl. zum Beispiel OLIVER DEMNY: *Die Wut des Panthers. Die Geschichte der Black Panther Party. Schwarzer Widerstand in den USA*, Unrast-Verlag, Münster 1994.

14 Das erste Mumia Abu-Jamal-Buch erschien 1997: MUMIA ABU-JAMAL: *Ich schreibe um zu leben. Zeugnisse eines zum Tode Verurteilten*, Atlantik Verlag, Bremen 1997. Bis heute erschienen mehrere weitere Bücher von Mumia.

15 Vgl. zum Beispiel RON JACOBS: *Woher der Wind weht. Eine Geschichte des Weather Underground*, ID-Verlag, Berlin 1999.

16 Vgl. PETER MICHELS: *Black Perspectives. Berichte zur schwarzen Bewegung*. Band I: USA, Atlantik Verlag, Bremen 1999. Noch bei der Darstellung von Stokely Carmichaels Biographie S. 350 f. wird jeder Hinweis auf Carmichaels Beteiligung an der Nonviolent Action Group in Nashville und seine langjährige Sozialisation im SNCC getilgt, während seine Mitgliedschaft in der Black Panther Party referiert wird. Und auch wo Michels nicht anders kann, als über radikale gewaltfreie Kampagnen zu berichten, wie in seinem Kapitel über den Streik der United Farmworkers und Cesar Chavez, erfahren die LeserInnen erst ganz am Ende durch ein Zitat eines Aktivisten, dass Chavez die Philosophie der Gewaltfreiheit vertrat. Über Grundlagen und Ideologie dieser Philosophie schweigt sich Michels aus und umrundet selbst diese historische Erfahrung einer erfolgreichen gewaltfreien Massenbewegung der Chicanos noch mit dem Programm der bewaffneten Chicano-Organisation »Brown Berets«, vgl. S. 296–337.

17 Vgl. GLORIA I. JOSEPH (HG.): *Schwarzer Feminismus. Theorie und Politik afro-amerikanischer Frauen*. Orlanda Frauenverlag, Berlin 1993, S. 289 und 293.

Einleitung

1 Vgl. zum Beispiel HOWARD ZINN: *SNCC: The New Abolitionists*, Beacon Press, Boston 1964, überarbeitet 1965; JULIUS LESTER: *Look Out, Whitey! Black Power's Gon' Get Your Mama!*, Dial Press, New York 1968; H. RAP BROWN: *Die Nigger Die!*, Dial Press, New York 1969, dt: Nigger

verrecke, Melzer, Frankfurt/M. 1970; JAMES FORMAN: *The Making of Black Revolutionaries*, Macmillan, New York 1972; CLEVELAND SELLERS, mit ROBERT TERRELL: *The River of No Return: The Autobiography of a Black Militant and the Life and Death of SNCC*, William Morrow, New York 1973; MARY KING: *Freedom Song: A Personal Story of the 1960s Civil Rights Movement*, William Morrow, New York 1987.

Teil I: Zusammenkunft

Sit-Ins

1 ALBERT L. ROZIER, JR.: »*Students Hit Woolworth's for Lunch Service*«, Register, North Carolina A. & T. College, 5.2.1960; WILMA DYKEMAN UND JAMES STOKELY: »*Sit Down Chillun, Sit Down!*«, Progressive, Juni 1960, S. 8; MILES WOLFF: *Lunch at the Five and Ten, The Greensboro Sit-ins: A Contemporary History*, Stein & Day, New York 1970, S. 16.

2 Greensboro Daily News, 8.2.1960.

3 JAMES HOWARD LAUE: »*Direct Action and Desegregation: Toward a Theory of the Rationalization of Protest*« (Ph. D. diss., Harvard University, 1965), S. liii–lviii und S. 113 f. Vgl. ebenfalls »*The Student Protest Movement, Winter 1960*«, Kopien (Atlanta: Southern Regional Council, 1960), S. xix–xxv; MARTIN OPPENHEIMER: »*The Genesis of the Southern Negro Student Movement (Sit-in Movement): A Study in Contemporary Negro Protest*« (Ph. D. Dissertation, University of Pennsylvania, 1963), S. 63 ff.; PAUL ERNEST WEHR: »*The Sit-down Protests … A Study of a Passive Resistance Movement in North Carolina*« (M. A. thesis, University of North Carolina, 1960); CLARENCE H. PATRICK: *Lunch-Counter Desegregation in Winston-Salem, North Carolina*, Wake Forest, Winston-Salem: Dept. Of Sociology 1960; DONNIE L. EVERETTE UND KENNELL A. JACKSON, JR.: *The Hampton Sit-ins and the Southern Society*, unveröffentlichtes Manuskript, 1960.

4 FREDERICK SOLOMON UND JACOB R. FISHMAN: »*The Psychological Meaning of Nonviolence in Student Civil Rights Activities*«, Psychiatry, Nr. 27, Mai 1964, S. 94 f. Vgl. ebenfalls JAMES W. VANDER ZANDEN: »*The Nonviolent Resistance Movement against Segregation*«, American Journal of Sociology, Nr. 68, März 1963, S. 544–550.

5 TED DIENSTFREY: »*A Conference on the Sit-ins*«, Commentary, Juni 1960, S. 527; Student Voice, Oktober 1960, S. 4.

6 PAUL ERNEST WEHR: »*Sit-down Protests*«, siehe Anm. 3, S. 100, 103; MICHAEL WALZER: »*A Cup of Coffee and a Seat*«, Dissent, Sommer 1960, S. 114.

7 E. FRANKLIN FRAZER: *Black Bourgeoisie*, Collier Books, New York 1962, S. 76; RUTH SEARLES UND J. ALLEN WILLIAMS: »*Negro College Students Participation in Sit-ins*«, Social Forces, Nr. 40, März 1962, S. 219.

8 JOHN ORBELL: »*Protest Participation among Southern Negro College Students*«, American Political Science Review, Nr. 61, Juni 1967, S. 554 f.; ANTHONY M. ORUM: *Black Student in Protest: A Study in the Origins of the Black Student Movement*, American Sociological Association, Washington D. C., ohne Datum; THOMAS E. PETTIGREW: *A Profile of the Negro American*, D. Van Nostrand, Princeton 1964, S. 191.

9 »*Protest at Charlotte Is Guided by Student*«, Greensboro Daily News, 10.2.1960; BILL LAMKIN: »*U.S. Misunderstood – Jones*«, Register, 12.2.1960. Vgl. ebenfalls U.S., CONGRESS, HOUSE, COMMITTEE ON UN-AMERICAN ACTIVITIES: *Hearings*, 86th Congress, 2. Session, 5.2.1960, S. 1451–61; »*Charlotte Negro Shows American Way of Life*«, Charlotte Observer, 6.8.1959.

10 »*Fisk Coed Tells of Day in Jail*«, NASHVILLE TENNESSEAN, 25.8.1960.

11 ATLANTA CONSTITUTION, 9.3.1960; »*Statement Submitted by the Student Nonviolent Coordinating Committee to the Platform Committee of the National Democratic Convention, June 7, 1960, Los Angeles, California.*«

12 EISENHOWER, in LESTER A. SOBEL (HG.): *Civil Rights 1960–66, Facts on File*, New York 1967, S. 11; News Leader Editorial, 22.2.1960.

13 Interview mit David Richmond, 10.4.1972 in Greensboro; FREDERIC SOLOMON UND JACOB R. FISHMAN: »*Youth and Social Action: II, Action and Identity Formation in the First Student Sit-in Demonstration*«, Journal of Social Issues, Nr. 20, April 1964, S. 39.

14 CLEVELAND SELLERS MIT ROBERT TERRELL: *The River of No Return: The Autobiography of a Black Militant and the Life and Death of SNCC*, William Morrow, New York 1973, S. 17.

15 LEWIS W. JOHNS, in: »*Southern Negro Students Termed Angry Youth*«, Washington Post, 6.3.1960; PAUL ERNEST WEHR: »*Sit-down Protests*«, siehe Anm. 3, S. 21; HELEN FULLER: »*We Are All So Very Happy*«, New Republic, 25.4.1960, S. 13.

16 MICHAEL WALZER: »*Cup of Coffee*«, siehe Anm. 6, S. 114; JAMES HOWARD LAUE: »*Direct Action*«, siehe Anm. 3, S 115 f.

17 DIANE NASH: »*Inside the Sit-ins and Freedom Rides: Testimony of a Southern Student*«, in: MATHEW H. AHMANN (HG.): *The New Negro*, Biblo & Tannen, New York 1969, S. 49 f.; ANNE BRADEN: »*Student Movement: New Phase*«, Southern Patriot, November 1960, S. 4.; MICHAEL WALZER: »*Cup of Coffee*«, siehe Anm. 6, S. 120; BEN H. BAGDIKIAN: »*Negro Youth's New March on Dixie*«, Saturday Evening Post, 8.9.1962, S. 15.

Gründung der Organisation

1 Youth Leadership Meeting, box 2, folder 1, Atlanta Project Papers, SHSW.

2 ELLA BAKER: »*Bigger than a Hamburger*«, Southern Patriot, Mai 1960, S. 4; GERDA LERNER: »*Developing Community Leadership: Ella Baker*«,

in: GERDA LERNER (HG.): *Black Women in White America: A Documentary History,* Vintage Books, New York 1973, S. 352.

3 Vgl. *»Report of the Raleigh Conference«,* SNCC-Kopie in box 26, CORE Archives, Community Relations Department, SHSW; *»Delegates to Youth Leadership Conference, Shaw University Raleigh, N. C., April 15–17, 1960«,* SCLC-Kopie, 2.6.1960.

4 *»The Nashville Sit-in Story«,* Folkways Records recording, 1960.

5 DIANE NASH: *»Inside the Sit-ins and Freedom Rides: Testimony of a Southern Student«,* in: MATHEW H. AHMANN (HG.): *The New Negro,* Biblo and Tannen, New York 1969, S. 44 f., 48 f.

6 ARCHIE E. ALLEN: *»John Lewis: Keeper of the Dream«,* New South, Frühjahr 1971, S. 18.

7 *»Nonviolent Discipline of the 1960 Nashville Student Sit-in Movement«,* in: folder on Nonviolent Student Sit-in Movement, Student Nonviolent Coordinating Committee, Chicago SNCC Freedom Center Collection, University of Illinois, Chicago Circle Library. Zum Hintergrund von JAMES LAWSON: *»Special Report – the Lawson Case«,* Contact, 1.5.1960, S. 11–14.

8 GUN MUNGER: *»Students Begin Strategy Talks on Integration«,* Greensboro Daily News, 16.4.1960. Vgl. ebenfalls HELEN FULLER: *»Southern Students Take Over: ›The Creation of the Beloved Community‹«,* New Republic, 2.5.1960, S. 16; JAMES H. LAUE: *»Direct Action and Desegregation: Toward a Theory of the Rationalization of Protest«,* Ph. D. Dissertation, Harvard University 1965, S. 125.

9 JAMES M. LAWSON: *»From a Lunch-Counter Stool«,* wiederabgedruckt in: AUGUST MEIER, ELLIOTT RUDWICK, FRANCIS L. BRODERICK (HG.): *Black Protest Thought in the Twentieth Century,* 2. Aufl., Bobbs-Merrill, Indianapolis 1971, S. 308–315.

10 TED DIENSTFREY: *»A Conference on the Sit-ins«,* Commentary, Juni 1960, S. 526.

11 Erklärung, angenommen von der Student Nonviolent Coordinating Committee Conference, Atlanta, Georgia, 14.–16.10.1960, box 47, folder 3, Braden Papers, SHSW.

12 HOWARD ZINN: *SNCC: The New Abolitionists,* Beacon Press, Boston 1965, S. 33 f.; Interview mit Ella Baker, 5.5.1972 in New York City; ELLA BAKER: *»Bigger Than a Hamburger«,* siehe Anm. 2, S. 4; Interview mit John Lewis, 17.4.1972 in Atlanta.

13 *»Racial Problems Put to President«,* New York Times, 18.4.1960, und Greensboro Daily News, 18.4.1960.

14 Vgl. Materialien zum ersten Treffen des provisorischen SNCC in den Archiven von CORE, series 2, Southern Regional office, box 13, Louisiana office, SHSW.

15 Student Voice, Juni 1960, S. 4.

16 Rede, vorgetragen vom SNCC an das Platform Committee of National

Democratic Convention, 7.7.1960, Los Angeles, California.

17 Rede vom 23.8.1960, in: box 32, folder 4, Braden Papers, SHSW.

18 »*Report from the Office of SNCC«*, Student Voice, Oktober 1960, S. 4; ANNE BRADEN: »*Student Protest Movement Taking Permanent Form«*, Southern Patriot, Oktober 1960, S. 4.

19 »*Nonviolence and the Achievement of Desegregation«*, box 62, folder 2, Braden Papers, SHSW. Vgl. ebenfalls »*SNCC Conference«*, Student Voice, Oktober 1960, S. 1; ANNE BRADEN: »*Student Movement: New Phase«*, Southern Patriot, November 1960, S. 4; MARTIN OPPENHEIMER: »*The Genesis of the Southern Negro Student Movement (Sit-in Movement): A Study in Contemporary Negro Protest«*, Ph. D. Dissertation, University of Pennsylvania, 1963, S. 92–97; JAMES H. LAUE: »*Direct Action«*, siehe Anm. 8, S. 129 f., 346 f.

20 »*Student Movement: New Phase«*, Southern Patriot, November 1960, S. 4; JAMES M. LAWSON: »*Eve of Nonviolent Revolution?«*, Southern Patriot, November 1961, S. 1.

21 Interview mit Julian Bond, Gwen Gillan, tape 497, SHSW.

22 Vgl. »*SNCC Visits Fayette«*, Student Voice, Januar 1961, S. 1; »*April Meeting of SNCC«*, Student Voice, April–Mai 1961, S. 3.

23 »*November Meeting of SNCC«*, Student Voice, Dezember 1960, S. 1.

Freiheitsfahrten

1 Vgl. THOMAS GAITHER: *Jailed-In,* League for Industrial Democracy, New York 1961; JAMES PECK: *Freedom Ride,* Grove Press, New York 1962, Chapter 7; AUGUST MEIER, ELLIOTT RUDWICK: *CORE: A Study of the Civil Rights Movement 1942–1968,* Oxford University Press, New York 1973, S. 117 ff.; HOWARD ZINN: *SNCC: The New Abolitionists,* Beacon Press, Boston 1965, S. 38 f.; »*Three Protest Groups Elect Jail; Call Comes from Rock Hill for Help«*, Student Voice, Februar 1961, S. 1; »*Students Prefer Jail-Ins to Bail-Outs«*, Southern Patriot, März 1961, S. 1, 3.

2 FRED SHEHEEN: »*South's Negroes to Focus on ›Jail-Ins‹ at Rock Hill«*, Charlotte Observer, 7.2.1961.

3 Ebenda.

4 CHARLOTTE DEVREE: »*The Young Negro Rebels«*, Harper's Magazine, Oktober 1961, S. 134 f.

5 Vgl. AUGUST MEIER, ELLIOTT RUDWICK: *CORE,* siehe Anm. 1, S. 1; GEORGE M. HOUSER: *Erasing the Color Line,* Fellowship Publications, New York 1947; CHARLETON MABEE: »*Two Decades of Sit-ins: Evolutions of Non-violence«*, Nation, 12.8.1961, S. 78–81.

6 CHARLOTTE DEVREE: »*Young Negro Rebels«*, siehe Anm. 4, S. 138.

7 Über die Freiheitsfahrten vgl. ZINN: *SNCC,* Chapter 3, siehe Anm. 1; AUGUST MEIER, ELLIOT RUDWICK: *CORE,* Chapter 5, siehe Anm. 1;

James Peck: *Freedom Ride*, Chapter 8, siehe Anm. 1; Louis E. Lomax: *The Negro Revolt*, Harper & Row, New York 1963, Chapter 11; *»Freedom Ride, 1961«*, Student Voice, April–Mai 1961; Southern Regional Council: *The Freedom Ride: May 1961*, Atlanta 1961.

8 Vgl. James Peck: *Freedom Ride*, siehe Anm. 1, S. 98 f. Zur Komplizenschaft der Polizei von Birmingham und wahrscheinlich auch der FBI-Mitarbeiter an den Gewalttaten vgl. U.S., Congress, Senate, Select Committee to Study Governmental Operations with Respect to Intelligence Activities: Intelligence Activities: Hearings on Senate Resolution 21, 94th Congress, 1st Session, 2.12.1975, S. 116 ff.

9 Bill Mahoney: *»In Pursuit of Freedom«*, Liberation, September 1961, S. 7; Diane Nash: *»Inside the Sit-ins and Freedom Rides: Testimony of a Southern Student«*, in: Mathew H. Ahmann (Hg.): *The New Negro*, Biblo & Tannen, New York 1969, S. 53.

10 Diane Nash: *»Inside the Sit-ins and Freedom Rides«*, siehe Anm. 9, S. 53 f.; Howard Zinn: *SNCC*, siehe Anm. 1, S. 44 f.

11 Vgl. Carl M. Brauer: *John F. Kennedy and the Second Reconstruction*, Columbia University Press, New York 1977, Chapter 4; Arthur M. Schlesinger, Jr.: *A Thousand Days: John F. Kennedy in the White House*, Houghton Mifflin, Boston 1965, S. 847–892; Theodore C. Sorensen: *Kennedy*, Harper & Row, New York 1965, S. 528–569.

12 Carl M. Brauer: *John F. Kennedy*, siehe Anm. 11, S. 100. Vgl. ebenfalls Interview mit Burke Marshall von Louis Oberdorfer, 29.5.1964, JFK; Interview mit John Patterson von John Steward, 26.5.1967, JFK; *»Untold Story of the ›Freedom Rides‹«*, US News and World Report, 23.10.1961, S. 76–79; *»More Light on the ›Freedom Rides‹«*, US News and World Report, 30.10.1961, S. 70 f.

13 Interview mit Burke Marshall, siehe Anm. 12, S. 19.

14 Lucretia Collins, in: James Forman: *The Making of Black Revolutionaries*, Macmillan, New York 1972, S. 156. Vgl. ebenfalls Carl M. Brauer: *John F. Kennedy*, siehe Anm. 11, S. 102 f.

15 Larry A. Still: *»A Bus Ride through Mississippi«*, Ebony, August 1961, S. 23.

16 Carl M. Brauer: *John F. Kennedy*, siehe Anm. 11, S. 106, 108.

17 Student Voice, März 1961, S. 1; *»SNCC Wires President Kennedy«*, Student Voice, April–Mai 1961, S. 1.

18 Interview mit John Doar, 5.5.1972, in New York City.

19 Mitteilung, Woffort an Kenneth O'Donnell, 12.6.1961, box 804, White House Central Subject Files, JFK.

20 Interview mit Stokely Carmichel, von Howard Zinn, Sommer 1963, in Mississippi.

21 Frank Holloway: *»Travel Notes from a Deep South Tourist«*, New South, Nr. 17, Juli–August 1961, S. 8; James Forman: *Black Revolutionaries*, siehe Anm. 14, S. 157; Bill Mahoney: *»In Pursuit of*

Freedom«, siehe Anm. 9, S. 11.

22 August Meier, Elliott Rudwick: *CORE*, siehe Anm. 1, S. 173; Carl M. Brauer: *John F. Kennedy*, S. 114; Victor Navasky: *Kennedy Justice*, Atheneum, New York 1971, S. 118 f.

23 Interview mit Ella Baker, 5.5.1972, in New York City. Vgl. ebenfalls U.S., Congress, House, Committee on Un-American Activities: Hearings, 86th Congress, 2. Session, 5.2.1960, S. 1451–1461; »*U.S. Misunderstood – Jones*«, Register, North Carolina A. & T. College, 12.2.1960; »*Charlotte Negro Shows American Way of Life*«, Charlotte Observer, 6.8.1959.

24 Bericht vom Harry Belafonte-Komitee an das SNCC, 11.8.1961, box 62, folder 3, Braden Papers, SHSW.

25 Protokoll des SNCC-Treffens 14.–16. Juli 1961, box 62, folder 4, Braden Papers, SHSW.

26 »*SNCC Office Report*«, box 62, folder 3, Braden Papers, SHSW.

27 James Howard Laue: »*Direct Action and Desegregation: Toward a Theory of the Rationalization of Protest*«, Dissertation, Harvard University, 1968, S. 167 f.

28 Emily Schottenfeld Stoper: »*The Student Nonviolent Coordinating Committee: The Growth of Radicalism in a Civil Rights Organization*«, Ph. D. Dissertation, Harvard University 1968, S. 131; James H. Laue: »*Direct Action*«, siehe Anm. 27, S. 172.

29 Interview mit Ella Baker, 5.5.1972, in New York City.

30 Interview mit Baker; Interview mit Marion Barry, 7.4.1972, in Washington, D. C.; Zinn, SNCC, S. 58 f.; James Forman: *Black Revolutionaries*, siehe Anm. 14, S. 221 f.; David L. Lewis: *King: A Critical Biography*, Penguin Books, Baltimore 1970, S. 136 f.

31 James Forman: *Black Revolutionaries*, siehe Anm. 14, S. 20.

32 »*Report on Monroe*«, Southern Patriot, Oktober 1961, S. 2. Vgl. ebenfalls Robert F. Williams: *Negroes with Guns*, Marzani & Munsell, New York 1962, S. 75; Robert Carl Cohen: *Black Crusader*, Lyle Stuart, Secaucus, New Jersey 1972, Chapter 8.

33 James Forman: »*What is the Student Nonviolent Coordinating Committee; ›A Band of Brothers, a Circle of Trust‹*«, Vorbereitungspapier für das Treffen der SNCC-Hauptamtlichen, November 1964, box 8, UCLA.

Radikale Kader in McComb

1 Robert Penn Warren: *Who Speaks for the Negro?*, Random House, New York 1965, S. 95.

2 Ben H. Bagdikian: »*Negro Youth's New March on Dixie*«, Saturday Evening Post, 8.9.1962, S. 16.

3 Bob Moses: »*Mississippi: 1961–1962*«, Liberation, 14.1.1970, S. 8 (Transkript einer Tonbandaufnahme von 1962). Vgl. ebenfalls Howard

Zinn: SNCC: *The New Abolitionists*, Beacon Press, Boston 1965, Chapter 4; Tom Hayden: *Revolution in Mississippi, Students for a Democratic Society*, New York 1962, Chapter 30; Janet Feagans: »*Voting, Violence and Walkout in McComb*«, New South, Oktober 1961, S. 3 f., 11.

4 Bob Moses: »*Mississippi*«, siehe Anm. 3, S. 10.

5 Ebenda, S. 12 f.; Julian Bond: »*Death of a Quiet Man: A Mississippi Postscript*«, Rights and Reviews, Winter 1967, S. 15 ff.; »*Witness Murdered*«, Student Voice, 3.2.1964, S. 1. Vgl. ebenfalls John Doar, Dorothy Landsberg: *The Performance of the FBI in Investigating Violations of Federal Laws Protecting the Right to Vote – 1960–1967*, unveröffentlicht, 1971, S. 32–39.

6 Tom Hayden: *Revolution in Mississippi*, siehe Anm. 3, S. 4; Bob Moses: »*Mississippi*«, siehe Anm. 3, S. 14 f.

7 Interview mit Reginald Robinson, 26.4.1972, in Washington, D. C.

8 James Forman: *The Making of Black Revolutionaries*, Macmillan, New York 1972, S. 220; Protokoll des Treffens des SNCC-Exekutivkomitees, 28.12.1963.

9 Braden an Dombrowski, 11.6.1961, box 62, folder 3, Braden Papers, SHSW; Anne Braden: »*What is White Person's Place in Current Struggle?*«, Southern Patriot, September 1960, S. 4.

10 Vgl. Braden an Berry, 22.11.1961; Braden an Baker, 22.11.1960; Braden an Dombrowski, 9.3. und 8.8.1961; box 62, folder 3, Braden Papers, SHSW.

11 Zellner an Dombrowski, 11.6.1961, box 85, Myers G. Lowman Collection, Hoover Bibliothek, Stanford University. Vgl. ebenfalls Robert Zellner: »*Repression Keeps White Students Silent*«, Southern Patriot, Januar 1964, S. 1, 3.; Edgar A. Love: »*Claiming the Right to Choose: A Profile*«, Motive, November 1962; Howard Zinn: *SNCC*, siehe Anm. 3, S. 168–171.

12 Bericht von Bob Zellner, 19.5.1962, box 62, folder 3, Braden Papers, SHSW.

13 Tom Hayden an Robert Haber, »*Re: SNCC meeting, Jackson, Mississippi, 14.–17. September 1961.*« Vgl. ebenfalls Kirkpatrick Sale: *SDS*, Random House, New York 1973, S. 36.

14 Tom Hayden: *Revolution in Mississippi*, siehe Anm. 3, S. 2; James M. Lawson: »*Eve of Nonviolent Revolution?*«, Southern Patriot, November 1961, S. 1.

15 »*Julian Bond: The Movement, Then and Now*«, Interview von John Hall und Sue Thrasher, Southern Exposure, 3, Nr. 4, 1976: S. 10; James Forman: *Black Revolutionaries*, siehe Anm. 8, S. 238.

Die Bewegung in Albany

1 HOWARD ZINN: *SNCC: The New Abolitionists,* Beacon Press, Boston 1965, S. 125 f.
2 DAVID L. LEWIS: *King: A Critical Biography,* Penguin Books, Baltimore 1970, S. 143.
3 Sherrod an Davis, ohne Datum, folder 9, Sherrod Papers, SHSW; CHARLOTTE DEVREE: *»The Young Negro Rebels«,* Harper's Magazine, Oktober 1961, S. 135.
4 HOWARD ZINN: *SNCC,* siehe Anm. 1, S. 125; JAMES HOWARD LAUE: *»Direct Action and Desegregation: Toward a Theory of the Rationalization of Protest«,* Ph. D. Dissertation, Harvard University 1965, S. 174.
5 Ebenda, S. 350 und 174.
6 FRED POWLEDGE: *Black Power/White Resistance: Notes on the New Civil War,* World Publishing, Cleveland 1967, S. 39.
7 HOWARD ZINN: *SNCC,* siehe Anm. 1, S. 126.
8 JAMES H. LAUE: *»Direct Action«,* siehe Anm. 4, S. 176. Vgl. ebenfalls HOWARD ZINN: *Albany: A Study in National Responsibility,* Southern Regional Council, Atlanta 1962; JAMES FORMAN: *The Making of Black Revolutionaries,* Macmillan, New York 1972, S. 247–262; VINCENT HARDING, STAUGHTON LYND: *»Albany, Georgia«,* Crisis, Februar 1963.
9 HOWARD ZINN: *SNCC,* siehe Anm. 1, S. 128.
10 JAMES FORMAN: *Black Revolutionaries,* siehe Anm. 8, S. 247.
11 BERNICE REAGON: *»In Our Hands: Thoughts on Black Music«,* Sing Out!, Nr. 24, Januar/Februar 1976, S. 2.; PAT WATTERS: *Down to Now: Reflections on the Southern Civil Rights Movement,* Random House, New York 1971, S. 158.
12 JAMES H. LAUE: *»Direct Action«,* siehe Anm. 4, S. 178; HOWARD ZINN: *SNCC,* siehe Anm. 1, S. 130.
13 HOWARD ZINN: *SNCC,* siehe Anm. 1, S. 130.
14 Ebenda, S. 131.
15 DAVID L. LEWIS: *King,* siehe Anm. 2, S. 159.
16 HOWARD ZINN: *SNCC,* siehe Anm. 1, S. 135.
17 PAT WATTERS: *Down to Now,* siehe Anm. 11, S. 222 f., 206.
18 HOWARD ZINN: *Albany,* siehe Anm. 8, S. 19. Vgl. ebenfalls REESE CLEGHORN: *»Epilogue in Albany: Were the Mass Marches Worthwile?«,* New Republic, 20.7.1963, S. 15–18.
19 JAMES H. LAUE: *»Direct Action«,* siehe Anm. 4, S. 189. Hervorhebung im Original.
20 Ebenda, S. 380; FRED POWLEDGE: *Black Power,* siehe Anm. 6, S. 47.
21 CLAUDE SITTON: *»Negro Groups Split on Georgia Protest«,* New York Times, 24.12.1961; DAVID L. LEWIS: *King,* siehe Anm. 2, S. 152, 163.
22 BERNICE REAGON: *»In Our Hands«,* siehe Anm. 11, S. 1.
23 JOSH DUNSON: *Freedom in the Air: Song Movements of the 60's,* Inter-

national Publishers, New York 1965, S. 62, vgl. ebenfalls S. 43.

24 FRED POWLEDGE: »*Civil Rights Youth Study Strategy*«, Atlanta Constitution, 14.4.1963.

25 BERNICE REAGON: »*In Our Hands*«, siehe Anm. 11, S. 2.

26 Vgl. *Songs of the Southern Freedom Movement: We Shall Overcome!*, zusammengestellt von GUY UND CANDIE CARAWAN, Oak Publications, New York 1963.

27 FRED POWLEDGE: *Black Power*, siehe Anm. 6, S. 39 f.

Verankerung des Kampfes

1 Vgl. box 62, folders 3 und 4, Braden Papers, SHSW; »*Southern Students Leap Forward*«, Southern Patriot, Juni 1962, S. 1, 4; LUCY KOMISAR: »*SNCC Challenges Racist Power*«, New America, 25.5.1962, S. 4; JAMES HOWARD LAUE: »*Direct Action and Desegregation: Toward a Theory of the Rationalization of Protest*«, Ph. D. Dissertation, Harvard University 1965, S. 344.

2 JAMES H. LAUE: »*Direct Action*«, siehe Anm. 1, S. 56 f., 199, xvkk, xli. Die Interviewten waren Julian Bond, Diane Nash Bevel, Paul Brooks, Bernard Lafayette, Charles McDew, Robert Zellner, James Monsonis, Charles Sherrod, Lester McKinnie, Cordell Reagon, Charles Jones, James Forman und Robert Moses.

3 »*Students Charges with Anarchy*«, Southern Patriot, März 1962, S. 1, 3. Die öffentlich dargestellte Entschlossenheit der SNCC-AktivistInnen wurde privat manchmal in Zweifel gezogen. Der Psychiater Robert Coles berichtete von einem unbekannten SNCC-Aktivisten, der ebenfalls wegen »krimineller Anarchie« in Louisiana einsaß, er habe »Angst, dass er den Mumm verliere, dass sein hartes, mutiges Verhalten sich in Tränen der Panik und der Konfusion auflösen könnten, wenn nicht sogar in Orientierungslosigkeit und Verzweiflung.« Vgl. COLES: *Farewell to the South*, Little, Brown & Co., Boston 1972, S. 211; MAJOR JOHNS, RONNIE MOORE: *It Happened in Baton Rouge, USA: A Real Life Drama of Our Deep South Today*, CORE, New York 1962.

4 SCEF news release, 30.4.1962, box 47, folder 12, Braden Papers, SHSW; »*Miss(issippi) Judge Halts Expectant Mother's Jail Try*«, Student Voice, Juni 1963, S. 1.

5 JAMES FORMAN: *The Making of Black Revolutionaries*, Macmillan, New York 1972, S. 236; JAMES H. LAUE: »*Direct Action*«, siehe Anm. 1, S. 313, 317.

6 CARL M. BRAUER: *John F. Kennedy and the Second Reconstruction*, Columbia University Press, New York 1977, S. 115, Fußnote.

7 JAMES FORMAN: *Black Revolutionaries*, siehe Anm. 5, S. 244 f.

8   Ebenda, S. 237; SNCC-Bilanzen für 1963, zur Verfügung gestellt von Jesse
    B. Blayton, CPA, 17.4.1964.
9   Finanzbericht 1.1.–1.6.1962; SNCC-Bilanzen für 1963. Im Jahr 1963 be-
    kam das SNCC noch immer fast die Hälfte seiner Einnahmen aus institu-
    tionellen Quellen (mehr als 142 000 Dollar; vor allem von religiösen Insti-
    tutionen, Gewerkschaften und Stiftungen). Einzelspenden beliefen sich auf
    74 000 Dollar.
10 Interview mit Bill Hall, 7.11.1976 in Atlanta.
11 Interview mit John Perdew, 7.11.1976 in Atlanta.
12 Interview mit John Wilson, 26.4.1972, in Washington, D. C.
13 FANNIE LOU HAMER ET AL.: *To Praise Our Bridges: An Autobiography,*
    KIPCO, Jackson, Mississippi, 1967, S. 11 f.; »*Story of Greenwood, Missis-*
    sippi«, Folkways Records. Vgl. ebenfalls Interview mit Fannie Lou Hamer,
    PS-SU; SNCC Newsletter, 21.1.1963, S. 2; JERRY DEMUTH: »*Tired of*
    Being Sick and Tired«, Nation, 1.6.1964, S. 548–551.
14 JAMES FORMAN: *Black Revolutionaries,* siehe Anm. 5, S. 267 f.
15 »*Report on Terrell County*«, box 62, folder 3, Braden Papers, SHSW.
16 JAMES FORMAN: *Black Revolutionaries,* siehe Anm. 5, S. 276.
17 PAT WATTERS, REESE CLEGHORN: *Climbing Jacob's Ladder: The Arrival of*
    Negroes in Southern Politics, Harcourt Brace & World, New York 1967,
    S. 165 ff.
18 ANNE BRADEN: »*The Images Are Broken; Students Challenge Rural*
    Georgia«, Southern Patriot, Dezember 1962, S. 1.
19 Ebenda, S. 3.
20 Interview mit John Perdew; PAT WATTERS: *Down to Now: Reflections on*
    the Southern Civil Rights Movement, Pantheon Books, New York 1971,
    S. 192.
21 ANNE BRADEN: »*Students Challenge*«, siehe Anm. 18, S. 3; JOHN PERDEW:
    »*Difficult to Organize the Poorest and the Wealthiest among Negroes …*«,
    I. F. Stone's Bi-Weekly, 9.12.1963, S. 3; Interview mit John Perdew.
22 PAT WATTERS, REESE CLEGHORN: *Climbing Jacob's Ladder,* siehe Anm. 17,
    S. 21.
23 »*Survey: Current Field Work, Spring 1963*«, wieder abgedruckt in US-
    Congress, House, Committee on the Judiciary: Civil Rights: Hearings,
    88th Congress, 1st Session, 28.5.1963, S. 1278.
24 ANNE COOKE ROMAINE: »*The Mississippi Freedom Democratic Party*
    through August, 1964«, M. A.-Thesis, Universität of Virginia 1970, S. 54;
    BOB MOSES: »*Mississippi: 1961–1962*«, Liberation, 14.1.1970, S. 14 f.
25 Vgl. *Mississippi Voter-Education Report* von Bernice Robinson, High-
    lander Center, 19.7.1962, box 3, Braden Papers, University of Tennessee.
26 »*Interview with SNCC Leader: Voter Registration Drive Moves Forward*
    Painfully«, New America, 6.2.1963, S. 5.
27 Bob Moses an »Northern Supporters«, 27. Februar 1963, wieder
    abgedruckt in: JOANNE GRANT (HG.): *Black Protest: History, Documents,*

and Analyses: 1619 to the Present, Fawcett, Greenwich, Connecticut, 1968, S. 300; Interview mit Ernest Nobles, 19.9.1968, in McComb.

28 JAMES FORMAN: *Black Revolutionaries,* siehe Anm. 5, S. 283.

29 PAT WATTERS, REESE CLEGHORN: *Climbing Jacob's Ladder,* siehe Anm. 17, S. 159 f. Vgl. ebenfalls »*Registration Efforts in Mississippi Continue Despite Violence and Terror*«, Student Voice, Oktober 1962, S. 2.

30 BOB MOSES: »*Mississippi*«, siehe Anm. 24, S. 17.

31 »*Surplus Food Denied to Registrants*«, Student Voice, 19.12.1962, S. 2.

32 Civil Rights: Hearings, siehe Anm. 22, S. 1292; LARRY STILL: »*Step Up Drive to Aid Hungry Mississippi Negroes*«, Jet, 21.2.1963.

33 JOHN FISHER: »*A Small Band of Practical Heroes*«, Harper's Magazine, Oktober 1963, S. 24; JOANNE GRANT: *Black Protest,* siehe Anm. 27, S. 300.

34 JOANNE GRANT: *Black Protest,* siehe Anm. 27, S. 300 f.

35 JAMES FORMAN: *Black Revolutionaries,* siehe Anm. 5, S. 295.

36 Ebenda, S. 300 f.

37 »*Civil Rights Youths Study Strategy Here*«, Atlanta Constitution, 1.4.1963. Vgl. ebenfalls: »*The Students: A New Look*«, Southern Patriot, Mai 1963, S. 1.

38 JAMES FORMAN: *Black Revolutionaries,* siehe Anm. 5, S. 305 ff. Vgl. ebenfalls: »*Only the Literate?*«, Southern Patriot, Mai 1963, S. 1, 3.; Aussage von Moses vor dem House Judiciary Committee, in: Civil Rights: Hearings, siehe Anm. 22, S. 1256.

39 JAMES FORMAN: *Black Revolutionaries,* siehe Anm. 5, S. 307.

Marsch auf Washington

1 »*NAG Plans May 17 Demonstrations in D. C.*«, Student Voice, April 1962, S. 3; CARL M. BRAUER: *John F. Kennedy and the Second Reconstruction,* Columbia University Press, New York 1977, S. 156.

2 »*SNCC Staffers Sentenced in Mississippi, Kennedy Asked to Witness Trials*«, Student Voice, Juni 1962, S. 1, 4; »*Police Invade Federal Property*«, Student Voice, Juni 1962, S. 2.

3 SNCC news release, 26.7.1962, FOF, 1962–63, N21-5643; SNCC news release, ohne Datum, FOF, 1962–63, N21-5644; »*Albany Leaders, NAG Protest in Washington*«, Student Voice, 19.12.1962, S. 2.

4 SNCC news release, 29.8.1962, FOF, N21-5658; SNCC news release, 13.9.1962, FOF, N21-5665.

5 McLaurin an Kennedy, 21.9.1962, box 368, White House Subject Files, JFK.

6 SNCC news release, 26.1.1963.

7 »*Voter Registration Drive Moves Forward Painfully*«, New America, 6.2.1963, S. 5. Vgl. ebenfalls NEIL R. McMILLEN: »*Black Enfranchisement*

in Mississippi: Federal Enforcement and Black Protest in the 1960s«,
Journal of Southern History, Nr. 43, August 1977, S. 357 f.; ALEXANDER
M. BICKEL: *»Impeach Judge Cox«*, New Republic, 4.9.1965, S. 13.

8 Vgl. US-Congress, House, Committee on the Judiciary, Subcommittee No.
5: Civil Rights: Hearings, 88th Congress, 1st Session, part 2, S. 1282.

9 Interview mit John Doar, 5.5.1972, in New York City.

10 White an McDew, 18.9.1962; White an McDew, 1.10.1962, box 368,
White House Subject Files, JFK, Hervorhebung vom Autor.

11 John Doar erklärte später, das Justizministerium habe nicht genügend Beweise für die Übertretung der Wahlrechtsgesetzgebung durch den Staat Mississippi gehabt, um 1962 eine Intervention der Bundesregierung zu rechtfertigen. Dagegen seien die Beweise, die in dem Verfahren Vereinigte Staaten
gegen Bundesstaat Mississippi über mehrere Jahre hinweg gesammelt wurden, entscheidend dabei gewesen, die Unterstützung des Kongresses für die
Wahlrechtsgesetze von 1965 zu erhalten. Als er die Klage 1962 erhob, »stand
niemand im Senat und kein Mitglied einer Bürgerrechtsorganisation auf und
erklärte, dass alle Fakten der Anklage korrekt seien – weil sie eine ähnliche
Erfahrung gemacht hätten. Obwohl wir es wussten. Doch die Nation wusste es im großen und ganzen nicht. Aber als zwei Jahre später die Beweise
dem Kongress vorgelegt wurden, war es keine Frage mehr, wie die Tatsachen in den Südstaaten aussahen. Die Fakten waren dieselben, aber die
Beweislage für diese Fakten war eine andere.« Interview mit John Doar.

12 Vgl. Marshall an McDew, 5.4.1963, box 369, HU 2/St. 24, White House
Subject Files, JFK; Memorandum an Präsident Kennedy, 8.4.1963, box
23, White House Staff Files, Lee White Papers, JFK.

13 Interview mit John Doar. Doar fügte hinzu, dass im ländlichen Mississippi
»ein ganzes Heer von Erzwingungsmaßnahmen« nötig gewesen wäre,
»um auch nur eine Handvoll von Bürgerrechtsaktivisten zu schützen. Und
auch dann hätten sie nicht beschützt werden können, denn die SNCC-Kids
verhielten sich, als hätten sie das Recht, zu kommen und zu gehen, wohin
und wann es ihnen gefiel. Wie könnte man da einen Personenschutz organisieren?« Vgl. ebenso CARL M. BRAUER: *John F. Kennedy*, siehe Anm. 1,
Chapter 6; VICTOR NAVASKY: *Kennedy Justice*, Atheneum, New York
1971, Chapter 3.

14 Civil Rights: Hearings, siehe Anm. 8, S. 1250, 1253 f., 1256, 1259.

15 Vgl. *»Gloria Richardson: Lady General of Civil Rights«*, Ebony, Juli
1964, S. 23 ff., 28, 30.

16 Vgl. JAMES FORMAN: *The Making of Black Revolutionaries*, MacMillan,
New York 1972, S. 326–331.

17 SOUTHERN REGIONAL COUNCIL: *»Civil Rights: Year-End Summary«*,
31.12.1963.

18 ARTHUR M. SCHLESINGER JR.: *A Thousand Days: John F. Kennedy in the
White House*, Houghton Mifflin Company, Boston 1965, S. 884 f.

19 *»Negro Leader Takes Issue with Kennedy's Remarks«*, Roanoke Times,

19.7.1963; SNCC new release, FOF, 1963–64, J7 3598, 15.6.1963.

20 Vgl. Jane Lee J. Eddy, Geschäftsführerin der Taconic Foundation, an den Autor, 16.4.1971; Taconic Foundation Report, Dezember 1965; REESE CLEGHORN: »*The Angels Are White: Who Pays the Bills for Civil Rights?*« New Republic, 17.8.1963, S. 12 ff.; LERONE BENNETT JR.: *Confrontation: Black and White*, Penguin Books, Baltimore 1965, S. 241–248.

21 »*Federal Jury Indicts Nine*«, Student Voice, Oktober 1963, S. 3; VICTOR NAVASKY: *Kennedy Justice*, siehe Anm. 13, S. 121 ff.; CARL M. BRAUER: *John F. Kennedy*, siehe Anm. 1, S. 289.

22 Originaltext wieder abgedruckt in: JOANNE GRANT (HG.): *Black Protest: History, Documents, and Analyses, 1619 to the Present*, Fawcett, Greenwich, Connecticut, 1968, S. 375 ff.

23 Interview mit John Lewis, 17.4.1972, in Atlanta.

24 Interview mit John Lewis; Interview mit Courtland Cox, 8.4.1972, in Washington, D. C.; JAMES FORMAN: *Black Revolutionaries*, siehe Anm. 16, S. 334 f.; EMILY SCHOTTENFELD STOPER: »*The Student Nonviolent Coordinating Committee: The Growth of Radicalism in a Civil Rights Organization*«, Ph. D. Dissertation, Harvard University 1968, S. 70 ff. Einen abweichenden Bericht vom Treffen im Statler Hotel gibt Closter B. Current, NAACP-Vertreter, in einem Brief vom 10. Januar 1977 an den Autor: »John Lewis war, soweit ich mich erinnere, vernünftig im Gegensatz zu Cox. Am nächsten Tag hatte Lewis zudem Streit mit James Forman, der einen ihm nicht zustehenden Einfluss auf die SNCC-Ideologie auszuüben schien.«

25 CLEVELAND SELLERS MIT ROBERT TYRELL: *The River of No Return: The Autobiographie of a Black Militant and the Life and Death of SNCC*, William Morrow, New York 1973, S. 66.

26 Student Voice, Oktober 1963, S. 1, 3 f.

Pläne für die Konfrontation

1 »*Moses of Mississippi Raises Some Universal Questions*«, Pacific Scene, Nr. 5, Februar 1964, S. 4; Wiley Branton an Bob Moses, in: Pat Watters, Reese Cleghorn: CLIMBING JACOB'S LADDER: *The Arrival of Negroes in Southern Politics*, Harcourt Brace and World, New York 1967, S. 213 f.

2 Interview mit Allard Lowenstein, 16.5.1977, in Stanford, California.

3 Protokoll des Exekutivkomitees, 6.–9.9.1963; LESLIE BURL MCLEMORE: »*The Mississippi Freedom Democratic Party: A Case Study of Grass-Roots Politics*«, Ph. D. Dissertation, University of Massachusetts, 1971, S. 102.

4 Ivanhoe Donaldson in: JAMES FORMAN: *The Making of Black Revolutionaries*, Macmillan, New York 1972, S. 356; LAWRENCE GUYOT, MIKE THELWELL: »*The Politics of Necessity and Survival in Mississippi*«, Freedomways, Nr. 6, Frühling 1966, S. 132.

5   »*Three Hundred Attend SNCC Conference*«, Student Voice, 9.12.1963,
    S. 2; I. F. STONE: *In a Time of Torment*, Random House, New York 1967,
    S. 361.
6   HOWARD ZINN: *SNCC: The New Abolitionists*, Beacon Press, Boston
    1965, S. 187 ff. Vgl. auch: »Notes on Mississippi Staff Meeting,
    Greenville, November 14.–16., 1962«; LEN HOLT: *The Summer That
    Didn't End*, Heinemann, London 1966, S. 36; MARY AICKIN ROTHSCHILD:
    »*Northern Volunteers and the Southern ›Freedom Summers‹, 1964–1965:
    A Social History*«, Ph. D. Dissertation, University of Washington 1974,
    S. 26–29; ANNE COOKE ROMAINE: »*The Mississippi Freedom Democratic
    Party through August, 1964*«, M. A.-Abschlussarbeit, University of Vir-
    ginia 1970, S. 88 f.
7   BOB ROBERTSON: »*Militant Plan to Create Crisis in Mississippi*«, San
    Francisco Chronicle, 7.12.1963.
8   Protokoll vom Treffen des SNCC-Exekutivkomitees, 30.12.1963.
9   ANNE COOKE ROMAINE: »*Mississippi Freedom Democratic Party*«, siehe
    Anm. 6, S. 71 ff.
10 »*The Students: A New Look*«, Southern Patriot, Mai 1963, S. 3.
11 HOWARD ZINN: *SNCC*, siehe Anm. 6, S. 185, 222, 235.
12 ROBERT PENN WARREN: *Who Speaks for the Negro?*, Random House,
    New York 1965, S. 95 ff.
13 Interview mit John Lewis, Dialogue Magazine, Nr. 4, Frühjahr 1964, wie-
    der abgedruckt in: AUGUST MEIER, ELLIOT RUDWICK, FRANCIS L. BRODE-
    RICK (HG.): *Black Protest Thought in the Twentieth Century*, 2. Aufl.,
    Bobbs-Merrill, Indianapolis 1971, S. 357.
14 Protokoll vom Treffen des SNCC-Exekutivkomitees, 29.12.1963.
15 Manuskript von Anne Braden, ohne Titel, box 62, Braden Papers, SHSW.
16 Treffen des SNCC-Exekutivkomitees, 29.12.1963.
17 Braden an Continuations Committee of SSOC, 17.4.1964, box 61, folder
    3, Braden Papers, SHSW.
18 Protokoll vom Treffen des SNCC-Exekutivkomitees, 19.4.1964.
19 JAMES HOWARD LAUE: »*Direct Action and Desegregation: Toward a
    Theory of the Rationalization of Protest*«, Ph. D. Dissertation, Harvard
    University, 1965, S. 377.
20 »*Wallace Sparks Cambridge Protests*«, Student Voice, 19.5.1964, S. 2.
21 CLEVELAND SELLERS MIT ROBERT TERRELL: *The River of No Return:
    The Autobiography of a Black Militant and the Life and Death of SNCC*,
    William Morrow, New York 1973, S. 61.
22 Interview mit Stokely Carmichael, von Howard Zinn, in Mississippi,
    Sommer 1963. Vgl. ebenfalls KIRKPATRICK SALE: *SDS*, Random House,
    New York 1973, S. 102.
23 Broschüre über die Konferenz und Bericht des Resolutionskomitees, box
    62, folder 4, Braden Papers, SHSW; ELIZABETH SUTHERLAND: »*SNCC
    Takes Stock: Mandate from History*«, Nation, 6.1.1964, S. 30–33;

ELEANOR HOLMES: »*Conway and Rustin Praise Negro Youth on the March*«, New America, 27.12.1963, S. 4; »*SNCC Conference: Affirm Continued Rights Battle*«, News & Letters, Dezember 1963, FOF, 1963–64, K16 2634.

24 Protokoll vom Treffen des SNCC-Exekutivkomitees, 27.12.1963.

25 RUBY DORIS ROBINSON: »*The SNCC Explosion*«, Frühjahr 1964, Kopie.

26 King erklärte, obwohl es keinen Beweis für die anhaltende Mitgliedschaft O'Dells in der Kommunistischen Partei gibt, könne die SCLC nicht den Eindruck riskieren, »die SCLC und die Freiheitsbewegung in den Südstaaten seien von Kommunismus inspiriert.« Vgl. King an O'Dell, 3.7.1963, box 8, Martin Luther King folder, Burke Marshall Papers, JFK; DAVID WISE: »*The Campaign to Destroy Martin Luther King*«, New York Review of Books, 11.11.1976, S. 38–42.

27 Interview mit Stokely Carmichael, von Howard Zinn, 1963.

28 THEODORE H. WHITE: »*Power Structure, Integration, Militancy, Freedom Now!*«, Life, 29.11.1963, S. 86 f.

29 Protokoll vom Treffen des SNCC-Exekutivkomitees, 28.12.1963.

30 Protokoll vom Treffen des SNCC-Exekutivkomitees, 19.4.1964, Atlanta; John Lewis in: »*SNCC Charges Hoover, FBI, Aid Racists*«, SNCC news release, 30.4.1964; WILLIAM M. KUNSTLER: »*Journey to Understanding: Four Witnesses to a Mississippi Summer*«, Nation, 28.12.1964. Im Sommer 1964 gründete Moses das COFO-Legal Advisory Committee (Beratungskomitee für juristische Fragen), bestehend aus den SNCC-Unterstützern R. Hunter Morey, Arthur Kinoy, William Kunstler und Benjamin Smith. Kinoy und Smith waren Mitglieder der Anwaltsgilde, was wiederum zur Kritik des COFO durch NAACP-Offizielle sowie Arthur Schlesinger, Jr., führte. Vgl. JAMES FORMAN: *Black Revolutionaries*, siehe Anm. 4, S. 367, 381 f.

31 JAMES FORMAN: *Black Revolutionaries*, siehe Anm. 4, S. 365; REESE CLEGHORN: »*The Angels Are White: Who Pays the Bills for Civil Rights?*«, New Republic, 17.8.1963, S. 12 ff.

32 Protokoll vom Treffen des SNCC-Exekutivkomitees, 10.4.1964.

33 Vgl. »Meeting«, New Yorker, 11.4.1964, S. 33–36; LEN HOLT: *Summer That Didn't End*, siehe Anm. 6, S. 157.

34 HOWARD ZINN: *SNCC*, siehe Anm. 6, Chapter 6; »*Freedom-Day in Hattiesburg*«, Student Voice, 27.1.1964, S. 2. »*Ministers Arrested, Demonstrations Banned*«, Student Voice, 3.2.1964, S. 3; »*Mississippi Freedom Days Spur Registration*«, Student Voice, 3.3.1964, S. 2.

35 Protokoll der COFO-Versammlung, 9.2.1964, JoAnn O. Robinson Papers, »*Mississippi: Madison County COFO Staff Minutes and Reports, 1964–65*«, SHSW.

36 LEN HOLT: *Summer That Didn't End*, siehe Anm. 6, S. 155 f.

37 Ebenda, S. 158; ANNE COOKE ROMAINE: »*Mississippi Freedom Democratic Party*«, siehe Anm. 6, S. 26; LESLIE BURL McLEMORE: »*Mississippi*

Freedom Democratic Party«, siehe Anm. 3, S. 107 f.

38 *»Prospectus for a Summer Freedom School Programm«*, und Mitteilung von Charles Cobb an das SNCC-Exekutivkomitee, 14.1.1964, box 9, UCLA.

39 VIOLA M. BROOKS: *Freedom Schools*, California State Association of Colored Women's Clubs, Los Angeles 1965, S. 31.

40 Mitteilung von Sommerprojekt-AktivistInnen in Mississippi an die LehrerInnen der Freiheitsschulen in Mississippi, 5.5.1964, box 9, UCLA; *»Notes on Teaching in Mississippi«*, in: LEN HOLT: *Summer That Didn't End*, siehe Anm. 6, S. 325.

41 Text in: LEN HOLT: *Summer That Didn't End*, siehe Anm. 6, S. 197 f.; JAMES FORMAN: *»Freedom Push in Mississippi«*, Los Angeles Times, 14.6.1964.

Herausforderung für Mississippi

1 *»Criteria for Screening Applications for Work with COFO in Mississippi«*, box 3, UCLA.

2 JAMES ATWATER: *»›If We Can Crack Mississippi …‹«*, Saturday Evening Post, 25.7.1964, S. 16. Vgl. ebenso MARY AICKIN ROTHSCHILD: *»Northern Volunteers and the Southern ›Freedom Summers‹ 1964–1965: A Social History«*, Ph. D. Dissertation, University of Washington 1974, Chapter 2.

3 CLEVELAND SELLERS MIT ROBERT TERRELL: *The River of No Return: The Autobiography of a Black Militant and the Life and Death of SNCC*, William Morrow, New York 1973, S. 82.

4 Bill Hodes an »Folks«, ca. 16.6.1964, in Hodes Papers, University of Tennessee.

5 ELIZABETH SUTHERLAND (HG.): *Letters from Mississippi*, McGraw-Hill, New York 1965, S. 4; Interview mit Muriel Tillinghast, 7.11.1976, in Atlanta.

6 Bill Hodes an »Folks«, siehe Anm. 4.

7 SALLY BELFRAGE: *Freedom Summer*, Viking Press, New York 1965, S. 9 ff., 81. Vgl. ebenfalls CLEVELAND SELLERS MIT ROBERT TERRELL: *River of No Return*, siehe Anm. 3, S. 83 f.

8 *»A Chronology of Violence and Intimidation in Mississippi since 1961«*, SNCC, 1964.

9 LEN HOLT: *The Summer That Didn't End*, Heinemann, London 1966, S. 189–194.

10 SALLY BELFRAGE: *Freedom Summer*, siehe Anm. 7, S. 25 f.

11 *»Chairman Requests Federal Marshalls«*, Student Voice, 30.6.1964, S. 2. Vgl. ebenfalls Hoover an Walter Jenkins, 13.7.1964, HU 2/ST 24, White House Central Files, JFK; LESTER A. SOBEL (HG.): *Civil Rights*

1960–66, Facts on File, New York 1967, S. 244; Mitteilung von Bob Moses an Mississippi-Sommerprojekt, 27.6.1964, FOF, 1963–64, N17 451.

12 Vgl. WILLIAM BRADFORD HUIE: *Three Lives for Mississippi*, New American Library, New York 1968.

13 CLEVELAND SELLERS MIT ROBERT TERRELL: *River of No Return*, siehe Anm. 3, S. 95 f.

14 JERRY DeMUTH: »*Summer in Mississippi; Freedom Moves in to Stay*«, Nation, 14.9.1964, S. 109; ELIZABETH SUTHERLAND: *Letters*, siehe Anm. 5, S. 43.

15 SALLY BELFRAGE: *Freedom Summer*, siehe Anm. 7, S. 50, 75.

16 PAUL GOOD: *The Trouble I've Seen: White Journalist/Black Movement*, Howard University Press, Washington, D.C. 1975, S. 143 f.; POLLY GREENBERG: *The Devil Has Slippery Shoes: A Biased Biography of the Child Development Group of Mississippi*, Macmillan, London 1969, S. 89 f.

17 JAMES ATWATER: »›*If We Can Crack Mississippi …*‹«, siehe Anm. 2, S. 17 f.

18 NEIL R. McMILLEN: »*Black Enfranchisement in Mississippi: Federal Enforcement and Black Protest in the 1960s*«, Journal of Southern History, Nr. 43, August 1977, S. 367. Vgl. ebenfalls LESLIE BURL McLEMORE: »*The Mississippi Freedom Democratic Party: A Case Study of Grass-Roots Politics*«, Ph.D. Dissertation, University of Massachusetts, 1971, S. 110 f.

19 Mitteilung von Bruce Maxwell an COFO-AktivistInnen, 7.9.1964.

20 BRUCE MAXWELL: »*We Must Be Allies … Race Has Led Us Both to Poverty*«, Kopie, 1964.

21 ED HAMLETT: »*White Folk's Project*«, Kopie, 1964; Bruce Maxwell an COFO-AktivistInnen, siehe Anm. 19.

22 BRUCE MAXWELL: »*We Must Be Allies*«, siehe Anm. 20.

23 Bruce Maxwell an COFO-AktivistInnen, siehe Anm. 19.

24 ELIZABETH SUTHERLAND: *Letters*, siehe Anm. 5, S. 104.

25 LEN HOLT: *Summer That Didn't End*, siehe Anm. 9, S. 113.

26 ELIZABETH SUTHERLAND: *Letters*, siehe Anm. 5, S. 100, 97.

27 »*Freedom School Data*«, COFO-Kopie, August 1964, box 9, UCLA; Ralph Featherstone zitiert nach: »*Freedom Schools Mississippi*«, Student Voice, 5.8.1964, S. 2.

28 STAUGHTON LYND: »*The Freedom Schools: Concept and Organization*«, Freedomways, 5, Frühling 1965, S. 306. Vgl. ebenfalls LEN HOLT: *Summer That Didn't End*, siehe Anm. 9, S. 116–122.

29 HOWARD ZINN: »*Schools in Context: The Mississippi Idea*«, Nation, 23.11.1964, S. 10.

30 JOHN DOAR, DOROTHY LANDSBERG: *The Performance of the FBI in Investigating Violations of Federal Law Protecting the Right to Vote – 1960–1967*, unveröffentlicht, 1971, S. 47, Fotokopie am JFK. Vgl. ebenfalls STEVEN F. LAWSON: *Black Ballots: Voting Rights in the South*,

1944–1969, Columbia University Press, New York 1976, S. 302.

31 SALLY BELFRAGE: *Freedom Summer,* siehe Anm. 7, S. 55, 164.

32 »*Mississippi Summer Project, Running Summary of Incidents*«, SNCC, 1964, box 4, folder 22, UCLA; »*Bombings in McComb, Mississippi*«, box 8, presidential folder, Burke Marshall Papers, JFK. Eine andere Quelle führt die folgenden Statistiken für den Sommer auf: »Eintausend Festnahmen; 35 Schießereien, dabei drei Verletzte; 30 Häuser und andere Gebäude durch Bombenanschläge zerstört; 35 Kirchen niedergebrannt; 80 Personen zusammengeschlagen; wenigstens sechs Personen ermordet.« Vgl. PAT WATTERS: *Encounter with the Future,* Southern Regional Council, Atlanta 1965, S. 3.

33 HOWARD ZINN: *SNCC: The New Abolitionists,* Beacon Press, Boston 1965, S. 222; Interview mit Muriel Tillinghast, siehe Anm. 5; ELIZABETH SUTHERLAND: *Letters,* siehe Anm. 5, S. 44 f.

34 SALLY BELFRAGE: *Freedom Summer,* siehe Anm. 7, S. 183.

35 JAMES MILLSTONE: »*Better Police Protection Called Most Important Gain in Summer of Rights Work in Mississippi*«, St. Louis Post Dispatch, 13.8.1964.

36 »*Over 800 Meet at MFDP Convention*«, Student Voice, 12.8.1964, S. 1.

37 LEN HOLT: *Summer That Didn't End,* siehe Anm. 9, S. 167; »*Demo Convention Faces Showdown*«, Student Voice, 19.8.1964, S. 1, 4.

38 LEN HOLT: *Summer That Didn't End,* siehe Anm. 9, S. 165.

39 Vgl. Abschrift der Pressekonferenz von George Reedy, 19. August 1964, National Security File, Civil Rights, vol. 1, LBJ; U.S. Congress, Senate, Select Committee to Study Government Operations with Respect to Intelligence Acitivities, Intelligence Acitivities: Hearings on Senate Resolution 21, 94th Congress, 1st Session, vol. 6, S. 174–177, 495–510; Final Report: Supplementary Detailed Staff Reports on Intelligence Acitivities and the Rights of Americans, Book II, 94th Congress, 2nd Session, 26.4.1976, S. 117–199.

40 Interview mit Joseph Rauh in: ANNE COOKE ROMAINE: »*The Mississippi Freedom Democratic Party through August, 1964*«, M. A.-Abschlussarbeit, University of Virginia 1970, S. 311, 315. Johnson wurde über den Vorschlag, beide Delegationen zuzulassen, informiert, in einer Mitteilung von Bill Moyers am 10. August. Vgl. Fred Dutton an Moyers, 10.8.1964, box 368, White House Subject Files, PL 1/ST 24, LBJ; »*Presidential Neutrality Urged on Mississippi*«, Los Angeles Times, 19.8.1964.

41 Vgl. Congressional Record, 20.8.1964, S. 20712 f.

42 JAMES FORMAN: *The Making of Black Revolutionaries,* Macmillan, New York 1972, S. 387.

43 THEODORE H. WHITE: *The Making of Black Revolutionaries,* Macmillan, New York 1972, S. 387.

44 ANNE COOKE ROMAINE: »*Mississippi Freedom Democratic Party*«, siehe Anm. 40, S. 335 f.

45 CHARLES SHERROD: »*Mississippi at Atlantic City*«, Grain of Salt, Union Theological Seminary, 12.10.1964, S. 6.

46 CHARLES SHERROD: »*Mississippi at Atlantic City*«, a.a.O., S. 9; JAMES FORMAN: *Black Revolutionaries*, siehe Anm. 42, S. 391–395.

47 LYNDON JOHNSON: *The Vantage Point: Perspectives of the Presidency, 1963–1969*, Holt, Rinehart & Winston, New York 1971, S. 101. Vgl. ebenfalls Professor Walter Adams (der den bewaffneten Ordnern auf dem Parteitag vorgesetzt war) an Walter Jenkins, 1.9.1964, White House Central Files, PL 1/ST 24, LBJ.

48 »*The Convention Challenge*«, Kopie, gesandt an Friends of the MFDP; gekürzt als »*MFDP Gives Live Lesson in Democracy*« in: Newsletter of Bay Area Friends of SNCC, November 1964.

49 Interview mit John Lewis, 17.4.1972, in Atlanta; ANNE COOKE ROMAINE: »*Mississippi Freedom Democratic Party*«, siehe Anm. 40, S. 248.

50 CHARLES SHERROD: »*Mississippi at Atlantic City*«, siehe Anm. 45, S. 9 ff.

51 STOKELY CARMICHAEL, CHARLES V. HAMILTON: *Black Power: The Politics of Liberation in America*, Random House, New York 1967, S. 96, dt: STOKELY CARMICHAEL, CHARLES V. HAMILTON: *Black Power: die Politik der Befreiung in Amerika*, 1. Aufl., Günther, Stuttgart 1968, spätere Ausgabe: Fischer Bücherei 1017: Informationen zur Zeit, Lizenzausgabe 1969; LAWRENCE GUYOT, MIKE THELWELL: »*The Politics of Necessity and Survival in Mississippi*«, Freedomways, Nr. 6, Frühjahr 1966, S. 132.

52 »*Moses of Mississippi Raises Some Universal Questions*«, Pacific Scene, Nr. 5, Februar 1965, S. 4.

53 MARIO SAVIO: »*An End to History*«, in: MASSIMO TEODORI (HG.): *The New Left: A Documentary History*, Bobbs-Merrill, Indianapolis 1969, S. 159.

Teil II: Innenschau

Rückzug nach Waveland

1 JAMES FORMAN: *The Making of Black Revolutionaries*, Macmillan, New York 1972, S. 427.

2 »*Brief Report on Guinea*«, Kopie, 26.9.1964, S. 10.

3 FANNIE LOU HAMER ET AL.: *To Praise Our Bridges: An Autobiography*, Macmillan, New York 1972, S. 427.

4 JOHN NEARY: *Julian Bond: Black Rebel*, William Morrow, New York 1971, S. 73. Staughton Lynd schrieb, dass Bob Moses während einer Afrikareise 1965 sein Bild und das von Fannie Lou Hamer in einem Magazin gesehen habe, das von der Informationsabteilung der Vereinigten Staaten herausgegeben wurde. »Die Überschrift lautete: ›Bob Moses und Frau Hamer führen eine (MFDP; d. A.)-Delegation zu ihren Vertretungssitzen beim Parteitag der

Demokraten.‹ Bob hatte das Gefühl, dass er und die Toten von Mississippi von diesem Magazin missbraucht worden seien, um dem Rest der Welt mitzuteilen, dass die Demokratie funktioniere in einem Land, das einen Bob Moses hervorbringen könne.« Vgl. STAUGHTON LYND: »A Radical Speaks in Defense of S.N.C.C.«, New York Times Magazine, 10.9.1967, S. 152.

5 JOHN LEWIS, DON HARRIS: »The Trip«, Bericht an die SNCC-Hauptamtlichen, 14.12.1964, S. 5 f.

6 Ebenda, S. 3, 8. Vgl. ebenfalls: GEORGE BREITMAN: The Last Year of Malcolm X: The Evolution of a Black Revolutionary, Schocken Books, New York 1968, S. 79.

7 GEORGE BREITMAN (HG.): Malcolm X Speaks: Selected Speeches and Statements, Merit, New York 1965, S. 151 f.; »Interview mit John Lewis«, Militant, 5.4.1965.

8 ROWLAND EVANS, ROBERT NOVAK: »Civil Rights – Danger Ahead«, Washington Post, 2.12.1964; kopierter Text einer Rede von John Lewis, Februar 1965.

9 Bob Moses in: »Two Hundred Volunteers to Stay in Mississippi This Winter«, New Orleans Times-Picayune, 20.8.1964; ROWLAND EVANS, ROBERT NOVAK: »Freedom Party Postscript«, Washington Post, 3.9.1964. Vgl. ebenfalls: JOSEPH ALSOP: »An Unhappy Secret«, Washington Post, 15.4.1964.

10 Mitschrift von Mendy Samstein vom SNCC: »Rough Minutes of a Meeting Called by the National Council of Churches to Discuss the Mississippi Project«, 18.9.1964. Vgl. ebenfalls JAMES FORMAN: Black Revolutionaries, siehe Anm. 1, S. 399–405; Mitschrift in: box 13, CORE, Southern Regional office, series 2, Louisiana office, SHSW; Gloster Current an Autor, 10.1.1977.

11 Vgl. »Outline for Projected Black Belt Program«, August 1964; JAMES FORMAN: Black Revolutionaries, siehe Anm. 1, S. 416; Mitteilung von Bob Moses an COFO-AktivistInnen, 11.8.1964, box 3, folder 11, UCLA.

12 CLEVELAND SELLERS MIT ROBERT TERRELL: The River of No Return: The Autobiography of a Black Militant and the Life and Death of SNCC, William Morrow, New York 1973, S. 112; ROBERT COLES: Farewell to the South, Little, Brown, Boston 1972, S. 253; JAMES FORMAN: Black Revolutionaries, siehe Anm. 1, S. 416.

13 JAMES FORMAN: Black Revolutionaries, siehe Anm. 1, S. 417.

14 Ebenda, S. 425, 424, 366; JAMES FORMAN: »What Is the Student Nonviolent Coordinating Committee: ›A Band of Brothers, a Circle of Trust‹«, box 8, UCLA, S. 21.

15 JAMES FORMAN: Black Revolutionaries, siehe Anm. 1, S. 423, 420.

16 Mitteilung an SNCC-Hauptamtliche: »Re: SNCC Staff Retreat«. Dieses Papier und die meisten anderen Positionspapiere zum Seminar in Waveland finden sich in folder 23, Sherrod Papers, SHSW.

17 Anonymes Papier ohne Titel. Vgl. ebenfalls JAMES FORMAN: *Black Revolutionaries,* siehe Anm. 1, S. 432.

18 *»From Sherrod«,* ohne Datum, folder 23, Sherrod Papers, SHSW.

19 *»Some Basic Considerations for the Staff Retreat«,* ohne Datum, folder 23, Sherrod Papers, SHSW.

20 Howard Zinn: Mitteilung an Vorbereitungsgruppe des AktivistInnenseminars, ohne Datum; *»Introduction: Semi-Introspective«* (Name des Autors auf dessen Bitte nicht genannt), ohne Datum, folder 23, Sherrod Papers, SHSW.

21 *»From Sherrod«,* siehe Anm. 18; MARIA VARELA: *»Training SNCC Staff to Be Organizers«,* ohne Datum; *»What is SNCC?«,* ohne Datum, folder 23, Sherrod Papers, SHSW.

22 *»What is SNCC? What Should It Be to Accomplish Its Goals?«,* ohne Datum; James Pittman: ohne Titel, ohne Datum, folder 23, Sherrod Papers, SHSW.

23 Frank Smith: *»Position Paper #1«,* ohne Datum, folder 23, Sherrod Papers, SHSW.

24 R. Hunter Morey, zit. in: MARY AICKIN ROTHSCHILD: *»Northern Volunteers and the Southern ›Freedom Summers‹, 1964–1965: A Social History«,* Ph.D. Dissertation, University of Washington 1974, S. 94; Liz Fusco: *»To Blur the Focus of What You Came Here to Know: A Letter Containing Notes on Education, Freedom Schools and Mississippi«,* Kopie, Siden, Mississippi, 1966, S. 1.

25 *»Moses of Mississippi Raises Some Universal Questions«,* Pacific Scene, Nr 5, Februar 1965, S. 4.

26 Silas Norman: *»What Is the Importance of Racial Considerations in the SNCC Staff?«,* ohne Datum, folder 23, Sherrod Papers, SHSW.

27 *»From Sherrod«,* siehe Anm. 18; Rev. Tom Brown: *»Position Paper«; »Introduction: Semi-Introspective«,* ohne Datum, siehe Anm. 20, folder 23, Sherrod Papers, SHSW; Mike Miller: Mitteilung an die überregionalen SNCC-Hauptamtlichen: *»Re: Questions Raised for National Staff Meeting.«*

28 Kopierter Text der Rede von James Forman, 6.11.1964.

29 *»Summary of Staff Retreat Minutes«,* 10.11.1964.

30 CLEVELAND SELLERS MIT ROBERT TERRELL: *River of No Return,* siehe Anm. 12, S. 115.

31 *»SNCC Position Paper«,* ohne Datum. Die Autorinnenschaft dieses Papiers wurde irrtümlicherweise auf Ruby Doris Robinson zurückgeführt, aber Sara Evans hat vor kurzem nachgewiesen, dass Casey Hayden und Mary E. King die maßgeblichen Autorinnen waren. Vgl. SARA EVANS: *Personal Politics: The Roots of Women's Liberation in the Civil Rights Movement and the New Left,* Alfred A. Knopf, New York 1979, S. 85.

32 Rede von James Forman, 6.11.1964; Telefoninterview mit Stokely Carmichael, 18.10.1977; Interview mit Muriel Tillinghast, 7.11.1976 in

Atlanta; Cynthia Washington: »*We Started from Different Ends of the Spectrum*«, Southern Exposure, Nr. 4, Winter 1977, S. 15. Carmichael behauptete, diejenigen, die das Thema der sexistischen Diskriminierung aufbrachten, versuchten, »die Bewegung dabei zu behindern, sich in Richtung Nationalismus zu orientieren, weil sie (die weißen Frauen) dachten, sie würden aus der Bewegung ausgeschlossen.«

33 Sandra Hayden (dieselbe Person wie Sandra Cason oder Casey Hayden, benutzte verschiedene Namen, d. Ü.), Mary E. King: »*Sex and Caste*«, Liberation, April 1966, S. 35 f.

34 Interview mit Marion Barry, 7.4.1972, in Washington D. C.

35 »*Mississippi: A Man and a Movement*«, Southern Patriot, November 1966, S. 7.

36 Vgl. Debbie Louis: *And We Are Not Saved: A History of the Movement as People*, Doubleday, Garden City, N.Y., 1970, S. 215 f.

37 Offensichtlich erzwangen William Kunstler und Benjamin Smith zudem den Rücktritt des Gemäßigten Henry Aronson als COFO-Berater, indem sie die versprochene finanzielle Unterstützung für das Büro von Aronson verweigerten. Vgl. Aronson an COFO-AktivistInnen, 19.1.1964, box 1, Benjamin E. Smith Collection, SHSW.

38 »*Holly Springs Project – Letters from Cleveland Sellers*«, box 3, folder 11, UCLA.

39 James Forman: *Black Revolutionaries*, siehe Anm. 1, S. 437.

40 »*Statement by John Lewis, Chairman*«, Kopie, Februar 1965. Vgl. ebenfalls Howard Zinn: *SNCC: The New Abolitionists*, Beacon Press, Boston 1965, S. 268; verschiedene Materialen zu diesem Treffen in box 8, UCLA.

41 »*SNCC Programs for 1965*«, Kopie, 23.2.1965.

Auf dem Weg zu neuen Ufern

1 Mitschrift einer Rede auf der SSOC-Konferenz, in Atlanta, 20.3.1965. Vgl. ebenfalls Jimmy Garrett: »*Who Decides?*«, Movement, April 1965, S. 2.

2 Charles Cobb: »*What We Have Discovered*«, Freedomways, Nr. 5, Frühling 1965, S. 340 f.

3 Anonyme weiße Frau, als Freiwillige des SNCC interviewt, #405, PS-SU, S. 4 f.

4 Liz Fusco: »*To Blur the Focus of What You Came Here to Know: A Letter Containing Notes on Education, Freedom Schools and Mississippi*«, Kopie, Siden, Mississippi, 1966, S. 1; Jane Stembridge: »*Some Notes on Education*«, box 6, NL-SU.

5 Cleveland Sellers mit Robert Terrell: *The River of No Return: The Autobiography of a Black Militant and the Life and Death of SNCC*, William Morrow, New York 1973, S. 131. Charles Cobb unterschied zwischen zwei Gruppen von »Floater« – einmal den »Freedom-highs«,

die »im wesentlichen weiße Intellektuelle« waren, und zum zweiten »einigen schwarzen Hauptamtlichen aus den Südstaaten, die dahin tendierten, sich ›Unverantwortlichkeiten‹ hinzugeben.« Vgl. Charles Cobb: »*On Snick/Revolution/and Freedom*«, box 6, NL-SU.

6 CLEVELAND SELLERS MIT ROBERT TERRELL: *River of No Return*, siehe Anm. 5, S. 131, 134.

7 JAMES FORMAN: *The Making of Black Revolutionaries*, Macmillan, New York 1972, S. 422.

8 LERONE BENNETT, JR.: »*SNCC: Rebels with a Cause*«, Ebony, Juli 1965, S. 148.

9 CLEVELAND SELLERS MIT ROBERT TERRELL: *River of No Return*, siehe Anm. 5, S. 135 ff.

10 Charles Cobb: »*On Snick/Revolution/and Freedom*«, siehe Anm. 5.

11 Vgl. Protokoll des Exekutivkomitees, 5. und 6.3.1965, in Atlanta; SNCC-Bericht der Ereignisse vom 7.–9.3.1965, section 48, Lucy Montgomery Papers, SHSW; »*Bloody Sunday*«, Sonderbeilage des Student Voice unter der Überschrift »*March through Selma*«, März 1965; JAMES FORMAN: *Sammy Younge, Jr.: The First Black College Student to Die in the Black Liberation Movement*, Grove Press, New York 1968, S. 75; *James Forman: Black Revolutionaries*, siehe Anm. 7, S. 441; »*The Southern Movement*«, Mt. Adams Review, Nr. 2, 1966, S. 13.

12 EARL UND MIRIAM SELBY: *Odyssey: Journey through Black America*, G. P. Putnam's Sons, New York 1971, S. 68; DAVID L. LEWIS: *King: A Critical Biography*, Penguin Books, Baltimore 1970, S. 275.

13 CLEVELAND SELLERS MIT ROBERT TERRELL: *River of No Return*, siehe Anm. 5, S. 122 f.

14 DAVID L. LEWIS: *King*, siehe Anm. 12, S. 281.

15 JAMES FORMAN: *Sammy Younge*, siehe Anm. 11, S. 91, 100 f.; »*Dr. King May Be White South's Best Friend*«, Nahsville Banner, 24.3.1965.

16 PAUL GOOD: »*Odyssey of a Man – and a Movement*«, New York Times Magazine, 25.6.1967, S. 46.

17 SSOC-Konferenz, 20.3.1965. Vgl. ebenfalls MARTIN LUTHER KING: *Where Do We Go from Here: Chaos or Community?*, Beacon Press, Boston 1967, S. 34, dt: *Wohin führt unser Weg? Chaos oder Gemeinschaft*, Econ, Düsseldorf 1968; 1968 auch noch erschienen als Fischer-Bücherei 937: Informationen zur Zeit, später bei der Büchergilde Gutenberg.

18 Mitschrift eines Treffens des Exekutivkomitees, 12.4.1965, S. 11; Schreiben von Penny Patch, Chris Williams, Elayne Delatt, Louis Grant, Ed Brown ans »*SNCC Folk*«, 19.3.1965, box 6, NL-SU.

19 Interview mit Stokely Carmichael von Howard Zinn, 1963; Interview mit Stokely Carmichael, 15.2.1973, in Los Angeles; Telefoninterview mit Stokely Carmichael, 18.10.1977.

20 Vgl. SALLY BELFRAGE: *Freedom Summer*, Viking Press, New York 1965, S. 134.

21 STOKELY CARMICHAEL: »*Who Is Qualified?*«, New Republic, 8.1.1966, S. 22.
22 Treffen der Hauptamtlichen des Bundesstaates Alabama, 22.4.1965, S. 6; Interview mit Stokely Carmichael, 18.10.1977. Vgl. ebenfalls STOKELY CARMICHAEL, CHARLES V. HAMILTON: *Black Power: The Politics of Liberation in America*, Random House, New York 1967, S. 98–103, dt: STOKELY CARMICHAEL, CHARLES V. HAMILTON: *Black Power: die Politik der Befreiung in Amerika*, 1. Aufl., Günther, Stuttgart 1968, spätere Ausgabe: Fischer Bücherei 1017: Informationen zur Zeit, Lizenzausgabe 1969.
23 JACK SHEPHERD: »*A Worker Hits the Freedom Road*«, Look, 16.11.1965, S. 46.
24 Abschrift des Protokolls vom Treffen des Exekutivkomitees, 11.4.1965, in Holly Springs, Mississippi; Interview mit Stokely Carmichael, 15.2.1973. Vgl. Interview mit Julian Bond in HOWELL RAINES: *My Soul Is Rested: Movement Days in the Deep South Remembered*, G. P. Putnam's Sons, New York 1977, S. 267.
25 »*Tense Lowndes Erupts as Minister Is Slain*«, Southern Courier, 25.8.1965, S. 1.
26 Frank Miles, in: »*Lowndes County Freedom Organization Leaders Talk about Their Party*«, The Movement, Juni 1966, S. 3.
27 Ebenda.
28 STOKELY CARMICHAEL: »›*Integration is Completely Irrelevant to Us: What We Want is Power for People Who Don't Have It*‹«, The Movement, Juni 1966, S. 4.
29 COURTLAND COX: »*What Would It Profit a Man ... A Report on Alabama*«, SNCC-Flugblatt, 1966. Vgl. ebenfalls Abschrift des Protokolls vom Treffen der SNCC-Hauptamtlichen, 25.11.1965.
30 Interview mit Gwen Gillan, 6.7.1967, tape 497, SHSW. Vgl. ebenfalls JOHN NEARY: *Julian Bond: Black Rebel*, William Morrow, New York 1971, S. 77 ff.
31 CHARLES COBB: »*A Reflective Look*«, 7.5.1965, Kopie. Wiederveröffentlicht als »*Atlanta: The Bond Campaign*«, Studies on the Left, Nr. 5, Frühling 1965, S. 79–82.
32 Ebenda, S. 80 ff.
33 Treffen des SNCC-Exekutivkomitees, 12.–14.4.1965, Holly Springs, Mississippi, S. 2.
34 Ebenda, 12.4.1965, S. 3.
35 Ebenda, 12.4.1965, S. 9; 13.4.1965, S. 15.
36 Ebenda, 12.4.1965, S. 11 f.; 13.4.1965, S. 23.
37 Ebenda, 12.4.1965, S. 12.
38 »*SNCC Summer Program*«, Kopie, April 1965.
39 Protokoll des Treffens der Hauptamtlichen aus dem Bundesstaat Alabama, 21.–23.4.1965.

40 Kopie des Berichts vom Treffen der Hauptamtlichen des COFO, fünfter Distrikt, 14.–17.4.1965, Waveland, Mississippi.

41 Ebenda.

42 Vgl. »*Poor Peoples Group Aids Co-ops*«, The Voice, 20.12.1965, S. 4; Mitteilung von Margaret Lauren an das Büro in den Nordstaaten (1965), box 3, UCLA; »*Mississippi Freedom Labor Union, 1965 Origins*«, in: JOANNE GRANT (HG.): *Black Protest: History, Documents, and Analyses, 1619 to the Present*, Fawcett, Greenwich, Connecticut, 1968, S. 498 ff.; »*Agricultural Workers Strike, Feedom Labor Union Formed*«, The Movement, Juli 1965, S. 1. Im Jahre 1966 führte die MFLU eine Besetzung der Unterkunftbarracken bei der nicht mehr genutzten Luftwaffenbasis der US-Armee in Greenville durch, um auf die verzweifelte Situation der Schwarzen im ländlichen Mississippi hinzuweisen. Vgl. KLM, S. 154–158, 17.4.1966.

43 POLLY GREENBERG: *The Devil Has Slippery Shoes: A Biased Biography of the Child Development Group of Mississippi*, Macmillan, London 1969, S. 61. Vgl. ebenfalls JEAN SMITH: »*I Learned to Feel Black*«, in: FLOYD B. BARBOUR (HG.): *The Black Power Revolt*, Porter Sargent, Boston 1968, S. 214 ff.

44 Protokoll der Vollversammlung der SNCC-Hauptamtlichen, 26.11.1965, Atlanta, box 8, UCLA. Vgl. Brief von John Lewis an das Exekutivkomitee der MFDP, Dezember 1965, Sherrod Papers, SHSW.

45 Mitteilung des Finanzkomitees an die SNCC-Hauptamtlichen, 2.12.1965. Die Mitteilung benannte keine Quelle des Darlehens. Obwohl das SNCC optimistisch davon ausgegangen war, im Jahr 1965 mehr als eine Million Dollar zu sammeln, bezifferten sich die realen Einnahmen auf weniger als die Hälfte. Die Einnahmen in den drei Monaten, für die Berichte beigefügt wurden (Juni, November und Dezember), betrugen 37 997 Dollar und 84 Cent, 33 615 Dollar und 69 Cent, sowie 40 705 Dollar und 24 Cent. Von diesen insgesamt 112 318 Dollar und 77 Cent kamen 65 006 Dollar und 53 Cent (also 57,9 Prozent) von den Friends of SNCC, 15 324 Dollar und 46 Cent (also 13,6 Prozent) von Einzelbeiträgen an die Atlanta-Zentrale, sowie nur 8570 Dollar (also 7,6 Prozent) von anderen Institutionen, darunter Stiftungen und Gewerkschaften.

Die Neue Linke

1 *The Port Huron Statement*, SDS, Chicago 1962, S. 3, zum Teil wieder veröffentlicht in: MASSIMO TEODORI (HG.): *The New Left: A Documentary History*, Bobbs-Merrill, Indianapolis 1969, S. 163–172, dt: *Studenten für eine demokratische Gesellschaft (SDS): Die Erklärung von Port Huron*, in: PAUL JACOBS, SAUL LANDAU (HG.): *Die Neue Linke in den USA*, Hanser, Reihe Hanser 20, München 1969, S. 144–160.

2 Tom Hayden an Haber: »*Re: SNCC meeting, Jackson, Mississippi, September 14.–17.1961.*«

3 *Port Huron Statement*, siehe Anm. 1, S. 5, 7.

4 Vgl. Tom Hayden an Rennie Davis, 10.2.1964; Rennie Davis an Tom Hayden, 21.2.1964, sowie 20.6.1964; Rennie Davis an James Forman, 16.8.1964; Mitteilung von Rennie Davis: »*SNCC-ERAP Relations*«; Todd Gitlin an Prathia Hall, 9.12.1964, SDS Papers, series 2 B, section 139, SHSW.

5 KIRKPATRICK SALE: *SDS*, Random House, New York 1973, S. 137.

6 STAUGHTON LYND: »*SNCC: The Beginning of Ideology*«, The Activist, Herbst 1964, S. 12; STAUGHTON LYND: »*Coalition Politics or Nonviolent Revolution?*«, Liberation, Juni–Juli 1965, S. 19 f.; BAYARD RUSTIN: »*From Protest to Politics: The Future of the Civil Rights Movement*«, Commentary, Februar 1964, S. 25–31.

7 JACK NEWFIELD: *A Prophetic Minority*, New American Library, New York 1967, S. 71, 90.

8 HOWARD ZINN: *SNCC: The New Abolitionists*, Beacon Press, Boston 1965, S. 237; TOM HAYDEN: »*SNCC: The Qualities of Protest*«, Studies on the Left, Nr. 5, Winter 1965, S. 119.

9 NORM FRUCHTER: »*Mississippi: Notes on SNCC*«, Studies on the Left, Nr. 5, Winter 1965, S. 77.

10 TOM HAYDEN, NORM FRUCHTER, ALAN CHEUSE: »*From the Editors: Up from Irrelevance*«, Studies on the Left, Nr. 5, Frühling 1965, S. 6; »*Reply*« von Weinstein u. a., ebenda, S. 11; VICTOR RABINOWITZ: »*An Exchange on SNCC*«, ebenda, S. 83–91.

11 Vgl. James Eastlands Mitteilung im: Congressional Record, Senat, 3.2.1965, vol. 3, pt. 2, S. 1948 ff.

12 »*Waving the Red Flag*«, Newsweek, 12.4.1965, S. 31.

13 Vgl. ROWLAND EVANS, ROBERT NOVAK: »*Danger from the Left*«, Washington Post, 18.3.1965; ROWLAND EVANS, ROBERT NOVAK: »*A Long Look at Snick*«, 9.4.1965.

14 »*SNCC Head Denies Control by Reds*«, Washington Post, 28.3.1965; Treffen des Exekutivkomitees des SNCC, Holly Springs, Mississippi, 14.4.1965, SHSW, S. 31; »*Waving the Red Flag*«, siehe Anm. 12.

15 ANDREW KOPKIND: »*New Radicals in Dixie: These ›Subversive‹ Civil Rights Workers*«, The New Rebublic, 10.4.1965, S. 13; LERONE BENNETT, JR.: »*SNCC: Rebels with a Cause*«, Ebony, Juli 1965, S. 146, 152; C. VANN WOODWARD: »*After Watts – Where is the Negro Revolution Headed?*«, New York Times Magazine, 29.8.1965, S. 82; PAT WATTERS: *Encounter with the Future*, Southern Regional Council, Atlanta 1965, S. 16, 20.

16 Gallup-Umfrage, veröffentlicht am 19.11.1965.

17 JAMES FORMAN: *The Making of Black Revolutionaries*, Macmillan, New York 1972, S. 445.

18 JAMES PETRAS ET AL. (HG.): *We Accuse*, Diablo Press, Berkeley 1965, S. 150 f.

19 »*A Talk with Bob Parris. ... One Freedom Worker's Views*«, Southern Patriot, Oktober 1965, S. 3. Vgl. ebenfalls ROWLAND EVANS, ROBERT NOVAK: »*The Moses Rally*«, Washington Post, 27.7.1965.

20 Congressional Record, House of Representatives, 28.7.1965, S. 18649 f.; ROWLAND EVANS, ROBERT NOVAK: »*The Moses Rally*«, siehe Anm. 19.

21 LESLIE BURL MCLEMORE: »*The Mississippi Freedom Democratic Party: A Case Study of Grass-Roots Politics*«, Ph. D. Dissertation, University of Massachusetts, 1971, S. 234–242. Vgl. ebenfalls: Congressional Record, House of Representatives, 3.8.1965, S. 19232 ff.

22 Vgl. AUGUST MEIER, ELIOTT RUDWICK: CORE: *A Study in the Civil Rights Movement, 1942–1968*, Oxford University Press, New York 1973, S. 329–373, 413 f.

23 Vgl. DAVID L. LEWIS: KING: *A Critical Biography*, Penguin Books, Baltimore 1970, Chapter 9. Vgl. ebenfalls: N. J. DEMERATH III, GERALD MARWELL, MICHAEL T. AIKEN: *Dynamics of Idealism: White Activists in a Black Movement*, Jossey-Bass, San Francisco 1971.

24 Vgl. John Lewis' Aussage vor dem Equal Rights Subcommittee, 6.10.1965, sowie die Mitteilung von Lewis und Barry an A. Philip Randolph, Morris Abrams, William Coleman, 14.12.1965, box 8, UCLA; Interview mit Julian Bond in: JAMES FINN: *Protest: Pacifism and Politics: Some Passionate Views on War and Nonviolence*, Vintage Books, New York 1967, S. 305; HOWARD ZINN: »*Should Civil Rights Workers Take a Stand on Vietnam?*«, The Voice, 30.8.1965.

25 Dona Richards an die SNCC-Hauptamtlichen, September 1965.

26 Treffen der SNCC-Hauptamtlichen, 29.11.1965, S. 19–25.

27 Vgl. SNCC news release, 5.1.1966, box 1, UCLA; JAMES FORMAN: *Sammy Younge, Jr.: The First Black College Student to Die in the Black Liberation Movement*, Grove Press, New York 1968, S. 185–196.

28 Movement, Januar 1966, S. 2. Vgl. ebenfalls MASSIMO TEODORI: New Left, siehe Anm. 1, S. 251 f.

29 Vgl. Mitteilung von Clifford L. Alexander an Präsident Johnson, 7.1.1966, White House Central Files, King name file, LBJ; ROY WILKINS: »*SNCC Does Not Speak for Whole Movement*«, Los Angeles Times, 17.1.1966.

30 Hubert Humphrey an Joseph Califano, 22.1.1966, White House Central Files, SNCC name file, LBJ.

31 Vgl. »*King Defends Bond's Right to Views*«, Atlanta Journal-Constitution, 9.1.1966.

32 Lillian Smith, Brief in: Atlanta Constitution, 14.1.1966.

Schwarzer Separatismus

1 Interview mit William Ware, 8.11.1976, in Atlanta.

2 »*Prospectus for an Atlanta Project*«, und »*The Necessity for Southern Urban Organizing*«, box 1, folder 1, Atlanta Project Papers, SHSW.

3 Vgl. »*Purpose of the Atlanta Project*«, SNCC news release, box 2, UCLA, wieder abgedruckt in KLM, 169, 1.5.1966.

4 Interview mit Bill Ware; »*The Nitty Gritty: The Reasons Why*«, box 1, folder 1, Atlanta Project Papers, SHSW.

5 »*An Analysis of the Civil Rights Movement*«, box 1, folder 5, Atlanta Project Papers, SHSW.

6 Interview mit Donald Stone, in Atlanta, 19.4.1972; Interview mit Bill Ware, 8.11.1976; Text in den Atlanta Project Papers, box 1, folder 5, SHSW; »*Excerpts from Paper on Which the ›Black Power‹ Philosophy Is Based*«, New York Times, 5.8.1966.

7 Julius Lester: *All Is Well*, William Morrow, New York 1976, S. 129; Interview mit Willie Ricks, 10.5.1976 in Stanford.

8 Telefoninterview mit Stokely Carmichael, 18.10.1977.

9 Stokely Carmichael, zit. in: »*Negro Split Endangers Vote Success in South*«, Los Angeles Times, 24.4.1966. Vgl. Stokely Carmichael, Charles V. Hamilton: *Black Power: The Politics of Liberation in America*, Random House, New York 1967, S. 106 ff. dt: Stokely Carmichael, Charles V. Hamilton: *Black Power: die Politik der Befreiung in Amerika*, 1. Aufl., Günther, Stuttgart 1968, spätere Ausgabe: Fischer Bücherei 1017: Informationen zur Zeit, Lizenzausgabe 1969. Vgl. Telegramm von Stokely Carmichael an John Doar, 27.4.1966, sowie SNCC-Veröffentlichung: »*Report on Alabama Elections*«, 6.5.1966, box 1, UCLA; »*Lowndes County Negroes Work to Take Over County*«, Movement, Juni 1966, S. 1; »*Lowndes Third Party Attracts 900, Nominates Logan to Face Sheriff*«, The Southern Courier, 7.–8.5.1966, S. 6; Julius Lester: *Look Out, Whitey! Black Power's Gon' Get Your Mama!*, Dial Press, New York 1968, S. 29 f.

10 Interviews mit Bill Ware und James Forman, 8.11.1976 in Atlanta.

11 Eine mögliche Erklärung für die Veränderungen, die bei Bob Parris (Namenswechsel, es geht um dieselbe Person Bob Moses, d. Ü.) stattfanden, wurde später vom SNCC-Aktivisten Stanley Wise abgegeben: Als Parris 1965 in Afrika gewesen war, »sei es für ihn eine traumatische Erfahrung gewesen. Was ich von ihm mitbekam, war, dass er gesehen hatte, wie die USIA (United States Information Agency) und der US-Propagandaapparat in Afrika die gesamte Thematik für ihre Zwecke nutzten und dabei eine Harmonie zwischen Schwarzen und Weißen in den USA vorspiegelten. Sie sagten: seht, wie gut wir mit den Schwarzen in den USA zusammenarbeiten, also lasst uns auch hier mit euch zusammenarbeiten! Er war darüber sehr verzweifelt und richtig wütend. Und so kam

er wütend zurück und entschied, er habe seine Beziehungen zu einigen Leuten beträchtlich zu verändern, vor allem zu Weißen. Viele Leute, zu denen er seine Beziehungen abbrach und mit denen er fortan nicht mehr sprechen wollte, waren vorher enge Freunde von ihm gewesen. Sie waren nicht nur intellektuelle, sondern auch persönliche Freunde. Er hat sie mit einem Mal völlig zurückgestoßen.« Interview mit Stanley Wise, 19.4.1972, in Atlanta.

12 Interview mit Donald Stone, siehe Anm. 6.

13 Mitschrift der Ansprache, »*A Review of the Direction of SNCC – Past and Future*«, veröffentlicht vom SNCC news release, 31.5.1966, box 8, UCLA.

14 »*Assumptions Made by SNCC*«, Kopie, 11.5.1966, box 62, folder 4, Braden Papers, SHSW.

15 Vgl. »*Suggestions for Direction of SNCC*« und »*Programs*«, 11.5.1966, Braden Papers, box 62, folder 4, SHSW. Vgl. JAMES FORMAN: *The Making of Black Revolutionaries*, Macmillan Company, New York 1972, S. 447–456; CLEVELAND SELLERS MIT ROBERT TERRELL: *The River of No Return: The Autobiography of a Black Militant and the Life and Death of SNCC*, William Morrow, New York 1973, S. 158 f.; JACK NEWFIELD: *A Prophetic Minority*, New American Library, New York 1966, S. 75 f.; PAT WATTERS: *Down to Now: Reflections on the Southern Civil Rights Movement*, Random House, New York 1971, S. 349 ff.

16 Interview mit John Lewis, 17.4.1972, in Atlanta; Interview mit Worth Long, 7.11.1977, in Atlanta; Interview mit Jack Minnis, 28.12.1977, in New Orleans.

17 Interview mit Worth Long, ebenda.

18 JAMES FORMAN: *Black Revolutionaries*, siehe Anm. 15, S. 452 f.

19 Interview mit Jack Minnis, siehe Anm. 16.

20 Interview mit John Lewis, siehe Anm. 16.

21 BILL SHIPP: »*SNCC's Lewis, Forman Replaced; Views Blamed*«, Atlanta Constitution, 17.5.1966; JACK NELSON: »*Two Veteran Rights Leaders Ousted by SNCC*«, Los Angeles Times, 17.5.1966; GENE ROBERTS: »*New Leaders and New Course for ›Snick‹*«, New York Times, 22.5.1966.

22 »*What's Happening in SNCC?*«, Sonder-Bulletin aus dem Büro in New York, 3.6.1966, box 8, UCLA; »*Rights Unit Quits White House Parley*«, New York Times, 24.5.1966.

23 ROWLAND EVANS, ROBERT NOVAK: »*The New Snick*«, Washington Post, 25.5.1966; »*Thinking Big*«, Time, 27.5.1966, S. 22.

24 Interview mit William A. Price, National Guardian, 4.6.1966, S. 1, 8 f. Vgl. ebenfalls: »*›We Don't Need or Want Moderation‹, Says SNCC Leader*«, The Afro-American, 20.5.1966.

25 »*What's Happening in SNCC?*«, vgl. Anm. 22.

26 »*Behind the Hostile Press Campaign Unleashed by the Election of Stokely Carmichael; SNCC Does Not Wish to Become a New Version of the*

White Man's Burden«, I. F. Stone's Weekly, 6.6.1966; ANNE BRADEN: »*The SNCC Trends: Challenge to White America*«, Southern Patriot, Mai 1966.

27 »*What's Happening in SNCC?*«, vgl. Anm. 22.

28 Interview mit Stanley Wise, 18.–19.4.1972, in Atlanta. Vgl. CLEVELAND SELLERS MIT ROBERT TERRELL: *River of No Return*, siehe Anm. 15, S. 160 f.; MARTIN LUTHER KING: *Where Do We Go from Here: Chaos or Community?*, Beacon Press, Boston 1967, S. 23 ff., dt: *Wohin führt unser Weg? Chaos oder Gemeinschaft*, Econ, Düsseldorf 1968; 1968 auch noch erschienen als Fischer-Bücherei 937: Informationen zur Zeit, später bei der Büchergilde Gutenberg; DAVID L. LEWIS: *King: A Critical Biography*, Penguin Books, Baltimore 1970, S. 322 f.; JAMES M. LAWSON, JR.: »*Black Power and the Mississippi March*«, Fellowship, September 1966, S. 18 f.

29 Protokoll des Treffens des Zentralkomitees, 10.6.1966, box 8, UCLA; CLEVELAND SELLERS MIT ROBERT TERRELL: *River of No Return*, siehe Anm. 15, S. 161 f.

30 CLEVELAND SELLERS MIT ROBERT TERRELL: *River of No Return*, siehe Anm. 15, S. 164.

31 Protokoll des Treffens des Zentralkomitees, 10.6.1966.

32 Interview mit Willie Ricks, siehe Anm. 7.

33 Vgl. CLEVELAND SELLERS MIT ROBERT TERRELL: *River of No Return*, siehe Anm. 15, S. 166 f.; GENE ROBERTS: »*Mississippi Reduces Police Protection for Marchers*«, New York Times, 17.6.1966; MARTIN LUTHER KING: *Where Do We Go*, siehe Anm. 28, S. 29, dt: siehe Anm. 28.

34 MARTIN LUTHER KING: *Where Do We Go*, siehe Anm. 28, S. 30 f.; DAVID L. LEWIS: *King*, siehe Anm. 28, S. 325 f.

35 PAUL GOOD: *The Trouble I've Seen: White Journalist/Black Movement*, Howard University Press, Washington, D. C., 1975, S. 259 f.; LESTER A. SOBEL (HG.): *Civil Rights*, 1960–66, Facts on File, New York 1967, S. 394 f.

36 PAUL GOOD: *The Trouble I've Seen*, S. 261, vgl. Anm. 35.

37 LESTER A. SOBEL (HG.): *Civil Rights*, S. 396, vgl. Anm. 35.

Teil III: Zerfall

Black Power

1 PAUL GOOD: »*The Meredith March*«, New South, Nr. 21, Sommer 1966, S. 8; Interview mit Stokely Carmichael für Associated Press von Don McKee, Miami Herald sowie andere Zeitungen, 8.7.1966.

2 STOKELY CARMICHAEL: »*What We Want*«, New York Review of Books, Nr. 7, 22.9.1966, S. 5 ff.; STOKELY CARMICHAEL: »*Toward Black Liberation*«, Massachusetts Review, Nr. 7, Herbst 1966, S. 639–651.

3 STOKELY CARMICHAEL: »*Black Liberation*«, siehe Anm. 2, S. 647.

4 STOKELY CARMICHAEL: »*What We Want*«, siehe Anm. 2, S. 6.

5 Ebenda, S. 8.

6 STOKELY CARMICHAEL: »*Black Liberation*«, siehe Anm. 2, S. 650 f.;
STOKELY CARMICHAEL: »*What We Want*«, siehe Anm. 2, S. 6; Mitschrift
der Diskussion mit Randolph Blackwell im Spelman College, Atlanta;
»*Black Power: The Widening Dialogue*«, New South, Nr. 21, Sommer
1966, S. 71.

7 Mitschrift der Rede in Watts durch Clayborne Carson.

8 STOKELY CARMICHAEL: »*Black Liberation*«, siehe Anm. 2, S. 642; Columbia Broadcasting System: »*Face the Nation*«, 19.6.1966, S. 10 f.

9 *Stokely Carmichael: »What We Want*«, siehe Anm. 2, S. 5.

10 Mitschrift der Rede in Watts durch Clayborne Carson.

11 »*Where We Stand*«, Rede zum 57. Jahreskongress der NAACP in Los
Angeles, 5.7.1966, wiederabgedruckt in: KLM, Nr. 327, 27.1.1967. Vgl.
ebenfalls Roy Wilkins column, Los Angeles Times, 6.6.1966.

12 HUBERT HUMPHREY, LYNDON JOHNSON, ROBERT F. KENNEDY, WHITNEY
YOUNG in: »›*Black Power‹ – How Powerful?*«, Christian Science Monitor,
11.7.1966.

13 BAYARD RUSTIN: »›*Black Power‹ and Coalition Politics*«, Commentary,
Nr. 42, September 1966, S. 35 f.

14 Der Text der Telegramme erscheint im Protokoll des Zentralkomitees,
1.–4.8.1966. Zustimmung durch 7 Stimmen gegen 2.

15 Vgl. STOKELY CARMICHAEL: »*It Seems to Me*«, Movement, August 1966,
S. 4.; LESTER A. SOBEL (HG.): *Civil Rights, 1960–66*, Facts on File, New
York 1967, S. 370 ff.

16 Vgl. »*A ›Black Power‹ Speech That Has Congress Aroused*«, U.S. News
and World Report, 22.8.1966, S. 6.

17 »*New Racism*«, Time, 1.7.1966, S. 11; »›*Black Power‹: Politics of Frustration*«, Newsweek, 11.7.1966, S. 31; Editorial, Saturday Evening Post,
10.9.1966.

18 I. F. STONE: »*Why They Cry Black Power*«, I. F. Stone's Weekly, 19.9.1966;
Tom Wicker column, New York Times, 21.7.1966; »*Distorted Cry?*«,
Newsweek, 8.8.1966, S. 54.
Vgl. ebenfalls: PAUL GOOD: »*A White Look at Black Power*«, Nation,
8.8.1966.

19 LERONE BENNETT, JR.: »*Stokely Carmichael: Architect of Black Power*«,
Ebony, September 1966, S. 32; WILLIAM BRINK, LOUIS HARRIS: *Black and
White: A Study of U.S. Racial Attitudes Today*, Simon and Schuster, New
York 1967, S. 264 f.

20 JOYCE LADNER: »*What ›Black Power‹ Means to Negroes in Mississippi*«,
TRANS-action, Nr. 5, November 1967, S. 7–15, 20 ff.

21 Vgl. LESTER A. SOBEL: *Civil Rights*, siehe Anm. 15, S. 389; »›*Black Power‹
– How Powerful?*«; MARTIN LUTHER KING: *Where Do We Go from Here:
Chaos or Community?*, Beacon Press, Boston 1967, S. 33, 36, 38, 44.

dt: *Wohin führt unser Weg? Chaos oder Gemeinschaft,* Econ, Düsseldorf 1968; 1968 auch noch erschienen als Fischer-Bücherei 937: Informationen zur Zeit, später bei der Büchergilde Gutenberg.

22 Vgl. AUGUST MEIER, ELLIOTT RUDWICK: *CORE: A Study in the Civil Rights Movement 1942–1968,* Oxford University Press, New York 1973, S. 414 f.

23 *»›Black Power‹: Statement by National Committee of Negro Churchmen«,* New York Times, 31.7.1966.

24 Vgl. CLEVELAND SELLERS: *»Organization Report«,* ohne Datum, box 10, UCLA; Aktionsbericht zur Frage der Politik und Berichte zur Vorlage an das Zentralkomitee, 1.–4.8.1966; Protokoll des Treffens des Zentralkomitees, 22.10.1966; Cleveland Sellers, Bericht des Programmsekretärs, 2.12.1966; JAMES FORMAN: *The Making of Black Revolutionaries,* Macmillan, New York 1972, S. 470.

25 CLEVELAND SELLERS MIT ROBERT TERRELL: *The River of No Return: The Autobiography of a Black Militant and the Life and Death of SNCC,* William Morrow, New York 1973, S. 170, 183.

26 Vgl. PAUL GOOD: *»A Tale of Two Cities«,* Nation, 21.11.1966, S. 535 f.; *»Philadelphia Report«,* box 4, UCLA, Kopie; *»Report: The Preliminary Hearing, in the Case of Arrested SNCC Worker in Philadelphia, Pennsylvania, on August 22, 1966«,* KLM, Nr. 270, 18.9.1966; Aframerica News for You, 21.10.1966; *»A Thousand Cops with Machine Guns ›Find‹ 2 1/2 Sticks of Dynamite in Philadelphia, Try to Pin It On SNCC«,* Movement, September 1966, S. 1; JAMES FORMAN: *Black Revolutionaries,* siehe Anm. 24, chapter 56.

27 Vgl. PAUL GOOD: *»Two Cities«,* siehe Anm. 26; *»Classic Frame-up; SNCC Unit Dies«,* National Guardian, 27.5.1967, S. 11.

28 *»Snick March Squelched, 10 Seized at Riot Scene«,* Atlanta Constitution, 8.9.1966; PAUL GOOD: *»Two Cities«,* siehe Anm. 26, S. 537 f.; CLEVELAND SELLERS MIT ROBERT TERRELL: *River of No Return,* siehe Anm. 25, S. 174 ff.; *»Eye Witnesses to the Atlanta ›Riots‹«,* Movement, Dezember 1966, S. 10; Interview mit William Ware, 8.11.1976, in Atlanta.

29 *»SNCC's Version of What Sparked the Racial Outbreaks in Atlanta«,* I. F. Stone's Weekly, 19.9.1966, S. 4. Vgl. ebenfalls: *»One Thousand Riot after Arrest in Atlanta: Mayor Is Felled Pleading with Mob«,* Washington Post, 7.9.1966.

30 Vgl. *»Atlanta Report: Slums Cause Outbreak«,* Southern Patriot, Oktober 1966; *»Atlanta Mayor Says SNCC Provoked Riot«,* Washington Post, 8.9.1966; *»Snick March Squelched«,* und *»Text of Summit Statement Condemning Violence Here«,* Atlanta Constitution, 8.9.1966; RALPH MC-GILL: *»The Story of Two ›Snicks‹«,* Atlanta Constitution, 9.9.1966; *»Behind the Image«,* Newsweek, 19.9.1966, S. 32.

31 Vgl. *»Carmichael Arrested on Riot Charges in Raid on Snick Office«,* Atlanta Constitution, 9.9.1966; CLEVELAND SELLERS MIT ROBERT TERRELL:

River of No Return, siehe Anm. 25, S. 177; *»Atlanta Riot Act Voided by Court«,* New York Times, 14.12.1966; LESTER A. SOBEL: *Civil Rights,* siehe Anm. 15, S. 446 f.

32 STOKELY CARMICHAEL, CHARLES V. HAMILTON: *Black Power: The Politics of Liberation in America,* Random House, New York 1967, S. 181, 184, dt: STOKELY CARMICHAEL, CHARLES V. HAMILTON: *Black Power: die Politik der Befreiung in Amerika,* 1. Aufl., Günther, Stuttgart 1968, spätere Ausgabe: Fischer Bücherei 1017: Informationen zur Zeit, Lizenzausgabe 1969.

33 HAROLD CRUSE: *The Crisis of the Negro Intellectual,* William Morrow, New York 1967, S. 556, 560, 548. Vgl. ebenfalls: CHRISTOPHER LASCH: *»The Trouble with Black Power«,* New York Review of Books, 29.2.1968, S. 11; MARTIN DUBERMAN: *»Black Power in America«,* Partisan Review, Nr. 35, Frühling 1968, S. 195–232; JAMES E. JACKSON: *»The Meaning of ›Black Power‹«,* Political Affairs, Nr. 47, Februar 1968, S. 1–97; CLAUDE M. LIGHTFOOT: *Ghetto Rebellion to Black Liberation,* International Publishers, New York 1968.

34 ROBERT L. ALLEN: *Black Awakening in Capitalist America: An Analytic History,* Doubleday, New York 1969, S. 247.

35 Interview mit Ethel Minor, 11.5.1978, in Washington, D. C.

Interne Konflikte

1 RUBY DORIS ROBERTSON: *Bericht über die Organisation ans Zentralkomitee des SNCC,* 21.10.1966.

2 FAY D. BELLAMY: *»A Little Old Report«,* November 1966, box 8, UCLA.

3 Interview mit Muriel Tillinghast, 7.11.1976, in Atlanta.

4 Protokoll des Treffens des Zentralkomitees, 23.10.1966, S. 6 f.

5 Diese Statistik resultiert aus einem Vergleich der Personalliste aus Ruby Doris Robinsons Bericht über die Organisation und verschiedenen anderen Listen aus der Zeit vor 1965.

6 Protokoll des Treffens des Zentralkomitees, 11.6.1966; *»Ex-Chief Lewis Quits SNCC«,* Atlanta Constitution, 1.7.1966; *»Black Power in the Red«,* Time, 8.7.1966, S. 21; *»Ousted Chairman Tells of New Setup in SNCC«,* Los Angeles Times, 29.7.1966; Interview mit John Lewis, 17.4.1972, in Atlanta.

7 Interview mit Julian Bond, von Gwen Gillan, 6.7.1967, tape 497, SHSW; *»Julian Bond Gets Out of Snick«,* Atlanta Constitution, 9.9.1966; *»Julian Bond Keeps SNCC Ties Although He Quit Organization«,* Miami Herald, 18.9.1966.

8 Anträge, Vorschläge, Aufträge des SNCC-Zentralkomitees, 14.–17.5.1966; *»Black Power Idea Long in Planning«,* New York Times, 5.8.1966; Interview mit Charles Sherrod, 31.10.1979, in Jackson, Mississippi.

9 Auszüge aus dem Protokoll des Treffens der OrganisatorInnen von Arkan-

sas, 9.6.1966; Interview mit Jim Jones, 7.11.1976, in Atlanta; Cleveland Sellers: Organisationsbericht, ohne Datum, box 10, UCLA; Interview mit Bill Hansen, 6.11.1976, in Atlanta; »*State SNCC Chief Attacks New Policy, Threatens to Resign*«, Arkansas Gazette, 25.5.1966; »*Director of SNCC Resigns and Joins Relations Council*«, Arkansas Gazette, 1.7.1966.

10 Protokoll des Treffens des Zentralkomitees, 11.6. & 23.10.1966; Cleveland Sellers: Organisationsbericht, siehe Anm. 9; Brief von Sid Walker an das Zentralkomitee, 20.8.1966; Bericht von Ruby Doris Robinson an das Zentralkomitee, 21.10.1966.

11 Vgl. »*Lowndes County; Candidates Lose, but Black Panther Strong*«, and »*Carmichael's Speech at Mt. Moriah Church in Lowndes*«, Movement, Dezember 1966, S. 1, 8; »*Freedom Party Wins Legal Ballot Status in Lowndes County Vote*«, Militant, 21.11.1966, S. 1.

12 Protokoll der Treffen des Zentralkomitees, 11.6. & 23.10.1966, sowie 20.–23.1.1967. Vgl. ebenfalls CLAYBORNE CARSON: »*Black Power Proposed for Watts*«, Los Angeles Free Press, 8.7.1966, S. 3.

13 Bericht des Free D. C. Movement an das Zentralkomitee, Juli 1966; Aktionen zu politischen Fragen und Berichte an das Zentralkomitee, 1.–4.8.1966; CLEVELAND SELLERS: *Bericht des Programmsekretärs*, 2.12.1966, S. 9; Entscheidungen des Treffens des Zentralkomitees, 20.–23.1.1967, Atlanta Project Papers, box 2, SHSW; »*Barry Quits SNCC Post to Aid Poor*«, Washington Post, 19.1.1967.

14 Interview mit Bill Hall, 7.11.1976, in Atlanta; Protokoll des Treffens des Zentralkomitees, 23.10.1966.

15 Protokoll des Treffens des Zentralkomitees, 23.10.1966; Entscheidungen des Zentralkomitees, 20.–23.1.1967; *James Forman: The Making of Black Revolutionaries*, Macmillan, New York 1972, S. 470; Telefoninterview mit Bob Brown, 18.10.1977.

16 Cleveland Sellers: Organisationsbericht, siehe Anm. 9; Bericht des Programmsekretärs, siehe Anm. 13; Ruby Doris Robinson: Organisationsbericht, siehe Anm. 10.

17 Ruby Doris Robinson: Organisationsbericht, siehe Anm. 10. Robinson berichtete, das New Yorker Büro habe in der Zeit von Mai bis September 1966 rund 100 000 Dollar gesammelt, aber 52 000 Dollar davon seien für Büroausgaben verwendet worden. Außer New York waren es nur noch die San Francisco Bay Area sowie Boston, die ausreichende finanzielle Unterstützung für das SNCC bereit stellten.

18 Cleveland Sellers: Organisationsbericht, siehe Anm. 9; Cleveland Sellers: Bericht des Programmsekretärs, siehe Anm. 13; Protokoll des Treffens des Zentralkomitees, 1.–4.8.1966; Protokoll des Treffens über ein internationales Ausbildungsprogramm, 29.8.1966, Atlanta.

19 JAMES FORMAN: »*Rock Bottom*«, wiederabgedruckt in: BLACK STAR PUBLISHING (HG.): *The Political Thought of James Forman*, Black Star Publishing, Detroit 1970, S. 138 ff., 142, 144, 146.

20 ALVIN F. POUSSAINT: »*A Negro Psychiatrist Explains the Negro Psyche*«, New York Times Magazine, 20.8.1967, S. 75 f. Vgl. ebenfalls ALVIN F. POUSSAINT: »*How the ›White Problem‹ Spawned ›Black Power‹*«, Ebony, August 1967, S. 88 f., 92, 94; ALVIN F. POUSSAINT: »*The Negro American: His Self-Image and Integration*«, Journal of the National Medical Association, Nr. 58, November 1966, S. 419 ff.

21 JULIUS LESTER: »*The Angry Children of Malcolm X*«, Sing Out!, Nr. 16, Oktober–November 1966, S. 22, 24 f.

22 JULIUS LESTER: *Look Out, Whitey! Black Power's Gon' Get Your Mama!*, Dial Press, New York 1968, S. 137 f.; Text des Flugblattes aus Chicago in AUGUST MEIER ET AL. (HG.): *Black Protest Thought in the Twentieth Century*, Bobbs-Merrill, Indianapolis 1971, S. 484–490.

23 JULIUS LESTER: *All Is Well*, William Morrow, New York 1976, S. 134, 131.

24 Interview mit William Ware, 8.11.1976, in Atlanta.

25 »*SNCC Sound Truck Assails ›White Jesus' in Vine City*«, Atlanta Constitution, 7.7.1966. Vgl. ebenfalls »*White Jesus*«, Newsweek, 25.7.1966.

26 Vgl. SNCC-Veröffentlichung, Atlanta's Black Paper, 25.8.1966, Atlanta Project Papers, box 1, SHSW.

27 Brief von Bill Ware, in: The Vine City Voice, 23.9.1966, Atlanta Project Papers, box 1, SHSW.

28 Interview mit Freddie Greene, 11.5.1978, in Washington, D. C.

29 Telefoninterview mit Stokely Carmichael, 18.10.1977; Interview mit Ethel Minor, 11.5.1978, in Washington, D. C.; Interview mit Jack Minnis, 28.12.1977, in New Orleans; Interview mit Robert Zellner, 19.9.1978, in New Orleans; Interview mit Fay Bellamy, 23.9.1978, in Atlanta. Vgl. ebenfalls ANDREW KOPKIND: »*The Future of ›Black Power‹; A Movement in Search of a Program*«, New Republic, 7.1.1967; JAMES FORMAN: *Black Revolutionaries*, siehe Anm. 15, S. 475 ff.

30 Kopie des unbetitelten Textes in den Atlanta Project Papers, box 1, SHSW.

31 JAMES FORMAN: *Black Revolutionaries*, siehe Anm. 15, S. 475 ff.; ANDREW KOPKIND: »*Future of ›Black Power‹*«, siehe Anm. 29, S. 17; Interview mit Ethel Minor und Jean Wiley, 11.5.1978, in Washington, D. C.; Interview mit Jack Minnis, siehe Anm. 29.

32 Interview mit Ethel Minor, siehe Anm. 29.

33 Abschrift des Treffens des Zentralkomitees, 4.3.1967; Interviews mit Bill Ware und Fay Bellamy; CLEVELAND SELLERS MIT ROBERT TERRELL: *The River of No Return: The Autobiography of a Black Militant and the Life and Death of SNCC*, William Morrow, New York 1973, S. 185 ff.

34 Interview mit Bill Ware, siehe Anm. 24. Vgl. ebenfalls: Anweisungen und Entscheidungen des Zentralkomitees, Januar bis Dezember 1967, S. 7 ff. Als sich Ware und Forman am Ende des Interviews mit Ware gegenüberstanden, sagte Ware, Forman habe damit gedroht, Gewalt anzuwenden, um es den Separatisten von Atlanta zu verunmöglichen, ihre Sache zu präsentieren. Forman widersprach dieser Behauptung und wiederholte seine

Überzeugung, der Ausschluss sei notwendig gewesen.»Es gibt eine Grenze, bis zu der eine seriöse Organisation es zulassen kann, den normalen Ablauf der Dinge stören zu lassen«, sagte er gegenüber Ware.

35 Bob und Dottie Zellner: »A Statement to Our Brothers and Sisters in SNCC«, Kopie, ohne Datum.

36 Cleveland Sellers mit Robert Terrell: River of No Return, siehe Anm. 33, S. 194, 197. Vgl. Weisungen und Entscheidungen des Zentralkomitees, Januar bis Dezember 1967, S. 13 f.

Die Repression der Weißen

1 Interview mit George Ware, 7.11.1976, in Atlanta. Vgl. ebenfalls: »North Nashville Project Begins Community Works«, Southern Patriot, August 1966; Berichte über Ware in: U.S., Congress, Senate, Permanent Subcommittee on Investigations, Committee on Government Operations: Riots, Civil and Criminal Disorders (im folgenden nur noch zitiert als Criminal Disorders), 91. Congress, 1. Session, Part 19, 25.6.1969, S. 4019–31.

2 Criminal Disorders, Part 2, 7.–8.11.1967, siehe Anm. 1, S. 682 f.

3 Vgl. Aussagen der Polizei von Nashville in: U.S., Congress, Senate, Committee on the Judiciary: Anti-Riot Bill – 1967, Hearings on H.R. 421, 90. Congress, 1. Session, Part 1, 3.–4.8.1967, besonders S. 137 f., 160 ff., sowie in: Criminal Disorders, Part 2, 21.11.1967, siehe Anm. 1, besonders S. 642, 682–685; Telefoninterview mit Stokely Carmichael, 18.10.1977.

4 Criminal Disorders, Part 2, 21.11.1967, siehe Anm. 1, S. 683 f., 686–691; Diane Nash Bevel: »Journey to North Vietnam«, Freedomways, Nr. 7, Frühling 1967, S. 118–128.

5 Vgl. die Aussage von Fred Brooks in: Criminal Disorders, Part 2, 22.11.1967, siehe Anm. 1, S. 710.

6 Steven D. Price et al: Civil Rights, Volume 2, 1967–68, Facts on File, New York 1973, S. 81; Criminal Disorders, Part 2, 21.11.1967, siehe Anm. 1, S. 643 f.

7 Criminal Disorders, Part 2, siehe Anm. 1; »Frederick Brooks, et al. v. Beverly Briley, Mayor, etc., et al.«, Race Relations Law Reporter, Nr. 12, Winter 1967, S. 1784–97; »Black Students in Nashville Victim of Police Set-up«, SNCC-Presseerklärung, 10.4.1967, KLM, Nr. 368, 2.4.1967; »Cops Attack Black Students«, Movement, Mai 1967; S. 1, 10; »SNCC Linked to Costly '67 Rioting«, Birmingham News, 2. und 4.6.1969; »Riot Review«, Newsweek, 9.6.1969.

8 »Cops Attack Black Students«, siehe Anm. 7, S. 1; Criminal Disorders, Part 2, 7.11.1967, siehe Anm. 1, S. 416 f.

9 Interview mit George Ware siehe Anm. 1; Criminal Disorders, Part 2, 21.11.1967, siehe Anm. 1, S. 677–780.

10 Criminal Disorders, Part 2, 21.11.1967, siehe Anm. 1, S. 672 f.

11 Criminal Disorders, Part 2, 21.11.1967, siehe Anm. 1, S.674; »*A Call to Deport Carmichael Made*«, New York Times, 11.4.1967; »*Nashville Peaceful after Strife*«, New York Times, 12.4.1967.

12 Die Klage wurde am 9. Oktober 1967 abgelehnt. Ware und Stephens bekannten sich später schuldig im Sinne der Anklage und wurden zu geringfügigen Geldstrafen verurteilt. Vgl. »*Two Carmichael Aides Fined Here*«, Nashville Banner, 25.9.1968.

13 Zeugenbericht in: Criminal Disorders, Part 1, 1.–3. sowie 6.11.1967, siehe Anm. 1; »*Black Power Revolt at Texas Southern*«, Movement, September 1967, S. 10; »*Five Charged in TSU Riot Fatal to Young Officer*«, Houston Post, 18.5.1967; FREDERICK KIRKPATRICK: »*A First-hand Report: The Police Attack at Texas Southern*«, Militant, 26.6.1967, S. 8; »*Will They Die?*«, Movement, September 1967, S. 10; SAC, Houston to Director, FBI, »*Communist Infiltration of SNCC*«, 30.11.1967; »*Texas Southern University: Five Fight for Their Lives*«, Movement, Mai 1968, S. 4, 15.

14 JACK NELSON, JACK BASS: *The Orangeburg Massacre*, World Publishing, New York 1970, S. 63; CLEVELAND SELLERS MIT ROBERT TERRELL: *The River of No Return: The Autobiography of a Black Militant and the Life and Death of SNCC*, William Morrow, New York 1973, S. 216–227. Vgl. ebenfalls: »*Slaughter in South Carolina*«, Movement, April 1968, S. 12.

15 Vgl. »*SNCC's Cleveland Sellers vs. the Draft*«, SNCC Newsletter, 15.3.1967, wieder abgedruckt in: KLM, Nr. 401, 14.5.1967.

16 Interview mit Ethel Minor, 11.5.1978, in Washington, D.C.

17 Bericht von Stokely Carmichael: »*The Structure of SNCC*«, in: Criminal Disorders, Part 19, 25.6.1969, siehe Anm. 1, S.4041.

18 H. RAP BROWN: *Die Nigger Die!*, Dial Press, New York 1969, S.59, dt: *Nigger verrecke*, Frankfurt/M. 1970. Vgl. ebenfalls: BERNARD Z. CONN: »*H. Rap Brown*«, Boston Globe, 24.9.1967; »*Angry Rights Leader: Hubert Gerold Brown*«, New York Times, 18.7.1967.

19 JAMES FORMAN: *The Making of Black Revolutionaries*, Macmillan, New York 1972, S. 504; H. RAP BROWN: *Die Nigger Die!*, siehe Anm. 18, S.66 f.

20 H. Rap Brown in: »*We Are Going to Build*«, Movement, Juni 1967, S. 1; Charlotte Featherstone in: »*Negro Student Group to Push Economic Goals*«, St. Louis Post Dispatch, 21.5.1967. Vgl. ebenfalls: »*Carmichael Successor ›Meaner‹ Than He Is*«, Southern Courier, 20.–21.5.1967, S.6.

21 »*The Man from SNCC*«, Newsweek, 22.5.1967; »*Carmichael Out as Head of SNCC*«, Atlanta Constitution, 13.5.1967; »*Another SNCC Militant Replaces Carmichael*«, Los Angeles Times, 13.5.1967.

22 »*Meet Rap Brown – SNCC's New Head*«, People's World, 3.6.1967, S.9; H. RAP BROWN: *Die Nigger Die!*, siehe Anm. 18, S.81, 84.

23 Vgl. STEVEN D. PRICE, COMP.: *Civil Rights*, siehe Anm. 6, S.82 f.; »*New SNCC Chief Speaks His Mind*«, National Guardian, 10.6.1967, S. 1, 5.

24 Vgl. Aussagen der Polizei von Prattsville in Anti-riot Bill – 1967, 4.8.1967, siehe Anm. 3, S. 294–300; »*White Cops, Klan, Guard Attack Blacks in Alabama*«, SNCC Newsletter, Juni–Juli 1967, S. 6; »*Statement to Afro-Asian Missions to the United Nations on Events in Prattville, Alabama*«, Presseerklärung des SNCC-Büros von New York, 13.6.1967; »*Carmichael Arrested: The Siege at Prattville*«, Movement, Juli 1967, S. 4 f.; CLEVELAND SELLERS MIT ROBERT TERRELL: *River of No Return*, siehe Anm. 14, S. 199.

25 »*Atlanta Hit by New Violence, Gunfire Kills Negro, Wounds 3*«, Los Angeles Times, 21.6.1967.

26 »*Patrolman, SNCC Head, Wounded in Cambridge*«, Washington Post, 25.7.1967; Tonbandabschrift der Rede von Rap Brown, Anti-riot Bill – 1967, 2. August 1967, S. 31–36.

27 Vgl. Anti-riot Bill – 1967, 2.8.1967, siehe Anm. 3, S. 37; RAP BROWN: *Die Nigger Die!*, siehe Anm. 18, S. 100 f.

28 »*Blazes Level Negro Area of Shore City*«, Washington Post, 26.7.1967.

29 SNCC-Presseerklärung, 26.7.1967; »*Rap Brown Denounced Johnson as ›Mad Dog‹*«, Los Angeles Times, 28.7.1967. Vgl. ebenfalls: »*Sporadic Gunfire Mars Detroit Lull, Cambridge Riot Figure Seized Here*«, sowie »*Cambridge Riot Beautiful, Brown Says*«, Washington Post, Juli 1967. Bob Woodward, damals Reporter für den Montgomery County Sentinel, berichtete, der staatsanwaltliche Ermittlungsbeamte von Maryland habe im Strafverfahren gegen Brown zugegeben, dass die Anklage wegen Brandstiftung »fabriziert« worden sei, um das FBI einschalten zu können. Der Ermittlungsbeamte wurde daraufhin der Missachtung einer gerichtlichen Anordnung für schuldig befunden, keine das Verfahren präjudizierenden öffentlichen Erklärungen abzugeben. Er bemerkte später dazu, er habe nur sagen wollen, »dem Verfahren fehlten substantielle Beweise.« Vgl. »*Attorney Explains Rap Brown Story*«, Washington Post, 20.10.1971; »*Maryland Seen Adding to Rap Brown Charges*«, Washington Post, 22.10.1971; »*Honky Harassment of Chairman Rap*«, SNCC-Presseerklärung, 3.3.1968.

30 »*Rap Brown Seized on Arms Charge by Federal Agents*«, New York Times, 19.8.1967; RAP BROWN: *Die Nigger Die!*, siehe Anm. 18, S. 109 f.

31 »*Bills Offered for Probe of Urban Riots*«, Washington Post, 26.7.1967; »*House GOP Labels LBJ a Vacillator in Crises*«, Washington Post, 29.7.1967.

32 Vgl. Anti-riot Bill – 1967, 2.8.1967, siehe Anm. 3, S. 36, 108; 3.8.1967, siehe Anm. 3, S. 142, 163; »*U.S.-Aided School Held Antiwhite*«, New York Times, 4.8.1967.

33 Criminal Disorders, Part 2, 9.11.1967, siehe Anm. 1, S. 590.

34 Anti-riot Bill – 1967, 3.–4.8.1967, siehe Anm. 3, S. 163, 334–352.

35 Vgl. Criminal Disorders, Part 2, 22.11.1967, siehe Anm. 1, S. 722 f. Vgl. ebenfalls: »*Carmichael Aide at ›Hate School‹*«, Chattanooga Times, 22.8.1967; »*Carmichael Aide Cleared by Nashville Grand Jury*«, Arkansas Gazette, 30.8.1967.

36 Vgl. die Aussage von Samuel L. Price in: Criminal Disorders, Part 1, 1.11.1967, siehe Anm. 1, S. 63, 102, 104, 114.

37 Im Jahre 1964 verkündete Hoover, dass »die Anzahl der neuen Mitglieder für die Kommunistische Partei, die aus der großen Masse der nationalistischen Strömung der Schwarzen rekrutiert wird, nicht eigentlich bedeutend ist.« Trotzdem schlussfolgerte er, da nun einmal überhaupt ein kommunistischer Einfluss »innerhalb der Bewegung der Schwarzen besteht«, sei dieser Einfluss »auch lebenswichtig.« Vgl. Hoovers Aussage in: Criminal Disorders, 25.6.1967, siehe Anm. 1, S. 4096 f. Vgl. ebenfalls: »*J. Edgar Hoover Speaks Out on Reds in the Negro Movement*«, U.S. News and World Report, 4.5.1964; »*Carmichael Tied to Left Group*«, New York Times, 17.5.1967.

38 SAC, Atlanta, an Direktor, FBI: »*Communist Infiltration of SNCC*«, 20.3.1964; U.S., Congress, Senate, Select Committe to Study Governmental Operations with Respect to Intelligence Acitivities: Supplementary Detailed Staff Reports on Intelligence Activities and the Rights of Americans (im Folgenden zitiert als Intelligence Activities), 94. Congress, 2. Session, 23.4.1976, Book III, S. 318, 334. Aufgrund der durch den Freedom of Information Act einsehbaren Dokumente begann die FBI-Untersuchung unter dem Titel »*Communist Infiltration of SNCC*« gegen Ende 1963, obgleich spätere zusammenfassende Berichte Nachrichten von InformantInnen enthalten, die bis zum Oktober 1960 zurückgehen.

39 »*Student Nonviolent Coordinating Committee*«, August 1967, Bandaufnahme, durchgeführt von der Satelliten-Forschungsabteilung der Zentralen Forschungseinheit des FBI, beigefügt eine Mitteilung von R. W. Smith an W. C. Sullivan, 8.8.1967, S. 8 – 13.

40 Vgl. Intelligence Activities, Book III, siehe Anm. 38, S. 15 – 20; DAVID WISE: *The American Police State: The Government against the People*, Random House, New York 1976, S. 314 f.; MORTON H. HALPERIN ET AL.: *The Lawless State: The Crimes of the U.S. Intelligence Agencies*, Penguin Books, New York 1976, S. 112 ff.

41 Vgl. Intelligence Activities, Book III, siehe Anm. 38, S. 491 f., 510 f.

42 Eingabe Nr. 15 in U.S., Congress, Senate, Select Committe to Study Governmental Operations with Respect to Intelligence Activities: Supplementary Detailed Staff Reports on Intelligence Activities and the Rights of Americans, Senate Resolution 21, 94. Congress, 1. Session, Vol. 6, S. 383, sowie Aussage vom 3. Dezember 1975, S. 245 f.; Intelligence Activities, Book III, siehe Anm. 38, S. 20, 187.
Vgl. ebenfalls: CATHY PERKUS (HG.): *COINTELPRO: The FBI's Secret War on Political Freedom*, Monad Press, New York 1975, S. 22 f. Im September 1967 autorisierte Generalstaatsanwalt Ramsey Clark das FBI, weitere Informanten ins SNCC und weitere Gruppen einzuschleusen. Vgl. Intelligence Activities, Book II, siehe Anm. 38, S. 84.

43 Anti-riot Bill – 1967, siehe Anm. 3, S. 217.

44 Intelligence Activities, Senate Resolution 21, Vol. 6, 3.12.1975, siehe Anm. 42, S. 245, 386–390; Intelligence Acitivities, Book III, siehe Anm. 38, S. 21 f.

45 Zitiert nach Direktor, FBI, an SAC, Albany, 4.3.1968, S. 3 in: Intelligence Activities, Senate Resolution 21, Vol. 6, siehe Anm. 42, S. 386–390. Vgl. ebenfalls: Direktor an SAC, WFO (Washington Field Office): »*Counterintelligence Program, Black Nationalists-Hate Groups, Racial Intelligence*« (im Folgenden zitiert als »COINTELPRO«), 18.3.1968; SAC, New Orleans an Direktor, FBI: »COINTELPRO«, 28.3.1968; SAC, New York an Direktor, FBI: »COINTELPRO«, 1.4.1968; SAC, WFO an Direktor, FBI: »COINTELPRO«, 4.4.1968; SAC, Albany an Direktor, FBI: »COINTELPRO«, 5.4.1968; G. C. Moore an W. C. Sullivan: »COINTELPRO«, 26.4.1968; Direktor FBI an SAC, WFO: »COINTELPRO«, 6.6.1968; Direktor FBI an SAC, WFO: »COINTELPRO«, 1.7.1968; SAC, New York an Direktor, FBI: »COINTELPRO«, 10.7.1968; SAC, Chicago an Direktor, FBI: »COINTELPRO«, 18.9.1968.

46 Interview mit Ethel Minor, siehe Anm. 16; JULIUS LESTER: *Revolutionary Notes*, Grove Press, New York 1969, S. 37, dt: JULIUS LESTER: *Essays eines schwarzen Sozialisten*, Melzer, Frankfurt/M. 1970.

Auf der Suche nach neuen Verbündeten

1 »*May Staff Meeting*«, Newsletter des SNCC-Büros New York, ohne Datum. Vgl. ebenfalls SNCC-Presseerklärung, 21.5.1967, SC-SU; U.S., Congress, Senate, Comittee on Government Operations, Permanent Subcommittee on Investigations: Riots, Civil and Criminal Disorders, 91. Congress, 1. Session, Part 19, 25.6.1969, S. 3962 f.

2 Criminal Disorders, 25.6.1969, siehe Anm. 1, S. 4013 f.

3 JULIUS LESTER: *Look Out, Whitey! Black Power's Gon' Get Your Mama!*, Dial Press, New York 1968, S. 139.

4 Interview mit Ethel Minor, 11.5.1978, in Washington, D. C.; Brief von James Forman an Stanley Wise, 7.6.1967, in JAMES FORMAN: *The Making of Black Revolutionaries*, Macmillan, New York 1972, S. 496.

5 FRED MEELY: »*The Chicken or the Egg of the Middle East*«, Aframerican News for You, Juli 1967, S. 1, 4.

6 »*Third World Round Up; The Palestine Problem: Test Your Knowledge*«, SNCC Newsletter, Juni–Juli 1967, S. 4 f.

7 JAMES FORMAN: *Black Revolutionaries*, siehe Anm. 4, S. 496; Interview mit Jean Wiley, 11.5.1978, in Washington, D. C. Vgl. ebenfalls: »*S.N.C.C. Charges Israel Atrocities*«, New York Times, 15.8.1967; »*Zionism Assailed in Newsletter of SNCC*«, Los Angeles Times, 15.8.1967; »*SNCC and the News*«, Newsweek, 28.8.1967.

8 Vgl. »*SNCC Criticized for Israel Stand*«, New York Times, 16.8.1967;

»*SNCC Attack on Jews Is Strongly Protested*«, Washington Post, 16.8.1967; »*Bikel Scores Attack on Jews by S.N.C.C. and Quits the Group*«, New York Times, 17.8.1967; »*Golden Criticizes S.N.C.C. and Quits*«, New York Times, 22.8.1967.

9 CLEVELAND SELLERS MIT ROBERT TERRELL: *The River of No Return: The Autobiography of a Black Militant and the Life and Death of SNCC,* William Morrow, New York 1973, S. 203. Vgl. ebenfalls Julius Lester column: »*SNCC and the Israeli-Arab War*«, Guardian, 14.10.1967, wiederabgedruckt in: JULIUS LESTER: *Revolutionary Notes,* Grove Press, New York 1969, S. 27 ff., dt: JULIUS LESTER: *Essays eines schwarzen Sozialisten,* Melzer, Frankfurt/M. 1970, S. 30–32.

10 In ihrem Interview erinnerte sich Ethel Minor an eine Situation, in der Stokely Carmichael und Rap Brown mit dem Auto durch ein Schwarzenviertel fuhren und riefen: »Den Arabern Waffen, den Juden das Hasenpanier!«, siehe Anm. 4.

11 Vgl. ROBERT G. WEISBORD, ARTHUR STEIN: *Bittersweet Encounter: The Afro-American and the American Jew,* Schocken Books, New York 1970, S. 101–105.

12 BLACK STAR PUBLISHING (HG.): *The Political Thought of James Forman,* Black Star Publishing, Detroit 1970, S. 24 f.

13 Vgl. ANGELA DAVIS: *An Autobiography,* Bantam, New York 1974, S. 183 ff., dt: *Mein Herz wollte Freiheit,* Hanser, München 1975, später dtv 1274; Criminal Disorders, Part 19, 25.6.1969, siehe Anm. 1, S. 4101.

14 Political Thought of Forman, siehe Anm. 12, S. 110; JAMES FORMAN: *Black Revolutionaries,* siehe Anm. 4, S. 501; Abschrift der Rede von Rap Brown in: SAC, Chicago an Direktor, FBI, 6.12.1967, S. 26.

15 JAMES FORMAN: *Black Revolutionaries,* siehe Anm. 4, S. 503.

16 Interview mit Lamar Hoover: »*Blacks and the Antiwar Movement*«, Liberation, November 1967, S. 29 f.

17 Interview mit Johnny Wilson, 26.4.1972, in Washington, D. C. Vgl. U.S. Congress, Senate, Committee on the Judiciary, Subcommittee to Investigate the Administration of the Internal Security Act and Other Internal Security Laws: Testimony of Gerald Wayne Kirk, Hearings, 91. Congress, 2. Session, Part 3, 11.3.1970, S. 230 f., 234, 327 f.

18 FAY BELLAMY: »*Soviet Union Report*«, 1.8.1966, in leicht veränderter Form wiederabgedruckt in: Aframerican News for You, 12.10.1966, S. 31, 35.

19 Briefe in: »*SNCC Workers on War Crimes Mission; Letters from Hanoi*«, Movement, Mai 1967, S. 5. Vgl. ebenfalls JULIUS LESTER: *All Is Well,* William Morrow, New York 1976, S. 136 ff.

20 JULIUS LESTER: *Revolutionary Notes,* siehe Anm. 9, S. 16, dt: JULIUS LESTER: *Essays eines schwarzen Sozialisten,* Melzer, Frankfurt/M. 1970, S. 21 (abweichende Übersetzung, d. Ü.).

21 »*Carmichael Out as Head of SNCC*«, Atlanta Constitution, 13.5.1967.

22 DAVID COOPER (HG.): *The Dialectics of Liberation,* Penguin Books,

Middlesex, England, 1968, S. 168, dt: DAVID COPPER (HG.): *Dialektik der Befreiung. Stokely Carmichael u.a.*, Rowohlt, Reinbek 1969; ETHEL N. MINOR (HG.): *Stokely Speaks: Black Power Back to Pan-Africanism*, Random House, New York 1971, S. 93 f.

23 Vgl. »*Carmichael Turns Up in Havanna, Calls for U.S. Guerilla Warfare*«, Washington Post, 26.7.1967; »*Stokely Calls for ›War‹ in U.S.*«, Washington Post, 28.7.1967; »*Carmichael Lauds Cuban Communism*«, Washington Post, 2.8.1967; »*Carmichael Joins Vietnam Reds in Anti-U.S. Chorus*«, Los Angeles Times, 2.8.1967; Interview mit George Ware, 7.11.1976, in Atlanta.

24 Aus: Le Monde, 3.8.1967, in: »*Reportage and Comment on Stokely Carmichael's Activities and Statements Abroad*«, besonderes Schriftstück des Foreign Broadcast Information Service, 9.8.1967, S. 49, National Security File, Subject File: Civil Rights and Anti-war Personalities, LBJ.

25 Vgl. JULIUS LESTER: »*Black Revolution Is Real: Stokely in Cuba*«, Movement, September 1967, S. 1, 4.

26 ETHEL MINOR: *Stokely Speaks*, siehe Anm. 22, S. 101–110, dt: STOKELY CARMICHAEL: *Rede auf der ersten Lateinamerikanischen Solidaritätskonferenz (OLAS) in Havanna*, August 1967, in: V. H. BRANDES, JOYCE BURKE (HG.): *Now. Der schwarze Aufstand. Stokely Carmichael, H. Rap Brown, James Forman, Daniel Guerin*, Trikont aktuell Nr. 4, München 1968, S. 53–66, hier zitierte Stellen S. 56, 60, 61, 63, übersetzt nach dieser dt. Erstübersetzung (d. Ü.).

27 »*Castro on Stokely and Black Revolution*«, Movement, September 1967, S. 4, 10.

28 Telefoninterview mit Stokely Carmichael, 18.10.1977; JULIUS LESTER: *All Is Well*, siehe Anm. 19, S. 143; »*Castro on Stokely and Black Revolution*«, siehe Anm. 27, S. 10.

29 Stokely Carmichael in: »*Carmichael Joins Vietnam Reds in Anti-U.S. Chorus*«, siehe Anm. 23; Interview mit Fay D. Bellamy, 23.9.1978, in Atlanta; Interview mit Ethel Minor, siehe Anm. 4. Vgl. ebenfalls Jack Anderson, »*SNCC Votes Carmichael Reprimand*«, Washington Post, 18.8.1967.

30 »*Carmichael Calls for Unified Struggle*«, National Guardian, 9.9.1967.

31 Interview mit Stokely Carmichael, Februar 1975, Pacifica Tape Library, Los Angeles.

32 »*Exclusive: Stokely Carmichael Breaks Silence*«, Baltimore Afro-American, 14.10.1969.

33 STEVEN D. PRICE ET AL.: *Civil Rights*, Volume 2, 1967–68, Facts on File, New York 1973, S. 124.

34 Vgl. JACK ANDERSON COLUMN: »*Carmichael Critics Urge Treason Charge*«, Washington Post, 9.8.1967; JAMES KILPATRICK: »*Looks Like Carmichael's Home Free*«, Miami Herald, 1.1.1968.

35 Interview mit Fay Bellamy, siehe Anm. 29.

36 Vgl. »*Stokely Carmichael on Puerto Rico, Cities, the Draft, Blackness and More*«, Movement, Februar 1967, S. 1, 4; Carmichael-Texte und Gemeinsame Erklärung von SNCC und der Bewegung für die Unabhängigkeit Puerto Ricos, New Yorker Büro, KLM, Nr. 336–338, 5.2.1967; Entscheidungen des Treffens des Zentralkomitees, 20.–23.1.1967, box 2, Atlanta Project Papers, SHSW; U.S., Congress, Senate, Committee on the Judiciary, Subcommittee to Investigate the Administration of the Internal Security Act and Other Internal Security Laws, Hearings: Testimony of Stokely Carmichael, 91. Congress, 2. Session, 25.3.1970, S. 8–13.

37 Interview mit Ethel Minor und Freddie Greene, 11.5.1978, in Washington, D. C.; Interview mit Maria Varela, 1.9.1977, in Bracos, N. M.; JAMES FORMAN: *Black Revolutionaries,* siehe Anm. 4, S. 503; U.S., Senate, Committee on the Judiciary, Subcommittee to Investigate the Administration of the Internal Security Act and Other Internal Security Laws, Hearings: Extent of Subversion in the »New Left«: Testimony of Robert J. Thoms, 91. Congress, 2. Session, Part 1, 20.1.1970, Appendix A.

38 Vgl. Auszuführender Befehl Nr. 2, 29.6.1967, in: HUEY P. NEWTON: *To Die for the People: The Writings of Huey P. Newton,* Vintage Books, New York 1972, S. 9 f.; HUEY NEWTON: *Revolutionary Suicide,* Harcourt Brace Jovanovich, New York 1973, S. 113, 154 f.

39 HUEY NEWTON: *Revolutionary Suicide,* siehe Anm. 38, S. 155 f.

40 ROBERT SCHEER (HG.): *Eldridge Cleaver: Post-prison Writings and Speeches,* Random House, New York 1969, S. 52, dt: ROBERT SCHEER (HG.): *Eldridge Cleaver: Nach dem Gefängnis. Aufsätze und Reden,* Rowohlt, Reinbek 1972.

41 BOBBY SEALE: *Seize the Time: The Story of the Black Panther Party and Huey P. Newton,* Random House, New York 1970, S. 219, dt: BOBBY SEALE: *Wir fordern Freiheit. Der Kampf der Black Panther,* Fischer-Bücherei 1198, Frankfurt/M. 1971.

42 Telefoninterview mit Stokely Carmichael, 18.10.1977. Vgl. ebenfalls: »*Carmichael Jars New Negro Unity*«, New York Times, 16.1.1968; »*Carmichael Briefs Negro Leaders on Unity Drive*«, Washington Post, 10.1.1968; »*D. C. Leaders Work to Maintain Uneasy Coalition*«, Washington Post, 12.1.1968; »*Negro Coalition Leadership Rift Brews*«, Washington Post, 13.1.1968; ROWLAND EVANS, ROBERT NOVAK: »*Carmichael To Be No. 1 Negro Leader?*«, Washington Post, 22.2.1968.

43 BOBBY SEALE: *Seize the Time,* siehe Anm. 41, S. 221.

44 Interview mit Stokely Carmichael, 18.10.1977. Vgl. ebenfalls JAMES FORMAN: *Black Revolutionaries,* siehe Anm. 4, S. 529 f. Eldridge Cleaver antwortete, dass weder Carmichael noch Forman Erfolg dabei hatten, das SNCC zu kontrollieren: »Wir machten ihnen Druck. (…) Sie versuchten alles (…), aber wir wiesen sie zurück. (…) Es gab Leute, die auf Stokely sauer waren. Die Truppen in der BPP bezogen sich mehr auf Rap.« Interview mit Eldridge Cleaver, 2.5.1980, in Stanford.

45 JULIUS LESTER: *Revolutionary Notes,* siehe Anm. 9, S. 147, dt: JULIUS LESTER: *Essays eines schwarzen Sozialisten,* Melzer, Frankfurt/M. 1970,

S. 140 (abweichende Übersetzung, d. Ü.).

46 JAMES FORMAN: *Black Revolutionaries,* siehe Anm. 4, S. 524, 526 f.
Vgl. ebenfalls: EARL ANTHONY: *Picking Up the Gun: A Report on the
Black Panthers,* Dial Press, New York 1971, S. 103 f.

47 Vgl. CLAYBORNE CARSON: »*A Talk with Ron Karenga, Watts Black
Nationalist*«, Los Angeles Free Press, 2.9.1966. Vgl. ebenfalls: CLYDE
HALISI, JAMES MTUME (HG.): *The Quotable Karenga,* US, Los Angeles
1967.

48 Vgl. JAMES FORMAN: *Black Revolutionaries,* siehe Anm. 4, S. 524;
EARL ANTHONY: *Picking Up the Gun,* siehe Anm. 46, S. 103 f.

49 GENE MARINE: *The Black Panthers,* New American Library, New York
1969, S. 122 f., dt: GENE MARINE: *Black Panthers,* Wegner, Hamburg
1969, später u. a. Büchergilde Gutenberg 1971. Vgl. JULIUS LESTER: *Revolutionary Notes,* siehe Anm. 9, S. 148 f.

50 Vgl. »*The Man Doesn't Have Us Outnumbered, He Has Us Out Organi-
zed*«, Movement, April 1968, S. 2 f.; »*SNCC, Panthers Announce
Merger*«, National Guardian, 24.2.1968; »*Huey Newton's Birthday
Party*«, San Francisco Express Times, 22.2.1968; »*Black Leaders Declare
Huey Must Go Free*«, Berkeley Barb, 23.–29.2.1968; REGINALD MAJOR:
A Panther Is a Black Cat, William Morrow, New York 1971, S. 95 f.;
Criminal Disorders, 18.6.1969, siehe Anm. 1, S. 3722–3732, 3833.

51 JAMES FORMAN: *Black Revolutionaries,* siehe Anm. 4, S. 531; JULIUS
LESTER: *Revolutionary Notes,* siehe Anm. 9, S. 148, dt: JULIUS LESTER:
Essays eines schwarzen Sozialisten, Melzer, Frankfurt/M. 1970, S. 140,
141 (abweichende Übersetzung, d. Ü.); »*The Man Doesn't Have Us Outnumbered*«, siehe Anm. 50, S. 2.

52 Stokely Carmichael in: San Francisco Express Times, 22.2.1968. Wieder-
gabe mit den gestrichenen Passagen in: ETHEL MINOR: *Stokely Speaks,*
siehe Anm. 22, S. 111–130.

53 »*Where It's At*«, sowie: »*Bobby Seale Speaks*«, Movement, April 1968,
S. 2, 11.

54 Interview mit Ron Karenga, 4.10.1977, in Stanford.

55 Interview mit Ethel Minor, siehe Anm. 4. Vgl. ebenfalls REGINALD
MAJOR: *A Panther Is a Black Cat,* siehe Anm. 50, S. 70 f.

56 Interview mit Willie Ricks, 10.5.1977, in Stanford; CLEVELAND SELLERS
MIT ROBERT TERRELL: *River of No Return,* siehe Anm. 9, S. 247.

57 JAMES FORMAN: *Black Revolutionaries,* siehe Anm. 4, S. 534. Vgl. JULIUS
LESTER: *Revolutionary Notes,* siehe Anm. 9, S. 144.

58 »*Huey Newton Talks to the Movement about the Black Panther Party,
Cultural Nationalism, SNCC, Liberals and White Revolutionaries*«,
Movement, August 1968, S. 9.

59 Vgl. vor allem: SAC New York an Direktor, FBI: »COINTELPRO«,
26.6.1968; SAC, New York, an Direktor, FBI: »COINTELPRO«,
9.9.1968; Direktor, FBI, an SAC, WFO: »COINTELPRO«, 24.10.1968.

Das FBI arbeitete zudem an dem Plan, einen offiziellen Entlassungsbrief der BPP an Carmichael zu fälschen, aber Carmichael trat aus der BPP aus, bevor der Plan umgesetzt werden konnte. Vgl. besonders Direktor, FBI, an SAC, San Francisco: »COINTELPRO«, 17.6.1969; SAC, San Francisco, an Direktor, FBI: »COINTELPRO«, 30.6.1969.

60 JAMES FORMAN: *Black Revolutionaries*, siehe Anm. 4, S. 537 f.; CLEVELAND SELLERS MIT ROBERT TERRELL: *River of No Return*, siehe Anm. 9, S. 249. Vgl. ebenfalls C. GERALD FRASER: »*SNCC in Decline after 8 Years in Lead; Pace-Setter in Civil Rights Displaced by Panthers*«, New York Times, 7.10.1968; JULIUS LESTER: *Revolutionary Notes*, siehe Anm. 9, S. 144; CHUCK MOORE: *I Was a Black Panther,* Doubleday, New York 1970, S. 101, dt: CHUCK MOORE: *Ich war ein Black Panther,* Engelbert, Balve (Westf.) 1972.

Niedergang des schwarzen Radikalismus

1 U.S., Congress, Senate, Select Committee to Study Government Operations with Respect to Intelligence Activities: Final Report: Supplementary Detailed Staff Reports on Intelligence Activities and the Rights of Americans, Book III, 94. Congress, 2. Session, 23.4.1976, S. 189–195; R. ROGERS: »*Black Guns on Campus: Black Panthers and US*«, Nation, 5.5.1969, S. 558 ff.; MAULANA RON KARENGA: *The Roots of the US-Panther Conflict: The Perverse and Deadly Games Police Play,* Kawaida Publications, San Diego 1976.

2 »*Stokely on King*«, Los Angeles Free Press, 12.4.1968, dt: STOKELY CARMICHAEL: *Der Mord an Martin Luther King: Eine Pressekonferenz mit Stokely Carmichael in Washington, 5. April 1968*, in: V. H. BRANDES, JOYCE BURKE (HG.): *Now. Der schwarze Aufstand. Stokely Carmichael, H. Rap Brown, James Forman, Daniel Guerin,* Trikont aktuell Nr. 4, München 1968, S. 67–71, hier zitierte Stellen S. 67 und 71, übersetzt nach dieser dt. Erstübersetzung (d. Ü.); »*Carmichael's News Conference – Inciting to Violence?*« U.S. News and World Report, 22.4.1968, S. 49 f.

3 Vgl. BEN W. GILBERT: *Ten Blocks from the White House: Anatomy of the Washington Riots of 1968*, Praeger, New York 1968.

4 H. RAP BROWN: *Die Nigger Die!*, Dial Press, New York 1969, S. 142, dt: H. RAP BROWN: *Nigger verrecke!*, Frankfurt/M. 1970.

5 »*Rap Brown Arrested Here for Violation of Bail*«, New York Times, 21.2.1968; »*Brown Ordered to Appear Here*«, New Orleans Times-Picayune, 21.2.1968; »*Brown is Held on New Charge*«, New Orleans Times-Picayune, 22.2.1968; RAP BROWN: *Die Nigger Die!*, siehe Anm. 4, S. 112 f.

6 RAP BROWN: *Die Nigger Die!*, siehe Anm. 4, S. 114 f., dt: H. RAP BROWN: *Briefe aus dem Gefängnis,* in: V. H. BRANDES, JOYCE BURKE (HG.): *Now.*

Der schwarze Aufstand. Stokely Carmichael, H. Rap Brown, James For-
man, Daniel Guerin, Trikont aktuell Nr. 4, München 1968, S. 98–101,
hier zitierte Stellen S. 100, 101, übersetzt nach dieser dt. Erstübersetzung
(d. Ü.), dt. ebenfalls: H. RAP BROWN: *Nigger verrecke!,* Frankfurt/M. 1970.

7 RAP BROWN: *Die Nigger Die!,* S. 117.

8 Vgl. *»Bugged Rap Brown, but Accidentally, U.S. Says«,* Los Angeles
   Times, 11.5.1968; *»Racism Exposed in H. Rap Brown Case«,* Guardian,
   7.7.1974; *»Court Hits Judge's Bias in Rap Brown Case«,* Guardian,
   12.2.1975.

9 *»SNCC Reorganizes«,* Presseerklärung des SNCC-Büros von Los Angeles,
   17.6.1968; U.S., Congress, Senate, Committee on the Judiciary, Subcom-
   mittee to Investigate the Administration of the Internal Security Act and
   Other Internal Security Laws, Hearings: Extent of Subversion in the »New
   Left«: Testimony of Robert J. Thoms, 91. Congress, 2. Session, Part 1,
   20.1.1970, S. 6.; *»SNCC Here Denies Report of Hutchings as Chairman«,*
   Atlanta Journal, 20.6.1968; *»New S.N.C.C. Chief Quiet Organizer«,* New
   York Times, 22.6.1968.

10 *»S.N.C.C. Sets a Negro Party in the Nation as Ist Major Goal«,* New
   York Times, 10.6.1968.

11 DERICK MORRISON: *»Interview with Phil Hutchings of SNCC: ›For a
   Mass Black Revolutionary Party‹«,* Militant, 4.10.1968, S. 8.

12 Vgl. *»SNCC Reorganizes«,* siehe Anm. 9.

13 *»Carmichael Is Expelled by SNCC in Dispute«,* Washington Post,
   22.8.1968. Vgl. ebenfalls *»S.N.C.C. Breaks Ties with Stokely Carmichael«,*
   New York Times, 23.8.1968; *»Bigger BUF Role Seen for Carmichael«,*
   Washington Post, 24.8.1968; REGINALD MAJOR: *A Panther Is a Black Cat,*
   William Morrow, New York 1971, S. 99.

14 *»Carmichael Quits Post in Panthers«,* Los Angeles Times, 4.7.1969. Vgl.
   ebenfalls *»Carmichael Condemns Panthers, Resigns Post«,* Washington
   Post, 4.7.1969; *»Carmichael Tells of Meeting Cleaver in Algiers«,* New
   York Times, 25.7.1969; ELDRIDGE CLEAVER: *»Open Letter to Stokely
   Carmichael«,* The Black Panther, 16.8.1969, S. 5; REGINALD MAJOR: *A
   Panther Is a Black Cat,* siehe Anm. 13, S. 100 ff.; DANIEL H. WATTS: *»The
   Carmichael Cleaver Debate«,* Liberator, September 1969, S. 3, 5.
   In einem Versuch, aus dem Bruch zwischen den Panthers und Stokely Car-
   michael Kapital zu schlagen, machte das FBI den Vorschlag, Nachrichten
   über Carmichaels Positionen gegen die BPP »an eine selbstverwaltete
   Nachrichtenagentur auf Vertrauensbasis weiterzuleiten.« Vgl. Auszug
   69–15 in U.S., Congress, Senate, Select Committee to Study Government
   Operations with Respect to Intelligence Activities: Intelligence Activities:
   Hearings on Senate Resolution 21, 94. Congress, 1. Session, 2.12.1975,
   S. 788 f.

15 SAC, Atlanta to Director, FBI: *»Student Nonviolent Coordinating Committee«,* 10.3.1969.

16 Cleveland Sellers mit Robert Terrell: *The River of No Return: The Autobiography of a Black Militant and the Life and Death of SNCC,* William Morrow, New York 1973, S. 250; SAC, Atlanta, an Director, FBI: »SNCC«, 10.3.1969, S. 13 f.; Interview mit Willie Ricks, 10.5.1976, in Stanford.

17 Interview mit Cleveland Sellers, 13.12.1978, in Greensboro; Cleveland Sellers mit Robert Terrell: *River of No Return,* siehe Anm. 16, S. 221–267; Interview mit Willie Ricks, 10.5.1976, in Stanford.

18 Text einer Rede in: Black Star Publishing (Hg.): *The Political Thought of James Forman,* Black Star Publishing, Detroit 1970, S. 59, 62. Vgl. ebenfalls James Forman: *The Making of Black Revolutionaries,* Macmillan, New York 1972, S. 543 ff.

19 Vgl. Text des Manifests in: *Political Thought of Forman,* siehe Anm. 18, S. 63–69. Vgl. ebenfalls Murray Kempton: »*The Black Manifesto*«, New York Review of Books, 10.7.1969; Arnold Schucter: *Reparations: The Black Manifesto and Ist Challenge to White Churches,* Lippincott, Philadelphia 1970.

20 James Forman: *Black Revolutionaries,* siehe Anm. 18, S. 547 ff.

21 Ebenda, S. 550. Nach einem FBI-Bericht des Treffens sagte Brown den AktivistInnen, »es sei eindeutig, dass die gegenwärtige SNCC-Führung im letzten Jahr nichts getan habe. Er und acht weitere Mitglieder, die auf dem Treffen anwesend seien, erklärten sich somit bereit zur Übernahme. Er erklärte das Treffen unter diktatorischem Vorsitz stehend und, dass alle Macht und Vorschlagsrechte auf ihn übergegangen seien.« SAC Atlanta to Director, FBI: »SNCC«, 1.8.1969, S. 16. Vgl. ebenfalls: H. Rap Brown: »*Racism and Revolution!*«, SNCC Monthly, März 1970, S. 10–14.

22 »›Nonviolent‹ Deleted from Name of SNCC«, Washington Post, 23.7.1969; SAC, New York to Director, FBI, »SNCC«, 16.10.1969.

23 James Forman: *Black Revolutionaries,* siehe Anm. 18, S. 551. Vgl. James A. Geschwender: *Class, Race, and Worker Insurgency: The League of Revolutionary Black Workers,* Cambridge University Press, Cambridge 1977.

24 Vgl. »*Women Strike But Equal to What?*«, SNCC Monthly, September–Oktober 1969, S. 2; »*Women*«, Statement of Third World Women's Alliance, SNCC Monthly, März 1971, S. 8 f.

25 SAC, New York to Director, FBI: »SNCC«, 21.1.1970.

26 SNCC-Presseerklärung, 16.3.1970, wiederabgedruckt in: SAC, New York to Director, FBI: »SNCC«, 25.5.1970, S. 17. Vgl. ebenfalls: »*Mystery and Distrust over Bombings Grow*«, National Observer, 23.3.1970; Cleveland Sellers mit Robert Terrell: *River of No Return,* siehe Anm. 16, S. 363 f.; James Forman: *Black Revolutionaries,* siehe Anm. 18, S. 542.

27 »*Charlotte Featherstone Reveals Doubts, Fears*«, Chicago Defender, 14.5.1970.

28 Interview mit Rap Brown in: Guerilla, Toronto 1973, wiederabgedruckt in: Los Angeles Free Press, Kopie, ohne Datum, in FOF, 1972–73, J1 682.

29 »H. Rap Brown and 3 Convicted of Robbery and Assault«, New York Times, 30.3.1973; »Brown Is Given 5–to–15 Year Term«, New York Times, 10.5.1973; ROBERT DALEY: »The Men Who Shot Rap Brown«, New York Times, 23.10.1972, S. 35–42; »Police Says Brown Planned to Rob Pusher«, Baltimore Afro-American, 5.12.1972; »The Jury's Verdict: Guilty«, New York Times, 1.4.1973; »The ›Street Story‹ of H. Rap Brown's Arrest«, Washington Post, 30.4.1973.

30 Muhammad Hunt an SNCC-AktivistInnen, 13.8.1970, in: SAC, New York to Director, FBI: »SNCC«, 10.5.1971, S. 47.

31 SAC, New York to Director, FBI: »SNCC«, 11.12.1973, S. 6.

32 Interview mit John Lewis, 17.4.1962, in Atlanta; Interview mit Charles Smith, 14.9.1978, in Haynesville, Alabama.

33 Interview mit Marion Barry, 7.4.1972, in Washington, D.C.; Interview mit Dewey Greene, 16.9.1978, in Greenwood, Mississippi.

34 Interview mit Willie Ricks, siehe Anm. 16.

35 Interview mit John Lewis, siehe Anm. 32.

36 Interview mit Bob Zellner, 19.9.1978, in New Orleans.

37 Interview mit Johnny Wilson, 26.4.1972, in Washington, D.C.

38 JAMES FORMAN: Black Revolutionaries, siehe Anm. 18, S. 551.

39 Bob Moses' Rede zur 75. Geburtstagsfeier von Ella J. Baker, 9.12.1978, in New York City.

Personen- und Organisationsregister

Brown, Rap H. 28f., 296, 424, 428, 444, 446, 457–466, 468, 471, 475–477, 483f., 488, 491, 508, 510f., 513f., 524–528, 536, 538f., 540, 561
Byrant, C.C. 112

Cambridge Action Federation Maryland (CAF) 463
Camus, Albert 12, 38, 111, 267, 295, 328, 428
Carmichael, Stokely 17, 21, 40, 59, 97, 103, 156, 211, 213, 215, 241, 242f., 251, 281, 291, 294, 296, 304–310, 319f, 369–372, 375–412, 414, 417–421, 423f., 428, 430, 432, 436, 438f., 440, 443–448, 450f., 455f., 458–463, 468, 473–478, 482f., 489, 494, 496–514, 516, 523f., 530, 533, 544f., 553, 561
Carson, Clayborne 8, 10f., 14–18, 20, 23f., 26, 29, 32, 557, 559, 562
Cason, Sandra 78
Caston, Billy J. 113f.
Castro, Fidel 498–500
Central Intelligence Agency (CIA) 230, 497
Chaney, James 229
Cheuse, Alan 335
Christliches Friedensseminar Königswalde 567
Churchville, John 362
Clark, Jim 299f.
Clark, Kenneth 103
Cleaver, Eldridge 507f., 510–515, 529, 561
Cloud, John 299
Cobb, Charles 166, 168, 203, 220, 221, 246, 291, 296f., 314f., 475, 495, 533
Coffin, William S. 95
Cohn-Bendit, Daniel 11
Coles, Robert 264
Collins, Lucretia 94, 98
Collins, Norma 133, 151
Committee on Appeal for Human Rights 148
Communist Party of the USA (CPUSA) (siehe Kommunistische Partei der USA), 214, 306, 473–475, 490, 492, 494, 497
Community Action Program Houston (CAP) 471
Cone, James H. 561
Congress of Racial Equality (CORE) 30–32, 38, 57, 66, 86, 88f., 91, 94f., 105, 146, 166, 191, 218, 229, 346, 347, 383f., 388, 405, 427, 476, 488
Connor, Eugene, »Bull« 92
Council of Federated Organizations of Mississippi (COFO) 166, 198–200, 204, 217–219, 221, 224–226, 229, 235, 237, 239, 240–243, 248, 262, 266, 274, 283f., 285, 287, 295, 300, 306f., 321, 322–324, 404, 459
Council on United Civil Rights Leadership (CUCRL) 346
Counterintelligence Program FBI (COINTELPRO) 444, 474–478, 516, 523
Cox, Courtland 193, 207, 209, 212, 262f., 312, 377, 383f., 401, 533
Cox, Donald 514
Cruse, Harold 413

Peacock, Willie 165, 181
Peck, Jim 89 f.
Perdew, John 156 f., 163, 191
Pettigrew, Thomas F. 52
Pittman, James 272
Pol Pot 11
Poor People's Corporation 322
Pouissant, Alvin 431
Powell, Adam C. 386, 406 f.
Price, Cecil 389
Pride, Inc. 425
Pritchett, Laurie 132, 134, 137, 141
Progressive Labour Party (PLP) 492
Pullum, D. U. 160

Rabinowitz, Joni 338
Rabinowitz, Victor 335
Raines, Dolly 160
Rainey (Sheriff) 332
Randolph, Harlan E. 103
Randolph, Philip A. 189, 193, 401, 487
Rauh, Joseph 219, 245–248, 262, 284
Reagon, Bernice 132, 139–141
Reagon, Cordell 128, 130 f., 135, 437
Reeb, James 301, 304, 343
Reeb, Mrs. James 301, 304
Republikanische Partei 76, 195, 312, 314, 467, 468
Reuther, Walter 248
Revolutionary Action Movement (RAM) 364, 473, 476 f.
Richard, Little 74
Richards, Dona (Pseudonym von Dona Moses) 296, 318 f., 323, 349
Richardson, Gloria 33, 156, 194
Richardson, Judy 307
Richmond, David 46, 56, 59
Ricks, Willie 302, 369, 386–388, 446, 462, 504, 514, 532–534
Rizzo, Frank 409
Robeson, Paul 55, 386
Robinson, Reginald 112, 119, 158, 176, 244, 339
Robinson, Ruby Doris (identisch mit Smith, Ruby Doris) 152, 212 f., 257, 318 f., 375–377, 418 f., 423 f., 426, 435, 456, 458
Rollins, Avon 187
Romilly, Constancia, »Dinky« 153
Roosevelt, Eleanor 120
Roosevelt, Franklin 189
Rote Armee Fraktion (RAF) 32
Russell, Bertrand 495, 497
Rustin, Bayard 80 f., 111 f., 193, 207, 210, 214, 248, 306, 332, 400, 487

Willie Peacock, Sam Block,
Ella Baker, die SNCC-Gründerin,
1970 (v.l.n.r.)
Foto: Clayborne Carson

Treffen von Aktivisten der Bürgerrechtsbewegung während des Mississippi-Meredith Marsches 1966 kurz nach Stokely Carmichaels Black Power-Rede in Greenwood, Mississippi. Auf der Couch (v.l.n.r.): Andy Young, Robert Green, Martin Luther King. Stokely Carmichael liegt im Vordergrund auf dem Boden. Foto: Bob Fitch

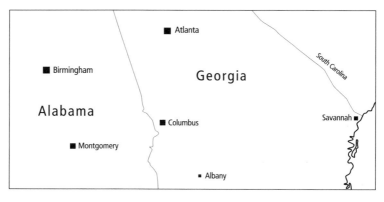

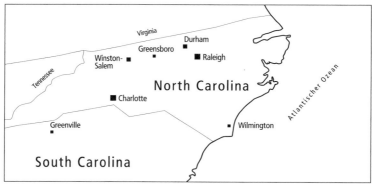